खण्ड–6	राज्य रूपरेखा : श्रीलंका, मालदीव
इकाई–14	श्रीलंका में राजनीतिक संरचनाएँ तथा प्रक्रियाएँ
इकाई–15	श्रीलंका में अर्थव्यवस्था और समाज
इकाई–16	श्रीलंका की राजनीति में जातीयता का समावेशन
इकाई–17	मालदीव में अर्थव्यवस्था, समाज और राजनीति
खण्ड–7	दक्षिण एशिया में लोकतंत्र
इकाई–18	मानवाधिकार
इकाई–19	नागरिक समाज
इकाई–20	दक्षिण एशिया में बहुवाद नियंत्रण के समक्ष चुनौतियाँ
खण्ड–8	भूमंडलीकृत होती दुनिया में दक्षिण एशिया
इकाई–21	उदारीकरण और संरचनात्मक समंजन कार्यक्रम
इकाई–22	भूमंडलीकरण और राज्य
खण्ड–9	क्षेत्रीय संगठन
इकाई–23	गरीबी उन्मूलन एवं ग्रामीण विकास
इकाई–24	दक्षिण एशियाई क्षेत्रीय सहयोग संघ
खण्ड–10	क्षेत्रीय सुरक्षा
इकाई–25	दक्षिण एशियाई सुरक्षा
इकाई–26	आणविक मुद्दे
इकाई–27	संघर्ष, समाधान और प्रबंधन

विषय-सूची

1. दक्षिण एशिया : क्षेत्रीय स्वरूप — 1–18
2. राज्य रूपरेखा : भारत — 19–40
3. राज्य रूपरेखा : पाकिस्तान — 41–62
4. राज्य रूपरेखा : बांग्लादेश — 63–79
5. देश जीवन-परिचय : नेपाल, भूटान — 80–95
6. राज्य रूपरेखा : श्रीलंका, मालदीव — 96–123
7. दक्षिण एशिया में लोकतंत्र — 124–137
8. भूमंडलीकृत होती दुनिया में दक्षिण एशिया — 138–150
9. क्षेत्रीय संगठन — 151–161
10. क्षेत्रीय सुरक्षा — 162–186

प्रश्न पत्र

(1) जून 2007 (हल सहित) — 189–195
(2) दिसम्बर 2007 (हल सहित) — 196–201
(3) जून 2008 (हल सहित) — 202–206
(4) दिसम्बर 2008 (हल सहित) — 207–213
(5) जून 2009 — 214–214
(6) दिसम्बर 2009 — 215–215
(7) जून 2010 — 216–216
(8) दिसम्बर 2010 — 217–217
(9) जून 2011 — 218–218
(10) दिसम्बर 2011 — 219–219
(11) जून 2012 — 220–220
(12) दिसम्बर 2012 — 221–221
(13) जून 2013 — 222–222
(14) दिसम्बर 2013 — 223–223
(15) जून 2014 — 224–224
(16) दिसम्बर 2014 — 225–225
(17) जून 2015 — 226–226
(18) दिसम्बर 2015 (हल सहित) — 227–231
(19) जून 2016 (हल सहित) — 232–238
(20) दिसम्बर 2016 (हल सहित) — 239–240
(21) जून 2017 (हल सहित) — 241–245
(22) दिसम्बर 2017 — 246–247
(23) जून 2018 (हल सहित) — 248–257
(24) दिसम्बर 2018 — 258–259
(25) जून 2019 — 260–261
(26) दिसम्बर 2019 — 262–263

दक्षिण एशिया : अर्थव्यवस्था, समाज और राजनीति

South Asia : Economy, Society and Politics

(ई.पी.एस.-15)

राजनीतिक शास्त्र में स्नातक उपाधि (बी.ए.) हेतु

Bachelor of Arts in Political Science [B.A.]

नीतू शर्मा

विशेष विश्वविद्यालयों के लिए महत्वपूर्ण अध्ययन सामग्री

इंदिरा गाँधी राष्ट्रीय मुक्त विश्वविद्यालय (इग्नू), के.एस.ओ.यू. (कर्नाटका), बिहार विश्वविद्यालय (मुजफ्फरपुर), नालंदा विश्वविद्यालय, सेंटर फॉर डिस्टेंस एंड ओपन लर्निंग, जामिया मिलिया इस्लामिया, वर्धमान महावीर मुक्त विश्वविद्यालय (कोटा), उत्तराखंड मुक्त विश्वविद्यालय, कुरुक्षेत्र विश्वविद्यालय, सेवा सदन कॉलेज ऑफ एजुकेशन (महाराष्ट्र), मिथिला विश्वविद्यालय, आंध्रा विश्वविद्यालय, अन्नामलाई विश्वविद्यालय, बैंगलोर विश्वविद्यालय, भारतीयर विश्वविद्यालय, भारतीदशन विश्वविद्यालय, हिमाचल प्रदेश विश्वविद्यालय, काकातिया विश्वविद्यालय (आंध्र प्रदेश), के.ओ.यू. (राजस्थान), एम.पी.बी.ओ.यू. (एम.पी.), एम.डी.यू. (हरियाणा), पंजाब विश्वविद्यालय, तमिलनाडु मुक्त विश्वविद्यालय, श्री पद्मावती महिला विश्वविद्यालयम् (आंध्र प्रदेश), जम्मू विश्वविद्यालय, वाई.सी.एम.ओ.यू., राजस्थान विश्वविद्यालय, उत्तर प्रदेश राजर्षि टण्डन मुक्त विश्वविद्यालय, कल्याणी विश्वविद्यालय, बनारस हिंदू विश्वविद्यालय (बी.एच.यू.), और अन्य भारतीय विश्वविद्यालय।

इस पुस्तक का अंग्रेजी संस्करण भी उपलब्ध है।
English Edition of this Book is also available.

Closer to Nature 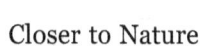 We use Recycled Paper

गुल्लीबाबा पब्लिशिंग हाउस प्रा. लि.
आई.एस.ओ. 9001 एवं आई.एस.ओ. 14001 प्रमाणित कं.

Published by:
GullyBaba Publishing House Pvt. Ltd.

Regd. Office:	Branch Office:
2525/193, 1ˢᵗ Floor, Onkar Nagar-A, Tri Nagar, Delhi-110035 (From Kanhaiya Nagar Metro Station Towards Old Bus Stand) Ph. 011-27387998, 27384836, 27385249 +919350849407	1A/2A, 20, Hari Sadan, Ansari Road, Daryaganj, New Delhi-110002 Ph. 011-23289034 011-45794768

E-mail: hello@gullybaba.com, **Website:** GullyBaba.com, GPHbook.com

New Edition

Price:

ISBN: 978-93-81690-82-6

Copyright© with Publisher

All rights are reserved. No part of this publication may be reproduced or stored in a retrieval system or transmitted in any form or by any means; electronic, mechanical, photocopying, recording or otherwise, without the written permission of the copyright holder.

Disclaimer: This book is based on IGNOU syllabus. This is only a sample. The book/author/publisher does not impose any guarantee or claim for full marks or to be passed in exam. You are advised only to understand the contents with the help of this book and answer in your words.
Gullybaba Publishing House Pvt. Ltd. is not connected to any university/board/institution in any way.
All disputes with respect to this publication shall be subject to the jurisdiction of the Courts, Tribunals and Forums of New Delhi, India only.

Home Delivery of GPH Books

You can get GPH books by VPP/COD/Speed Post/Courier.
You can order books by Email/SMS/WhatsApp/Call.
For more details, visit gullybaba.com/faq-books.html
Our packaging department usually dispatches the books within 2 days after receiving your order and it takes nearly 5-6 days in postal/courier services to reach your destination.

> **Note :** Selling this book on any online platform like Amazon, Flipkart, Shopclues, Rediff, etc. without prior written permission of the publisher is prohibited and hence any sales by the SELLER will be termed as ILLEGAL SALE of GPH Books which will attract strict legal action against the offender.

प्रथम संस्करण की भूमिका

प्रिय छात्रो! हमें आपके मध्य पुस्तक **दक्षिण एशिया : अर्थव्यवस्था, समाज और राजनीति** (EPS-15) प्रस्तुत कर अपार हर्ष हो रहा है। पुस्तक में बहुत-सी विशेषताएँ हैं जैसे इग्नू द्वारा प्रस्तावित सम्पूर्ण कोर्स, गत वर्षों के प्रश्नपत्र हलसहित तथा अत्यन्त सरल भाषा-शैली।

यह पुस्तक आपकी परीक्षा को अत्यन्त सरल बनाने में सक्षम है। विद्वान लेखकों ने इसे अपने ज्ञान व अनुभवों से सजाया है। सम्पूर्ण पुस्तक प्रश्न पत्रानुसार संयोजित करने की कोशिश की गई है। हमें विश्वास है कि आप इससे अवश्य लाभान्वित होंगे। विभिन्न विश्वविद्यालयों में बी.ए. इतिहास के अध्यापन में लगे विद्वान् सहयोगी साथियों से विनम्र निवेदन है कि वे सदैव की भाँति हमारे इस प्रथम संस्करण का भी निष्पक्ष मूल्यांकन करें और अपने सुझावों से हमें अनुगृहीत करें। पाठ्यपुस्तकें तो विकासशील ज्ञान बिरवे हैं जो संरक्षण एवं प्रोत्साहन से ही पल्लवित होते हैं। आगामी संस्करण में उनके सुझावों को यथास्थान साभार सम्मिलित किया जाएगा। विद्यार्थियों को हमारी यह कृति यदि ज्ञानवर्धक और परीक्षा में अच्छे अंकों से सफलता प्राप्त करने में सहायक सिद्ध हुई तो हम अपने श्रम को सार्थक समझेंगे।

आप हमारी पुस्तकों को भारत के किसी भी राज्य/शहर में हमसे सम्बद्ध दुकानों से या सीधे प्रकाशन के पते से या वेब साइट www.gullybaba.com, www.ignouonline.com से e-mail करके भी ऑर्डर कर सकते हैं।

प्रकाशन (GPH) अपने कार्यरत बन्धुओं व लेखकों का हृदय से आभार प्रकट करता है, जिनके अथक प्रयास व लगन से पुस्तक का प्रकाशन सम्भव हो सका।

नई दिल्ली

—प्रकाशक

Topics Covered

खण्ड–1

दक्षिण एशिया : क्षेत्रीय स्वरूप

इकाई–1	दक्षिण एशिया में राष्ट्रवाद और स्वतंत्रता–संग्राम
इकाई–2	मानव विकास का पार्श्व–चित्र

खण्ड–2

राज्य रूपरेखा : भारत

इकाई–3	भारत विश्व सत्ता ढाँचे में
इकाई–4	भारत विश्व आर्थिक व्यवस्था में
इकाई–5	भारत और उसके पड़ोसी

खण्ड–3

राज्य रूपरेखा : पाकिस्तान

इकाई–6	पाकिस्तान की राजनीति की संरचनाएँ एवं प्रक्रियाएँ
इकाई–7	पाकिस्तान की अर्थव्यवस्था एवं समाज
इकाई–8	पाकिस्तान में सैनिक शासन एवं राजनीति

खण्ड–4

राज्य रूपरेखा : बांग्लादेश

इकाई–9	बांग्लादेश में राजनीतिक संरचना एवं प्रक्रियाएँ
इकाई–10	बांग्लादेश की अर्थव्यवस्था एवं समाज

खण्ड–5

देश जीवन–परिचय : नेपाल, भूटान

इकाई–11	नेपाल में राजनीतिक प्राधार एवं प्रक्रियाएँ
इकाई–12	नेपाल में अर्थव्यवस्था और समाज
इकाई–13	भूटान : अर्थव्यवस्था, समाज और राजनीति

इकाई – 1

दक्षिण एशिया : क्षेत्रीय स्वरूप

प्रश्न 1. भारत के स्वतंत्रता संग्राम पर विस्तृत टिप्पणी कीजिए।

उत्तर – अनेक वास्तुपरक एवम् व्यक्तिपरक शक्तियों की अन्तक्रिया के परिणामस्वरूप भारत में राष्ट्रवाद का उदय हुआ और औपनिवेशिक शासन के दौरान ऐतिहासिक प्रक्रिया में उभरकर सामने आया। भारतीय राष्ट्रीय आन्दोलन विभिन्न चरणों से होकर गुजरा। राष्ट्रीय आन्दोलन का प्रथम चरण भारतीय राष्ट्रीय कांग्रेस (आई.एन.सी.) के गठन के साथ 1885 में शुरू हुआ और करीब–करीब 1905 तक चला। इस मुकाम पर, आन्दोलन का उद्देश्य स्वतंत्रता नहीं बल्कि राजनीतिक, प्रशासनिक एवं आर्थिक सुधार था। राजनीतिक स्तर पर इसकी माँग थी – केन्द्रीय व स्थानीय विधायी परिषदों को सुधारना ताकि भारतीय प्रतिनिधियों के लिए और अधिकार सुनिश्चित किए जा सकें (जो कि भारतीय परिषद् अधिनियम, 1892 को पारित किए जाने में परिणत हुआ)। प्रशासनिक स्तर पर, सबसे महत्त्वपूर्ण माँग थी – इंग्लैण्ड और भारत में एक साथ भारतीय लोक सेवा (आई.सी.एस.) परीक्षा के माध्यम से प्रशासनिक सेवाओं की उच्च श्रेणियों का भारतीयकरण किया जाना। आर्थिक स्तर पर, यह माँग देश के उद्योगीकरण तथा भारतीय उद्योगों को प्रोत्साहन दिए जाने के पक्ष में थी।

इस दौर में राष्ट्रीय आन्दोलन का आधार संकीर्ण था, जन–साधारण इसके प्रति आकर्षित नहीं हो सका। इसका प्रभाव शहरी शिक्षित वर्ग तक ही सीमित था। मुसलमानों ने आमतौर पर सर सैय्यद अहमद खान के नेत्तृत्व को स्वीकार किया जाना पसंद किया। 1906 में, जब मुस्लिम लीग की स्थापना हुई, मुस्लिम समुदाय अपने साम्प्रदायिक लक्षण से प्रभावित हुआ और राष्ट्रीय आन्दोलन से दूर रहने की प्रवृत्ति दर्शाई।

इसी बीच, लॉर्ड कर्जन के रोबीले कदमों की वजह से अंग्रेजों के विरूद्ध असंतोष बढ़ा, जिसने न केवल भारतीयों के अधिकारों को कम करके भारतीय विश्वविद्यालय अधिनियम और कलकत्ता निगम अधिनियम जैसे अनेक कानूनों को पास किया अपितु बंगाल का विभाजन भी किया, दिखाने के लिए प्रशासनिक सुविधा के लिहाज से परन्तु राजनीतिक रूप से हिन्दु–प्रधान पश्चिम बंगाल और मुस्लिम–प्रधान पूर्वी बंगाल के बीच एक दरार पैदा करने के लिए। बड़ी संख्या में राष्ट्रवादी जन नरमपंथी नेताओं की विचारधारा और तरीकों से मोहमुक्त हो गए। बालगंगाधर तिलक, अरविन्द घोष, लाजपत राय और विपिनचन्द्र पाल जैसे नेताओं के उत्कर्ष के साथ ही राष्ट्रीय आन्दोलन ने एक नए दौर में प्रवेश किया – अतिवादी अथवा खाड़कू दौर। इन अतिवादी नेताओं ने एक नई राजनीतिक धारणा और संघर्ष के तरीकों को इस्तेमाल किया। इनके कार्यक्रमों में शामिल थे – विदेशी वस्तुओं का बहिष्कार, ब्रिटिश सरकार से सभी संबंधों का विच्छेद, शिक्षा के लिए राष्ट्रीय संस्थाओं की स्थापना, तथा स्वदेशी का प्रचार। राष्ट्रवादियों द्वारा बहिष्कार आन्दोलन आक्रामक रूप से अंग्रेज–विरोधी आन्दोलन

था। इन अतिवादियों ने जोर देकर कहा कि भारतीय और ब्रिटिश हितों के बीच एक जन्मजात विरोध है, साथ ही राष्ट्रीय आन्दोलन इस विरोध का सीधा परिणाम है। खाड़कू राष्ट्रवादियों ने राष्ट्रीय आन्दोलन को निम्न मध्य वर्ग, छात्रों एवं युवाओं से जोड़कर उसका आधार भी विस्तृत किया। यह आन्दोलन मुसलमानों के एक बड़े जन–समूह को मुस्लिम लीग की साम्प्रदायिक विचारधारा को अपनाने से नहीं रोक सका।

भारतीय राष्ट्रीय आन्दोलन में महात्मा गाँधी के पदार्पण से एक नया दौर शुरू हुआ। गोरी सरकार ने भारतीय जनता को भारत सरकार अधिनियम, 1919 की सौगात पेश की जिसने प्रशासन में भारतीय लोगों की भागीदारी को बढ़ा दिया। परन्तु इस अधिनियम ने भारतीय नेताओं की आशाओं को पूरा नहीं किया। ऐसी परिस्थितियों में, अंग्रेजों ने 1919 में रौलट एक्ट लागू करके भारत में नागरिक स्वतंत्रताओं पर बड़ा प्रतिबंध लगा दिया।

मोहनदास करमचन्द गाँधी ने रौलट एक्ट, 1919 के खिलाफ प्रतिरोध की अहिंसात्मक कार्यवाहियों का एक सिलसिला शुरू कर अंग्रेजी हुकुमत के खिलाफ संघर्ष छेड़ दिया। अगले ही साल गाँधी जी ने कांग्रेस का पुनगर्ठन किया – यह अब राष्ट्रीय नेताओं के सालाना जमावड़े से एक जन–आन्दोलन में बदल गया, जिसमें सदस्यता–शुल्क और वांछनीयता इस प्रकार तय की गई कि उसमें भारत का गरीब–से–गरीब आदमी भी शामिल हो सके। अगस्त 1920 में उन्होंने जुड़वाँ मुद्दों को लेकर एक व्यापक स्तरीय असहयोग आन्दोलन छेड़ दिया – प्रथम, जलियाँवाला बाग त्रासदी के घावों से भरा जाना तथा दूसरे, खिलाफत आन्दोलन। मोतीलाल नेहरू, चितरंजन दास, पटेल, राजेन्द्र प्रसाद व अन्य कई लोगों ने अदालतों को छोड़ दिया, छात्रों ने स्कूलों को छोड़ दिया और अध्यापकों ने स्कूलों–कॉलेजों से त्यागपत्र दे दिया। यह आन्दोलन बहिष्कार तक ही सीमित नहीं रहा, उसने कुछ सकारात्मक कार्यक्रम भी रखे, यथा राष्ट्रीय शैक्षिक संस्थाओं का खोला जाना तथा कुटीर व हथकरघा उद्योगों की स्थापना। बहरहाल, जब यह आन्दोलन चौरी–चौरा में हिंसक हो उठा तो गाँधी जी ने 1922 में असहयोग आन्दोलन समाप्त कर दिया।

1928 में राष्ट्रीय आन्दोलन में उस वक्त एक नई जान पड़ गई जब ब्रिटिश सरकार ने भारत में लोकतांत्रिक सुधारों संबंधी आगामी उपायों का अध्ययन करने हेतु सायमन आयोग नियुक्त किए जाने की घोषणा की। कांग्रेस ने उक्त आयोग का इस आधार पर बहिष्कार किया कि इस आयोग में भारतीयों का प्रतिनिधित्व नहीं किया गया था। उसने एक समानान्तर संविधान बनाना शुरू कर दिया जिसमें प्रमुख समुदायों की सहमति थी। एक सर्वसम्मति रिपोर्ट तैयार करने के लिए मोतीलाल नेहरू की अध्यक्षता में एक समिति नियुक्त की गई। एक समिति ने स्व–शासी राज्य पर आधारित एक सर्वदलीय संविधान तैयार किया। इस रिपोर्ट ने निजी और व्यक्तिगत सम्पत्ति में उपाधियों को भी मान्यता दी। समाजवादियों ने स्वतंत्रता के लक्ष्य को छोड़ देने के लिए इस योजना की आलोचना की। परन्तु अधिक महत्त्वपूर्ण यह है कि इस रिपोर्ट को जिन्ना और मुस्लिम लीग का समर्थन नहीं मिला, जिन्हें लगता था कि मुस्लिम हितों की रक्षा नहीं की गई। चूँकि सर्वदलीय सम्मेलन ने लीग की माँगें नहीं मानीं, जिन्ना ने कांग्रेस से किनारा कर लिया।

31 दिसम्बर 1929 को कांग्रेस ने जवाहरलाल नेहरू की अध्यक्षता में 'पूर्ण स्वराज्य' यानी पूरी आजादी के लिए एक प्रस्ताव पारित किया। सविनय अवज्ञा आन्दोलन नमक कानून

तोड़कर 6 अप्रैल 1930 को शुरू हुआ। गाँधी जी चाहते थे कि हर गाँव वर्जित नमक को जाकर लाए अथवा बनाए, महिलाएँ शराब की दुकानों, अफीम के अड्डों व विदेशी वस्त्रों को लेन–देन करने वाली हर दुकानों पर धरना दें; बच्चे–बूढ़े सभी खादी कातें और विदेशी कपड़ा जला दें, हिन्दू जन अस्पृश्यता से परहेज करें, छात्र–छात्राएँ सरकारी स्कूल छोड़ दें और सरकारी कर्मचारी अपनी नौकरियों से त्यागपत्र दे दें। सरकार ने अनेक अध्यादेश जारी कर, कांग्रेस और उसकी सभी शाखाओं पर प्रतिबंध लगाकर, अखबारों एवं छापाखानों को बंद करवाकर और करीब 90,000 लोगों को गिरफ्तार कर इसका जवाब दिया। तदोपरांत हुई वार्ताएँ गाँधी–इर्विन समझौते में परिणत हुईं जिसके द्वारा सभी राजनीतिक बंदियों को रिहा कर दिया गया और गाँधी जी लन्दन में गोलमेज सम्मेलन में कांग्रेस के एकमात्र प्रतिनिधि बनने को सहमत हो गए। परन्तु इस सम्मेलन में विभिन्न भारतीय गुटों, कांग्रेस, हिन्दू महासभा, मुस्लिम लीग, सिख, देशी राजाओं आदि, में मतभेद होने के कारण कोई सहमति नहीं बन सकी और गाँधी जी सम्मेलन से खाली हाथ लौट आये। इसी बीच गोरी सरकार ने साम्प्रदायिक पुरस्कार की घोषणा कर दी जिसने न केवल मुसलमानों, सिखों, ईसाइयों को, अपितु पददलित वर्गों को भी अलग–अलग निर्वाचक क्षेत्र दे दिए। गाँधी जी ने जेल में आमरण अनशन शुरू कर दिया। इसके परिणामस्वरूप पूना समझौते पर हस्ताक्षर किए गए जिसमें पृथक् निर्वाचक क्षेत्र की बजाय पददलित वर्गों के लिए सीटें आरक्षित किए जाने का प्रावधान था।

1935 में एक अधिनियम पारित किया गया जिसमें ब्रिटिश भारत के प्रांतों में स्वायत्त विधायी निकायों की स्थापना, प्रांतों व राजसी राज्यों को शामिल कर एक संघीय स्वरूप की सरकार बनाने तथा मुस्लिम अल्पसंख्यकों की रक्षा किए जाने संबंधी व्यवस्था थी। यद्यपि यह अधिनियम राजनीतिक दलों की आशाओं पर खरा नहीं उतरा, सभी दलों ने 1937 में प्रांतीय विधानसभाओं (असेम्बली) के लिए चुनाव लड़ने का निर्णय कर लिया। कांग्रेस ने सात में से पाँच प्रांतों में पूर्ण बहुमत और मुम्बई में लगभग बहुमत प्राप्त कर लिया। दूसरी ओर, मुस्लिम लीग किसी भी प्रांत में सरकार नहीं बना सकी और कांग्रेस के साथ उत्तर प्रदेश व मुम्बई में गठबंधन सरकार संबंधी उसके विचार को परवर्ती द्वारा ठुकरा दिया गया। इसने जिन्ना को और अधिक विमुख कर दिया। उन्होंने मुसलमानों को एक अल्पसंख्यक वर्ग के रूप में नहीं बल्कि एक पृथक राष्ट्र के रूप में देखना शुरू कर दिया। मार्च 1940 में जिन्ना ने 'द्वि–राष्ट्र' सिद्धांत का प्रस्ताव रखा और मुस्लिम लीग ने अपना प्रसिद्ध प्रस्ताव पारित कर दिया जिसमें भारत के पश्चिमी व पूर्वी कटिबंधों पर भौगोलिक रूप से सटे हुए भू–भागों को शामिल कर एक पृथक् मुस्लिम राज्य की माँग की गई थी।

जब द्वितीय विश्व–युद्ध छिड़ गया तो अंग्रेजों ने भारतीय नेताओं से सलाह किए बगैर ही भारत की ओर से युद्ध की घोषणा कर दी। कांग्रेस के प्रांतीय मंत्रियों ने इसके विरोध में त्याग–पत्र दे दिया। 1942 में कांग्रेस ने माँग की कि अंग्रेज तुरंत भारत छोड़ दें और प्रसिद्ध 'भारत छोड़ो' प्रस्ताव पारित कर दिया। परन्तु इससे पहले कि इस उद्देश्य को लेकर आन्दोलन छेड़ा जाता, गाँधी जी समेत सभी नेताओं को गिरफ्तार कर लिया गया और उक्त आन्दोलन ने नेतृत्वहीन होकर एक हिंसक मोड़ ले लिया। देश भर में हड़तालें, आंदोलन और विरोध–प्रदर्शन हुए।

पुलिस थानों, डाकघरों एवं रेलवे स्टेशनों पर हमले किए गए, संचार व्यवस्थाएँ ठप कर दी गईं और रेल की पटरियाँ उखाड़ दी गईं।

इस बीच मुस्लिम लीग जल्द ही मुसलमानों की मुख्य प्रवक्ता बन गई। अप्रैल 1945 में ब्रिटेन में नई लेबर सरकार सामने आई। युद्ध ने ब्रिटेन की अर्थव्यवस्था को कमजोर कर दिया था। ब्रिटेन ने भारत जैसे एक उपनिवेश की देखरेख में परेशानी महसूस की। मार्च 1946 में गोरी सरकार ने एक कैबिनेट मिशन भारत भेजा। विभिन्न राजनीतिक दलों एवं संगठनों से लम्बे और विस्तृत विचार–विमर्श के बाद, मिशन ने देश को विभाजित करने हेतु मुस्लिम लीग की माँग को ठुकरा दिया और एक भारतीय संघ एवं एक संविधान सभा बनाए जाने विषयक अपने प्रस्ताव रखे। ये प्रस्ताव कांग्रेस एवं लीग दोनों द्वारा यद्यपि अनिच्छापूर्वक, स्वीकार कर लिए गए। सितम्बर 1946 में जवाहरलाल नेहरू के नेत्तृत्व में एक अंतरिम सरकार बनायी गई। मुस्लिम लीग भी सरकार में शामिल हुई परन्तु उसने नए संविधान के निर्माण में भाग न लेने का तय कर लिया। 20 फरवरी 1947 को ब्रिटिश प्रधानमंत्री ने जून 1948 के पहले–पहले भारत छोड़ देने हेतु सरकार के निर्णय की घोषणा की। लार्ड माउण्टबैटन को भारत भेजा गया ताकि सत्ता–हस्तांतरण हेतु इंतजाम कर सकें। इस बीच, अन्तरिम सरकार के भीतर कलहों से प्रशासन व्यवस्था के भंग होने का खतरा बना हुआ था। इन दो समुदायों के बीच शत्रुता ने भयावह रूप ले लिया था। जिन्ना इस बात पर अड़े हुए थे कि मुसलमान जन एक स्वायत्त राज्य से कम पर राजी नहीं होंगे। इस प्रकार भारत का विभाजन और पाकिस्तान की स्थापना दोनों ही अपरिहार्य थे। माउण्टबैटन का फार्मूला यह था कि देश तो विभाजित होगा ही परन्तु पंजाब और बंगाल भी विभाजित होंगे ताकि उदित हुआ सीमित पाकिस्तान कांग्रेस एवं लीग दोनों के विचारों को कुछ हद तक संतुष्ट कर सके। विभाजन एवं स्वतंत्रता विषयक यह फार्मूला भारत में सभी प्रमुख राजनीतिक दलों द्वारा स्वीकार कर लिया गया और ब्रिटिश पार्लियामेंण्ट द्वारा भारतीय स्वतंत्रता अधिनियम, 1947 के माध्यम से उसे अंतिम रूप दे दिया गया। इस अधिनियम ने भारत और पाकिस्तान नामक दो स्वतंत्र राज्यों के निर्माण की व्यवस्था दी, बंगाल और पंजाब के विभाजन को संभव बनाया और दोनों देशों की संविधान सभाओं को अपने–अपने संविधान तैयार करने हेतु शक्ति प्रदान की। तदनुसार, 15 अगस्त 1947 को भारत ने आजादी हासिल कर ली और भारतीय राष्ट्रीय कांग्रेस का सपना पूरा हो गया।

प्रश्न 2. पाकिस्तान के स्वतंत्रता संग्राम पर चर्चा करो।

उत्तर – भारत के राष्ट्रीय आन्दोलन के दौरान हुई मुख्य घटनाओं में एक थी – सम्प्रदायवाद का उदय और वर्धन। इन्हीं कारकों की वजह से अंततः पाकिस्तान का जन्म हुआ। सम्प्रदायवाद में तीन पड़ाव आते हैं – **1)** साम्प्रदायिक विचारधारा का जन्म तब होता है जब व्यक्ति जन अथवा समूह यह मानने लगते हैं कि उस धर्म–विशेष के लोगों के सामूहिक सामाजिक–आर्थिक हित हैं; **2)** दूसरा पड़ाव तब आता है जब एक व्यक्ति या एक समूह यह मानने लगता है कि विभिन्न धर्म–आधारित समुदायों के अपने–अपने विशेष हित हैं, हालाँकि इन हितों को समंजित एवं समायोजित किया जा सकता है; **3)** तीसरा पड़ाव तब आता है जब धार्मिक

मतभेदों को धर्म–विरूद्ध मतभेदों में बदल दिया जाता है और उन्हें एक–दूसरे से अंसगत होने के रूप में देखा जाता है। यही पड़ाव है जिसमें पृथक् राष्ट्र की धारणा जन्म लेती है।

सम्प्रदायवाद ने 19वीं शती के अंत में मानो एक अखिल भारतीय आयाम लेना शुरू कर दिया। ऐसी दशा में मुस्लिम अभिजात वर्ग द्वारा शुरू किए गए सुधार आंदोलन अंग्रेजी शिक्षा के प्रसार पर अभिलक्षित थे और मूल रूप से मुसलमानों को छोटे–मोटे कार्य–व्यापार में जाने के लिए तैयार करने की मंशा रखते थे। उन्होंने अपने समुदाय को आधुनिक विचारों से अवगत कराने का शायद ही प्रयास किया हो। सुधार आन्दोलन के सांप्रदायिक अभिगम ने मुस्लिम साम्प्रदायिक दलों एवं राजनीति के उदय और विकास हेतु आधार तैयार किया। अंग्रेजों ने इस घटनाक्रम का सकारात्मक जवाब दिया और मुसलमानों के बीच पृथक्तावादी प्रवृत्तियों को प्रोत्साहित करने के लिए सभी हथकण्डे अपनाये। ब्रिटिश उपनिवेशवादी पदाधिकारियों ने अपना आशीर्वाद मुस्लिम लीग को दिया जिसे दिसम्बर 1906 में एक अखिल भारतीय पार्टी का रूप दे दिया गया।

अपने प्रारम्भ से ही मुस्लिम लीग सशक्त साम्प्रदायिक अभिनति वाली एक रूढ़िवादी पार्टी रही। 1912 में बंगाल का विभाजन रद्द कर दिया गया तो अंग्रेजों के साथ–साथ मुस्लिम लीग भी व्याकुल एवं निराश हुई और ब्रिटिश साम्राज्य के भीतर ही भारत के लिए स्वशासन की वकालत करने लगी। 1916 में उसने भारतीय राष्ट्रीय कांग्रेस के साथ लखनऊ समझौते पर हस्ताक्षर किए, जिसके द्वारा कांग्रेस ने पृथक निर्वाचन क्षेत्र की व्यवस्था की स्वीकृति दे दी और दोनों ही पार्टियों ने भारत को अधिराज्य का दर्जा दिए जाने की दिशा में काम करने संबंधी अपनी मंशा ज़ाहिर कर दी। हिन्दू–मुस्लिम एकता असहयोग आन्दोलन के दौरान अपने शिखर पर थी। यह समझौता 1922 में असहयोग आन्दोलन वापस लिए जाने के साथ ही समाप्त हो गया। आने वाले वर्षों में हिन्दू–मुस्लिम सम्प्रदायवाद को सर उठाते देखा गया जो देश के विभिन्न भागों में हो रहे दंगों के रूप में अपनी कहानी कहता था।

सभी राजनीतिक दलों ने सायमन कमीशन का बहिष्कार किया और एक सर्वदलीय संविधान तैयार करने का फैसला किया। चूँकि मुस्लिम लीग नेता मोहम्मद अली जिन्ना द्वारा सामने रखी गई माँगे सम्मेलन में पूरी नहीं की गई, उसने कार्यतः अपना रास्ता कांग्रेस से अलग चुन लिया। परिणामतः, सभी मुस्लिम गुटों ने हाथ मिला लिया और एक अलग दस्तावेज सामने रखा जिसे 'जिन्ना का 14–सूत्रीय कार्यक्रम' कहा गया और जो भारत के भविष्य हेतु किसी भी आगामी विचार–विमर्श के लिए आधार बन गया। लीग की अड़ियल प्रकृति के कारण गोलमेज सम्मेलनों के दौरान किसी भी नतीजे पर नहीं पहुँचा जा सका। आग में घी डालने का काम किया ब्रिटिश सरकार के साम्प्रदायिक पुरस्कार (Communal Award) ने, जिसमें जिन्ना के 14–सूत्रीय कार्यक्रम में की गई लगभग सभी माँगे मान ली गई थीं।

1930 के बाद से मुस्लिम बुद्धिजीवियों के एक वर्ग ने भारत में एक पृथक् स्वतंत्र मुस्लिम राज्य के लिहाज से सोचना शुरू कर दिया। मुस्लिम लीग के 1930 के सत्र की अध्यक्षता करते हुए मुहम्मद इकबाल ने कहा – 'मैं पंजाब, उत्तर–पश्चिमी सीमान्त प्रांतों, सिन्ध और बलूचिस्तान को एक अलग राज्य में सम्मिलित देखना चाहता हूँ'। गोलमेज सम्मेलन में रहमत अली के नेत्तृत्व में इंग्लैण्ड में मुस्लिम छात्रों के एक गुट द्वारा एक मुस्लिम राज्य पाकिस्तान (PAKISTAN) का प्रस्ताव रखा गया (जिसमें चार प्रांतों का प्रथम अक्षर और

अंतिम प्रांत का आखिरी सिरा लिया गया था)।

एक पृथक् मुस्लिम राज्य की लालसा के बावजूद लीग ने कांग्रेस के साथ सहयोग की नीति का अनुशीलन किया और एक संगठित भारत के भीतर प्रांतों के बीच एक निर्बन्ध संघीय संबंध की हिमायत की। तथापि, 1937 के चुनावों के बाद, जिसमें लीग ने मुसलमानों के लिए आरक्षित 485 सीटों में से मात्र 108 सीटें जीतकर बुरा प्रदर्शन किया था, लीग एक कट्टर कांग्रेस–विरोधी पार्टी बन गयी। जैसे–जैसे मुसलमानों के बीच उसका समर्थन मजबूत होता रहा, वैसे–वैसे एक ही राष्ट्र के रूप में साथ–साथ रहने संबंधी विचार का स्थान घृणा, भय और अलगाव की राजनीति ने ले लिया। हिन्दू और मुसलमानों के हित परस्पर विरोधी एवं शत्रुवत् घोषित कर दिए गए। मार्च 1940 में लाहौर सत्र में लीग ने द्वि–राष्ट्र सिद्धांत को सामने रखा और एक प्रस्ताव पारित किया जिसमें भारत के उत्तर–पश्चिमी तथा पूर्वी भागों में मुसलमानों के लिए 'स्वतंत्र–राज्य' बनाये जाने की माँग की गई थी।

हालाँकि इस प्रस्ताव को उस वक्त गंभीरता से नहीं लिया परन्तु कुछ माह बीतते ही एक तीव्र परिवर्तन आया। 1943 तक आते–आते यह मुसलमानों के लिए एक आस्था की वस्तु और जीवन–मरण का प्रश्न बन गया। महत्त्वाकांक्षी राजनीतिज्ञों, विधिकर्त्ताओं एवं प्रशासकों को नए राज्य में सत्ता हेतु पर्याप्त अवसर दिखाई दिए। वकीलों, चिकित्सकों, अध्यापकों, उद्यमियों तथा उद्योगपतियों वाले व्यावसायिक वर्ग ने अपनी गतिविधियों के लिए काफी संभावना देखी। बंगाल और पंजाब के मुस्लिम किसानों के लिए पाकिस्तान को हिन्दू जमींदारों और बनियों द्वारा शोषण का अंत बताकर प्रस्तुत किया गया।

लीग ने 1945–46 का चुनाव इस आधार पर लड़ा कि 'लीग और पाकिस्तान के नाम पर वोट, इस्लाम के नाम पर वोट' होगा। मुसलमानों के लिए आरक्षित 495 सीटों में से 440 जीतकर लीग ने अपने आपको मुसलमानों के बीच एक प्रबल राजनीतिक दल के रूप में स्थापित कर लिया। जिन्ना ने घोषणा कर दी कि पाकिस्तान के मुद्दे पर कोई समझौता नहीं हो सकता। कैबिनेट मिशन योजना ने पाकिस्तान बनाये जाने को निरस्त कर दिया और एक अंतरिम सरकार बनाये जाने का आह्वान किया। प्रारम्भतः लीग सरकार में शामिल नहीं हुई, परन्तु फिर शामिल हो गयी, साथ ही यह भी घोषित कर दिया कि वह संविधान के प्रारूपण में भाग नहीं लेगी। अगस्त में जिन्ना ने पाकिस्तान के निर्माण के लिए 'सीधी कार्रवाई' करने का आह्वान किया। आने वाले महीनों में दोनों सम्प्रदायों के बीच अब तक के सबसे अधिक अपराधी दंगे देखे गए, जो बंगाल, बिहार और संयुक्त प्रांतों से आरम्भ होकर दिल्ली तक पहुँचे और पंजाब में चरम बिन्दु पर। माउण्टबेटन जिन्हें सत्ता–हस्तांतरण के लिए दिल्ली भेजा गया था, को लगा कि तत्काल कार्रवाई की आवश्यकता है और यह कार्रवाई सिर्फ सियासी हो सकती है। एक ओर माउण्टबेटन और भारतीय राष्ट्रीय कांग्रेस के बीच तथा दूसरी ओर माण्उटबेटन और जिन्ना के बीच विचार–विमर्श ने भारत के विभाजन के लिए योजना की रूपरेखा तैयार कर दी। इसको भारतीय स्वतंत्रता अधिनियम 1947 में शामिल कर लिया गया जिसने दोनों अधिराज्यों के सीमाक्षेत्रों को समायोज्य बताया और सीमा आयोग के निर्णय, बंगाल और पंजाब के विभाजन एवं असम से सिलहट के संबंध–विच्छेद उपरांत पक्की सीमाएँ निर्धारित किए जाने के रूप में परिभाषित किया। इस प्रकार, साम्प्रदायिक विभाजन को अन्ततः राजनीतिक विभाजन और फिर पाकिस्तान के निर्माण की ओर मोड़ दिया गया।

प्रश्न 3. बांग्लादेश में राष्ट्रवाद का उदय किस प्रकार हुआ?

उत्तर – बंगाल में राष्ट्रवाद के उदय और विकास का सबसे महत्त्वपूर्ण कारण था पाकिस्तान की सत्तारूढ़ सरकार के द्वारा उर्दू को राष्ट्रभाषा के रूप में लागू करना। बंगालियों ने इसे अपनी अभिलाषाओं का अपमान माना तथा इसे अपनी संस्कृति में अनुचित हस्तक्षेप का प्रयास माना। जनसमाज के विभिन्न स्तर इस फैसले के विरोध में उतर आये। प्रदर्शनकारी छात्रों को तितर–बितर करने के लिए पुलिस कार्रवाई ने कुछ की जान ही ले ली, जिससे पश्चिमी पाकिस्तान के खिलाफ बंगालियों का गुस्सा भड़क उठा। इस भाषा–आन्दोलन की चिंगारी प्रथम राष्ट्रवादी भावना को भड़काने में काम आयी और प्रबल पश्चिमी–पाकिस्तान सरकार द्वारा बंगालियों से दण्डस्वरूप किए गए आर्थिक एवं राजनीतिक सलूक से और दृढ़ हो गयी। यह माँग फिर प्रांतीय स्वायत्तता में बदल गयी। कानूनी, रूप से बंगाली जन पाकिस्तान के नागरिक थे परन्तु आर्थिक रूप से पश्चिमी पाकिस्तान और पूर्वी पाकिस्तान के बीच सबंध शोषणकारी था। पूर्वी पाकिस्तान की विदेशी मुद्रा आय का रूख पश्चिमी पाकिस्तान की ओर कर दिया गया था ताकि वहाँ की अर्थव्यवस्था विकसित हो, जबकि पूर्वी पाकिस्तान को पिछड़ा ही छोड़ दिया गया था। कुछ मात्रा में औद्योगीकरण हुआ था, मगर उसका लाभ पश्चिमी पाकिस्तान को ही मिलता था क्योंकि मालिक लोग अधिकतर पश्चिमी पाकिस्तान के ही थे। पश्चिमी पाकिस्तान को केन्द्रीय सरकार की कुर्सी मिलने के बाद मुस्लिम लीग ने पूर्वी पाकिस्तान में बंगाली नेताओं को उठने ही नहीं दिया और तो और, उसने तत्कालीन बंगाल के गैर–बंगाली नवाबों और मुस्लिम व्यापारियों के मेल के माध्यम से पूर्वी पाकिस्तान के मामलों को हाथ में लेने का प्रयास किया। यह स्थिति और बदतर हो गयी क्योंकि दफ्तरशाही के साथ–साथ सशस्त्र सेनाओं में भी पाकिस्तान के पूर्वी स्कंध की कोई महत्त्वपूर्ण भागीदारी नहीं थी। परिणामस्वरूप, बंगाली नेत्तृत्व को शीर्ष निर्णयन् प्राधार में देय भाग से भी काफी कम दिया गया। सरकार, नौकरशाही और सशस्त्र सेनाओं में पश्चिमी पाकिस्तान के अत्यधिक प्रभुत्व ने ही उन्हें पूर्वी पाकिस्तान के साथ चालबाजी करने और उस पर हावी होने की मंजूरी दी।

भाषा–आन्दोलन का सबसे महत्त्वपूर्ण प्रभाव 1954 के आम चुनावों पर पड़ा, जो सीमित मताधिकार के तहत कराये गये थे। आवामी मुस्लिम लीग जो 1949 में भाषा के नेत्तृत्व में उभरी थी, अन्य बंगाली पार्टियाँ एक संयुक्त मोर्चा बनाने के लिए साथ आ खड़ी हुईं। अन्य माँगों के अलावा, उन्होंने पूर्वी पाकिस्तान के लिए स्वायत्तता और बंगाली को एक राजभाषा के रूप में अपनाये जाने की माँग की। उन्होंने पूर्वी पाकिस्तान में मुस्लिम लीग को निर्णायक रूप से शिकस्त दी। तथापि, मुस्लिम लीग ने छह माह के ही भीतर संयुक्त मोर्चा सरकार को बर्खास्त कर दिया और राज्यपाल शासन के नाम पर सैनिक शासन लागू कर दिया। 1959 में जनरल अयूब खान के तहत फौजी तानाशाही की स्थापना के साथ ही पूर्वी पाकिस्तान के जन–संघर्ष का पहला दौर समाप्त हो गया।

अयूब खान की फौजी तानाशाही का वस्तुतः उद्देश्य मध्यवर्गों एवं देशज अभिजात वर्ग को सत्ता में आने से रोकना था। व्यापक आधार रखने वाले राजनीतिज्ञों को अयोग्य करार दे दिया गया और औद्योगिक एवं व्यापारशील बुर्जुआ वर्ग समर्थित सेना–नौकरशाही समूह पर सशस्त्र बलों का प्रभुत्व सुनिश्चित कर दिया गया। एक द्रुत ध्रुवीकरण जो इसके बाद हुआ, ने इन दोनों स्कन्धों के बीच बढ़ते राजनीतिक, आर्थिक एवं सांस्कृतिक भेदों के संचित प्रभाव को

प्रकट किया। इसे 1966 में, आवामी लीग के नेता, मुर्जिबुर्रहमान द्वारा घोषित छह–सूत्रीय कार्यक्रम में अभिव्यक्ति मिली। उसकी माँग थी कि सरकार प्रकृति में संघीय और संसदीय हो, उसके सदस्य जनसंख्या के आधार पर विधायी प्रतिनिधित्व वाले सार्वत्रिक वयस्क मताधिकार द्वारा चुने जायें; संघीय सरकार के पास केवल विदेशी मामलों एवं रक्षा विषयक मुख्य दायित्व ही हो; प्रत्येक स्कंध की अपनी ही मुद्रा हो और पृथक् वित्तीय खाते भी; करारोपण प्रांतीय स्तर पर किया जाये; प्रत्येक संघीय इकाई विदेश विनिमय की अपनी निजी आय पर नियंत्रण रखे; और प्रत्येक इकाई अपनी नागरिक सेना और संसदीय शक्तियों को बढ़ा सके। वह वस्तुतः एक संधि की माँग थी। भाषायी राष्ट्रवाद, स्वायत्तता, एक संतुलित आर्थिक विकास और लोकतंत्र के संघर्ष अब विलीन हो चुके थे।

1970 के चुनाव, यानी स्वतंत्रता प्राप्ति के पश्चात् प्रथम आम चुनाव संघर्ष का तीसरा दौर था। आवामी लीग ने न केवल प्रांतीय विधानसभा मतदान में वोट बटोरे, अपितु पूर्वी स्कंध की विशाल जनसंख्या की वजह से राष्ट्रीय विधानसभा में भी उसे बहुमत हासिल करने में सफलता मिली। ऐसी परिस्थितियों में प्रत्याशित संविधान सभा मुजिब का छह–सूत्रीय कार्यक्रम अपरिहार्य रूप से विधिकृत करती। अतः राष्ट्रीय विधानसभा का संयोजन सत्तारूढ़ सैनिक अभिजात वर्ग ने स्थगित कर दिया और पश्चिमी पाकिस्तान में विपक्ष, यानी जुल्फिकार अली भुट्टो को लेकर एक गठबंधन बना लिया गया। मुजिब ने एक व्यापक सविनय अवज्ञा आंदोलन शुरू कर दिया, इस उम्मीद से कि याहया खान से समझौता हो जायेगा, परन्तु पाकिस्तानी शासक वर्ग ने आत्म–समर्पण में बंगालियों को डराने–धमकाने हेतु अभिप्रेत सैनिक आक्रमण के लिए तैयार होने का समय निकालने के लिए समझौतों का प्रयोग किया।

जब 25 मार्च को बंगाली राष्ट्रवादियों पर सैनिक आक्रमण शुरू हो गया तो सविनय अवज्ञा और असहयोग आन्दोलन सशस्त्र संघर्ष में बदल गया। उत्पीड़न, बलात्कार एवं बुद्धिजीवियों की हत्या के साथ हुई बर्बर सैन्य कार्रवाई ने बांग्लादेश की अवाम में पाकिस्तानी राष्ट्रीयता का नामोनिशां मिटा दिया। भारी संख्या में असैनिक हताहतों ने बंगाली लोगों के भारत की ओर अभूतपूर्व प्रवसन की ओर प्रवृत्त किया। जो कि न्यायसंगत रूप से पाकिस्तान का एक आंतरिक मामला होना चाहिए था, तदनुसार भारत के लिए प्रमुख समस्या बन गया। भारत ने स्वतंत्रता सेनानियों को आश्रय स्थल और प्रशिक्षण सुविधाएँ मुहैया कराईं। इसके अलावा, उसने एक व्यापक कूटनीतिक आक्रमणकारी रवैया अपना लिया ताकि बांग्लादेश में नरसंहार और उसका मुक्ति संघर्ष दुनिया की नजर में आये। आखिरकार ,पाकिस्तान ने 3 दिसम्बर को भारत पर युद्ध थोपकर अपने पैरों पर कुल्हाड़ी मार ली। यह सशस्त्र संघर्ष 16 दिसम्बर 1971 को समाप्त हुआ जब पाकिस्तानी फौज ने ढाका में बांग्लादेश मुक्ति सेना और भारतीय सेना की संयुक्त कमान के समक्ष घुटने टेक दिए। बांग्लादेश एक संप्रभु स्वतंत्र राष्ट्र के रूप में उभरा।

प्रश्न 4. सिंहलियों तथा तमिलों के बीच मतभेद कब और क्यूँ प्रारंभ हुए?

उत्तर – श्रीलंका को पहले सीलोन के नाम से जाना जाता था। पहले यह देश छोटे–छोटे द्वीप में बंटा हुआ था, जिसका बाद में एकीकरण हुआ। भारत की तरह श्रीलंका भी ब्रिटिश सरकार के अधीन था। श्रीलंका में सिंहली और तमिलों के मध्य मतभेद मुख्य रूप से सन् 1920 में प्रारम्भ हुए। ब्रिटिश सरकार ने सन् 1920 में एक नए संविधान की घोषणा की। इस समय

प्रथम विश्वयुद्ध के परिणामस्वरूप ब्रिटिश सरकार भयंकर दबाव में थी, जिसके अनेक कारण थे, जैसे–विश्व व्यापार वृद्धि में गिरावट, खाद्य पदार्थों तथा अन्य आवश्यक वस्तुओं की कीमतों में वृद्धि, कामगार वर्गों में असंतुष्टि आदि। सन् 1920 में ब्रिटिश सरकार द्वारा घोषित संविधान में मुख्य रूप से निम्नलिखित विषयों का उल्लेख था– विधानमण्डल में एक निर्वाचित बहुमत, क्षेत्रीय रूप से चुने गए सदस्यों की संख्या में बढोत्तरी और साम्प्रदायिक प्रतिनिधियों के चुनाव की व्यवस्था। इस प्रकार की नई व्यवस्था से श्रीलंका में एक प्रतिनिधि सरकार तो अस्तित्व में आ गई लेकिन कार्यपालिका गवर्नर और औपचारिक कार्यकारी परिषद् के ही अधीन थी।

इन सुधारों का सबसे अधिक विपरीत प्रभाव सिंहली और तमिल वर्गों की आपसी समझदारी और सामंजस्य पर पड़ा। एक ओर जहाँ सिंहली नेता साम्प्रदायिक प्रतिनिधित्व की व्यवस्था समाप्त कर क्षेत्रीय प्रतिनिधित्व की व्यवस्था को स्थापित करना चाहते थे, वहीं दूसरी ओर अल्पसंख्यक तमिल वर्ग साम्प्रदायिक प्रतिनिधित्व व्यवस्था को कायम रखना चाहते थे ताकि उनके समुदायों को उचित प्रतिनिधित्व मिल सके। यहीं से सिंहलियों और तमिलों के बीच मतभेद शुरू हो गए। तमिलों ने अपने आप को अल्पसंख्यक समुदाय के रूप में स्थापित कर लिया। एक ओर जहाँ सिंहलियों और तमिलों के बीच मतभेद बढ़ते चले गए वहीं दूसरी ओर अल्पसंख्यक वर्ग कांग्रेस से अपना नाता तोड़कर अपने पृथक संगठन बनाने की तैयारी में जुट गए।

सन् 1931 में श्रीलंका में एक नया संविधान जारी किया गया। इस संविधान ने श्रीलंका के नेताओं को राजनीतिक सत्ता का प्रयोग करने का अवसर प्रदान किया। इसका उद्देश्य यह था कि श्रीलंका के नेतावर्ग संभावित स्वशासन की स्थापना के सम्बन्ध में प्रशासनिक अनुभव प्राप्त कर सकें। इस व्यवस्था के अंतर्गत राज्य परिषद् की व्यवस्था की गई थी जिसमें विधायी और कार्यकारी अंग भी शामिल किए गए थे। विधान परिषद् का गठन इस प्रक्रिया पर आधारित था कि क्षेत्रीय रूप से निर्वाचित सदस्यों की इसमें बहुलता हो। राज्य परिषद् को अन्य कार्यों का संपादन करने के लिए सात समितियों में बाँटा गया था। प्रत्येक समिति का प्रमुख एक मंत्री अथवा अध्यक्ष होता था। इस संविधान की सबसे प्रमुख विशेषता यह थी कि इसने पहली बार सभी नागरिकों को सार्वभौमिक मताधिकार प्रदान किया तथा राजनीतिक प्रक्रिया में सभी श्रीलंकाइयों को भागीदार बनाया।

भारत के स्वतंत्रता संग्राम आन्दोलन का प्रभाव श्रीलंका की राजनीति पर पड़ना स्वाभाविक था। इसके प्रभाव से वहाँ का आन्दोलन और भी तेज हो गया। समाज कल्याण के लिए आन्दोलनों में तेजी लाई गई। इसी बीच मार्क्सवादी राजनीतिक दल की स्थापना हुई जिससे कामगार वर्ग के आन्दोलन को प्रेरणा मिली। सार्वभौमिक मताधिकार की शुरूआत से भी धार्मिक राष्ट्रवाद को बढ़ावा मिला। बौद्ध पुनरूत्थान एवं सांस्कृतिक विरासत के कारण भी राष्ट्रवाद बँट गया। द्वितीय राज्य परिषद् (1936–47) के बीच इस सार्वभौमिक मताधिकार ने संविधानवादी नेताओं पर भी दबाव बनाना शुरू कर दिया कि वे भी राष्ट्रवाद के पुनरूत्थान के लिए स्वास्थ्य, शिक्षा और खाद्य सम्बन्धी सामाजिक और आर्थिक पहलुओं की दिशा में अपनी सक्रियता बढाएं।

आन्दोलन के बढ़ते प्रभाव को देखते हुए ब्रिटिश सरकार ने सन् 1944 में संवैधानिक

समस्याओं के समाधान के लिए सोलबरी आयोग का गठन किया। इस आयोग ने एक आंतरिक स्वदेशी शासन की स्थापना की सिफारिश की लेकिन इसमें रक्षा और विदेश मामले ब्रिटिश सरकार के नियंत्रण में ही रखने की बात कही गई थी। श्रीलंकाई उग्रपंथी तत्त्वों द्वारा सम्पूर्ण आजादी की माँग हो रही थी। इसी बीच भारत स्वतंत्र हो चुका था। अब श्रीलंका के मामले में भी ब्रिटिश सरकार पर यह दबाव बनने लगा कि वह 1974 में हुए आम चुनावों में नए संविधान के प्रावधानों के अंतर्गत चुने हुए जन–प्रतिनिधियों को 4 फरवरी, 1948 के दिन सम्पूर्ण सत्ता सौंप दे। श्रीलंका में शांतिपूर्ण तरीके से एक बहुत ही सहज प्रक्रिया के अंतर्गत सत्ता हस्तांतरण की प्रक्रिया सम्पन्न हुई। श्रीलंका में हो रहा अल्पसंख्यक तमिल नृवंशियों का नरसंहार भारत के लिए चिन्ता का विषय रहा है। भारतवंशी तमिलों का भारत से लगाव एवं उनके प्रति भारत का दायित्व तथा इस कारण भारत में उत्पन्न शरणार्थी समस्या के कारण भारत–श्रीलंका मैत्री में कड़वाहट विकसित हुई है। जब तक श्रीलंका में इस समस्या का समाधान नहीं हो जाता तब तक वहाँ स्थायी शान्ति की स्थापना संभव नहीं है। कई बार श्रीलंका सरकार और विद्रोहियों के बीच वार्ता कर शांति स्थापना के प्रयास किए गए लेकिन अभी तक इस दिशा में सफलता नहीं मिल पाई है।

प्रश्न 5. नेपाल में राजशाही का वर्णन कीजिए। इसका अंत किस प्रकार हुआ?

उत्तर – 18वीं सदी की शुरूआत तक नेपाल अनेक स्वतंत्र रियासतों में बंटा हुआ था। 18वीं शती–मध्य में पृथ्वीनारायण शाह, गुरखा रियासत के मुखिया ने समग्र नेपाल को एकीकृत किया और शाहवंश चलाया। नेपाल की वर्तमान सीमाएँ 1814 में ब्रिटिश शासकों के साथ युद्ध के बाद ही अस्तित्व में आयीं। नेपाल ने ब्रिटिश भारत को काफी मात्रा में राज्यक्षेत्र गँवाया, परन्तु उसने अपनी संप्रभुता संबंधी ब्रिटिश मान्यता हासिल की। यह सत्य है कि नेपाल पर अंग्रेजों द्वारा कभी कब्जा नहीं किया गया, परन्तु वह अपनी सम्पूर्ण स्वतंत्रता की अधिकार–माँग करने की स्थिति में भी विरला ही रहा। जब भारत आजाद हो गया तो नेपाल ने भी अपनी स्वतंत्र स्थिति घोषित कर दी।

चूँकि पृथ्वीनारायण के बाद उसके उत्तराधिकारी अल्पायु ही रहे, प्रधानमंत्रियों ने असीम राजनीतिक सत्ता का प्रयोग आरम्भ कर दिया। यह स्थिति 19वीं शती–मध्य तक जारी रही जब जंग बहादुर राणा ने सभी प्रतिद्वंद्वी राजनीतिक दलों को समाप्त कर दिया और राजा को नाममात्र का मुखिया बना दिया। शाह शासक, जो कि राजमहल की चारदीवारी में समाज से कटा रहता था, को एक संसद (शाही आदेश) जारी करने के लिए कहा गया, जिसमें जंग बहादुर को नागरिक एवं सैन्य प्रशासन तथा विदेश संबंधों में परम सत्ता सौंप दी जानी थी।

यह संसद जिसने अनन्त काल के लिए राणाओं को प्रधानमंत्री का पद सौंप दिया था, उसने देश में राणा परिवार के शासन हेतु कानूनी आधार भी प्रदान किया।

चूँकि राणा प्रधानमंत्रियों की सत्ता एवं उसके कल्पित अवतार द्वारा उत्तरदायित्वों के परित्याग पर आधारित, अन्ततोगत्वा विधि विरूद्ध ही थी, राणा शासन स्वेच्छाचारी और परिवर्तन–विरोधी हो गया ताकि अपने प्राधिकार के प्रति किसी भी चुनौती से बचा जा सके। इस प्रक्रिया में वे नेपाल को उन अनेक परिवर्तनों से महरूम रखने में सफल रहे जो कि पूरी दुनिया में,

यहाँ तक कि पड़ोसी देश भारत में भी, हो रहे थे।

नेपाल, बहरहाल, पूर्ण पार्थक्य में नहीं रहा। भारत में सुधार आन्दोलनों और भारतीय राष्ट्रीय कांग्रेस के तत्त्वावधान में राष्ट्रीय आन्दोलन ने मध्यवर्गों को गहरा प्रभावित किया। शिक्षित वर्गों की आधुनिकतावादी आकांक्षाओं का राणा शासन द्वारा दमन किए जाने से एक राणा-विरोधी आन्दोलन का जन्म हुआ। नेपाली निर्वासितों तथा वे जो शिक्षार्थ भारत आये थे, संस्थाएँ खड़ी कर लीं, जिनका उद्देश्य था – नेपाल में एक जन-आन्दोलन को जन्म देना और राणातंत्र के स्थान पर एक लोकतांत्रिक व्यवस्था लाना। 1930 के दशक में भारत में रहने वाले निर्वासित नेपाली लोगों द्वारा बनाए गए कुछ संगठन, जैसे नेपाली नागरिक अधिकार समिति, प्रचण्ड गोरखा, प्रजा परिषद् आदि ने माँग की कि नेपाल में तत्काल राजनीतिक सुधार हों और राणा शासन का अन्त हो। इसने नेपाल में आंतरिक उपद्रवों को जन्म दिया। नेपाल में यह घटनाएँ इस उपमहाद्वीप से अंग्रेजों के वापस जाने की तैयारियों के साथ ही घटीं। उल्लेखनीय है कि राणा तंत्र को भारत में उन ब्रिटिश शासकों द्वारा समर्थन और सातत्य प्राप्त था जो राणाओं में एक कार्यकर और चापलूस सखा की झलक पाते थे। देश के भीतर का माहौल राणाओं के पक्ष में नहीं था। स्पष्ट कारणों से राजा राणा-विरोधी ताकतों से जा मिला था। इसके अतिरिक्त, राणाओं में स्वयं आंतरिक विरोध जन्म ले चुके थे जिनकी वजह थी – परिवार में विस्तारित और अव्यवस्थित वंश की विभिन्न श्रेणियाँ। तदनुसार, पारिवारिक पदानुक्रम और वंश की निम्न पदस्थिति वाले (कम शुद्ध विवाह-संबंध से जन्मे) अनेक राणाजन या तो सीधे-सीधे राणा-विरोधी आन्दोलन में ही शामिल हो गए या फिर अप्रत्यक्ष रूप से शासक गुट का विरोध करने लगे क्योंकि उक्त पतित प्रणाली में उनकी कोई हिस्सेदारी नहीं रही थी। राणा शासकों में इस बात को लेकर भी विचारधारा और कार्यप्रणाली संबंधी तीखे मतभेद थे कि परिवर्तन-समर्थक ताकतों से किस तरह पेश आया जाये। ऐसी परिस्थितियों में, तत्कालीन राणा प्रधानमंत्री पद्म शमशेर ने लोकतांत्रिक आन्दोलन के नेताओं के साथ समझौता करने की बात सोची। प्रवृत्ति में इस परिवर्तन ने नेपाल में राजनीतिक सुधारों और संवैधानिक विकास आदि के लिए एक राह गढ़ी।

1948 में राणा मोहन शमशेर ने नेपाल के प्रथम लिखित संविधान की घोषणा की। इसमें आम जनता को मौलिक अधिकार दिए गए थे और राणाओं की पारम्परिक शक्तियों को छेड़े बगैर परम्परागत पंचायत व्यवस्था को फिर से जीवित किया गया था। जब राणा प्रधानमंत्री ने नेपाली राष्ट्रीय कांग्रेस को कानूनी आश्रय से वंचित कर दिया और नए संविधान को लागू करने में कोई रूचि नहीं दिखाई तो अगस्त 1948 में कलकत्ता में नेपाल लोकतांत्रिक कांग्रेस का गठन करने के लिए राणा-विरोधी ताकतें एकजुट हो गयीं। इस दल ने किसी भी तरीके से राणाओं को मिटा डालने की सिफारिश की, बेशक सशस्त्र विद्रोह ही करना पड़े। उसने जनवरी 1949 और जनवरी 1950 में सैन्य राज्य-विप्लवों को भड़काने का प्रयास भी किया परन्तु असफल रहा। अक्तूबर 1948 में जब राणा सरकार ने बी.पी. कोइराला व अन्य संगठनकर्ताओं को बन्दी बना लिया और शासन-विरोधियों को कठिन परिस्थितियों में रखा व जेल में घोर यंत्रणा भी दी, तो उसके लोकतांत्रिक विरोधी एक बार फिर उसके खिलाफ हो गए।

राष्ट्रवादियों का सवेरा 1950 में हुआ जब राजा त्रिभुवन ने सपरिवार भारत में शरण माँगी। नेपाली कांग्रेस के झण्डे तले तब एकजुट अनेक राणा-विरोधी संगठनों ने राणा शासन के

खिलाफ एक सशस्त्र संघर्ष छेड़ दिया। जब उसकी सेनाओं ने राणाओं से छीनकर तराई के काफी हिस्से पर कब्जा कर लिया तो नेपाली कांग्रेस ने वीरगंज के सीमा नगर में एक अंतरिम सरकार कायम कर दी। ऐसी स्थिति में भारत ने, जिसने नेपाल में राणा शासन को हाल ही में मान्यता दी थी और 1950 में शांति और मित्रता संधि को समाप्त कर दिया था, कोई सौहार्दपूर्ण हल निकालने के लिए हस्तक्षेप करने का फैसला कर लिया। इस संकटपूर्ण स्थिति में भारत ने नेपाली राजनीति के तीन खण्डों के बीच मध्यस्थता की – राणाजन, जन–प्रिय नेतागण तथा राजा अर्थात् नेपाल नरेश, ताकि कोई निबटारा हो सके। भारत का नजरिया यह था कि नेपाल कोई बीच का रास्ता अपनाये जिसमें पारम्परिक अभिजात वर्ग की रक्षा हो और साथ ही लोकतंत्र की दिशा में कुछ प्रगति की जाये। फरवरी 1951 में नई दिल्ली में सम्पन्न समझौते में राणाओं व नेपाली कांग्रेस की एक गठबंधन सरकार की परिकल्पना की गई, साथ ही लोकतंत्र की प्रतिष्ठा और सत्ता को फिर से कायम करने की भी। पाँच राणाओं तथा नेपाली कांग्रेस पार्टी के पाँच ही सदस्यों को लेकर मोहन शमशेर के नेत्तृत्व में एक अंतरिम मंत्रालय को काठमाण्डू से नरेश के लौटने पर उक्त माह ही शपथ दिला दी गई। नरेश ने एक 'लाल मोहर' जारी की, तदनुसार राणा परिवार के सभी परंपरागत अधिकार और विशेषाधिकार वापस ले लिए गए। इस प्रकार एक ऐसी शासन प्रणाली जो कि 104 वर्षों तक चली, 104 दिनों में ही ढेर हो गयी।

प्रश्न 6. भूटान तथा मालद्वीव के स्वतंत्रता संग्राम पर टिप्पणी कीजिए।

उत्तर – भूटान का स्वतंत्रता संग्राम – 17वीं शताब्दी तक भूटान अनेक छोटी–छोटी रियासतों में बँटा रहा। पूर्वी भूटान में एक तिब्बती राजकुमार जो नौवीं शताब्दी ईस्वी में अन्यत्र जा बसा, के वंशजों द्वारा एक शासक–गृह की स्थापना की गई। पश्चिमी भूभाग अनेक जागीरों में बँटा था, जिनका नियंत्रण विभिन्न बौद्ध मठवासीय घरानों के हाथ में होता था। राजकुमार अबोत–शाब्ड्रुंग नवांग नांग्याल भूटान में 1616 में एक शरणार्थी के रूप में आया। बौद्धधर्म संबंधी उसके घराने से संबंधित विद्यमान मठों की मदद से उसने भूटान को एकीकृत करने के लिए संघर्ष शुरू कर दिया। इस संघर्ष में शाब्ड्रुंग ने प्रतिद्वंद्वी घरानों को हरा दिया, और साथ ही तिब्बत की ओर से बार–बार आने वाले आक्रमणकारियों को पीछे खदेड़ दिया और देश को एक कर दिया। परन्तु उसकी मृत्यु के बाद भूटान में फिर हलचल शुरू हो गई। इस हलचल से उभरे उझेन वांग्चुक जिन्होंने 1907 में भूटान में व्यवस्था और शांति बहाल की और वर्तमान परम्परागत शासक–गृह स्थापित किया।

18वीं शताब्दी के उत्तरार्ध में जब ब्रिटेन द्वारा बंगाल प्रेसीडेन्सी की स्थापना की गई तो उसकी सीमाएँ भूटान राज्यक्षेत्र को छूती थी। इससे अंग्रेजों और भूटानियों के बीच आये दिन झड़पें होने लगीं। इसने अन्ततोगत्वा 1864–65 में बड़े पैमाने पर आंग्ल–भूटानी युद्ध की ओर प्रवृत्त किया जिसने सीमा निर्धारित कर दी। इसके बाद चीन और तिब्बत की कीमत पर भूटान में ब्रिटिश प्रभाव धीरे–धीरे बढ़ गया। 1910 में, चीनी विरोध के बावजूद, उझेन वांग्चुक ने भारत के अंग्रेज शासकों के साथ एक संधि पर हस्ताक्षर किए जिसमें वह 'अपने विदेश मामलों के संबंध में अंग्रेज सरकार की सलाह पर चलने के लिए सहमत हो गया''। बदले में, अंग्रेज सरकार ने भूटान के आंतरिक मामलों में हस्तक्षेप न करने का वचन दिया।

अगले ही वर्ष भूटान नरेश ने प्रसिद्ध 'दिल्ली दरबार' में शिरकत की और उसने इस तथ्य को जाना और स्वीकार किया कि दरबार में भाग लेने का हक सामन्ती मुखियाओं के सिवाय किसी का नहीं था। अंग्रेजी ने, बहरहाल, भूटान को कोई भारतीय राज्य नहीं माना और उन नीतियों को नहीं अपनाया जो सामान्यतया देशी राजाओं पर लागू होती थीं, जैसे – उत्तराधिकार को मान्यता देना और नियमित करना, राज्य पर खतरा अथवा व्यापक अराजकता होने की स्थिति में हस्तक्षेप करना।

जब भारत स्वतंत्रता के द्वार पर था तो भूटानी सरकार को भय हुआ कि कहीं नई भारतीय सरकार भूटान के आंतरिक मामलों में हस्तक्षेप न शुरू कर दे और एक प्रति–संतुलन के रूप में लंदन में ब्रिटिश सरकार के साथ कुछ संबंध बनाने चाहे। तथापि, जब भूटानी शिष्टमण्डल नई भारतीय सरकार के साथ एक गतिरोध संधि पर हस्ताक्षर करने नई दिल्ली आया तो वह नई भारतीय शासन–व्यवस्था की निष्कपटता से काफी प्रभावित हुआ। भूटान सरकार और सिक्किम स्थित राजनीतिक अधिकारी ने अगस्त 1949 में दार्जिलिंग में भारत–भूटान संधि, 1949 पर हस्ताक्षर किए। इस संधि में स्पष्ट तौर पर कहा गया कि भूटान एक संप्रभु सत्ता है। भारत ने भूटान के आंतरिक प्रशासन में हस्तक्षेप न करने का फैसला किया जबकि भूटान अपने विदेश संबंधों में भारत की सलाह पर चलने के लिए राजी हो गया। संधि लागू करने में विवाद उठने की स्थिति में भारत के संघीय उच्च न्यायालय जजों के बीच एक भारतीय, एक भूटानी प्रतिनिधि और भूटान द्वारा नामांकित किए जाने वाले अध्यक्ष के साथ मध्यस्थता नियम–संग्रह की भी परिकल्पना की गई। इन समझौता–शर्तों में दोनों ही संविदाकारी पक्षों की संतुष्टि के लिए काम किया गया है।

मालदीव का स्वतंत्रता संग्राम – मालदीव का प्रारंभिक इतिहास अज्ञात है। यहाँ के आदि उपनिवेशक संभवतः दक्षिणी भारत से आये। उनके बाद भारतीय–यूरोपीय भाषाएँ बोलने वाले यहाँ चौथी और पाँचवीं शती ईसापूर्व में श्रीलंका से आये। 12वीं शताब्दी ईस्वी में पूर्वी अफ्रीका और अरब देशों से नाविक इस द्वीपसमूह पर आये। मालदीवी नृजातीय पहचान इसी कारण इन संस्कृतियों का एक मिश्रण है जिसको धर्म और भाषा से मजबूती मिली।

मूल रूप से बौद्ध मालदीवी जन 12वीं शती–मध्य में सुन्नी इस्लाम में धर्मान्तरित हो गए। तभी से मालदीव का शासन अपने इतिहास के अधिकांश भाग इस्लामी सल्तनत के रूप में ही रहा है। यह तटीय भारत में कन्नानौर के राजा की सामन्तिक अधीनता के अंतर्गत आता था। अपने इतिहास में पहली बार मालदीव विदेशी सत्ता के सीधे नियंत्रण में तब आया जब 1553 में उत्तरी द्वीपों पर पुर्तगालियों ने कब्जा कर लिया। 15 वर्षों के भीतर ही पुर्तगालियों को योद्धा–देशभक्त, मोहम्मद बोदू ताकुरू के नेतृत्व में जनता द्वारा खदेड़ दिया गया। सुल्तान ने तत्पश्चात् पुर्तगाल के साथ एक संधि कर ली जिसने उनकी स्वतंत्रता पर प्रतिबंध लगा दिया और श्रीलंका में पुर्तगालियों को एक तयशुदा सालाना नजराना भेजे जाने पर दबाव डाला।

जब हॉलैण्डवासियों और फिर ब्रिटेनवासियों ने श्रीलंका पर अपनी पकड़ मजबूत कर ली तो मालदीव के सुल्तान ने वहाँ यूरोपीय गवर्नरों को उक्त वार्षिक भेंट भेजे जाने की प्रथा जारी रखी, जो कि 20वीं शती के पूर्वार्ध तक चलती रही। यूरोपवासियों ने मालदीव की स्थानीय सरकार आंतरिक मामलों को अपने हाल पर छोड़ दिया।

द्वीप समूह के सामरिक महत्त्व को जानने के साथ–साथ ब्रिटिश जनता द्वारा किए जाने वाले कारोबार को बचाने के लिए भी, 1887 में श्रीलंका के गवर्नर ने सुल्तान के साथ एक करार पर हस्ताक्षर किए। इस समझौते के मार्फत ग्रेट ब्रिटेन ने मालदीव को अपने संरक्षित राज्य की मान्यता दे दी। समझौते की शर्तों के अनुसार, सुल्तान की मान्यता प्रदान करने और यथाविधि अधिकार देने और देश के रक्षा व विदेश संबंधों का नियंत्रण ग्रेट ब्रिटेन के न्यायगत थे। बदले में, द्वीपवासियों को आंतरिक मामले निबटाने की आजादी दे दी गई थी।

मालदीव एक के बाद एक सुल्तान के अधीन रहता आया। 1932 तक सुल्तान वंशागत रहे फिर सल्तनत को चयनात्मक बनाने का प्रयास किया गया, जिससे सुल्तान की निरंकुश शक्तियों को सीमा में बाँधा जा सके। मालदीव 1953 तक एक ब्रिटिश–ताज संरक्षित राज्य रहा, जब सल्तनत को बर्खास्त कर दिया गया और मुहम्मद अमीन दीदी की अध्यक्षता में प्रथम गणतंत्र की घोषणा कर दी गई। सल्तनत को बहरहाल अगले ही वर्ष बहाल कर दिया गया। तभी से मालदीव में राजनीतिक घटनाचक्र पर इस द्वीपसमूह में ब्रिटिश सैन्य उपस्थिति का प्रभाव रहा है।

1956 में ब्रिटेन ने गन द्वीपसमूह पर अपना युद्धकाल हवाई क्षेत्र और हिताद्दू द्वीपसमूह पर एक रेडियो स्टेशन पुनःस्थापित करने की इजाजत ले ली। मालदीव ने अंग्रेजो को गन 100 वर्ष के पट्टे पर दे दिया जिसके लिए उन्हें प्रतिवर्ष 2000 पौण्ड दिए जाने थे। इससे पहले कि यह करार मंजूर होता, नए प्रधानमंत्री इब्राहिम नसीर ने पट्टे की अवधि घटाये जाने और वार्षिक भुगतान बढ़ाये जाने के पक्ष में समझौते पर पुनर्विचार किए जाने का आह्वान किया। परन्तु 1959 में नसीर को दक्षिणी प्रवाल द्वीपों में एक स्थानीय पृथक्तावादी आन्दोलन द्वारा चुनौती पेश की गई, जिनको कि गन पर ब्रिटिश विद्यमानता से आर्थिक लाभ पहुँचता था। उसने ब्रिटेन को तीस वर्ष की अवधि के लिए गन व हिताद्दू दोनों ही सुविधाएँ प्रयोग करते रहने की इजाजत दे दी, जिसके बदले में मालदीव के आर्थिक विकास के उद्देश्य से 1960 से 1965 की अवधि तक साढ़े सात लाख पौण्ड का भुगतान किया जाना था।

26 जुलाई 1965 को मालद्वीप ने ब्रिटेन के साथ एक समझौते पर हस्ताक्षर कर आजादी हासिल कर ली। ब्रिटिश सरकार ने गन और हिताद्दू सुविधाओं का प्रयोग जारी रखा। मार्च 1968 में एक राष्ट्रीय जनमत–संग्रह द्वारा सल्तनत समाप्त कर दी गई। इसी वर्ष नवम्बर में इब्राहिम नसीर की अध्यक्षता में मालदीव एक गणतंत्र बन गया।

प्रश्न 7. मानव विकास से आप क्या समझते हैं? मानव विकास के आयामों का वर्णन कीजिए। [Dec-08, Q.No.-8]

उत्तर – मानव विकास की अवधारणा एक नई अवधारणा है। प्राचीन विचारधाराओं में मानव विकास की अवधारणा सम्मिलित नहीं थी। मानव विकास अवधारणा के अंतर्गत नागरिकों को दीर्घ एवं स्वस्थ जीवन जीने, शिक्षित बनाने तथा एक अच्छे जीवन जीने की सभी सुविधाएँ उपलब्ध कराई जाती हैं। प्रख्यात अर्थशास्त्री **अमर्त्य सेन** के अनुसार, मानव विकास की अवधारणा का अर्थ 'लोगों के विकल्पों को बढ़ाने की प्रक्रिया' से है।

मानव विकास अभिगम को आधार मिल गया कि जब संयुक्त राष्ट्र विकास कार्यक्रम (यू.एन. डी.पी.) ने 1990 में प्रथम ह्यूमन डेवलपमेंट रिपोर्ट में मानव विकास संबंधी एक व्यापक

अवधारणा प्रस्तुत की। महबूब–उल–हक के दिशानिर्देशन में तैयार इस रिपोर्ट में मानव विकास को मानवीय क्षमताओं एवं कार्यकलापों को बढ़ाकर लोगों की विकल्प–शृंखला को विस्तार देने संबंधी एक प्रक्रिया के रूप में परिभाषित किया गया था। तदोपरांत वार्षिक मानव विकास रिपोर्टों में मानव विकास प्रतिमान की और अधिक व्याख्या की गई है।

मानव विकास के आयाम – 1) पहला है समदृष्टि अर्थात् अवसरों हेतु समान पहुँच। मानव विकास सभी लोगों के विकल्पों को विस्तार प्रदान करने से संबंध रखता है। समदृष्टि के बिना विकास अनेक व्यक्तियों के विकल्पों को रोक देता है।

2) दूसरा है सातत्य अर्थात् निरन्तरता। मानव विकास सभी प्रकार की पूँजियों – भौतिक, मानवीय, वित्तीय एवं पर्यावरणीय की निरन्तरता पर बल देता है, ताकि भावी पीढ़ियाँ अपने कल्याणार्थ वही अवसर प्राप्त कर सकें जिसका कि वर्तमान पीढ़ी लाभ उठाती है।

3) तीसरा है उत्पादकता। मानव विकास लोगों में निवेश करने में विश्वास करता है ताकि वे अपनी अधिक–से–अधिक कार्यक्षमता अर्जित कर सकें। इसका अर्थ यह नहीं है कि लोगों को महज मानव संसाधनों, बेहतर आर्थिक कुशलता के एक साधन के रूप में देखा जाता है। लोग ही विकास प्रक्रिया के परम लक्ष्य हैं।

4) अंततः, सशक्तीकरण। मानव विकास उन लोगों द्वारा विकास पर ध्यान केन्द्रित करता है, जिन्हें अवश्य ही उन गतिविधियों, घटनाक्रमों एवं प्रक्रियाओं में भागीदार होना चाहिए जो उनके जीवन को आकार प्रदान करती हैं।

समय के साथ, मानव विकास की अवधारणा एक बहुआयामी अभिगम में विकसित हो चुकी है। मानव विकास की अवधारणा धीरे–धीरे सामाजिक विकास के मूल रूप से सभी क्षेत्रों में फैला दी गई है। आय एवं कल्याण के बीच खोये संबंध विषयक मूल केन्द्र में ये बातें जोड़ी गई हैं – सामाजिक ढाँचे एवं उन सेवाओं के प्रावधान हेतु विशेष ध्यान, जो सभी नागरिकों हेतु एक समान आधार पर उपलब्ध करायी जाती है; लिंगभेद समानता पर विशेष जोर; और राजनीतिक एवं आर्थिक निर्णयन् में भागीदारी हेतु समान अवसर। परवर्ती को एक शक्तिदायी वैध एवं संस्थागत ढाँचे के साथ–साथ नागरिकों एवं समाज संगठनों के सशक्तीकरण की भी अपेक्षा होती है ताकि वे अधिकारियों तक पहुँचने में सक्षम रहें।

उक्त अवधारणा के कुछ अनुयायियों ने सातत्य पर और अधिक खास जोर दिया। संयुक्त राष्ट्र विकास कार्यक्रम (यू.एन.डी.पी.) की अनेक वार्षिक रिपोर्टें सामाजिक विकास के क्षेत्रों तक मानव विकास के विस्तार को दर्शाती हैं। 1995 की मानव विकास रिपोर्ट (एच.डी.आर.) में, उदाहरण के लिए, लिंगभेद समानता पर ध्यान केन्द्रित किया गया था। इस रिपोर्ट में एक लिंगभेद–संबंधित विकास निर्देशिका (जी.डी.आई.) शामिल की गई थी ताकि लिंगभेद संबंधी पूर्वाग्रह को इन तीन केन्द्रिक मानवीय क्षमताओं में सीमाबद्ध किया जा सके। महबूब–उल–हक विकास केन्द्र जो दक्षिण एशिया में मानव विकास संबंधी रिपोर्टों (ह्यूमन डिवैलॅपमण्ट इन साउथ एशियन रिपोर्ट्स) को प्रकाशित करता रहा है, ने यह इंगित करने के लिए कि इस क्षेत्र में सरकारें अपने नागरिकों की सेवा के लिहाज से किस प्रकार सफल हो रही है एक नई निर्देशिका – द ह्यूमन गवर्नेंस इण्डेक्स, शुरू की।

इस बात पर, बहरहाल, ध्यान दिया जाना चाहिए कि मानव विकास एक अभिगम है, न कि कोई सिद्धांत या उपदेश। वह व्यवहार में लाने के लिए कोई निश्चित कार्य–योजना अथवा

सिद्धांत प्रस्तुत नहीं करता। कितनी भागीदारी हो, किस हद तक असमानता हो, सत्ता–असंतुलनों को कम करने हेतु क्या बंदोबस्त किया जाये, कौन–सी मानवीय क्षमताओं को सशक्त किये जाने के लिए कितने सरकारी समर्थन की आवश्यकता है, आदि इसी प्रकार के अन्य विषय हैं जिनके संबंध में कोई स्पष्ट दिशानिर्देश नहीं है। वे लोकतांत्रिक राजनीतिक प्रक्रिया द्वारा ही तय किए जाने चाहिए। मानव विकास अभिगम विचारने और समझने हेतु विषयों व प्राथमिकताओं की एक व्यवस्था प्रदान करता है, न कि लिए जाने वाले निर्णयों की कोई जाँच–सूची।

प्रश्न 8. मानव विकास तथा नव–उदारवाद में भेद कीजिए।

[June-07, Q.No.-11(ii)]

उत्तर – मानव विकास और उदारवाद में अंतर निम्न प्रकार से किया जा सकता है :

	मानव विकास	नव–उदारवाद
उद्देश्य	मनुष्य के अवसरों व क्षमताओं का विस्तार	आर्थिक कल्याण का आधिक्यीकरण
विषय–केन्द	जन–साधारण	बाजार
निर्देशक–सिद्धान्त	समदृष्टि व न्याय	आर्थिक विकास
बलाधार	लक्ष्य	साधन
रूझान–केन्द	गरीबी घटाना	आर्थिक कारगरता
अभाव की परिभाषा	बहुआयामी दूषण में आबादी	न्यूनतम आय–सीमा से नीच आबादी
मुख्य संकेतक	एच.डी.आई., जी.डी.आई., जी.ई.एम. व एच.पी.आई. का प्रतिशत	जी.एन.पी., जी.एन.पी–वृद्धि व आय–अभाव सीमा से नीचे प्रतिशत।

प्रश्न 9. दक्षिण एशिया में मानव विकास की स्थिति का वर्णन कीजिए।

उत्तर – दक्षिण एशिया में मानव विकास की स्थिति को समझने के लिए मानव प्रगति के महत्त्वपूर्ण आयामों की स्थिति देखी जा सकती है –

1) दक्षिण एशिया में शिक्षा – शिक्षा अनेक सामाजिक हितों की ओर प्रवृत्त करती है, जैसे कि आरोग्य–पालन मानकों में सुधार, शिशु एवं बाल मृत्युदर में कमी, जनसंख्या वृद्धि में गिरावट आदि।

शिक्षा इसलिए भी महत्त्वपूर्ण है कि वह आर्थिक विकास में सीधे योगदान देती है। गत तीन दशकों में प्रौढ़–साक्षरता दर 1970 में 32 प्रतिशत से 2001 में 54 प्रतिशत तक बढ़ी है। इसी अवधि में इस क्षेत्र में निरक्षरों की सही–सही संख्या 36–6 करोड़ से बढ़कर 60 करोड़ से ऊपर चली गई है। दक्षिण एशिया में अब भी विश्व की सबसे बड़ी अशिक्षित आबादी है। इस भूभाग में नारी–शिक्षा की दिशा में व्यापक उदासीनता मानव विकास में सबसे बड़ी खामियों में से एक है। प्रयासों से भी लड़कियों और लड़कों के बीच शैक्षिक भेद कम नहीं हुए।

केवल श्रीलंका और मालदीव के लिए बालिका माध्यमिक विद्यालय भर्ती-दर कुछ-कुछ सम्मानजनक है, पर सौ प्रतिशत वो भी नहीं है।

मानव संसाधन विकास रिपोर्टें दर्शाती हैं कि विश्व के अन्य विकासशील क्षेत्रों के मुकाबले दक्षिण एशिया में शिक्षा में सरकारी लागत का स्तर निम्न है और मुश्किल से ही बढ़ती जनसंख्या के माफिक रहा है। 1990 के दशक में भारत, श्रीलंका एवं नेपाल में शिक्षा पर सरकारी व्यय सकल घरेलू उत्पाद के तीन प्रतिशत से कुछ ही ऊपर रहा, जबकि बांग्लादेश में यह दो प्रतिशत और पाकिस्तान में दो प्रतिशत से भी कम रहा।

तमाम दक्षिण-एशियाई देशों में शिक्षा पर सरकारी खर्च का विश्लेषण दर्शाता है कि पाकिस्तान ने सबसे अधिक शिक्षा के प्राथमिक स्तर पर खर्च किया, बांग्लादेश ने माध्यमिक शिक्षा पर और नेपाल ने तृतीय स्तर पर। मई 2003 में 'सबके लिए शिक्षा' विषम पर दक्षिण एशिया के एक मंत्रीय सम्मेलन में इस भूभाग के देशों ने आबंटन को बढ़ाकर अपने सकल घरेलू उत्पाद के चार प्रतिशत तक करने का वचन दिया है।

2) स्वास्थ्य, आहार और स्वास्थ्य-रक्षा — दक्षिण एशिया में जीवन-प्रत्याशा निम्न है, इससे ऊपर सिर्फ उप-सहाराई अफ्रीका ही है। मानव विकास रिपोर्ट (एच.डी.आर.) द्वारा एकत्रित आँकड़े दर्शाते हैं कि यद्यपि स्वास्थ्य सेवाओं पर सरकारी खर्च में कोई वृद्धि नहीं हुई (स्वास्थ्य पर जी.डी.पी. का मात्र एक प्रतिशत खर्च किए जाने के साथ), आबादी के 75 प्रतिशत से अधिक हेतु स्वास्थ्य सेवाएँ सुलभ थीं। स्वास्थ्य सेवाओं को बेहतर सुलभता बाल के प्रतिरक्षण कार्यक्रमों के विस्तार और प्रचार में उल्लेखनीय वृद्धि में प्रकट हुई।

स्वास्थ्य सेवाओं में सुधार शिशु-मृत्यु दर में कमी में भी दिखाई देता है – 1990 में प्रति हजार मौतों से वर्ष 2000 में 67 शिशु-मृत्यु। बच्चा जनने के समय माताओं की मौतें इस क्षेत्र में काफी अधिक हैं। इसके लिए मुख्य कारण है – नारी-साक्षरता के निम्न स्तर, महिलाओं की कम विवाह-योग्य आयु, लड़का पैदा होने को तरजीह और गरीबी।

भारत, पाकिस्तान एवं श्रीलंका में प्रति व्यक्ति दैनिक कैलौरी खपत संतोषजनक है, परन्तु शेष देशों में यह मानदण्ड से नीचे है। स्वास्थ्य से जुड़ा एक अन्य क्षेत्र है जनता के लिए सुरक्षित (पेय) जल एवं मलव्ययन की सुलभता। दक्षिण एशिया के अधिकतर ग्रामीण इलाकों में रहने वाली आबादी के लगभग 12 प्रतिशत को सुरक्षित जल सुलभ नहीं है।

3) शालीन जीवन-स्तर — लोगों को उपलब्ध विकल्पों को तय करने में आय एक महत्त्वपूर्ण मानदण्ड है। इस संदर्भ में, दक्षिण एशिया में लोगों के पास सीमित विकल्प है क्योंकि लोगों की क्रय-शक्ति के आधार पर आंकलित प्रतिव्यक्ति जी.डी.पी. निम्न है : वर्ष 2000 में यह मात्र 2238 डॉलर थी, यानी 3783 डॉलर पर विकासशील देशों हेतु औसत के मुकाबले काफी कम। नई सहस्राब्दि के आरम्भ में मालदीव एवं श्रीलंका के आय-स्तर ऊँचे थे ($ 4485 व $ 3530 डॉलर)और नेपाल, भूटान व पाकिस्तान की आमदनियाँ निम्नतम (क्रमश: $1327, $1412, $1928 डॉलर)। महत्त्वपूर्ण रूप से, 1990 के दशकारंभ में पाकिस्तान के मुकाबले भारत के आय-स्तर कम थे। परन्तु दशक के अंत तक एक उन्नत और सतत् आर्थिक विकास के चलते भारत के वास्तविक जी.डी.पी. प्रतिव्यक्ति-स्तर ($ 2358) पाकिस्तान के जी.डी.पी. प्रतिव्यक्ति-स्तर ($1928) से ऊपर चले गए।

वर्ष 2002 के लिए दक्षिण एशिया में मानव विकास ने गौर किया कि 'दक्षिण एशिया के

औसतन सभी देशों की आबादी के सम्पन्नतम 20 प्रतिशत लोगों का आय में लगभग 41 से 46 तक प्रतिशत हिस्सा था, जबकि आबादी के दरिद्रतम 20 प्रतिशत लोगों का आय में हिस्सा स्थूलतः आठ से दस प्रतिशत ही था।

दक्षिण एशिया में आय के लिहाज से स्त्री–पुरुष में काफी विषमता देखी जाती है। यहाँ के सरकारी आँकड़ें महिलाओं की आर्थिक भागीदारी को पुरुष की आर्थिक भागीदारी के अंश मात्र रूप में ही दर्शाते हैं।

4) लिंगभेद विवेचना – दक्षिण एशिया में महिलाओं के खिलाफ होने वाला पक्षपात अधिकांश दूसरे विकासशील देशों में रहने वाली महिलाओं के मुकाबले कहीं ज्यादा बदतर हालत में है और पुरुष–प्रधान समाज व्यवस्था में गहरे घुसकर कायम है। महिलाओं को उनके बालकाल से ही शिक्षा, स्वास्थ्य–रक्षा, पोषण, और यहाँ तक कि जीवकोपार्जन संबंधी मौलिक आर्थिक अधिकार हेतु समान पहुँच से भी वंचित रखा जाता है।

मादा भ्रूण–हत्या व शिशु–वध, स्वास्थ्य की उपेक्षा, भारी कार्य–बोझों के साथ–साथ लिंगभेद पूर्वाग्रहग्रसित खुराक आदि प्रथाएँ – सभी बेटा–पंसद एवं पितृसत्तात्मक प्राधारों की अभिव्यक्तियाँ हैं जो इस क्षेत्र भर में व्याप्त हैं। दक्षिण एशिया का लिंग–अनुपात विश्व भर के सर्वाधिक विकृत लिंग–अनुपात में से एक है – यहाँ हर 1000 पुरुषों के लिए मात्र 940 स्त्रियाँ हैं। (विश्व–औसत 1060 स्त्रियाँ प्रति 1000 पुरुष है)।

इकाई – 2

राज्य रूपरेखा : भारत

प्रश्न 1. भूमण्डलीय सत्ता संरचना के लक्षणों की पहचान कीजिए।

उत्तर – सत्ताधारियों के पास शक्ति के विभिन्न घटक होते हैं और वे इसका प्रयोग संघर्ष व सहयोग के समय करते हैं, जिससे अंतर्राष्ट्रीय व्यवस्था के स्वरूप और विकास को शक्ति प्राप्त होती है। उनके पास इतनी शक्ति होती है कि वे अंतर्राष्ट्रीय व्यवस्थाओं के किसी भी राज्य को प्रभावित कर सकते हैं। इतना ही नहीं इनमें अपने क्षेत्रों के पार आक्रामक और रक्षात्मक क्रियाकलापों के संचालन की भी क्षमता होती है। व्यावहारिक रूप में प्रमुख सत्ताधारियों के अपने भूमंडलीय तथा महाद्वीपीय हित होते हैं और इसकी सुरक्षा करना उनका प्रमुख लक्ष्य होता है जिसके लिए उन्हें अंतर्राष्ट्रीय व्यवस्था में सत्ता संतुलन और व्यवस्था कायम रखना होता है। अंतर्राष्ट्रीय जगत में जिन राज्यों के पास इन संसाधनों की कमी होती है, वे लघु सत्ताधारक कहे जाते हैं और इन लघु सत्ताधारकों को प्रमुख सत्ताधारकों के अधीन रहना पड़ता है।

अंतर्राष्ट्रीय राजनीति में प्रमुख राज्यों और छोटे राज्यों के बीच भी कुछ राज्य होते हैं जिनके पास अंतर्राष्ट्रीय व्यवस्थाओं को प्रभावित करने की क्षमता होती है। इतना ही नहीं इनमें स्वायत्त विदेश नीति की विशिष्ट स्थिति को कायम रखने की क्षमता होती है जिसमें विशेष रूप से सुरक्षा के क्षेत्र, उनके अपने निजी क्षेत्र, अवांछित नियमों को कार्यान्वित नहीं होने देने की क्षमता आदि शामिल होती है। अंतर्राष्ट्रीय जगत में इनकी शक्तियों को अनदेखा नहीं किया जा सकता है।

अंतर्राष्ट्रीय राजनीतिक व्यवस्था की एक महत्त्वपूर्ण विशेषता यह है कि यह एक गतिशील अथवा परिवर्तनशील विषय है। इसकी परिवर्तनशीलता का एक प्रमुख कारण प्रमुख शक्तियों के बीच विद्यमान निरन्तर संघर्ष है। 16वीं शताब्दी में अंतर्राष्ट्रीय व्यवस्था में अनेकों प्रमुख शक्तियों का उत्थान और पतन हुआ। इस प्रक्रिया को प्रमुख युद्धों के कारण बल मिला और इसका अनेक देशों पर प्रभाव पड़ा। जो राष्ट्र युद्ध में विजयी हुए उन्हें भरपूर आर्थिक और सैनिक फायदा हुआ जिससे उनकी सम्पन्नता में वृद्धि हुई। जिन राष्ट्रों को युद्ध में पराजय प्राप्त हुई, उनकी आर्थिक और सैनिक क्षमता कमजोर हो गई और वे शक्तिशाली राष्ट्र नहीं बन सके। 18वीं शताब्दी में स्पेन, पुर्तगाल और नीदरलैण्ड ऐसे ही राष्ट्र थे, जो युद्ध में पराजय के कारण अपनी शक्ति खो बैठे और कमजोर राष्ट्र बन गए। प्रथम विश्वयुद्ध में अपनी शक्ति खोने के कारण हंगरी एक शक्तिशाली राष्ट्र से कमजोर राष्ट्र बन गया। द्वितीय विश्वयुद्ध के बाद जर्मनी और जापान दो प्रमुख राष्ट्र के रूप में स्थापित हुए। संयुक्त राज्य अमेरिका और सोवियत संघ दो शक्तिशाली राष्ट्र के रूप में विश्व राजनीति में उभरे। ब्रिटेन, फ्रांस और चीन, ये तीनों राष्ट्र द्वितीय स्तर की प्रमुख शक्तियाँ बन गईं।

विश्वयुद्ध के बाद के वर्षों में अंतर्राष्ट्रीय राजनीतिक व्यवस्था में महत्त्वपूर्ण परिवर्तन देखने को

मिले। शीतयुद्ध काल के प्रारंभिक चरण में दो महाशक्तियों के बीच हुए शीत युद्ध संघर्ष के कारण द्वि-ध्रुवीय व्यवस्था स्थापित हुई। इसके बाद यूरोप, जापान और चीन के उदय के परिणामस्वरूप अंतर्राष्ट्रीय राजनीतिक व्यवस्था द्वि-ध्रुवीय से बहु-ध्रुवीय व्यवस्था की ओर परिवर्तित होने लगी। इसी बीच नई-नई विचारधाराओं का जन्म हुआ जिसमें असंलग्नता का सिद्धांत महत्त्वपूर्ण था। बहुत-से देशों ने किसी भी महाशक्ति का पिछलग्गू नहीं बन कर असंलग्नता की नीति को स्वीकार कर अंतर्राष्ट्रीय राजनीति में अपना स्वतंत्र अस्तित्व कायम करने की कोशिश की। सोवियत संघ के विघटन के पश्चात् अमेरिका अंतर्राष्ट्रीय राजनीति जगत में एक-ध्रुवीय व्यवस्था स्थापित करने को तत्पर है, जबकि बहुत सारे शक्तिशाली राष्ट्रों, जैसे – भारत, जापान आदि के उदय के कारण बहु-ध्रुवीय अंतर्राजनीतिक व्यवस्था की स्थापना से भी इन्कार नहीं किया जा सकता है।

प्रश्न 2. भारत की भू-राजनीतिक स्थिति किस प्रकार औरों से भिन्न है?

उत्तर – भारत भारतीय उपमहाद्वीपीय क्षेत्र में अवस्थित है, जो एकमात्र भूराजनीतिक किलेबन्दी करता है। वह उत्तर में हिमालय तथा दक्षिण में हिन्द महासागर से घिरा हुआ है। इसके अतिरिक्त, यद्यपि दक्षिण एशिया सात राज्यों में विभाजित है, उपमहाद्वीप कुछ सीमा तक एकमात्र सभ्यता का जटिल शैल संघ है। यह यूरोप की तुलना में, व्यापक आयामों वाला एक भू-राजनीतिक क्षेत्र है। हिन्द महासागर के आर-पार स्थित तथा फारस की खाड़ी और मलक्का के जलडमरूमध्य से रक्षित इसकी स्थिति क्षेत्र को सामरिक महत्त्व प्रदान करती है। दक्षिण एशिया क्षेत्र, कुल मिलाकर, मात्र इस अर्थ में प्रत्यक्षतः भारत-केन्द्रिक नहीं है कि भारत इस क्षेत्र के लगभग तीन-चौथाई भूमि क्षेत्र और आबादी पर आधिपत्य बनाए हुए है। क्षेत्र के भीतर भारत, एकमात्र तौर पर, क्षेत्र की भूराजनीति के मध्य में है जबकि क्षेत्र के अन्य देश आपस में एक-दूसरे के साथ नहीं बल्कि इसके साथ सीमाओं को सहयोजित करते हैं। भारत की व्यापक तौर पर सुपरिभाषित आधिपत्य स्थिति तथा स्वतः स्पष्ट भारत केन्द्रिक भूराजनीतिक क्षेत्र का यह तात्पर्य भी था कि इसकी सुरक्षा को खतरा क्षेत्र के बाहर प्रमुख सत्ताओं से था न कि दक्षिण एशियाई क्षेत्र के भीतर अन्य शक्तियों से। परिणामस्वरूप, पश्चिमी गोलार्द्ध में संयुक्त राज्य की तरह भारत राष्ट्रीय सुरक्षा की धारणा से अधिनेतृत्त्व की स्थिति में है जिसके लिए उपमहाद्वीप से बाहरी ताकतों के निष्कासन की आवश्यकता है। सहज तौर पर, सुरक्षा की इसकी धारणा मात्र, राष्ट्रीय न होकर भू-राजनीतिक और क्षेत्रीय भी है। तथापि, सुरक्षा की ऐसी धारणा अवश्यमेव एक प्रमुख शक्ति के रूप में अन्य क्षेत्रों के साथ अन्तर्क्रिया को अपरिहार्य बनाती है; विश्व मानचित्र पर इसकी भूमिका का विस्तार इस प्रकार क्षेत्र में भारत के वर्चस्व में अन्तर्निहित है।

एक प्रमुख सत्ता के रूप में भारत की तस्वीर, जिसे भारतीय संभ्रांत लोगों द्वारा सहयोजित किया गया था, जवाहरलाल नेहरू द्वारा 1948 में निर्वाचन सभा को यथासूचित 'भारत की अपरिहार्यता' से अभिप्रेत थी "जो अपनी विशाल सशक्तता के कारण तथा इस तथ्य के कारण एक महत्त्वपूर्ण भूमिका निभा रहा था कि वह आबादी के संदर्भ में सबसे बड़ी राजनीतिक इकाई है तथा ऐसा उसके संसाधनों के कारण भी संभव है।" नेहरू और उनके उत्तराधिकारियों

ने अधीनस्थ की भूमिका के पक्ष में प्रमुख शक्तियों के लक्ष्य के रूप में भारत के लिए प्रास्थिति को नकार दिया।

संभाव्य प्रमुख सत्ता के रूप में भारत की छवि तथा घरेलू और विदेश नीतियाँ, जिनका उद्देश्य एक पुनरीक्षणवादी भूमिका में भारत की संभावनाओं को महसूस करना है, अन्तर्निहित पूर्वानुमान के तौर पर यह है कि कुछ के वर्चस्व वाली विद्यमान भूमण्डलीय सत्ता संरचना कतिपय सीमा तक स्वीकार्य नहीं है क्योंकि यह भारत की स्वतंत्रता का अतिक्रमण करती है। यह पूर्वानुमान नेहरू तथा उनके उत्तराधिकारियों द्वारा दृढ़ता के साथ महसूस किया गया था भले ही इसके बारे में कुछ नहीं कहा गया। यह उस विकास रणनीति में घरेलू और विदेशी दोनों नीतियों से स्पष्ट था कि जिसने आत्म–विश्वास पर बल दिया था तथा सुदृढ़ शक्ति क्षमताओं को मजबूत किया था और गुट–निरपेक्ष विदेश नीति में उसने विश्व कार्यों में स्वतंत्रता और सक्रियतावाद पर बल दिया था। यह प्रमुख शक्तियों के आधिपत्य को स्वीकार करने से इसके इंकार तथा इसके उस विरोध में स्पष्ट है जिसमें प्रमुख शक्तियों द्वारा अप्रसार संधि और इसी प्रकार की अन्य सुरक्षा व्यवस्थाओं में शामिल होने से मना करके परमाणु शक्ति के रूप में उभरने के लिए अपने विकल्प पहले ही बन्द करने के प्रयास किए गए हैं।

तथापि, भारत ने अपनी पुनरीक्षणवादी भूमिका को पूर्णरूपेण विद्रोही सत्ता की भूमिका ग्रहण करने के बिन्दु तक नहीं पहुँचाया है। वह प्रमुख शक्तियों के साथ प्रत्यक्ष टकराव से बचा है तथा उसने प्रमुख शक्तियों को उनकी निजी अभिकल्पना के अनुसार विश्व को संगठित करने के उनके प्रयासों को कमोबेश सीमित चुनौती प्रस्तुत की है। इस प्रकार, भारत एक सुधारवादी तथा आम सत्ता के मध्य में रहा है चाहे वह घर पर हो अथवा विदेश में।

ठीक उसी तरह जहाँ भारत की तरफ से प्रमुख सत्ता प्राप्त करने के लिए सुस्पष्ट आग्रहपूर्ण आन्दोलन है, वहीं इसके प्रति विद्यमान प्रमुख सत्ताओं, प्रमुखतः संयुक्त राज्य और हाल के वर्षों में चीन की तरफ से समान रूप से शक्तिपूर्ण विरोध है। आरंभिक वर्षों में, यह चिन्ता थी कि भारत की सक्रियतावादी भूमिका विकासशील सत्ता पर अपने प्रभाव का परिगमन करेगी, संयुक्त राज्य ने भारत के क्षेत्रीय परिरोधन की नीति अपनाई। इस परिरोधन नीति में पाकिस्तान को सैनिक शक्ति से विभूषित करना तथा उसे दक्षिण एशियाई क्षेत्रीय संघर्ष में उलझाए रखना शामिल था। इसमें उस सामग्री और प्रौद्योगिकीय सहायता के लिए इन्कार भी शामिल था जो भारत की सुदृढ़ शक्ति क्षमताओं में योगदान देते। 1970 के दशक से, विशेष रूप से भारत द्वारा 1974 में अपनी नाभिकीय युक्ति का विस्फोट करके अपनी परमाणु क्षमता का प्रदर्शन किए जाने के बाद एक व्यवस्था लागू की जिसका उद्देश्य उन प्रौद्योगिकियों पर रोक लगाना है जो भारत की परमाणु और प्रक्षेपास्त्र क्षमताओं में योगदान की स्थिति पैदा करें। शीत–युद्ध के बाद की अवधि में, संयुक्त राज्य ने परमाणु अप्रसार संधि को लागू करने के लिए अपने प्रयासों को आगे बढ़ाया जो पाँच प्रमुख सत्ताओं का परमाणु एकाधिकार सुरक्षित रखता था तथा भारत जैसी उभरती हुई सत्ताओं पर उसकी रोक लगाता था। भारत के प्रति चीन की नीति भी एक प्रकार के परिशोधन की नीति रही है। 1963 से, चीन ने पाकिस्तान के भारत के साथ संघर्ष में सक्रियता से पाकिस्तान का पक्ष लिया है तथा पाकिस्तान को प्रौद्योगिकी, संघटकों और सामग्री की आपूर्ति करके उसकी परमाणु और प्रक्षेपास्त्र क्षमताओं के निर्माण में सहयोग दिया है।

प्रश्न 3. भारत को एक उभरती हुई शक्ति क्यों माना जाने लगा है?

[June-08, Q.No.-1]

उत्तर – शीत युद्ध के बाद से भारत को एक उभरती हुई शक्ति के रूप में मानने के दो प्रमुख कारण रहे हैं, इसकी सुदृढ़ शक्ति क्षमता। भारत की शक्ति क्षमता के सामने अन्य प्रमुख शक्तियाँ पिछड़ रही हैं। भारत की शक्ति ब्राजील, इण्डोनेशिया, ईरान, पाकिस्तान, नाईजीरिया, मिस्र आदि क्षेत्रीय शक्तियों की तुलना में बहुत अधिक है। भारत में सशक्त मध्यम वर्ग की आबादी (30 करोड़) इंडानेशिया तथा ब्राजील जैसी क्षेत्रीय शक्तियों की आबादी से अधिक है। इन क्षेत्रीय शक्तियों में से किसी के भी पास भारत की तुलना में सशक्त कच्ची सैन्य क्षमताएँ नहीं हैं। आर्थिक क्षेत्र में भी भारत की अर्थव्यवस्था अन्य शक्तियों की तुलना में विशाल है। दूसरा कारण यह है कि भारत तेजी से बदलते हुए सुदृढ़ शक्ति क्षमताओं के लगभग सभी सूचकांकों में अपनी स्थिति को मजबूत कर रहा है, भले ही सुधार का स्तर एक क्षेत्र से दूसरे क्षेत्र में परिवर्तनशील है। जब 1990 के दशक के शुरू में भारत नकदी संकट से ग्रस्त हो गया, तब उसने अपने बाजार मुक्त कर दिए और साथ ही विश्व अर्थव्यवस्था के साथ एकता कायम की। इसके बाद से इसकी औसत वार्षिक विकास दर 6 प्रतिशत से ऊपर रही है। भारत के फैलते हुए बाजार विदेशी निवेशकों और निर्यातकों के लिए आकर्षण का केन्द्र बन गए हैं। भारत ने प्रमुख क्षेत्रों में एक प्रमुख आर्थिक शक्ति और आत्मविश्वास अर्जित कर लिया है। इतना ही नहीं भारत ने उपमहाद्वीप में और उसके परे क्षेत्रीय आर्थिक सहयोग की वृद्धि के लिए अपने विशाल और विस्तृत बाजार की ओर रूख करना शुरू कर दिया है। 1990 के दशक में, दक्षिण एशियाई क्षेत्र में निकटतम आर्थिक सम्बन्धों को बढ़ावा देने के लिए भारत ने अन्योन्यता से अधिक मनोभाव से अपने पड़ोसियों के साथ आर्थिक सहयोग में अन्योन्यता की धारणा को स्थापित कर दिया है। भारत की महत्वाकांक्षा अब दक्षिण एशिया क्षेत्र से बहुत आगे जा चुकी है और यह 1997 में भारतीय सामुद्रिक परिधीय क्षेत्रीय सहयोग संघ का सक्रिय समर्थक है। यह एशियान क्षेत्रीय फोरम का भी एक भागीदार बन गया है।

भारत द्वारा चलाए जा रहे विभिन्न आधुनिक प्रक्षेपण क्षमताएँ सम्बन्धी विकास कार्यक्रम भी तेजी के साथ चल रहे हैं और इसे विभिन्न स्वरूपों द्वारा अनवरत समर्थन भी प्राप्त है। इस कार्यक्रम के परिणामस्वरूप प्राक्षेपिक प्रक्षेपास्त्रों का दायरा बढ़ा है जिनमें 1990 के दशक में 1500 कि.मी. तक मारक क्षमता वाला अग्नि–1 प्रक्षेपास्त्र भी शामिल है। इस कार्यक्रम में अग्नि प्रक्षेपास्त्र की अधिक मारक क्षमता तथा प्राक्षेपिक प्रक्षेपास्त्रों के विकास की योजनाएँ हैं। भारत की सैन्य क्षमता विकास से सुदूर पूर्व, पश्चिम एशिया और मध्य एशिया तथा आस्ट्रेलिया भी प्रभावित है। भारत और रूस ने सफलतापूर्वक क्रूज प्रक्षेपास्त्रों का उत्पादन किया है। अब तक का सर्वाधिक महत्त्वपूर्ण विकास है मई 1998 में भारत का परमाणु शक्ति सम्पन्न होना। इसने विश्व सत्ता संरचना में भारत की स्थिति सुदृढ़ की है।

सामरिक क्षेत्र में आई चुनौतियों पर काबू पाने के लिए भारत ने अनेक प्रयास किए। भारत ने सोवियत संघ के साथ विशेष सम्बन्ध स्थापित किए। इसके अलावा नाभिकीय हथियारों के ऊपर अपना एकाधिकार स्थापित करने के लिए बड़ी शक्तियों के दबाव को ठुकराया और अपने ऊपर प्रतिबंध लगाने के प्रमुख शक्तियों के प्रयासों को विफल कर दिया। चीन द्वारा

पाकिस्तान को परमाणु सहायता प्रदान करने की घटना को अमेरिका ने अनदेखा कर दिया। भारत ने प्रमुख शक्तियों की अवज्ञा कर भूमिगत नाभिकीय परीक्षण किया और परमाणु अस्त्र सम्पन्न राज्य के रूप में उभरकर सामने आया। परमाणु शक्ति सम्पन्न राष्ट्रों की इच्छा के विपरीत भारत ने अपने परमाणु कार्यक्रमों को सफलतापूर्वक जारी रखते हुए अपने परमाणु परीक्षणों को सही माना।

भारत के नाभिकीय परीक्षणों की प्रमुख शक्तियों ने निन्दा की। अनेक राष्ट्रों ने तो भारत का राजनीतिक रूप से बहिष्कार करने तथा उसे आर्थिक सहायता से निलंबित करने तक की बात कह दी। भारत ने इन सभी क्रियाकलापों का कठोरता से विरोध किया। रूस और फ्रांस ने राजनीतिक विरोध के माध्यम से अपने समाजों में वचन और कर्म से कोई संदेह नहीं छोड़ा। फ्रांस की नीति विश्व को एक सहकारी विविध–ध्रुवीय दिशा में पुनर्गठित करने की थी। इन परिस्थितियों से बाध्य होकर संयुक्त राज्य अमेरिका ने एक सामरिक वार्ता की पहल की। इसके बाद से संयुक्त राज्य अमेरिका भारत को औपचारिक तौर पर एक परमाणु सम्पन्न राज्य मानने लगा लेकिन संयुक्त राज्य अभी भी परमाणु अप्रसार के अपने लक्ष्य पर कायम है। चीन को छोड़कर अन्य प्रमुख राष्ट्रों ने भारत के साथ सामरिक वार्ता शुरू कर दी है। भारत के परमाणु अस्त्र सम्पन्न शक्ति के रूप में उदय से सबसे अधिक तकलीफ चीन को हुई है, क्योंकि ऐसा होने से एशिया पर चीन का एकाधिकार समाप्त हो गया है। यही कारण था कि शुरू में इसने भारतीय परीक्षणों की जमकर आलोचना की और भारत के विरोध में संयुक्त राज्य अमेरिका को भी भड़काया, लेकिन अब वह भी भारत के साथ सामान्य सम्बन्ध स्थापित करने के लिए इच्छुक है और उसने भारत के साथ सुरक्षा वार्ता भी की है। इस तरह परीक्षणों के दो वर्षों के बाद प्रमुख शक्तियों का भारत के प्रति व्यवहार में परिवर्तन हुआ है। परमाणु परीक्षणों के कारण प्रमुख शक्तियों के व्यवहार में भारत के प्रति अभूतपूर्व परिवर्तन देखने को मिले हैं और अब भारत को विश्व राजनीति में एक शक्तिशाली राष्ट्र के रूप में देखा जाने लगा है।

अंतर्राष्ट्रीय जगत में मध्यस्तरीय शक्तियों में सबसे प्रमुख शक्ति भारत संयुक्त राष्ट्र संघ की सुरक्षा परिषद् में स्थायी सदस्यता प्राप्त करने के लिए प्रयत्नशील है। पिछले कुछ समय से सुरक्षा परिषद् के पुनर्गठन की माँग हो रही है। चीन एक उभरती हुई शक्ति के रूप में अपनी सत्ता महत्वाकांक्षाओं के विस्तार के लिए इन संस्थाओं का बहुत अधिक प्रयोग कर रहा है। भारत ने भी विभिन्न संस्थाओं जैसे जी–77, जी–20 और गुटनिरपेक्ष गुटों में अपने नेतृत्त्व के माध्यम से आंतरिक तौर पर संस्थागत शक्ति का विकास किया है। अन्य देशों, जैसे–जापान, जर्मनी, इण्डोनेशिया, संयुक्त अरब अमीरात, ब्राजील आदि देशों की तुलना में संयुक्त राष्ट्र सुरक्षा परिषद् के स्थायी सदस्य पद के लिए भारत का दावा अधिक शक्तिशाली है।

प्रश्न 4. भारत की संरक्षण की राजनीति का वर्णन करो।

उत्तर – आयात आधारित औद्योगिक रणनीति का मुख्य उद्देश्य देसी बाजार को उच्च सीमा शुल्क के सहारे तैयार माल के लिए बचाना था। विनिमय की दर ऊँची बनाए रखने के कारण आयात सस्ता हो गया लेकिन निर्यात महंगा हो गया। भारी मशीनरी का आयात भारत के लिए

आवश्यक था चूँकि ये मशीनें भारत में नहीं बन सकती थीं। विनिमय दर में रूपये के मजबूत होने के कारण इस किस्म के आयातों में फायदा हुआ। सस्ते आयातों की बाढ़ पर लगाम कसने के लिए आयात अनुज्ञप्तियों का उपयोग किया गया। निजी उद्योगों को औद्योगिक लाइसेंसों द्वारा नियंत्रित किया जाने लगा।

इस व्यवस्था से ऐसी स्थिति आ गई जिसने भ्रष्टाचार और घूसखोरी को बढ़ावा दिया। इन सभी लाइसेंसों को असानी से प्राप्त करने का सबसे आसान तरीका किसी राजनीतिक दल, नेता या सरकारी मुलाजिम की खिदमत करना था। सार्वजनिक क्षेत्र की कंपनियों ने सरकारी अनुदान की मदद से निजी क्षेत्र के लिए आवश्यकता की वस्तुएँ मुहैया करानी शुरू कर दीं। इन सभी कामों के लिए उद्योगपतियों से राजनीतिज्ञ और सरकारी अधिकारियों तक लगानों और घूसखोरों की एक लंबी शृंखला का होना जरूरी था।

भारत में संसदीय चुनावों के लिए आवश्यक धनराशि के लिए राजनेता घरेलू से लेकर विदेशी निगमों पर आश्रित हो गए। 1996 के बाद राजनीतिक दलों ने करों पर रिर्टन दाखिल करना शुरू कर दिया, इसके बावजूद दिखाई गई राशि इतनी कम थी कि शंका पैदा होना जायज था। 1980 के बाद से सार्वजनिक क्षेत्र और रक्षा उपकरणों के सौदे चुनाव अनुदानों का एक महत्त्वपूर्ण स्रोत बन कर उभरे हैं। भ्रष्टाचार को बढ़ावा देने वाली आईएसआई रणनीति ने भारतीय उत्पादकता और प्रतियोगिता पर प्रतिकूल प्रभाव छोड़ा। सरकार ने दीवालिया हो चुकी ऐसी औद्योगिक इकाइयों को अनुदान दिया जो कभी मुनाफा कमाने की हालत में नहीं थीं। इन सभी कारकों ने भारत की उत्पादकता पर प्रतिकूल प्रभाव डाला। सभी विकासशील देशों के बीच उत्पाद निर्यात में भारत की हिस्सेदारी 1962 में 22.1 फीसदी से घट कर 1990 में 3.4 फीसदी पर आ गई। दुनिया के पैमाने पर यह हिस्सेदारी 1962 में 0.84 फीसदी की तुलना में गिर कर 1991 में 0.54 फीसदी ही रह गई।

1980 में प्रधानमंत्री इंदिरा गाँधी को निर्यात संवर्द्धन की आवश्यकता महसूस हुई। भारत के विकास के लिए निर्यात को बढ़ावा देने संबंधी सरकार ने कई कमेटियों का गठन किया। लेकिन औद्योगिक रूचियों के मुताबिक आईएसआई ही अभी भी बेहतर विकल्प बना हुआ था। घरेलू उपभोग के लिए निम्न गुणवत्ता वाले उत्पादों को तैयार करने वाले उद्यमों का अंतर्राष्ट्रीय ब्रांडों के समतुल्य उत्पादन करने वाली इकाइयों में परिवर्तन बहुत कठिन था।

प्रधानमंत्री राजीव गाँधी ने 1984 में सत्ता में आते ही सरकारी नियंत्रण के खिलाफ संघर्ष करने का निर्णय लिया। कड़े राजनीतिक विरोध के कारण उनके द्वारा चलाई गई आर्थिक सुधार की प्रक्रिया को बहुत कम सफलता मिल सकी। हालांकि इससे एक फायदा हुआ कि नौकरशाही और राजनेताओं का एक तबका इस बात से सहमत हो गया कि नीतियों में परिवर्तन की जरूरत है। राजीव गांधी ने मोंटेक सिंह अहलुवालिया को विश्व बैंक से प्रधानमंत्री कार्यालय बुला लिया। 1990 में अहलुवालिया ने एक पर्चा पेश किया जिसमें भारतीय निर्यातों को प्रतियोगी बनाने और भारतीय उपभोक्ताओं की स्थिति सुधारने के लिए सीमा शुल्क घटाने, विदेशी निवेश के निशुल्क प्रवेश और कई कदमों के पक्ष में तर्क दिया गया था। भारत को अब नीतियों में परिवर्तन करने के लिए राजनीतिक अवरोधों को दूर करने के रास्ते खोजने थे।

प्रश्न 5. 1991 के बाद से भारत की आर्थिक नीति क्या थी?

उत्तर – 1991 में भारत ने व्यापार आधारित विकास की ओर ध्यान देना शुरू किया। कार्यपालिका ने 1991 के ऋण संकट का हवाला देते हुए आर्थिक नीतियों में व्यापार समर्थक सुधारों की ओर ध्यान दिया। कांग्रेस पार्टी के प्रधानमंत्री पी.वी. नरसिम्हा राव और वित्त मंत्री मनमोहन सिंह ने इस नीतिगत संक्रमण की आर्थिक रणनीति को अपनाया। उन्होंने भारत की व्यापार, औद्योगिक और वित्तीय नीतियों में परिवर्तन की लहर चलाई। इस समय उदारीकरण के प्रति उद्योगों का प्रतिरोध भी न्यूनतम था। खाड़ी युद्ध के कारण तेल की कीमतों में वृद्धि हो गई। सरकारी व्यय सरकार के वहन करने की क्षमता से बहुत अधिक था। इन्हीं सब कारणों से भारत का विदेशी मुद्रा भंडार खाली होने की स्थिति में था। 1990 के शुरू में भारत के पास सिर्फ दो सप्ताह के लिए आयात किए जा सकने लायक संसाधन रह गए थे।

भारत में बिना आयात के उद्योग अपने काम को आगे नहीं बढ़ा सकते थे। आई.एस.आई. के लिए अनिवार्य तात्कालिक माल आपूर्ति के लिए उन्हें विश्व मुद्रा कोष के संसाधनों की मदद की जरूरत थी। भारतीय उद्योगों ने विदेशी निगमों को हल्के में लिया और साथ ही औद्योगिक नीति में हो रही अनियमितताओं का भी बढ़ा–चढ़ा कर आकलन किया। इसके परिणामस्वरूप 1991 से लेकर 1993 तक उदारीकरण को भारतीय उद्योगों का भरपूर समर्थन प्राप्त हुआ। सन् 1993 में भारतीय उद्योगों द्वारा बहुराष्ट्रीय कंपनियों के प्रवेश का विरोध और व्यापार के लिए अवसर की समानता जैसी बात उठाई गई। लेकिन तब तक महत्त्वपूर्ण व्यापार संवर्द्धन नीतियाँ लागू हो चुकी थीं। मजदूर संगठनों ने विश्व मुद्रा कोष द्वारा असक्षम श्रमिकों की छंटनी का विरोध किया लेकिन श्रमिकों ने आयातों के उदारीकरण, बहुराष्ट्रीय कंपनियों के प्रवेश और उद्योगों में लाइसेंस खत्म करने की नीति का विरोध नहीं किया।

इस अवसर का फायदा उठाते हुए व्यापार समर्थक कार्यपालिका आई.एस.आई. की राजनीति को अनदेखा कर गई। तत्कालीन वित्तमंत्री मनमोहन सिंह ने 1991 में दिए अपने बजट भाषण में इस बात का खुलकर उल्लेख किया कि निवेशों की कम उत्पादकता के कारण सरकार को बजट और व्यापार में काफी घाटा उठाना पड़ा है। जहाँ एक ओर मनमोहन सिंह ने आर्थिक प्रबंधन का जिम्मा अपने हाथों में लिया वहीं प्रधानमंत्री राव ने राजनीतिक परिस्थितियों पर कुशलतापूर्वक अपना नियंत्रण स्थापित किया। इन दोनों के नेतृत्त्व में भारत में महत्त्वपूर्ण आर्थिक सुधार देखने को मिला। इनमें सीमा शुल्क में महत्त्वपूर्ण कटौती, विदेशी संस्थाओं और व्यक्तियों, द्वारा निवेश को प्रोत्साहन, उद्योगों में लाइसेंस व्यवस्था की समाप्ति, रूपये का अवमूल्यन और चालू खाते पर रूपये की पूर्ण परिवर्तनशीलता आदि सम्मिलित थीं। 1996 में जब भारतीय जनता पार्टी सत्ता में आई तब उसने भी व्यापार समर्थित नीतियों को जारी रखते हुए उसे आगे बढ़ाया। भाजपा की अराजनीतिक, विचारधारात्मक और सांस्कृतिक संस्था राष्ट्रीय स्वयंसेवक संघ के कार्यकर्त्ताओं के आने से यह उम्मीद जगी कि अर्थव्यवस्था में व्यापार समर्थक रूझान अब समाप्त हो जाएगा। क्योंकि वे स्वदेशी अर्थात् आर्थिक प्रबंधन के लिए स्वेदशी सिद्धान्तों के समर्थक थे। 1998 में पेश किए गए बजट में आई.एस.आई. की ओर हल्की वापसी के संकेतों से इन आशंकाओं को बल मिला। हालाँकि प्रधानमंत्री अटल बिहारी वाजपेयी और वित्त मंत्री यशवंत सिन्हा ने राष्ट्रीय स्वयंसेवक संघ और स्वदेशी जागरण मंच जैसे स्वदेशी का प्रचार करने वाले संगठनों के विपरीत भाजपा के उदार चेहरे का

प्रतिनिधित्व करते हुए, आर्थिक उदारीकरण की नीति को यथावत् कायम रखा। 1998 के बजट के बाद पोकरण परमाणु विस्फोट के कारण तीन राज्यों के विधानसभा चुनावों में भाजपा की हार से आई.एस.आई. समर्थक निराश हो गए। जसवंत सिंह को विदेश मंत्री बनाया गया, जो प्रधानमंत्री वाजपेयी की उदार छवि का परिचायक था। 1998 में राजनीतिक झटके के कारण यशवंत सिन्हा ने यह महसूस किया कि देश के विकास के लिए व्यापार आधारित आर्थिक प्रणाली की आवश्यकता है और उन्होंने इसी नीति का अनुसरण करते हुए अनेकों कार्यों का संपादन किया, जिसमें की मात्रात्मक प्रतिबन्धों को हटाया जाना, बीमा और दूरसंचार के क्षेत्र को अनियमित किया जाना, आयात शुल्क में कटौती और सार्वजनिक क्षेत्र की इकाइयों के विनिवेश की शुरूआत प्रमुख हैं।

प्रश्न 6. भारत में आर्थिक उदारीकरण के तत्त्वों का वर्णन करो। उदारीकरण की उपलब्धियों पर भी प्रकाश डालो। [June-07, Q.No.-1]

उत्तर – भारत में आर्थिक उदारीकरण के तत्त्व इस प्रकार हैं :

1) औद्योगिक लाइसेंस – उद्योगों में लाइसेंस राज को समाप्त कर नीति निर्माताओं ने रिश्वतखोरी के अवसरों को ही समाप्त कर दिया। औद्योगिक अनुज्ञप्तियाँ यह सुनिश्चित करने के लिए बनाई गई थीं कि सरकार यह तय करे कि भारत जैसे बड़े घरेलू बाजार के लिए कौन सी कंपनी कौन से माल का उत्पादन कितनी मात्रा में करेगी। घरेलू उत्पादकों की रूचि लाइसेंस प्राप्त कर अपनी उत्पादक क्षमताओं को बढ़ाने में भी थी। यह दोनों ही काम राजनेताओं और सरकारी अफसरों को रिश्वत खिला कर निकाले जा सकते थे। भारतीय औद्योगिक उत्पादन में नयापन और दक्षता नहीं थी, चूँकि अफसर और नेता लगान वसूली कर बाजार से अपना फायदा निकालते थे।

2) शुल्क, कोटा और रूपये की परिवर्तनीयता – भारत ने विश्व व्यापार संगठन द्वारा तय की गई सीमा से दो साल पहले ही 31 मार्च 2001 को सभी मात्रात्मक प्रतिबंध समाप्त कर दिए। भारतीय व्यापार नीति में यह एक महत्त्वपूर्ण घटना है। मात्रात्मक प्रतिबंधों के तहत किसी अमुक देश के साथ व्यापार के लिए एक निश्चित मात्रा तय होती है चाहे मांग कितनी भी रहे। अगर जापान से फोटोकॉपी मशीनों के भारत निर्यात पर 1000 मशीनों की मात्रात्मक प्रतिबंध लागू है, तो भारतीय कुल मिलाकर सिर्फ 1000 फोटोकॉपी मशीन ही जापान से खरीद सकते हैं। विश्व व्यापार संगठन की विवाद निपटारा कार्रवाई में अमेरिका ने भारत के मात्रात्मक प्रतिबंधों को सफलातपूर्वक चुनौती दी थी। दिसम्बर 1998 में भारत की इस मामले में हार हुई और अंतर्राष्ट्रीय प्रतिबद्धताओं के चलते भारत को घरेलू बाजारों में सुधारों को लागू करना पड़ा। मात्रात्मक प्रतिबंधों के हटाए जाने से भारत में खुदरा व्यापार में भारी बढ़ोतरी होगी। ए.टी. केर्नी का अनुमान था कि इससे भारत में खुदरा व्यापार का संगठित बाजार 37 अरब डॉलर का होगा।

भारतीय शुल्क में अचानक भारी कटौती की गई। भारतीय उद्योगपति अभी तक अपने माल की कम गुणवत्ता और उत्पादकता से बचाव के लिए उच्च सीमा शुल्क पर निर्भर थे। औसतन देखा जाए तो 1990–91 में सामान्य शुल्क 125 फीसदी से गिरकर 1997–98 में 35 फीसदी पर पहुँच गया। भारत ने सूचना प्रौद्योगिकी समझौते पर दस्तखत किए हैं जिसके

मुताबिक 2005 तक सूचना प्रौद्योगिकी से जुड़े उपकरणों पर शुल्क समाप्त हो जाएगा। 1995 में भारत ने अमेरिका और यूरोपीय संघ के साथ वस्त्र व्यापार से संबंधित समझौते पर दस्तखत किए। इस तरीके से प्रतिबंधों की सूची में से फाइबर, यार्न और औद्योगिक वस्त्रों को हटा दिया गया। बदले में अमेरिका इस बात के लिए तैयार हो गया कि वह भारतीय उत्पादों को अपने बाजार में और ज्यादा पहुँच की सुविधा देगा और 2005 तक कोटा प्रणाली समाप्त कर देगा। यूरोपीय संघ इस बात से सहमत हो गया कि वह भारतीय हथकरघा उत्पादों पर से सारे प्रतिबंध हटा लेगा और अपने कोटे में 3 अरब राशि की बढ़ोतरी करेगा तथा 2004 तक कोटा प्रणाली समाप्त कर देगा।

विदेशी मुद्रा पर नियंत्रण में अब थोड़ी छूट दी गई। 1991 के बाद चालू खातों पर रूपये की पूर्ण परिवर्तनीयता को धीरे–धीरे अनुमति दी गई और यह प्रक्रिया 1994 तक पूर्ण हो गई। अब रूपये और डॉलर के बीच विनिमय दर को अमूमन बाजार ही तय करता है। पहले, भारतीय उद्योगपति विनिमय की मूल्यवर्द्धित दर पर निर्भर थे। इससे उन्हें कच्चे माल का आयात सस्ता पड़ता लेकिन वे आयात लाइसेंस और भारत सरकार द्वारा अनुदान में दी जाने वाली विदेशी मुद्रा पर बहुत ज्यादा निर्भर रहते थे। 1994 के बाद अधिकांशतः बाजार द्वारा नियंत्रित रूपये की विनिमय दर के कारण आयात महंगे हो गए और निर्यात सस्ते हो गए। विनिमय दर के अवमूल्यन से भारतीय निर्यातों की प्रतिद्वंद्विता में बढ़ोतरी हो गई।

भारत में विदेशी निवेश से रोजगार सृजन हो सकता है, प्रौद्योगिकी तक पहुँच बनेगी और उत्पादों की गुणवत्ता में बढ़ोत्तरी होती। 1990 के दशक में अमेरिका में कम ब्याज दरों की वजह से उभरते हुए बाजारों में प्रत्यक्ष विदेशी निवेश औसतन 1985–90 के दौरान 142 अरब डॉलर सालाना से दोगुना होकर 1996 में 350 अरब रूपये डॉलर सालाना पर पहुँच गया। भारत में विदेश निवेशों के उदारीकरण के लिए 1973 के विदेशी मुद्रा नियमन कानून में संशोधन किया गया। 48 क्षेत्रों में 51 फीसदी तक विदेशी हिस्सेदारी को अपने आप मंजूरी देने का प्रावधान बनाया गया। कई क्षेत्रों में तो 74 फीसदी विदेशी हिस्सेदारी को मंजूरी दे दी गई और ढाँचागत क्षेत्रों जैसे बंदरगाह और सड़कों के मामले में 100 फीसदी हिस्सेदारी की अनुमति दे दी गई। बीमा क्षेत्र, बैकिग, दूरसंचार और नागरिक उड्डयन को विदेशी निवेशों के लिए खोल दिया गया। भारत ने इंग्लैंड, फ्रांस, जर्मनी और मलेशिया जैसे देशों के साथ द्विपक्षीय संधियों पर दस्तखत किए हैं। साथ ही उसने अमेरिका के साथ डबल टैक्सेशन संधि को भी मंजूरी दी है। 1992 से भारत को विश्व बैंक बहुपक्षीय निवेश प्रत्याभूति एजेंसी की सदस्यता मिल गई।

वित्त मंत्री यशवंत सिन्हा ने सिलिकॉन वैली से भारत के तार जोड़ने के उद्देश्य से उद्यमी पूँजी पर लगने वाले कर को उदार बनाया। वाणिज्यिक विकास की आरंभिक अवस्था में युवा उद्यमियों को बगैर कोई मुनाफा कमाए वित्तीय और ढाँचागत मदद देने का प्रावधान किया गया। 2001 के बजट के बाद उद्यमी पूँजी को सेबी की मंजूरी दिए जाने की अनिवार्यता को समाप्त कर दिया गया।

सॉफ्टवेयर के क्षेत्र में बढ़ती प्रतिद्वंद्विता के कारण भारतीय कंपनियों को विदेशी अनुदान लेने और विदेशी परिसंपत्तियों के अधिग्रहण संबंधी प्रक्रिया को आसान किया गया। भारत सरकार ने भारतीय कंपनियों को अमेरिकन डिपोजिटरी रिसीप्ट और ग्लोबल डिपोजिटरी रिसीप्ट से

अपने संसाधन जुटाने की पूरी तरह छूट दी गई है। इन कंपनियों को छूट है कि ये विदेशी कंपनियों के अधिग्रहण में जुटाए गए संसाधनों के 50 फीसदी हिस्से का इस्तेमाल कर सकें।

पोर्टफोलियो में निवेश की नीति को उदारीकृत किया गया। पोर्टफोलियो में निवेश का संबंध अमीर देशों के उन अनुदान प्रबंधकों के निवेश से है जो मुनाफा कमाने के लिए अमीर देशों के नागरिकों की बचत का दुनिया भर में निवेश करते हैं। 2000 से पहले विदेशी, संस्थागत निवेशकों को छूट थी कि वे किसी भी भारतीय कंपनी को 24 फीसदी हिस्सेदारी में निवेश कर सकें। इसे 30 फीसदी की सीमा तक बढ़ाया जा सकता है। इसके लिए जरूरी है कि कंपनी के निदेशक बोर्ड की इसे अनुमति प्राप्त हो तथा कंपनी की जीबीएम में इससे संबंधित एक प्रस्ताव पारित किया जाए। 2001 के आम बजट में पोर्टफोलियो निवेश में हिस्सेदारी की सीमा को 40 फीसदी तक रखा गया, बशर्ते उसे कंपनी के निदेशक बोर्ड की मंजूरी प्राप्त हो। सितंबर 2001 में रिजर्व बैंक ने एक प्रावधान किया जिसके तहत किसी भी क्षेत्र में विदेशी संस्थागत निवेशक की हिस्सेदारी की सीमा उतनी ही रहेगी जितनी कि उस क्षेत्र में प्रत्यक्ष विदेशी निवेश की सीमा है। किसी भी कंपनी में 24 फीसदी से ज्यादा हिस्सेदारी के लिए कंपनी के निदेशक बोर्ड की मंजूरी अनिवार्य है। इसका अर्थ यह है कि विदेशी संस्थागत निवेशक ऊर्जा, पेट्रोलियम, दवाओं, सॉफ्टवेयर और होटल के क्षेत्र में सिद्धांतः 100 फीसदी तक निवेश कर सकते हैं।

भारत में उदारीकरण की उपलब्धियाँ – भारत में उदारीकरण के परिणाम काफी प्रभावकारी रहे हैं। पिछले दशक के अंत तक भारत का विदेशी मुद्रा भंडार तकरीबन 40 अरब डॉलर था जो अगले नौ महीने तक आयात का बोझ उठाने में सक्षम था। भारत एक प्रमुख सॉफ्टवेयर निर्माता और विश्व के अग्रणी आउटसोर्सिंग के ठिकाने के रूप में उभर रहा था। भारत द्वारा निर्यात की जाने वाली वस्तुओं में आभूषणों ने अपना विशिष्ट स्थान बनाए रखा।

भारत में विदेशी निवेश
(अरब डॉलर में कुल राशि)

	1991	1992	1993	1994	1995	1996	1997	1998	1999	2000
निवेश										
प्रत्यक्ष	0.073	0.276	0.550	0.973	2.143	2.426	3.577	2.634	2.168	2.315
पोर्टफोलियो	0.004	0.283	1.369	5.491	1.590	3.598	2.555	-0.601	2.317	1.619
कुल	0.774	0.559	1.919	6.464	3.733	6.02	6.132	2.033	4.485	3.924

उदारीकृत सत्ता को विदेशी निवेशों की ओर से अनुकूल जवाब मिला। 1990 में विदेशी निवेश का कुल योग करीब दो अरब डॉलर था। 1997–98 में आए 6.1 अरब डॉलर के विदेशी निवेश से 6.5 अरब डॉलर के विदेशी मुद्रा कोष के घाटे की भरपाई संभव हो सकी। 1990 के शुरूआती दशक में धन की आमद अधिकांशतः पोर्टफोलियो निवेश के माध्यम से ही हुई थी। 1995 के बाद प्रत्यक्ष विदेशी निवेश को रफ्तार मिली। पूर्वी एशिया में आर्थिक संकट के दौरान जब पोर्टफोलियो निवेश कमजोर पड़ने लगा, तो प्रत्यक्ष विदेशी निवेश में तेजी आई और पोर्टफोलियो निवेश एक बार फिर से उभरा।

पूर्वी एशियाई देशों की पूँजी को आकर्षित करने की क्षमता की तुलना में भारत की सफलता बहुत फीकी है। 1996 में विदेशी निवेश के माध्यम से विकासशील देशों की कुल आय 130 अरब डॉलर रही। इसमें अकेले चीन की हिस्सेदारी 42 डॉलर अरब की थी। चीन की कुल पूँजी के निर्माण में प्रत्यक्ष विदेशी निवेश से आए धन का योगदान 25 फीसदी है जबकि भारत के मामले में यह पाँच फीसदी से भी कम है। तुलनात्मक तौर पर देखा जाए तो भारत में प्रत्यक्ष विदेशी निवेश से आने वाली धनराशि सालाना दो से तीन अरब डॉलर है। इससे भी बड़ी बात यह है कि भारत में जितने प्रत्यक्ष विदेशी निवेशों को मंजूरी मिली है, उनमें से मात्र 20 फीसदी से ही वास्तविक आय हुई है।

आईएसआई द्वारा तैयार किए औद्योगिक और तकनीकी आधार पर भारतीय अर्थव्यवस्था को खोलने और उसके वैश्विक अर्थव्यवस्था में एकीकरण ने भारत को दुनिया में एक सशक्त आर्थिक ताकत का रूप दे दिया। विश्व मुद्रा कोष के मुताबिक भारत आज दुनिया की चौथी सबसे बड़ी अर्थव्यवस्था है। भारतीय अर्थव्यवस्था की विकास दर दुनिया में दूसरी और तीसरे स्थान पर आती है। खासकर सूचना प्रौद्योगिकी, दूरसंचार और बिजनेस प्रॉसेस आउटसोर्सिंग में यह विकास दर काफी तेज रही है। गोल्डमैन सैश की एक रिपोर्ट (ड्रीमिंग विद बीआरआईसी : दि पाथ टु 2050) के मुताबिक ब्राजील, रूस, भारत और चीन के बीच भारत अगले तीस से पचास वर्षों के दौरान सबसे तेजी से विकास करेगा। ऐसा वह अपनी जनांकिकीय अवस्थिति और निरंतर विकास के माध्यम से करेगा।

वर्तमान विकास दर के मुताबिक भारत में धीरे–धीरे बुर्जुआ होता बाजार खुद में हर वर्ष एक ऑस्ट्रेलिया को पैदा करेगा और प्रत्येक साढ़े तीन वर्ष में एक फ्रांस पैदा करेगा। वैश्विक व्यापार में भले ही भारत की हिस्सेदारी तुलनात्मक तौर पर बहुत कम हो, लेकिन इसका अर्थ यह नहीं है कि वह प्रगति के रास्ते पर नहीं है।

प्रश्न 7. भारत के आर्थिक उदारीकरण के समक्ष कौन–कौन सी चुनौतियाँ हैं?

[June-07, Q.No.-1]

उत्तर – भारत के आर्थिक उदारीकरण के समक्ष चुनौतियो का वर्णन निम्नलिखित है:

1) आंतरिक चुनौतियाँ – उदारीकरण के सामने प्रमुख घरेलू चुनौतियाँ अभी भी बरकरार हैं। व्यापार और प्रतियोगिता देश में ढाँचागत अवयवों जैसे सड़क, बंदरगाह और ऊर्जा की गुणवत्ता पर निर्भर होती है। भारत इन सभी मामलों में अभी भी बहुत गरीब है। भारत में श्रम कानूनों ने उत्पादन क्षेत्र पर बहुत प्रतिकूल प्रभाव डाला है। भारत में राजकोषीय घाटा और ब्याज दरों पर उसके प्रभाव का ढाँचागत तथा अन्य क्षेत्रों में निवेश पर बहुत बुरा असर पड़ सकता है। 1980 के दशक की तुलना में भारत के राज्यों के बीच 1990 के दशक बाद से आर्थिक संदर्भों में असमानता बढ़ी है।

उत्पादन में प्रतिद्वंद्विता – बाजारवादी रूझान का अधिक से अधिक फायदा उठाने के लिए यह जरूरी है कि बाजारों को आपस में अच्छे तरीके से जोड़ा जाए। भारत में सड़कों, हवाई अड्डों और बंदरगाहों को नवीनीकरण तथा विस्तारीकरण की सख्त दरकार है। दूसरे, बिजली की दुर्व्यवस्था और खराब गुणवत्ता के कारण उत्पादन क्षेत्र को घाटा उठाना पड़ता है। भारत को ऊर्जा निर्माण की क्षमता बढ़ा कर दस लाख मेगावाट करने की आवश्यकता है। सरकार

द्वारा बिजली की खराब आपूर्ति से निराश बड़े औद्योगिक घरानों ने खुद ही ऊर्जा का उत्पादन आरंभ कर दिया है जिससे उनकी जरूरतें पूरी हो सकें। बिजली की चोरी जोरों पर है और यह निशुल्क मिलती है। इसका भुगतान सरकार खुद करदाताओं की जेबों से करती है। इससे उन लोगों के लिए ऊर्जा के उत्पादन की गुणवत्ता और मात्रा पर प्रतिकूल प्रभाव पड़ता है जो उसके बदले में शुल्क देने को तैयार है। एक स्वतंत्र और सशक्त नियामक संस्था के गठन की मदद से ऊर्जा के उत्पादन और वितरण में राजनीतिक हस्तक्षेप को कम करने का सवाल अभी भी प्रासंगिक और मजबूत है।

तीसरा, भारत में जो श्रम कानून हैं, उनके मुताबिक संगठित क्षेत्र में किसी भी श्रमिक की छंटनी आज के हालात में भी बहुत कठिन कार्य है। भारत में मजदूर संगठन देश के दक्ष और प्रशिक्षित श्रमिकों के करीब 8.5 फीसदी का प्रतिनिधित्व करते हैं। असंगठित क्षेत्र में काम करने वाले नब्बे फीसदी से अधिक श्रमिकों का रोजगार सुरक्षित नहीं है। रोजगार की सुरक्षा का सीधा संबंध संस्था के आकार से है। 1991 के बाद लागू आर्थिक उदारीकरण अभी तक कुछ विशेषाधिकार प्राप्त व्यक्तियों के रोजगारों की सुरक्षा पर कुठाराघात नहीं कर सका है। इन्हीं कुछ अल्पसंख्यक श्रमिकों के रोजगार सुरक्षित होने की वजह से उत्पादन के क्षेत्र में उत्पादन की दर बहुत कम होकर रह गई है। इसने निर्यात आधारित उत्पादन क्षेत्र में घरेलू के साथ-साथ अंतर्राष्ट्रीय निवेश को भी प्रतिकूल तरीके से प्रभावित किया है।

केन्द्र और राज्यों के राजकोषीय घाटे को मिला दिया जाए तो कुल घाटा सकल घरेलू उत्पाद का करीब 10 से 11 फीसदी बैठता है। यह खतरे की घंटी है। सरकार द्वारा अर्जित कर और पूँजीगत अनुदानों के योग में से सरकारी खर्चे को निकाल देने से राजकोषीय घाटे का आकलन होता है। 1992-93 से यह घाटा लगातार बढ़ता ही जा रहा है। इससे ऋण की मात्रा बढ़ सकती है, ब्याज भुगतानों में बढ़ोतरी संभव है और स्वास्थ्य, शिक्षा तथा ढाँचागत क्षेत्रों के विकास के लिए मुहैया कराई जाने वाली राशि में भारी गिरावट आने की संभावना बन सकती है। यह एक खतरनाक दुश्चक्र का रूप ले सकता है। भौतिक और मानवीय संसाधनों पर सरकारी खर्चे में गिरावट से भारत की विश्व बाजार में प्रतिद्वंद्विता पर प्रतिकूल असर पड़ सकता है।

क्षेत्रीय असमानता – आर्थिक उदारीकरण के चलते भारत ने राज्यों को यह स्वतंत्रता दे दी है कि वे अपने विकास के लिए संसाधन खुद जुटा सकें। इस प्रकार से राज्यों को संसाधन मुहैया कराने की केन्द्र की भूमिका में गिरावट आई है। अब राज्य खुद निजी निवेश के लिए होड़ में संलग्न हो गए हैं। बेहतर प्रशासन वाले कुछ राज्यों जैसे कर्नाटक, आंध्र प्रदेश, तमिलनाडु, गुजरात और महाराष्ट्र अपने यहाँ अधिक निवेशों को आकर्षित करने में सफल रहे हैं। लेकिन सवाल यह उठता है कि बिहार और उत्तर प्रदेश जैसे उन राज्यों का क्या होगा जहाँ प्रशासन अभी भी बदहाली की स्थिति में है और इस कारण से उदारीकरण के इस दौर में भी निवेशों को आकर्षित नहीं कर पा रहा है।

निजी पूँजी को आकर्षित करने की कुछ राज्यों की इस क्षमता ने बेहतर प्रशासन और बदहाल प्रशासन वाले राज्यों के बीच घोर असमानता पैदा कर दी है। 1980 के दशक में सबसे तेज विकास दर वाले राज्य की दर सबसे कम विकास वाले राज्य से दोगुना थी। 1990 के दशक में एक ओर जहाँ बिहार जैसे पिछड़े राज्य में विकास दर 2.7 प्रतिशत सालाना थी,

वहीं गुजरात की विकास दर 9.6 प्रतिशत प्रति वर्ष थी। अगर प्रति व्यक्ति विकास दर का आकलन करें, तो राज्यों के बीच यह असमानता की तस्वीर और भयावह दिखाई देगी। पिछड़े राज्यों जैसे मध्य प्रदेश और राजस्थान में 1990 के दशक के दौरान विकास करने की क्षमता प्रति वर्ष 6 फीसदी की दर से भी ज्यादा थी। आर्थिक उदारीकरण के समक्ष सबसे बड़ी चुनौती बदहाल प्रशासन वाले राज्यों जैसे बिहार और उत्तर प्रदेश की हालत में काफी सुधार करना है, जिससे असमानता के कारण राज्यों के बीच विद्वेष की भावना न पैदा हो सके।

2) बाहरी चुनौतियाँ – अगर भारत में उदारीकरण को सफल होना है, तो उसे विदेशी बाजारों तक अपनी पहुँच बनानी होगी। औद्योगिक देशों में संरक्षणवाद जोरों पर है। वे विकासशील देशों को सस्ते श्रम से उपजे निर्यातों से मिलने वाले फायदों से डरते हैं। विश्व व्यापार संगठन ने वस्त्र व्यापार के उदारीकरण को सुनिश्चित किया है, लेकिन औद्योगिक देश अभी भी अपने बाजार तक विकासशील देशों की पहुँच कायम करने के कोई संकेत नहीं दे रहे हैं। दूसरे, श्रम और पर्यावरण व्यापार में नए अवरोधों के रूप में उभर रहे हैं जो शुल्क रूपी अवरोध से बुनियादी तौर पर भिन्न हैं। अगर भारत में आयात के उदारीकरण का फायदा विदेशी बाजारों तक भारतीय माल को पहुँचाने में नहीं उठाया गया, तो यह भारतीय व्यापार और भारत में उदारीकरण की सफलता की राह में एक बहुत बड़ा झटका होगा।

वस्त्र – अंतर्राष्ट्रीय व्यापार में मल्टीफाइबर समझौता दोहरे मानदंडों का एक अप्रतिम उदाहरण है। यह देशों के बीच में भेदभाव बरतता है। शुल्क की तुलना में कोटा प्रणाली व्यापार को कहीं ज्यादा हानि पहुँचाती है। व्यापार पर पड़ने वाले खतरों के मामले में कोटा प्रणाली शुल्क की तुलना में कम पारदर्शी है। भारत से निर्यात किए जाने वाले वस्त्रों के खरीदार के रूप में अमेरिका और यूरोपीय संघ की हिस्सेदारी 73 प्रतिशत है। एक अध्ययन के मुताबिक भारत से वस्त्र निर्यात के मामले में यूरोपीय संघ की तुलना में अमेरिका ज्यादा प्रतिबंधों को लागू करता है। अगर सिर्फ अमेरिका की बात करें, 1993 की तुलना में अमेरिका ने 1999 में भारतीय वस्त्र आयात के मामले में ज्यादा संरक्षणवादी रवैये का परिचय दिया। यूरोपीय संघ के लिए भी यह बात उतनी ही सही थी।

व्यापार और श्रम – भारत की यह आपत्ति की श्रम मानकों के मामले में निर्णय लेने का अधिकार विश्व व्यापार संगठन की बजाय अंतर्राष्ट्रीय श्रम संगठन के पास होना चाहिए, बहुत न्यायसंगत है। भारत को इस बात की आशंका है कि व्यापार में श्रम मानक कहीं एक नए अवरोध के रूप में न सामने आ जाएँ। अमीर देशों का तर्क है कि गरीब देशों में काम करने की स्थितियाँ बहुत खराब होती हैं और वहाँ श्रम का मूल्य भी कम होता है। इससे अमीर देशों में बेहतर मेहनताने पर काम कर रहे श्रमिकों को नुकसान उठाना पड़ता है। उनका यह भी तर्क है कि श्रमिकों को एक न्यूनतम जीवनस्तर का अधिकार होना चाहिए।

प्रोफेसर पॉल क्रुगमैन ने इस बात पर जोर दिया है कि व्यापार का आय पर सकारात्मक प्रभाव होता है। औद्योगिक देशों को व्यापार के आधार पर आय में बढ़ोतरी की बात करनी चाहिए, न कि विकासशील देशों पर व्यापार करने की पूर्व शर्त के तौर पर यह दबाव डालना चाहिए कि वे अपने यहाँ श्रमिकों की अधिक आय सुनिश्चित करें और कार्य स्थितियों को बेहतर बनाएँ। क्रुगमैन के तर्क से यह समझ में आता है कि एक निश्चित क्षेत्र में ही कम वेतन अंतर्राष्ट्रीय प्रतियोगिता को बढ़ावा दे सकता है। इस प्रकार की प्रतियोगिता से जब निर्यात में बढ़ोतरी होती

है और उत्पादन में सुधार होता है, तो इसका सकारात्मक असर उन गरीब देशों पर पड़ता है जहाँ श्रमिकों को कम वेतन दिया जाता हैं

भारत जैसे गरीब देश में कम वेतन के आधार पर प्रतियोगिता में फायदा उठा सकते हैं। हालाँकि कम वेतन का लक्षण अल्पजीवी ही है चूँकि निर्यात संवर्द्धन से गरीब देशों में वेतन में बढ़ोतरी होगी। पूर्वी एशियाई देशों ताइवान और दक्षिण कोरिया की सफलता की कहानियाँ इस तर्क की अभिपुष्टि करती हैं। इन देशों में तानाशाही सत्ताओं ने उद्योगों के साथ मिल कर श्रमिकों के अधिकारों का हनन किया। इसके बावजूद वे श्रमिकों के वेतन में बढ़ोतरी पर लगाम नहीं कस सके चूँकि ये देश तब तक निर्यात आधारित व्यापार में अपनी हिस्सेदारी कर उत्पादकता को बढ़ा चुके थे। अमेरिका की आर्थिक नीति के ढाँचे में इन आर्थिक अवधारणाओं के लिए भी स्थान है। हालाँकि, अगर अमेरिका और यूरोप के श्रमिक संगठन कुछ नौकरियों को बचाने के लिए इस नीति को अपना लेते हैं, तो यह विकासशील और विकसित देशों दोनों के अहित का कारण बनेगा।

श्रमिक अधिकारों में, खासकर महिलाओं और बच्चों के संदर्भ में मानव पूँजी निर्माण में अधिक निवेश की मांग करते हैं। यह बेहतर स्वास्थ्य और शिक्षा के माध्यम से ही हो सकता है। श्रमिक अधिकारों के नाम पर व्यापार प्रतिबंधों को लागू करने के कदम से अमेरिका में उपभोक्ता वस्तुओं के दामों में बढ़ोतरी होगी और इससे भारत जैसे विकासशील देशों में बेरोजगारी को बढ़ावा मिलेगा।

व्यापार और पर्यावरण – भारत ने इस बात पर आपत्ति जताई है कि पर्यावरणीय मानक भी व्यापार के लिए बाधा बन कर उभर सकते हैं। व्यापार में उदारीकरण के फायदे तब तक महससू नहीं किए जा सकते जब तक अमेरिका में झींगा मछली के निर्यात में भारी की विशेष रूचि कछुए छानने वाली मशीनों की आड़ में छुपी हो। बंगाल की खाड़ी में झींगा मछली पकड़ने वाली मशीन से कछुओं को नुकसान पहुँचता था। चूँकि बंगाल की खाड़ी में कछुओं के जीवन के प्रति अमेरिका संवेदनशील था। दूसरी ओर अमेरिकी उद्योग जायकेदार भारतीय झींगे से मिलने वाली चुनौती से भयभीत थे, इसलिए भारतीय निर्यातों की पड़ताल के लिए पर्यावरणीय मानको का उपयोग किया गया। अगर व्यापार में पर्यावरणीय सरोकारों को सिर्फ संरक्षणवादी कदमों के रूप में प्रयोग के अतिरिक्त अपनी औचित्यपूर्ण भूमिका का निर्वाह करना है, तो उसे विश्व व्यापार संगठन से तुरंत अलग कर देना चाहिए। एक विशुद्ध वैज्ञानिक और वैश्विक स्तर की किसी पर्यावरण संस्था को इस उद्देश्य से दुनिया को जागृत करना होगा।

प्रश्न 8. निम्नलिखित देशों के साथ भारत की संबंधों के स्वरूप पर चर्चा करो।
1) पाकिस्तान 2) नेपाल 3) बांग्लादेश 4) श्रीलंका

[Dec-08, Q.No.-12][June-07, Q.No.-4]

उत्तर – 1) पाकिस्तान – भारत के विभाजन के बाद भारत–पाकिस्तान के परस्पर संबंधों के इतिहास का विश्लेषण उन समस्याओं और विवादों के चरित्र की समीक्षा के माध्यम से किया जा सकता है, जिन्होंने दोनों देशों के युद्ध के दौरान और बाद में भी तनावपूर्ण, आक्रामक और संघर्षपूर्ण संवादों में जकड़े रखा है। इन प्रतिकूल संबंधों की परिणति अब तक चार युद्धों के रूप में हो चुकी है और भारत अभी भी पाकिस्तान द्वारा कश्मीर में चलाए जा रहे उस छद्म

युद्ध की चुनौती का सामना कर रहा है, जिसका उद्देश्य कश्मीर को शेष भारत से अलग करना है। जनता की नजर में, और खासकर हमारी सेनाओं की नजर में पाकिस्तान की पहचान अभी भी एक शत्रु के रूप में की जाती रही है, हालाँकि इतिहास, संस्कृति, भाषा, धर्म तथा भूगोल के मामले में दोनों देशों के बीच तमाम समानताएँ हैं।

एक ओर जहाँ भौगोलिक, ऐतिहासिक, सामाजिक–सांस्कृतिक समानताओं तथा जातीय और भाषाई संबद्धता के चलते दोनों देशों के बीच संघर्षपूर्ण के बजाय सौहार्दपूर्ण संबंध होने चाहिऐं।

दोनों देशों की एक दूसरे के प्रति असहमति के कारणों में संवादहीनता, परस्पर आशंका की स्थिति और इन आशंकाओं को सायास बढ़ावा देने वाले कदमों को गिनाया जा सकता है। पहले पाकिस्तान की आशंकाओं को समझ लेना बेहतर होगा। भारतीय राष्ट्रीय कांग्रेस द्वारा विभाजन के विरोध के फलस्वरूप मुस्लिम लीग के समक्ष जो चुनौती पैदा हुईं, उसकी कड़वी स्मृतियाँ अभी भी पाकिस्तानियों के मन में बसी हुई हैं। इसका नतीजा यह हुआ कि मुस्लिम लीग अपनी आकांक्षाओं के मुताबिक जिस भौगोलिक परिक्षेत्र में पाकिस्तान का गठन चाहती थी, वह नहीं हो सका। इतिहास की विडम्बनाओं में से एक यह है कि पाकिस्तान में रहने वाले कई लोग अभी भी दो राष्ट्रों के सिद्धांत से सहमत नहीं हैं। पाकिस्तान के पक्ष में खड़े किए गए आंदोलन की मुख्य ताकत बंगाल और उत्तर–मध्य भारत के मुस्लिम थे। यह समर्थन भी मुस्लिम जनता की ओर से नहीं था, बल्कि मुस्लिम अभिजात्य वर्ग का था। हमें यह याद रखना चाहिए कि जिन्ना को तब हिंदू–मुस्लिम एकता का प्रतीक माना जाता रहा जब तक कि महात्मा गाँधी और जवाहरलाल नेहरू ने भारतीय राष्ट्रीय कांग्रेस के नेता के रूप में उनकी छवि को नुकसान नहीं पहुँचाया। पाकिस्तान का अब भी यही दृष्टिकोण है कि लार्ड माउंटबेटन और भारतीय राष्ट्रीय कांग्रेस की मिलीभगत ने एक ऐसा पाकिस्तान बनने की राह में अवरोध पैदा किया जहाँ भारत की सारी मुस्लिम आबादी रहे। यह कड़वाहट आज भी पाकिस्तानी सत्ता और उसकी संरचना की मानसिकता पर व्याप्त है।

जम्मू–कश्मीर, हैदराबाद और जूनागढ़ में भारत के कठोर कदमों ने इस कटुता को बढ़ाने का ही काम किया। इससे भी महत्त्वपूर्ण यह कि इन कदमों ने ऐसी आशंका पैदा कर दी कि भारत विभाजन के प्रभाव को समाप्त करने के लिए पाकिस्तान की वर्तमान स्थिति को नष्ट कर देगा, चाहे उसे तोड़ कर अथवा उसके प्रांतों का वापस उस हिंदू योजना में विलय कर, जिसे पाकिस्तानियों ने 'अखंड भारत' का नाम दिया था। सामरिक संसाधनों के वितरण और विदेशी मुद्रा भंडार पर भारत के पक्ष ने पाकिस्तान की इस आशंका को मजबूत किया कि भारत की योजनाएँ विघटनकारी हैं। दोनों देशों के आकार, आबादी और संसाधनों में असमानता ने इन आशंकाओं में ईंधन का काम किया।

बांग्लादेश के मुक्ति आंदोलन में भारत की भूमिका ने पाकिस्तान की इस भयाक्रांत मानसिकता को और बल दिया। लेकिन अगर ऐसा है, तो फिर 1948 और 1965 में पाकिस्तान ने भारत के खिलाफ सैन्य कार्रवाइयाँ क्यों की? इसका जवाब संभवतः उस अर्धचेतन इच्छा में तलाशा जा सकता है जो विभाजन से पैदा हुई अव्यवस्था को नए सिरे से दुरुस्त करना चाहती थी। 1971 के संघर्ष ने भारत के संदर्भ में भी पाकिस्तान का रूझान सैन्य कार्रवाइयों की ओर कर दिया। पाकिस्तानी सत्ता की वही मानसिकता आज भी यथावत है।

भारत–पाक संबंधों से जुड़े उपर्युक्त तथ्यों के आलोक में आए उन महत्त्वपूर्ण घटनाओं की पड़ताल करे जो दोनों देशों के बीच घटीं। विभाजन की शुरूआती समस्या के अलावा पाकिस्तान की इच्छा के विपरीत जूनागढ़, हैदराबाद और कश्मीर के प्रांतों का भारत में विलय तथा रावी, सतलुज और ब्यास के जल बँटवारे की समस्या भी रही, जिसका समाधान 19 सितंबर 1960 के दोनों देशों के बीच हुए एक शांतिपूर्ण समझौते से हो गया।

कश्मीर विवाद – 86,024 वर्ग मील के क्षेत्र वाले तत्कालीन जम्मू–कश्मीर राज्य की आबादी में मुस्लिमों का वर्चस्व था और वहाँ एक हिंदू राजा महाराजा हरि सिंह का शासन था। 15 अगस्त 1947 को मिली आजादी के पहले और ठीक बाद भी उन्होंने राज्य के परिग्रहण संबंधी कोई भी निर्णय नहीं लिया था। महाराजा की योजना थी कि वह अपने राज्य को एक स्वतंत्र राष्ट्र घोषित करें। महाराज के इस ढुलमुलपन का फायदा पाकिस्तान ने उठाया और उसने उत्तर–पश्चिमी सीमांत प्रांत के कबीलाई लोगों की मदद से राज्य पर हमला बोल दिया। 22 अक्तूबर 1947 को किए गए इस हमले के सिर्फ पाँच दिन के भीतर ही हमलावर श्रीनगर से 25 मील दूर बारामूला तक आ पहुँचे। इस हमले से अतिविस्मित हरि सिंह ने भारत से मदद लेने का निर्णय किया और भारत सरकार से विनती की राज्य की रक्षा करने के एवज में वे परिग्रहण के कागजात पर दस्तखत करने को तैयार हैं। 27 अक्टूबर 1947 तक जम्मू–कश्मीर के परिग्रहण की प्रक्रिया पूरी हो गई और सेना को हमलावारों से क्षेत्र खाली कराने की अनुमति दे दी गई। जम्मू–कश्मीर का परिग्रहण करने के वक्त भारत ने कहा था कि राज्य को हमलावरों से खाली कराने के बाद जनता की राय क्या है, इसे सुनिश्चित किया जाएगा। पाकिस्तान ने इस परिग्रहण को स्वीकार नहीं किया और इसे भारत का आक्रमण माना। इस दौरान पाकिस्तान ने आक्रमणकारियों द्वारा कब्जाए गए परिक्षेत्र में आजाद कश्मीर नामक सरकार की स्थापना कर दी। इस मुद्दे पर भारत ने अनुच्छेद 35 के अंतर्गत सुरक्षा परिषद का दरवाजा खटखटाया। वास्तव में, जम्मू–कश्मीर की जनता की राय जानने के लिए नेहरू सरकार द्वारा जनमत संग्रह करवाने का निर्णय एक ऐसी गंभीर गलती थी, पाकिस्तान जिसका फायदा उठाकर अभी तक इस विवाद को खींचने में कामयाब रहा है। सुरक्षा परिषद् ने इस मसले पर कई फैसले किए। सबसे पहले 20 जनवरी, 1948 को एक तीन सदस्यीय आयोग का गठन किया गया। बाद में इसका विस्तार होता रहा और इसका नामकरण किया गया भारत और पाकिस्तान के लिए संयुक्त राष्ट्र आयोग (यूएनसीआईपी)। आयोग ने दोनों देशों के प्रतिनिधियों से मुलाकात और जाँच के बाद अंततः 11 दिसम्बर 1948 को अपनी रिपोर्ट जमा की। इस रिपोर्ट में दोनों देशों के बीच कटुता को समाप्त करने और जनमत संग्रह के संबंध में निम्नलिखित सिफारिशें की गई थीं। सर्वप्रथम, संघर्ष विराम के बाद पाकिस्तान अपनी सैन्य टुकड़ियाँ जम्मू–कश्मीर से जल्द से जल्द हटाए तथा उन कबीलाई और पाकिस्तानी नागरिकों को वापस बुलाए जो जम्मू–कश्मीर के निवासी नहीं हैं। दूसरे, पाकिस्तानी टुकड़ियों द्वारा खाली किए गए क्षेत्रों का प्रशासन आयोग की देखरेख में स्थानीय अधिकारी करें। तीसरे, इन दो शर्तों के पूरी हो जाने और भारत को इसकी सूचना दिए जाने के बाद वह अपनी अत्यधिक सैन्य टुकड़ियों को वहाँ से हटा ले। अंतिम सिफारिश थी कि अंतिम समझौते के तहत भारत सीमित संख्या में वहाँ अपनी टुकड़ियाँ स्थापित करे जो सिर्फ कानून और व्यवस्था को बनाए रखने के लिए पर्याप्त हो। शुरू में आनाकानी करने के बाद

पाकिस्तान ने इन प्रस्तावों को मंजूर कर लिया और दोनों देशों के सैन्य प्रमुखों ने जनवरी 1949 को आधी रात में एक संघर्ष विराम पर दस्तखत किए। युद्ध समाप्त हो गया और संघर्ष विराम लागू हो गया। यहाँ यह बात ध्यान देने वाली है कि संघर्ष विराम ऐन उस वक्त लागू हुआ जब भारतीय सेनाएँ घुसपैठियों को बाहर खदेड़ने और पूरे राज्य को मुक्त करा पाने की स्थिति में थीं।

जिस स्थान पर युद्ध समाप्त हुआ, वहीं पर संघर्ष विराम रेखा (अब नियंत्रण रेखा) खींच दी गई। 27 जुलाई 1949 को कराची में संघर्ष विराम रेखा पर एक समझौता हुआ। इसके मुताबिक जम्मू–कश्मीर का 32000 वर्ग मील परिक्षेत्र पाकिस्तान के कब्जे में ही रखा गया, जिसे पाकिस्तान आजाद कश्मीर पुकारता है। इसके बाद संयुक्त राष्ट्र ने कई आयोगो का गठन किया और प्रस्ताव पारित किए, लेकिन इनमें से किसी से भी कश्मीर समस्या का हल नहीं हो सका। इस दौरान वयस्क मतदान के आधार पर चुनी गई एक संविधान सभा ने 6 फरवरी 1954 को भारत सरकार द्वारा राज्य के परिग्रहण पर मुहर लगा दी। 19 नवंबर 1956 को स्वीकृत राज्य के संविधान में जम्मू–कश्मीर को भारत का एक अभिन्न हिस्सा घोषित किया गया। भारत का पक्ष है कि सीधे चुनी गई कश्मीर की संविधान सभा द्वारा राज्य के परिग्रहण की अभिपुष्टि से राज्य की जनता की इच्छा का सम्मान किया गया है। भारत ने इस परिग्रहण को 26 जनवरी 1957 को अंतिम मंजूरी दी।

कश्मीर मुद्दे को पाकिस्तान द्वारा कई बार संयुक्त राष्ट्र और अंतर्राष्ट्रीय मंचों पर समय–समय पर उठाया गया है। कश्मीर को पाकिस्तान का अंग बनाए जाने के पीछे उसका तर्क वहाँ की बहुसंख्य आबादी की समान धार्मिकता है। लेकिन भारत का मानना है कि राजनीतिक कार्रवाइयों का आधार धर्म को नहीं बनाया जा सकता। पाकिस्तान लगातार सीमा पार आतंकवाद में संलग्न है और वह कश्मीर में निर्दोष लोगों की हत्या को अंजाम दे रहा है। भारत द्वारा द्विपक्षीय संबंधों को सामान्य बनाने के हर संभव बेहतरीन प्रयासों के बावजूद पाकिस्तान राजनीतिक प्रतिशोध के चलते अब तक चार युद्ध थोप चुका है।

2) नेपाल – भारत एवं नेपाल के बीच घनिष्ट सांस्कृतिक, भाषाई और धार्मिक संपर्कों का सांझा सम्बन्ध रहा है। भारत–नेपाल संबंध जुलाई 1950 में हुई शान्ति एवं मित्रता की संधि पर आधारित रहे हैं, जिसके तहत दोनों देशों के बीच 'विशेष रिश्ते' की रूपरेखा निर्धारित की गई थी। संधि परस्पर आदान–प्रदान के आधार पर खुली सीमाओं, तथा एक दूसरे के नागरिकों के आने–जाने व संपत्ति के स्वामित्व की गारंटी करती है। सन्धि में यह प्रावधान भी किया गया है कि किसी विदेशी आक्रान्ता द्वारा किसी भी एक देश की सुरक्षा पर आए खतरे को दोनों में से कोई देश बर्दाश्त नहीं करेगा तथा इस तरह का खतरा आने पर दोनों देश आपस में परामर्श करेंगे और प्रभावी उपाय सोचेंगे। इसने यह भी निर्धारित किया कि नेपाल–भारत के अलावा अन्य किसी देश से हथियारों का आयात करने से पहले, भारत से राय–मशविरा करेगा। इसके फलस्वरूप भारत में नेपाल–तिब्बत सीमा पर भारतीय एवं नेपाली सैनिकों द्वारा संयुक्त रूप से संचालित 17 चौकियाँ स्थापित की। नेपाली सेना के संगठन एवं प्रशिक्षण के लिए काठमाण्डू में एक भारतीय सैन्य आयोग का गठन किया गया।

1950 में ही व्यापार एवं वाणिज्य की एक संधि पर भी हस्ताक्षर हुए, जिसके तहत भारत

द्वारा नेपाल को आवश्यक वस्तुओं की आपूर्ति की जानी थी तथा उसके लिए सबसे अधिक ज्यादा उपयुक्त एवं किफायती रास्ते एवं परिवहन के उपाय प्रदान करने थे। नेपाल को भारतीय सीमा क्षेत्र तथा बंदरगाहों के माध्यम से, अन्य देशों से मालों एवं उत्पादनों के वाणिज्यिक आवागमन का अप्रतिबंधित अधिकार प्राप्त है जिसमें उसे कोई शुल्क भी अदा नहीं करना पड़ता।

1951 में राणा के अधिनायकवादी शासन को उखाड़ फेंकने में भारत ने निर्णायाक भूमिका अदा की थी तथा राजा–त्रिभूवन को सत्ता में बहाल करने में सहायता दी थी, साथ ही धीरे–धीरे जनतांत्रिक–संसदीय संस्थाओं का विकास किया जाता रहा।

यद्यपि, नेपाल ने बिगड़ते भारत–चीन संबन्धों का इस्तेमाल अपनी स्वतंत्रता पर जोर दिए जाने के लिए किया तथा भारत व चीन के साथ संतुलन बनाये रखने का खेल खेलता रहा। 1960 में, सम्बन्धों में और अधिक तनाव बढ़ गया जबकि नेपाल ने सुरक्षा–चौकियों से भारतीय लोगों तथा काठमाण्डू से सैन्य सम्पर्क ग्रुप को वापस बुलाए जाने की मांग की। भारत के साथ विशेष रिश्ते को समाप्त करने के प्रयास के तौर पर नेपाल को एक शांति क्षेत्र घोषित करने का भी नेपाल ने प्रस्ताव रखा। भारत ने, स्वाभाविक कारणों से, प्रस्ताव का समर्थन नहीं किया। नेपाल ने इसका प्रयोग, चालाकी के साथ, पंचायती राज के खिलाफ बढ़ती आलोचना से लोगों का ध्यान हटाने और भारत से आने वाले संभावित खतरे के विरूद्ध सरकार के साथ जनता की एकजुटता के लिए किया।

भारत ने, हालाँकि, नेपाल को बड़े पैमाने पर सहायता देना जारी रखा, और परिवहन एवं संचार, सिंचाई, बिजली, वानिकी तथा शिक्षा जैसे क्षेत्रों उसकी सहायता करने वाला सबसे बड़ा देश बन गया। बिजली पैदा करने तथा सिंचाई के विकास की जिन प्रमुख परियोजनाओं में भारत ने भाग लिया, वे थी – कोसी, गंधक, कामिली, त्रिशुली तथा देषीघाट एवं पोखरा पनबिजली परियोजनाएँ।

नेपाल द्वारा तीसरे देशों के साथ मुफ्त एवं बेरोकटोक व्यापार की पारगमन सुविधाओं के साथ एक जलअवरूद्ध देश के रूप में नेपाल के अधिकार पर जोर देते रहने की वजह से, हालाँकि, तनाव जारी रहे। वैसे जनता सरकार ने पारगमन एवं व्यापार की पृथक संधि की नेपाल की पुरानी मांग को अस्वीकार कर लिया। सीमा पार से मालों की तस्करी रोक पाने में नेपाल की असमर्थता तथा व्यापार के पथभ्रष्ट हो जाने से चलते भारत को काफी नुकसान उठाना पड़ा। मार्च 1989 में व्यापार एंव पारगमन संधि को यकायक समाप्त कर दिये जाने पर भारत–नेपाल सम्बन्धों में और अधिक गिरावट आ गई। नेपाल द्वारा किए भेदभावपूर्ण उपायों की एक श्रृंखला के जवाब में भारत की कड़ी प्रतिक्रिया से गतिरोध पैदा हो गया। इन उपायों को भारत ने संधि के दायित्वों के विरूद्ध माना। नेपाल ने भारतीय प्रवासियों पर काम के परमिट की आवश्यकता तथा पंजीकरण और साथ ही कुछ सीमा क्षेत्रों में उनके प्रवेश पर रोक, आदि जैसी पाबंदियाँ लगा दी थीं। इसने भारतीय मालों पर अतिरिक्त लेवी भी लगा दी थी जबकि चीनी मालों के व्यापार के लिए अनुकूल शर्तों की मंजूरी दे दी थी। भारत की चिंताओं का ध्यान रखने के प्रति नेपाल की बेरूखी ने व्यापार एवं पारगमन की एकमात्र संधि पर दबाव डालने के लिए भारत को विवश कर दिया। नेपाल ने पारगमन सुविधाओं के अपने अविभाज्य अधिकारों को बरकरार रखा, जिन्हें व्यापार हितों के साथ नत्थी नहीं किया जा सकता।

भारत नेपाल द्वारा चीन से हथियार एवं लड़ाकू विमानों को प्राप्त करने की दृष्टि से इसके चीन की तरफ झुक जाने से भी अप्रसन्न था और इसे चीन के प्रति भारत की सुरक्षा चिंताओं को देखते हुए अप्रत्याशित एवं विरोधी मानता था।

1990 में नेपाल में संसदीय प्रणाली की बहाली के साथ ही भारत–नेपाल सम्बन्धों में सुधार का रूझान पैदा हुआ। जून 1990 में नेपाली प्रधानमंत्री की भारत यात्रा के बाद व्यापार एवं पारगमन सुविधाओं की दृष्टि से (अप्रैल 1987 वाली) यथास्थिति बहाल कर दी गई। दिसम्बर 1990 में, भारत तथा नेपाल के बीच व्यापार एवं पारगमन की पृथक संधियों पर हस्ताक्षर किए गए। प्रधानमंत्री कोइराला ने चीन से हथियार न खरीदने का भी आश्वासन दिया जोकि इस मुद्दे पर भारत की संवेदनाओं को ध्यान में रखते हुए किया गया था। नवीनीकृत एवं गहरी समझ के फलस्वरूप दोनों देशों के बीच बेहतर सम्बन्धों का मार्ग प्रशस्त हुआ है और भारत–नेपाल मैत्री के एक नये अध्याय की शुरूआत हुई है।

3) बांग्लादेश – दिसम्बर 1971 में बांग्लादेश का जन्म भारत–पाक युद्ध का सीधा नतीजा था जिसमें पाकिस्तानी सैन्य टुकड़ियों ने बिना किसी शर्त तत्कालीन पूर्वी पाकिस्तान में आत्मसमर्पण कर दिया था। भारतीय उपमहाद्वीप में बांग्लादेश के प्रादुर्भाव को एक महत्त्वपूर्ण घटना के रूप में परिभाषित किया गया। भारत को पूर्वी पाकिस्तान को मुक्त करने के लिए विवश होना पड़ा चूँकि भारत के समक्ष उस समय सबसे बड़ा संकट एक करोड़ शरणार्थियों के सीमा पार से घुस आने का था। भारतीय प्रधानमंत्री श्रीमती इंदिरा गाँधी द्वारा पाकिस्तान पर अवामी लोग के नेताओं के साथ समझौता करवाने के लिए बनाया गया दबाव भी विफल रहा और कोई नतीजा नहीं निकला।

9 मार्च 1972 को दोनों देशों ने मित्रता और शांति की संधि पर दस्तखत किए। श्रीमती गाँधी ने बांग्लादेश को भारत के पूर्ण सहयोग और संयुक्त राष्ट्र में उसे प्रवेश दिलाने का पूरा भरोसा दिलाया। इस संधि की समय सीमा 25 वर्ष थी। पाकिस्तान इस संधि पर दस्तखत से असंतुष्ट था और उसने इसे सैन्य गठबंधन का नाम दिया। लेकिन संधि के प्रावधानों के अध्ययन से पता चलता है कि इसका मुख्य उद्देश्य द्विपक्षीय संबंधों को मजबूत करना, क्षेत्रीय शांति कायम करना और अंतर्राष्ट्रीय सहयोग को बढ़ाना है। यह निश्चित तौर पर किसी देश या देशों के समूह के खिलाफ कोई सैन्य संधि नहीं थी। इस संधि के बाद 25 मार्च 1972 को दोनों देशों के बीच एक संक्षिप्त व्यापार समझौता किया गया। इस तरह परस्पर समानता और आपसी हितों, मित्रता तथा सहयोग की पृष्ठभूमि में मित्रता संधि और व्यापार समझौता दोनों देशों के बीच हुआ।

गंगा जल का बंटवारा – भारत और बांग्लादेश के बीच विवाद की सबसे बड़ी हड्डी गंगा नदी के जल के बंटवारे से संबद्ध है। यह विवाद जनवरी से मई के बीच, खासकर मार्च के मध्य से मध्य मई तक गंगा के पानी के बंटवारे से जुड़ा हुआ है, जब गंगा का बहाव 55,000 क्यूसेक के न्यूनतम स्तर पर पहुँच जाता है। समस्या का कुल निचोड़ यह है कि अगर भारत न्यूनतम 40,000 क्यूसेक पानी अपने लिए हुगली में छोड़ता है, जो कोलकाता बंदरगाह को बचाने के लिए कम से कम अनिवार्य है तो बांग्लादेश को सिर्फ 15,000 क्यूसेक पानी

ही मिल पाता है जो उसकी आवश्यकताओं के हिसाब से बहुत कम है। भारत द्वारा इतनी मात्रा में पानी ले लेने से बांग्लादेश में कई स्तरों पर समस्याएँ पैदा हो जाती हैं। इस प्रकार भारत और बांग्लादेश के बीच मुख्य समस्या गंगा जल के समान बंटवारे को लेकर ही है। बंगाल-बिहार सीमा पर भारत द्वारा गंगा नदी पर बनाया गया फरक्का बैराज कोलकाता के उत्तर में 400 किलोमीटर दूर स्थित है। इस बैराज के निर्माण का मुख्य कारण कोलकाता बंदरगाह का संरक्षण और रखरखाव तथा भागीरथी-हुगली की नौगम्यता को बनाए रखना था। बैराज निर्माण के बाद कोलकाता बंदरगाह का तो बचाव हो गया पर बंदरगाह से पानी की दिशा में परिवर्तन अंतर्राष्ट्रीय विवाद का मुद्दा बन गया। गंगा के पानी के समान बंटवारे और फरक्का बैराज के मसले को हल करने के लिए कई समझौते किए गए लेकिन इस दिशा में आखिरी समझौता दोनों सरकारों के बीच 1966 में संपन्न हुआ। शेख हसीना की सरकार ने भारत के साथ अगले तीस वर्षों तक गंगा जल के बंटवारे से संबंधित एक संधि की। इसमें भारत का प्रतिनिधित्व तत्कालीन प्रधानमंत्री एच.डी.देवगौड़ा ने किया। इस संधि की मुख्य विशेषता यह है कि गंगा के पानी का निर्धारण 1 जनवरी से 31 मई तक की अवधि में 10 दिनों के हिसाब से 15 हिस्सों में किया जाएगा।

न्यू मूरे द्वीप विवाद— भारत और बांग्लादेश के बीच कुछ क्षेत्रों के स्वामित्व संबंधी विवाद भी रहे हैं। इनमें न्यू मूरे द्वीप विवाद, तीन बीघा गलियारे से जुड़ी समस्या और बेलोनिया सेक्टर में मुहुनिया चार में हुए संघर्ष शामिल हैं। इन तीनों में न्यू मूरे द्वीप विवाद अभी भी प्रमुख समस्या के रूप में बना हुआ है। बंगाल की खाड़ी में स्थित न्यू मूरे द्वीप के अंतर्गत दो से 12 वर्ग किलोमीटर का क्षेत्र आता है जो समुद्री ज्वार भाटों पर निर्भर करता है। भारत के सबसे करीबी तटीय क्षेत्र से वह करीब 5200 मीटर की दूरी पर और बांग्लादेश के तट से 7000 मीटर पर स्थित है। 12 मार्च 1980 को द्वीप पर भारतीय राष्ट्रीय ध्वज फहराने के बाद से ही सारी समस्याएँ पैदा हुई।

भारत-बांग्लादेश संबंधों पर तीन बीघा गलियारे के विवाद के चलते भी प्रतिकूल असर पड़ा है। प्रधानमंत्री इंदिरा गाँधी के कार्यकाल के दौरान इस छोटे से भारतीय परिक्षेत्र को बांग्लादेश को पट्टे पर दे दिया गया था, लेकिन इस समझौते का क्रियान्वयन नहीं हो सका चूँकि इसके लिए संवैधानिक संशोधन की जरूरत पड़ेगी।

अन्य द्विपक्षीय मुद्दे — भारत और बांग्लादेश के बीच विवाद के अन्य मुद्दों में एक चकमा शरणार्थियों की समस्या है जिन्होंने भारत के राज्य त्रिपुरा में शरण ले रखी है। 1994 में हुई वार्ता के मुताबिक इन चकमा शरणार्थियों को त्रिपुरा से वापस बांग्लादेश की चिट्टगोंग पहाड़ियों में भेज दिया गया। कई को वापस भेज दिया गया है और कई अभी भी वापसी की प्रतिक्षा कर रहे हैं।

भारत के सामने एक अन्य चुनौती इस समय वे बांग्लादेशी शरणार्थी हैं जिनमें से अधिकांश गरीब तबकों से है और भारत के विभिन्न हिस्सों में आकर बस गए हैं। एक आकलन के मुताबिक इनकी संख्या दस लाख से भी ज्यादा है जिससे भारतीय अर्थव्यवस्था पर अतिरिक्त बोझ पड़ रहा है। भारत के कई बार अनुरोध के बावजूद बांग्लादेश सरकार इन्हें वापस बुलाने के लिए कोई कदम नहीं उठा रही है।

4) श्रीलंका – भारत के श्रीलंका के साथ परंपरागत घनिष्ठ संबंध आमतौर पर जनतांत्रिक मूल्यों एवं अनेक विश्व मामलों पर उनकी सांझा चिन्ताओं पर समान रूख के चलते कायम रहे हैं। इसका तात्पर्य यह नहीं है कि भारत–श्रीलंका सम्बन्ध तनावों से बिल्कुल मुक्त रहे हों। किन्तु आपसी मनमुटाव के मुद्दों जैसे भारतीय मूल के राज्य–विहीन तमिलों की हैसियत तथा व्यापार का संतुलन, कचटिवू आइसलैण्ड मुद्दों आदि, की आपसी विश्वास एवं सहयोग के तानेबाने के भीतर हल करना होगा। 1964 में, लम्बी वार्ताओं के बाद शास्त्री–श्रीभावी समझौते पर हस्ताक्षर हुए थे, जिसके तहत भारतीय मूल के 55,000 लोगों को पुनः भारत भेजा गया था। इसने 3,30,000 तमिलों को श्रीलंका में अगले 15 वर्षों के लिए पूर्ण नागरिकता प्रदान करने का प्रावधान किया था, जबकि 1,50,000 राज्यविहीन लोगों के भविष्य के बारे में आपसी चर्चाओं द्वारा बाद में फैसला किया जाना था। यद्यपि श्रीलंका की इस शिकायत के कारण कुछ तनाव अवश्य पैदा हुआ था कि निर्धारित अवधि के भीतर समझौते का क्रियान्वयन नहीं हो पा रहा है, किन्तु समस्या ने विकराल रूप धारण नहीं किया।

80 के दशक के मध्य से, सिंहली एवं तमिल लोगों के बीच बढ़ते जातीय टकराव ने भारत व श्रीलंका के बीच तनाव बढ़ा दिया। जुलाई 1983 में, श्रीलंका के सुरक्षा बलों द्वारा तमिल नागरिकों के बर्बर नरसंहार के बाद हुई खूनी झड़पों ने भारतीय कारक को पुनः प्रमुखता प्रदान कर दी। तमिलनाडु में भारी संख्या में शरणार्थियों के आगमन से सरकार पर कोई कार्यवाही करने का दबाव पड़ने लगा। श्रीलंका ने इसे अपने आंतरिक मामलों में अनावश्यक दखलंदाजी माना। श्रीलंका द्वारा चीन, पाकिस्तान तथा अमरीका जैसी विदेशी शक्तियों को सहायता के लिए बुलाए जाने के प्रयत्न को भारत ने अपने दीर्घकालीन सुरक्षा हितों के खिलाफ जाने वाला कदम माना। हालाँकि, भारत के नैतिक एवं भौतिक समर्थन के बगैर तमिल संघर्ष शायद जारी नहीं रह पाता, किन्तु फिर भी भारत उचित तमिल आकांक्षाओं को पूरा करते हुए, श्रीलंका की अखंडता एवं एकता के प्रति दृढ़ प्रतिज्ञ बना रहा।

सत्ता के विकेन्द्रीकरण के प्रश्न पर परस्पर सहमति के साथ किसी समाधान पर पहुँचने में श्रीलंका सरकार तथा तमिल आतंकवादियों के बीच मध्यस्थता की पेशकश करते हुए भारत ने दृढ़ता और राजनयिक पहलकदमी का परिचय दिया। 1987 में, उत्तर में, एल.टी.टी.ई. के खिलाफ श्रीलंका सरकार द्वारा सैन्य कार्यवाही करने के फैसले के चलते भारत ने मासूम तमिल नागरिकों के निरंतर जारी नरसंहार के खिलाफ चेतावनी दी। श्रीलंका एवं भारत सरकारों के बीच तमिल समस्या का हल करने के लिए बातचीत की पृष्ठभूमि तैयार हो गई। 1987 में भारत–श्रीलंका समझौते पर हस्ताक्षर किए गए। इसके तहत उत्तर पूर्वी प्रान्तों को एक पृथक प्रशासनिक इकाई के रूप में संगठित किए जाने का प्रावधान किया गया था। दिसम्बर 1987 से पूर्व, पूर्वी प्रान्त में जनमत संग्रह कराने का भी एक प्रावधान रखा गया, जिसमें अंततः विलय कराये जाने का निर्णय किया जा सके। इसने समझौते पर हस्ताक्षर होने के 48 घंटो के भीतर शत्रुता का त्याग किए जाने तथा इसके पश्चात एल.टी.टी.ई. द्वारा हथियार डाले जाने व श्रीलंका की सुरक्षा सेनाओं के बैरक में वापस लौट जाने के प्रावधान किए गए। भारत को अपनी तरफ से यह सुनिश्चित करना था कि भारतीय क्षेत्र का प्रयोग श्रीलंका की एकता, अखंडता एवं सुरक्षा के विरूद्ध जाने वाली गतिविधियों के लिए नहीं होने दिया जाएगा।

भारत–श्रीलंका समझौता, हालाँकि, कभी अमल में लागू नहीं हो पाया। सिंहली एवं तमिल दोनों तरह के लोगों ने इसे संदेह की नजर से देखा। भारत को काफी हद तक शर्मसार करते हुए लिब्रेशन टाइगर्स आफ तमिल ईलम (लिट्टे) ने अपने हथियार डालने से इंकार कर दिया। इस तरह से, भारतीय शान्ति सेना, जोकि शत्रुता को रोकने की गारंटी करने के लिए वहाँ पहुँची थी, श्रीलंका के घरेलू संकट में उलझ गई, क्योंकि यह लिट्टे के विरूद्ध गंभीर सैन्य अभियान में शामिल हो जाने के लिए विवश हो गई, जिसमें बहुत सी जानें गईं।

यद्यपि, जातीय टकराव के समाधान के लिए समझौता एक व्यावहारिक एवं सम्मानजनक आधार बना रहा, किन्तु भारतीय सेनाओं के समझौते को लागू कराने के लिए अनिश्चित कालीन प्रयोग को लेकर काफी बैचेनी बढ़ती गई। भारतीय शान्ति सेना की वापसी के बावजूद जातीय अव्यवस्था अनसुलझी ही बनी रही। हालाँकि, भारतीय शान्ति सेना की वापसी ने भारत–श्रीलंका सम्बन्धों में तनाव के एक प्रमुख कारक को हटा दिया।

अब दोनों देश सम्बन्धों को फिर से बनाने में लगे हुए हैं। श्रीलंका ने समझौते के स्थान पर एक वृहद शान्ति एवं मैत्री की संधि, भारत के साथ करने का सुझाव रखा है। इसके अंतर्गत पारस्परिक दायित्वों तथा अधिकारों के बारे में श्रीलंकाई चिंताओं को भी शामिल किया जाना था, जोकि एकतरफा माने गए समझौते से भिन्न बात थी। भारत अपनी तरफ से तमिलों की उचित आकांक्षाओं के बारे में चिंतित रहा है, साथ ही प्रायद्वीप में जातीय संकट की भावी दिशा को लेकर भी उसकी चिंताए बनी रही हैं। यद्यपि बची–खुची आशंकाएँ बनी हुई हैं, फिर भी सम्बन्धों के परस्पर स्वीकार्य ढाँचे के तहत आने की दोनों देशों की संभावनाएँ अवश्य मौजूद हैं।

इकाई – 3

राज्य रूपरेखा : पाकिस्तान

प्रश्न 1. पाकिस्तान के राजनीतिक इतिहास तथा विकास की प्रमुख अवस्थाओं का विस्तार से वर्णन कीजिए।

उत्तर – मुस्लिम लीग केवल बंगाल तथा सिंध में ही सत्ता में थी। स्वतंत्रता प्राप्ति के एक सप्ताह बाद तक उत्तर–पश्चिमी सीमान्त प्रान्त में कांग्रेस की सरकार थी जिसे बाद में पाकिस्तान के गवर्नर जनरल, मोहम्मद अली जिन्ना को स्वयं एक आदेश द्वारा भंग करना पड़ा। भारत से पाकिस्तान गये मुस्लिमों को सत्ता में बड़ी भागीदारी मिली। स्थानीय राजनीतिक अभिजात वर्ग जिन्होंने पाकिस्तान आंदोलन का विरोध किया था, को राजनीतिक पटल पर उभरने में कुछ समय लगा। पाकिस्तान आंदोलन का विरोध करने वाले स्थानीय राजनीतिक अभिजात वर्ग को राजनैतिक पटल पर उभने में कुछ समय लगा। पूरा पाकिस्तान आंदोलन नारों पर चला तथा किसी भी स्तर पर नए देश के गठन के संबंध में लोगों को बौद्धिक स्तर पर तैयार नहीं किया गया।

शासक अभिजात वर्ग उन सिद्धांतों पर एकमत नहीं था जिनके आधार पर राजनीतिक प्रणाली का गठन किया जाना था। शिक्षित वर्ग पाकिस्तान को धर्मनिरपेक्ष लोकतांत्रिक राज्य बनाना चाहता था तो विशेषकर धार्मिक प्रवृत्ति के पश्चिम में लोग इसे इस्लामी राज्य बनाना चाहते थे। पाकिस्तान के गठन के बाद जल्दी ही सत्तासीन मुस्लिम लीग ने अपनी विश्वसनीयता खो दी जिसके परिणामस्वरूप पाकिस्तान में राजनीतिक संस्थाओं की स्थापना नहीं हो सकी तथा देश में लोकतांत्रिक प्रक्रियाएँ विकसित नहीं हो सकी।

1) संविधान सभा : जिस संविधान सभा का चयन अविभाजित भारत के लिए किया गया था उसे ही नए देश के लिए संविधान निर्माण का कार्य सौंपा गया। इस संविधान सभा को पाकिस्तान के केन्द्रीय विधानपालिका के रूप में भी कार्य करना था। पाकिस्तान मुस्लिम लीग के भारत से गए कुछ नेताओं को सभा में जगह नहीं मिली थी लेकिन बाद में सिक्ख तथा हिन्दू सदस्यों के विस्थापित हो भारत चले जाने के कारण रिक्त हुए पदों पर वे आसीन हो गए, फिर भी संविधान सभा में पूर्वी बंगाल के सदस्य हिन्दू समुदाय के थे। उनमें से कुछ भारत कांग्रेस पार्टी के सदस्य भी थे। यद्यपि उनकी संख्या कम थी, फिर भी उन्होंने पाकिस्तान नेशनल कांग्रेस का गठन किया और अपने विचार सशक्त तरीके से प्रस्तुत किए किन्तु विभाजन पूर्व की पूर्वधारणाओं तथा कड़वाहट के कारण उनकी वफादारी को चुनौती दी गई तथा उन्हें संदेह की दृष्टि से देखा गया। यहाँ तक कि उभरते हुए अन्य विपक्षी दलों को भी 'पाकिस्तान के शत्रु' माना गया पर मुस्लिम लीग के नेता यह बात भूल गए कि किसी लोकतंत्र में सत्ताधारी दल के लिए निर्धारित भूमिका की ही भाँति विपक्ष का भी अपना योगदान होता है। इसका परिणाम यह हुआ कि पाकिस्तान में लोकतांत्रिक संस्थाओं की जड़ें मजबूत नहीं हो सकीं।

मुस्लिम लीग नेतृत्त्व ने भी संविधान सभा की उपेक्षा की। मुस्लिम लीग ने अपनी पार्टी के स्तर पर विभिन्न मुद्दों पर चर्चा की तथा संविधान सभा के समक्ष अनुमोदन के लिए उन्हें प्रस्तुत कर दिया। संविधान सभा को सर्वाधिकार प्राप्त संकाय का सम्मान देने की अपेक्षा इसे कार्यकारिणी के संलग्नक में बदल दिया। संवैधानिक संकायों की क्षीणता के कारण ऐसी स्थिति बन गई जिसमें इन संकायों ने राज्यपाल तथा प्रधानमंत्री के कई असंवैधानिक कार्यों को पारित करना आरंभ कर दिया। गवर्नर जनरल, गुलाम मोहम्मद ने संविधान सभा के चुने गए नेता प्रधानमंत्री, ख्वाजा नजीमुद्दीन को बर्खास्त कर दिया तथा सभा के अनुमोदन के बिना मोहम्मद बली बोगरा को नियुक्त कर दिया। इस प्रकार से राष्ट्र के प्रारंभिक वर्षों में ही कार्यकारिणी की तुलना में विधानमंडल की गौणता की परम्परा आरंभ हो गई।

2) जिन्ना–लियाकत काल – भारत की भाँति पाकिस्तान ने प्रशासनिक तंत्र की स्थापना के लिए भारत सरकार के 1935 के अधिनियम को अपनाया। इस अधिनियम में राज्य के प्रधान, गवर्नर जनरलों को इसमें संशोधन करने का अधिकार दिया गया था। पहले गवर्नर जनरल, मोहम्मद अली जिन्ना ने अधिनियम में संशोधन लाने के लिए इस प्रावधान का कई बार उपयोग किया। एक ऐसे संशोधन के माध्यम से उसने स्वेच्छानुसार प्रान्तीय सरकारों को भंग करने के अधिकार प्राप्त कर लिए तथा चुनी गई सरकारों को बर्खास्त कर दिया। जिन्ना ने राजनैतिक प्रणाली के सर्वोच्च चार पदों में से तीन पद अपने पास रखकर सत्ता का केन्द्रीकरण कर लिया – गवर्नर जनरल, संविधान सभा के अध्यक्ष तथा मुस्लिम लीग के अध्यक्ष के पद। अन्य महत्त्वपूर्ण पद, प्रधानमंत्री के पद पर लियाकत अली खान आसीन थे। लियाकत अली खान का रूतबा तथा करिश्मा जिन्ना के बराबर का न होने के कारण प्रधानमंत्री के पदावनति कर दी गई। गवर्नर जनरल को सभी अधिकारों का प्रमुख माना गया। इन परिस्थितियों में देश को चलाने में नौकरशाही अहम् भूमिका निभाने लगी। उदाहरण के तौर पर लेखा–परीक्षा एवं लेखा सेवा के एक अधिकारो, गुलाम मौहम्मद को वित्तमंत्री नियुक्त कर दिया गया हालाँकि पाकिस्तान आंदोलन में उसकी कोई भूमिका नहीं थी। सितम्बर, 1948 में जिन्नाह की मृत्यु के उपरान्त लियाकत अली खान मुस्लिम लीग के अध्यक्ष बने तथा सर्वोच्च शासक बने। उन्होंने एक साधारण तथा निचले स्तर के क्षेत्रीय नेता, ख्वाजा नजीमुद्दीन को नया गवर्नर जनरल बना दिया। उत्तर प्रदेश के पूर्व मुस्लिम लीग नेता चौधरी खालिकुजामनन को संविधान सभा का नया अध्यक्ष नियुक्त कर दिया गया। लियाकत अली खान ने संविधान निर्माण की प्रक्रिया को गति दी। सभा ने लक्ष्य संकल्प 1949 में पारित किया तथा मूल सिद्धान्त समिति की रिपोर्ट 1952 में प्रस्तुत की गई। संकल्प तथा रिपोर्ट दोनों के कारण देश में हर जगह विरोध प्रदर्शन होने लगे। पश्चिमी पाकिस्तान के धार्मिक दलों ने इस बात का विरोध किया कि संकल्प में पाकिस्तान को इस्लामी राज्य घोषित नहीं किया गया था जबकि पूर्वी पाकिस्तान में रिपोर्ट में उर्दू को देश की राजभाषा बनाने के प्रस्ताव के कारण रोष और विरोध था।

3) नौकरशाही और सेना का गठबंधन – दशक के अंत तक मुस्लिम लीग ने भाषा संबंधी अपनी नीति के कारण पूर्वी पाकिस्तान का विश्वास खो दिया था। उधर मुस्लिम लीग मुख्यधारा में विघटन हुआ तथा 1949 में आवामी लीग का गठन हुआ। पश्चिमी पाकिस्तान में मुस्लिम लीग दो अनौपचारिक समूहों में विभाजित हो गई – एक समूह लीग के पुराने

सदस्यों का था जो अधिकांशतः विस्थापित भारतीय थे जबकि दूसरे समूह में नए सदस्य थे जिनमें से अधिकांश पंजाबी तथा कुछ सिंधी और पठान थे। इनमें से प्रथम समूह के लोग अधिकतर शहरी लोग थे तथा उनकी आस्था उदार लोकतांत्रिक मान्यताओं में थी जबकि दूसरे समूह के लोग अधिकांशतः ग्रामीण पृष्ठभूमि के सामन्ती जमींदार थे जिनकी इस्लाम की रूढ़िवादिताओं में विश्वास था। लक्ष्य प्राप्ति के लिए संघर्ष से उपजने वाला आदर्शवाद उनमें नहीं था। परम्परागत तौर पर ब्रिटिश अपनी सेना और उसके अधिकारियों की भर्ती ग्रामीण क्षेत्रों तथा रूढ़िवादी सामन्ती जमींदार परिवारों से करते थे। अतः पाकिस्तान की सेना के लीग में नए शामिल होने वाले सदस्यों के साथ घनिष्ठ संबंध स्वाभाविक थे।

अक्तूबर 1951 में प्रधानमंत्री, लियाकत अली खान की हत्या के बाद ख्वाजा नजीमुद्दीन प्रधानमंत्री तथा मुस्लिम लीग के अध्यक्ष बने। वित्तमंत्री गुलाम मौहम्मद को नया गवर्नर जनरल बनाया गया। गुलाम मौहम्मद कोई राजनेता नहीं थे तथा उन्होंने जिन्ना के कार्य करने के तरीके को पुनः जीवित करते हुए सिविल सेवा अधिकारियों के माध्यम से कार्य करना आरंभ कर दिया। वे मेजर जनरल इस्कंदर मिर्जा को रक्षा सचिव बनाकर सरकार में ले आए। मिर्जा युद्ध करने वाला जनरल नहीं था। वह ब्रिटिश राजनैतिक सेवा से संबंधित था तथा उसने अपने कैरियर का अधिकांश समय सीमान्त क्षेत्र पर पठान विद्रोहों का दमन करने में बिताया। यही वह समय था जब जनरल अयूब खान पहले पाकिस्तानी सेनाध्यक्ष बने। यही तीन व्यक्ति लोकतंत्र के विध्वंस तथा अक्तूबर 1958 में पहले सैनिक शासन के लिए उत्तरदायी थे। एक बार सेना के हाथ में सत्ता आ जाने से उन्होंने सुनिश्चित किया कि सेना को देश के संविधान में स्थायी जगह मिले। लियाकत अली के बाद मुस्लिम लीग के अधिकतर अध्यक्ष सामन्ती परिवारों से आए थे। नौकरशाही को पहले से ही सत्ता की संरचना में महत्त्वपूर्ण स्थान प्राप्त था, फिर सेना, जमींदारों तथा नौकरशाही का गठबंधन बना। यही वह गुटतंत्र अथवा गठबंधन था जो पाकिस्तान के सभी ऐतिहासिक उतार–चढ़ावों के बावजूद बना रहा तथा जिसने पाकिस्तान को संयुक्त राज्य अमेरिका के नव–औपनिवेशिक चंगुल में फंसा दिया।

तीनों नेताओं–गुलाम मौहम्मद, मिर्जा तथा अयूब खान ने संयुक्त राज्य अमेरिका के साथ गठबंधन किया जो उस समय सोवियत संघ को दबाने के लिए सैनिक सहयोगियों की खोज कर रहा था। इससे पहले लियाकत अली ने ऐसे गठबंधन के प्रस्ताव को ठुकरा दिया था।

संविधान सभा ने बर्खास्तगियों तथा नियुक्तियों से संबंधित गर्वनर जनरल गुलाम मौहम्मद के कई निर्णयों को अनुमोदित किया। जब प्रधानमंत्री मौहम्मद अली बोगरा ने गवर्नर जनरल के अधिकारों में कटौती करने का प्रस्ताव रखा तो गुलाम मोहम्मद अली ने पलटवार करते हुए 1954 में संविधान सभा को ही भंग कर दिया। इस प्रकार पहले संविधान सभा संविधान निर्माण का कार्य करने से पहले ही भंग हो गई। सभा के भंग किए जाने से गंभीर संवैधानिक संकट उत्पन्न हो गया क्योंकि संविधान सभा को भंग करने तथा नई संविधान सभा के पुनर्चयन का कोई प्रावधान नहीं था। गर्वनर जनरल को सभा भंग करने का अधिकार नहीं था। सिंध उच्च न्यायालय और सर्वोच्च न्यायालय में वैधानिक और संवैधानिक लड़ाई में न्यायाधीश मौहम्मद मुनिर ने ''अनिवार्यता का सिद्धांत'' प्रतिपादित किया और संविधान सभा के भंग होने को वैधानिक करार दिया। 'अनिवार्यता का सिद्धांत' वास्तव में एक प्रकार से अधिकारवादी कानून का एक विलक्षण रूप था जिसे ऐसे प्रस्तुत किया गया जैसे वह लोकतंत्र

के सिद्धान्तों के अनुरूप हो। मुनिर के सिद्धांत का प्रभाव यह हुआ कि बल प्रयोग राज्य की शक्तियों पर अधिकार प्राप्त लोगों को यह अधिकार मिल गया। जब तक वे अनिवार्य समझें, संवैधानिक सरकार को बर्खास्त करने का कि वह जब और जितने समय तक अनिवार्य समझें संवैधानिक सरकार को बर्खास्त रख सकते थे। बाद में इसी सिद्धान्त के अनुसार 1958 में जनरल अयूब, 1977 में जनरल जिया–उल–हक तथा 1999 में जनरल परवेज मुशर्रफ ने सत्ता संभालने को वैधानिक रूप दिया गया।

1955 में संविधान सभा के नए चुनाव हुआ। इस चुनाव में मुस्लिम लीग ने बहुमत खो दिया परन्तु किसी भी अन्य पार्टी – आवामी लीग, यूनाइटेड फ्रंट (गैर आवामी लीग पूर्व पाकिस्तानी दल) तथा रिपब्लिकन पार्टी को बहुमत नहीं मिल पाया। नई संविधान सभा का योगदान यह था कि इसने 1956 में 'एक इकाई' की प्रणाली के आधार पर नया संविधान पारित कर दिया। पश्चिमी पाकिस्तान की चार प्रान्तों – पंजाब, सिंध, बलूचिस्तान तथा उत्तर पश्चिमी सीमान्त प्रान्त को इकट्ठा कर एक इकाई माना गया और उसे पश्चिमी पाकिस्तान कहा गया। दूसरी ओर, पश्चिमी बंगाल तथा सिलहट जिलों को दूसरी इकाई माना गया। इसके कारण पाकिस्तान दो इकाइयों में विभक्त हो गया – पूर्वी तथा पश्चिमी पाकिस्तान। राजनैतिक दृष्टि से इसका अर्थ यह हुआ कि देश की जनसंख्या में बहुमत प्राप्त होने के बावजूद बंगाली लोगों को राजनैतिक लाभ से वंचित रखा गया। 1956 का संविधान, भले ही कैसा भी था– अच्छा या बुरा, इसमें लोकतांत्रिक सरकार की संसदीय प्रणाली का प्रावधान था। संविधान के प्रावधानों के अनुसार प्रतिनिधि सभा के चुनाव 1959 में कराए जाने थे। इसी बीच अयूब, मिर्जा तथा गुलाम मौहम्मद के अमेरिका समर्थक गुट की सत्ता में गहरी पैठ बन चुकी थी। वाशिंगटन को विश्वास था कि अयूब तथा इस्कंदर मिर्जा इस क्षेत्र में संयुक्त राज्य अमेरिका की योजनाओं का समर्थन करेंगे और दक्षिण–पूर्व एशियाई संधि संगठन तथा बाद में केन्द्रीय संधि–संगठन के अनुसार संयुक्त राज्य अमेरिका – पाकिस्तान के सैनिक गठबंधन को मजबूत बनाएंगे। इस समय पर चुनावों से राजनैतिक दल मजबत होते तथा लोगों में राजनैतिक जागरूकता को बढ़ावा मिला होता तथा गुटतंत्र का प्रभाव समाप्त हो गया होता, जिसके भय से गुटतंत्र ने शीघ्र कार्रवाई की। सितम्बर, 1958 में सेना ने तख्ता पलट कर सत्ता हथिया ली। 1956 के संविधान को खारिज कर दिया गया, राजनैतिक दलों तथा कार्यकलापों की निन्दा की गई और उन पर प्रतिबंध लगाए गए तथा देशभर में मार्शल लॉ लागू कर दिया गया।

4) प्रथम सैनिक शासन : अयूब–याहया काल – 1954 में गुलाम मौहम्मद के शासनकाल के दौरान जनरल मौहम्मद अयूब खान रक्षा मंत्री तथा सेनाध्यक्ष दोनों थे। उन्होंने राष्ट्रपति इस्कंदर मिर्जा के सहयोग से तख्ता पलट किया परन्तु सत्ता हथियाने के एक के भीतर ही दोनों में मतभेद हो गए। यह संदेह होने पर कि मिर्जा उसके विरूद्ध षडयंत्र रच रहा था, जनरल अयूब ने राष्ट्रपति मिर्जा को अपदस्थ कर उसे देश निकाला देकर लंदन भेज दिया। अयूब खान ने मार्शल लॉ प्रशासक के रूप में चार वर्ष तक शासन किया। 1962 में उसने मूलभूत लोकतांत्रिक व्यवस्था की स्थापना की तथा अध्यक्षीय प्रणाली और नीचे से ऊपर के स्तर तक अप्रत्यक्ष मतदान के आधार पर संविधान का गठन किया गया। प्रशासन का केन्द्रीकरण किया गया और कार्यकारिणी, विधायिका तथा न्यायपालिका अलग–अलग व्यवस्थाएँ

नहीं रह गई थीं। 1962 में अप्रत्यक्ष मतदान प्रणाली के आधार पर राष्ट्रीय सभा का चुनाव किया गया जिसने संविधान को मंजूरी दी तथा राष्ट्रपति के रूप में अयूब खान के चुने जाने को औपचारिक रूप दे दिया गया। राष्ट्रपति का चुनाव लगभग 80 हजार सदस्यों के चुनाव मंडल द्वारा किया गया जिन्हें सत्तासीन लोगों ने सरलता से प्रभावित कर लिया। राष्ट्रीय सभा के पास कोई वित्तीय अधिकार नहीं थे। मंत्रियों की नियुक्ति राष्ट्रपति द्वारा की जाती थी परन्तु उनकी राष्ट्रीय सभा के प्रति कोई जवाबदेही नही थी। इसलिए इसमें कोई आश्चर्य की बात नहीं है कि अयूब खान के संविधान को संवैधानिक एकतंत्र कहा गया।

अयूब खान ने एक दशक से अधिक तक शासन किया। हार्वार्ड समूह के अर्थशास्त्रियों के परामर्श पर अपनाई गई कुछ आर्थिक नीतियों से विकास दर में वृद्धि हुई। पश्चिम में तो इसे विकास का दशक तक कहा गया किन्तु विकास का लाभ आम आदमी तक नहीं पहुँचा। इसके विपरीत निर्धन तथा धनी लोगों के बीच की खाई और गहरा गई। इसी नीति के परिणामस्वरूप पाकिस्तान में प्रसिद्ध 24 एकाधिकार प्राप्त परिवारों का उदय हुआ। अयूब को बढ़ावा देने तथा विदेशी विनिमय कोष में सुधार लाने के उद्देश्य से चलाई गई उनकी बोनस वाउचर योजना के कारण भ्रष्टाचार को बढावा मिला। विशेषकर पूर्वी तथा पश्चिमी पाकिस्तान में क्षेत्रीय असमानताएँ बढ़ीं। स्वाभाविक रूप से बंगाल के प्रति उदासीनता गहरा गई जिसका असामयिक अंत 1969 में अयूब के सत्ता से हटने के दो वर्ष की अवधि के भीतर ही प्रान्त के अलग राष्ट्र बनने के रूप में हुआ। 1965 के भारत–पाक युद्ध के कारण भी राजनीतिक संकट उत्पन्न हो गया। यह युद्ध प्रमुखतः अयूब की देन थी जिनकी सत्ता में पैठ गहरा चुकी थी तथा जिन्होंने यह सोचा था कि वह इस युद्ध के माध्यम से भारत के विरूद्ध जीत का एक और सेहरा अपने सिर पर बांध सकेंगे। ताशकंद शिखर वार्ता को भारतीय प्रधानमंत्री लाल बहादुर शास्त्री के समक्ष पाकिस्तान के आत्मसमर्पण के रूप में देखा गया। ताशकंद शिखर वार्ता का एक और परिणाम यह निकला कि जुल्फीकार अली भुट्टो ने अयूब से नाता तोड़ लिया। 1968 तक अयूब की करिश्माई छवि धूमिल पड़ने लगी थी। एक ओर बढ़ती हुई निर्धनता और शहरी मध्य वर्ग की हताशा तथा दूसरी ओर भ्रष्टाचार और भूमि सुधार कार्यक्रमों की विफलता के कारण आर्थिक और राजनीतिक संकट गहरा गए थे। अयूब ने पूर्वी पाकिस्तान की स्वायतता की बढ़ती हुई मांग को जोरदार ढंग से दबा दिया परन्तु इससे यह मांग और भी सशक्त होकर उनके शासन तथा उस द्वारा स्थापित राजनीतिक प्रणाली के विरूद्ध आंदोलन के रूप में उभरी।

समाज में बढ़ते हुए विरोधाभासों के कारण उत्पन्न सामाजिक अशांति की परिणति 1968 के मध्य में व्यापक जन विद्रोह के रूप में हुई जिसके कारण अयूब खान को अचानक सत्ता छोड़नी पड़ी जिसे सेनाध्यक्ष जनरल आगा मुहम्मद याहया खान को मार्च, 1969 में सौप दिया गया। याहया खान ने मार्शल लॉ लागू कर दिया तथा अयूब विरोधियों की प्रमुख लोकतांत्रिक माँगों को मान लिया। यह मांगे थीं इकाई को विभाजित करने तथा एक व्यक्ति एक मत के आधार पर प्रत्यक्ष चुनाव कराने की। अक्तूबर 1970 में हुए पहले आम चुनावों में शेख मुजिबुर्रहमान के नेतृत्त्व में आवामी लीग को स्पष्ट बहुमत मिला। पूर्वी पाकिस्तान की राष्ट्रीय सभा जिन सीटों के लिए चुनाव हुआ था उनमें से लगभग सभी 162 सीटों पर उसका कब्जा हो गया। पश्चिमी पाकिस्तान में पाकिस्तान पीपल्स पार्टी को अधिकांश सीटें मिली। इन

चुनावों से नए राष्ट्र का सजातीय तथा भौगोलिक विभाजन स्पष्ट होता है। आवामी लीग अपने छह सूत्री कार्यक्रम के साथ पूर्वी पाकिस्तान की प्रमुख पार्टी बनी तो पाकिस्तान पीपुल्स पार्टी (पीपीपी) सशक्त केन्द्र के अपने कार्यक्रम के कारण पश्चिमी पाकिस्तान में वर्चस्व में बनी रही। याहया खान ने जुल्फीकार अली भुट्टो का समर्थन करते हुए आवामी लीग को सरकार नहीं बनाने दी जिसके परिणामस्वरूप पाकिस्तान में खूनी गृहयुद्ध छिड़ गया जिसकी परिणति पाकिस्तान के विभाजन तथा बांग्लादेश के जन्म के रूप में हुई।

5) जुल्फीकार अली भुट्टो के नेतृत्त्व में पाकिस्तान पीपल्स पार्टी : जिया–उल–हक काल – 1968–1969 में अयूब खान शासन के विरूद्ध आंदोलन के दौरान जुल्फीकार अली भुट्टो नेता बनकर सामने आए। 1966 में ताशकंद घोषणा पर अयूब के साथ मतभेद के कारण भुट्टो ने सरकार छोड़कर 1967 में कुछ वामपंथी बुद्धिजीवियों के सहयोग से पाकिस्तान पीपल्स पार्टी का गठन कर लिया। 1970 के राष्ट्रीय सभा चुनावों में उन्होंने पश्चिमी पाकिस्तान में अपनी पार्टी का गठन कर लिया। 1970 के राष्ट्रीय सभा चुनावों में उन्होंने पश्चिमी पाकिस्तान में अपनी पार्टी को जीत दिलाई। 1971 के भारत–पाक युद्ध में पाकिस्तान की हार के बाद याहया शासन के समाप्त होने पर भुट्टो को राष्ट्रपति पद तथा प्रमुख मार्शल लॉ प्रशासक के पद की शपथ दिलाई गई। शायद वह विश्व भर के प्रथम असैनिक मार्शल लॉ प्रशासक थे। उनके कंधों पर असीम जिम्मेवारियाँ थीं। 1971 में करारी हार के बाद देश की स्थिति नाजुक थी, देश विभक्त और हतोत्साहित था और लगभग दिवालिएपन के कगार पर था। वह समस्याओं के समाधान तथा देश के उत्थान के लिए कटिबद्ध थे। कुछ ही सप्ताहों में उन्होंने स्थायी संविधान की तैयारी के रूप में अंतरिम संविधान लागू कर दिया। 1973 में लागू संविधान को देश की सभी राजनीतिक शक्तियों का समर्थन प्राप्त था। यह देश के लोगों के चुने गए प्रतिनिधियों द्वारा तैयार किया गया प्रथम संविधान था। 1973 के संविधान में संघीय व्यवस्था पर आधारित सरकार की संसदीय प्रणाली प्रतिपादित की गई। राष्ट्रपति महज अध्यक्ष बन कर रह गया। संविधान लागू करने के उपरान्त भुट्टो ने सरकार बनाई। फजल इलाही चौधरी को राष्ट्रपति चुना गया।

प्रधानमंत्री का पद संभालने के बाद उन्होंने कई सुधार कार्यक्रम आरम्भ किए जिनमें बंग्लादेश संकट के दौरान पाकिस्तान की हार तथा बर्बादी के लिए जिम्मेदार कई जनरलों को अपदस्थ करना, असैनिक उद्देश्यों के लिए सेना के उपयोग को रोकने के उद्देश्य से पैरा–मिलिटरी, फेडरल सिक्योरिटी फोर्स (एफ.एस.एफ.) का गठन, कई बैंकों तथा अन्य प्रमुख उद्योगों का राष्ट्रीयकरण और कई प्रगामी भूमि सुधार कार्यक्रम शामिल थे। भुट्टो सरकार ने सिंधी को सिंध प्रान्त में पढ़ाई की भाषा के माध्यम के रूप में पहचाना परन्तु इसका उर्दू समर्थकों ने हिंसात्मक विरोध किया। उन्होंने भारतीय सिविल सेना की ब्रिटिशकाल काल की प्रणाली के अनुसार चल रही अभिजात वर्ग प्रणाली की अपेक्षा सेवाओं में सम्पूर्ण पाकिस्तान के लिए एक ग्रेड प्रणाली आरम्भ की। विविध सरकारी कार्यकलापों को समूहों में विभक्त किया गया जैसे जिला प्रबंधन समूह, विदेशी मामले समूह इत्यादि। 1977 के चुनावों में पी.पी.पी. पर धांधली के आरोप लगे। यह स्पष्ट था कि भुट्टो की लोकप्रियता कम हो चुकी थी तथा उसकी वैधानिकता को भी धक्का पहुँचा था। सेना ने सरकार के कमजोर होने का लाभ उठाया तथा 5 जुलाई, 1977 को जनरल–जिया–उल–हक ने सरकार को हटा दिया, संविधान बर्खास्त कर दिया,

सभी राजनीतिक दलों पर प्रतिबंध लगा दिए और देश में मार्शल लॉ लागू कर दिया। इस प्रकार से सैनिक शासन की दूसरी पारी की शुरूआत हुई।

6) सैनिक शासन की दूसरी पारी : जनरल जिया–उल–हक काल – जनरल जिया–उल–हक ने संविधान खारिज नहीं किया अपितु इसे स्थगित अवस्था में रहने दिया। सितम्बर, 1977 में उसने आपातकाल तो हटा दिया परन्तु मार्शल लॉ जारी रखा। उसने राष्ट्रपति को नाममात्र के कार्यों को करते रहने दिया। उसने भुट्टो पर प्रतिशोध की भावना से कार्रवाई की। भुट्टो को पी.पी.पी. के भूतपूर्व सदस्य के पिता की हत्या में हाथ होने के आरोप में गिरफ्तार किया गया। लाहौर उच्च न्यायालय ने हत्या के लिए षडयंत्र रचने के आरोप में उन्हें मौत की सजा सुनाई। भुट्टो को अप्रैल 1979 में फाँसी लगा दी गई। तख्ता पलट के तत्काल बाद जनरल जिया–उल–हक ने 90 दिन के भीतर चुनाव कराने की घोषणा कर दी पर चूँकि जनरल जिया के पास इसकी कोई वैधानिकता नहीं थी इसलिए वह किसी न किसी बहाने से चुनाव टालता गया। धीरे–धीरे लोगों में सैनिक शासन के विरूद्ध रोष पनपने लगा। मार्च, 1987 में विद्रोह ने संगठित रूप ले लिया जब पी.पी.पी. की अध्यक्षता में राजनैतिक दलों के गठबंधन ने लोकतंत्र की पुनर्स्थापना के लिए आंदोलन (एम आर डी) चलाया। प्रतिक्रिया स्वरूप जनरल जिया ने कुछ असैनिक मंत्रियों को अपनी सरकार में शामिल कर लिया तथा प्रान्तों की सरकारों में भी सामान्य नागरिकों को लाया गया। उसने अंतरिम संविधान लागू किया तथा परामर्शदात्री सभा का गठन किया जिससे मजलिस–ए–शूरा कहा गया। 300 सदस्यों वाली शूरा का कार्य विधानमंडल मामलों पर सरकार को परामर्श देना था। जनरल जिया का विश्वास था कि इस्लाम के तरीके अपनाने से न केवल उसे वैधानिकता मिल जाएगी अपितु वह ऐसी नई राजनीतिक व्यवस्था स्थापित करने में भी सफल होंगे जिसे बदलना किसी भी लोकतांत्रिक सरकार के लिए मुश्किल होगा। शूरा से इस्लाम की आवश्यकताओं के अनुरूप लोकतांत्रिक प्रणाली तैयार करने के लिए कहा गया। इसी बीच उसने इस्लाम के कर्मकाण्डों के अनुसार कार्य करना आरम्भ कर दिया तथा इनका अनुपालन सुनिश्चित करने और निगरानी के लिए प्रार्थना वार्डनों की नियुक्ति की गई, इस्लाम बैंक खोले गए, जकात की अनिवार्यता कटौती की गई तथा इसी प्रकार के अन्य तरीके अपनाए गए। नागरिक स्वतंत्रता, राजनीतिक कार्यकलापों तथा प्रेस पर प्रतिबंधों में कोई छूट नहीं दी गई। अपराधियों तथा राजविद्रोहियों पर सार्वजनिक महाभियोग चलाए गए तथा उन्हें सार्वजनिक रूप से कोड़े लगाए गए अथवा उन पर उन्होंने लाठियाँ बरसाईं। दिसम्बर, 1984 में उन्होंने राष्ट्रपति के पद पर अपनी स्थिति के संबंध में जनमत संग्रह कराया जिसका सभी राजनीतिक दलों ने बहिष्कार किया। मत पत्रों की तोड़ी–मरोड़ी गई भाषा तथा कम मतदान जनरल जिया के पक्ष में रहा। यह एक रोचक तथ्य है कि बाद में जनरल परवेज मुर्शरफ ने इसी प्रकार का जनमत संग्रह कराया और उसके परिणाम भी इसके समान ही थे।

तथाकथित जनमत संग्रह में विजय प्राप्त करने के उपरान्त जनरल जिया ने मार्च, 1985 में राष्ट्रीय सभा के चुनाव गैर–पार्टी आधार पर कराने का निर्णय लिया। राजनीतिक दलों को उम्मीदवार नामित करने की अनुमति नहीं दी गई। इसके अतिरिक्त चुनाव की सामान्य विशेषताओं यानि जलूसों, प्रदर्शनों, चुनाव प्रचार और यहाँ तक कि घोषणा पत्र इत्यादि पर प्रतिबंध लगाया गया। जिया के समर्थक दलों को छोड़कर अधिकांश राजनीतिक दलों ने

चुनावों का बहिष्कार किया। यह बात सबको ज्ञात थी कि पी.पी.पी. की भागीदारी के बिना चुनावों को वैधता नहीं मिल पाएगी। इसलिए जनरल जिया–उल–हक ने बेनजीर को चुनावों में भाग लेने को राजी करने के प्रयास किए। यहाँ तक कि चुनावों के लिए गैर–पार्टी का प्रावधान हटाने की भी पेशकश की परन्तु बेनजीर ने चुनावों में भाग लेने से इन्कार कर दिया, बाद में उसे अपने इस निर्णय पर अफसोस भी हुआ। उसने इस तथ्य की उपेक्षा की कि चुनावों का अपना महत्त्व होता है तथा बाद में यह सिद्ध भी हुआ। मौहम्मद खान जुनेजो, मुस्लिम लीग के सामान्य जिला स्तर के नेता थे, जिया ने उनको गैर दलीय राष्ट्रीय सभा का प्रधानमंत्री बना दिया, जो बाद में सेना के हाथ की कठपुतली मात्र बनकर रहने की अपेक्षा पाकिस्तान सरकार के अध्यक्ष के रूप में अपनी शक्तियों को इस्तेमाल में लाना चाहते थे। वह राष्ट्रपति जिया की इच्छाओं के विरूद्ध कई निर्णय लेने में कामयाब हुए जिसकी कीमत उन्हें बाद में मई, 1988 में चुकानी पड़ी जब जिया ने उन्हें अपदस्थ कर दिया। चुनावों के परिणाम जिया के लिए आश्चर्यजनक थे क्योंकि पी.पी.पी. के समर्थक माने जाने वाले कई उम्मीदवार चुने गए थे जबकि जिया शासन के कई समर्थकों को हार का मुँह देखना पड़ा था। एक बार राष्ट्रीय सभा का चयन होने के बाद यह महसूस किया कि कोई सरकार सत्ताधारी दल के बिना कार्य नहीं कर सकती। अतः जनरल जिया को राजनीतिक दलों को पुनर्जीवित करना पड़ा तथा मौहम्मद खान जुनेजो मुस्लिम लीग (पगारा) के नेता बन गए। नई राष्ट्रीय सभा ने नामित मजलिस–ए–शूरा का स्थान ले लिया।

राष्ट्रीय सभा के प्रारंभिक सत्र की पूर्व संध्या पर जब प्रधानमंत्री ने मार्शल लॉ हटाने की मांग की तो जनरल जिला इसके लिए इस शर्त पर सहमत हो गए कि सभा को स्वीकार्य कई संवैधानिक संशोधनों के बाद ऐसा किया जाएगा। मूलतः राष्ट्रपति महज एक संवैधानिक अध्यक्ष था किन्तु आठवें संशोधन में राष्ट्रपति को प्रधानमंत्री की नियुक्ति तथा बर्खास्तगी, राष्ट्रीय सभा भंग करने तथा प्रधानमंत्री द्वारा पारित कानूनों को अस्वीकार करने, नए चुनाव कराने, सेना तथा न्यायपालिका में उच्च पदों पर नियुक्तियाँ करने के अधिकार दे दिए गए। इस प्रकार से आठवें संशोधन से संविधान का मूल रूप ही बदल गया जो कि संसदीय प्रणाली से बदलकर अध्यक्षीय प्रणाली पर आधारित हो गया। यह एक रोचक तथ्य है कि इसके बाद 1996 में बेनजीर भुट्टो की बर्खास्तगी तक सभी प्रधानमंत्रियों की बर्खास्तगी इसी संशोधन के अन्तर्गत राष्ट्रपति को दिए गए अधिकारों के तहत की गई तथा प्रत्येक मामले में एक समान भाषा प्रयोग में लाई गई, प्रधानमंत्री पर भ्रष्टाचार, अयोग्यता, कुप्रशासन इत्यादि के आरोप लगाए गए। सरकार तथा राष्ट्रीय सभा की निगरानी के लिए परा–संवैधानिक संकल्प के रूप में राष्ट्रीय सुरक्षा परिषद का गठन करने का भी प्रावधान था। आठवें संशोधन के एक अन्य प्रावधान के तहत उन सभी परिवर्तनों को अनुमोदित कर दिया गया जो जनरल जिया ने जुलाई, 1977 में मार्शल लॉ लागू होने के बाद से संविधान में किए थे।

दिसम्बर, 1985 में जनरल जिया ने मार्शल लॉ तथा सैनिक शासन हटा दिया। जुनेजो अब औपचारिक तौर पर मुस्लिम लीग के नेता तथा देश के प्रधानमंत्री बन गए परन्तु सैनिक शासन का असैनिक मुखौटा लोगों को विश्वास में नहीं ले सका। लोकतंत्र की पुनर्स्थापना के लिए आंदोलन (The Movement for the Restoration of Democracy-MRD) जोरदार ढंग से चलता रहा। राजनीतिक, आर्थिक तथा सामाजिक संकट गहरा गए। प्रान्तों में बढ़ती हुई

क्षेत्रीय असमानताओं के विरूद्ध संजातीय तथा क्षेत्रीय आंदोलन हुए। नवम्बर, 1987 के स्थानीय निकायों के चुनावों ने लोगों को अपनी नाराजगी व्यक्त करने का माध्यम उपलब्ध कराया। जुनेजो भी अधिक आत्मविश्वासी हो रहा था तथा वह कार्य करने के लिए अधिक स्वतंत्रता चाहते थे। जनरल जिया को जुनेजो की बढ़ती हुई स्वतंत्रता पसंद नहीं आई तथा मई के अन्त में बर्खास्त कर दिया गया तथा राष्ट्रीय व प्रान्तीय सभाओं के लिए नए चुनाव उसी वर्ष नवम्बर में कराने की घोषणा की गई परन्तु चुनाव होने से पहले ही 17 अगस्त, 1988 को वायुयान में दुर्घटना में जनरल जिया की मृत्यु हो गई।

7) लोकतंत्र की पुनर्स्थापना : गुलाम इशाक खान काल – गुलाम इशाक खान एक सामान्य नौकरशाह थे जो सेवा में निचले स्तर से ऊपर के पद तक पहुँचे थे। सीनेट का अध्यक्ष होने के कारण वह संविधान के प्रावधान के अनुसार राष्ट्रपति जिया–उल–हक की मृत्यु के उपरान्त राष्ट्रपति पद पर आसीन हो गया। उसने सरकार को चलाने के लिए आपातकालीन राष्ट्रीय परिषद का गठन किया जिसमें शीर्षस्थ सेनाधिकारी, प्रान्तों के चार गवर्नर तथा चार संघीय मंत्री थे। अभी गुलाम इशाक खान राजनीतिक स्थिति पर विचार कर ही रहा था क्योंकि चुनावों को स्थगित करना या फिर पुनः मार्शल लॉ लगाना मुश्किल हो गया था इसी बीच कुछ कानूनी निर्णय राजनीतिक दलों के पक्ष में हुए। न्यायालय के एक निर्णय के अनुसार जनरल जिया द्वारा गठित राष्ट्रीय सभा को भंग कर दिया गया तो दूसरे न्यायालय ने यह निर्णय दिया कि चुनाव पार्टी आधार पर करवाए जाएँ। अक्तूबर 1988 में हुए चुनावों में सेना तथा नौकरशाही द्वारा पी.पी.पी. को रोकने के लिए किए गए प्रयासों के बावजूद यह सबसे बड़े दल के रूप में उभरी। बेनजीर भुट्टो को दिसम्बर, 1988 में प्रधानमंत्री बनाया गया। पी.पी.पी. सरकार ने लोकतंत्र को मजबूत बनाने के लिए राजनीतिक नेताओं के विरूद्ध सारे मामले वापस ले लिए तथा मजदूर संघों व छात्र संघों पर से सारे प्रतिबंध हटा दिए। यद्यपि पी. पी.पी. के पास सीनेट में पर्याप्त बहुमत नहीं था, तथापि इसने आठवें संशोधन को रद्द करने के लिए कदम उठाए। नवाज शरीफ जो जनरल जिया का आश्रित था, उसके नेतृत्त्व ने विपक्ष में बेनजीर की नीतियों के मार्ग में कई समस्याएँ खड़ी कर दीं।

प्रान्तीय चुनावों में पी.पी.पी. को किसी भी प्रान्त में बहुमत नहीं मिला यद्यपि यह सिंध तथा उ.प.सी. प्रान्त में अपनी गठबंधन सरकारें बनाने में सफल रही। इस्लामिक डेमोक्रेटिक एलायंस (IDA) नवाज शरीफ के नेतृत्त्व में पंजाब में अपने बलबूते पर सरकार बनाने में सफल हुआ। बलूचिस्तान में क्षेत्रीय दलों जैसे बलूचिस्तान नेशनल पार्टी, जमायतुल उलामई इस्लाम तथा आई.डी.ए. ने गठबंधन सरकार बनाई परन्तु पाकिस्तान में गठबंधन सरकारें लम्बे समय तक नहीं चल सकीं और दो प्रान्तों में पी.पी.पी. नेतृत्त्व वाले गठबंधन शीघ्र टूट गए। इससे भी केन्द्र में बेनजीर सरकार कमजोर हुई क्योंकि यह भी अनिश्चित रूप से संतुलित गठबंधन पर टिकी थी। मुहाजिर कौमी आंदोलन (MQM) ने शिकायत की कि इसे किए वादों को लागू नहीं किया गया है किन्तु पी.पी.पी. के साथ समस्या यह थी कि सिंध में इसे मिली किसी भी रियासत का प्रान्त में पी.पी.पी. के समर्थक आधार पर प्रतिकूल प्रभाव पड़ा। इसी बीच विपक्षी दलों ने मिलकर संयुक्त विपक्षी दल (COP) का गठन कर लिया था। अक्तूबर 1989 में एम क्यू एम सरकार से बाहर चली गई। शीघ्र ही सरकार के विरूद्ध अविश्वास प्रस्ताव लाया गया। इस बार भी 1988 की भाँति आई.एस.आई. प्रस्ताव के

समर्थन में विपक्षी दलों को एकजुट करने में सक्रिय भूमिका निभा रही थी किन्तु फिर भी प्रस्ताव विफल हो गया। विशेषकर सिंध में संजातीय संघर्ष फिर से छिड़ गए। मुहाजिरों तथा उनकी संस्था एम.क्यू.एम. पर हमले और तेज हो गए। पी.पी.पी. सरकार पर लगातार रिश्वतखोरी, भ्रष्टाचार तथा कुप्रशासन के आरोप लग रहे थे। कानून एवं व्यवस्था भी बिगड़ गई थी। महंगाई तथा बेरोजगारी के कारण आर्थिक व्यवस्था में भी गिरावट आई। अगस्त, 1990 में राष्ट्रपति गुलाम इशाक खान ने सेना की सहमति से सरकार पर भ्रष्टाचार तथा आर्थिक स्तर पर अकुशलता जैसे असंवैधानिक आरोप लगाते हुए बर्खास्त कर दिया। नवम्बर में नए चुनावों की घोषणा करते हुए उसने सी.ओ.पी. नेता गुलाम मुस्तफा जटोई की अध्यक्षता में केयरटेकर सरकार नियुक्त कर दी।

8) राजनीति में मध्यस्थ के रूप में सेना : 1993 का राजनीतिक संकट – नवाज शरीफ राष्ट्रपति गुलाम इशाक खान का ऐसी परिस्थितियाँ बनाने के लिए आभारी था जिसमें वह बेनजीर को हटाकर सरकार बना सकता था किन्तु एक बार सत्ता में आने के बाद नवाज तथा इशाक में मतभेद उत्पन्न हो गए। यह आरोप लगाया गया कि शरीफ सरकार को अस्थिर बनाने के लिए सरकार के कुछ मंत्रियों के त्यागपत्र में राष्ट्रपति का हाथ था। राष्ट्रपति द्वारा सरकार को बर्खास्त करने से पहले कई दिनों तक यह सब चलता रहा। 18 अप्रैल, 1993 को राष्ट्रीय सभा भंग कर दी गई। राष्ट्रपति ने नवाज शरीफ पर कुप्रशासन, भ्रष्टाचार, आर्थिक हेरा–फेरी, अयोग्यता तथा संविधान के साथ खिलवाड़ करने के आरोप लगाए। पी.पी.पी. के कुछ बागी सदस्यों सहित कई बागी नेताओं को मिलाकर केयरटेकर सरकार नियुक्त की गई। आरोप जो भी रहे हों, वे वास्तव में 1990 में बेनजीर तथा 1988 में जुनेजो पर लगाए गए आरोपों से भिन्न नहीं थे। अत: विवाद का मुद्दा था – आठवें संशोधन के तहत राष्ट्रपति के असीम अधिकार। शरीफ ने इस संशोधन पर तीखे हमले बोले जबकि राष्ट्रपति ने इसका समर्थन किया और इसे 'सेफ्टी वाल्व' बताया।

देश के इतिहास में पहली बार ऐसा हुआ जब राष्ट्रपति द्वारा किसी सरकार की बर्खास्तगी पर लोगों में बड़े पैमाने पर रोष प्रकट हुआ। राष्ट्रीय सभा के स्पीकर ने न्यायालय में एक याचिका दायर की जिसमें बर्खास्तगी पर दुर्भावपूर्ण और असंवैधानिक होने का आरोप लगाया गया। मुख्य न्यायाधीश, नसीम हसन शाह ने बर्खास्तगी को असंवैधानिक करार देते हुए रद्द करा दिया। राष्ट्रीय सभा बुलाई गई तथा नवाज शरीफ को विश्वास मत मिल गया और उनकी पद पर वापसी हुई। यह पाकिस्तान की न्यायपालिका के इतिहास में ऐसा पहला अनूठा निर्णय था। पहले के सभी अवसरों पर न्यायालय ने राष्ट्रपतियों के निर्णयों पर अपनी सहमति व्यक्त की थी जिसमें मोहम्मद खान जुनेजो और बेनजीर की बर्खास्तगी शामिल थी।

नवाज शरीफ और इशाक खान के बीच राजनीतिक शत्रुता कम नहीं हुई और राष्ट्रपति ने शरीफ के राजनीतिक आधार पर चोट पहुँचाने का निर्णय लिया। पंजाब में प्रांतीय मुस्लिम लीग सरकार को बर्खास्त कर दिया गया। गतिरोध जारी रहा तथा इससे शेयर बाजार में बौखलाहट और अनिश्चितता आ गई जिसका राष्ट्रीय अर्थव्यवस्था पर गंभीर प्रभाव पड़ा। सेना को दोनों के विवाद के बीच संकट सुलझाने के लिए लाया गया। कई दिनों तक चले गहन विचार–विमर्श के उपरान्त जनरल अब्दुल वहीद कक्कड़ इस समझौते पर पहुँचे कि राष्ट्रपति और प्रधानमंत्री दोनों ही इस्तीफा दें। इसके बाद विश्व बैंक के कर्मचारी डा. मोइन

कुरैशी को प्रधानमंत्री बनाते हुए उनकी अध्यक्षता में केयरटेकर सरकार का गठन किया गया। सीनेट के भूतपूर्व अध्यक्ष, वसीम सज्जाद को अंतरिम राष्ट्रपति बनाया गया। कुरैशी के मंत्रीमंडल में वरिष्ठ नौकरशाहों को मंत्री बनाया गया। राष्ट्रीय तथा प्रान्तीय सभाओं के लिए अक्तूबर, 1993 में चुनाव कराने का निर्णय लिया गया। ये पाँच वर्ष की अवधि में तीसरे चुनाव थे। राष्ट्रीय सभा में पी.पी.पी. सबसे बड़े दल के रूप में उभरी। चुनाव परिणामों से पता चला कि लोग देश में लोकतांत्रिक प्रणाली चाहते थे। रूढ़िवादी दलों को हार का मुँह देखना पड़ा। यद्यपि पी.पी.पी. को स्पष्ट बहुमत नहीं मिला था, फिर भी बेनजीर कुछ मित्र दलों तथा निर्दलीय उम्मीदवारों के सहयोग से प्रधानमंत्री बनीं।

9) जनरल मुशर्रफ का सैनिक शासन – जनरल जिया–उल–हक की मृत्यु के उपरान्त के दशक में यह लगने लगा था कि असैनिक तथा सैनिक नेतृत्त्व के बीच एक प्रकार का संतुलन स्थापित हो चुका है। चार चुनाव हुए और चार सरकारें बनी हालाँकि उनमें से कोई भी अपना कार्यकाल पूर्ण नहीं कर सकी परन्तु 1997 के आरम्भ में बनी नवाज शरीफ सरकार ने राजनीतिक संकट को और गहरा दिया। न्यायपालिका में स्पष्ट बहुमत मिलने पर नवाब शरीफ सरकार ने कुछ विवादास्पद निर्णय लिए। सर्वप्रथम, उसने आठवें संशोधन को निरस्त कर दिया जिसने राष्ट्रपति को अभूतपूर्व अधिकार प्रदान किए थे। उसके बाद उच्चतर न्यायालयों में न्यायाधीशों की नियुक्तियों में अपनी पकड़ बनाने के लिए सरकार ने तत्कालीन मुख्य न्यायाधीश, सज्जाद अली शाह के विरूद्ध उच्चतम न्यायालय के न्यायाधीशों का विद्रोह करवा दिया। सेना की अपेक्षा असैनिक अधिकारियों को अधिक अधिकार देने के प्रयासों के तहत नवाज शरीफ ने तत्कालीन सेनाध्यक्ष जनरल–जहांगीर करामत को त्यागपत्र देने के लिए मजबूर किया। कारगिल की घटना के बाद सेनाध्यक्ष जनरल परवेज मुशर्रफ की सरकार से अनबन हो गई। 12 अक्तूबर 1999 को नवाज शरीफ ने जनरल परवेज मुशर्रफ को अपदस्थ करके अपने अंतरंग मित्र जनरल जिआउद्दीन बट्ट को उसके स्थान पर नियुक्त कर दिया। जनरल मुशर्रफ उस समय श्रीलंका से वापिस आ रहे थे, अपने को बचाने के अतिरिक्त उनके पास कोई रास्ता नहीं था किन्तु कोपर्स कमांडर ने अपने अध्यक्ष की बर्खास्तगी को मानने तथा नए अध्यक्ष जियाउद्दीन को कार्यभार सौंपने से इन्कार कर दिया। मुशर्रफ के वापस आने के बाद उसने सरकार को बर्खास्त कर दिया, प्रधानमंत्री नवाज शरीफ तथा अन्य नेताओं को गिरफ्तार कर लिया गया तथा नया अंतरिम संवैधानिक आदेश लागू कर दिया, बाद में इसके पक्ष में उच्चतम न्यायालय ने भी निर्णय दिया। जनरल परवेज मुशर्रफ ने मार्शल लॉ लागू नहीं किया परन्तु स्वयं को प्रमुख कार्यकारी घोषित कर दिया। बाद में जून, 2001 में उन्होंने राष्ट्रपति रफीक तरार को त्यागपत्र देने के लिए विवश किया और स्वयं राष्ट्रपति का पद संभाल लिया।

उच्चतम न्यायालय ने चुनाव कराने के लिए परवेज मुशर्रफ को 3 वर्ष का समय दिया तथा अक्तूबर 2002 में चुनाव करा लिए गए। चुनाव के असुविधाजनक परिणाम निकलने की स्थिति के मद्देनजर चुनावों से पहले जनरल परवेश मुशर्रफ ने संविधान में कई संशोधन किए। उसने पाकिस्तान मुस्लिम लीग (नवाज) पार्टी के बागियों की एक नई पार्टी भी बनाई–पाकिस्तान मुस्लिम लीग (क्यू.)। दोनों पूर्व प्रधानमंत्रियों, बेनजीर तथा नवाज शरीफ को विदेश में दिए गए जबरन देश निकाले से वापस आने की अनुमति नहीं दी गई। अक्तूबर के चुनावों में किसी

भी दल को बहुमत नहीं मिला। पी.पी.पी. के कुछ सदस्यों को पार्टी से अलग करवा कर पी.एम. एल. (क्यू.) के जफरूल्ला खान जमाली को एकमत से बहुमत प्राप्त हो गया और उसने सरकार बनाई। विपक्षी दलों ने राष्ट्रपति मुशर्रफ द्वारा संविधान में किए गए संशोधनों, जिन्हें ''लीगल फ्रेमवर्क आर्डर'' कहा गया है, तथा राष्ट्रपति होने के साथ–साथ सेनाध्यक्ष बने रहने के निर्णय को मानने से इंकार कर दिया है।

प्रश्न 2. पाकिस्तान की राजनीति में सेना तथा नौकरशाही की भूमिका का वर्णन करो।
[June-07, Q.No.-2]

उत्तर – पाकिस्तान की राजनीति में सेना तथा नौकरशाहों के गठबंधन का उदय सत्ता पर कब्जा जमाने के लिए 1950 के दशक में हुआ। 1950 के दशक में मुस्लिम लीग ने पूर्वी पाकिस्तान का विश्वास खो दिया, जिसका प्रमुख कारण था उसकी भाषा संबंधी नीति। दूसरी तरफ मुस्लिम लीग में विभाजन हो गया जिसके परिणामस्वरूप 1949 में आवामी लीग अस्तित्व में आई। इतना ही नहीं पश्चिमी पाकिस्तान में मुस्लिम लीग दो भागों में बँट गई। इसके एक भाग में मुस्लिम लीग के पुराने सदस्य थे जिनमें अधिकांश लोग भारतीय थे, जो विस्थापित हो गए थे और इसके दूसरे भाग में अधिकांश पंजाबी तथा कुछ सिंधी और पठान नए सदस्य के रूप में विद्यमान थे। इसकी पहली टीम के अधिकांश सदस्य शहरी थे और वे उदार लोकतांत्रिक मान्यताओं के समर्थक थे। दूसरी टीम में अधिकांश सदस्य ग्रामीण और सामन्ती जमींदार थे और वे लोग इस्लाम की रूढ़िवादी नीतियों के समर्थक थे। इनमें आदर्शवादी सिद्धान्तों के प्रति कोई रुझान नहीं था। पाकिस्तान के ग्रामीण क्षेत्रों और वहाँ के रूढ़िवादी सामन्ती जमींदार परिवार से ही ब्रिटिश अपनी सेना और उसके अधिकारियों की भर्ती करते थे। यही कारण था कि पाकिस्तान की सेना का लीग में शामिल नए सदस्यों के साथ घनिष्ठ सम्बन्ध था।

अक्टूबर 1951 में प्रधानमंत्री लियाकत अली खान की हत्या हो गई। इसके बाद ख्वाजा नजीमुद्दीन वहाँ के प्रधानमंत्री और मुस्लिम लीग के अध्यक्ष बने। वित्त मंत्री गुलाम मौहम्मद को गवर्नर जनरल के पद पर नियुक्त किया गया। गुलाम मौहम्मद राजनीतिक व्यक्ति नहीं थे और उन्होंने अपने कार्या का संपादन करने के लिए जिन्ना की कार्यशैली को अपनाया। उन्होंने अपने कार्य का सम्पादन सिविल सेवा के अधिकारियों के माध्यम से करना शुरू किया। उन्होंने मेजर जनरल इस्कंदर मिर्जा को रक्षा सचिव बनाकर सरकार में शामिल किया। जनरल मिर्जा की प्रवृत्ति युद्ध करने की नहीं थी। वह ब्रिटिश राजनैतिक सेवा का व्यक्ति था और उसका अधिकांश समय सीमान्त क्षेत्र में पठान विद्रोहों को शांत करने में ही बीता था। इसी समय जनरल अयूब खान पहले पाकिस्तानी सेनाध्यक्ष बने। इन्हीं तीनों व्यक्तियों पर लोकतंत्र की समाप्ति और 1958 में देश पर सैनिक शासन लादने का दोष आता है। जब एक बार सत्ता सेना के हाथ में आ गई तब इन लोगों ने यह प्रयास शुरू कर दिया कि सेना को देश के संविधान में स्थायी जगह मिले। लियाकत अली के बाद जितने भी व्यक्ति मुस्लिम लीग के अध्यक्ष बने उनमें से अधिकांश सामन्ती परिवारों से थे। नौकरशाही को तो पहले से ही सत्ता में महत्त्वपूर्ण स्थान प्राप्त था।

प्रश्न 3. पाकिस्तान में चुनाव प्रक्रिया तथा वहाँ के राजनैतिक दलों पर टिप्पणी कीजिए।

उत्तर – राष्ट्रीय सभा में पाकिस्तान के प्रधानमंत्री ने मार्शल लॉ हटाने की मांग की। जनरल जिया इस माँग के दबाव के कारण मार्शल लॉ हटाने के लिए तैयार तो हो गए लेकिन उन्होंने यह शर्त रखी कि सभा को संवैधानिक संशोधनों को स्वीकृति देनी होगी। इस संशोधन के परिणामस्वरूप राष्ट्रपति की शक्तियों और अधिकारों में व्याप्त वृद्धि हो गई। अभी तक पाकिस्तानी राष्ट्रपति मात्र एक संवैधानिक प्रधान था लेकिन आठवें संशोधन में राष्ट्रपति को व्यापक, अधिकार प्राप्त हो गए जिसमें प्रधानमंत्री की नियुक्ति और बर्खास्तगी, राष्ट्रीय सभा भंग करने, प्रधानमंत्री द्वारा पारित कानूनों को अस्वीकार करने, नए चुनाव कराने, सेना तथा न्यायपालिका के उच्च पदों पर नियुक्ति करने जैसे महत्त्वपूर्ण अधिकार शामिल थे। इस प्रकार इस संशोधन के परिणामस्वरूप संविधान का मूल स्वरूप ही परिवर्तित हो गया। पाकिस्तान की राजनीतिक व्यवस्था अब संसदीय प्रणाली से बदलकर अध्यक्षीय प्रणाली पर आधारित हो गई। पाकिस्तान में 1996 में बेनजीर भुट्टो से लेकर अब तक जितने भी प्रधानमंत्रियों को बर्खास्त किया गया है, उसके लिए राष्ट्रपति ने अपने इसी अधिकार का प्रयोग किया है तथा उन पर भ्रष्टाचार, अयोग्यता,कुप्रशासन आदि का आरोप लगाया है। आठवें संशोधन के तहत ही जनरल जिया द्वारा 1977 में मार्शल लॉ लागू होने के बाद से संविधान में किए गए परिवर्तनों को अनुमोदित कर दिया गया।

दिसम्बर 1985 में जनरल जिया ने मार्शल लॉ तथा सैनिक शासन समाप्त कर दिया। जुनेजो अब औपचारिक रूप से मुस्लिम लीग के नेता और देश के प्रधानमंत्री बन गए थे। लेकिन सैनिक शासन की इस कार्यवाही पर लोगों को विश्वास नहीं हुआ और इस कार्य को लोगों ने सैनिक शासकों का एक मुखौटा माना। परिणामस्वरूप लोकतंत्र की बहाली के लिए देश में जोरदार राजनीतिक आन्दोलन की शुरूआत हो गई। इन परिस्थितियों के कारण देश में राजनीतिक आर्थिक और सामाजिक संकट और भी गहरा गया। जनरल जिया और जुनेजो में मतभेद उत्पन्न होने के कारण जिया ने उन्हें प्रधानमंत्री पद से ही बर्खास्त कर दिया। राष्ट्रीय और प्रान्तीय सभाओं के लिए नए चुनाव की घोषणा की गई लेकिन इस चुनाव के पहले एक विमान दुर्घटना में अगस्त 1988 में जनरल जिया की मृत्यु हो गई।

प्रारंभिक काल में नवाज शरीफ और राष्ट्रपति गुलाम इशाक खान के सम्बन्ध बहुत अच्छे थे। राष्ट्रपति गुलाम इशाक खान ने ऐसी अनुकूल परिस्थिति की सृजना की जिससे नवाज शरीफ को बेनजीर को हटाकर सरकार बनाने में मदद मिली। लेकिन सत्ता में आने के बाद ही नवाज और इशाक के बीच मतभेद कायम हो गए। नवाज ने इशाक पर यह आरोप लगाया कि उन्होंने उनकी सरकार को अस्थिर करने के लिए उनके कुछ मंत्रियों से त्यागपत्र दिलवाया। अन्त में अप्रैल 1993 में राष्ट्रीय सभा भंग कर दी गई। राष्ट्रपति ने नवाज शरीफ पर अनेकों आरोप लगाए जिनमें कुप्रशासन, भ्रष्टाचार, आर्थिक हेरा–फेरी, अयोग्यता तथा संविधान के साथ खिलवाड़ आदि महत्त्वपूर्ण थे। इसके बाद पी.पी.पी. के बागी सदस्यों और कुछ अन्य बागी सदस्यों को मिलाकर एक केयरटेकर सरकार का गठन किया गया। नवाज और इशाक के बीच मतभेद का प्रमुख कारण था संविधान का आठवाँ संशोधन जिसके तहत राष्ट्रपति को बेहिसाब अधिकार दे दिए गए थे। शरीफ ने इस संशोधन का तीव्र विरोध किया जबकि राष्ट्रपति इसके पक्ष में थे।

लेकिन नवाज शरीफ सरकार की बर्खास्तगी पर पहली बार देश में लोगों का विरोध देखने को मिला। राष्ट्रीय सभा के स्पीकर ने न्यायालय में एक याचिका दायर करते हुए सरकार की बर्खास्तगी को दुर्भावपूर्ण और असंवैधानिक बताया। मुख्य न्यायाधीश नसीम हसन शाह ने बर्खास्तगी को असंवैधानिक करार दे दिया। इसके बाद राष्ट्रीय सभा बुलाई गई जिसमें नवाज शरीफ को विश्वास मत हासिल हो गया। इस प्रकार वे पुनः अपने पद पर वापस आ गए। ऐसा पाकिस्तान के इतिहास में पहली घटना थी, नहीं तो अभी तक न्यायालय का एक भी फैसला राष्ट्रपति के विरोध में नहीं हुआ था।

इस घटना के बाद से नवाज शरीफ और इशाक खान के बीच राजनीतिक शत्रुता बढ़ती चली गई। पंजाब में प्रान्तीय मुस्लिम लीग की सरकार को बर्खास्त कर दिया गया। राजनीतिक गतिरोध के कारण शेयर बाजार में गिरावट आ गई जिसका प्रतिकूल प्रभाव देश की अर्थव्यवस्था पर देखने को मिला। दोनों के बीच के विवाद से उत्पन्न संकट के समाधान के लिए सेना से मदद मांगी गई। कई दिनों के विचार–विमर्श के बाद जनरल अब्दुल वहीद कक्कड़ ने यह सुझाव दिया कि राष्ट्रपति और प्रधानमंत्री दोनों को ही त्यागपत्र दे देना चाहिए। इसके बाद विश्व बैंक के कर्मचारी डॉ मोहन कुरैशी को प्रधानमंत्री बनाया गया और उनकी अध्यक्षता में केयरटेकर सरकार का गठन किया गया। दूसरी तरफ सीनेट के भूतपूर्व अध्यक्ष वसीम सज्जाद को अंतरिम राष्ट्रपति के पद पर नियुक्त किया गया। कुरैशी के मंत्रिमंडल के अधिकांश मंत्री वरिष्ठ नौकरशाह थे। इसके बाद देश में आम चुनाव कराए गए जिसके परिणामों से स्पष्ट पता चला कि वहाँ की जनता लोकतांत्रिक शासन चाहती है। इस चुनाव में रूढ़िवादी दलों की भयंकर हार हुई।

जनरल जिया–उल–हक की मृत्यु के पश्चात पाकिस्तान में बहुत हद तक असैनिक तथा सैनिक नेतृत्त्व के बीच एक प्रकार का संतुलन स्थापित हो गया था। पाकिस्तान में चार बार चुनाव हुए, चार सरकारें बनी, लेकिन कोई भी सरकार अपना कार्यकाल पूरा नहीं कर सकी। 1997 के शुरू में बनी नवाज शरीफ सरकार ने राजनीतिक संकट को और भी बढ़ा दिया। कार्यपालिका में इसे स्पष्ट बहुमत मिल गया और इसके बाद में इस सरकार की मनमानी और बढ़ गई। सबसे पहले इसने संविधान में हुए आठवें संशोधन को समाप्त कर राष्ट्रपति के सारे अधिकार समाप्त कर दिए गए। इसके बाद इस सरकार ने उच्चतम न्यायालय के मुख्य न्यायाधीश सज्जाद अली शाह का विरोध अन्य न्यायाधीशों से कराना शुरू कर दिया जिससे कि वह सज्जाद अली को हटाकर अपने पसंद के व्यक्ति को मुख्य न्यायाधीश के पद पर नियुक्त कर सके। नवाज शरीफ ने तत्कालीन सेनाध्यक्ष जनरल जहाँगीर करामात को भी त्यागपत्र देने पर मजबूर कर दिया। कारगिल युद्ध के बाद सेनाध्यक्ष जनरल परवेज मुशर्रफ और नवाज शरीफ के बीच ठन गई। 1999 में नवाज शरीफ ने जनरल परवेज मुर्शरफ को हटाकर उनके स्थान पर जनरल जिआउद्दीन को बहाल कर दिया। उस समय जनरल मुशर्रफ देश में नहीं थे। उसकी अनुपस्थिति में वहाँ के कोपर्स कमांडर ने अपने अध्यक्ष की बर्खास्तगी को मानने तथा नये अध्यक्ष जियाउद्दीन को कार्यभार देने से इंकार कर दिया। मुशर्रफ जब वापस लौटे तब उन्होंने उल्टे सरकार को ही बर्खास्त कर दिया, प्रधानमंत्री नवाज शरीफ तथा उनके अन्य सहयोगी नेताओं को गिरफ्तार कर लिया तथा नया अंतरिम संवैधानिक आदेश जारी कर दिया। मुशर्रफ की इस कार्यवाही का बाद में उच्चतम न्यायालय ने भी समर्थन कर दिया।

भारतीय नौकरशाही को ब्रिटिश सरकार ने केन्द्रीकृत प्रशासनिक तंत्र के रूप में विकसित किया था। इसमें भारतीय सिविल सेना (आई.सी.एस.) में उत्तीर्ण काडरों की नियुक्ति की जाती थी। भारत एवं पाकिस्तान के विभाजन के बाद इसी नौकरशाही का एक हिस्सा पाकिस्तान की नौकरशाही का अंग बना। केन्द्रीय तथा प्रान्तीय प्रशासनों के सभी प्रमुख पदों पर इनको ही नियुक्त किया जाता था। जिला प्रशासन के भी वे ही अध्यक्ष होते थे। इन्हीं अभिजातवर्गीय काडरों के अन्तर्गत प्रान्तीय सिविल काडरों तथा विशिष्ट सेना अधिकारियों की नियुक्ति होती थी। एक अलग राज्य के रूप में पाकिस्तान का निर्माण हो जाने के बाद आई.सी.एस. के स्थान पर पाकिस्तान सिविल सेवा को तो लागू किया गया लेकिन इसकी संरचना में कोई परिवर्तन नहीं किया गया। पाकिस्तानी शासकों ने देश की आवश्यकता के अनुरूप स्वतंत्र नौकरशाही की स्थापना करने के बदले पुरानी प्रणाली को ही जारी रखा। जिन्ना ने सबसे पहले एक उच्च नौकरशाह, गुलाम मौहम्मद को मंत्री बनाया था। उसने पाकिस्तान सरकार में एक नया पद महासचिव के रूप में स्थापित किया। पाकिस्तान के सभी सचिवों पर इस महासचिव का नियंत्रण होता था। वह विभिन्न मंत्रालयों के जितने भी सचिव थे, उनका अध्यक्ष होता था। सभी महत्त्वपूर्ण फैसले सचिवों की समिति के द्वारा ही किए जाते थे। वास्तव में सैनिक शासन के समय पैरा मंत्रिमंडल के रूप में कार्य करती थी। इस प्रकार स्वतंत्रता के समय पाकिस्तान को एक अच्छी नौकरशाही मिली थी लेकिन वहाँ के शासकों ने इसका राजनीतिकरण कर इसे चौपट कर दिया। जुल्फिकार अली भुट्टो पहले ऐसे व्यक्ति थे, जिन्होंने प्रमुख पदों पर अभिजात वर्ग के प्रभाव को कम करने की कोशिश कर एक समान ग्रेड प्रणाली लागू करने का प्रयास किया था। लेकिन जिया ने अपने शासनकाल में इन सभी सुधारों को समाप्त कर दिया तथा फिर से पुरानी प्रणाली को ही अपना लिया।

प्रश्न 4. विभिन्न शासनकालों में पाकिस्तान की अर्थव्यवस्था के विभिन्न चरणों का वर्णन करो।

उत्तर – पाकिस्तान का निर्माण अविभाजित भारत से हुआ था, अतः पाकिस्तान को ब्रिटिश शासन से जो समस्यायें मिलीं, वे लगभग वही थी जो भारत को प्राप्त हुई। पाकिस्तान को ब्रिटिश शासन से प्राप्त विरासतें निम्न प्रकार थीं –

1) पाकिस्तान का आर्थिक पिछड़ापन – जिस समय भारत के विभाजन से पाकिस्तान का निर्माण हुआ, उस समय पाकिस्तान आर्थिक दृष्टि से अत्यन्त पिछड़ी हुई अवस्था में था। उद्योग धन्धों के नाम पर वहाँ कुछ नहीं था। पाकिस्तान के पंजाब के हिस्से को छोड़कर सिंध तथा उत्तरी–पश्चिमी सीमान्त प्रान्त भी छोटे क्षेत्र थे तथा अत्यन्त पिछड़े हुए थे। विभाजन के परिणामस्वरूप पाकिस्तान के पास अनुभवी तथा कुशल प्रशासकों, व्यापारियों, इंजीनियरों तथा कुशल मजदूरों की भारी संख्या में कमी थी। अधिकांश अनुभवी प्रशासक तथा विशेषज्ञ भारत में रह गये। इनके अलावा भारत की तुलना में पाकिस्तान के पास प्राकृतिक संसाधनों की भारत की तुलना में कमी थी।

2) भौगोलिक दृष्टि से भी पाकिस्तान की स्थिति सुरक्षित नहीं थी – पाकिस्तान के दो हिस्से थे – पश्चिमी पाकिस्तान जिसके अन्तर्गत पंजाब, सिंध तथा उत्तर–पश्चिमी सीमान्त प्रदेश था तथा 'पूर्वी पाकिस्तान' जिसके अन्तर्गत अविभाजित भारत के बंगाल तथा आसाम के

मुस्लिम बहुल क्षेत्रों को सम्मिलित किया गया था। भौगोलिक दृष्टि से पूर्वी पाकिस्तान तथा पश्चिमी पाकिस्तान के बीच में भारत था। पश्चिमी पाकिस्तान से पूर्वी पाकिस्तान पर शासन करना भी सुविधाजनक नहीं था। परन्तु तत्कालीन परिस्थितियों के अन्तर्गत हुए विभाजन के परिणामस्वरूप यह हिस्सा पाकिस्तान को प्राप्त हुआ था।

3) कृषि का पिछड़ापन – पाकिस्तान की ब्रिटिश शासन से विरासत के रूप में कृषि अत्यन्त ही पिछड़ी हुई अवस्था में प्राप्त हुई थी। बंटवारे के परिणामस्वरूप सिन्धु, रावी तथा झेलम नदियाँ पाकिस्तान में थीं। परन्तु इन नदियों पर बने बांध भारत में थे। अतः इन नदियों के पानी का सिंचाई के लिये पाकिस्तान अधिक उपयोग करने की स्थिति में नहीं था। इसके साथ ही पाकिस्तान में बहुत बड़ी संख्या मात्रा में पहाड़ी क्षेत्र था जो कृषि के लिए उपयुक्त नहीं था। इसके साथ ही पाकिस्तान कृषि के लिए परम्परागत तकनीक प्रयोग में लाई जाती थी। इसीलिए पाकिस्तान के पृथक राष्ट्र के निर्माण के बाद ही विधानों का अभाव हो गया तथा पाकिस्तान को अमेरिका आदि पश्चिमी देशों से गेहूँ का आयात करना पड़ा।

4) आधुनिक शिक्षा की कमी – पाकिस्तान के निर्माण के समय यद्यपि मुस्लिम लीग का शीर्ष नेतृत्त्व मुहम्मद अली जिन्ना तथा लियाकत अली खान जैसे पश्चिमी देशों से शिक्षा प्राप्त लोग थे, परन्तु पाकिस्तान का अवाम शैक्षणिक दृष्टि से काफी पिछड़ा हुआ था। यह पाकिस्तान के विकास के मार्ग में बहुत बड़ी बाधा थी। आधुनिक शिक्षा की कमी के कारण पाकिस्तान की प्रगति तथा विकास के मार्ग पर आगे बढ़ने की गति अन्य देशों की तुलना में काफी धीमी रही।

5) पाकिस्तान में औद्योगीकरण की प्रक्रिया का धीमा होना – पाकिस्तान के स्वतंत्र राष्ट्र के रूप में अभ्युदय के पश्चात् औद्योगीकरण की प्रक्रिया अत्यन्त धीमी रही। पाकिस्तान की आय के मुख्य स्रोत कच्चे माल का निर्यात है। पाकिस्तान मुख्य रूप से सूती कपड़े, सूती धागा, चावल, चमड़ा, कारपैट तथा टैपिस्ट्री आदि का निर्यात करता है। पाकिस्तान द्वारा आयात की जाने वाले वस्तुओं में मुख्य रूप से खनिज पदार्थ, पैट्रोलियम पदार्थ, विभिन्न लुब्रीकेंट, समुद्री बन्दरगाह में काम आने वाले विभिन्न उपकरण, रसायन तथा कच्चा सूत आदि हैं। पाकिस्तान में उद्योगों के नाम पर सार्वजनिक क्षेत्र में एक इस्पात मिल, कुछ जूट तथा सूती कपड़ों के मिल हैं, खनिज पदार्थों में पाकिस्तान में कोयला, तथा कुछ क्षेत्रों में लोहा पाया जाता है। पाकिस्तान में मिलने वाला कोयला निम्न श्रेणी का है।

सिंचाई के नाम पर पाकिस्तान में कुछ ही परियोजनायें हैं। भारत तथा पाकिस्तान के बीच सिन्धु नदी के जल के बारे में 1960 में हुये समझौते के बाद पाकिस्तान में सिंचाई तथा विद्युत उत्पादन की एक वृहद् योजना बनायी गयी। इस योजना के पूरा होने के बाद पाकिस्तान में आर्थिक विकास को गति मिली है।

उपरोक्त सभी तथ्यों के बाद जूट अभी भी आर्थिक दृष्टि से पिछड़ा हुआ ही है। पाकिस्तान के लोगों द्वारा उपभोग की जाने वाली अधिकांश वस्तुएँ पश्चिमी देशों से आयात की जाती हैं। टैक्नोलॉजी के नाम पर पाकिस्तान के पास कुछ भी नहीं है। पाकिस्तान के उद्योगों में वहाँ की कुल संख्या का केवल 10 प्रतिशत ही लगा हुआ है जो पाकिस्तान के पिछड़ेपन का सबूत है। पाकिस्तान में भारत की तरह उद्योगों का आधारभूत ढाँचा भी नहीं है। पाकिस्तान की अतिरिक्त आय का एक अन्य स्रोत पाकिस्तान के लोगों द्वारा अरब तथा खाड़ी के देशों में काम करना है। इन देशों से पाकिस्तान को विदेशी मुद्रा प्राप्त होती है।

6) रूढ़िवादी तथा परम्परागत समाज – पाकिस्तान के पिछड़ेपन के लिए जिम्मेदार एक अन्य महत्त्वपूर्ण कारण पाकिस्तान का पारस्परिक तथा रूढ़िवादी समाज है। रूढ़िवादिता के कारण ही पाकिस्तान पश्चिमी अर्थों में औद्योगीकरण तथा आधुनिकीकरण की प्रक्रिया को पूरा नहीं कर सका है। विश्व के विकसित तथा प्रगतिशील देशों में धर्मनिरपेक्ष लोकतंत्र है परन्तु पाकिस्तान में इस्लामिक गणतंत्र है। इस्लाम राज्य का धर्म है। धार्मिक राज्य 16वीं तथा 17वीं शताब्दी में होते थे। वर्तमान युग में कोई भी देश ऐसा नहीं है जहाँ अन्य धर्मों को मानने वाले न रहते हों। ऐसी स्थिति में राज्य का धर्म होना अथवा राज्य किसी विशेष मत, सम्प्रदाय अथवा जाति को संरक्षण दे, यह असंगत लगता है।

पाकिस्तान तथा अन्य मुस्लिम देशों में इस्लाम में वर्तमान समय के अनुरूप परिवर्तन नहीं किया गया है। इस्लाम की मध्ययुगीन मान्यताओं का अभी भी पालन किया जाता है। आज भी इस्लामी कारणों के अनुसार कोई भी मुस्लिम अपनी पत्नी को बहुत आसानी से तलाक दे सकता है। इस्लामी देशों के पिछड़ेपन का एक अन्य कारण स्त्रियों की पुरुषों की तुलना में कम अधिकारों का प्राप्त होना है। पाकिस्तान में स्त्रियों के देश के सामाजिक, आर्थिक, राजनीतिक जीवन में कोई विशेष भूमिका नहीं है। कोई भी समाज अथवा देश अपनी जनसंख्या के लगभग आधे भाग को विकास से दूर रखकर तरक्की नहीं कर सकता।

पाकिस्तान की वर्तमान स्थिति – दक्षिणी एशिया के देशों में पाकिस्तान का महत्त्वपूर्ण स्थान है। भारत के बाद उसका आर्थिक, वैज्ञानिक एवं तकनीकी तथा सैनिक दृष्टि से दूसरा नम्बर है। पाकिस्तान के पास भारत के बाद इस क्षेत्र में दूसरे नम्बर की सेना है। पाकिस्तान भारत को अपना दुश्मन नम्बर 1 मानता रहा है। पाकिस्तान शासकों ने भारत विरोध के नाम पर ही शासन किया है अथवा सत्ता में बने रहने के लिए भारत विरोध को हथियार के रूप में इस्तेमाल किया है। यदि पाकिस्तानी शासक भारत के साथ मैत्रीपूर्ण सम्बन्ध बनाये रखते तो संभवतः पाकिस्तान को सेनाओं पर भारी व्यय नहीं करना पड़ता तथा पाकिस्तान में आर्थिक विकास की प्रक्रिया अत्यधिक गतिशील रही होती।

पाकिस्तान की अर्थव्यवस्था का औद्योगिक आधार आज भी भारत की तरह मजबूत नहीं है। परन्तु पाकिस्तान के पास भारत की कुल जनसंख्या का लगभग दसवां हिस्सा है तथा भारत के कुल क्षेत्रफल का लगभग 1/4 भाग है। इस दृष्टि से पाकिस्तान की परिस्थितियाँ भारत की अपेक्षा अधिक अनुकूल रहीं। इसके बावजूद पाकिस्तान औद्योगीकरण तथा आधुनिकीकरण के लाभों से वंचित रहा।

प्रश्न 5. पाकिस्तान समाज की प्रकृति, भाषा, संजातीयता तथा धार्मिक विशेषताओं पर टिप्पणी करो। **[June 2008, Q5]**

उत्तर – 1) भाषायी समूह – भाषा संजातीय अभेदवाद का महत्त्वपूर्ण मार्कर है। पाकिस्तान में 20 से अधिक भाषाएँ बोली जाती हैं जिनमें से प्रमुख हैं पंजाबी, सिंधी तथा उर्दू। इसके अतिरिक्त पख्तु (अथवा पश्तु), बलूची भारतीय–यूरोपीय भाषा परिवार की भारतीय–आर्य शाखा से संबंधित हैं। कुछ अन्य भाषाएँ भारतीय–यूरोपीय तथा प्रारंभिक द्राविड़ भाषा परिवारों की 'दादी' शाखा से संबंधित हैं। ब्राहुई एक ऐसी भाषा है जो बलूचिस्तान के एक वर्ग द्वारा बोली जाती है।

लगभग आधे पाकिस्तानी (48 प्रतिशत) पंजाबी बोलते हैं इसके बाद सिंधी (12 प्रतिशत), पंजाबी का एक रूप सिराइकी (10 प्रतिशत), पख्तु अथवा पश्तु (8 प्रतिशत), बलूची (3 प्रतिशत), हिंदको (2 प्रतिशत) तथा ब्राहुई (1 प्रतिशत) बोली जाती है। 8 प्रतिशत लोगों की मातृभाषा अंग्रेजी, बुरूशास्की तथा कई अन्य बोलियों सहित अन्य भाषाएँ हैं।

भारतीय उप–महाद्वीप के मुसलमानों ने लम्बे समय से यह अनुभव किया है कि उर्दू उनकी सम्मिलित पहचान का सूचक है। इस भाषा ने शिक्षित मुसलमानों के बीच कड़ी का काम किया है। मुस्लिम लीग ने नए राज्य पाकिस्तान को अपनी अलग पहचान देने के लिए उर्दू को राष्ट्रीय भाषा के रूप में बढ़ावा दिया। हालाँकि देशी भाषा के रूप में यह जनसंख्या के केवल 8 प्रतिशत की भाषा थी। शिक्षित पृष्ठभूमि वाले महत्वाकांक्षी लोगों ने उर्दू बोलनी आरंभ कर दी पर चूँकि अंग्रेजी अधिकांश अभिजात वर्ग की भाषा थी, वस्तुतः अंग्रेजी ही राष्ट्रीय भाषा बन गई। देश की लगभग आधी जनसंख्या द्वारा बोली जाने वाली भाषा में प्रमुखतः लोक कहानियाँ और रोमांचक लेखन है। यद्यपि पंजाबी मूलतः गुरूमुखी लिपि में लिखी गई परन्तु पंजाबी का, विशेषकर शहरी क्षेत्रों में, उर्दू के साथ मिश्रित होने का लम्बा इतिहास है। इसका एक उदाहरण केन्द्रीय पंजाब में सरगोधा में बोली जाने वाली एक प्रकार की पंजाबी भाषा है।

संजातीय समूह – 1990 के दशक के मध्य के वर्षों में पाकिस्तान का संजातीय संघटन कम से कम बड़े समूहों में जनसंख्या के लगभग भाषायी वितरण के अनुरूप ही था। 59.1 प्रतिशत पाकिस्तानी स्वयं को पंजाबी, 12.1 प्रतिशत सिंधी, 7.7 प्रतिशत मुहाजिर, 4.3 प्रतिशत बलूच तथा 3 प्रतिशत अन्य संजातीय समूहों के सदस्य मानते हैं। प्रत्येक समूह अपने गृहक्षेत्र पर प्राथमिक रूप से ध्यान केन्द्रित करता है जैसे अधिकांश मुहाजिर शहरी सिंध के क्षेत्र में रहते हैं।

अधिकांश पंजाबी समूहों का संबंध इस्लाम से पहले जाट तथा राजपूत जातियों से है। अन्य पंजाबी अरब पारस, बलूचिस्तान, अफगानिस्तान तथा कश्मीर से हैं। इस प्रकार से पंजाबी का अलग–अलग उद्‌भव है तथापि इन समूहों ने सामंजस्यपूर्ण संजातीय समूह का रूप लिया है जिसने कृषि तथा रक्षा पर ऐतिहासिक रूप से आधिपत्य स्थापित किया है।

पंजाबी सैनिक तथा सिविल सेवा के उच्च पदों पर आसीन हैं तथा अधिकांशतः केन्द्रीय सरकार को चलाने में उनका योगदान है। इस स्थिति का कई पख्तु और बलूच और विशेषकर सिंधी समुदायों ने विरोध किया है जिन्हें सार्वजनिक क्षेत्र में कम प्रतिनिधित्व मिला है।

ब्रिटिश सरकार के शासन के दौरान पंजाब के दक्षिण में स्थित सिंध बम्बई का उपेक्षित भीतरी प्रदेश था। प्रमुख जमींदारों (बाडेरा) के छोटे समूह का यह समाज था। शोषित काश्तकार किसानों, जिनकी संख्या अधिक थी, को दासता झेलनी पड़ती थी। स्वतंत्रता के समय इस प्रान्त में धन तथा निर्धनता के दो छोर विद्यमान थे।

विभाजन के बाद के वर्षों में सिंध प्रान्त में उल्लेखनीय उथल–पुथल हुई। लाखों हिन्दू तथा सिक्ख भारत चले गए और उनके स्थान पर लगभग 70 लाख मुहाजिर आ गए जिन्होंने प्रांत के व्यावसायिक जीवन में सुशिक्षित हिन्दुओं तथा सिक्खों की जगह ले ली। बाद में मुहाजिरों ने शरणार्थी जन आंदोलन (मुहाजिर कौमी महज–एम क्यू एम) को राजनीतिक आधार उपलब्ध कराया। जैसे–जैसे कराची की मुहाजिर शहर के रूप में पहचान बनी तो सिंध के अन्य शहर – थट्‌टा, हैदराबाद तथा लरकाना, सिंधी विरोध के मुख्यालय बन गए।

उत्तरी–पश्चिमी सीमान्त प्रान्त की पहचान विश्व के सबसे बड़े जनजातीय समूह, पश्तुन के रूप में की जाती है। वे बलूचिस्तान तथा दक्षिणी अफगानिस्तान का प्रमुख समूह है। भारतीय उप–महाद्वीप से अंग्रेजों के जाने के समय पर फ्रंटीयर कांग्रेस, जोकि खान अब्दुल गफ्फार खान की अध्यक्षता में अत्यंत सक्रिय थी, ने पश्तूनिस्तान के अलग राज्य के गठन की मांग की। यह मांग न माने जाने पर यह क्षेत्र पाकिस्तानी राज्य का हिस्सा बना परन्तु इसने पश्तुन आंदोलन की नींव रखी।

1980 के दशक से कई पश्तुन पुलिस, सिविल सेवा तथा सेना में शामिल हुए हैं तथा देश के यातायात नेटवर्क पर इनका आधिपत्य है। उन्हें पाकिस्तान की राजनीतिक संरचना में प्रतिनिधित्व भी मिला है जिससे कुछ हद तक पश्तुन आंदोलन को आगे नहीं बढ़ाया जा सका है। पाकिस्तान के सीमान्त क्षेत्र का अन्य संजातीय अल्पसंख्यक समूह है – बलूची। चार प्रमुख समूहों मैरिक, बुगलिस, बिजोनजोर तथा मोंगल में वर्गीकृत बलूची कुल मिलाकर जनजातीय और नाटीय समुदाय है। यद्यपि इनकी जनसंख्या कम है तथापि बलूची समुदाय ने अपनी अलग सांस्कृतिक पहचान सुरक्षित रखी है। उनमें भाषा प्रमुख संयोजक कड़ी रही है। पश्तुनों की ही भाँति बलूची समुदाय को पाकिस्तान में शामिल होने पर विरोध था। स्वायतता के लिए चलाए गए बलूच आंदोलन ने 1958–69 के दौरान तथा 1973 के बाद भी हिंसात्मक रूप ले लिया। बलूच नेताओं ने पाकिस्तान की संघीय सरंचना में ही स्वायतता की मांग की। आज उनकी प्रमुख समस्या है – पंजाबी वर्चस्व के समक्ष अपनी अलग 'बलूच' पहचान को सुरक्षित रखना।

मुहाजिर मूलतः उत्तर भारत के उर्दू भाषी लोग हैं जो विभाजन के बाद भारत से पाकिस्तान चले गए। यह लघु समूह प्रमुखतः सिंध, विशेषकर कराची के शहरी वर्ग के रूप में बसा है। भारत के साथ पहचान जुड़े होने के कारण आज भी इन्हें पाकिस्तानी समाज में पूर्ण रूप से स्वीकार नहीं किया गया है। दूसरी ओर, सिंधी उन्हें अपना प्रमुख प्रतियोगी मानते हैं, इसलिए उनका विरोध करते हैं।

1984 में अलताफ हुसैन की अध्यक्षता में मुहाजिर कौमी आंदोलन की शुरूआत हुई। यह आंदोलन है जिससे उनकी संजातीय जागरूकता की अभिव्यक्ति होती है और जिससे उनकी संजातीय शिकायतों को दूर करने का प्रयास किया गया।

अहमदिया को उनकी विशिष्ट धार्मिक मान्यताओं, जिनके कारण पाकिस्तान सरकार ने इन्हें गैर–मुस्लिम घोषित कर रखा है, के मद्देनजर पाकिस्तान में अलग संजातीय अल्पसंख्यक समूह के रूप में माना जाता है। वे पाकिस्तान की जनसंख्या का 0.12 प्रतिशत है तथा अधिकांशतः पंजाब में बसे हैं।

औपनिवेशिक काल में अहमदिया नौकरशाही तथा सेना के उच्च पदों पर आसीन थे। जब अहमदियों ने अपने पंथ को बढ़ावा देने का प्रयास किया तो रूढ़िवादियों ने इसका कड़ा विरोध किया जिन्हें अहमदियों की विचारधारा से सख्त ऐतराज था। पचास के दशक में अहमदियों के विरोध में हिंसात्मक विद्रोह हुए। धार्मिक नेताओं ने बार–बार इनका विरोध किया तथा सरकार ने भी इन्हें प्रताड़ित किया है। इस प्रकार से, अहमदिया अपनी ही जन्मभूमि पर अजनबी हैं तथा अलग–थलग समुदाय हैं।

पाकिस्तान में सजांतीय अल्पसंख्यकों द्वारा विभिन्न रूपों तथा दिशाओं में स्वयं को स्थापित

करने का प्रयास राजनीतिक विकास की विशेषता रही है। इस प्रकार से संजातीयता पाकिस्तान की घरेलू राजनीतिक में अस्थिरता लाने वाला प्रमुख कारक रही है। अल्पसंख्यक संजातीय समुदाय बहुसख्यक पंजाबी समूहों के विरूद्ध संघर्ष करते रहे हैं। संजातीय अल्पसंख्यक समूहों की समस्याएँ अपनी पहचान सुरक्षित रखने तथा बराबरी के आधार पर सामाजिक– आर्थिक और राजनीतिक लाभ प्राप्त करने की रही हैं।

धर्म – पाकिस्तान के लगभग 97 प्रतिशत लोग मुस्लिम हैं जिनमें से 77 प्रतिशत सुन्नी तथा 20 प्रतिशत शिया हैं जबकि अन्य 3 प्रतिशत जनसंख्या बराबर रूप से ईसाई तथा अन्य धर्मों की हैं।

दक्षिणी एशियाई उप–महाद्वीप में इस्लाम का प्रादुर्भाव आठवीं शताब्दी में घुमक्कड़ सूफी साधुओं–पीरों के आगमन के साथ हुआ। जिन क्षेत्रों में इस्लाम सूफियों द्वारा लाया गया, वहाँ पर भी इस्लाम काफी हद तक इस्लाम पूर्व के प्रभावों के साथ मिश्रित हो गया जिसके परिणामस्वरूप एक ऐसे धर्म का उदय हुआ जो अरब विश्व की तुलना में परम्परागत दृष्टि से अधिक लचीला था।

मुस्लिम कवि एवं दार्शनिक मौहम्मद इकबाल पहले व्यक्ति थे जिन्होंने 1930 में इलाहाबाद में मुस्लिम लीग को संबोधित करते हुए उप–महाद्वीप में मुस्लिम राज्य बनाने के विचार का प्रस्ताव रखा। उनके प्रस्ताव का आशय पंजाब, सिंध, बलूचिस्तान तथा उत्तर–पश्चिमी सीमावर्ती क्षेत्र के चार प्रान्तों से था, जो 1971 के बाद पाकिस्तान का क्षेत्र बना। इकबाल के विचार ने 'द्विराष्ट्रीय सिद्धान्त' को मूर्त रूप दिया – विभिन्न ऐतिहासिक पृष्ठभूमि, सामाजिक रीतिरिवाजों, संस्कृतियों तथा सामाजिक लोकनीतियों के साथ धर्म के आधार पर (इस्लाम तथा हिन्दू) उप–महाद्वीप में दो अलग राष्ट्रों का होना।

इस प्रकार से इस्लाम अलग राष्ट्र के सृजन तथा एकरूपीकरण का आधार था परन्तु इससे सरकार के मॉडल के रूप में कार्य करने की आशा नहीं की जा सकती थी। मौहम्मद अली जिन्ना ने पाकिस्तान की संविधान सभा के अपने प्रारंभिक भाषण में धर्मनिरपेक्षता के प्रति वचनबद्धता की बात कही परन्तु मुस्लिम बहुल राज्य के इस परिप्रेक्ष्य में, जिसमें विकास में धार्मिक अल्पसंख्यकों की बराबर की हिस्सेदारी होगी, इस पर स्वतंत्रता के बाद ही सवालिया निशान लग गए। 1970 के दशक तक – अहमदियों के अधिकारों, धार्मिक सम्बद्धता दर्शाने वाले पहचान पत्र जारी करने तथा इस्लाम को व्यक्तिगत स्तर पर अपनाने में सरकार के हस्तक्षेप पर विवाद चलता रहा।

प्रश्न 6. पाकिस्तान के राजनीतिक विकास पर टिप्पणी करते हुए बताइए कि पाकिस्तान में लोकतंत्र की विफलता के क्या कारण थे? [Dec-07, Q.No.-10]

उत्तर – पाकिस्तान जिस समय एक स्वतंत्र राष्ट्र के रूप में स्थापित हुआ, उस समय उसके सामने अनेक कठिन समस्याएँ थीं। पूर्वी और पश्चिमी भाग का विभाजन एक जटिल समस्या थी। पाकिस्तान के पूर्वी क्षेत्र में आबादी घनी थी जबकि पश्चिमी क्षेत्र के पास अधिक राजनीतिक शक्तियाँ थीं। इसके कारण देश में गंभीर राजनीतिक और संस्थागत समस्याएँ उत्पन्न हो गईं। इसके अतिरिक्त विभाजन के बाद देश में हुए साम्प्रदायिक दंगों और बड़ी संख्या में शरणार्थियों के कारण देश पर आर्थिक बोझ बढ़ गया। इतना ही नहीं, 1948 में

कायद–ए–आजम की मृत्यु तथा 1951 में लियाकत अली खान की हत्या के कारण देश में नेतृत्त्व का संकट उत्पन्न हो गया। नेतृत्त्व की कमी के कारण मुस्लिम लीग भी कमजोर पड़ गई। इसके अलावा संघीय सरकार के अभाव में देश के सामने कई समस्याएँ, यथा–वैधता, वितरण, भागीदारी आदि थीं। इन सभी कमी एवं कमजोरियों के परिणामस्वरूप ही देश में सेना और नौकरशाही को अपनी मनमानी करने का मौका मिल गया। इसके अतिरिक्त संविधान का निर्माण होने में भी 7 वर्षों का लंबा समय लग गया। संविधान निर्माण में विलम्ब के कई कारण थे, जैसे – इस्लाम की भूमिका पर मतभेद, धर्म की भूमिका पर मतभेद, राजनीतिक प्रणाली संघात्तमक होगी या एकात्मक, देश में संसदीय व्यवस्था लागू की जाए या अध्यक्षात्मक आदि। पाकिस्तान के आरंभिक वर्षों में देश में नेतृत्त्व का संकट उत्पन्न हो गया और नेतृत्त्व के अभाव में पाकिस्तान पर मुस्लिम लीग की पकड़ भी कम हो गई। शुरू में मुस्लिम लीग ने नए राज्यों में सरकार बनाने में सफलता प्राप्त कर ली लेकिन उन प्रान्तों में इसकी पकड़ मजबूत नहीं हो सकी, जो पाकिस्तान का हिस्सा बने। पाकिस्तान का एक नए देश के रूप में निर्माण कराने में इसे सफलता जरूर मिल गई लेकिन पाकिस्तान बनने के बाद जल्द ही मुस्लिम लीग में विभाजन की प्रक्रिया प्रारम्भ हो गई। प्रत्येक महत्त्वपूर्ण व्यक्ति के नेतृत्त्व में अनेकों समूहों का निर्माण हो गया। लेकिन न तो पुरानी मुस्लिम लीग और न ही इससे निर्मित नए समूह जनता का विश्वास जीत सके। विभिन्न संस्थाओं के मतभेद उभरकर सामने आने लगे। 1954 के संविधान सभा में लाए गए एक बिल के अनुसार गवर्नर जनरल प्रधानमंत्री के परामर्श अनुसार काम करने को विवश था। लेकिन गवर्नर जनरल ने इस बिल को पारित ही नहीं होने दिया। उसने मंत्रिमंडल को ही बर्खास्त कर दिया तथा देश में आपातकाल की घोषणा कर दी। गवर्नर जनरल के इस असंवैधानिक कार्य को न्यायपालिका से भी वैधता प्राप्त हो गई। 1953 से 1958 के बीच 7 प्रधानमंत्री बनाए और हटाए गए। देश में इतना कुछ हो रहा था और मुस्लिम लीग इतनी कमजोर हो गई थी कि वह कुछ भी नहीं कर पाई।

प्रश्न 7. पाकिस्तान की राजनीति में सेना के हस्तक्षेप के क्या कारण थे?

उत्तर – नागरिक–सैनिक संबंधों पर आधारित सिद्धान्तों की यह विशेषता होती है कि यह किसी एक स्थिति की तो व्याख्या करते हैं लेकिन अन्य विषयों की उपेक्षा कर देते हैं। पाकिस्तान जैसे देश में यह बात देखने को मिलती है। इसका उद्देश्य सिद्धान्त के महत्त्व को कम करके आँकने की नहीं होती है, बल्कि मुद्दे की गत्यात्मकता पर विशेष बल देने की होती है। ***सैम्यूल पी. हटिंगटन*** ने एशियाई क्षेत्रों में सैनिक हस्तक्षेप सम्बन्धी सिद्धान्त का प्रतिपादन किया है। उनके अनुसार असैनिक लोकतांत्रिक राज्य में सेना उसके अधीन एक सहयोगी के रूप में काम करती है अर्थात् उसके अनुसार 'प्रीटोरियन' राज्यों में असैनिक संस्थाएँ कमजोर होती हैं। संस्था और नेतृत्त्व में शून्य की स्थिति उत्पन्न होने के कारण ये समूह अपने निजी हितों की पूर्ति के लिए सत्ता पर कब्जा कर लेते हैं। ऐसी स्थिति में सेना अपने आप को सत्ता का एक प्रबल दावेदार मान बैठती है। प्रीटोरियन राज्य को परिभाषित करते हुए उसने कहा है कि यह वह राज्य है जिसमें राजनीतिक संस्थाकरण नहीं होने के कारण सामाजिक संरचनाओं का राजनीतिकरण हो जाता है। इस व्याख्या के आधार पर यह तो पता चलता है कि पाकिस्तानी सेना ने 1958 में हस्तक्षेप क्यों किया, लेकिन इससे यह नहीं स्पष्ट होता है कि

जो राज्य दो शताब्दियों से राजनीतिक शासन के अंतर्गत शासित था और इन राज्यों में पश्चिमी मॉडल की विशेषताएँ विद्यमान थीं, फिर वह क्यों और कैसे सैनिक राज्य बन गया। 1958 की पाकिस्तानी सेना और 1947 की सेना में काफी भिन्नता थी। 1947 की सेना की तुलना में यह सेना अधिक व्यावसायिक और संगठित थी। 1947 का राजनीतिक ढाँचा बिल्कुल समाप्त हो गया और ऐसे में सैनिक नियंत्रण के अलावा दूसरा कोई चारा नहीं था। लुशियन पाय और मॉरिस जैनोविट्ज का मानना है कि सेना सामाजिक और राजनीतिक परिवर्तन के प्रति अधिक संवेदनशील होती है। उन्होंने सेना को संगठित शक्ति के रूप में आधुनिकीकरण का माध्यम माना है। पाकिस्तान में सैनिक हस्तक्षेप और असैनिक शासन दोनों साथ-साथ चल रहे हैं। पाकिस्तान में असैनिक शासन का महत्त्व अभी तक है और यही कारण है कि अयूब हों या मुशर्रफ, सत्ता हथियाने के बाद उनकी कोशिश होती है कि शासन को असैनिक स्वरूप का जामा पहनाया जाये। यह कहा जा सकता है कि अन्य राष्ट्रों की तुलना में पाकिस्तानी सेना का स्वरूप भिन्न है। जहाँ अन्य देशों की सेना का काम बाह्य सुरक्षा होता है, वहीं पाकिस्तानी सेना का काम बाह्य सुरक्षा के साथ राजनीतिक कार्यों का संपादन भी है।

इकाई – 4

राज्य रूपरेखा : बांग्लादेश

प्रश्न 1. प्रीटोरियन हस्तक्षेप क्या था?

उत्तर – जब नयी प्रणाली शुरू की जा रही थी, तब बांग्लादेश की सेना का प्रीटोरियन चरित्र उभर कर सामने आया। एक सैनिक विद्रोह में शेख मुजीब (देश के राष्ट्रपति तथा बकसाल के अध्यक्ष) तथा उनके परिवार के कुछ सदस्यों की 15 अगस्त, 1975 को हत्या कर दी गई। बांग्लादेश की सेना के कुछ कनिष्ठ अधिकारियों ने, जो कि षड्यंत्रकारी भी थे, यह दावा किया कि उन्होंने अलोकप्रिय मुजीबुर्रहमान के भ्रष्ट कुशासन को समाप्त करके एक अच्छा काम किया है। उन्होंने एक तथाकथित क्रांतिकारी परिषद् गठित की तथा एक असैनिक राष्ट्रपति (खोण्डकर मुश्ताक) को दिखावे के लिए सामने रखकर राष्ट्रपति भवन से ही काम करना जारी रखा। खोण्डकर मुश्ताक को उन्होंने शेख मुजीब की कैबीनेट में से ही लेकर नियुक्त किया था, उसने 1971 में जबकि यह बांग्लादेश की अंतरिम सरकार के कैबीनेट का सदस्य था, पाकिस्तानी सैनिक जुण्टा से समझौता करने की कोशिश की थी।

खोण्डकर ने सैनिक शासन का ऐलान किया और बकसाल को भंग कर दिया, राजनैतिक गतिविधियों पर प्रतिबंध लगा दिया और अगस्त विद्रोह के संगठनकर्ताओं पर किसी भी अदालत में मुकदमा चलाने पर भी पाबंदी लगा दी।

सैन्य नेतृत्त्व के पुनर्गठन में, मेजर जनरल जियाउर्रहमान को चीफ आफ द आर्मी स्टाफ बना दिया गया। नागरिक अफसरशाही में भी बदलाव आया। जिला गवर्नरों की योजना समाप्त कर दी गई। योजना आयोग, जिसे पिछले निजाम द्वारा समाजवाद की तरफ संक्रमण के चरण में एक मिश्रित अर्थव्यवस्था की रूपरेखा तैयार करने का काम सौंपा था, उसका भी, अधिकांशतः नौकरशाहों को शामिल करके पुनर्गठन किया गया। हालाँकि संविधान को औपचारिक तौर पर संशोधित नहीं किया गया था जबकि संसद अभी तक भंग नहीं हुई थी। परन्तु सेना द्वारा समर्थित खोण्डकर की सरकार समूचे सैन्य प्रतिष्ठान को स्वीकार्य नहीं थी। एक गुट ने यह मांग की कि विद्रोही नेताओं को बैरकों में वापस लौट आना चाहिए और सैनिक कमाण्ड के आदेशों पर चलने के लिए स्वयं को समर्पित कर देना चाहिए। ब्रिगेडियर खालिद मुशरफ के नेतृत्त्व में, जो कि एक मशहूर स्वतंत्रता सेनानी थी, इस गुट ने 3 नवम्बर 1975 को एक विद्रोह कर दिया और राष्ट्रपति खोण्डकर को चीफ जस्टिस सईम को सत्ता सौंप देने के लिए बाध्य कर दिया और जियाउर्रहमान को गिरफ्तार कर लिया। हालाँकि स्थिति के शान्त होने से पहले ही 7 नवम्बर 1975 को, सेना के एक उग्र रूप से राजनैतिक चेतना संपन्न गुट बिप्लोवी गणबाहिनी (जन क्रांतिकारी सेना) द्वारा एक और विद्रोह कर दिया गया। यह गुट जिसका **जे.एस.डी.** से संपर्क था, सैन्य संगठन में ऐसे आमूल परिवर्तनों की वकालत करता रहा था, जिनसे इसे चीन की तरह की जन–सेना बनाया जा सके। उन्होंने इस दलील पर

विद्रोह किया कि खालिद मुशरफ भारत के इशारे पर काम कर रहा है। इस प्रक्रिया में सेना के भीतर धर्म–निरपेक्षता विरोधी तथा भारत विरोधी इस्लामी गुट भी मुशरफ के खिलाफ उनसे मिल गया। वाम व दक्षिण पंथियों के इस गठजोड़ ने ही जियाउर्रहमान को मुक्त करके पुनः स्थापित किया।

जस्टिस सईम ने, जो कि राष्ट्रपति बने रहे थे, सैनिक शासन का नवीनीकरण किया, मंत्रिमंडल तथा संसद को भंग किया, स्वयं को मुख्य मार्शल लॉ प्रशासक नियुक्त किया, तथा तीन सैन्य बलों के प्रमुखों को उप–मुख्य मार्शल–लॉ प्रशासन नियुक्त किया। यद्यपि जस्टिस सईम राज्य का औपचारिक प्रमुख था किन्तु वास्तव में जियाउर्रहमान ही शीर्षस्थ निर्णय–कर्ता के रूप में काम करता था। दरअसल अगस्त विद्रोह के नेताओं तथा 7 नवम्बर विद्रोह के दोनों गुटों के सदस्यों द्वारा उसे स्वीकार कर लिए जाने की वजह से उसे काफी लाभ की स्थिति प्राप्त हो गई, जिसका उसने अविभाजित पाकिस्तान के अयूब खाँ के पद चिन्हों पर चलते हुए अपनी स्थिति को सुदृढ़ बनाने में भरपूर उपयोग किया।

अप्रैल, 1977 में जियाउर्रहमान ने जस्टिस सईम से राष्ट्रपति पद स्वयं अपने हाथों में ले लिया, फिर अपने लिए 'हाँ' तथा 'ना' का मत प्राप्त करने संबंधी जनमत संग्रह कराकर वैधता प्राप्त करनी चाहिए। जनमत संग्रह एक 19 सूत्रीय कार्यक्रम के आधार पर हुआ, जिसमें संवैधानिक तौर पर व्यख्यायित बंगाली राष्ट्रवाद की जगह बांग्लादेशी राष्ट्रवाद पर जोर दिया गया। बांग्लादेशी राष्ट्रवाद की वकालत बांग्लादेश के नागरिकों की पहचान को भारतीय बंगालियों से पृथक् करने तथा बांग्लादेश में चटगाँव की पहाड़ियों में रहने वाले उन विद्रोही लोगों को खुश करने के लिए भी की जा रही थी जो कि जातीय तौर पर बंगाली नहीं थे और स्वायतत्ता की मांग कर रहे थे। बांग्लादेशी राष्ट्रवाद के अलावा, उन्नीस सूत्रीय कार्यक्रम के अन्तर्गत इस्लाम को राष्ट्रीय जीवन के आधार के रूप में मान्यता दी गई थी। और साथ ही आर्थिक सुधारो का प्रस्ताव किया गया था। सेना, जो कि उसका मूल समर्थन आधार थी, को उन तत्त्वों से मुक्त कर लिया गया जो एक जन क्रांतिकारी सामाजिक परिवर्तन की दिशा में काम कर रहे थे। (अवकाश प्राप्त) कर्नर अबू तहर, जो कि इस गुट का नेतृत्त्व करने वाला अति महत्त्वपूर्ण कार्यकर्ता था, पर गुप्त मुकदमा चलाकर फाँसी दिया जाना इस बात का प्रतीक है। दूसरी तरफ सैन्य बलों में व्यावसायिक लोगों को और अधिक फायदे व सुविधाएँ प्रदान की गयीं। एक शीघ्रता से की गई कार्यवाही द्वारा तत्कालीन वायुसेना अध्यक्ष को, जो कि निकटतम प्रतिद्वन्द्वी था, सैन्य बलों के भीतर धार्मिक तत्त्वों के साथ उसके कथित संबंधों के कारण पद से हटा दिया गया जबकि उस संवैधानिक प्रावधान को समाप्त करके, जो कि धर्म का राजनैतिक इस्तेमाल किए जाने पर पाबंदी लगाता था, नागरिक धार्मिक रूढ़िवादिता को एक नया जीवन प्रदान किया गया। धार्मिक रूढ़िवादिता का समर्थन हासिल करने के लिए, संविधान के सभी हिस्सों में 'धर्म– निरपेक्षता' शब्द को मिटा दिया गया तथा उसके स्थान पर 'सर्वशक्तिमान अल्लाह में संपूर्ण आस्था और विश्वास' शब्द जोड़ दिया गया। उदीयमान बुर्जुआ वर्ग, जो कि पिछले निजामों के दौरान अपना मनोबल खो बैठा था, भी दड़बें में बंद कर दिया गया। 'समाजवाद' शब्द को मिटा दिया गया और उसकी जगह 'सामाजिक न्याय' शब्द जोड़ दिया गया। एक न्यायपूर्ण एवं समतावादी समाज सुनिश्चित करने हेतु समाजवादी अर्थव्यवस्था की शपथ लेने वाली धारा को भी हटा दिया गया। यद्यपि 1972 के संविधान में

सरकारी अधिग्रहणों, राष्ट्रीयकरणों के लिए मुआवजे के भुगतान को एक खुला मुद्दा रखा गया था, मार्शल–लॉ ने इस तरह के भुगतानों को अनिवार्य बना दिया। राजनीति में उत्तरवर्ती परिवर्तन थे – राष्ट्रीयकरण समाप्त करना विदेशी निजी पूँजी समेत उदार निवेष इत्यादि। अवकाश प्राप्त सैनिक अफसरों तथा भूतपूर्व पाकिस्तान नागरिक सेवा में प्रशिक्षण प्राप्त नागरिक नौकरशाही को, जिन्हें पिछले निजामों के दौरान किनारे लगा दिया गया था, प्रशासन में महत्त्वपूर्ण पद दिए गए।

बांग्लादेश जैसे एक राजनैतिक रूप से जागृत समाज में, सत्ता पर काबिज होने के लिए राजनैतिक वैधता प्राप्त करना जरूरी था। इसलिए एक ''मध्यस्थ'' नुमा सैन्य हस्तक्षेप कर्ता होने का दिखावा प्राप्त करते हुए (लगातार चुनाव कराने व जनतांत्रिक प्रक्रिया बहाल करने का वायदा करके) जियाउर्रहमान ने जन–समर्थन का आधार हासिल करने की कोशिश की। इसलिए, राजनैतिक दल विनियमन आदेश 1976 द्वारा राजनैतिक दलों को ''कमरों के भीतर'' रहकर तथा सरकार से स्वीकृति प्राप्त करने के बाद, काम करने की इजाजत दी गई। इसी तरह, चुनावी मकसदों के लिए जनता से सीधे सपंर्क को सुनिश्चित करने के लिए, स्थानीय परिषदों को विकास एवं अन्य राष्ट्र निर्माण गतिविधियों के लिए कोष उपलब्ध कराए गए। इस तरह से जनता तक प्रत्यक्ष पहुँच सुनिशिचत करके तथा जनमत संग्रह के जरिए वैधता प्राप्त करने का पहला कदम उठाकर जिया ने एक व्यापक नेशनलिस्ट मंच की वकालत की और जातीयवादी गौनोतांत्रिक दल (जागोदल) (नेशनल डैमोक्रेटिक पार्टी) का फरवरी 1978 में गठन किया। हालाँकि वह स्वयं जागोदल का सदस्य नहीं था, किन्तु उसमें उसकी मंत्रिपरिषद् के दस सदस्य शामिल थे और वह निजाम का भौंपू बन गया।

3 जून, 1978 के राष्ट्रपति चुनाव में जिया जातीयवादी मोर्चे के समर्थन से विजयी रहा जो कि वामपंथी व दक्षिण पंथी दोनों तरह की पार्टियों का एक गठबंधन था जिसमें मुस्लिम लीग, यूनाइटेड पीपुल्स पार्टी, एन.ए.पी. (भसानी), बांग्लादेश लेबर पार्टी, तथा बांग्लादेश शिड्यूल कास्ट फैडरेशन, शामिल थी। जनरल एम.ए.जी. उस्मानी (अवकाश प्राप्त) को, जो कि युद्ध के दौरान बांग्लादेश लिब्रेशन आर्मी के प्रमुख थे, एक अन्य जल्दबाजी में बनाये गये गठबंधन जनतांत्रिक ओम्या जोटे (जी.ओ.जे.) द्वारा खड़ा किया। जीओजे, एएल, एनएपी, पीपुल्स लीग, जातीय जनता पार्टी, कृषक–श्रमिक पार्टी, तथा जातीय लीग से मिलकर बना था। जातीयतावादी मोर्चे ने जिया के शासन की तरह की राष्ट्रवादी प्रणाली का समर्थन किया और चुनाव प्रचार में अल–बकसल के कुशासन को ही मुख्य मुद्दा बनाया। जी.ओ.जे. ने संसदीय जनतंत्र की बहाली के मुद्दे पर प्रचार को केन्द्रित किया। चुनाव में 54 प्रतिशत मतदाताओं ने वोट डाले और जिया ने 76 प्रतिशत मत प्राप्त कर लिए। विपक्ष तथा पत्र–पत्रिकाओं द्वारा चुनाव प्रक्रिया में हेरा–फेरी किए जाने की शिकायतें की गई थीं।

प्रश्न 2. बांग्लादेश में सैनिक शासन का नागरिकीकरण किस प्रकार हुआ?

उत्तर – सितम्बर, 1978 में, जिया ने अंततः बांग्लादेश नेशनलिस्ट पार्टी की शुरूआत की, जिसमें जागोदल तथा जातीयवादी मोर्चे के विभिन्न घटक शामिल थे। इस तरह अनेक अस्तित्वान पार्टियाँ कमजोर हो गई। इसी बीच आवामी लीग में विभाजन हो गया–बकसल दृष्टिकोण को खारिज करने वाले गुट ने पार्टी छोड़ दी।

नवम्बर, 1978 में होने जा रहे संसदीय चुनावों को स्थगित करना पड़ा क्योंकि विपक्षी दलों ने, मार्शल–लॉ की मौजूदगी में उनमें भाग लेने से इंकार कर दिया था। किन्तु अंत में जिया के इस आश्वासन के बाद कि संसद 'प्रभुसत्ता संपन्न' होगी, फरवरी, 1979 में हुए चुनावों में 31 पार्टियों ने भाग लिया।

चुनावों में व्यापक तौर पर जनता ने कोई रूचि नहीं ली। प्रचार का मुख्य मुद्दा था, जिया निजाम को जारी रखा जाए अथवा नहीं। इसमें बांग्लादेश नेशनलिस्ट पार्टी ने आवामी लीग के नकारात्मक पहलुओं पर और अधिक बल दिया और आवामी लीग–बकसल गठबंधन के सत्ता में वापस आने की स्थिति में, जनता को उसके परिणामों के प्रति आगाह किया। आवामी लीग तथा अन्य विपक्षी पार्टियों ने इस बात को उजागर किया कि जिया का शासन एक सैन्य निजाम है और बांग्लादेश को संसदीय जनतंत्र में वापस लौट आना चाहिए। बांग्लादेश नेशनलिस्ट पार्टी ने आवामी लीग तथा उसकी समीपवर्ती पार्टियों की मध्य से वाम की तरफ झुकी हुई छवि के विरूद्ध अपनी मध्यस्थ छवि के दावे पर जोर दिया। स्वाभाविक तौर पर बी.एन.पी. के अभियान का निशाना धनी किसान, उदीयमान बुर्जुआ वर्ग तथा शहरी मध्यम वर्ग थे जो कि आवामी लीग बकसल शासन में अपने भविष्य को लेकर चिंतित थे।

विपक्ष में फूट थी। इसलिए दमनकारी उपायों तथा मुद्रास्फीति, विदेशी सहायता पर अत्यधिक निर्भरता इत्यादि को रोक पाने में विफलता के लिए सैनिक शासन की आलोचना करते हुए, वे स्वयं एक दूसरे की आलोचना भी कर रहे थे, और इस तरह विपक्ष की धार को कुंद बना रहे थे। आवामी लीग, खासतौर पर, राज्य के चार नीति निर्देशक सिद्धान्तों में संशोधन किए जाने की आलोचना कर रही थी। आवामी लीग तथा जे.एस.डी. दोनों ने 1971 में पाकिस्तानी सेना से सांठगांठ करने वाले तत्त्वों को संरक्षण देने के और इस प्रकार से स्वतंत्रता के दुश्मनों का पुनर्वास करने के लिए, जिया को दोषी ठहराया। उन्होंने जिया की विदेश नीति की भी 'साम्राज्यवादी शक्तियों' की तरफ झुक जाने के लिए आलोचना की।

मार्शल–लॉ के तहत कराये गये चुनावों में राष्ट्रपति जियाउर्रहमान के नेतृत्त्व में बांग्लादेश नेशनलिस्ट पार्टी ने आसानी से बहुमत सीटों पर विजय प्राप्त कर ली। उसने जातीय संसद की 207 सीटें जीत लीं। बहुमत के इस समर्थन के साथ जियाउर्रहमान पाँचवें संविधान संशोधन को आसानी के साथ संसद से स्वीकृत करा लेने में सफल रहा। पाँचवें संशोधन के तहत, मार्शल लॉ ऐलोनों के जरिए अगस्त, 1975 से किये गये सभी परिवर्तन (बुनियादी सिद्धांतों समेत) शामिल थे। मार्शल–लॉ तभी उठाया गया जब एक बंधक संसद द्वारा बुनियादी परिवर्तनों को संस्थागत बना दिया गया। इस तरह बांग्लादेश की शासन व्यवस्था का नागरिकीकरण किया गया। हालाँकि, एक राजनैतिक पार्टी के रूप में बी.एन.पी. संगठनिक दृष्टि से अब भी कमजोर थी, और पूरे तौर पर जिया की व्यक्तिगत छवि पर निर्भर थी। इस तरह सत्ता पुनः एक व्यक्ति के हाथों में केन्द्रित की गई। इसके अलावा, सरकारी पार्टी होने के नाते बी.एन.पी. ने युवा कम्पलैक्स, स्वनिर्भर ग्राम सरकार आदि, जैसे सरकार–समर्थक संगठनों का निर्माण करने के लिए शक्ति एवं कोष का खुलकर इस्तेमाल किया। व्यवस्था में व्यापक स्तर पर हिंसा की शुरूआत की गई। खासतौर पर छात्र–राजनीति में बड़ी चालाकी के साथ जियाउर्रहमान ने असैनिक राजनीतिक विरोधियों तथा सेना के भीतर के अपने विरोधियों का दमन किया। किन्तु अंत में सैन्य बलों के भीतर से पैदा हुए खतरे ने उसे

पराजित कर दिया। मई, 1981 में जब वह दक्षिण–पश्चिम बांग्लादेश में चटगाँव का दौरा कर रहा था, तब उसकी हत्या कर दी गई। उसके 'नागरिकीकरण' एवं 'जनतंत्रीकरण' की निरर्थकता तथा नागरिक सैनिक रिश्ते की प्रीटोरियन प्रकृति कुछ ही समय पश्चात् उभर कर सामने आ गई। हालाँकि एक असैनिक उपराष्ट्रपति ने सत्ता संभाली और संवैधानिक रूप से उपबंधित 6 माह की अवधि के भीतर इसे राष्ट्रपति के पद पर पदोन्नत करने के लिए चुनाव भी कराये गये।

प्रश्न 3. बांग्लादेश में जनरल एच.एन. इरशाद के शासन काल पर टिप्पणी कीजिए।

उत्तर – बांग्लादेश में जब इरशाद ने सत्तार को हटाकर सत्ता अपने हाथ में ले ली तो इस शासन का देश में व्यापक विरोध प्रारम्भ हो गया। शुरू में इरशाद ने अपने शासन को लोकप्रिय बनाने के लिए कुछ कदम उठाये, लेकिन उन्हें सफलता प्राप्त नहीं हुई। इरशाद के विरोध में सभी विपक्षी पार्टियाँ एकजुट हो गई जिसे समाज के सभी तबके, छात्रों, नौकरशाहों, बुद्धिजीवियों का समर्थन प्राप्त था। विरोधियों को अपने विरूद्ध चलाए गए आन्दोलन की गंभीरता को देखते हुए इरशाद ने विपक्षी दलों को बातचीत के लिए आमंत्रित किया। विपक्षी दलों ने इरशाद के साथ बातचीत करने के लिए पाँच मांगे रखीं, जो इस प्रकार थीं – **(1)** सैनिक शासन की समाप्ति, **(2)** मौलिक अधिकारों की बहाली, **(3)** संसदीय चुनाव की माँग, **(4)** राजनीतिक कैदियों की रिहाई तथा **(5)** छात्रों पर किए गए पुलिस अत्याचार के लिए जिम्मेदार व्यक्तियों पर कार्रवाई। इसके बाद जनरल इरशाद अपने सैनिक तानाशाही सरकार को नागरिक सरकार का जामा पहनाने में जुट गए। दिसम्बर 1983 में इरशाद ने राष्ट्रपति का पद प्राप्त कर लिया। राष्ट्रपति बनने के बाद निचले शासन पर अपनी पकड़ मजबूत करने के उद्देश्य से इरशाद ने स्थानीय निकायों के चुनाव की घोषणा की। सरकार ने विपक्षी दलों के नेताओं तथा कार्यकत्ताओं को भी दबाने की कोशिश की। इनमें से कइयों को गिरफ्तार कर लिया गया। अप्रैल 1985 में इरशाद ने संसदीय चुनाव कराने की भी घोषणा कर दी। संसदीय चुनाव की घोषणा के बावजूद सैनिक शासन की समाप्ति नहीं हुई। सिर्फ चुनाव को ध्यान में रखते हुए कुछ राजनीतिक कैदियों की रिहाई हुई तथा सैनिक न्यायालयों को भंग कर दिया गया। सैनिक शासन के अंतर्गत चुनाव होते देख राजनीतिक दलों ने चुनाव के बहिष्कार का फैसला किया। राजनीतिक दलों के विरोधी तेवर देखते हुए हसीना वाजेद और खालिद जिया को गिरफ्तार कर सैनिक शासन को और भी कठोर बना दिया गया।

विपक्षी दलों के विरोध के बावजूद इरशाद ने 'नागरिकीकरण' की प्रक्रिया को जारी रखा। जनता का विश्वास प्राप्त करने के लिए जनमत संग्रह कराया गया। विपक्ष ने जनमत संग्रह का बहिष्कार किया। जनमत संग्रह में इरशाद को 94.10 मत मिले। इसके बाद विपक्ष के हिंसक विरोध के बावजूद इरशाद ने स्थानीय निकायों का चुनाव कराया जिसमें इरशाद की पार्टी को 151 सीटों पर जीत प्राप्त हुई। 1986 में इरशाद द्वारा सैनिक शासन के कुछ प्रतिबंधों में ढील दिए जाने के कारण आवामी लीग और सात अन्य छोटी–मोटी पार्टियाँ संसदीय चुनावों में हिस्सा लेने के लिए तैयार हो गईं। लेकिन बी.एन.पी. ने इस चुनाव का बहिष्कार किया। संसदीय चुनावों में की गई व्यापक धांधली के कारण इरशाद की पार्टी को संसद में बहुमत प्राप्त हो गया। संसद में बहुमत प्राप्त करने के बाद इरशाद ने राष्ट्रपति चुनाव

की तैयारी शुरू कर दी। उन्होंने सेनाध्यक्ष के पद से त्यागपत्र दे दिया। लेकिन सेना का कमांडर इन चीफ अभी भी वही था। इरशाद औपचारिक रूप से जातीय पार्टी के अध्यक्ष बन गए। विपक्ष ने उनके इस चुनाव का भी विरोध किया लेकिन इरशाद यह चुनाव भी जीत गये। इस तरह अब इरशाद ने नागरिक सरकार और सैनिक संगठन पर पूर्ण नियंत्रण स्थापित कर लिया। इसके पश्चात् इरशाद ने संविधान में सातवाँ संशोधन कर दिया। इरशाद ने देश में सैनिक शासन समाप्त कर संविधान की पुनर्स्थापना की। लाख विरोधों के बावजूद विपक्ष इरशाद को सत्ता से पदच्युत नहीं कर सका। विपक्ष की विफलता का सबसे बड़ा कारण यह था कि विपक्ष के बीच एकजुटता की कमी थी।

इरशाद के विपक्षी दो प्रमुख गठबंधनों के बीच 1987 में फिर से नए सिरे से सहयोग की शुरूआत हुई। विपक्षी दलों के एकजुट होने के दो प्रमुख कारण थे। पहला कारण था सैनिक कार्मिकों के परिवार के गैर–मतदाता सदस्य के रूप में परिषद् के कार्यकलापों में हिस्सा लेने के लिए इरशाद के द्वारा जिला परिषद् संशोधन बिल लाने की योजना और दूसरा कारण था भारी बाढ़ से प्रभावित लोगों की समस्याएँ दूर करने में सरकार की असफलता। विरोधी दलों का दबाव इतना बढ़ गया कि देश में राजनीतिक संकट उत्पन्न हो गया और बाध्य होकर इरशाद को संसद भंग कर देनी पड़ी तथा मौलिक अधिकारों को भी समाप्त करना पड़ा। संसदीय चुनावों में इरशाद की पार्टी को स्पष्ट बहुमत मिल गया। देश में स्थानीय निकायों के भी चुनाव हुए। इरशाद ने संविधान में आठवाँ संशोधन कर इस्लाम को राज्य धर्म घोषित कर दिया। लेकिन अन्य धर्मों के अनुयायियों को अपना–अपना धर्म मानने की छूट थी। इसी बीच छात्रों ने इरशाद की सर्वप्रभुसम्पन्नता के विरूद्ध लोकतंत्र की पुनर्स्थापना के लिए आन्दोलन शुरू कर दिया। छात्रों का विरोध प्रदर्शन हिंसात्मक हो गया। स्थिति की गंभीरता को देखते हुए इरशाद ने संसदीय चुनावों पर बातचीत के लिए विपक्षी दलों को यह संयुक्त वक्तव्य देने के लिए तैयार किया कि वे इरशाद के तत्त्वाधान में होने वाले किसी भी चुनाव में तब तक हिस्सा नहीं लेंगे जब तक कि अंतरिम केयरटेकर सरकार को चलाने के लिए विपक्षी गठबंधनों को स्वीकार्य उपराष्ट्रपति नियुक्त नहीं किया जाता तथा पुनर्गठित चुनाव आयोग की निगरानी में तीन महीने के अंदर संसद के निष्पक्ष चुनाव नहीं कराए जाते।

इरशाद के शासनकाल में सरकारी दमनकारी नीतियों विरोध में विपक्षी दलों का आन्दोलन और तीव्र हो गया। विरोध प्रदर्शन पर काबू पाने के लिए सरकार द्वारा बरती गई सख्ती के कारण 3 प्रदर्शनकारियों की मृत्यु हो गई। प्रदर्शनकारियों की मौत के विरोध में विपक्षी दलों ने 28 नवम्बर, 1990 के दिन पूरे देश में हड़ताल की घोषणा की। इस हड़ताल को सरकारी कर्मचारियों का भी समर्थन प्राप्त था। आन्दोलनकारियों ने इरशाद से त्यागपत्र की माँग की। दूसरी तरफ इरशाद ने भी अपने विरोधियों को दबाने के लिए सख्ती से पेश आते हुए इमरजेंसी की घोषणा की तथा प्रेस सेंसरशिप लागू कर दी। जब इरशाद आन्दोलन को दबाने में सफल नहीं हुए तब उन्होंने इस सूत्री प्रस्ताव की घोषणा की। विपक्ष ने इरशाद के बातचीत के प्रस्ताव को नामंजूर कर दिया। अन्ततः बाध्य होकर इरशाद को विधानसभा चुनावों की घोषणा करते हुए इस्तीफा देना पड़ा। उसने उपराष्ट्रपति के हाथों में सत्ता सौंप दी। समझौते के अनुसार उपराष्ट्रपति को 19 नवम्बर, 1990 के दिन पुनर्स्थापित प्रभुसत्ता सम्पन्न संसद को सत्ता सौंपनी थी लेकिन बी.एन.पी. नेता तथा प्रधानमंत्री पद की दावेदार खालिदा जिया को

यह बात मंजूर नहीं थी। उनका मानना था कि सत्रासीन संसद ही देश के लिए उपयुक्त है और इसी के द्वारा प्रणालीबद्ध परिवर्तन लाया जा सकता है। इसके लिए बी.एन.पी. के संविधान में भी संशोधन करना होता है और इससे राष्ट्रपति प्रणाली को ही फायदा पहुँचता। 1991 में हुए आम चुनावों में बेगम खालिदा जिया को विजय प्राप्त हुई।

खालिदा जिया को भी अपने शासनकाल में अनेकों परेशानियों का सामना करना पड़ा। वे भी चैन से अपने शासन का संचालन नहीं कर सकीं। उन्हें भी लगातार विपक्ष के विरोध का सामना करना पड़ा। आवामी लीग तथा पूर्व सैनिक तानाशाह जनरल इरशाद के जातीय दल द्वारा निरन्तर धरना, प्रदर्शन और हड़ताल का सिलसिला जारी था। दूसरी तरफ खालिदा जमायत–ए–इस्लामी के बढ़ते हुए मुस्लिम रूढ़िवाद से परेशान थीं। 1995 में देश में जब राजनीतिक अस्थिरता बहुत बढ़ गई तब बाध्य होकर खालिदा जिया ने फरवरी 1996 में आम चुनाव कराने की घोषणा की। चुनावी प्रक्रिया के पर्यवेक्षण के लिए निष्पक्ष प्रशासन उपलब्ध कराने में सरकार विफल रही जिसके कारण आवामी लीग की नेता शेख हसीना तथा विपक्षी दलों और नेताओं की आलोचना का शिकार सरकार को होना पड़ा। आवामी लीग तथा अन्य दलों के द्वारा चुनाव का बहिष्कार करने के कारण चुनाव का कोई खास मतलब नहीं रह गया। चुनाव में सिर्फ 19 प्रतिशत मतदाताओं ने ही हिस्सा लिया। इन घटनाओं के बावजूद राष्ट्रपति जिया अपने पद पर कायम रहीं। इसी बीच सीमा विवाद के कारण भारत और बर्मा के साथ बांग्लादेश के सम्बन्ध बिगड़ गए।

उपचुनावों में हुए भ्रष्टाचार और धांधली के विरोध में विपक्षी दलों ने विधानसभा का बहिष्कार करना शुरू किया। खालिदा जिया ने विपक्ष की इन विरोधी कार्यवाहियों की पूर्णतः अनदेखी कर दी। धीरे–धीरे प्रशासन में राजनीतिक असंतोष की भावना बढ़ती चली। प्रशासन का कामकाज भी अच्छी तरह से नहीं चल रहा था। विपक्ष का दबाव इतना बढ़ गया कि अन्त में बाध्य होकर खालिदा जिया को नए चुनाव कराने के लिए निष्पक्ष सरकार के गठन के लिए तैयार होना पड़ा। इस चुनाव में आवामी लीग को 147 सीटें मिलीं। इसके पश्चात् जातीय पार्टी और जमायत–ए–इस्लामी ने मिलकर सरकार बनाई। भ्रष्टाचार और तानाशाही शासन के आरोप के बावजूद खालिदा जिया की पार्टी बी.एन.पी. को इस चुनाव में 116 सीटों पर जीत हासिल हुई।

प्रश्न 4. बांग्लादेश में लोकतंत्र की पुर्नस्थापना पर टिप्पणी कीजिए।

उत्तर – इरशाद ने जनता की जनतांत्रिक आकांक्षाओं की तरफ उस समय तक कोई ध्यान नहीं दिया जब तक कि 27 नवम्बर, 1990 की स्थिति बिगड़ नहीं गयी, जबकि विपक्षी प्रदर्शनों के दौरान की गई हत्याओं से उत्तेजित होकर, तीन विपक्षी गठबंधनों ने अगले दिन ढाका में तथा 4 दिसम्बर, 1990 को समूचे देश में काम बंद हड़ताल का ऐलान कर दिया। उसी दिन, उसने विपक्ष के साथ बातचीत के लिए एक 10 सूत्रीय प्रस्ताव रखा जिसे तुरन्त अस्वीकार कर दिया गया। जीवन के सभी क्षेत्रों से नागरिक अधिकारियों समेत जनता सड़क पर उतर आई और जनरल इरशाद को गद्दी छोड़ने पर बाध्य कर दिया। विपक्ष की इच्छा के अनुरूप मुख्य न्यायाधीश को उपराष्ट्रपति बनाया गया। राष्ट्रपति इरशाद ने संसद भंग कर दी तथा नये उपराष्ट्रपति को पदभार हस्तांतरित कर दिया।

इससे मिलती–जुलती परिस्थिति में ही 1969 में फील्ड मार्शल अयूब खां को गद्दी छोड़नी पड़ी थी किन्तु उसने सत्ता सेना को हस्तांतरित की थी जबकि इरशाद से नागरिक सत्ता–संरचना ने सत्ता हासिल की। सेना द्वारा सत्ता पर कब्जा कर लेने के अटकलें भी लगाए जा रहे थे किन्तु सेना ने विपक्ष की मांगों का खुला समर्थन नहीं किया वह उदासीन अवश्य बनी रही। तत्पश्चात्, राजसत्ता से हाथ धो बैठने के बाद इरशाद को गैर लाइसेन्सी हथियार रखने के जुर्म में गिरफ्तार कर लिया गया और बाद में उस पर भ्रष्टाचार के अन्य आरोप भी लगे।

फरवरी, 1991 में संसदी चुनाव हुए। यह उस षड्यंत्रकारी व्यवस्था के अंत का सूचक था जो अधिनायकवादी शासन का खुला हथियार बन गई थी।

इस निष्कर्ष को त्याग दिया गया था कि राजसत्ता का हस्तांतरण केवल प्रभुसत्ता संपन्न संसद को किया जाएगा, जिसमें संसदीय जनतंत्र की बहाली निहित थी। किन्तु फिर भी चुनाव प्रचार के समय बी.एन.पी. और उसके सहयोगी जियाउर्रहमान व इरशाद इन दोनों जनरलों द्वारा चलाए गए इस्लामी प्रावधानों सहित राष्ट्रपति प्रणाली को जारी रखे जाने की वकालत कर रहे थे। आवामी लीग ने संसदीय स्वरूप का पक्ष लिया तथा इरशाद की जातीय पार्टी ने राष्ट्रपति–संसद तथा निचले स्तरों पर अन्य प्रतिनिधि निकायों के बीच सत्ता के संतुलन सहित जनतांत्रिक प्रणाली का पक्ष लिया। जमायत–ए–इस्लामी ने भी संसदीय स्वरूप को प्राथमिकता दी, किन्तु एक इस्लामी राज्य के तहत ही।

सामाजिक–आर्थिक दृष्टि से बी.एन.पी. ने अपने घोषणापत्र को जिया के 19 सूत्रों पर आधारित रखा। आवामी लीग ने बदले हुए रूख के साथ विकेन्द्रीकरण पर जोर नहीं दिया। इसने पुनः कहा कि विश्व भर में समाजवाद के बदलते बोध को देखते हुए, यह समाजवादी आर्थिक उपायों का आह्वान नहीं करेगी, और यद्यपि वह राजनीति में धर्म का इस्तेमाल करने के विरूद्ध थी, फिर भी उसने एक बहुदलीय जनतंत्र में अपनी विचारधारा को प्रकट करने के लिए पार्टियों के अधिकार का सम्मान करने का वायदा किया।

चुनावों में बी.एन.पी. ने करीब 38 प्रतिशत मत प्राप्त करके साधारण बहुमत से विजय प्राप्त की। आवामी लीग ने भी 38 प्रतिशत वोट प्राप्त किए किन्तु संसद में उसे अपेक्षाकृत कम सीटें हासिल हो सकीं। इरशाद की जातीय पार्टी तीसरे नम्बर पर थी। उसने स्वयं भी एक विशेष कारागार में बंदी रहते हुए चुनाव लड़कर अपने गृह–जिले, रंगपुर में अनेक निर्वाचन क्षेत्रों से विजय प्राप्त की। बी.एन.पी. ने जमायत–ए–इस्लामी के समर्थन से सरकार बनाई।

इरशाद के हट जाने और चुनाव हो जाने के बाद, राजनैतिक माहौल पुनः प्रमुख गठबंधन गुटों के बीच बुनियादी मतभेदों की वजह से दूषित होने लगा। 19 नवम्बर, 1990 के समझौते के अनुसार उपराष्ट्रपति (कार्यवाहक राष्ट्रपति) द्वारा प्रभुसत्ता संपन्न संसद को सत्ता सौंपी जानी थी, किन्तु बी.एन.पी. की अध्यक्ष बेगम खालिदा जिया, जिन्हें प्रधानमंत्री भी नियुक्त किया गया था, ने कहा कि व्यवस्थित बदलाव के बारे में केवल एक सत्रासीन संसद ही निर्णय ले सकती है। इसके अलावा, औपचारिक रूप से इसके लिए बी.एन.पी. के संविधान में भी संशोधन किए जाने की जरूरत थी, जो कि राष्ट्रपति प्रणाली का पक्ष लिए हुए थी। कारण कुछ भी रहा हो, ऐसा लगा मानो बेगम खालिदा जिया टालमटोल की नीति अपना रही हों बांग्लादेश में एक दोहरी प्रणाली जारी रही। इसमें एक औपचारिक कार्यपालक राष्ट्रपति प्रणाली के तहत एक प्रधानमंत्री (कार्यवाहक राष्ट्रपति के आशीर्वाद से) सरकार के कार्यकारी प्रमुख की हैसियत

से काम करता रहा। विपक्ष के कुछ सदस्यों ने इंगित किया कि एक संसदीय प्रणाली में प्रधानमंत्री बिना किसी संवैधानिक मंजूरी के प्रधानमंत्री की शक्तियों का उपयोग कर रही है जबकि मौजूदा प्रणाली के तहत राष्ट्रपति राज्य एवं सरकार दोनों का प्रमुख हैं, और यह स्थिति लम्बे समय तक नहीं चल सकती। बी.एन.पी. ने शुरू में राष्ट्रपति प्रणाली के मूल ढाँचे में कोई परिवर्तन किए बिना प्रधानमंत्री को अधिक शक्तियाँ दिए जाने का सुझाव रखा। हालाँकि, संसद के सचिवालय में, प्रणाली में परिवर्तन के लिए 12 संशोधन विधेयक पेश किए गए थे।

इसके अलावा कार्यवाहक राष्ट्रपति भी अपने न्यायिक पद पर वापस लौटने के इच्छुक थे। उन्होंने परिवर्तन के लिए आवश्यक संवैधानिक प्रक्रिया को तेजी से पूरा करने की अपील की और जोर देकर कहा हालाँकि 19 नवम्बर के समझौते की कोई संवैधानिक वैधता नहीं है, किन्तु जनता से वायदे किए गए थे, और उनकी कीमत संविधान से कम नहीं है क्योंकि संविधान जनता की इच्छा का ही प्रतिनिधित्व करता है। उन्होंने यह भी याद दिलाया कि मौजूदा व्यवस्था में उनके पास संपूर्ण शक्तियाँ होने के बावजूद, उन्होंने उनका प्रयोग नहीं किया है और जनतांत्रिक संचालन के उद्देश्य के लिए प्रधानमंत्री को काफी ढील दे रखी है – जो कि एक तरह की दोहरी शासन व्यवस्था जैसी लग सकती है और वह इसका अंत करना चाहते हैं। परिवर्तन की प्रक्रिया के लिए संवैधानिक आवश्यकताएँ ये थीं : मुख्य न्यायाधीश श्री शहाबुद्दीन अहमद की उपराष्ट्रपति के रूप में नियुक्ति का अनुमोदन एवं पुष्टि करने के लिए एक विधेयक, तथा राष्ट्रपति प्रणाली से संसदीय प्रणाली में परिवर्तन के लिए एक अन्य विधेयक जिसका अनुसमर्थन पुनः जनमत संग्रह द्वारा कराया जाना था। इस तरह जुलाई, 1991 में, संशोधन विधेयक की बारीकियों का अध्ययन करने तथा जातीय संसद के समक्ष, यदि इसे आगे न बढ़ाया जाये तो 21 जुलाई तक एक रिपोर्ट प्रस्तुत करने के लिए कानून एवं न्याय मंत्री की अध्यक्षता में एक संसदीय सलैक्ट समिति बनाई गई। समिति को 7 प्रस्तावित विधेयकों की छानबीन करनी थी जो कि संसदीय सचिवालय के समक्ष प्रस्तुत किए गए थे। छानबीन के बाद, 2 जुलाई 1991 को, कानून एवं न्याय मंत्री द्वारा दो संशोधन विधेयक (ग्यारहवां एवं बारहवां) संसद में प्रस्तुत किए गए और 7 अगस्त, 1991 को उन्हें सर्वसम्मिति से पारित कर दिया गया।

इन दोनों संशोधन विधेयकों के उद्देश्यों तथा कारणों के विवरण में दर्ज किए गए वक्तव्य यह है कि वर्तमान संसद एक निरंतर तथा तीव्र जन आंदोलन का परिणाम है जो कि एक गैर–कानूनी एवं अधिनायकवादी निजाम के खिलाफ जनता के खून से सींचा गया था; इस आंदोलन में आम जनता ने मुख्य राजनैतिक गठबंधनों, पार्टियों की अपनी संबद्धताओं से ऊपर उठकर, सभी कर्मचारियों व संगठनों, विचारों एवं शिक्षकों तथा विद्यार्थियों ने पूरी तरह भाग लिया था और इसे एक जन उभार की अंतिम अवस्था तक रूपांतरित कर दिया था और इसलिए इस संसद के सदस्यों का यह राष्ट्रीय दायित्व है कि वे जनतंत्र को एक संस्थागत ढांचा प्रदान करें।

संवैधानिक आवश्यकताओं के अनुरूप, 12वें संशोधन को, जो कि राष्ट्रपति प्रणाली से संसदीय प्रणाली में प्रवेश करने की परिकल्पना पेश करता था, जनमत संग्रह के लिए पेश किया गया, जो कि 15 सितम्बर 1991 को हुआ, जिसमें 35 प्रतिशत मतदाताओं ने

अपना मत दिया। मतदाताओं के विशाल बहुमत ने परिवर्तन का समर्थन किया। 19 सितम्बर, 1991 को संशोधित संविधान के तहत मंत्रिमंडल ने दोबारा से शपथ ग्रहण की।

12वें संशोधन द्वारा लाये गए बुनियादी बदलाव निम्नलिखित हैं :

राष्ट्रपति राज्य का औपचारिक प्रमुख होगा, उसका चुनाव ससंद द्वारा किया जाएगा, प्रधान मंत्री मुख्य कार्यपाल होगा;

मंत्रिमंडल संयुक्त रूप से संसद के प्रति जवाबदेह होगा;

संसद में अपनी पार्टी के नेता की अवमानना करने वाले सांसदों की सदस्यता समाप्त हो जाएगी;

राष्ट्रपति, प्रधानमंत्री की सलाह पर काम करेगा;

संसद के अधिवेशन बुलाने, उन्हें आगे बढ़ाने तथा संसद को भंग किए जाने के लिए लिखित मंजूरी लेना जरूरी होगा। हालाँकि, संसद को भंग करने से पहले राष्ट्रपति यह निश्चित करने के लिए स्वतंत्र होगा कि क्या कोई अन्य व्यक्ति प्रधानमंत्री बनने के लिए सांसदों के बहुमत का समर्थन प्राप्त किए हुए हैं :

संविधान की प्रस्तावना तथा धारा 8 तथा 48 में संशोधन करने के लिए जनमत संग्रह कराना होगा;

संसद के सत्रों के बीच 60 दिन से अधिक अंतर नहीं होना चाहिए;

राष्ट्रपति सुरक्षा से संबंधित संधि को संसद के गोपनीय सत्र के समक्ष पेश किया जाना चाहिए; तथा

गैर–सांसदों के बीच से मंत्रियों के दसवां हिस्से की नियुक्ति की जा सकती है।

प्रश्न 5. बांग्लादेश की राजनीति में नौकरशाही तथा सेना की भूमिका का वर्णन करो।

[Dec-08, Q.No.-6]

उत्तर – स्वतंत्रता के बाद सिविल सेवा के जो सदस्य हुए वे सभी भारतीय सिविल सेवा की परम्परा तथा क्षमता से प्रभावित थे। समाज के अन्य संस्थानों की तुलना में अधिक विकसित होने के कारण नौकरशाही सामाजिक–राजनीतिक प्रणाली के कण–कण में समा गई। बांग्लादेश सिविल सेवा राष्ट्र के सबसे प्रभावी नागरिक समूह के रूप में उभर कर सामने आई।

आरंभिक वर्षों में राजनीतिक गलियारों में नौकरशाही को शंका की दृष्टि से देखा गया। देश भर में सिविल सेवा अधिकारियों पर लोकतंत्र के मार्ग में बाधा डालने तथा सैनिक शासन में अपनी सहयोगपूर्ण भूमिका सहित स्वतंत्रता से पूर्व देश पर आई मुसीबतों का आरोप लगाते हुए उन पर प्रतिबंध लगा दिए गए। आवामी लीग ने तो नौकरशाही के किसी विशेष दल या यहाँ तक कि व्यक्ति को सरेआम फटकार लगाई ताकि उन्हें जनता के सामने नीचा दिखाया जा सके। इसका परिणाम यह हुआ कि राष्ट्रीय विकास के महत्त्वपूर्ण चरण के दौरान व्यावसायिक अधिकारियों की सेवाएँ पूर्ण रूप से नहीं ली जा सकीं।

सैनिक शासन के ऊपर सार्वजनिक प्रशासन को दिशा देने का दायित्व था। 1977 में संरक्षण पर आधारित नियुक्ति प्रणाली में परिवर्तन लाकर योग्यता तथा समानता पर बल दिया गया। नियुक्ति की खुली प्रतियोगी प्रणाली से योग्य युवा नौकरशाही में शामिल हुए। जिया ने सिविल

सेवा अधिकारियों को विकास संबंधी प्रशासन के सिद्धांतों और प्रक्रियाओं से अवगत कराने के लिए नई प्रशिक्षण परिकल्पनाएँ भी आरम्भ कीं।

इरशाद के शासनकाल में देश की नौकरशाही व्यवस्था में परिवर्तन लाए गए, विशेषकर विकेन्द्रीकरण तथा विकास पर बल दिया गया। पुराने उच्च वर्ग के पास इकट्ठी हो गई शक्तियों को कम करने तथा समृद्ध, शहरी परिवारों के उम्मीदवारों को प्राथमिकता दिए जाने संबंधी पक्षपातपूर्ण रवैये में कमी लाने के लिए नियुक्ति प्रणाली में संशोधन लाए गए परन्तु इन परिवर्तनों को नौकरशाही का सैनिकीकरण करने तथा गाँव के स्तर पर सेना की स्थिति मजबूत करने के प्रयासों के रूप में देखा गया।

सामान्य रूप में विभिन्न राजनीतिक शासन कालों के दौरान सुधारों के लिए उठाए गए कदम अपर्याप्त तथा संकीर्ण प्रकृति के थे। प्रशासनिक प्रणाली के आधारभूत ढाँचे पर इनका कोई प्रभाव नहीं पड़ा।

प्रश्न 6. बांग्लादेश की जनसंख्या, धर्म तथा जातीयता की विशेषताएँ बताइए।

[Dec-07, Q.No.-8]

उत्तर – बांग्लादेश का उदय एशिया के मानचित्र पर 16 दिसम्बर, 1971 ई. को हुआ। पहले यह पाकिस्तान का अंग था, अब यह एक स्वतंत्र संप्रभु गणराज्य है। इसकी सीमाएँ भारत के पूर्वी राज्यों त्रिपुरा, मिजोरम, पश्चिमी बंगाल और मेघालय से मिलती हैं। बांग्लादेश का क्षेत्रफल 1,44,220 वर्ग किलोमीटर है। सन् 1988 की जनगणना के अनुसार इस देश की आबादी 10 करोड़ 66 लाख थी। यहाँ जनसंख्या का घनत्व 590 व्यक्ति प्रति वर्ग किलोमीटर है। क्षेत्रफल की दृष्टि से यह विश्व का 98वां देश है। भारत की भाँति यह भी एक कृषि प्रधान देश है। इस देश का विस्तार $20°30'30$ अक्षांश से $26°45'50$ अक्षांश तक तथा $88°$ पूर्वी देशान्तर से $92°50'$ पूर्वी देशान्तरों के मध्य है। बांग्लादेश का अधिकांश धरातल समुद्री सतह से 30 मीटर ऊँचा है। इस देश की समुद्री सीमा 4,772 किलोमीटर है। बांग्लादेश की राजधानी ढाका है।

जनसंख्या – कृषि प्रधान देश होने के कारण देश की 73 प्रतिशत जनसंख्या कृषि कार्यों में लगी है। देश के 85 प्रतिशत क्षेत्रफल पर कृषि की जाती है। प्रमुख फसलों में चाय, गन्ना, चावल, जूट तथा तम्बाकू आदि हैं। जूट बांग्लादेश की प्रमुख मुद्रादायिनी फसल है। बांग्लादेश विश्व का सबसे बड़ा जूट उत्पादक देश है जिसका 90 प्रतिशत विदेशों को निर्यात कर दिया जाता है। चावल भी इस देश की प्रमुख फसल है जो कि देश के 26.2 मिलियन भूमि पर बोया जाता है। आज बांग्लादेश देश में उत्तम कोटि की चाय का उत्पादन किया जाता है। इन फसलों के अतिरिक्त उगाई जाने वाली फसलें – दालें, कटहल, आम, केला और अन्नानास आदि।

धर्म – बांग्लादेश विश्व का सबसे बड़ा मुस्लिम देश है। बांग्लादेश बहुधर्मी राज्य है। इसमें इस्लामी अनुयायी 85 प्रतिशत, हिन्दू 12 प्रतिशत, बौद्ध 1.2 प्रतिशत और इसाई 0.8 प्रतिशत हैं।

मुस्लिम बहुल राज्य होने के बावजूद बांग्लादेश के 1972 के संविधान में धर्मनिरपेक्षता पर बल दिया गया। 1975 में शेख मुजीबुर्रहमान की हत्या के बाद नए शासकों ने देश को

इस्लामीकरण करना आरंभ कर दिया। 1988 में जनरल इरशाद ने संविधान मे एक धारा और शामिल कर दी जिसमें कहा गया था '' गणराज्य का राज्य–धर्म इस्लाम है, परन्तु गणराज्य के लोग शांति तथा सौहार्द से अन्य धर्म भी अपना सकते हैं।'' यद्यपि अल्पसंख्यकों के अधिकार उनसे नहीं छीने गए हैं तथापि बांग्लादेश की राजनीति की प्रकृति में आधारभूत परिवर्तन आए हैं। ऐसे कई धार्मिक संगठनों का उदय हुआ है जिन्होंने सरकार से अभिशासन में इस्लाम के सिद्धांतों को लागू करवाने पर बल दिया है।

जातीयता – बंगाली मूलतः आर्य, द्रविड़ तथा मंगोल प्रजातियों के निरन्तर सम्मिलन के परिणामस्वरूप इन सब प्रजातियों की मिश्रित जाति कहे जा सकते हैं परन्तु सम्मिलन की प्रक्रिया के दौरान उन सभी की विशेष पहचान छूट गई तथा वे केवल बंगाली बन कर उभरे जोकि न केवल बांग्लादेश में अपितु भारत के पश्चिम बंगाल, त्रिपुरा तथा असम के कुछ भागों में बसे हैं। जनसंख्या का 98 प्रतिशत बंगाली है जबकि अन्य अल्पविकसित सीमावर्ती क्षेत्रों में रहने वाले छोटे–छोटे जातीय समूह हैं।

यद्यपि बांग्लादेश में धर्म तथा भाषा की दृष्टि से समरूपता रही है तथापि यह जातीय विरोधों से मुक्त नहीं रहा है। 1946 में कलकता में कत्लेआम के समय लगभग 1.3 मिलियन बंगाली मुस्लिम पाकिस्तान में जाकर बस गए जिनमें से लगभग 700,000 लोग पूर्वी पाकिस्तान में आए। बंगाली समाज के उच्च तबके का वर्चस्व होने के कारण बिहारी जाति के लोगों ने 1971 के गृहयुद्ध के दौरान पाकिस्तानी सेना का साथ दिया जिसके परिणामस्वरूप बांग्लादेश का जन्म हुआ।

चकमा चिट्टगोंग पहाड़ी क्षेत्र में रहने वाला सबसे बड़ा जनजातीय समूह है। सांस्कृतिक, शैक्षिक, आर्थिक तथा राजनीतिक दृष्टि से यह प्रमुख समूह है। 1981 में उनकी जनसंख्या 210,000 अर्थात् कुल जनजातीय जनसंख्या का 48 प्रतिशत आंकी गई थी। ऐतिहासिक दृष्टि से चिट्टगोंग पहाड़ी क्षेत्र के लोग मैदानी लोगों से अलग–थलग रहे हैं। स्वतंत्रता संग्राम के दौरान चकमा लोगों ने पाकिस्तान का समर्थन किया तथा कई लोगों ने अन्य शरणार्थियों के साथ भारत में शरण ली। भारत ने त्रिपुरा तथा मिजोरम में उन्हें आवासीय कैम्प उपलब्ध कराए।

प्रश्न 7. बांग्लादेश की अर्थव्यवस्था तथा आर्थिक नीतियों व विकास पर टिप्पणी लिखिए।

उत्तर – आर्थिक दृष्टि से बांग्लादेश एक पिछड़ा हुआ देश है। यह अविकसित देशों की श्रेणी का देश है अर्थात् इन्हें हम तीसरी दुनिया के देश के नाम से भी जानते हैं। किसी भी देश की आर्थिक संपन्नता वहाँ पर उद्योगों की स्थिति पर निर्भर करता है लेकिन बांग्लादेश में मुख्य उद्योग कृषि पर आधारित है जिनका मशीनीकरण व आधुनिक उद्योग–धन्धों का विकास नहीं हो पाया है। कार्यशील जनसंख्या का 17 प्रतिशत भाग उद्योग–धन्धों में लगा है जो राष्ट्रीय आय का 28.8 प्रतिशत भाग पूरा करता है। 1972 में तीन बड़े उद्योग जूट, सूतीवस्त्र और चीनी का राष्ट्रीयकरण कर दिया गया था तथा अब नवीन उद्योगों की स्थापना की जा रही है। जूट उद्योग बांग्लादेश का नहीं बल्कि विश्व का सबसे बड़ा उद्योग है। इस समय देश में जूट की 29 मिलें स्थापित हो गयी हैं। यहाँ से कुल उत्पादन का 80 प्रतिशत जूट एवं जूट का

सामन निर्यात किया जाता है। अकेले जूट उद्योग में कार्यशील जनसंख्या का 7 प्रतिशत भाग लगा हुआ है तथा राष्ट्रीय आय का 88 प्रतिशत भाग जूट से ही प्राप्त होता है। आर्द्र जलवायु के कारण बांग्लादेश में सूती वस्त्र उद्योग का पर्याप्त विकास हुआ है। चीनी बनाने की देश में 20 मिलें हैं। कागज, सीमेंट, जलयान, लोह इस्पात उद्योग भी यहां की अर्थव्यवस्था के मुख्य व महत्त्वपूर्ण स्तम्भ हैं। बांग्लादेश के औद्योगिक उत्पादन की एक झलक निम्न तालिका में प्रस्तुत है :

बांग्लादेश का औद्योगिक उत्पादन 1989–90

पदार्थ	उत्पादन (मी.टन में)
रासायनिक उवर्रक	16,21,432
जूट	5,28,800
सीमेंट	3,44,000
चीनी	1,83,844
लौह–इस्पात	1,79,015
कांच	13,24,000
अखबारी कागज, कागज	50,466,46,381
सूती धागा	2,78,000 गांठ (बेल्स)
माचिस	15,64,000 माचिस बॉक्स
बिजली के पंखे	1,25,000 इकाई
टेलीविजन	7,944

खनिज पदार्थों के उत्पादन की दृष्टि से बांग्लादेश एक अत्यन्त पिछड़ा राज्य है। यहाँ पर काफी कम मात्रा में कोयले, खनिज तेल, प्राकृतिक गैस चूना पत्थर, चीनी मिट्टी व काँच मिट्टी उल्खनित किये जाते हैं। कोयला का ही सबसे अधिक मात्रा में खनन किया जाता है।

आयात–निर्यात – 1980–90 के आर्थिक सर्वेक्षण के अनुसार बांग्लादेश अपनी आवश्यकताओं की पूर्ति हेतु बहुत से सामान का विदेशों से आयात करता है। इन वस्तुओं में परिवहन यंत्र, लौह इस्पात, खाद्य–सामग्री, पेट्रोलियम, वस्त्र तथा धागे आदि हैं। बांग्लादेश कुछ वस्तुओं को अपने यहाँ से विदेशों को निर्यात करता है इनमें हैं – सिलेसिलाये वस्त्र, कच्चा जूट, चावल, मलमल व जूट से बने सामान। जिन देशों को बांग्लादेश देश निर्यात करता है उनमें यू.एस.ए. (संयुक्त राज्य अमेरिका), जापान, जर्मनी और बेल्जियम प्रमुख हैं।

राजनीति पर प्रभाव – बांग्लादेश का मुक्तियुद्ध इन्हीं सामाजिक, सांस्कृतिक, आर्थिक स्थितियों का परिणाम था।

लै. जनरल जेकब ने अपनी पुस्तक 'सरैन्डर एट ढाका'' में मुक्ति दिवस का ब्यौरा दिया है। वह आत्मसमर्पण कराने की तैयारियों के लिए विमान से ढाका पहुँचे थे। उन्होंने लिखा है, ''मैंने अपनी घड़ी देखी। उसमें 16.55 बजे थे। नियाजी ने अपने स्टार हटाए और अपना .38

रिवाल्वर डोरी से खोला और उसे अरोड़ा को सौंप दिया। उनकी आँखों में आँसू थे। चेहरा मुर्झा गया था। रेसकोर्स में जमा भीड़ ने नियाजी विरोधी और पाकिस्तान विरोधी नारे लगाने तथा अपशब्द कहने शुरू कर दिए। हम नियाजी की सुरक्षा को लेकर चिंतित थे। रेसकोर्स में कोई सैनिक शायद ही हो।

उस घटनाक्रम से पूर्व की स्थतियों से अवगत कराते हुए अप्रैल 1971 में मुजीबुर्रहमान ने बताया था कि पाकिस्तान ने कैसे उन्हें उस स्थिति में धकेला था, जिसमें स्वतंत्र देश, स्वतंत्र बांग्लादेश का आह्वान करने के अलावा उनके समक्ष अन्य कोई विकल्प नहीं रह गया था। बाद में उनके वित्तमंत्री बने ताजुद्दीन ने, जिन्होंने 10 अप्रैल 1971 को बांग्लादेश की निर्वासित सरकार की स्थापना की थी, कहा था कि पश्चिमी पाकिस्तान ने गंभीरता नहीं दर्शाई। ताजुद्दीन ने ही जनरल याहिया खान के प्रमुख स्टाफ अधिकारी ले. जनरल परिजादा के साथ समझौते के लिए वार्ता की थी।

पाकिस्तान के आंतक का दौर इतना भयावह था कि आने वाले समय में अनेक लोगों को यह विश्वास हो नहीं पाएगा कि कभी ऐसा भी कुछ होगा कि जब एक इंसान ने दूसरे के साथ ऐसा वीभत्स बर्ताव किया होगा। पाकिस्तानी सेना उन्मादग्रस्त सी हो गई थी। उसने बन्दूकों, टैंकों और मोर्टारों का इस पाश्विकता व निर्ममता से इस्तेमाल कर एक ऐसे देश में अपने पांव जमाने का प्रयास किया था जो 'जय बांग्ला' का उद्घोष करने के लिए अनेक तन किंतु एक मन की प्रतिमूर्ति बन गया था।

दो पक्ष – बांग्लादेश में जनता दो पक्षों में विभाजित है, उनमें तटस्थ जैसा कोई वर्ग नहीं। जो लोग प्रधानमंत्री शेख हसीना की आवामी लीग पार्टी के साथ नहीं हैं, वे विपक्षी नेता खालिदा जिया की बांग्लादेश नेशनलिस्ट पार्टी के पद में हैं। दोनों के बीच विभाजन इतना गहरा है कि पारस्परिक समझबूझ तो दूर बातचीत तक नहीं होती।

राष्ट्रपति शहाबुद्दीन समेत अनेक लोगों ने इस दिशा में प्रयास करके परेशानी झेली हैं।

किंतु यह निष्कर्ष निकाल लेना, मामले का सरलीकरण ही होगा कि दोनों महिलाओं में व्यक्तिगत घृणा ही वह कारण है, जो उन्हें एक–दूसरे से पृथक् किये हुए है। यह सही है कि दोनों के बीच स्नेह भाव का अभाव है किन्तु वे अलग–अलग वैचारिक दर्शन, चिंतन और कार्यदिशा की अनुगामिनी है और वहाँ जो भी मसले उभरते हैं, उनमें भारत को भी लपेट लिया जाता है।

आवामी लीग – आवामी लीग की स्थापना बांग्लादेश के जनक शेख मुजीबुर्रहमान ने की थी और पाकिस्तान के खिलाफ छेड़े मुक्ति संघर्ष में वह अग्रिम मोर्चे पर थे। यह पार्टी इस्लामी सिद्धान्तों की अनुगामी है, किन्तु अपने कार्यकाल में वह धर्मनिरपेक्ष है। इससे भी बढ़कर यह कि इस पार्टी में भारत के प्रति कोई दुर्भावना नहीं है, जिनकी सहायता की वह कायल है। जबकि बांग्लादेश नेशनलिस्ट पार्टी ने उन लोगों से संपर्क बनाए रखा है, जिन्होंने पाकिस्तान का साथ दिया था।

नेशनलिस्ट पार्टी – बांग्लादेश नेशनलिस्ट पार्टी के लिए गंगा जल संधि के लाभ उतने महत्त्वपूर्ण नहीं, जितना कि यह तथ्य कि ढाका ने नई दिल्ली से वाद निपटाने का प्रयास किया। उसने इस संधि की भर्त्सना करने में पूरा–पूरा जोर लगाया और यह प्रचार किया कि बांग्लादेश ने खुद भारत के हाथ 'बेच' दिया है। किंतु अंतर्राष्ट्रीय जनमत की अनुकूल

प्रतिक्रिया ने बांग्लादेश नेशनलिस्ट पार्टी को आलोचना का स्वर मंद करने पर बाध्य कर दिया। अब यह पार्टी चटगांव पर्वतीय क्षेत्र समझौते के विरोध में सक्रिय है। यह समझौता शेख हसीना की सरकार और चकमा बौद्धों के बीच हुआ है, जो भारत से लौटने पर सहमत हो गए हैं जहाँ उन्होंने शरण ली हुई थी। वे अब पर्वतीय क्षेत्र में अपने घरों को लौट रहे हैं। खालिदा ने आवामी लीग सरकार पर चटगांव बन्दरगाह भारत के सौंपने का आरोप लगाते हुए उसे अपदस्थ कराने के लिए शंखनाद छेड़ दिया है।

खालिदा का भारत विरोध – खालिदा जानती हैं कि यह आरोप सही नहीं है, किन्तु भारत की आलोचना के लिए उन्हें कोई न कोई मुद्दा चाहिए। दरअसल उनकी सरकार ने चकमाओं के साथ जिस समझौते को अंतिम रूप दिया था, वह वर्तमान व्यवस्था की तुलना में अधिक उदार था। खालिदा ने उसे लागू नहीं किया, क्योंकि वह नहीं चाहती थी कि ढाका की संतुष्टि के अनुरूप गंगा जल विवाद के निपटारे तक भारत से कोई सरोकार रखा जाए।

शेख हसीना बांग्लादेश नेशनलिस्ट पार्टी से भी सहयोग लेना चाहती हैं, किन्तु उन्होंने आशंका जताई कि उस पार्टी का भारत–विरोधी पूर्वाग्रह उसे बांग्लादेश के विस्तृत परिपेक्ष में नहीं सोचने देगा। किन्तु पूर्व की अपेक्षा अब बांग्लादेश के लोगों में मैत्री भाव बढ़ा है। उनमें यह अनुभूति बढ़ रही है कि अपने देश का भारत जैसे विशाल बाजार से सम्पर्क जोड़ने से वे लाभान्वित होंगे।

अस्थिरता – किंतु बांग्लादेश को जिस सबसे विपुल समस्या को, अपनी स्वतंत्रता के 26 वर्ष बाद भी झेलना पड़ रहा है, वह वहाँ अभी भी व्याप्त अस्थिरता है। शायद ही कोई सप्ताह बीतता हो कि जब बंद अथवा जुलूस का आयोजन कर बांग्लादेश नेशनलिस्ट पार्टी सामान्य कामकाज में व्यवधान नहीं डालती। उससे निवेश को हानि पहुँच रही है और विदेशी पूँजी भी दूर हो रही है। दाता देश भी इतने हताश हैं कि उन्होंने कमोबेश यह धमकी दे दी है कि यदि स्थिति में सुधार नहीं होता है तो वे वहाँ से पूँजी हटा लेंगे, जबकि बांग्लादेश की विदेशी मुद्रा संबंधी आवश्यकता की पूर्ति का वे ही मुख्य आधार हैं। बांग्लादेश नेशनलिस्ट पार्टी का कहना है कि इस बात की जिम्मेदारी अकेली उसी के कंधों पर नहीं है। बांग्लादेश नेशनलिस्ट पार्टी के एक नेता ने बताया कि जब वे सत्ता में थे आवामी लीग भी ऐसा ही करती थी।

बांग्लादेश 16 सितम्बर, 1971 को मुक्त हुआ था। यह वह अवसर था, जब आवामी लीग और बांग्लादेश नेशनलिस्ट पार्टी एक–दूसरे से हाथ मिलाकर स्वयं को देश के भविष्य को बनाने के लिए संकल्पबद्ध कर सकती थीं। दलीय भेदभाव के बिना बांग्लादेश के मुक्ति योद्धाओं ने उस धरती को अपने रक्त से सींचा था जब पाकिस्तानी सेनाओं ने अनेक लोगों की हत्याएँ की थीं और वहाँ से विदा होने से पूर्व व्यापक विध्वंस लीला की थी तब भी उन मुक्ति योद्धाओं के मन में अपने देश के भविष्य को लेकर आस्था थी।

शेख हसीना पर आरोप – अद्भुत सा ही लगता है कि समय की धूल ने कैसे उस राह को आच्छादित कर दिया है, जिस पर यह राष्ट्र एकजुट होकर चला था और उसने मुक्ति का लक्ष्य हासिल करने के लिए सभी प्रकार के अपमान और आपदाओं को झेला था।

बांग्लादेश नेशनलिस्ट पार्टी के नेताओं को शिकायत है कि हसीना तानाशाही ढंग से शासन चला रही हैं और वह अपने गौरव और गरिमा की ही इच्छुक हैं, देश के गौरव की नहीं। किन्तु जन–समर्थन जुटाने के लिए वे भारत का ही हौवा खड़ा करते हैं। कभी–कभी ऐसा लगता है

कि मानो वह देश को भारत–विरोधी और भारत समर्थक ताकतों में बांटना चाहते हैं

शेख हसीना पर हमला – जब बांग्लादेश की प्रधानमंत्री शेख हसीना पर एक अज्ञात बंदूकधारी द्वारा हमला किए जाने की खबर आई तो शेख मुजीब की हत्या की घटना की याद ताजा हो गई। उक्त हमलावर ने प्रधानमंत्री कार्यालय पर हमला करके शेख हसीना को गोलियों का निशाना बनाना चाहा लेकिन गोलियाँ उनके राजनीतिक सलाहकार डॉ. एस.ए. मलिक के कमरे के फर्श पर आकर लगीं जिससे कोई आहत नहीं हुआ। उस समय डॉक्टर मलिक के कमरे में एक महत्त्वपूर्ण बैठक चल रही थी। जाँच एजेंसियों को इस बात का संदेह है कि इसके पीछे विरोधी आतंकवादी तत्त्वों का हाथ है।

समझौते – अपने प्रधानमंत्री काल मे श्री इंद्रकुमार गुजराल बांग्लादेश की प्रधानमंत्री शेख हसीना वाजेद तथा पाकिस्तान के प्रधानमंत्री श्री नवाज शरीफ के साथ 'शिखर वार्ता' में भाग लेने के लिए ढाका गए थे। जिसमें तीनों ही देशों के प्रमुख उद्योग व व्यापार चैम्बरों के शीर्ष नेताओं ने भी भाग लिया तथा उस बैठक में भारतीय उपमहाद्वीप के सभी देशों के साथ सन् 2001 तक परस्पर व्यापारिक व औद्योगिक सहयोग के संबंध में खुलकर बातचीत की गई तथा कई समझौते किए गए।

नवाज शरीफ का खेद प्रदर्शन – पहली बार इस शिखर सम्मेलन के अवसर पर पाकिस्तान के प्रधानमंत्री श्री नवाज शरीफ ने 1971 में बांग्लादेश में पाकिस्तान द्वारा किए गए दमन व हिंसा के लिए खेद व्यक्त किया तथा बांग्लादेश में रह रहे 10 लाख से अधिक बिहारी मुसलमानों को पाकिस्तान में बुला लेने का आश्वासन दिया। 1947 में पाकिस्तान बनाने तथा 1971 में बांग्लादेश युद्ध में पाकिस्तान का समर्थन करने वाले ये बिहारी मुसलमान आज बांग्लादेश में शरणार्थियों के रूप में 'नारकीय' जीवन बिता रहे हैं तथा पाकिस्तान की आज तक की सभी सरकारें इन्हें वापस लेने से इन्कार करती रही हैं।

गुजराल सिद्धांत का प्रभाव – इस शिखर बैठक के अवसर पर शेख हसीना ने भारत से गंगा जल समझौते के बारे में जहाँ अपना संतोष प्रकट किया वहीं दूसरी ओर भारत में रह रहे सभी चकमा शरणार्थियों को वापस बुला लेने का आश्वासन दिया। वैसे भी चकमा शरणार्थियों की वापसी की प्रक्रिया शुरू हो गई है। दोनों ही देशों के मध्य व्यापार व उद्योग की शुरूआत के लिए भी वातावरण बना है। वास्तव में श्री गुजराल की विदेश नीति का प्रभाव यह हुआ कि अब पड़ोसी देशों में भारत को एक सहयोगी बड़े भाई के रूप में माना जाने लगा है।

आर्थिक सुधार – लेकिन इस सबके बावजूद शेख हसीना वाजेद को बांग्लादेश में भारत–समर्थक समझा जाता है। उनके प्रधानमंत्री बनने से बांग्लादेश के भारत के साथ संबंध सुधरे हैं और लम्बे समय से लटकी चली आ रही फरक्का बांध व गंगा जल समस्या का समाधान हुआ है तथा बांग्लादेश में स्थिरता आनी शुरू हुई। बुरी तरह से आर्थिक संकट में घिरे हुए बांग्लादेश की स्थितियों में सुधार आने के संकेत मिलने लगे हैं।

लेकिन शेख हसीना की इस सफलता में सत्तारूढ़ आवामी लीग की प्रतिद्वंद्वी पार्टी बी.एन.पी. तथा उसकी पूर्व प्रधानमंत्री बेगम खालिदा जिया व अन्य कट्टरपंथी व सेना में भारत विरोधी तत्त्वों के मन में ईर्ष्या की भावना उत्पन्न होना स्वाभाविक ही है। वैसे भी बेगम खालिदा जिया तथा उनसे पूर्ववर्ती सैनिक शासक किसी न किसी बहाने भारत से टकराव बनाए रखते रहे हैं।

मुजीव विरोधी तत्त्व – प्रधानमंत्री शेख हसीना शेख मुजीव परिवार की एकमात्र सदस्य रह गई हैं इसलिए विरोधी तत्त्व उनके प्राणों के प्यासे बने हुए हैं। क्योंकि वह इन तत्वों के लिए कभी भी खतरा बन सकती है। भारतीय उपमहाद्वीप में सन् 1971 के बाद के इतिहास में बांग्लादेश में राष्ट्रपति शेख मुजीब की हत्या हुई और उसके बाद भारत की प्रधानमंत्री श्रीमती इंदिरा गाँधी तथा श्री राजीव गाँधी की हत्याएँ हुईं। पाकिस्तान में प्रधानमंत्री जुल्फिकार अली भुट्टो को फाँसी दी गई।

प्रश्न 8. अभिशासन का संकट क्या है?

उत्तर – विद्वानों ने एक नया मानदण्ड अभिशासन अपनाया है, जिसके आधार पर किसी राज्य के सामाजिक, राजनीतिक तथा आर्थिक निष्पादन को विश्लेषित कर समझा जा सकता है। किसी भी राज्य में राजनीतिक स्थिरता कायम करने के लिए, सामाजिक शान्ति बनाए रखने के लिए तथा उपलब्ध संसाधनों के सदुपयोग के लिए, अधिकतम आर्थिक विकास लाने के लिए अभिशासन किसी राज्य की संस्थागत क्षमता का काम है।

बांग्लादेश में सरकार तथा सार्वजनिक संस्थाओं की निष्पादन क्षमता मिश्रित (सामान्य से लेकर खराब) रही है। अभिशासन के कई क्षेत्रों में यह क्षमता निराशाजनक रही है। सरकार के समक्ष अभिशासन की कमी और आधारभूत कार्यों को करने की क्षमता में कमी प्रमुख समस्या है। सरकार की यह कमी तीन रूपों में प्रदर्शित होती है। पहला, कुछ समय से भयंकर सामाजिक, राजनीतिक और आर्थिक समस्याएँ जमा हो गई हैं, जिनका समाधान करना आसान नहीं है। दूसरे, राजनीतिक कीमत चुकाने के डर से सरकारें इन समस्याओं का समाधान नहीं करना चाहती हैं। तीसरे, अब वे व्यवस्था का हिस्सा बन चुकी हैं। बांग्ला देश के अभिशासन की प्रमुख समस्याएँ हैं – राष्ट्रीय जीवन के प्रत्येक स्तर तथा क्षेत्र में व्यापक भ्रष्टाचार, लोगों के जीवन तथा सम्पत्ति की सुरक्षा, समाज में महिलाओं की खराब स्थिति तथा लोगों को आवश्यक सुविधा मुहैया कराने में राज्य की विफलता। विश्व के अधिकांश देश अभिशासन की समस्या से ग्रसित हैं। इस क्षेत्र में बांग्लादेश इकलौता राष्ट्र नहीं है, जो इस समस्या से जूझ रहा है। बांग्ला देश में इस समस्या का मूल कारण है, नए राष्ट्र के रूप में इसके जन्म से उत्पन्न समस्याएँ और अनिश्चितता के वातावरण का प्रादुर्भाव। बांग्ला देश में राजनीतिक संस्कृति तथा सामाजिक अवस्थाएँ राजनीतिक नेतृत्त्व तथा सैनिक शासकों के अंतर्गत केन्द्रित रही हैं। स्वस्थ चुनाव प्रणाली के अभाव में बांग्ला देश में राजनीतिक प्रणाली के दोष मुखर होकर सामने आये हैं। मुजीब में अभिजात वर्गीय प्रवृत्ति थी, जिसके कारण लोगों में तनाव उत्पन्न हो गया और असंतोष की भावना भर गई। बांग्ला देश में लंबे समय तक सैनिक शासन और गैर–कानूनी चुनावों के कारण सरकार की कमियाँ उजागर हो गईं। शेख हसीना और खालिदा जिया के नेतृत्त्व वाले दो दलों के बीच चले लंबे संघर्ष के कारण देश हड़तालों की चपेट में आ गया जिसके कारण जीवन अस्त–व्यस्त हो गया। निरक्षरता और आर्थिक मंदी के कारण सरकार एवं विपक्ष हमेशा जनता को गुमराह करते रहे। इन गरीब जनता को मूर्ख बनाकर राजनीतिक दल सिर्फ अपना उल्लू सीधा करते रहे हैं। वास्तव में इन्हीं समस्याओं के कारण अभी तक बांग्ला देश में वास्तविक लोकतंत्र की स्थापना नहीं हो पाई है। आर्थिक विकास की गति धीमी होने के कारण तथा घरेलू निवेश कम होने के कारण बांग्लादेश विदेशी सहायता तथा ऋणों पर निर्भर हो गया है।

इकाई – 5

देश जीवन–परिचय : नेपाल, भूटान

प्रश्न 1. नेपाल में राणातंत्र के उदय व पतन पर टिप्पणी करो ।[June-07, Q.No.-6]

उत्तर – सन् 1846 में जंग बहादुर राणा ने भयानक कत्लेआम के जरिये सत्ता पर कब्जा किया। उसने तथा इसके बाद के राणा शासकों ने राजनैतिक प्रशासनिक प्रणाली के स्वेच्छाचारी चरित्र को बरकरार रखा जिसमें राणा प्रधानमंत्री सत्ता का वास्तविक स्रोत बन गया। शाह के शासन के दौरान राजनैतिक एवं प्रशासनिक पदों पर बैठे पुराने कुलीनों को हटाकर उनके स्थान पर राणा परिवार के सदस्यों को बैठा दिया गया। राणा प्रधानमंत्री के पद पर उत्तराधिकारी के रूप में एक के बाद दूसरा भाई आसीन होता गया। राणा शासकों ने किसी संविधान का निर्धारण नहीं किया। हालाँकि वे देश का प्रशासन चलाने के लिए कभी–कभी फरमान तथा उद्घोषणाएँ जारी करते रहे। राणाओं की कानूनी एवं प्रशासनिक प्रणाली फरमानों एवं उद्घोषणाओं द्वारा ही विकसित हुई।

राणा शासकों ने एक ऐसी निरंकुश राजनैतिक प्रणाली स्थापित की, जिसके तहत देश को अलग–थलग रखने, समाज को राजनैतिक रूप से दबाकर रखने तथा अर्थव्यवस्था को पिछड़ा हुआ रखने के लिए सभी संभव प्रयास किये गए।

राणाओं का विरोध – 20वीं शताब्दी के तीसरे दशक के दौरान, नेपाली अधिकार समिति, प्रचंड गोरखा प्रजा परिषद् इत्यादि अनेक संगठन के अस्तित्व में आ गए। उनकी स्थापना उन नेपालियों ने की जो भारत में निर्वासित होकर रह रहे थे। इन संगठनों का उद्देश्य नेपाल में एक लोकप्रिय जन आंदोलन का निर्माण करना तथा राणा प्रणाली के स्थान पर एक जनतांत्रिक राजनैतिक व्यवस्था कायम करना था। इन संगठनों ने नेपाल में राजनैतिक सुधारों तथा राणाओं के शासन को खत्म करने की मांग उठाई। ऐसी परिस्थिति में, नेपाल के राणा प्रधानमंत्री पदम शमशेर ने जनवादी आंदोलन के नेताओं के साथ सुलह सफाई करने पर विचार किया। उसके रूख में आये इस बदलाव ने नेपाल में राजनैतिक सुधारों तथा संवैधानिक विकास का पथ प्रशस्त किया।

राणा प्रणाली का तख्ता पलट – 1948 में पदम शमशेर राणा ने नेपाल सरकार अधिनियम लागू किया। इस अधिनियम का उद्देश्य नेपाली राज्य व्यवस्था में जनतांत्रीकरण की शुरूआत करना था। संविधान लागू किये जाने से पहले ही पदम शमशेर गद्दी त्यागकर भारत में आ गया था और उसके उत्तराधिकारी मोहन शमशेर ने उसे लागू करने से इंकार कर दिया। यह स्पष्ट हो गया था कि राणा शासक राजनैतिक सुधारों को शुरू करने के लिए तैयार नहीं थे। अतः नेपाली कांग्रेस, जिसकी स्थापना 1948 में हुई थी तथा अन्य राजनैतिक

संगठनों ने राणाओं को उखाड़ फेंकने के लिए एक आंदोलन छेड़ने का निर्णय किया। राणा विरोधी शक्तियों ने तराई क्षेत्र में एक आंदोलन शुरू किया। नेपाल के राजा ने भी इन शक्तियों को अपना समर्थन दिया।

भारत ने उससे ठीक पहले ही नेपाल में राणा शासन को मान्यता प्रदान की थी तथा 1950 में उसके साथ शांति तथा मैत्री की संधि पर हस्ताक्षर किए थे। किंतु एक शक्तिशाली कम्युनिष्ट ताकत के रूप में चीन के उदय तथा उसके द्वारा तिब्बत पर कब्जा कर लेने पर नेपाल तथा शेष हिमालय में अपने रणनीतिक हितों के प्रति भारत सचेत हो गया। इन घटना-क्रमों को मद्देनजर रखते हुए नेपाल में राजनैतिक अस्थिरता भारत के सामरिक हितों के प्रतिकूल मानी जाने लगी। इसलिए भारत ने नेपाल की घरेलू समस्या में हस्तक्षेप करने का फैसला किया ताकि कोई शांतिपूर्ण समाधान खोजा जा सके। भारत का दृष्टिकोण यह था कि नेपाल को बीच का रास्ता अपनाना चाहिए जिसके तहत पारंपरिक कुलीनों को बरकरार रखते हुए जनतंत्र तथा आधुनिकीकरण की तरफ बढ़ना चाहिए। फरवरी 1951 में नई दिल्ली में, भारत की मध्यस्थता में, एक समझौता किया गया जिसके अंतर्गत राणाओं तथा नेपाली कांग्रेस की एक संयुक्त सरकार के साथ-साथ राजतंत्र की प्रतिष्ठा एवं शक्तियों की बहाली की परिकल्पना की गई। इसे नई दिल्ली समझौता कहा जाता है।

प्रश्न 2. राणा के उपरान्त नेपाल की राजनैतिक स्थिति तथा विकास का वर्णन करो।
[June-07, Q.No.-6]

उत्तर – 1951 में नेपाल में एक नई सरकार का गठन हुआ जिसमें पूरे तौर पर नेपाली कांग्रेस के सदस्य ही शामिल किए गए। लगभग पूरे एक दशक तक, अनेक सरकारों को आजमा कर देखा जाता रहा, किंतु उनमें से कोई भी उन तमाम राजनैतिक तबकों को संतुष्ट नहीं कर सकी, जो सत्ता पर कब्जा करने के लिए संघर्ष कर रहे थे।

सरकारी अस्थिरता – निम्नलिखित तालिका से सरकारों की अस्थिरता का अनुमान लगाया जा सकता है :

क्र.सं.	सरकार	गठन की तारीख	भंग होने की तारीख
1.	राणा–नेपाली कांग्रेस की मोहन शमशेर के प्रधानमंत्रित्व में गठित मिली जुली सरकार।	फरवरी 1951	नवंबर 1951
2.	नेपाली कांग्रेस की सरकार, एम.पी. कोईराला जिसके प्रधानमंत्री बने।	नवंबर 1951	अगस्त 1952
3.	सलाहकार परिषद के माध्यम से राजा का प्रत्यक्ष शासन	अगस्त 1952	अगस्त 1953
4.	अन्य पार्टियों के साथ मिली–जुली, एम.पी. कोइराला की नेशनल डैमोक्रेटिक पार्टी सरकार	अगस्त 1953	मार्च 1955
5.	राजा महेन्द्र का प्रत्यक्ष शासन	मार्च 1955	जनवरी 1956
6.	टी.पी. आचार्य के नेतृत्त्व में प्रजा प्रजा परिषद सरकार	जनवरी 1956	जून 1957
7.	के.आई. सिंह के नेतृत्त्व में यूनाइटेड डैमोक्रेटिक पार्टी की सरकार	जून 1957	नवंबर 1957
8.	अपनी पसंद के पार्टी नेताओं से मिलकर बनी एक राष्ट्रीय सरकार में प्रधानमंत्री के रूप में राजा का शासन।	नवंबर 1957	जून 1959

यह स्पष्ट है कि यह समूचा काल राजनैतिक अस्थिरता का काल था। सत्ता के लालच तथा जनतांत्रिक तरीकों तथा प्रचलनों में अपर्याप्त समाजीकरण की वजह से, राजनीतिक नेताओं ने बजाय स्थिर जनतांत्रिक शासन की प्रक्रिया को सहज बनाने के, अराजकता और अस्थिरता को ही बढ़ाया। इसके फलस्वरूप, राजतंत्र ने एक स्वाभाविक सत्ता के केन्द्र के रूप में प्रतिष्ठा एवं प्रभाव अर्जित कर लिया।

राजतंत्र की बढ़ती शक्ति – अपनी स्थाई प्रकृति तथा 1950–51 में जनवादी शक्तियों का पक्ष लेने की वजह से जनता का विश्वास अर्जित कर लेने से, इस संस्था द्वारा सत्ता पर कब्जा किए जाने पर कोई विपरीत प्रक्रिया नहीं हुई। राजा त्रिभुवन के लिए यह सब कुछ बहुत अच्छा ही रहा। लेकिन 1955 में उसकी मृत्यु के बाद जब उसका बेटा महेन्द्र राजा बना, तब तक परिस्थिति बदल गई। ऐसा नहीं लगता था कि राजा महेन्द्र की भी जनतंत्र के लिए वही प्रतिबद्धता है, जैसी की उसके पिता की थी। वह निरंकुश सत्ता के साथ देश पर राज करना चाहता था। इससे नेपाल में जनतांत्रिक संस्थाओं के निर्माण की प्रक्रिया उलट गई। राजा महेन्द्र संविधान सभा बनाये जाने की वचनबद्धता से मुकर गया। इसके बजाय, राजनैतिक नेताओं के दबाव में, वह देश को एक संविधान प्रदान करने के लिए राजी हो गया जिसमें उसकी संप्रभुता बनी रहे। राजनैतिक नेताओं में फूट थी क्योंकि वे व्यक्तिगत तथा दलगत गुटों में बंटे हुए थे। उन नेताओं ने भी राजा की सर्वोच्चता को स्वीकार कर लिया था, जिन्होंने राणाओं का तख्ता पलट किया था।

प्रश्न 3. नेपाल के 1990 के संविधान की कार्यशैली पर टिप्पणी करो।

[June-07, Q.No.-6][June 2008, Q.No.-8]

उत्तर – नेपाल के 1990 के संविधान ने देश में एक संवैधानिक राजतंत्र की स्थापना की। संविधान ने मौलिक अधिकारों की एक प्रभावशाली सूची प्रदान की है। इसके अंतर्गत समानता का अधिकार, स्वतंत्रता का अधिकार, प्रेस तथा प्रकाशन का अधिकार, आपराधिक न्याय से संबंधित अधिकार, नजरबंदी के विरूद्ध अधिकार, धर्म का अधिकार, शोषण के विरूद्ध अधिकार, निर्वासन के विरूद्ध अधिकार, निजी गोपनीयता का अधिकार तथा संवैधानिक समाधान का अधिकार, शामिल है।

राज्य के नीति–निर्देशक सिद्धांतों का उद्देश्य जनता के आम कल्याण को प्रोत्साहन देना, एक न्यायपूर्ण सामाजिक व्यवस्था स्थापित करना, एक आत्मनिर्भर आर्थिक व्यवस्था विकसित करना, सामाजिक असमानताओं को दूर करना, देश के शासन में जनता की अधिकतम भागीदारी, प्रशासन का विकेन्द्रीकरण, पर्यावरण की सुरक्षा, सांस्कृतिक विविधता को बरकरार रखते हुए राष्ट्रीय एकता को मजबूत बनाना, भूमि सुधार लागू करना, पिछड़ी जन जातियों पर विशेष ध्यान देना इत्यादि है। यह स्पष्ट कर दिया गया है कि नीति निर्देशक सिद्धांतों को किसी अदालत द्वारा लागू नहीं कराया जा सकेगा।

संविधान कहता है कि राजा नेपाली राष्ट्र का तथा नेपाली जनता की एकता का प्रतीक है। संविधान ने राज सिंहासन की उत्तराधिकार से संबंधित परम्परा को बरकरार रखा है। राजा को सुविधाएँ तथा करों से मुक्ति प्रदान की गई है।

संविधान ने एक राज परिषद् तथा उसकी स्थाई समिति के गठन का प्रावधान किया है। राजा की मृत्यु अथवा गद्दी का परित्याग करने अथवा यदि राज परिषद के कुल सदस्यों में से कम से कम एक चौथाई सदस्य यह घोषणा करते हुए अनुरोध करें कि मानसिक अथवा शारीरिक कमजोरी के कारण राजा अपने कार्यों को पूरा करने में असमर्थ है, तो उस स्थिति में राज परिषद का कर्त्तव्य प्रतिशासन व्यवस्था के बारे में निर्णय करना है। राजा को सौंपी गई कार्यपालक शक्तियों का प्रयोग, प्रधानमंत्री के नेतृत्त्व वाले मंत्रिमंडल की सलाह पर किया

जाता है। इस तरह राजा कार्यपालिका का औपचारिक प्रमुख है। मंत्रिमंडल जो कि वास्तविक कार्यपालिका है की नियुक्ति हाउस ऑफ रिप्रेजेंटेटिव में राजनैतिक पार्टी के सदस्यों में से, राजा द्वारा की जानी होगी। प्रधानमंत्री तथा मंत्रिमंडल अपनी गलतियों के लिए संयुक्त रूप से हाउस आफ रिप्रेजेंटेटिव (प्रतिनिधि सभा) के प्रति जवाबदेह होंगे।

संविधान ने एक दो सदन वाले विधानमंडल के निर्माण के लिए प्रावधान किए हैं। हाउस आफ रिप्रेजेंटेटिव, 205 सदस्यों से मिलकर गठित होगा जिन्हें आम व्यस्क मताधिकार के आधार पर पाँच वर्ष की अवधि के लिए जनता द्वारा प्रत्यक्ष रूप से निर्वाचित किया जाएगा। आपातकाल के दौरान इसका कार्यकाल अधिकतम एक वर्ष के लिए बढ़ाया जा सकता है। नेपाल का प्रत्येक नागरिक जिसकी आयु 18 वर्ष हो चुकी है, मतदान करने का पात्र होगा। राष्ट्रीय परिषद् 60 सदस्यों से मिलकर निर्मित होगी जिसमें से 10 राजा द्वारा मनोनीत किए जाएंगे, 35 सदस्य, जिनमें कम से कम 3 महिलाएँ शामिल होंगी, सानुपातिक प्रतिनिधित्व के आधार पर हाउस ऑफ रिप्रेजेंटेटिव द्वारा निर्वाचित किए जाएंगे। पाँच विकासात्मक क्षेत्रों में से प्रत्येक को राष्ट्रीय परिषद के लिए तीन–तीन सदस्यों का चुनाव करना होगा और इस तरह शेष 15 सदस्य राष्ट्रीय परिषद में शामिल हो जाएंगे। सदस्यों का कार्यकाल 6 वर्ष है तथा इसके सदस्यों में से एक तिहाई प्रत्येक दो वर्षों के बाद अवकाश ग्रहण करेंगे। इस तरह यह स्थाई निकाय है।

हाउस ऑफ रिप्रेजेंटेटिव को राष्ट्रीय परिषद की तुलना में अधिक शक्तिशाली बनाया गया है, जैसा कि संसदीय शासन प्रणाली में होता है। न्यायिक व्यवस्था, एक सर्वोच्च न्यायालय, अपील संबंधी न्यायालयों तथा जिला न्यायालयों से मिलकर बनी है। इसके अलावा विशेष मामलों की सुनवाई के लिए अदालतों अथवा ट्रिब्यूनलों (न्यायाधिकरणों) का गठन किया जा सकता है। संविधान ने न्यायाधीशों की नियुक्ति तथा सेवा शर्तों के विषय में पर्याप्त प्रावधान किए हैं ताकि न्यायपालिका मुक्त एवं स्वच्छ वातावरण में काम कर सके।

संविधान 6 वर्षों के लिए एक मुख्य आयुक्त की अध्यक्षता वाले आयुक्तों के एक स्वतंत्र आयोग के निर्माण का प्रावधान करता है। आयोग का मूल कर्त्तव्य, किसी सार्वजनिक पद पर बैठे व्यक्ति के अनुचित अथवा भ्रष्ट कृत्य के जरिए अपने प्राधिकार का दुरूपयोग करने के बारे में किसी भी व्यक्ति की शिकायतों पर पूछ–ताछ एवं जांच करता है।

बाहरी आक्रमण अथवा आंतरिक हथियारबंद विद्रोह अथवा अत्यधिक आर्थिक मंदी से पैदा हुई आपात–स्थिति के मामले में, राजा आपातकाल की घोषणा कर सकता है। इस तरह के आदेश को तीन महीने के भीतर हाउस ऑफ रिप्रेजेंटेटिव के समक्ष स्वीकृति के लिए प्रस्तुत किया जाना चाहिए और यदि उसे स्वीकृति मिल जाये तो वह 6 महीने की अवधि तक प्रभावी रह सकता है, यदि स्वीकृति न मिले तो वह तुरंत निरस्त हो जाएगा। इसे पुनः 6 महीने तक के लिए आगे बढ़ाया जा सकता है यदि हाउस ऑफ रिप्रेजेंटेटिव में उपस्थित तथा मतदान करने वाले सदस्यों का दो तिहाई बहुमत इसे स्वीकृति प्रदान कर दे।

संविधान की अन्य प्रमुख विशेषताएँ हैं : एक चुनाव आयोग की स्थापना, महालेखापरीक्षक, लोक सेवा आयोग की स्थापना तथा राजनैतिक दलों की बहाली।

यह कहा जा सकता है कि संविधान इस दृष्टि से ब्रिटिश तथा जापानी संविधानों से काफी मिलता–जुलता है, कि वे भी संवैधानिक राजतंत्र की स्थापना का प्रावधान करते हैं।

प्रश्न 4. नेपाल में माओवाद के उत्पन्न होने के कारणों पर चर्चा करो।

[June 2008, Q.No.-8]

उत्तर – नेपाल की राजनीतिक अस्थिरता तथा गुटबाजी की वजह से आर्थिक विकास दर कम हो रही थी और यह जनसंख्या वृद्धि दर से मेल नहीं खाती थी। यहाँ, यह ध्यान देना पर्याप्त होगा कि एक ऐसा समाज जिसमें एक जातीय और धार्मिक रूप से विखंडित जनता रहती थी, व्यापक बेरोजगारी और निरक्षरता ने नेपाल में माओवादी आन्दोलन को सर उठाने व फलने–फूलने का आधार प्रदान कर दिया।

माओवादी कभी बाबूराम भट्टरई के नेतृत्त्व वाले संयुक्त जन–मोर्चा (यू.पी.एफ.एन.) के झण्डे तले मुख्यधारा राजनीति का हिस्सा थे। पार्टी में फूट पड़ने के बाद बाबूराम धड़ा 1994 में मध्यावधि चुनावों में भाग लेने के लिए चुनाव आयोग की मान्यता प्राप्त करने में विफल रहा। इस गुट ने नेपाली कम्युनिस्ट पार्टी (माओवादी) से हाथ मिला लिया। माओवादियों का घोषित लक्ष्य था – जन–संघर्ष के माध्यम से एक 'लोगों की सरकार' कायम करना, जो कि मार्क्सवाद–लेनिनवाद–माओवाद से प्रेरित हो। 1996 में उन्होंने नेपाल के विभिन्न भागों में हमले करवाकर जन–आन्दोलन (पीपलस मूवमेण्ट) शुरू कर दिया।

राज्यों को एक अर्ध–सामंती संगठन बतलाते हुए माओवादियों ने उसे ही देश के भीतर विद्यमान सामाजिक–आर्थिक बुराइयों के लिए जिम्मेदार ठहराया। साथ ही, उन्होंने भारत और अमेरिका को ऐसी साम्राज्यवादी शक्तियों के रूप में उभारकर पेश किया जो नेपाल के भीतर दक्षिणपंथी ताकतों के साथ मिलकर नेपाली जनता के हितों को नुकसान पहुँचा रही है। उसकी अन्य माँगों में शामिल है : 1950 में भारत के साथ किए गए शांति एवं मित्रता संधि पर हस्ताक्षर का लोप, खुली सीमा का नियंत्रण एवं नियमन किया जाना, भारतीय सशस्त्र बलों में गोरखाओं की भर्ती बंद किया जाना और हिन्दी फिल्मों व पत्र–पत्रिकाओं के माध्यम से सांस्कृतिक साम्राज्यवाद से बचाव किया जाना।

2000 ईस्वी की समाप्ति पर माओवादी नेपाल के 75 जिलों में से दो–तिहाई से भी अधिक में सक्रिय थे, भले ही उनका प्रभाव गरीबी की मार झेल रहे आर्थिक रूप से पिछड़े इलाकों में अधिक है। उन्होंने पश्चिमी नेपाल के पाँच जिलों में 'लोगों की सरकार' कायम की थी। अपने नियंत्रण वाले इलाकों में माओवादी स्थानीय शांति–रक्षण करते हैं, स्थानीय विवाद निपटाते हैं, लोगों से कर बटोरते हैं और यहाँ तक कि बैंक भी चलाते हैं।

नेपाल सरकार ने माओवादी समस्या से निबटने के लिए बल प्रयोग भी किया है और उन्हें मनाने–फुसलाने व उनसे सौदेबाजी का प्रयास भी। मार्च 2001 से लेकर अब तक सरकार और माओवादियों के बीच शांति–समझौतों के अनेक दौरे हो चुके हैं। परन्तु असंगत भिन्नताओं व परस्पर संदेह के कारण ये प्रयास निष्फल रहे हैं। विद्रोहियों द्वारा आतंक व हिंसा का दौर जारी है और सुरक्षा–बलों ने विद्रोह के खिलाफ कार्रवाई में इजाफा किया है। अधिकारिक सूत्रों से प्राप्त जानकारी के अनुसार 2004 के आरंभ तक, आठ साल पुराने माओवादी विद्रोह के खिलाफ लड़ाई में दोनों ओर की लगभग 8000 जानें गई हैं, जिनमें 2800 सुरक्षा–बल के कर्मचारी/अधिकारीगण हैं।

प्रश्न 5. नेपाल की समष्टिक नृजाति तथा सामाजिक संरचना का विश्लेषण कीजिए।

उत्तर – नेपाल एक हिन्दू राष्ट्र था और इसका संरक्षक राजा को माना जाता था तथा उन्हें

भगवान विष्णु के प्रतिनिधि या अवतार के रूप में प्रचारित किया जाता था। नेपाल की राजनीतिक व्यवस्था में हिन्दू धर्म को बहुत महत्त्व दिया जाता था। जन समुदाय भी हिन्दू धर्म के पक्ष में था और इसके कारण राजा भी अपने आप को सुरक्षित महसूस करता था। 18वीं शताब्दी में गोरखा शासन की स्थापना से पहले बौद्ध धर्म इस क्षेत्र का प्रमुख धर्म था। लेकिन गोरखा शासकों ने अपनी स्वार्थ की पूर्ति के लिए तथा नेपाल की एक विशेष पहचान बनाने के लिए इसे एक हिन्दू राज्य के रूप में स्थापित और प्रस्तुत किया। राजा के साथ–साथ राणाओं ने भी इस कार्य को जारी रखते हुए देश को हिन्दू धर्म की ओर प्रेरित किया। 1854 की नागरिक आचार–संहिता के द्वारा हिन्दू सामाजिक पदानुक्रम में विभिन्न नृजातीय समूहों को शामिल किया गया। धार्मिक एवं सामाजिक प्रथाओं के संहिताकरण और मानवीकरण के कारण प्रभावशाली नेपाली संस्कृति अनेक नृजातीय समूहों के स्वांगीकरण की ओर प्रवृत्त हुई। आज लोग नेपाल में हिन्दू धर्म, बौद्ध धर्म या अन्य धर्म के समन्वयवादी रूप को मानते हैं। उनके देवी–देवता एक ही हैं और वे सभी पर्व–त्यौहार मिलकर मनाते हैं।

लोकतंत्र की स्थापना के बाद सभी धर्म के लोगों ने अपने अधिकार और पहचान की माँग करनी शुरू कर दी। इन आन्दोलनों का प्रभाव देश की राजनीतिक व्यवस्था में परिलक्षित होता है और इसका प्रभाव 1991 तथा 2001 के जनगणना रिपोर्ट पर भी देखने को मिलता है। एक जनगणना के अनुसार हिन्दुओं की संख्या नेपाल में 86.5 प्रतिशत से घटकर 80.6 प्रतिशत हो गई है। 2001 की जनगणना में 11 प्रतिशत जनसंख्या को बौद्ध धर्मावलंबी और 4.2 प्रतिशत को मुस्लिम धर्म का अनुयायी बताया गया है। नेपाल में लगभग 3 प्रतिशत लोग अन्य धर्मों को मानते हैं। ईसाई धर्म को मानने वालों की संख्या 0.5 प्रतिशत से भी कम है। 2007 में नेपाल के संविधान में संशोधन कर इसके हिन्दू राष्ट्र का दर्जा समाप्त कर इसे धर्मनिरपेक्ष राष्ट्र घोषित कर दिया गया है।

प्रश्न 6. नेपाल की अर्थव्यवस्था के महत्त्व का वर्णन करो।

उत्तर – 1951 में राणा वंश के शासन की समाप्ति और संवैधानिक राजतंत्र की स्थापना के साथ नेपाल में राजनीतिक एवम् आर्थिक विकास शुरू हुआ। इस नयी लोकतांत्रिक सरकार के पास प्रतीयमानतः विकास के कोई आधुनिक साधन नहीं थे। निरंकुश शासन से विरासत में जो मिला वो था – एक कमजोर परिवहन एवं संचार व्यवस्था, कुछ एक शिक्षा–संस्थाएँ तथा पुरानी नौकरशाही। चूँकि शिक्षा के अवसर नगर–क्षेत्र में इने गिने कॉलेजों और कुछ परम्परागत स्कूलों तक ही सीमित थे, मात्र दो प्रतिशत जनसंख्या ही शिक्षित थी। अर्थव्यवस्था, जो मात्र जीवनयापन के स्तर पर ही आत्मनिर्भर थी, बढ़ती आबादी की समस्या का सामना कर रही थी। खेती–योग्य भूमि सीमित थी और गैर–कृषि रोजगार अवसर वहीं तक सीमित थे जो सशस्त्र सेनाओं तथा उन गिने–चुने उद्योगों द्वारा प्रदान किए जाते थे जो 1940 के दशक में तराई क्षेत्र में लगाए गए थे। यही परिस्थितियाँ थीं जिनमें रहकर आधुनिक नेपाल आर्थिक और सामाजिक विकास के रास्ते पर आगे बढ़ा।

नियोजित आर्थिक विकास – 1956 से अपनायी गई पंचवर्षीय योजनाओं के तहत सामान्यतया उत्पादन एवं रोजगार बढ़ाने, आधारभूत, संरचना को विकसित करने, आर्थिक स्थिरता लाने, उद्योग, वाणिज्य एवं अन्तर्राष्ट्रीय व्यापार को बढ़ावा देने, आर्थिक विकास में

मदद के लिए प्रशासनिक एवं लोक सेवा संस्थाएँ स्थापित करने; तथा अल्प रोजगार की स्थिति को कम करने के लिए श्रम–साधित उत्पादन तकनीकें लागू करने के लिए कठोर प्रयास किये गये। योजनाओं के सामाजिक लक्ष्य–स्वास्थ्य एवं शिक्षा में सुधार लाने के साथ–साथ समाज आय वितरण को भी प्रोत्साहित करने वाले थे।

हर एक योजना की भिन्न विकास प्राथमिकताएँ रहीं। दलरहित पंचायत व्यवस्था (1961–1990) के अंतर्गत नियोजित विकास प्रयासों का एक आलोचनात्मक मूल्यांकन दर्शाता है कि पंचवर्षीय योजनाएँ अपने उद्देश्यों को पूरा करने में कुल मिलाकर असफल ही रहीं।

नब्बे के दशक में आर्थिक सुधार – बहुदलीय लोकतंत्र के लागू होने के बाद, सकल घरेलू उत्पाद वृद्धि में 5 प्रतिशत की सालाना बढ़ोतरी के उद्देश्यों को लेकर अंतर्राष्ट्रीय मुद्रा कोष के संवर्धित संरचनात्मक समंजन सुविधा के तहत गत कुछ वर्षों में शुरू किए गए संरचनात्मक कार्यक्रम आगे बढ़ाए गए। नेपाली कांग्रेस के नेतृत्त्व में प्रथम लोकतांत्रिक सरकार द्वारा निरूपित आठवीं पंचवर्षीय योजना (1992–97) में गरीबी के स्तर को 49 प्रतिशत से घटाकर 42 प्रतिशत पर लाने का उद्देश्य सामने रखा गया (जिसको खाद्य एवं अन्य अल्पतम इतर–खाद्य वस्तुओं के 2124 कैलोरी का उपभोग करने के पर्याप्त आय–स्तर के रूप में परिभाषित किया गया)। इस पंचवर्षीय योजना में कृषिक विकास, सतत् विकास, क्षेत्रीय असंतुलनों में कमी और संसाधन परिरक्षण के लिए एक दीर्घकालिक संदर्श योजना तैयार की गई।

इस योजना अवधि में दूरगामी बाजारोन्मुखी आर्थिक सुधार लागू किए गए। सरकार ने निजीकरण कानून और उसी के साथ नियम व दिशा–निर्देश लागू कर दिए जिनका उद्देश्य था – सरकार पर बोझ घटाना और अन्य क्षेत्रों के लिए संसाधन लोकार्पित करना। बड़े पैमाने पर वित्तीय सुधार भी लागू किए गए ताकि उदारीकरण प्रक्रिया मजबूत हो। नेपाली मुद्रा को सभी चालू खाता लेन–देनों में विनिमय बनाया गया। मौद्रिक नीति में सुधार लाया गया ताकि घरेलू संसाधन संघटन में वृद्धि हो, पूँजी की साधकता बढ़े, और साथ ही प्राथमिकता एवं उत्पादक क्षेत्रों को ऋण उपलब्ध कराया जाए। बदले प्रसंग में व्यापार नीति का उद्देश्य था – सुधारीकृत आयात प्रबंधन, निर्यात प्रोत्साहन एवं विविधता के माध्यम से व्यापार असंतुलन को कम करना।

परिणामस्वरूप, कुटीर एवं लघु उद्योग, यथा रोजगार का एक महत्त्वपूर्ण स्रोत, 11 प्रतिशत की वार्षिक दर से बढ़ा। पर्यटन जो कि नेपाली अर्थव्यवस्था की रीढ़ है, इस अवधि में साढ़े छः प्रतिशत की औसत दर से बढ़ा। कृषि क्षेत्र के अनिष्पादन के बावजूद, देश ने 4.65 प्रतिशत प्रति वर्ष की समग्र आर्थिक वृद्धि दर्ज की।

नौवीं योजना (1998–2002) ने पिछली योजना के दौरान शुरू किए गए संरचनात्मक परिवर्तनों को सामने रखा। एक महत्त्वाकांक्षी दीर्घवधि विकास योजना भी तैयार की गई ताकि नेपाल को एक प्रतिस्पर्धी, सक्षम और तकनीकी रूप से अनुपस्थित समाज बनाया जा सके। तथापि, राजनीतिक अस्थिरता और इस अवधि में माओवादी विद्रोह द्वारा मचायी गई हिंसा का सभी क्षेत्रों पर प्रतिकूल प्रभाव पड़ा है। सकल–घरेलू उत्पाद ने पाँच से कम वर्षों में एक नकारात्मक वृद्धि दर दर्ज की अथवा मंद ही रही है; पर्यटन को धक्का लगा, श्रमिक 'एवं'

राजनीतिक अशांति की वजह से औद्योगिक उत्पादकता घटी। नेपाल में बने–बनाये वस्त्रों, पश्मीना उत्पादों तथा ऊनी कालीनों से होने वाली निर्यात आय को विदेशों से माँग कम होने के कारण घाटा उठाना पड़ा। बढ़ते व्यापार घाटे के बावजूद नेपाल का भुगतान शेष देश से बाहर जाकर काम करने वाले नेपालियों द्वारा घर भेजे जाने वाले धन की वजह से बढ़ा है।

प्रश्न 7. नेपाल के आर्थिक क्षेत्रों पर टिप्पणी कीजिए।

उत्तर – कृषि क्षेत्र – कृषि जनसंख्या के लगभग 80 प्रतिशत को जीविका प्रदान करती है और सकल घरेलू उत्पाद के 45 प्रतिशत का दायित्व लेती है। नेपाल के पास विश्व में सबसे कम प्रतिव्यक्ति खेती योग्य भूमि है। कृषि उत्पादों में शामिल हैं – चावल, भुट्टा, गेहूँ, गन्ना, कंदमूल फसलें आदि। चावल सबसे महत्त्वपूर्ण फसल है चूँकि नेपाल का मुख्य आहार यही है। पाँचवीं पंचवर्षीय योजना से कृषि को शीर्ष प्राथमिकता दी गई। इन उपायों के बावजूद कृषि ने 2.4 प्रतिशत की निराशाजनक दर से वृद्धि की और जनसंख्या वृद्धि दर के साथ सामंजस्य रखने में विफल रही, जो कि 2.6 प्रतिशत के बराबर थी। कार्यक्षम वितरण प्रणाली के अभाव तथा अवैज्ञानिक कृषि प्रथाओं के कारण पर्यावरणीय ह्रास ने नेपाल में कृषि प्रगति को प्रतिकूल रूप से प्रभावित किया है।

भूमि सुधार – नेपाल सीमित खेती–योग्य भूमि वाला एक कृषि–प्रधान समाज है। 1960 के दशक–मध्य में सरकार ने भूमि–सुधारों में जमीनी बंदोबस्त की दोहरी नीति पर काम करना शुरू किया। भूमि–सुधार का मूल उद्देश्य था – काश्तकार किसानों की रक्षा करना, भू–स्वामियों से अतिरिक्त जोतों को ले लेना और छोटे पट्टों व भूमिहीन कुटुम्बों वाले किसानों को सम्पत्ति वितरित करना। 1963 के कृषि पुनर्गठन अधिनियम तथा 1964 के भूमि–सुधार अधिनियम ने पट्टेदार किसानों की निश्चितंता पर जोर दिया और भूमि जोतों का सीमा–निर्धारण कर दिया। 1991 में एक विश्व बैंक सर्वेक्षण ने अनुमान लगाया कि पाँच प्रतिशत मालिकों के हाथ में लगभग 40 प्रतिशत कृष्ट भूमि है, जबकि 60 प्रतिशत जनता के पास सिर्फ 20 प्रतिशत कृष्ट भूमि ही है। 1970 वें दशक के उत्तरार्ध से सरकार ने विशेष रूप से छोटे किसानों के सहायतार्थ योजनाएँ शुरू की हैं, परन्तु एक बार फिर इनका सीमित प्रभाव ही पड़ा है।

उद्योग–धन्धे – नेपाल का औद्योगिक आधार सीमित है। उद्योग सकल घरेलू उत्पाद के लगभग 20 प्रतिशत का योगदान देते हैं। 1999 के वित्त वर्ष में औद्योगिक उत्पादन 8.7 प्रतिशत की दर से बढ़ा। अधिकतर उद्योग कृषि–आधारित उद्योग हैं, जैसे–चीनी, पटसन और चाय। अन्य उद्योग कच्ची सामग्रियों पर निर्भर हैं, जो कि विदेशों से आयात की जाती हैं, खासकर भारत से। बियर, तिलहन, गलीचे, पोशाकें, सिगरेट, जूते, माचिस, रसायन, कागज आदि। अधिकांश विनिर्माण उद्योग लघु अथवा कुटीर उद्योगों के रूप में हैं। मध्यवर्ती अथवा पूँजीगत माल उद्योग नेपाल में बहुत कम हैं।

नेपाल के अधिकांश विनिर्माण उद्योग काठमाण्डू और पूर्वी तराई क्षेत्र में स्थित हैं। बड़े पैमाने के उद्यम काठमाण्डू, घाटी, हेतौदा, वीरगंज, जनकपुर, विराटनगर और झापा में संघनित हैं। वस्त्र–उद्योग, अभियांत्रिकी, निर्माण, खाद्य–प्रसंस्करण उद्योग, इमारती लकड़ी एवं वनाधारित

उद्योग, चीनी, सिगरेट, माचिस तथा धातु–कर्म उद्योग इस औद्योगिक गलियारे में प्रमुख उद्योग हैं। नेपालगंज, वीरगंज, विराटनगर, जनकपुर व भैरवा जैसे कुछ औद्योगिक केन्द्र भारतीय रेल–मुहानों के नजदीक स्थित हैं जो कलकत्ता व अन्य भारतीय बाजारों को एक आसान पहुँच–मार्ग मुहैया कराता है। हेतौदा के अलावा, जो कि एक नए औद्योगिक केन्द्र के रूप में स्थापित किया गया था, सरकार की संतुलित क्षेत्रीय औद्योगिक विकास लाने वाली नीति के बावजूद उद्योगों का भौगोलिक प्रतिमान वही रहा।

औद्योगिक नीतियाँ – 1957 औद्योगिक नीति विवरण में औद्योगिक निवेशों को बढ़ाने के लिए अनेक उपायों की घोषणा की गई थी, जैसे – नए जोखिम कार्यों में कर में छूट, विदेशी निवेश में लाभों का प्रत्यावर्तन, आधारभूत ढाँचे का विकास, उपयुक्त श्रम कानून–निर्माण, बिजली व कच्चा माल निम्न व रियायती दरों पर उपलब्ध कराना, औद्योगिक संयंत्र लगाने के लिए भूमि उपलब्ध कराना, शुल्क दर संरक्षण आदि। औद्योगिक उद्यम अधिनियम, 1961 के नए व्यवसाय जोखिम के लिए 10 वर्षीय कर 'अवकाश' व अन्य कई प्रोत्साहनों का प्रस्ताव रखा ताकि औद्योगिक निवेशों को बढ़ावा मिले। उद्योगीकरण को बढ़ावा देने के लिए 1960 के दशक में बालाजू, हेतौदा तथा पाटन औद्योगिक सम्पदाएँ स्थापित की गईं। सरकार ने सार्वजनिक क्षेत्र उपक्रम को भी स्थापित किए जाने को प्रोत्साहित किया क्योंकि उसे लगा कि निजी उद्योग औद्योगिक विकास के लक्ष्यों को हासिल करने में अक्षम हैं। 1985–86 में इस उद्योग–नीति की समीक्षा की गई। नई नीति ने उद्योगों के लिए पंजीकरण प्रक्रियाओं को सरलीकृत कर दिया, संसाधन–आधारित उद्योगों पर जोर दिया और निर्यातोन्मुखी उद्योगों को प्रोत्साहन प्रदान किया। सरकार ने निजीकरण प्रक्रिया को भी शुरू किया। तथापि, सार्वजनिक क्षेत्र के उपक्रमों में लाभों के निम्न स्तर की वजह से, इन उपक्रमों के शेयर खरीदने वाले लोग थोड़े ही थे। नब्बे के दशक में अर्थव्यवस्था के उदारीकरण से ही देश के औद्योगिक विकास में निजी क्षेत्र की भागीदारी को अधिक सबल बनाने के प्रयास होते रहे हैं।

ओद्योगीकरण के निम्न स्तर के मुख्य कारणों में एक है – निवेश की पूँजी का अपर्याप्त होना। अन्य कारणों में शामिल हैं – देश की भौगोलिक दूरस्थता, सीमित बाजार आधार, प्राकृतिक संसाधनों का अभाव, प्रयुक्त ऊर्जा संसाधन जैसे जल–विद्युत, कुशल श्रमिकों का अभाव, ठेकेदारी व तकनीकी कौशलों का अभाव, आयात–निर्भरता का उच्च स्तर। प्रोत्साहन देने के बावजूद नेपाल औद्योगिक क्षेत्र में विदेशी निवेशों को आकर्षित करने में असफल रहा।

पर्यटन – पर्यटन ही नेपाल का सबसे बड़ा उद्योग है जो देश की कुल विदेशी मुद्रा आय के 15 प्रतिशत को आकर्षित करता है। यह नेपाल में तीन लाख से भी अधिक लोगों को रोजगार मुहैया कराता है। नेपाल प्राकृतिक सुरम्य सुन्दरता, विपुल सांस्कृतिक विरासत तथा विविध सैर–सपाटा स्थलों एवं अपूर्व अनुभव अवसरों से सम्पन्न है। पर्यटन 1950 के दशक में आरम्भ किया गया, जिसको और अधिक बढ़ावा तब मिला जब विदेशी नागरिकों के प्रवेश पर से प्रतिबंध हटा लिया गया। तभी से दुनिया भर से नेपाल भ्रमण पर आने वाले पर्यटकों की संख्या में नियमित वृद्धि होती रही है। अधिकांश पर्यटक वैसे एशिया से आते हैं, खासकर भारत से; जापान का दूसरा नम्बर है। ये पर्यटन छुट्टियाँ मनाने, लम्बी पदयात्रा करने और पर्वतारोहरण आदि उद्देश्यों से यहाँ आते हैं। हाल के वर्षों में वैश्विक अर्थव्यवस्था के धीमे पड़ने, माओवादी विद्रोह और विश्व के विभिन्न भागों में आतंकवादी हमलों की वजह से नेपाल

में पर्यटक प्रवाह पर प्रतिकूल प्रभाव पड़ा है।

व्यापार – नेपाल के विदेश व्यापार का अभिलक्षण है – निर्मित उत्पादों का आयात और कृषिक कच्ची सामग्रियों का निर्यात। नेपाल में होने वाले आयात में मुख्य रूप से शामिल हैं – सोना, कल–पुर्जे व उपकरण, पैट्रोलियम उत्पाद, उर्वरक आदि। भारत ही नेपाल का प्रमुख व्यापार साझी है। नेपाल भारत को अपने माल के लगभग 48 प्रतिशत का निर्यात करता है; इसके बाद अमेरिका और जर्मनी आते हैं, जिनका निर्यात नेपाल के कुल निर्यातों का क्रमशः 26 प्रतिशत व 11 प्रतिशत है। इसी प्रकार, नेपाल अपने माल का 39 प्रतिशत आयात भारत से करता है; उसके बाद आते हैं सिंगापुर और चीन, अपने कुल आयातों के क्रमशः 10 प्रतिशत एवं 9 प्रतिशत के साथ। निर्यात बढ़ाने के लिए नेपाल ने अनेक वित्तीय एवं आर्थिक कदम उठाये, जैसे – निर्यात पात्रता कार्यक्रम तथा कर छूट एवं नगद अनुदानों के साथ दूना विदेश विनिमय। आयातों ने बहरहाल, गत वर्षों में बढ़ोतरी दर्ज की। 1989 में नेपाल ने अन्य बातों के अलावा, व्यापार घाटे की भरपाई के लिए संरचनात्मक समंजन कार्यक्रम शुरू किया और देश के आर्थिक विकास को और आगे बढ़ाने का प्रयास किया।

प्रश्न 8. नेपाल के साथ भारत के व्यापारिक संबंधों की प्रकृति पर टिप्पणी करो।

उत्तर – भारत–नेपाल संबंधों में सबसे अधिक जटिल मुद्दा व्यापार एवं पारगमन सुविधाओं से जुड़ा है। स्थलरूद्ध देश के रूप में नेपाल समुद्र से आने–जाने के रास्ते के मामले में पूरी तरह भारत पर निर्भर रहा है। इसने उसे भारत के जरिए स्थाई एवं मुफ्त पारगमन अधिकारों को कायम रखने के प्रति अति व्यग्र बना दिया। 1950 से (पहले 1923), भारत वाणिज्य संधि' को 1960 में बदल कर 'व्यापार एवं पारगमन' की संधि कर दिया गया। चूँकि, नेपाल इस व्यवस्था से संतुष्ट नहीं था, अतः 1964 में भारत, नेपाल के एक हिस्से से दूसरे हिस्से को भारत होते हुए जहाजों पर ले जाए जाने वाले माल के लिए बेरोकटोक पारगमन की सुविधा प्रदान करने पर राजी हो गया। 1966 में, भारत ने नेपाली सामान के, भारत में होकर पारगमन, को भारतीय कानूनों से मुक्त कर दिया तथा नेपाली माल के लिए, कलकत्ता बंदरगाह पर अलग से एक स्थान भी उपलब्ध कराया। 1970 में, जब 1960 की संधि के समाप्त होने का समय आया, तो लगभग एक वर्ष तक वार्ताएँ जारी रहीं क्योंकि नेपाल संयुक्त राष्ट्र के प्रचलन के अनुरूप बेरोकटोक पारगमन सुविधाएँ प्राप्त करना चाहता था। नेपाल दो पृथक व्यापार एवं पारगमन संधियाँ भी करना चाहता था, जिस पर भारत राजी नहीं हुआ। अन्ततः 1971 में संधि को संशोधित किया गया। भारत में जनता सरकार के सत्ता में आने के साथ ही, जो कि अच्छे पड़ोसी सम्बन्धों का निर्माण करने में रूचि रखती थी, 1978 में दो पृथक संधियों पर हस्ताक्षर किए गए। ये संधियाँ 1983 में नवीनीकरण होने के बाद, मार्च 1988 में समाप्त हो गई।

संधियों के नवीनीकरण/संशोधन पर वार्ता करते समय, यह महसूस किया गया कि नेपाली व्यापार घरानों (भारतीय मूल के मारवाड़ियों द्वारा चलाए जाने वाले व्यापारों समेत) के व्यापार के भ्रष्ट तरीकों के चलते तीसरे देश के मालों का नेपाल से भारत में गैरकानूनी आयात बढ़ता जा रहा है, और इन लोगों को पंचायत प्रणाली के शक्तिशाली निहित स्वार्थों का संरक्षण प्राप्त

है। नयी संधियों का मसौदा तैयार करते समय, नेपाली पक्ष ने भारत को यह विश्वास भी दिलाया था कि कुछ भारतीय मालों पर अतार्किक शुल्कों को घटा दिया जाएगा। व्यवहार में ऐसा नहीं किया गया और भारतीय संवेदनाओं को ठेस पहुँचाने के लिए चीन समेत, अन्य देशों में आने वाले मालों पर शुल्कों में कमी कर दी गई। भारत ने इस पर कड़ी प्रतिक्रिया जाहिर की और इसके परिणामस्वरूप, राजीव गाँधी की सरकार ने पृथक संधियों की बजाय व्यापार एवं पारगमन पर एक ही संधि रखे जाने के पुराने प्रचलन को पुनः शुरू करने का निर्णय लिया। चूंकि नेपाल को यह मंजूर नहीं था। अतः इस मुद्दे पर दोनों देशों के बीच गतिरोध बना रहा। यहाँ तक कि छः–छः महीने के दो विस्तारणों के बावजूद भी जब गतिरोध का समाधान नहीं हुआ तो मार्च 1989 में भारत ने दो पारगमन रास्तों के अलावा अन्य सभी को बंद कर दिया। इसके परिणामस्वरूप नेपाल के आम लोगों को काफी आर्थिक कठिनाईयों का सामना करना पड़ा। वहाँ नमक, तेल, पेट्रोलियम पदार्थों, बच्चों के भोजन, दवाइयों आदि आवश्यक वस्तुओं की कमी हो गई। अन्य मुद्दे, जिनसे भारत खासतौर पर संबद्ध था, उनमें भारत से आयातित मालों पर शुल्क लगाए जाना, चीन से विभान–भेदी तोपों का आयात, तथा नेपाल में काम कर रहे भारतीयों समेत, सभी विदेशियों पर काम करने के लिए परमिट प्रणाली थोपे जाना शामिल थे। यह अंतिम उपाय 1950 की संधि का उल्लंघन था। नेपाल में भारत–विरोधी भावनाएँ बढ़ने लगीं और वहाँ काफी प्रचार किया गया कि भारत की ताल ठोकने वाली नीति किसी बड़े राष्ट्र द्वारा अपने छोटे पड़ोसियों के प्रति साम्राज्यवाद से कम नहीं है।

1980–90 में, भारत तथा नेपाल, दोनों ही में राजनैतिक परिवर्तन होने के साथ ही, आम माहौल में सुधार हुआ। इस बीच नेपाल में एक क्रांतिकारी तरह का राजनैतिक बदलाव आया और संसदीय स्वरूप की सरकार शुरू हुई। नये राजनैतिक नेता अपनी सुरक्षा तथा सामरिक हितों को प्रभावित करने वाले मामलों पर भारतीय संवेदनशीलता की प्रशंसा करते थे। इसलिए जून 1990 में अंततः गतिरोध का हल निकाल लिया गया। भारत व्यापार एवं पारगमन को समेटने वाली पृथक संधियों के लिए राजी हो गया और सभी पारंपरिक पारगमन रास्तों को खोल देने के अलावा तीन अन्य रास्तों की भी मंजूरी दे दी। बदले में, नेपाल भी चीन से हथियारों का आयात न करने, भारतीय मालों पर शुल्कों में कमी करने तथा भारतीय कामगारों पर से काम की परमिट प्रणाली में ढील देने के लिए राजी हो गया। 1991 में, भारत तथा नेपाल दोनों ही में, आम चुनाव हुए जहां नेपाल में नेपाली कांग्रेस सत्ता में आई वहीं नई दिल्ली में कांग्रेस (इ) ने सरकार बनाई। दिसम्बर 1991 में नेपाली प्रधानमंत्री ने भारत का दौरा किया तथा व्यापार, पारगमन तथा जल संसाधन विकास पर एक समझौते सहित कुछ समझौतों पर हस्ताक्षर किए।

जैसे ही नेपाल ने एक बहुदलीय जनतांत्रिक प्रणाली की तरफ बढ़ना शुरू किया, भारत तथा नेपाल के संबंधों में तनाव का एक प्रमुख स्रोत विदा हो गया। नेपाल की राजतंत्रीय प्रणाली के लिए भारत की जनतांत्रिक राजनैतिक प्रणाली हमेशा शंका का कारण बनी रही थी। जब भी नेपाल में जनतांत्रिक सुधारों की मांग उठती थी, तब हमेशा भारत पर ही यह आरोप लगाया जाता था कि वह नेपाली शासन को अस्थिर बना रहा है। जनतांत्रिक ढंग से निर्वाचित कुलीनों में भारत के बारे में उस तरह का बोध नहीं रहेगा।

प्रश्न 9. भूटानी समाज के अभिलक्षणों का विश्लेषण करो।

उत्तर – भूटान की कुल जनसंख्या लगभग 13 लाख है। बाद में इस आंकड़े के बारे में अलग राय भी जाहिर की गई है। भारत और चीन के बीच स्थित, तथा तीन तरफ से भारतीय राज्यों–पश्चिमी बंगाल, आसाम तथा अरूणाचल प्रदेश से तथा उत्तर में चीन के तिब्बत प्रांत से घिरा इसका 1800 वर्गमील का इलाका स्विटजरलैंड से थोड़ा सा ही बड़ा है, जिसमें लोग करीब 73 व्यक्ति प्रति वर्ग मील के औसत से बसे हुए हैं। इसलिए जब हम भूटान की तुलना दक्षिण एशिया के अन्य देशों, खासतौर से भारत, बांग्लादेश और यहाँ तक कि नेपाल के साथ करके देखते हैं तो यह बिखरी हुई जनसंख्या वाला देश है। गाल्पो पुराने तिब्बती हैं तथा यह समझा जाता है कि वे आठवीं शताब्दी में भूटान में आये थे। सत्रहवीं शताब्दी में तिब्बत द्वारा कई बार, भूटान पर आक्रमण किए गए। इन आक्रमणों के उपरांत भारी संख्या में तिब्बती पुजारी, किसान तथा चरवाहे भूटान में चले गये और यहीं बस गये। इसके परिणामस्वरूप भूटान पर तिब्बत की सांस्कृतिक दीप्ति बनी रही, हालाँकि उसकी राजनैतिक प्रभुता कुछ ही समय तक रही। ये लोग बौद्ध धर्म के द्रुप्का समुदाय के तिब्बती स्वरूप का पालन करते थे, और देश के उत्तरी तथा मध्य क्षेत्रों में ही अधिकतर रहते थे। राजनैतिक तौर पर लोगों का यह समूह ही भूटान में हावी है।

लोगों का दूसरा समूह हिन्दू–नेपालियों का है जो उन्नीसवीं शताब्दी के उत्तरार्द्ध से भूटान में आकर बसना शुरू हुए। पिछले कुछ वर्षों से भूटानी समाज में जातीय गड़बड़ी के लक्षण दिखाई देने लगे हैं, जिनसे शासकों की चिंताएँ बढ़ गई हैं।

धर्म – भूटान का मौलिक धर्म बोन बताया जाता है। पुरोहित वर्ग, यानि लामा, भूटानी समाज में एक बहुत शक्तिशाली गुट है। मठ, महज पूजा के स्थल और तीर्थस्थान ही नहीं हैं बल्कि शिक्षा, कला तथा संस्कृति के पीठ भी हैं। कुछ लामा अपने पारंपरिक तिब्बती चिकित्सा उपचार का अभ्यास भी करते हैं जोकि काफी हद तक जड़ी बूटियों अथवा दर्द से राहत प्रदान करने व उपचार को प्रभावी बनाने के लिए पवित्र भजनों का जाप करने पर भरोसा करता है।

कुछ ही समय पहले तक, मठ, भूटान के प्राचीन रिकार्डों तथा मेनुस्क्रिप्टों के संग्रहालय भी रहे हैं। भूटान ताशिदजोंम का केन्द्रीय मठ भूटान की राजधानी थिम्पू में है तथा यह देश का प्राचीनतम मठ है। मठों के प्रतिष्ठानों का प्रमुख पुजारी, जे खेम्पो होता है। हालाँकि अब राजा राज्य तथा साथ ही धार्मिक प्रतिष्ठान दोनों का ही प्रमुख है, किन्तु तमाम धार्मिक मसलों पर जे खेम्पों की सत्ता बरकरार है तथा राजा के बाद अकेला ऐसा व्यक्ति है जिसे केसरिया दुपट्टा पहनने की इजाजत है जोकि सर्वोच्च सत्ता का प्रतीक है। बौद्धधर्म भूटानी राज्य तथा समाज का अभिन्न हिस्सा है क्योंकि यह अन्य विशेषताओं के अलावा भूटान के लोगों को एक पृथक पहचान प्रदान करता है। फिर भी आधुनिकीकरण की प्रक्रिया के साथ ही लामाओं की संस्था तथा एक वर्ग के रूप में लामाओं की उस विशेष सुविधा प्राप्त हैसियत में गिरावट आना निश्चित लगता है।

राष्ट्रीय भाषा – देश में चार प्रमुख भाषाई समूह तथा लगभग 13 से 14 लघु बोलियाँ पायी जाती हैं। हालाँकि जोन्गखा भूटान की शासकीय राष्ट्रीय भाषा है। यह शास्त्रीय तिब्बतीय लिपि के साथ नजदीकी रूप से जुड़ी हुई है। यह सभी विद्यालयों में पढ़ाई जाती है हालाँकि एक

संपर्क भाषा तथा शिक्षण के माध्यम दोनों ही रूपों में, अंग्रेजी का इस्तेमाल भी किया जाता है। एक भाषा को अपनाए जाने के पीछे मकसद यही रहा है कि इसे एक ऐसी संभावित शक्ति के रूप में विकसित किया जाये जो विभिन्न घाटियों में रहने वाले विभिन्न भाषाई समुदायों को एक राष्ट्रीय समुदाय के नीचे ले आए।

प्रश्न 10. भूटान में 19वीं और 20वीं सदी के दौरान की राजनैतिक स्थितियों की रूपरेखा बताइए। [June-07, Q.No.-8]

उत्तर – 19वीं और 20वीं सदी में विभिन्न धर्मों के नेताओं में लड़ाई के परिणामस्वरूप भूटान में अराजकता व्याप्त थी। सन् 1616 में शाब्दुंग नवांग नांग्याल, जो लामा जाति का था और द्रुक्पा पंथ को मानने वाला था, ने भूटान में शरणार्थी के रूप में प्रवेश किया। वह अपनी धार्मिक विचारधारा के लिए गृहभूमि की तलाश में था और उसने देश को स्थायी आधार पर संगठित करने का निश्चय कर लिया था। तिब्बत पर जो भी आक्रमण हुए उन सब को नवांग नांग्याल ने विफल कर दिया। नवांग नांग्याल ने अपनी सैन्य सत्ता स्थापित कर ली। उसने अपने को भूटान का धार्मिक राजा और राजनीतिक प्रमुख घोषित कर दिया। इस तरह उसने भूटान को एक धर्मतांत्रिक राज्य बना दिया। लामाओं की परिषद् द्वारा वहाँ की इहलौकिक सत्ता देवराज चुनी गई थी। धार्मिक नेताओं यानी लामाओं का राज्य प्रशासन पर पूरा कब्जा था। लेकिन 18वीं सदी से लामाओं का प्रभाव धीरे–धीरे कम होने लगा और राज्य व्यवस्था पर सामंती सरदारों का नियंत्रण स्थापित हो गया। शाब्दुंग बगावत और विद्रोह को रोकने में पूरी तरह असफल रहा। वहाँ क्षेत्रीय शासकगण अपने–अपने क्षेत्र पर इस तरह कब्जा बनाए हुए थे कि केन्द्रीय सत्ता का महत्व ही समाप्त हो गया था। यह झगड़ा मुख्य रूप से तौसांगी पैन्लप और पारो पैन्लप दो प्रमुख व्यक्तियों के बीच में था। 1884 में अंतिम निर्णायक गृहयुद्ध हुआ। इसके बाद उग्येन वांगचुक तौंसगा विजयी होकर सबसे शक्तिशाली व्यक्ति के रूप में सामने आया। वह देश का वास्तविक राजा बन गया। 1907 में देश की प्रमुख शक्ति केन्द्रों ने मिलकर यह निर्णय लिया कि राज्य सत्ता उगयेन वांग्चुक के हाथों में सौंप दी जाए। इस तरह भूटान में पुश्तैनी राजतंत्र समाप्त हो गया और शाब्दुंग की सत्ता स्थापित हो गई।

इस सरकार को ब्रिटिश भारत सरकार का पूर्ण समर्थन प्राप्त हुआ। 19वीं सदी में अंग्रेज और भूटान के बीच सामंजस्य स्थापित करने के लिए वार्ता हुई, जो असफल हो गई। भूटानी भूटान की पहाड़ियों में अवस्थित अठारह प्रवेश द्वारों से बार–बार भारत पर हमला कर देते थे जिसके कारण अंग्रेज सरकार परेशान थी। अंत में अंग्रेजों ने भूटान पर हमला कर अठारह प्रवेश द्वारों को जीत लिया और तब यह समस्या स्थायी रूप से हल हो गई। 1865 में हुई एक संधि के कारण भूटान भारत में ब्रिटिश सरकार का एक संरक्षण प्राप्त राज्य बन गया। इसके बाद वांग्चुक के पुश्तैनी राजा बनने के बाद ब्रिटिश सरकार ने 1910 और 1865 की संधि को संशोधित कर दिया। भूटान और ब्रिटिश सरकार के बीच एक समझदारी कायम हुई। इस समझदारी के अनुसार भूटानी सरकार ब्रिटिश सरकार की सलाह के अनुसार ही बाहरी राज्यों के साथ अपना सम्बन्ध स्थापित करती थी। इसके बदले में ब्रिटिश सरकार ने भी भूटान के आंतरिक मामलों में हस्तक्षेप छोड़ दिया। ब्रिटिश सरकार ने चीन को विस्तारवादी नीतियों से भी

भूआन की रक्षा की। भारत में ब्रिटिश सरकार की समाप्ति के साथ भूटान पर से भी उसका नियंत्रण समाप्त हो गया।

प्रश्न 11. भूटान में नियोजित आर्थिक विकास के लिए क्या प्रयास किए गए?

[Dec-07, Q.No.-11(5)]

उत्तर – 1958 में प्रधानमंत्री जवाहर लाल नेहरू की भूटान यात्रा के समय भूटान के नियोजित आर्थिक विकास का प्रश्न उभरा। तब तक भूटानी नेतागण इस बात से वाकिफ हो चुके थे कि उनका देश अनिश्चित काल के लिए निरंतर अलग–थलग नहीं रह सकता क्योंकि उसके आस–पास के देश संचार–साधनों व समाज–सेवा संबंधी विकास के पथ पर आगे बढ़ते ही जा रहे थे। इसके अलावा, भूटान को संयुक्त राष्ट्र संघ, के सदस्य के रूप में पाने की अभिलाषा थी और उसे पूरा करने के लिए भूटान को अपना जनता के कल्याण में दिलचस्पी रखने वाला एक प्रगतिवादी देश के रूप में अपनी छवि दुनिया के सामने रखनी थी।

जिग्मे दोर्जी वांग्चुक ने इसी कारण तय किया कि पार्थक्य को समाप्त किया जाये और नियोजित विकास प्रयासों द्वारा परिवर्तन–प्रक्रिया का शुभारंभ किया जाये। भारत के योजना आयोग की मदद से 1961–1966 के लिए पहली पंचवर्षीय विकास योजना की रूपरेखा तैयार की गई। दूसरी योजना के लिए भी वित्त पूरी तरह से भारत सरकार द्वारा जुटाया गया। इसके बाद की योजनाओं के लिए भी भारत द्वारा भरपूर वित्त प्रबंध किया गया। एक तरीके से गत चालीस वर्षों की अवधि में भूटानी अर्थव्यवस्था भारतीय मदद पर अत्यधिक निर्भर हो गई है।

1972 में, भूटान में एक योजना आयोग अस्तित्व में आया। भूटान नरेश इस योजना आयोग का पदेन अध्यक्ष होता है। गत चार दशकों में विभिन्न योजनाओं की प्राथमिकताएँ रही हैं : **(1)** एक वांछित आधारभूत ढाँचा तैयार करना; **(2)** कृषि व खाद्य में आत्मनिर्भरता; **(3)** शिक्षा; एवं **(4)** परिवहन। हाल के वर्षों में योजना का दबाव विविध रूपों में दिखाई दिया है – बागवानी का विकास, जल–विद्युत उत्पादन, वन–संपदा का परिरक्षण एवं उचित उपयोग तथा मध्यम एवं लघु–उद्योगों को बढ़ावा। सभी भूटानी आर्थिक गतिविधियों में भारतीय सुविज्ञता एवं संसाधनों का प्रमुखता से बोलबाला है। उदाहरण के लिए, जल–विद्युत निदेशालय भारतीय इंजीनियरों की मदद से स्थापित किया गया। इसी प्रकार, दूरसंचार व्यवस्था एवं राजमार्ग निर्माण भारतीय अभियंताओं द्वारा ही किए जाते हैं। भूटान सरकार ने 1968 में अपना खुद का बैंक भी स्थापित कर लिया है – बैंक ऑफ भूटान। भारतीय मुद्रा व सिक्कों का प्रयोग भूटान में वैध है। मौद्रिक एवं बैक संबंधी मामलों में भूटानी सरकार को सलाह देने के लिए बैंक ऑफ भूटान ने भारतीय स्टेट बैंक के साथ मिलकर सहयोग का लाभ प्राप्त किया है। हाल ही में समाप्त हुई आठवीं पंचवर्षीय योजना (1998–2002) के दौरान भूटान के वास्तविक सकल घरेलू उत्पाद (जी.डी.पी.) यानी राष्ट्रीय आय में 6.7 प्रतिशत प्रति वर्ष की दर से वृद्धि हुई, जिसमें वनविद्या व पशुधन की मुख्य भूमिका रही। उद्योग क्षेत्र में 7.1 प्रतिशत की वृद्धि हुई जिसमें निर्माण कार्य व विद्युत–उत्पादन का काम अच्छा रहा। नब्बे के दशक में जल–विद्युत विकास भूटान की तरक्की का मुख्य स्रोत बन गया। पैदा की गई बिजली भारत को निर्यात की जाती है जो भूटानी सरकार को राजस्व कामकर देता है। भूटान

की वार्षिक राष्ट्रीय आय में सेवा–क्षेत्र का योगदान आठ प्रतिशत है। परिवहन एवं संचार व्यवस्था में शनैः–शनैः सुधार आ रहा है जो देश को विदेशी पर्यटकों को लुभाने में मदद कर रहा है।

भूटानी मुद्रा भारतीय रूपये से बँधी हैं और इस व्यवस्था के कारण ही भूटान की मौद्रिक नीति में लचीलेपन के लिए संभावना सीमित है। निजी क्षेत्र का सीमित अस्तित्व घरेलू निवेश के उत्पादन को रोकता है। ऐसे बहुत ही कम उद्यम हैं जिनको प्रमुख इकाइयाँ कहा जा सकता है। अर्थव्यवस्था का कुल मिलाकर छोटा आकार निजी उद्यमता पर प्रतिकूल प्रभाव डालता है। पर्याप्त घरेलू निवेश के अभाव में अपनी आवश्यकताओं को पूरा करने के लिए अर्थव्यवस्था को बाहरी कर्जों व देनदारों पर निर्भर रहना पड़ता है। भूटान के लिए भारत ही वित्तीय मदद का प्रमुख महाजन है। भूटान का 90 से 95 प्रतिशत कारोबार भारत के साथ है।

प्रश्न 12. सामाजिक क्षेत्र में भूटान की उपलब्धियों का विश्लेषण करें।

उत्तर – आर्थिक और सामाजिक क्षेत्रों के बीच अन्योन्याश्रय सम्बन्ध होता है। अस्सी के दशक में भूटान के सामाजिक क्षेत्र में महत्त्वपूर्ण सुधार हुए। 1961 में लोगों की संभावित आयु 36 वर्ष थी, जो बढ़कर 2001 में 68 वर्ष हो गई। शिशु मृत्युदर जो 1986 में 143 थी वह घटकर 2001 में 62 हो गई है। इसके अतिरिक्त मातृ मृत्युदर, पाँच वर्ष से कम उम्र के बच्चों की मृत्युदर आदि में भी गिरावट आई है। पिछले चार दशकों में भूटान में शिक्षा के क्षेत्र में भी अभूतपूर्व प्रगति हुई है। साक्षरता के प्रतिशत में उल्लेखनीय बढ़ोत्तरी हुई है। 1960 के धर्मनिरपेक्ष प्राथमिक विद्यालयों में 500 बच्चे भी पढ़ने नहीं जाते थे। 1964 तक देश में एक भी माध्यमिक स्कूल नहीं था। लेकिन अब स्थिति बदल चुकी है। एक अध्ययन के अनुसार 2001 में 75 प्रतिशत बच्चे प्राथमिक विद्यालयों में अध्ययनरत हैं जिनमें 47 प्रतिशत लड़कियाँ हैं। 1998 में वयस्क साक्षरता दर 55 प्रतिशत थी और महिलाओं की साक्षरता दर 30 प्रतिशत थी।

भूटान में निजी क्षेत्र पूरी तरह विकसित नहीं हो पाया है और सार्वजनिक क्षेत्र सभी को नौकरियाँ देने में असमर्थ हैं, इसलिए अभी वहाँ रोजगार के अवसर कम उपलब्ध हैं। वास्तव में सभी कामकाजी युवाओं को नौकरी देना एक चुनौती है। भूटान में मध्यम एवं लघु उद्योग के विस्तार में सड़कें, बिजली, दूरसंचार आदि का अभाव साधक बना हुआ है। भूटान के सार्वजनिक क्षेत्र में प्रमुख औद्योगिक गतिविधियाँ हैं–जल विद्युत उत्पादन, सीमेंट, कैल्शियम कार्बाइड, खाद्य आदि। भूटान के ये उद्योग सभी लोगों को नौकरियाँ देने में सक्षम नहीं हैं। भूटान की एक बहुत बड़ी समस्या बढ़ती हुई बेरोजगारी है जिस पर ध्यान देना आवश्यक है।

इकाई – 6

राज्य रूपरेखा : श्रीलंका, मालदीव

प्रश्न 1. श्रीलंका के राजनैतिक दलों के विकास तथा उनकी विशेषताओं का वर्णन करो।

उत्तर – राजनीतिक दल से हमारा तात्पर्य उन लोगों के समूह से है जिनके विचार समान व नीतियों में एकरूपता होती है। आज किसी भी राज्य के स्वतंत्र अस्तित्व के लिए राजनीतिक दलों का होना आवश्यक ही नहीं अनिवार्य भी है। प्रजातंत्रात्मक शासन के लिए तो राजनीतिक दल प्राण समझे जाते हैं क्योंकि ये दल जनता का नेतृत्त्व करते हैं।

श्रीलंका में जिम्मेदार सरकार से पूर्व राष्ट्रीय स्तर की कोई भी राजनीतिक पार्टी अस्तित्व में नहीं थी जो जनता के सभी वर्गों का सुदृढ़ नेतृत्व कर सके। बल्कि देश में साम्प्रदायिकता के आधार पर विभिन्न छोटे–छोटे दलों का वर्चस्व कायम था। ये दल स्वरूप में क्षेत्रीय थे जिनकी नीतियों का आधार साम्प्रदायिकता था। दूसरे शब्दों में, उनके द्वारा की जाने वाली मांगों में भाषा, धर्म एवं क्षेत्रवाद थे। श्रीलंका में स्वतंत्रता से पूर्व कुछ राजनीतिक दलों में सीलोन नेशनल कांग्रेस, तमिल कांग्रेस, सिंहली महासभा, श्रीलंका सम समाज पार्टी तथा सीलोन भारतीय कांग्रेस मुख्य रूप से पाये जाते थे। वर्तमान समय में श्रीलंका में निम्नलिखित मुख्य राजनीतिक पार्टियाँ पायी जाती हैं –

श्रीलंका की मुख्य राजनीतिक पार्टियाँ और उनके कार्यक्रम –

I) यूनाईटेड नेशनल पार्टी (United National Party) – सन् 1945–46 में श्रीलंका की स्वतंत्रता के पश्चात् प्रथम प्रधानमंत्री श्री डी.एस. सेनानायके ने एक पार्टी गठन किया जिसमें सीलोन राष्ट्रीय कांग्रेस, सिंहली महासभा, मुस्लिम लीग आदि प्रमुख दलों का विलय किया गया था। इस दल ने 1947 के चुनाव में 65 सीटों में से 42 सीटें प्राप्त की थीं तथा इसे श्रीलंका का सबसे बड़ा राजनीतिक दल होने का गौरव प्राप्त था। 1952 में सेनानायके की मृत्यु के बाद इसी दल ने पुनः आम चुनाव में विजय हासिल की तथा मिस्टर सेनानायके के पुत्र मि. रेड्डी को श्रीलंका का प्रधानमंत्री बनाया गया। परन्तु 1956 के आम चुनावों में पार्टी को हार का मुँह देखना पड़ा। इससे पार्टी के सम्मान को काफी धक्का लगा। 1960 में 51 सीटों में से 31 सीटों पर ही विजय प्राप्त हो सकी तथापि यह पार्टी अपनी खोई हुई प्रतिष्ठा व प्रभुत्व को दोबारा हासिल न कर सकी। इस पार्टी के नाश के लिये पार्टी में निम्न स्तर पर संगठन का अभाव था। दल में अनुशासन नाम की कोई चीज नहीं थी।

यूनाइटेड नेशनल पार्टी के कार्यक्रम – 1) यह पार्टी प्रजातंत्र की समर्थक है तथा पाश्चात्य संसदीय प्रणाली को सर्वोत्तम मानती है।

2) यह सबको समानता का अधिकार प्रदान करने के पक्ष में है अर्थात् समाज के सभी वर्गों जैसे तमिल, मुस्लिम तथा ईसाई आदि को एक समान स्तर पर लाया जाये।

3) यह आर्थिक विकास के पक्ष में है। दल के अनुसार देश में मिश्रित अर्थव्यवस्था लागू की जाये।

4) यह तमिल तथा सिंहली को अधिक सहायता के पक्ष में है।

5) देश में स्थिर तथा विदेशी उद्योगों का राष्ट्रीयकरण किया जाये परन्तु इन्हें मुआवजा अवश्य प्रदान किया जाये।

6) यह समान सेवा, शिक्षा, पेंशन आदि की ओर भी विशेष ध्यान देती है। नागरिकों को समान अधिकार प्रदान कर सामाजिक न्याय स्थापित किया जाये।

7) संवैधानिक तरीकों तथा व्यक्तिगत स्वतंत्रता के माध्यम से ही सामाजिक न्याय की स्थापना पर जोर देती है।

8) यह बड़े उद्योगों पर राज्य का आधिपत्य तथा कुछ उद्योगों पर निजीकरण के पक्ष में है। छोटे उद्योगों को राज्य के नियंत्रण से मुक्त रखा जाये।

9) सभी पड़ोसी देशों से मित्रतापूर्वक संबंध स्थापित किये जायें।

II) श्रीलंका फ्रीडम पार्टी – सन् 1951 में संयुक्त राष्ट्रीय पार्टी तथा कैबिनेट से इस्तीफा देने के बाद श्री एस.डब्ल्यू.आर.डी. भंडारनायके ने इस दल का निर्माण किया था। उनके नेतृत्त्व में इस पार्टी का संगठन तैयार किया गया। 1952 के आम चुनावों में इस दल ने 16 प्रतिशत मत प्राप्त किये। 1956 के आम चुनावों में इस दल को आशातीत सफलता मिली और यूनाइटेड पीपुल्स पार्टी तथा कुछ अन्य दलों के समर्थन से दल ने राष्ट्रीय सरकार बनाई। 1959 में श्री भंडारनायके की हत्या कर दी गई फिर घननायके को प्रधानमंत्री बनाया गया। 1960 में पार्टी को एक बार पुनः बहुमत मिला और दल ने देश में अपनी सरकार बनाई। श्रीमती भंडारनायके को देश का प्रधानमंत्री बनाया गया। श्रीमती नायके ने देश एवं दल का नेतृत्त्व अगले पाँच वर्षों तक किया। 1965 में इस दल को करारी हार का मुँह देखना पड़ा। अब यह दल देश का मजबूत व सशक्त विरोधी दल था। विरोधी दल रहते हुए भी इस दल ने श्रीलंका के राजनीतिक विकास में महत्त्वपूर्ण योगदान दिया।

श्रीलंका फ्रीडम पार्टी का कार्यक्रम– 1) यह सिंहली धर्म, भाषा, संस्कृति एवं योग्यता को दृढ़ बनाना चाहती हैं।

2) आयुर्वेदिक औषधियों के निर्माण एवं प्रयास पर विशेष बल देती है।

3) श्रीलंका को गणतंत्रात्मक देश बनाने में विश्वास रखती है।

4) बौद्ध धार्मिक शिक्षा, शिक्षा का प्रचार एवं प्रसार करना।

5) यूनाइटेड नेशनल पार्टी के पश्चात्य संस्कृति संबंधी कार्यक्रमों का विरोध करती है।

6) सिंहली भाषा को श्रीलंका की राष्ट्रीय भाषा घोषित किया है।

7) सभी बड़े उद्योगों के राष्ट्रीकरण के पक्ष में है।

8) सभी पड़ोसी देशों के साथ मधुर संबंध स्थापित किये जायें।

9) लोकतांत्रिक समाजवाद में विश्वास करती हैं

10) देश में स्थित बेरोजगारी की समस्या का कुशलता से सामना किया जाये।

11) यह पार्टी प्रेस को स्वतंत्रता देने के पक्ष में है तथा धर्म के मामले में पार्टी किसी से भेदभाव नहीं रखती है।

III) श्रीलंका सम समाज पार्टी – इस पार्टी की स्थापना स्वतंत्रता से पूर्व 1935 में हुई थी। इस पार्टी ने श्रीलंका का द्वितीय विश्व युद्ध में भाग लेने का विरोध किया। इसी कारण से एल.एस.एम.पी. नामक नेताओं की कार्यविधियों पर प्रतिबंध लगा दिया गया तथा इसके बहुत से नेताओं को जेल में डाल दिया गया। 1950 में एन.एस. परेरा के नेतृत्त्व में इस पार्टी का नाम बदलकर नवीन पार्टी का निर्माण कर, नवा लंक सम समाज पार्टी रखा। यह कॉमन वेल्थ का सदस्य नहीं रहना चाहती थी परन्तु ब्रिटेन में रक्षात्मक समझौता करना चाहती थी। यह कम्युनिस्ट पार्टी से अपने संबंध बनाना चाहती थी। श्रीलंका में इस पार्टी को एल.एस.एस.पी. पार्टी के नाम से जाना जाता था।

श्रीलंका सम समाज पार्टी के कार्यक्रम – 1) समाजवाद का समर्थन करती है।

2) कामगारों के साथ पूर्ण न्याय की पक्षधर है।

3) प्रबन्धन में मजदूरों का प्रतिनिधित्व एवं भागीदार की पक्षधर है।

4) समस्त चाय उद्योगों का राष्ट्रीयकरण।

5) बैकिंग प्रणाली व निजी यातायात का राष्ट्रीयकरण।

6) ब्रिटेन के साथ सभी रक्षा संबंधों की समाप्ति।

7) समस्त देशों के साथ मित्रता एवं सहयोग की समाप्ति।

IV) कम्युनिस्ट पार्टी – 1943 में श्रीलंका की इस पार्टी का उदय हुआ। कम्युनिस्ट पार्टी ने द्वितीय विश्वयुद्ध को जनता की लड़ाई कहकर पुकारा था और इस युद्ध में भाग लिया था।

कार्यक्रम – 1) यह कॉमन वेल्थ से अलग होना चाहती थी अर्थात् कॉमन वेल्थ की सदस्यता ग्रहण करना नहीं चाहती थी।

2) राज्यों, बैंकों और उद्योगों के राष्ट्रीयकरण के पक्ष में थी।

3) यह केन्द्र एवं प्रान्तों में चीन जैसी शासन व्यवस्था के लाने के पक्ष में थी।

क्षेत्रीय दल – श्रीलंका में 3 प्रकार के क्षेत्रीय दल पाये जाते हैं।

i) परम्परावादी क्षेत्रीय दल

ii) क्रांतिकारी क्षेत्रीय दल

iii) साम्प्रदायिकता क्षेत्रीय दल

1) परम्परावादी क्षेत्रीय दल – परम्परागत क्षेत्रीय दलों के अंतर्गत मुख्यतः तीन दल आते हैं।

i) **लंका सम समाज पार्टी** – इस दल का निर्माण दिसम्बर, 1935 में हुआ। यह मार्क्सवाद तथा ट्रॉटस्की की विचारधारा को अपने मूल सिद्धांतों का आधार मानता है।

ii) **कम्युनिस्ट पार्टी** – पहले यह पार्टी एक राष्ट्रीय पार्टी थी परन्तु कालान्तर में यह दल राष्ट्रीय स्तर पर अन्य पार्टियों के मुकाबले राजनीतिक प्रतिष्ठा प्राप्त न कर सका और अंत में एक क्षेत्रीय पार्टी के रूप में स्थापित होकर रह गया। यह दल पैरेन लंका समाज पार्टी के

विभाजन का एक अंग है तथा इसके सिद्धांतों में साम्यवादी विचारधाराओं का समावेश है।

iii) **महाजन पेरूमना–** इस पार्टी का नेतृत्त्व 1962 तक फिलिप गुणनवर्धन ने किया। उपरोक्त तीनों दलों का मुख्य उद्देश्य संयुक्त रूप से निर्वाचन, समर्थन, संसदीय व्यवस्था तथा ट्रेड यूनियन जैसी संवैधानिक संस्थाओं पर बल देना रहा है। इन क्षेत्रीय दलों ने स्वयं को एक सूत्र में बाँधने का प्रयास किया है परन्तु मूल सिद्धान्तों में असमानता होने के फलस्वरूप इन्हें सफलता नहीं मिली है तो भी इनके मतभेद का एक कारण ट्रॉटस्की बनाम स्टॉलिनवाद के प्रश्न को लेकर मतभेद है। श्री भंडारनायके के अथक प्रयासों के परिणामस्वरूप यूनाइटेड फ्रंट के रूप में इन्हें एक सूत्र में बाँधने की सफलता मिली। इतने पर भी इन दलों के मध्य उपस्थित मतभेदों को अभी भी दूर नहीं किया जा सका।

2) साम्प्रदायिक क्षेत्रीय दल – श्रीलंका में अनेक साम्प्रदायिक दल है जो व्यवस्थापक सभा में प्रभुत्व प्राप्त करना चाहते हैं। इसमें तमिल पार्टी और फेड्रल पार्टी महत्त्वपूर्ण दल हैं। श्रीलंका में मुस्लिम, वरधर और यूरोपियनों की अपनी–अपनी पार्टियाँ हैं। तमिल कांग्रेस का निर्माण 1964 ई. में पूनमबलसम ने किया। इस पार्टी का यू.एन.पी. के साथ 1958 में गठबंधन स्थापित हुआ। इस दल का प्रमुख उद्देश्य तमिल प्रभुत्व संपन्न राज्य स्थापित करना था। ये संघीय राज्य व्यवस्था पर बल देते हैं और बाद में श्रीलंका में इन्होंने तमिल राष्ट्र के निर्माण में अभूतपूर्व सहयोग दिया।

3) रिवोल्युशनरी क्षेत्रीय दल – इस पार्टी का देश के राजनीति में कोई महत्त्वपूर्ण स्थान नहीं है। यह मोर्चा कम्युनिस्ट पार्टी (माओवादी) तथा ट्रॉटस्की समर्थक दल का संयुक्त रूप है। माओवादी कम्युनिस्ट पार्टी ने हमेशा से ही संयुक्त राष्ट्र संघ की नीतियों का घोर विरोध किया है। साथ ही यह यू.एस.ए. की नीतियों का भी समर्थन नहीं करती है। यह लोकतंत्र में भी विश्वास नहीं करती है। इस दल ने लोकतांत्रिक व्यवस्था के अंतर्गत होने वाले चुनावों को (Game of Musical Chair) की संज्ञा दी है।

इस दल का एक उपदल Peoples Liberation Front (P.L.F.) भी है। जिसकी स्थापना सन् 1964 में चीनी साम्यवाद को आधार मानकर की गई है। ये दल क्यूबा और अल्बानिया की राजनीतिक व्यवस्था के समर्थक हैं। ये हिंसा में विश्वास करते हैं जिसके कारण इन पर सरकार को प्रतिबंध लगाना पड़ा।

प्रश्न 2. श्रीलंका की राजनीतिक प्रक्रिया में होने वाले संवैधानिक परिवर्तनों पर विस्तार से विवेचना कीजिए।

उत्तर – 1970 के चुनाव अभियान के दौरान (यूनाइटेड फ्रंट) ने देशज मूल्यों को अभिव्यक्ति देने वाला एक गणतंत्रीय संविधान घोषित करने का वायदा किया था। 1950 के दशक के मध्य में ही एस डब्ल्यू आ डी भंडारनायके ने मौजूदा व्यवस्था को गणतंत्रीय व्यवस्था की ओर ले जाने के लिए शुरूआती कार्यवाई की थी। 1956 में उन्होंने राष्ट्रकुल के सदस्य देशों के प्रधानमंत्रियों की सहमति प्राप्त कर ली थी। हालाँकि गणतंत्र की घोषणा मई 1972 तक के लिए स्थगित कर दी गई क्योंकि इस बीच किसी भी सरकार के पास या तो

पर्याप्त समय नहीं था या संविधान में संशोधन करने के लिए पर्याप्त बहुमत नहीं था।

जब यूनाइटेड फ्रंट ने इस मुद्दे को उठाया तब कई लोग ऐसे भी थे जो संसदीय प्रणाली के आलोचक थे। वे संसदीय प्रणाली को श्रीलंका जैसे छोटे देश के सामने खड़ी नई चुनौतियों के लिए अनुपयुक्त मानते थे। इसलिए श्रीलंका फ्रीडम पार्टी की अगुवाई में यूनाइटेड फ्रंट सरकार ने विभिन्न संविधानों से ली गई विशिष्टताओं सहित एक अध्यक्षीय प्रणाली को पसंद किया। नये संविधान का स्वरूप लोकतांत्रिक, समाजवादी तथा गणतांत्रिक था। 1972 में इसे अपनाने के साथ ही श्रीलंका एक स्वतंत्र उपनिवेश नहीं रहा बल्कि एक स्वतंत्र प्रभुसत्ता संपन्न गणतंत्र बन गया। संविधान ने सीनेट को समाप्त कर एक सदन वाली राष्ट्रीय संसद की स्थापना की। संसद को राज्य की सत्ता के मूर्त रूप की तरह परिभाषित किया गया और संविधान में न्यायपालिका को इसकी कार्यवाइयों को चुनौती देने के अधिकार से वंचित रखा गया। कार्यपालिका को कई प्रकार के आपातकालीन अधिकार तथा विशेष अधिकार दिये गए और कार्यपालिका पर न्यायिक नियंत्रण बहुत हद तक सीमित कर दिये गए।

कार्यपालिका में सत्ता के केंद्रीकरण के अलावा 1972 के संविधान में दो विवादास्पद बातें थीं। इसमें धर्मनिरपेक्ष राष्ट्र बनाने की बात का परित्याग करते हुए समाविष्ट किया गया था। इसमें केवल सिंहला को ही राजभाषा घोषित किया गया था। यह बातें तमिल अल्पसंख्यकों के विरोध के कारण विवादास्पद हो गई थीं। यू.एन.पी. ने भी एक सत्तावादी सरकार के उदय होने के डर से इन परिवर्तनों का विरोध किया। इसलिए अगले चुनावों के एक दिन पहले यू एन पी ने घोषणा की कि यदि वह सत्ता में आई तो संविधान में परिवर्तन करेगी और अनावश्यक परिवर्तनों के साथ अध्यक्षीय सरकार को स्वीकार करेगी। जब यू.एन.पी. ने चुनाव जीत लिया तब नेशनल स्टेट एसेम्बली ने अध्यक्षीय सरकार की स्थापना करते हुए एक संवैधानिक संशोधन किया और जे आर जयवर्धने सरकार के पहले कार्यकारी राष्ट्रपति बने। संशोधन द्वारा किए गए परिवर्तन पर्याप्त नहीं थे इसलिए सितम्बर 1978 में एक नया संविधान लागू किया गया।

1978 के संविधान ने देश के औपचारिक नाम श्रीलंका गणराज्य को बदलकर लोकतांत्रिक समाजवादी श्रीलंका गणराज्य कर दिया और फ्रांस के फिपथ रिपब्लिक की तर्ज पर सरकार की अध्यक्षीय प्रणाली लागू की। 1972 के संविधान की तरह इसके अंतर्गत बौद्ध धर्म को एक विशिष्ट दर्जा देने को मान्यता दी गई। (एक बार फिर बौद्ध धर्म को 'प्रथम स्थान' पर रखने का आश्वासन देते हुए अन्य धार्मिक समुदायों की स्वतंत्रता का आश्वासन भी दिया गया) तमिल और सिंहला भाषा को 'राष्ट्रीय' दर्जा प्रदान किया गया, हालाँकि, केवल सिंहला ही राजभाषा के रूप में मान्य थी।

सरकारी संस्थानों को पारंपरिक तरीके से कार्यपालिका, विधायिका तथा न्यायपालिका में विभाजित किया गया। हालाँकि संविधान में अधिकारों को वास्तविक तौर पर नहीं बाँटा गया। राष्ट्राध्यक्ष और मुख्य कार्यकारी के रूप में राष्ट्रपति के अधिकार संसद सदस्यों के अधिकारों की तुलना में कहीं अधिक हैं। छ: वर्षों के लिए निर्वाचित राष्ट्रपति युद्ध और शांति की घोषणा

कर सकता है, माफी प्रदान कर सकता है और उच्चतम न्यायालय के आदेश पर या विधायिका की स्वीकृति से कोई भी कार्यवाई कर सकता है। संसद की स्वीकृति मिलने पर राष्ट्रपति प्रधानमंत्री और मंत्रिमंडल को नियुक्त करता है। इसके अलावा प्रधानमंत्री की बजाय मंत्रिमंडल की बैठकों में राष्ट्रपति अध्यक्षता करता है। राष्ट्रपति किसी भी मंत्रालय का विभाग अपने पास रख सकता है। संसद का कार्यकाल 6 वर्षों के लिए होता है लेकिन राष्ट्रपति को किसी भी समय संसद को भंग करने और नये चुनाव कराने का अधिकार होता है।

1978 का संविधान राष्ट्रीय एकता और क्षेत्रीय अखंडता की सुरक्षा जैसी कुछ अत्यावश्यक समस्याओं से निपटने के उद्देश्य से लागू किया था। सरकार की नई अध्यक्षीय प्रणाली के तहत तमिल के साथ सिंहला भाषा को श्रीलंका की राजभाषा घोषित करते हुए अल्पसंख्यकों के अधिकारों को उचित महत्त्व दिया गया है। 1950 के दशक के मध्य से अब तक का यह एक बड़ा कदम था क्योंकि इसने तमिलों का विश्वास लौटाया। इसके तहत अभिव्यक्ति और धर्म की स्वतंत्रता तथा व्यापार संगठन का गठन करने जैसे मामलों के लिए वैयक्तिक अधिकारों पर अधिक जोर दिया गया। नये संविधान की एक अन्य विशेष बात यह थी कि इसने 'निवास' और 'नामांकन' के आधार पर नागरिकता के अधिकार को समाप्त कर दिया। इससे भारतीय तमिलनों को लाभ हुआ जिनके साथ अब तक की सरकारें दूसरे दर्जे के नागरिकों की तरह पेश आती थीं। अब बागानों के इलाकों में बसे भारतीय तमिलों की सभी नागरिक तथा राजनीतिक अधिकारों का आश्वासन प्राप्त था। इसके जवाब में भारतीय तमिलों ने इन मैत्रीपूर्ण संकेतों को सकारात्मक रूप में लिया और उनके प्रतिनिधित्व वाली मुख्य राजनीतिक पार्टी और व्यापार संगठन अर्थात् कांग्रेस वर्किंग कमेटी जयवर्धने सरकार में भी शामिल हो गई। लेकिन अधिकांश तमिलों को यह लगा कि यह कदम बहुत देर से उठाये गए हैं और उनके लिए बहुत कम हैं। तमिल राजनीतिक मोहभंग के चलते पैदा हुई अलगाववादियों की तमिल ईलम या ''अनमोल भूमि'' की माँग ने जल्दी ही सरकार पर हमलों का रूप धारण कर लिया।

सरकार को आतंकवाद रोकथाम कानून पारित करवाने को बाध्य होना पड़ा। आरंभ में अस्थाई कदम होने के बावजूद बाद में यह एक स्थाई कानून बन गया जिसने सेना और पुलिस को खोज और गिरफ्तार करने की बेलगाम ताकत दी। जयवर्धने ने बाद में द्वीप के प्रमुख तमिल राजनीतिक संगठनों से वृहत स्वायत्तता पर वार्ताओं की श्रृंखला आरंभ की। बहरहाल तमिल टाइगर्स के आतंकवादी हमले बढ़ाने की प्रतिक्रिया यह हुई कि सिंहलियों ने भी तमिलों पर प्रहार किए। 1981 में गंभीर झड़पें हुई और जुलाई 1983 के दंगे तो उससे भी बड़े थे। जिन्होंने हिंसा का ऐसा दौर प्रारंभ किया जिससे श्रीलंकाई समाज विभाजित हो गया। जयवर्धने के सिंहलियों और तमिलों के राजनीतिक समझौतें के लिए किए गए प्रयास विफल हुए क्योंकि उदारवादी टी यू एल एफ, एल टी टी ई (लिबरेशन टाइगर्स ऑफ तमिल एलम) के सामने बेकार साबित हो चुकी थी क्योंकि टाइगर्स तमिल एलम अर्थात् पृथक राज्य की स्थापना करने को कटिबद्ध थे। इसी बीच वह सिंहली उग्रवादी भी सिंहली बहुल इलाकों में सक्रिय हो गए जो तमिलों को सत्ता में जगह देने की किसी भी योजना का विरोध कर रहे थे।

विभिन्न मोर्चों पर गंभीर आंतरिक संकट झेल रही जयवर्धने सरकार ने भारतीय सरकार के साथ एक समझौता किया जिसमें 1987 के भारत श्रीलंका समझौते के तहत सैनिक सहायता का प्रावधान था। मोटे तौर पर यू एन पी शासन में जातीय विवाद बदतर हुए और द्वीप राष्ट्र के उत्तरी और पूर्वी क्षेत्रों में तमिल पृथकतावादियों ने खूनी संघर्ष छेड़ा।

दिसम्बर 1988 में यू एन पी ने प्रधानमंत्री राणासिंघे प्रेमदासा को राष्ट्रपति के चुनावों के लिए मनोनीत किया। प्रेमदासा बहुत आसानी से चुनाव जीत गए। एस.एल.एफ.पी. की श्रीमावो भंडारनायके को 45 प्रतिशत वोट मिले। इन चुनावों के बाद काफी हिंसा और तोड़फोड़ हुई क्योंकि जे.वी.पी. और एल.टी.टी.ई. ने चुनाव का विरोध किया और हिंसा का रवैय अपनाया। बाद में फरवरी में संसदीय चुनाव हुए जिनमें यू.एन.पी. को 225 में से 125 सीटें प्राप्त हुई। इस चुनाव में भी व्यापक हिंसा हुई और इसे स्वतंत्र श्रीलंका का सबसे खूनी चुनाव माना गया। बाद में आतंकवादी हिंसा और असुरक्षा बढ़ने की वजह से सरकार ने कुछ कड़े कदम उठाए और जनतांत्रिक अधिकारों और न्याय के सिद्धांत से समझौते करते हुए कुछ काले कानून लागू किए। स्थाईत्व के प्रयासों के लिए राष्ट्रपति के अधिकारों को बढ़ा दिया गया। लेकिन ऐसा लगा कि हालात तब नियंत्रण से बाहर हो गए थे जब 1 मई 1993 को एल.टी.टी.ई. के लोगों ने राष्ट्रपति रणसिंघे की हत्या कर दी। बाद में बदलते हुए राजनीतिक माहौल में एस. एल.एफ.पी. सत्ता में आ बैठी जब श्रीमती भंडारनायके की पुत्री चंद्रिका भंडारनायके कुमारतुंग 1994 के आम चुनाव में प्रधानमंत्री बनीं। बाद में नवम्बर 1994 में वह राष्ट्रपति बन गई और उन्होंने अपनी माँ को प्रधानमंत्री नियुक्त किया।

दिसम्बर 1999 के राष्ट्रपति के चुनाव में चंद्रिका कुमारतुंग एक बार फिर राष्ट्रपति चुनी गई। इसके अगले साल हुए आम चुनावों में एल एल एफ पी गठबंधन ने वापस सत्ता पाई। फिर भी 2003 के चुनावों में एस एल एफ पी हार गई और यू एन पी के रानिल विक्रमसिंघे प्रधानमंत्री बने और उन्हें एल.टी.टी.ई. से वार्ता आरंभ की।

प्रश्न 3. श्रीलंका में जनशक्तिकरण और स्थानीय शासन पर टिप्पणी कीजिए।

उत्तर – संसदीय लोकतंत्र के रूप में श्रीलंका को विभिन्न स्तरों पर राजनीतिक शक्ति के गठन और कार्यान्वयन का अनुभव था। इस संदर्भ में सरकार की संस्थाओं की कदम निचले स्तर से पड़ताल करना उपयुक्त है। औपनिवेशिक काल में सरकारी प्रतिनिधि बहुत प्रभावशाली थे और केन्द्रीय सरकार के महत्त्वपूर्ण प्रतिनिधि थे। हालाँकि वे मुख्यतः राजस्व एकत्र करने वाले अधिकारी थे लेकिन उन्हें उनके क्षेत्रों में सभी सरकारी गतिविधियों को नियंत्रित करने के अधिकार भी दिये गए थे। स्वतंत्रता के बाद इनका प्रभाव कम हुआ क्योंकि इनके मुकाबले में संसद के निर्वाचित सदस्य और सरकार के अन्य अधिकारी आ गए थे।

स्थानीय शासन का दायरा गाँवों, शहरों और नगरों की परिषदों तक था। इसके तहत सरकारों के पास राजस्व सीमित था और इनके काम भी अपेक्षाकृत कम होते थे जैसे अपने अधिकार क्षेत्र में किसी गाँव या शहर में सार्वजनिक कार्यों का निरीक्षण करना। 1981 में इन गाँव, शहर तथा नगर परिषदों की जगह जिला विकास परिषदों ने ले ली। जिला विकास परिषदों का

गठन मुख्यतः अल्पसंख्यकों की स्थानीय स्वशासन की अपेक्षाओं की पूर्ति के लिए किया गया था। इनकी संरचना विशेष रूप से, विकास और आर्थिक नियोजन के क्षेत्रों के कार्यान्वयन में स्वायत्तता के लिए की गई थी। लेकिन यह जिला परिषदें अपने शुरूआती दिनों में ही लड़खड़ाने लगी। प्रमुख विपक्षी दलों – श्रीलंका फ्रीडम पार्टी, लंका सम समाज पार्टी एवं कम्युनिस्ट पार्टी ने इस योजना का विरोध करते हुए 1981 में हुए जिला विकास परिषदों के चुनावों का बहिष्कार किया। इस योजना पर अगली सरकारों ने भी ध्यान नहीं दिया और अंततः 1988 में इसका स्थान प्रांतीय परिषदों ने ले लिया।

आज की तारीख में द्वीप के विभिन्न भौगोलिक क्षेत्रों के लिए आठ प्रांतीय परिषदें हैं। भारत–श्रीलंका समझौते के तहत द्वीप के पूर्वी तथा उत्तरी क्षेत्रों के तमिल इलाकों को किसी प्रकार की स्वायत्तता प्रदान करने के उद्देश्य से 1988 में उत्तर–पूर्वी परिषद का पहला चुनाव हुआ। प्रत्येक प्रांत में एक निर्वाचित परिषद है जिसके अंतर्गत एक मुख्यमंत्री तथा परिषद द्वारा स्वीकृत मंत्रियों का समूह है। इन परिषदों ने स्थानीय प्रशासन की पुरानी प्रणाली को त्यागना शुरू कर दिया है। प्रत्येक प्रांत को दो या तीन प्रशासनिक जिलों में विभाजित किया गया है। प्रत्येक जिले में कुछ सरकारी कार्यालय हैं जिन्हें कचेरी कहा जाता है और जो मुख्य रूप से इन जिलों में काम करते हैं। कचेरी और प्रांतीय परिषदों के अलावा प्रत्येक जिले में कुछ निर्वाचित स्थानीय स्वशासित परिषदें हैं जो छोटे–मोटे कुछ काम करती हैं।

सामान्यतः श्रीलंका में स्थानीय शासन की स्थिति कमजोर रही। एक एकीकृत राज्य के रूप में सरकार द्वारा अर्जित अधिकांश राजस्व कोलंबों में राष्ट्रीय सरकार के अधिकार में रहता है। अक्सर राष्ट्रीय सरकार द्वारा लिए गए फैसलों को स्थानीय शासन को पूरा करना पड़ता है। कुछ हद तक जिला विकास परिषदों के तहत विकेन्द्रीकरण के प्रयोग के विफल होने के कारण एक पृथक राज्य की तमिलों की माँग का परिणाम यह हुआ कि राजनीति का और अधिक केन्द्रीकरण हुआ और सरकार इस चुनौती से निपटने के लिए राष्ट्रीय सुरक्षा के नाम पर आपातकालीन कानून और अन्य अधिनायकवादी कदम उठाने लगी।

प्रश्न 4. हाल के समय में श्रीलंका की राज्यव्यवस्था के समक्ष खड़े मुख्य मुद्दों की पहचान कीजिए।

उत्तर – श्रीलंका का वर्तमान राजनीतिक ध्रुवीकरण देश में न तो स्वस्थ जनतांत्रिक व्यवस्था की स्थापना कर सका है और न ही स्थायी राजनीति के लिए कोई सकारात्मक संकेत दे सकता है। दूसरे, राजनीतिक चाल चलकर एस.एल.एफ.पी.–जे.वी.पी. गठबंधन सत्ता में आ गई लेकिन इन दोनों दलों के बीच तमिल समस्या और शांति प्रक्रिया जैसे अहम् मुद्दों पर गहरा मतभेद है। उन्होनें दशकों पुराने पृथकतावादी संकट को सुलझाने के मूलभूत मुद्दे पर असहमति होते हुए भी सहमति प्रकट की। जबकि सच यह था कि दोनों के दृष्टिकोणों में अभी भी व्यापक अन्तर था। एक ओर जहाँ एस.एल.एफ.पी. स्वीकृत राज्य के दृष्टिकोण से हटते हुए सत्ता के बृहत्तर अवमूल्यन की मदद से संकट का समाधान चाहती थी वहीं दूसरी ओर जे.वी.पी. इस विचार का कट्टर विरोधी था। वह वर्तमान राज्य में किसी भी प्रकार का अवमूल्यन नहीं

चाहता था। इस मुद्दे पर जे.वी.पी. के विचार और बौद्ध भिक्षुओं के विचार एक जैसे थे। वैसे तमिल मुद्दे पर एस.एल.एफ.पी. और यू.एन.पी. के विचारों में कुछ समानता थी, जो श्रीलंका की राजनीति पर हावी था लेकिन अपनी ऐतिहासिक दुश्मनी और राजनीतिक अस्तित्व की वजह से वह साथ–साथ काम नहीं कर सकते थे।

दूसरी तरफ तमिल पार्टी टी.एन.ए. ने जिन दो प्रमुख विषयों को मुद्दा बना कर चुनाव लड़ा था, वे थे – पहला यह कि वह जातीय तमिलों के एकमात्र प्रतिनिधि के रूप में एल.टी.टी.ई. को स्वीकार करती है और दूसरी उसने बातचीत के आधार के तौर पर अंतरिम स्वशासन प्राधिकरण (आईएसजीए) का प्रस्ताव प्रस्तुत किया। चुनाव में पहली बार हिस्सा लेने वाली इस पार्टी को इतनी जबरदस्त जीत मिली जिससे सिर्फ श्रीलंका के लोग ही नहीं बल्कि पूरा विश्व चौंक गया। चौंकाने वाली बात यह थी कि जिस एल.टी.टी.ई. ने यू.एन.पी. सरकार के साथ बातचीत के दौरान हथियार डालने या हिंसा छोड़ने से मना कर दिया था, वही आज अपने प्रतिनिधियों के माध्यम से संसद में मौजूद थी। श्रीलंका में टी.एन.एम. और जे.एच.यू. के उभरने की वजह से संसद में तमिल और सिंहली कट्टरपंथियों को प्रवेश मिला और इनके बीच झड़प की शुरूआत हुई। चुनाव में कुमारतुंग के नेतृत्त्व वाली यू.पी.एफ.ए. की जीत एस.एल. एफ.पी.–जे.वी.पी. गठबंधन के परिणामस्वरूप हुई थी और इससे उसका यह आरोप भी सच निकला कि यू.एन.पी. वार्ताओं में एल.टी.टी.ई. को कुछ ज्यादा तरजीह दे रही है और इसीलिए लंबे समय से शांति वार्ता रूकी हुई है। श्रीलंका सरकार अब पुनः शांति प्रक्रिया शुरू करना चाहती है।

प्रश्न 5. श्रीलंका के समाज की संजातीय संरचना का वर्णन करो।[Dec-07, Q.No.-4]

उत्तर – भारत की ही तरह श्रीलंका भी एक बहुजातीय समाज है। कुल जनसंख्या के 73 प्रतिशत सिंहली मूल के लोग हैं। वे ज्यादातर द्वीप के पश्चिमी और दक्षिण पश्चिमी हिस्सों में केन्द्रित हैं। भागौलिक दृष्टि से उन्हें निचले स्थानों और ऊँचे स्थानों वाले या कान्ड्यान सिंहली कहा जाता है। निचले स्थानों के सिंहली द्वीप के दक्षिणी और पश्चिमी हिस्सों में केन्द्रित है। ऊँचे स्थानों वाले सिंहली कांड्यान की पहाड़ियों पर रहते हैं। सिंहलियों के बाद जनसंख्या की दृष्टि से दूसरा सबसे बड़ा समुदाय श्रीलंकाई और भारतीय मूल के तमिलों का है। कुल आबादी के 12.6 प्रतिशत श्रीलंकाई मूल के तमिल ज्यादातर उत्तर–पूर्वी प्रांतों में केन्द्रित है। कुल आबादी के 5.7 प्रतिशत भारतीय मूल के तमिल अधिकांशतः द्वीप के मध्य के ऊँचे स्थानों वाले बागानों के इलाकों में केन्द्रित हैं। ये लोग अंग्रेज शासकों द्वारा कॉफी और रबर के बागानों में काम करने के लिए भारत से लाए गए थे। उनमें से ज्यादातर के पास श्रीलंका की नागरिकता है।

अन्य महत्त्वपूर्ण अल्पसंख्यक समुदाय मूरों या मुसलमानों की है। उनकी आबादी कल आबादी का 7.4 प्रतिशत है। उनकी भाषा तमिल है और वे अधिकांशतः द्वीप के पूर्वी हिस्सों में केन्द्रित है। अन्य अल्पसख्यक समुदाय हैं मलय और बर्गर जिनकी आबादी कुल आबादी की केवल 0.4 प्रतिशत है। श्रीलंका का प्राचीन सांस्कृतिक इतिहास विभिन्न धर्मों एवं संस्कृतियों के

संश्लेषण का इतिहास है। मौजूदा तमिल–सिंहला संघर्ष को समझने के लिए जातीय संबंधों की ऐतिहासिक पृष्ठभूमि की जानकारी महत्त्वपूर्ण है। ऐतिहासिक दृष्टि से सिंहली और तमिल दोनों ही भारतीय मूल के हैं। सिंहलों का मानना है कि उनके पूर्वज 5वीं शताब्दी ईसा–पूर्व में उत्तरी भारत से आकर यहाँ बसे थे। दक्षिणी भारत के साथ सिंहलों के संबंधों का इतिहास भी बहुत पुराना है। समय–समय पर हुए सैन्य–आक्रमणों और दक्षिण भारत के साथ वैवाहिक संबंधों के चलते सिंहला राजाओं पर दक्षिणी भारत के राजघरानों का काफी प्रभाव था। तमिलों का दावा है कि वही द्वीप के मूल निवासी हैं क्योंकि वे सिंहलो से पहले ही यहाँ आकर बसे थे। 'मूल निवासी' के बारे में सच्चाई जो भी हो लेकिन इस द्वीप में विभिन्न धर्मों और संस्कृतियों के लोग आपसी मेल–जोल के साथ रहते आये हैं। ऐसा माना जाता है कि सिंहली लोग, जिनमें से अधिकांश बौद्ध थे पहले श्रीलंका के उत्तरी हिस्से में बसे थे। दक्षिण भारतीय राजाओं के सिलसिलेवार आक्रमणों से तंग आकर वे द्वीप के दक्षिणी भाग की तरफ चले गये और इस तरह खाली हुए उत्तरी पूर्वी भाग में तमिल भाषी लोग बस गए।

16वीं शताब्दी में पुर्तगालियों के आगमन के साथ द्वीप पर पश्चिमी सभ्यता का प्रभाव पड़ना शुरू हो गया। बाद में यहाँ डचों और अंग्रेजों ने शासन किया। इनमे लंबे समय तक चलने वाला अंग्रेजी औपनिवेशिक शासन था। अंग्रेजी शासन के दौरान श्रीलंका के सामाजिक आर्थिक ढाँचे में दूरगामी परिणामों वाले बदलाव आए। अंग्रेजी शिक्षा और ईशाइयत के प्रचार ने इस दिशा में उल्लेखनीय योगदान दिया। चाय, कॉफी, रबर और नारियल की व्यापारिक स्तर पर बागवानी से कृषिकीय अर्थव्यवस्था में कई मूलभूत परिवर्तन हुए। बागवानी के लिए दक्षिण भारत से लाए गए मजदूर यहीं बस गये। राजनैतिक स्तर पर, औपनिवेशिक शासन के अंतिम चरण में अंग्रेजों की 'बांटो और राज करो'' की नीति के तहत पैदा हुआ तमिल–सिंहली तनाव आजादी के बाद 'जातीयता' के राजनैतीकरण के चलते और भी गहन होने लगा। इस आंदोलन का उद्देश्य बौद्ध धर्म की प्राचीन प्रतिष्ठा की पुनर्स्थापना था। यह वास्तव में लोगों के सामाजिक और सांस्कृतिक जीवन में अंग्रेजी भाषा और इसाई धर्म के हस्तक्षेप की प्रतिक्रिया के रूप में शुरू हुआ और कालांतर में साम्राज्य–विरोधी आंदोलन का आधार बना। इसका नतीजा यह हुआ कि साम्राज्य–विरोधी आंदोलन पर सिंहली बौद्धों का वर्चस्व स्थापित हो गया। जातीय–विभाजन की प्रक्रिया तभी से शुरू हो गई थी।

बौद्ध पुनरुत्थानवादी आंदोलन से प्रभावित हुए बिना तमिल समुदाय के नेता औपनिवेशिक शासन से रियायतें हासिल करने के उद्देश्य से अखिलद्वीपीय चेतना तैयार करने में लगे थे। औपनिवेशिक शासन के सांप्रदायिक प्रतिनिधित्व के सिद्धांत पर आधारित विधायिका में सभी धार्मिक, जातीय समूहों के संभ्रांतों को प्रतिनिधित्व प्रदान किया था। बाद में तमिल और सिंहला उच्च वर्गों के संयुक्त प्रयास से प्रतिनिधित्व का आधार और भी व्यापक हुआ। लेकिन 1920 के संवैधानिक सुधार से सिंहली–तमिल एकता को काफी धक्का लगा। इस सुधार के तहत क्षेत्रीय प्रतिनिधित्व का सिलसिला शुरू हुआ तथा और अधिक अनौपचारिक सदस्यों की भर्ती से विधायिका का आकार काफी बड़ा हो गया। सिंहली नेता अब अपनी बहुसंख्यक ताकत, अपने चुनाव–क्षेत्र और मतदाताओं पर ज्यादा जोर देने लगे और 1920 के चुनाव के

दौरान तमिलों के समर्थन के अपने वायदे से पीछे हट गए। जैसे–जैसे संवैधानिक सुधार ठोस रूप से अख्तियार करता गया, तमिलों की पहचान धीरे–धीरे एक अल्पसंख्यक राष्ट्रीयता के रूप में बनती गई। सिंहली उच्च वर्गों ने अपने हितों की साधना के लिए जातीय और भाषाई अस्मिता पर ज्यादा जोर देना शुरू कर दिया।

प्रश्न 6. श्रीलंका की अर्थव्यवस्था पर उपनिवेशवादी के प्रभावों की व्याख्या कीजिए।

[June-07, Q.No.-7][Dec-07, Q.No.-4]

उत्तर – श्रीलंका ब्रिटिश साम्राज्य का उपनिवेश था और इसी कारण श्रीलंका और ब्रिटेन के संबंध घनिष्ठ थे। इसी का फायदा उठाकर ब्रिटिश औपनिवेशिक शासन ने श्रीलंका में पारंपरिक कृषि व्यवस्था को समाप्त कर अपनी आधुनिकीकरण और विकास की आर्थिक नीतियाँ लागू कर दी। ब्रिटिश शासकों ने पारंपरिक कृषक अर्थव्यवस्था को चाय और रबर की खेती पर आधारित 'निर्यातोन्मुख' अर्थव्यवस्था में परिवर्तित कर दिया। श्रीलंका की आजादी के बाद भी यह बागान राज अर्थव्यवस्था तब तक कायम थी जब तक श्रीलंका के राजनीतिक माहौल को इसके कारण गंभीर सामाजिक और आर्थिक समस्याओं का सामना नहीं करना पड़ा। बागान राज में पूँजीवादी विकास असमान था। इसके परिणामस्वरूप श्रीलंकाई समाज में सामाजिक–आर्थिक विभाजन उत्पन्न हो गया। जब अंग्रेज शासकों द्वारा कांडयन क्षेत्र की पहाड़ियों पर कब्जा कर बागवानी का काम शुरू किया गया तब तक कांडयान सिंहलियों ने इसका जमकर विरोध किया, क्योंकि इससे उनकी अपनी ही जमीन पर उनका स्वामित्व खत्म हो गया था। कांडयानवासी हमेशा से ही अंग्रेजी शिक्षा के विरोधी थे क्योंकि उन्हें अपनी पारंपरिक संस्कृति पसन्द थी। अंग्रेज दक्षिण भारत से आए भारतीय तमिलों से बागानों की खेती का काम करा रहे थे। कांडयन क्षेत्र के यातायात आपूर्ति, खुदरा व्यापार आदि सेवाओं पर सिंहलियों का कब्जा था। ये सिंहली ब्रिटिश राज के पहले से ही पश्चिमी सभ्यता के विरोधी थे। इसके परिणामस्वरूप मैदानी सिंहलियों और कांडयानवासियों के बीच सामाजिक विभाजन हो गया। दोनों को यह महसूस हुआ कि उनके हित एक–दूसरे से अलग हैं। 1920 के दशक में कांडयान राष्ट्रीय एसेम्बली ने एक संघीय राष्ट्र की माँग की जिससे कि कांडयान समुदाय को प्रांतीय स्वायत्तता दिलाई जा सके।

19वीं शताब्दी में बागान खेती के कारण भूस्वामियों, बागान मालिकों, यातायात एजेंटों, ठेकेदारों और व्यापारियों को बहुत फायदा मिला। इससे मछुआरों और दालचीनी तोड़ने वालों को भी लाभ हुआ। लेकिन पारंपरिक किसानों को इससे बहुत घाटा हुआ। दोनों जातियों के विभाजन से अलग मैदानी सिंहलियों और कांडयान अभिजात वर्ग के मुखिया तथा सरदारों ने एक नया वर्ग बना लिया। इनमें से बहुत–से लोग शहरों में बस गए थे। वे अंग्रेजी तथा तकनीकी शिक्षा ग्रहण कर चिकित्सा, अभियांत्रिकी तथा शैक्षिक क्षेत्रों में नौरिकयाँ करने लगे। जो क्षेत्र उपजाऊ नहीं थे और जहाँ कृषि कार्य संभव नहीं था वहाँ के लोगों ने रोजगार के दूसरे साधनों की तलाश शुरू की। तमिलों के वेल्लाला जाति के किसान अमेरिकी मिशनरियों द्वारा स्थापित स्कूलों और कॉलेजों में शिक्षा ग्रहण कर औपनिवेशिक प्रशासन तथा अन्य उच्च

व्यवसायों में नौकरियाँ करने लगे। बहुत सारे मर्यादित परिवारों के तमिलों ने भी व्यापार करके लाभ उठाया और कोलम्बो में बस गए।

इस प्रकार से श्रीलंकाई समाज पूर्ण रूप से आर्थिक और सामाजिक आधार पर विभाजित हो गया। पूँजीपति वर्ग भी दो हिस्सों में बँट गया था। इसका एक वर्ग बागानों की खेती और व्यापार से जुड़ा था जबकि दूसरा वर्ग औपनिवेशिक नौकरशाहों तथा पेशेवर वर्गों से सम्बद्ध था। बागान खेती से पारंपरिक खेती को भारी नुकसान हुआ। जिसके परिणामस्वरूप ग्रामीण क्षेत्रों में आर्थिक रूप से एक बड़ा विपन्न वर्ग पैदा हो गया।

प्रश्न 7. श्रीलंका की राजनैतिक अर्थव्यवस्था पर टिप्पणी कीजिए।

उत्तर – 20वीं शताब्दी के पूर्वार्ध में श्रीलंका ने उल्लेखनीय आर्थिक प्रगति की। राष्ट्रीय अर्थतंत्र की दो धाराएँ – पारंपरिक और आधुनिकतावादी, साथ–साथ चलती रहीं। ज्यादातर जनसंख्या कृषि पर आधारित पारंपरिक धारा का हिस्सा थी। इसकी जगह धीरे–धीरे ज्यादा फायदेमंद दिखने वाली, बागवानी लेती गई। अंग्रेजी शासन के दौरान बागान–क्षेत्र को अधिक से अधिक व्यावसायिक और निर्यातोन्मुख बनाया गया। लेकिन तब भी ज्यादातर लोगों की आजीविका पारंपरिक ''आत्म–निर्भर'' कृषि पर ही आधारित थी। बाद के दिनों में निर्यातोन्मुख अर्थव्यवस्था की अनिश्चितता ने वहाँ की सामाजिक–आर्थिक स्थिति में असंतुलन पैदा कर दिया। निर्यातोन्मुख बागानों पर ज्यादा जोर देने के कारण पारंपरिक कृषि उपेक्षित होती रही और परिणामस्वरूप जड़ता और अवनति का शिकार हुई। विश्व बाजार की मांग पर निर्यात की निर्भरता ने सामाजिक राजनैतिक संरचना को भी प्रभावित किया। अंग्रेजी राज में आयात–अर्थतंत्र की रीढ़ श्रीलंका के चाय, कॉफी, रबर आदि के बागान थे। असीम संभावनाओं वाले इन बागानों का अस्तित्व विश्व बाजार में इनके उत्पादों की मांग पर निर्भर था। अंग्रेज शासकों ने कांड्यान की पहाड़ियों पर कब्जा करके सघन बागवानी का काम शुरू किया। इस पहाड़ी इलाके के सिंहली निवासियों ने अंग्रेजों के स्वामित्व को अस्वीकार किया हुआ था एवं उनकी बागवानी की गतिविधियों का विरोध एवं बहिष्कार किया। निचले भागों के सिंहली अंग्रेजी शिक्षा के प्रभाव में आर्थिक विकास की औपनिवेशिक नीति से परिचित हो चुके थे लेकिन कांड्यान पहाड़ियों के लोग पुश्तैनी सामंती सामाजिक संरचना से पूरी तरह जुड़े हुए थे। कांड्यानवासी अपने को सिंहली परंपरा और बौद्ध धर्म का असली वाहक मानते थे जबकि निचले हिस्सों के सिंहली उन्हें पिछड़ा हुआ एवं संकीर्णतावादी मानते थे। अंग्रेज शासक दोनों को अलग–अलग जातीय समूह मानते थे और दोनों के लिए अलग–अलग कायदे कानून बनाए गए थे। कांड्यान की पहाड़ियों पर बागवानी की शुरूआत से ये अंतरविरोध और भी गहरे होते गए। बागवानी के लिए मजदूरों के रूप में भारतीय तमिल आए और उत्पादों के थोक व्यापार, यातायात व्यवस्था आदि का काम मैदानी हिस्सों के सिंहली करने लगे। बागानों की खेती से विषम पूँजीवाद विकास का सामाजिक गठन पर गंभीर प्रभाव पड़ा। पूँजीपति वर्ग के विकास ने श्रीलंका में सामाजिक आर्थिक विभाजन पैदा कर दिया। पूँजीपति वर्ग दो हिस्सों में बंटा था। पहला हिस्सा वह था जो बागानों की खेती और उत्पादों के व्यापार से जुड़ा था और

दूसरे हिस्से का संबंध औपनिवेशिक नौकरशाही और पेशेवर वर्गों से था। बागानों के विकास के परिणामस्वरूप पारंपरिक खेती के प्रति उदासीनता और उपेक्षा के दृष्टिकोण के कारण ग्रामीण किसानों की आर्थिक स्थिति बदतर होती चली गई।

स्वतंत्रता के बाद भी आर्थिक विकास के औपनिवेशिक ढर्रे में खास फर्क नहीं पड़ा। इस दौरान के आर्थिक विकास को 'औपनिवेशिक पूँजीवाद'' से लगभग ''राज्य–पूँजीवाद'' में संक्रमण का दौर कहा जा सकता है और मुक्त अर्थव्यवस्था के लिए राज्य विश्व–बाजार पर निर्भर है। आयातोन्मुख आर्थिक नीति के तहत स्वतंत्र राष्ट्र के रूप में भी राज्य ने खाद्य पदार्थों के उत्पादन की पारंपरिक खेती के प्रति उपेक्षा का ही दृष्टिकोण अपनाया। इसके परिणामस्वरूप एक तरफ तो संपन्न बागान मालिकों के छोटे से वर्ग का उदय हुआ और दूसरी तरफ दिवालिया हो चुके भूमिहीन मजदूरों और बदहाली झेलते हुए गरीब किसानों के वर्गों का उदय हुआ। विश्व बाजार की अनिश्चतताओं के कारण आयात पर आधारित अर्थव्यवस्था के विषम विकास ने जातीय तनाव को जन्म दिया। उदार अर्थव्यवस्था से अधिकांशतः सिंहली मध्य वर्ग और ज्यादातर तमिल लाभान्वित हुए थे। अल्पसंख्यक होने के बावजूद अपनी शैक्षणिक योग्यताओं के चलते सरकारी और गैर सरकारी नौकरियों पर तमिलों की संख्या अत्यधिक थी। व्यापार एवं व्यवसाय में भी उनका पर्याप्त प्रतिनिधित्व था। इन क्षेत्रों में प्रतिनिधित्व से वंचित गरीब सिंहलियों में अलगाव और तमिलों के प्रति कटुता की भावना पैदा होने लगी। कांड्यान पहाड़ियों के बागानों एवं अन्य उद्योगों में तमिलों की मौजूदगी का सिंहलियों द्वारा विरोध होने लगा। समाज में पहले से ही मौजूद वर्ग और जाति विभाजन, विभिन्न सरकारों की आर्थिक नीतियों के चलते और भी मजबूत होते गए।

1 9वीं शताब्दी के उत्तरार्ध में शुरू हुई आर्थिक संरचना में आजादी के बाद बदलते माहौल के अनुरूप धीरे–धीरे परिवर्तन होने लगा। प्रतिष्ठा के पदों पर अभी भी अल्पसंख्यक धनिकों का ही वर्चस्व था लेकिन अब उनमें जातीयता, जाति और धर्म के आधार पर पारस्परिक अंतर्विरोध भी उभरने लगे। मध्य वर्ग और निम्न पूँजीपति वर्गों के मोर्चे ने संस्कृति और भाषा के आधार पर संभ्रांत वर्गों का समर्थन करना शुरू किया। इस शताब्दी के मध्य में शिक्षा के प्रसार और मतदान के अधिकार के चलते आर्थिक विकास के लाभ से वंचित ग्रामीण किसानों की हालत में सुधार आना शुरू हुआ। इसके साथ ही तमिल मजदूर अलग–थलग पड़ते गए। शुरू में जातीय तनाव उच्च वर्गों तक ही सीमित था। कई शहरी इलाकों में विभिन्न जातीयता के समूहों में सौहार्दपूर्ण संबंध था। इस शताब्दी के पूर्वार्ध मे नौकरियों में प्रतिद्वंद्विता तमिलों और बर्गरों के बीच थी। कांड्यान क्षेत्र के लोग व्यापार में मैदानी लोगों के वर्चस्व के विरूद्ध थे। समय बीतने के साथ तमिल और सिंहली उच्च वर्गों की राजनैतिक प्रतिद्वंद्विता ने द्वीप के दोनों प्रमुख समुदाय के लोगों में पारस्परिक संदेह की भावना पैदा कर दी।

श्रीलंका की सांस्कृतिक एवं सामाजिक संरचना जातीय तनाव, धर्म, जाति और भाषा पर आधारित अस्मिता पर जोर एवं राष्ट्रीय पहचान के अभाव की समस्याओं से ग्रस्त है। ऐसा कोई राजनैतिक मंच नहीं है जिस पर समाज के विभिन्न वर्गों एवं समूहों के लोग एकताबद्ध हो सकें। किसी साझे जनसंघर्ष के अभाव में लोगों का राजनीतिकरण जातीयता के आधार पर हुआ जिसने सामाजिक विभाजन को ही मजबूत किया।

प्रश्न 8. स्वतंत्रता के बाद के समय में तमिलों के साथ जातीय भेदभाव के मुद्दों की पहचान कीजिए।

उत्तर – स्वतंत्रता के बाद श्रीलंका में जातीय भेदभाव तेजी से फैला क्योंकि कुछ सिंहली नेताओं ने अन्य समुदायों के हितों की अनदेखी कर बहुसंख्यक समुदायों के हितों की रक्षा के लिए कुछ कार्यवाही शुरू की, जिसमें इनकी भाषा और शिक्षा नीति प्रमुख थी। सिंहलियों की प्रमुखता वाली सरकार द्वारा अपनाई गई भाषा और शिक्षा की नीतियों के कारण अल्पसंख्यकों की शिक्षा और रोजगार की संभावनाएँ कम हो गईं। 1956 में राजभाषा कानून पारित किया गया। इस कानून के अनुसार सिंहली भाषा को तमिल और अंग्रेजी भाषा से अधिक महत्त्वपूर्ण दर्जा प्रदान किया गया था। सिंहलियों ने साम्राज्यवादी औपनिवेशि16
क काल में अंग्रेजी शिक्षा ग्रहण नहीं की क्योंकि वे रूढ़िवादी थे और उनकी नजर में बौद्ध–सिंहली संस्कृति ही अच्छी थी। जबकि तमिलों ने ईसाई मिशनरी द्वारा स्थापित शिक्षण संस्थाओं में अंग्रेजी शिक्षा ग्रहण कर अच्छे रोजगार प्राप्त किए जिससे उनकी आर्थिक स्थिति अच्छी हो गई। इसी कारण औपनिवेशिक शासन की समाप्ति के बाद भी सिंहलियों की अपेक्षा तमिलों की आर्थिक स्थिति अच्छी थी। शिक्षा के अभाव के कारण बहुसंख्यक सिंहलियों की आर्थिक स्थिति अच्छी नहीं थी। यही कारण था कि 1950 के दशक में सिंहली समुदाय का प्रतिनिधित्व करने वाले राजनीतिक दल रोजगार और शिक्षा के क्षेत्र में सिंहलियों के लिए अधि
क हिस्से की माँग करने लगे।

1956 से पहले विश्वविद्यालय प्रवेश परीक्षाओं का माध्यम अंग्रेजी था लेकिन 1960 के बाद विश्वविद्यालयी परीक्षाओं का माध्यम सिंहली और तमिल कर दिया गया, जिसके परिणामस्वरूप प्रवेश पाने वाले विद्यार्थियों की संख्या बहुत बढ़ गई। भाषा के माध्यम में परिवर्तन के परिणामस्वरूप अब सिर्फ अंग्रेजी माध्यम से शिक्षा ग्रहण करने वाले अभिजात वर्ग ही नहीं बल्कि सरकारी स्कूलों के पास आम नागरिक भी विश्वविद्यालय में प्रवेश पाने की स्थिति में था। दूसरी ओर आर्थिक विपन्नता के कारण विश्वविद्यालय इस स्थिति में नहीं थे कि वे सीटें बढ़ा सकें। इन सभी कारणों से 1965 में सिर्फ 20 प्रतिशत आवेदकों को और 1960 में 11 प्रतिशत को ही विश्वविद्यालय में प्रवेश मिल सका। इससे विश्वविद्यालयी व्यवस्था के समक्ष दो प्रमुख समस्याएँ उत्पन्न हुईं – पहली समस्या थी, विश्वविद्यालय में अधिकांश को प्रवेश नहीं मिल पा रहा था और दूसरे उदारवादी कला शिक्षा प्राप्त करने के बावजूद भी लोगों को रोजगार नहीं मिल रहा था। इसमें सबसे अधिक परेशानी सिंहलियों को हो रही थी, क्योंकि वे विश्वविद्यालय की डिग्री पाने के बाद भी अपनी आगे की पढ़ाई नहीं कर पा रहे थे। इसी कारण कुछ सिंहलियों ने निराश होकर उग्र सुधारवाद का रास्ता अपना लिया और कुछ ने पीपुल्स लिबरेशन फ्रंट की सदस्यता ग्रहण कर सरकार को भी पलटने का असफल प्रयास किया।

दूसरी ओर 1956 में 'केवल सिंहला' नामक भाषा नीति अपनाई गई। इस नीति का तमिलों पर बहुत ही बुरा असर हुआ, क्योंकि अधिकांश तमिलों ने अंग्रेजी माध्यम की शिक्षा प्राप्त की थी। वैसे तो 1978 के संविधान में तमिल को राष्ट्रीय भाषा का दर्जा देकर भाषा समस्या का

समाधान करने का प्रयास किया गया था लेकिन तब भी सिंहली भाषा राजभाषा के रूप में कायम थी और प्रशासनिक सेवाओं के लिए इस भाषा की जानकारी जरूरी थी। सरकारी नौकरियों और विश्वविद्यालयों में प्रवेश के लिए सिंहली उम्मीदवारों को प्राथमिकता दी जाती थी जिसे तमिलों ने भेदभावपूर्ण नीति के रूप में देखा। 1970 तक विश्वविद्यालयों में प्रवेश का आधार मात्र शैक्षिक योग्यता था। औरों की तुलना में तमिलों का शैक्षिक स्तर ऊँचा होने के कारण उन्हें जनसंख्या की तुलना में अधिक सीटें प्राप्त हो जाती थीं। उदाहरण के लिए 1969 में देश के चिकित्सा संस्थानों में तमिल विद्यार्थियों की संख्या 50 प्रतिशत और अभियांत्रिकी संस्थानों में 48 प्रतिशत थी।

प्रश्न 9. श्रीलंका में जातीय संघर्ष के उद्भव पर प्रकाश डालिए।

उत्तर – औपनिवेशिक काल में श्रीलंका के सिंहली और तमिल लोगों के बीच मतभेद पनपने लगे थे। औपनिवेशिक काल में सिंहली और तमिल लोगों के बीच पारस्परिक संदेह बिल्कुल पाठ्य पुस्तकों के ढाँचे पर चला। जैसे कि अक्सर होता है औपनिवेशिक नीति में कुछ पक्ष अल्पसंख्यकों के बजाय बहुसंख्यकों के हितों पर अधिक ध्यान देते हैं क्योंकि अल्पसंख्यक अपनी कमजोर स्थिति को पहचानते हुए बहुसंख्यकों की तरह नीतियों के इन पक्षों पर कड़ाई से प्रतिक्रिया नहीं जाहिर कर पाते, लेकिन जैसे ही बहुसंख्यक इन नीतियों पर प्रतिक्रिया व्यक्त करते हैं वह अप्रत्यक्ष रूप से अल्पसंख्यकों के हितों को नुकसान पहुँचाते हैं या कम से कम माना ऐसा ही जाता है। इस प्रक्रिया में फूट पड़ जाती है। ऐसा ही श्रीलंका में हुआ जब 1867 का मॉर्गन कमीशन रिपोर्ट प्रस्तुत की गई।

सिंहलियों का पुनरुत्थान – सिंहलियों की शंका थी कि ईसाई मिशनरी स्कूलों को बढ़ावा देकर शिक्षण की देसी पद्धति की कीमत पर अंग्रेजी शिक्षा को प्रोत्साहित किया जा रहा था। सांप्रदायिक पद्धति के नाम से जानी जाने वाली इस पद्धति ने सभी धार्मिक संप्रदायों को अपने-अपने बच्चों के लिए स्कूल खोलने की आजादी दी जिसमें धार्मिक शिक्षा पर किसी तरह की पाबंदी नहीं थी। ऊपरी तौर पर तो यह एक लोकतांत्रिक नीति थी लेकिन इसका प्रभाव भेदभाव पैदा करने वाला था। धन की कमी तथा राजनीतिक मदद के अभाव के कारण ईसाई संगठनों की तरह हिंदू और बौद्ध संगठन अधिक लाभ पाने की स्थिति में नहीं थे। इसलिए असली लाभगोभी ईसाई धर्म प्रचारक ही थे। 1868 में स्कूल जाने वाले 65 प्रतिशत बच्चे ईसाई थे और केवल 27 प्रतिशत बौद्ध। ब्रितानी नीति ने माध्यमिक शिक्षा का विकास बहुत हद तक निजी स्कूलों पर छोड़ दिया था। 1884 के बाद इस नीति से ईसाइयों को इस परंपरा को जारी रखने का अवसर मिला।

ब्रितानी शिक्षा नीति ने ईसाइयों की तुलना में न केवल सिंहली बौद्धों को हानि पहुँचाई बल्कि इसके कुछ पक्षों ने तमिलों में भी उन्हें प्रभावित किया। उदाहरण के लिए 1869 में सहायक अनुदान की विभिन्न योजनाओं के तहत स्कूलों को आर्थिक मदद देने के लिए लोक शिक्षण विभाग खोला गया। इसके चलते कुछ सिंहली बौद्ध स्कूल स्थापित किए गए। इस व्यवस्था का तमिल बहुल जफना में एक अलग ढंग का प्रभाव पड़ा। यहाँ शिक्षा के प्रसार की पूरी जिम्मेदारी

ईसाई मिशनरियों पर छोड़ दी गई थी। लोगों को इस शिक्षण पद्धति से लाभ पहुँचा क्योंकि उनके बच्चों ने साधारण खर्च में शिक्षा ग्रहण की। समय के साथ वह अंग्रेजी और गणित में इतने निपुण हो गए कि निजी और वाणिज्यिक क्षेत्रों की अधिकतर नौकरियों और महत्त्वपूर्ण पदों पर उन्होंने कब्जा कर लिया। कोई अचरज की बात नहीं थी कि उत्साह से भरे सिंहली जल्दी ही सांप्रदायिक शिक्षा पद्धति को खत्म करने की मांग करने लगे। बहुमत में होने के बावजूद उन्हें इस पद्धति में अपने पिछड़ेपन का मुख्य कारण दिखाई देने लगा।

अपनी भाषा के प्राचीन गौरव को पुनः प्रतिष्ठित करने में भी सिंहली पुनरुत्थान को अभिव्यक्ति मिली। 1920 और 1940 के दशकों के सिंहली साहित्य के जाने–माने साहित्यकार मुनिदासा कुमारतुंग (1887–1944) ने अपनी भाषा में उद्धृत पाली, संस्कृत या किसी अन्य मूल के भारतीय तथा यूरोपीय शब्दों को हटाकर प्राचीन एलू पर आधारित नये शब्दों को लाकर सिंहली भाषा के शुद्धिकरण के लिए एक आंदोलन शुरू किया। 12वीं शताब्दी की सिंहली भाषा के व्याकरण रूपों में भी उन्होंने परिवर्तन किए। उनका उद्देश्य सिंहली भाषा को एक आंदोलन और मिशन के स्तर तक उठाना था। उन्होंने इस पुनरुत्थान को 'हेलेस' का नाम दिया। 'भाषा, राष्ट्र और देश' नारे का वास्तव में अर्थ था 'हेलेस भाषा, हेलेस राष्ट्र और हेलेस देश'।

धर्म के मामले में भी सिंहली पुनरुत्थान का असर रहा है। महाबोधि समिति, यंग मेन्स बुद्धिस्ट ऐसोसिएशन, आल सीलोन बुद्धिष्ट कांग्रेस और बौद्ध जाति का बलवेगया (बुद्धिस्ट नेशनल फोर्स) जैसे कई सिंहली बौद्ध संगठनों का जन्म हुआ। इन्होंने वह कार्य किया जो कभी संघ किया करता था लेकिन बाद में संघ उतने प्रभावी ढंग से काम करने की स्थिति में नहीं रहा क्योंकि ब्रितानी सरकार ने उस पर प्रतिबंध लगा दिया था। फिर भी, यह बात ध्यान देने योग्य है कि सिंहली बौद्धों के हितों का प्रवक्ता होने के नाते संघ ही अंतिम सत्ता के रूप में बना रहा और ये संगठन जिनमें से कई अल्पकालिक थे, कभी इसका स्थान नहीं ले पाए। राजनीतिक बौद्ध धर्म की पुनः स्थापना ने कई सिंहली मिथकों को निश्चित रूप देना जारी रखा। सिंहली लोगों को यूरोपीय और तमिल और विशेषकर तमिलों के 'अधमी' कब्जों से अपने धर्म की रक्षा करने वालों की तरह देखा गया। तमिल आक्रमणकारियों को खदेड़ने और बौद्धों को समर्थन करने वाले प्राचीन सिंहली राजा दुथ्थुगामिनी को सिंहली राष्ट्रीय नायक के रूप में उभारा गया।

तमिल पुनरुत्थान – तमिल पुनरुत्थान सिंहली पुनरुत्थान के जैसा था। इसे हिंदू पुनरुत्थान की तरह नहीं समझना चाहिए क्योंकि श्रीलंका की परिस्थितियाँ भिन्न थीं। यहाँ बौद्ध धर्म से हिंदू धर्म को खतरा नहीं था। यदि हिंदू धर्म के लिए कोई खतरा था भी तो वह ईसाई प्रवत्तकों की ओर से था। हिंदू समुदाय होने के नाते तमिलों को सिंहली बौद्धों की जिस चुनौती का सामना करना पड़ा वह केवल सामाजिक संस्थाओं के क्षेत्र तक ही सीमित थी। तमिल पुनरुत्थान के अगुआ आरुमुगा नवलार (1833–1870) से रूढ़िवाद की ओर लौटने पर जोर दिया जिसमें अस्पृश्यता का संस्थापन शामिल था। सदियों के तमिलों के राजनीतिक तथा आर्थिक मामलों पर अधिकार रखने वाले जफना के वेल्लाला लोगों की क्षेष्ठता उभारी गई। वेल्लाला समुदाय ने सिंहली प्रभुत्व को अपने मूलभूत मूल्यों के लिए एक चुनौती समझा

क्योंकि वह इसकी अवांछनीय विशिष्टताओं को हटाने के बहाने तमिल सामाजिक व्यवस्था में हस्तक्षेप करने को प्रवृत्त था।

हिंदू धर्म ने तमिल चेतना के निर्माण में महत्त्वपूर्ण भूमिका नहीं निभाई लेकिन इसे बनाने में समुदाय की ऐतिहासिक छवि ने यथेष्ट योगदान दिया। इसे राज्यक्षेत्र, शासन (नल्लूर शासन) और भाषा संबंधी धारणाओं से प्रेरणा मिली। समय के साथ यह धारणाएँ ''सिंहली ग्रामीण झुंड क्रूर दमन की ओर मुड़े' जैसे 'अन्य' के मिथकों की बदौलत सुदृढ़ हुई।

जातीयता तथा राष्ट्रवादी आंदोलन – महात्मा गाँधी के नेतृत्त्व में चले भारतीय राष्ट्रवादी आंदोलन के विपरीत श्रीलंकाई आंदोलन में विशिष्ट वर्ग मुख्य रूप से शामिल था जिसमें सिंहली और तमिल दोनों ही थे। लेकिन यह संभ्रांत विशिष्टता जातीयता की प्रबल उपस्थिति से भी स्पष्ट थी जिसमें एक समुदाय को अपनी हानि और दूसरे समुदाय को लाभ पहुँचता हुआ लग रहा था। यह अविश्वास जो 1919 में सीलोन नेशनल कांग्रेस के गठन के दौरान स्पष्ट था, 1931 में सार्वभौमिक वयस्क मताधिकार के लागू होते ही और गहराया। सिंहली बहुमत से हाशिए पर आ जाने के डर से तमिलों ने विधायिका में 'संतुलित प्रतिनिधित्व' की मांग करनी शुरू की जिसका अर्थ था अल्पसंख्यकों के लिए 50 प्रतिशत का आरक्षण और एक बहुजातीय व्यवस्था बनाने का प्रयास। 1937 में आल सीलोन तमिल सम्मेलन की ओर से औपनिवेशिक राष्ट्र के सचिव को भेजे गए एक ज्ञान में कहा गया कि ''.... सिंहलियों के मन में सामूहिक एकता की धारणा मुख्य समुदाय में अल्पसंख्यक के विलय और समावेशन के रूप में है। संयुक्त सीलोन का सही और सटीक अर्थ एक गौरवशाली एकमत भाईचारे के वातावरण में सांप्रदायिक चेतना की विविधता से गढ़ी और सजी एक समृद्ध तथा शानदार बहुरंगी तस्वीर है।''

प्रश्न 10. तमिल उग्रवाद के जन्म के कारणों की पहचान कीजिए।

[June-07, Q.No.-3]

उत्तर– तमिल उग्रवादी आंदोलन के विकास में वर्ष 1977 और 1978 बहुत ही महत्त्वपूर्ण थे। 1977 के चुनाव के कुछ ही पहले जाफना के दो वरिष्ठ राजनेताओं, फेडरल पार्टी के संस्थापक एस.जे.वी. चेल्वानायगम तथा तमिल कांग्रेस के संस्थापक जी.जी. पोन्नमबालम का निधन हो गया था। तमिलों के लिए यह दोनों ही उन्हें जोड़ने तथा नियंत्रित करने वाली ताकत रहे थे। उनकी अनुपस्थिति में पहले से ही सक्रिय उग्रवादी समूहों को खुली छूट मिल गई जिन्होंने 1974 में जफना के एस.एल.एफ. पी मेयर एल्फ्रेड दुरयप्पा की हत्या कर अपनी उपस्थिति का एहसास कराया था। इन उग्रवादी समूहों में तमिल ईलम के मुक्ति चीते या एल. टी.टी.ई. श्रीलंकाई राष्ट्र के साथ हिंसात्मक तथा रक्तपातपूर्ण मुकाबला करके ईलम या एक अलग राष्ट्र प्राप्त करने के लिए प्रतिबद्ध थे। तमिल राजनीति में इनका आना अप्रैल 1978 में वेल्वेटटीथुरई में चार पुलिसकर्मियों की हत्या के बाद स्पष्ट हुआ। इस घटना ने सरकार के साथ विरोध की स्थिति पैदा कर दी जिसने श्रीलंका की जातीय समस्या को एक नई और अति जटिल दिशा की ओर मोड़ा और अंततः देश को एक वास्तविक गृहयुद्ध की ओर धकेल दिया। जयवर्धने सरकार ने इस स्थिति और उसके कारण में भेद न करते हुए गुरिल्ला छापामारों का

सैन्य दमन आरंभ किया और चुनौती से निपटने के लिए राजनीतिक प्रयास नहीं किये। वेल्वेटटीथुरई कांड के प्रतिक्रिया स्वरूप सरकार ने मई 1978 में पहले एल.टी.टी.ई. और ऐसे ही अन्य समूहों पर प्रतिबंध लगाया और फिर जनवरी 1979 में जाफना में आपातकाल लागू कर दिया जो एक वर्ष तक जारी रहा। आतंकवाद समस्या पर सरकार के सामरिक स्तर पर विचार करने के बावजूद राष्ट्रीय एसेम्बली ने 19 जुलाई 1979 को आतंकवाद विरोधी बिल पारित कर दिया। इस बिल का कोई विरोध नहीं हुआ क्योंकि टी.यू.एल.एफ. सदस्य उस समय वावूनियाँ जिले के प्रशासनिक समायोजन के खिलाफ विरोध प्रकट करते हुए सदन का बहिष्कार कर रहे थे। हालाँकि सदन में एस.एल.एफ.पी. ने इस बिल पर प्रहार किया लेकिन इसके किसी भी सदस्य ने इसके विरोध में मत नहीं डाले। एसएलएफपी की मौन स्वीकृति का कारण सूचना राज्यमंत्री आंनद टिस्सा डी एल्विस की पार्टी को जारी अपील हो सकती है जिसमें पार्टी के मतभेदों को उस समय दबाने की बात कही गयी थी जब अल्पसंख्यकों द्वारा पूरे सिंहली बहुमत पर प्रहार किया जा रहा था। आतंकवाद विरोधी विधेयक ने आतंकवाद का खात्मा नहीं किया। इसके विपरीत इसने उग्रवादियों को और उग्र बनाया और तमिलों में उनकी लोकप्रियता को बढ़ाया। एल. टी. टी. ई के अलावा पीपल्स लिबरेशन ऑरगेनाइजेशन आफ तमिल ईलम, द तमिल ईलम लिबरेशन आरगेनाजेशन, द तमिल ईलम लिबरेशन आर्मी, द तमिल ईलम पीपल्स रिवोल्यूशनरी लिबरेशन फ्रंट तथा ईलम रिवोल्यूशनरी आरेगेनाइजेशन आफ स्टूडेंट्स जैसे पाँच अन्य सक्रिय तमिल छापामार समूह थे। इनमें वैचारिक मतभेदों तभा भीतरी दलबंदी होने के बावजूद यह समूह राजनीतिक सौदेबाजी के अनिच्छुक थे और तमिल समस्या का सशस्त्र समाधान चाहते थे। टी.यू .एल. एफ. की तुलना में सरकार का रोष बढ़ाने पर इनकी सफलता ने तमिलों में इनकी लोकप्रियता में वृद्धि की। एल. टी. टी. ई. ने टी. यू. एल. एफ. यानि तमिल संयुक्त मुक्ति मोर्चे का मखौल उड़ाते हुए उसे तमिल संयुक्त वकील मोर्चा कहा।

1983 के दंगे – संवैधानिक तथा राजनीतिक जरियों के माध्यम से जातीय संघर्ष को सुलझाने के प्रयासों में ठहराव तब आया जब जुलाई 1983 में तमिल विरोधी दंगों से देश हिल उठा था। दंगे पहले भी हुए थे पर 1983 के दंगे अभूतपूर्व थे क्योंकि इनमें तमिल समुदाय के संभ्रांत सदस्यों को भी निशाना बनाया गया था। यही वह समय था जब तमिलनाडु में तमिल लोगों ने भारत सरकार पर इस जातीय संकट का समाधान करने के लिए दबाव डाला। इस प्रयास से भारत को श्रीलंका की जातीय राजनीति में एक महत्त्वपूर्ण स्थान मिला। जयवर्धने सरकार ने स्पष्ट अनुभव किया कि समय निकला जा रहा है और कुछ न कुछ करने की आवश्यकता है।

प्रश्न 11. निम्नलिखित पर टिप्पणी कीजिए –

1) भारत–श्रीलंका समझौता, 1987 **2) मंगला–मूनसिंघे चयन समिति**

3) चंद्रिका योजना **4) सरकार–एल. टी. टी. ई शांति वार्ता**

उत्तर – 1) भारत–श्रीलंका समझौता, 1987 – जुलाई, 1987 का भारत–श्रीलंका समझौता एक विवादस्पद दस्तावेज था। इस पर तमिल प्रतिनिधियों ने हस्ताक्षर नहीं किये थे।

न ही श्रीलंका के कई अन्य राजनीतिक संगठनों ने इसका स्वागत किया था। कइयों को तो यह भारत द्वारा थोपा गया हल लगता था। तमिलों की भागीदारी के बिना और बिना सिंहली आम सहमति के हुआ यह समझौता श्रीलंका में विवाद का कारण बना रहा। उल्लेखनीय है कि इस समझौते में न सिर्फ श्रीलंका की एकता पर प्रश्नचिन्ह लगाया बल्कि इसने यह भी स्पष्ट कर दिया कि श्रीलंका एक बहुजातीय बहुधर्मीय एवं बहुभाषी देश है। तमिलों के हित में जो बात हुई उनमें एक प्रमुख बात यह थी कि इसने पूर्वी और उत्तरी प्रांतों को मिला दिया। जिसे जनमत संग्रह से वैधता प्राप्त करनी थी। इसके अलावा इस समझौते के तहत तमिल को राष्ट्रीय भाषा की मान्यता मिलनी थी और सापेक्ष स्वायत्तता के साथ शक्ति के विकेन्द्रीकरण का भी इसमें प्रावधान था। श्रीलंका सरकार के हित में इस समझौते में श्रीलंका की एकता और अखंडता का प्रावधान था और तमिल लड़ाकुओं से हथियार डलवाना भारत की जिम्मेदारी थी। जहाँ तक भारत का संबंध है इसके तहत न सिर्फ भारत के दक्षिणी पड़ोस में शांति की संभावना का प्रावधान था बल्कि श्रीलंका से अन्य विदेशी सेनाओं का हटाया जाना भी भारत की विदेश नीति एवं सामरिक हित में था। दस्तावेजों के आदान–प्रदान में यह बात भी उभरकर आई कि श्रीलंका अपनी विदेशनीति में भारत के प्रति पूर्वाग्रहों को समाप्त करके उसकी विदेशनीति संबंधी आशंकाओं को दूर करेगा। यह आशंकाएँ त्रिंकोमाली के तेल क्षेत्रों, वॉयस आफ अमेरिका एवं इज्रायली गुप्तचर संस्था मोसाद के द्वीप में उपस्थिति को लेकर थी। इस समझौते से राष्ट्र निर्माण के एक नए प्रयोग और भारत–श्रीलंका के संबंधों की बेहतरी की संभावनाएँ थीं।

2) मंगला मूनसिंघे चयन समिति – अगस्त 1991 में ''देश में राजनीतिक स्थिरता तथा शांति स्थापित करने के साधनों और तरीकों पर सुझाव देने के लिए एक संसदीय चयन समिति का गठन किया गया। एसएलएफपी के सांसद मंगला मूलसिंघे के नेतृत्त्व में गठित इस समिति ने लिखित प्रतिवेदन मांगे। इसे 253 प्रतिवेदन प्राप्त हुए जिनमें आश्चर्यजनक रूप से कोई भी यू एन पी और एस.एल.एफ.पी की ओर से नहीं था।

शुरूआत से ही संसदीय चयन समिति एक ही मुद्दे को लेकर उलझी रही कि उत्तर–पूर्वी प्रांत के विलय को स्वीकार किया जाए या नहीं। जहाँ सीलोन श्रमिक कांग्रेस (सी डब्ल्यू सी) सहित सभी तमिल दल उत्तर और पूर्व की मांग दोहराते रहे, वहीं संसदीय चयन समिति में शामिल एस एल एफ पी और यू एन पी के सदस्यों सहित सिंहली दल इसका विरोध करते रहे। विचार–विमर्श के दौरान यह स्पष्ट हो गया कि श्रीलंका मुस्लिम कांग्रेस (एस एल एम सी) एक इच्छुक दल के रूप में सामने आई है और वह अपना हिस्सा भी चाहती है जिसका अर्थ हुआ कि प्रांतों में मुस्लिमों के हितों के पर्याप्त सुरक्षा उपायों के बिना वह उत्तर–पूर्व के विलय के पक्ष में नहीं होगी। जून 1992 में संसदीय चयन समिति ने एक 'परिकल्पना पर्चा' वितरित किया जिसमें निम्नलिखित बातें की गई थीं :

i) दो पृथक परिषदें होनी चाहिए, एक उत्तरी प्रांत के लिए और दूसरी पूर्वी प्रांत के लिए।

ii) ''दोनों परिषदों के लिए समान नीतियों की योजना और दोनों परिषदों से संबद्ध कार्यक्रमों

का समन्वयन करने के लिए'' परिषदों के सदस्यों द्वारा एक ''शिखर सभा'' का चुनाव।

iii) विभिन्न मुख्यमंत्रियों को शामिल करने वाला ''एक राष्ट्रीय सदन'' बनाना जिसका मुख्य कार्य होगा ''राष्ट्र को सुदृढ़ता से एकीकृत करते हुए केन्द्र और परिधीय इकाइयों के बीच सौहार्द तथा समन्वय स्थापित करना।''

iv) अंतरिम कार्यवाई के रूप में ''सभी प्रांतीय ताकतों के निर्विघ्न तथा तत्काल कार्यान्वयन का निरीक्षण करने के लिए एक पृथक संस्थान की स्थापना होनी चाहिए''। इस संदर्भ में ''परिकल्पना पर्चे'' में सुझाया गया कि उत्तरी और पूर्वी प्रांतों के लिए संसद के बाहर से तथा संसद में शामिल राजनीतिक दलों के प्रतिनिधियों को स्वीकार करने वाला एक अंतरिम प्रशासन नियुक्त किया जाए।

उसी दिन संसद में प्रतिनिधित्व करने वाले तमिल दलों जैसे ई पी आर एल एफ, टी यू एल एफ, ई एन डी एल एफ, टी ई एल ओ, ई आर ओ एस के साथ पी एल ओ टी ई तथा ए सी टी सी ने जिनका संसद में प्रतिनिधित्व नहीं था, संसदीय चयन समिति को अपने चार सूत्री नियम प्रस्तुत किए। यह नियम थे :

1) स्थाई तौर पर विलयित उत्तरी–पूर्वी प्रांत के लिए एक एकीकृत राजनीतिक–प्रशासनिक सत्ता,

2) इस स्वीकृत इकाई को अर्थपूर्ण स्वायत्तता सुनिश्चित करने वाली सत्ता का पर्याप्त अन्तरण,

3) मुस्लिमों के लिए उनकी सांस्कृतिक पहचान तथा सुरक्षा सुनिश्चित करने वाले एकीकृत उत्तरी–पूर्वी प्रांत के वृहद ढाँचे के भीतर ही संस्थागत व्यवस्था।

4) उत्तरी–पूर्वी प्रांत के सिंहलियों को वह सभी अधिकार मिले जो बाकी देश के अन्य अल्पसंख्यकों को मिले हैं।

दोनों पक्षों के बीच अंतर पूर्णतया स्पष्ट था लेकिन 14 अक्तूबर 1992 को संसदीय चयन समिति ने जो ''विकल्प पर्चा'' वितरित किया उसमें किसी मध्य मार्ग की झलक थी। इसकी सिफारिशें थीं :

i) पूरे उत्तरी–पूर्वी क्षेत्र के लिए एक क्षेत्रीय परिषद् जो दो चयनित प्रांतीय परिषदों से बनी हो।

ii) पूरे उत्तरी–पूर्वी क्षेत्र के लिए बनी क्षेत्रीय परिषद का नेतृत्त्व मुख्यमंत्री करे।

iii) दोनों प्रांतों के दो कार्यकारी मंत्री प्रतिवर्ष बारी–बारी से पूरे क्षेत्र के मुख्यमंत्री के तौर पर काम करें।

iv) क्षेत्र के लिए एक राज्यपाल हो।

v) प्रत्येक प्रांत के अल्पसंख्यकों के जातीय तथा धार्मिक अधिकारों की संवैधानिक व्यवस्था सुनिश्चित की जाए।

''विकल्प पर्चे'' में कही गई एक बात कुछ–कुछ अस्पष्ट थी। इसमें सरसरी तौर पर कहा गया था कि क्षेत्रीय परिषद तभी गठित की जाएगी ''जब दोनों प्रांतीय परिषदें पूरे क्षेत्र के मुद्दों पर बात करने के लिए मिलेंगी।'' यह निश्चित नहीं था कि दोनों प्रांतीय परिषदें विशेष विषयों पर एक ही क्षेत्रीय परिषद की तरह कार्य करेंगी या नहीं।

संसदीय चयन समिति के पूरे कार्यकाल में केवल एक अवसर ऐसा आया जब उत्तर–पूर्व विलय के पक्षधर मजबूत तमिल मोर्चे में कुछ दरारें देखी गई। 11 नवम्बर 1992 को जाफाना के सांसद के. श्रीनिवासन ने संसदीय चयन समिति को एक प्रस्ताव भेजा जिसका शीर्षक था ''राष्ट्रीय संकट का यथार्थवादी समाधान।'' इसके मुख्य घटक थे :

1) राष्ट्रीय जनमत संग्रह के अधीन श्रीलंका के संविधान का ऐकिक स्वरूप संघीय स्वरूप में बदला जाए।

2) अन्तरण और पर्याप्त अन्तरण की निश्चित इकाइयों में उत्तरी और पूर्वी प्रांतों का पृथकीकरण।

3) प्रत्येक इकाई के मुसलमानों की सुरक्षा के लिए विशेष संस्थागत व्यवस्था की जाए।

4) प्रत्येक जिले में जनसांख्यिकी संरचना का अनुरक्षण करते हुए सरकारी भूमि हस्तांतरित की जाए और पहले से ही विस्थापित हुए सिंहलियों की बस्तियों का स्थानांतरण किये बगैर प्रत्येक इकाई का जातीय संतुलन 1971 की गणना के अनुसार बनाए रखा जाए।

जहाँ तक उत्तरी–पूर्वी प्रांतों के पृथकीकरण का प्रश्न था, प्रस्ताव को यू पी एन पी, एल एल एफ पी, एल एस एस पी, एस एल एम पी तथा सी पी से समर्थन मिला लेकिन यह समर्थन श्रीलंका को संघीय राष्ट्र बनाने के लिए नहीं था। तमिल दलों ने किसी प्रकार श्रीनिवास प्रस्ताव को ''पाखंड'' के रूप में परख लिया था जिसे यू एन पी के मुस्लिम नेता पी सी एस हमीद ने टी यू एल एफ और एस एल एम सी के बीच चल रही वार्ताओं को ध्वस्त करने के लिए तैयार किया था। तीन दिन बाद 14 दिसम्बर 1992 को एक संयुक्त वक्तव्य में तमिल दलों ने घोषणा की कि 'जब यह भली–भाँति स्पष्ट हो गया है कि संसदीय चयन समिति की पूरी प्रक्रिया वर्तमान में विलयित उत्तर–पूर्वी प्रांत को पृथक करने के उस वायदे को निभाने के लिए बनी है जो 1988 के राष्ट्रपति चुनाव के समय के घोषणा पत्र में किया गया है। यह योजना एस एल एफ पी के भी अनुकूल हैं।''

फिर भी संसदीय चयन समिति ने तमिल दलों की बात पर ध्यान नहीं दिया और दो दिन बाद 16 दिसम्बर, 1992 को अपनी अंतरिम रिपोर्ट जारी की जिसका विषय था ''विषय जिन पर अधिकांश सदस्य सहमत हैं।'' यह सहमतियाँ थीं :

क) उत्तरी और पूर्वी प्रांतों के लिए दो पृथक प्रशासनिक इकाइयाँ स्थापित करना।

ख) भारत के संविधान में दी गई नीति के समान अन्तरण योजना नीति अपनाना।

ग) तीसरी सूची के अन्य विषयों को शामिल करना या उन्हें छोड़ देना।

तमिल दलों ने इन सहमतियों को उसी दिन अस्वीकार कर दिया और कहा कि ''चाहे सत्तारूढ़ यू एन पी हो या मुख्य विरोधी पक्ष एल एल एफ पी, संसद में प्रस्तुत सिंहली राज्यतंत्र का तमिल लोगों की आकांक्षाओं और उनकी वैध शिकायतों को न समझने की इच्छा के अभाव की हम पुष्टि करते हैं''।

इस प्रकार संसदीय चयन समिति की विफलता प्रकट हो गई थी क्योंकि न तो सिंहली और न ही तमिल लोग उत्तर–पूर्व विलय को लेकर अपनी–अपनी अटल स्थितियों से टस से मस होने को तैयार थे। लेकिन कुछ अन्य संगठनात्मक समस्याएँ भी थीं। 40 सदस्यों वाली समिति का

आकार किसी सार्थक कार्य को करने के लिए बहुत बड़ा था। राजनीतिक दलों ने न तो कोई कागजात तैयार किये थे और न ही विभिन्न मुद्दों पर समिति का मार्गदर्शन करने के लिए तकनीकी जानकार थे। इसलिए जातीयता के प्रश्न पर संसदीय चयन समिति की विफलता मुख्यतः राजनीति और उसकी शैली की विफलता पर जिसने विवाद का समाधान न होने दिया।

3) चंद्रिका योजना – 1994 के संसदीय और राष्ट्रपति चुनाव प्रचारों में वायदा किया गया था, राष्ट्रपति चंद्रिका कुमारतुंग ने नये प्रस्तावित संघीय संविधान की परिधि के भीतर ही एक विस्तृत अन्तरण योजना प्रस्तुत की। इसमें संघीय इकाइयों को पहले से कहीं अधिक अधिकारों की व्यवस्था थी। इसमें उत्तरी और पूर्वी प्रांतों के स्थायी विलय की बात भी उठाई गई थी जिससे तमिलो को अपनी बात कहने का अवसर मिल सके। लेकिन जनगठबंधन सरकार ''पीपल्स एलांयस'' विशेष रूप से और सिंहली–बौद्ध ताकतें सामान्य रूप से यू एन पी के दबाव में थीं इसलिए यह प्रस्ताव संघवाद के अपने मूल सिद्धांत से मुकर गया और केन्द्रीय सत्ता के बचाव के पक्ष में खड़ा हो गया। यह देखा गया कि केन्द्र की ताकत कम नही हुई थी और राष्ट्र की सुरक्षा तथा अखंडता पर कोई समझौता नहीं हुआ। यदि परिस्थिति की मांग होती तो किसी भी विघटनकारी प्रवृत्ति को शुरूआती दौर में ही क्षेत्रीय मामलों में हस्तक्षेप करके दबा दिया जाना चाहिए था। तमिल स्वदेश के तथाकथित विचार को भी पूर्वी प्रांत के क्षेत्रीय पुनः संगठन के संदर्भ में विभिन्न संभावनाएँ उपलब्ध करा कर धुंधला कर दिया गया। मुस्लिम एक महत्त्वपूर्ण राजनीतिक ताकत थे इसलिए यह उपाय आसानी से संभव हो सकता था।
अन्तरण योजना प्रस्तावित करते समय जनगठबंधन ''पीपल्स एलायंस'' ने सबसे बड़ी गलती यह की कि उसने इस बात को ध्यान में नहीं रखा कि जब संसद में उसका बहुत ही कम बहुमत है तब यह योजना कैसे पारित होगी। पारित होने के लिए कम से कम दो–तिहाई बहुमत चाहिए था क्योंकि संविधान में संशोधन लाने का प्रश्न था। इसलिए यू एन पी की मदद के बगैर यह संभव ही नहीं था और सहयोग लेने के लिए कोई राजनीतिक प्रयास भी नहीं किए गए। दूसरी समस्या यह थी कि 1995 में एल टी टी ई की प्रारंभिक सैन्य पराजय के बाद चंद्रिका अति आश्वस्त हो गई थीं जिसमें जाफना में सत्ता की वापसी एल टी टी ई की पूरी तरह उपेक्षा करने के लिए हुई और अन्य समूहों से बातचीत के जरिए समस्या का हल निकालने की कोशिश की गई जो वास्तविकता में निरर्थक रही।

4) सरकार–एल.टी.टी.ई. शांति वार्ता – अक्टूबर 2000 में हुए आम चुनाव में किसी भी दल को सरकार बनाने के लिए पूर्ण जनादेश नहीं मिला। जनादेश के लिए न्यूनतम आवश्यक संख्या 113 थी जो किसी भी दल के पास नहीं थी। भविष्य अनिश्चित लग रहा था क्योंकि जे वी पी ने पी ए या यू एन पी के साथ गठबंधन करने से इंकार कर दिया था। अंततः पी ए ने ई पी डी पी और एल एल एम पी की शाखा मुस्लिम एन यू ए की मदद से सरकार बनाई। बहुमत का अंतर बहुत कम था इसलिए कुमारतुंग की सरकार असुरक्षित महसूस कर रही थी और एक वर्ष बाद ही उसे दोबारा चुनाव कराना पड़ा क्योंकि जे वी पी के साथ गठबंधन को

निभाने के उसके प्रयास लड़खड़ाने लगे थे। दिसम्बर 2001 में मध्यावधि चुनाव हुए जिसमें 26 राजनीतिक दलों और 120 स्वतंत्र समूहों ने भाग लिया। यू एन पी के पक्ष में फैसला हुआ हालाँकि अपने बूते पर सरकार बनाने के लिए उसे पर्याप्ट सीटें नहीं मिल सकी थीं। रानिल विक्रमसिंघे के नेतृत्त्व में यू एन पी ने अपने चुनाव–पूर्व गठबंधन सहयोगी एस एल एम पी की मदद से सरकार का गठन किया।

यू एन पी और एस एल एम पी बड़ी कठिनाई से सरकार बना पाए थे इसलिए यह अपेक्षा भी नहीं की जा रही थी कि तमिलों को उनके क्षेत्रों में राज करने के लिए प्रभावी अधिकार देने के साहसिक कदम उठाए जाएंगे। सरकार के लिए असली चुनौती यह थी कि एल टी टी ई से दोबारा बातचीत कैसे शुरू की जाए जबकि राष्ट्रपति कुमारतुंग का सुस्पष्ट मत था कि सैन्य कार्यवाही ही इसका एकमात्र हल है। फिर भी एल टी टी ई के साथ शांति वार्ता शुरू करने के विचार से सरकार ने दिसम्बर में एक महीने का युद्ध विराम घोषित किया। अगले ही दिन एल टी टी ई की ओर से इसका प्रतिकार हुआ। एक महीने की समाप्ति पर 24 जनवरी 2002 को सरकार ने युद्ध विराम के समय को एक महीना और बढ़ा दिया। विश्वास स्थापित करने का यह तरीका सफल रहा और 22 फरवरी 2002 को श्रीलंका सरकार तथा एल टी टी ई के बीच एक दीघर्वावधि युद्धविराम समझौते पर दस्तखत हुए। सितम्बर के शुरू में सरकार ने ''चीतों'' पर लगा प्रतिबंध उठा लिया और कुछ ही दिनों के अंदर थाइलैंड में नार्वे के सहयोग से शांति वार्ता आरंभ हुई। वार्ता के पहले चरण में यह निर्णय लिया गया कि 31 अक्टूबर 2002 से 3 नवंबर, 2 से 5 दिसम्बर 2002 और 6 से 9 जनवरी 2003 तक के तीन और चरणों में वार्ता की जाएगी। दिसम्बर और जनवरी में वार्ता के निर्धारित चरण सबसे अधिक महत्त्वपूर्ण होंगे क्योंकि उनमें तमिल बहुल प्रांत या प्रांतों को अधिकार सौंपने से संबद्ध विवादास्पद प्रश्न तथा हस्तांतरण इकाई जैसे मुद्दे उठाये जाएँगे।

प्रश्न 12. मालदीव की भौगोलिक विशेषताओं का विश्लेषण कीजिए।

उत्तर – मालदीव हिंद महासागर में 90,000 वर्ग कि.मी. के क्षेत्र में फैले हुए 1,200 छोटे–छोटे द्वीपों का द्वीप–समूह राज्य है। इसकी राजधानी माले, कन्याकुमारी से 480 कि. मी., श्रीलंका से 670 किमी. और हिंद महासागर स्थिति दियागोगर्सिया द्वीप पर अमेरिकी सैनिक अड्डे से 280 किमी. दूर है। मालदीव के द्वीप समुद्र द्वारा इस तरह एक दूसरे से अलग हैं कि उनमें से केवल पाँच द्वीप ऐसे हैं जिनकी आबादी 3000 से अधिक है कुल 202 द्वीप ही आबाद हैं। इसकी 2 लाख की कुल आबादी की एक चौथाई हिस्सा राजधानी माले में रहते हैं। छोटे आकार और छितरी हुई आबादी वाले इस द्वीप समूह राज्य में तकनीकी उन्नति न के बराबर है और प्राकृतिक स्रोतों एवं संसाधनों की कमी है। यद्यपि यहाँ साक्षरता की दर 56 प्रतिशत के लगभग है लेकिन उसके एक तिहाई ही प्राइमरी शिक्षा से आगे भी पढ़ाई करते हैं। विश्वविद्यालय की शिक्षा पाने वालों की कुल संख्या यहाँ 140 है और पूरे राज्य में केवल एक व्यक्ति ने डाक्टरेट की पढ़ाई की है। इसकी प्रति व्यक्ति आय लगभग 400 डालर वार्षिक है। आय का मुख्य साधन यहाँ के प्राकृतिक सौंदर्य पर आधारित पर्यटन और

समुद्री स्रोत हैं। विदेशी मुद्रा के भंडार का तीन–चौथाई पर्यटन एवं मछली के व्यापार से आता है जो कि इसके कुल घरेलू उत्पादन का एक बड़ा हिस्सा है। यह सुंदर द्वीप समूह समुद्र के पारदर्शी नीले, हरे और गहरे नीले समुद्र के बीच है। इसकी आबादी के 60 प्रतिशत लोग 25 साल से कम उम्र के हैं।

प्रश्न 13. मालदीव के राजनैतिक विकास के महत्त्वपूर्ण पड़ावों का वर्णन करो।

[June-07, Q.No.-5]

उत्तर – 1932 के संविधान ने मालदीव को राजनैतिक शक्ति के स्रोत एवं इस्तेमाल का एक औपचारिक ढाँचा प्रदान किया। यह संविधान ऐसे समय में बनाया गया जबकि मालदीव के राजनैतिक क्षितिज पर अस्थिरता के बादल मंडरा रहे थे। इस संविधान के निर्माण में मालदीव के सुल्तान ने काफी सक्रिय भूमिका निभाई। सुल्तान को भय था कि कहीं प्रधानमंत्री एक स्थानीय गणतंत्र की स्थापना करने और उसका राष्ट्रपति बनने के इरादे से रीजेंसी समिति न गठित कर ले। इसलिए उसने संविधान में कई संशोधन किए। संविधान में उदारीकरण के प्रावधान इस तरह से रखे गए थे कि जनतंत्र के नाम पर मालदीव की सत्ता पर सुल्तान और उसके शाही समर्थकों की मजबूत पकड़ बनी रहे।

1932 का संविधान – यह संविधान प्रमुख रूप से सीलोन के डोनोमोर संविधान पर आधारित था। इसके तहत 47 सदस्यों वाले पीपुल्स असेम्बली (लोक संसद) का प्रावधान था। इसमें 28 सदस्यों वाली एक विधान परिषद् का प्रावधान भी था। लोक संसद के सदस्यों का चुनाव साक्षर पुरुषों द्वारा 5 साल की अवधि के लिए होता था। विधान परिषद के 21 सदस्यों का चुनाव लोक संसद के सदस्यों द्वारा होना था। शेष 7 सदस्यों को सुल्तान मनोनीत करता था। प्रधानमंत्री विधान परिषद का अध्यक्ष होता था और उसकी नियुक्ति विधान परिषद के परामर्श से सुल्तान द्वारा की जाती थी। मंत्रिपरिषद के विरूद्ध लोक संसद में अविश्वास का प्रस्ताव पारित कराने का अधिकार विधान परिषद के पास था। अविश्वास प्रस्ताव पारित हो जाने के बाद मंत्रिपरिषद को भंग मान लिया जाता था, अतः वह त्यागपत्र देने के लिए बाध्य थी। कोई भी मंत्री किसी निजी व्यापार या वाणिज्य में संलग्न नहीं हो सकता था।

मालदीव की सरकार : पारिवारिक वर्चस्व – इस संवैधानिक विकास के बावजूद मालदीव की सरकार पर शाही परिवार का वर्चस्व बना रहा। आम लोगों के हालात भी जैसे के तैसे बरकरार रहे। कहने को तो मालदीव में एक सीमित राजशाही थी किंतु असलियत यह है कि मालदीव की तत्कालीन शासन व्यवस्था राजशाही समर्थक अभिजात्य वर्ग के एक कुलीन तंत्र के रूप में थी। सीलोन के तत्कालीन गवर्नर आर.ई. स्टब्स द्वारा 1 मई 1934 को लंदन में राज्य सचिव को लिखे गए गोपनीय पत्र से उस समय की राजनैतिक स्थिति का कुछ अंदाजा लगाया जा सकता है। इस पत्र के अनुसार, ''विधान परिषद के सदस्य अधिकांश मंत्रियों द्वारा मनोनीत हैं और मंत्रिपरिषद के गतिविधियों पर उनका कोई भी नियंत्रण या प्रभाव नहीं है और लोक संसद, जिसका प्रमुख कार्य विधान परिषद द्वारा पारित विधेयकों की अभिपुष्टि करना एवं वार्षिक बजट पारित करना है, एक कागजी संस्था भर है।''

1933–34 में शाही खानदान की आपसी कलह और प्रभावशाली बोरा व्यापारियों की आम हड़ताल की धमकी से पैदा हुए संवैधानिक संकट ने ब्रिटिश प्रशासन को वहाँ की राजनीति में प्रत्यक्ष हस्तक्षेप का अवसर प्रदान किया। अंग्रेज शासकों ने सुल्तान को ''सुधार'' खत्म करने और करों में छूट देने के लिए बाध्य कर दिया। अपनी तमाम सीमाओं और खामियों के बावजूद 1932 के संविधान ने भविष्य के राजनीतिक विकास क्रम के लिए आधार प्रदान किया।

1930 के दशक के अंतिम दिनों से लेकर द्वितीय विश्व–युद्ध तक का घटनाक्रम – 1930 के दशक के दौरान की राजनैतिक घटनाएँ, मालदीव के प्रधानमंत्री और सुल्तान के दूसरे बेटे अब्दुल मजीद दीदी के पक्ष में रहीं। 1935 में सुल्तान को अपदस्थ करके अब्दुल मजीद दीदी के एक प्रबल समर्थक हसन नुरूद्दीन को नया सुल्तान बना दिया गया।

1940 में द्वितीय विश्व युद्ध के दौरान मित्र सेनाओं के लिए मालदीव का सामरिक महत्त्व काफी बढ़ गया। परिणामस्वरूप ब्रिटेन और मालदीव ने एक समझौते पर हस्ताक्षर किए। मालदीव के सुल्तान को अंग्रेजों ने बाध्य कर दिया कि वह मित्र सेनाओं को मालदीव में गण द्वीप के अद्दअटोल में गुप्त अड्डे बनाने की अनुमति से संबंधित संवैधानिक प्रावधान की घोषणा करें। इन घटनाओं के चलते हसन–नुरूद्दीन को अपदस्थ होना पड़ा और 2 सालों तक रीजेंसी समिति का शासन था। तत्पश्चात् अब्दुल मजीद दीदी सुल्तान बना।

सीलोन की स्वतंत्रता का प्रभाव – 1948 में सीलोन की स्वतंत्रता का मालदीव में संवैधानिक विकास पर उल्लेखनीय प्रभाव पड़ा। ब्रिटेन और मालदीव के बीच हुए एक समझौते के तहत मालदीव ब्रिटेन का संरक्षित राज्य बन गया। इस समझौते को संयुक्त राष्ट्र संघ की सूची की धारा 182 के तहत पंजीकृत नहीं कराया गया। अंग्रेजों का तर्क था कि इस धारा के तहत वही समझौते पंजीकृत होते हैं जो दो अंतर्राष्ट्रीय व्यक्तियों के बीच हों और उन्होंने मालदीव के सुल्तान को अंतर्राष्ट्रीय हस्ती के रूप में कभी भी मान्यता नहीं दी। 1952 तक 1937 में लागू किया गया संविधान बरकरार रहा। 1952 में मजीद दीदी ने तीसरे संविधान की घोषणा की। इस संविधान की घोषणा के साथ मालदीव की राजनैतिक गतिविधियों में तत्कालीन गृह मंत्री अमीन दीदी का प्रभुत्व बढ़ने लगा था। प्रधानमंत्री बनने के बाद अमीन दीदी ने सल्तनत की व्यवस्था समाप्त करने के मुद्दे पर एक जनमत संग्रह कराया। सल्तनत की समाप्ति के बाद अमीन दीदी राष्ट्रपति बन गया और सारी राजनैतिक शक्तियों को अपने हाथों में केन्द्रीकृत कर लिया। वह राष्ट्रपति होने के साथ गृहमंत्री, विदेशमंत्री, व्यापार एवं लोक कल्याण मंत्री, वित्त मंत्री, शिक्षा मंत्री एवं विधायिका (मजलिस) का अध्यक्ष भी था।

अमीन दीदी का शासन – अमीन दीदी ने कई संवैधानिक संशोधन किये। पहली बार 80 सदस्यों की सीनेट और 13 महिलाओं सहित 46 सदस्यों के निचले सदन के लिए आम वयस्क मताधिकार के सिद्धांत पर चुनाव हुए जिनमें 18 वर्ष से ऊपर के सभी नागरिकों ने हिस्सा लिया। अमीन दीदी की यह सरकार ज्यादा दिनों तक नहीं चल सकी। उनकी प्रशासनिक नीतियों की आलोचना होने लगी। लेकिन आज भी मालदीव में अमीन दीदी को एक युगद्रष्टा का सम्मान प्राप्त है। अमीन दीदी के शासनकाल में कई क्रांतिकारी परिवर्तन हुए।

वे मालदीव गणतंत्र के पहले राष्ट्रपति थे। 1953 में उपराष्ट्रपति इब्राहिम मौहम्मद दीदी ने अमीन दीदी को अपदस्थ करके सल्तनत को फिर से बहाल कर दिया।

1954 का संविधान – 1954 में एक नया संविधान लागू किया गया। इस संविधान में मजलिस में 48 सदस्यों का प्रावधान रखा गया। कुलीनों के साथ सुल्तान के चुनाव मजलिस के अधिकार क्षेत्र में थे। मजलिस सुल्तान के वीटो को भी निरस्त करने के लिए अधिकृत था। मजलिस द्वारा बंधुआ मजदूरी की प्रथा का उन्मूलन उल्लेखनीय है।

ब्रिटेन और मालदीव के बीच समझौता – 1954 में सुल्तान मुहम्मद फरीद दीदी और प्रधानमंत्री इब्राहिम अली दीदी के शासन के दौरान ब्रिटिश प्रशासन मालदीव की राजनीति में एक महत्त्वपूर्ण कारक बन गया। 1956 में गण द्वीप को सैनिक ठिकाने के रूप में इस्तेमाल करने के लिए ब्रिटेन ने मालदीव से एक समझौता किया। इस समझौते के तहत वायु–सेना के अड्डे के रूप में इस्तेमाल करने के लिए गणद्वीप और रेडियो संचार व्यवस्था के केन्द्र के लिए होत्ताद्व द्वीप को उपहार के रूप में ब्रिटेन को दे दिए। यह समझौता अगले 100 सालों की अवधि के लिया किया गया था। मालदीव की संसद ने इस समझौते की खुलकर आलोचना की। कहा गया कि इस समझौते की शर्तें देश की स्वतंत्रता एवं संप्रभुता के सिद्धांतों के विरूद्ध थी। इस संवैधानिक संकट की स्थिति में प्रधानमंत्री इब्राहिम अली दीदी को त्यागपत्र देने के लिए बाध्य होना पड़ा और 1957 में उनकी जगह इब्राहिम नासिर प्रधानमंत्री बने। नासिर ने इस समझौते पर हस्ताक्षर करने से इंकार कर दिया। सरकार ने ब्रिटेन द्वारा सैनिक ठिकाने के रूप में गण द्वीप के निरंतर इस्तेमाल के लिए कुछ शर्तें रखीं। इसने अपने सांस्कृतिक और आर्थिक नीतियों से संबंधित स्वतंत्रतापूर्वक निर्णय के अधिकार की मांग के साथ 1957 की संधि में संशोधन की मांग की। अंग्रेजों को नासिर की अधिकांश मांगे माननी पड़ी। संयुक्त विकास की आर्थिक सहायता के अलावा वह पाँच सालों तक 10,000 डॉलर की आर्थिक सहायता देने को राजी हो गया और अनुबंध की अवधि 100 साल से घटाकर 50 साल कर दी गई।

गण द्वीप में ब्रिटिश सैनिक अड्डे की मौजूदगी एवं अंग्रजों द्वारा गण लोगों की आर्थिक सहायता, मालदीव और ब्रिटेन के संबंधों में तनाव का कारण बन गई। मालदीव ने आरोप लगाया कि ब्रिटेन अद्द्व अटोल में अलगाववादी ताकतों को बढ़ावा दे रहा था।

1960 का समझौता – इस समझौते के तहत अद्द्व अटोल पर अंग्रेजी अधिकार की अवधि को घटाकर 30 वर्ष के लिए कर दिया गया। ब्रिटेन ने मालदीव सरकार को इस समझौते के तहत 100,000 डालर तुरंत और विकास कार्यों के लिए 750,000 डालर 5 सालों के दौरान सहायता के रूप में देने का वायदा किया। इस समझौते के बावजूद दक्षिणी द्वीपों और माले प्रशासन के बीच तनाव 1963 तक बरकरार रहे। 1963 में इन द्वीपों पर केन्द्रीय शासन स्थापित हो गया।

1963 खत्म होते ही गणद्वीप का मुदता मालदीव की राजनीति का एक प्रमुख कारक बन गया और मलदीव के लोगों के पूर्ण स्वतंत्रता के संघर्ष का प्रथ प्रशस्त किया और 26 जुलाई 1965 को मालदीव ब्रिटेन के साथ एक संधि के जरिए एक स्वतंत्र राष्ट्र बन गया। 1968

तक सल्तनत बरकरार रही। 1968 में सल्तनत की व्यवस्था को समाप्त करके मालदीव को एक गणतंत्र घोषित किया गया। मौजूदा संस्थागत व्यवस्था 1968 के संविधान पर ही आधारित है। इसके अनुसार राष्ट्रपति कार्यपालिका का प्रधान है।

प्रश्न 14. मालदीव की अर्थव्यवस्था तथा वित्तीय नीति का वर्णन करो।

[June 2008, Q.No.-10]

उत्तर – आर्थिक स्थिति को सुधारने के लिए 1970 के दशक के अंतिम सालों से शासन ने ढाँचागत परिवर्तन के कई उपक्रम किए जिनकी प्रक्रिया अभी भी जारी है। प्रमुख आर्थिक क्षेत्रों पर्यटन, जहाजरानी और मछली उद्योग को विशेष प्रोत्साहन दिया जा रहा है। देश के आर्थिक मामलों के संचालन के लिए राष्ट्रीय योजना अभिकरण (एजेंसी) और मालदीव मुद्रा प्राधिकरण का गठन किया गया। राष्ट्रपति ने पारंपरिक संस्थागत आर्थिक ढाँचे को आधुनिक उपक्रमों की संस्थागत ढाँचे से जोड़ने की दिशा में उल्लेखनीय प्रयास किया है। योग्य एवं प्रशिक्षित मानव संसाधन की कमी, मछली उद्योग के समीकरण में तेजी से हो रहे परिवर्तन, उपेक्षित कृषि क्षेत्र, आर्थिक विकास में क्षेत्रीय असंतुलन की समस्याओं से ग्रस्त प्रतिकूल परिस्थितियों में 1981 में मालदीव के नीति निर्माताओं द्वारा विकास प्राधिकरण की शुरूआत, ध्यान देने योग्य है। अटोलों के बीच आर्थिक असंतुलन को कम करने के लिए सरकार गंभीरता से प्रयासरत है। माले एवं अन्य द्वीप समूहों के बीच यातायात और संचार व्यवस्था को सुधारने के प्रयास जारी है। शिक्षा, स्वास्थ्य, यातायात एवं मछली उद्योग के क्षेत्रों में कोलंबो योजना, इस्लामी विकास बैंक, अंतर्राष्ट्रीय विकास संगठनों, अंतर्राष्ट्रीय मुद्राकोष और एशिया विकास बैंक द्वारा प्रायोजित कार्यक्रमों को भी लागू किया जा रहा है। कई पश्चिम एशियाई देशों – लीबिया, कुवैत, इरान एवं साऊदी अरब आदि के अलावा मालदीव को चीन, भारत, अमेरिका, इंग्लैण्ड आदि देशों से भी आर्थिक सहायता मिलती है।

प्रश्न 15. मालदीव की विदेश नीति पर टिप्पणी करो।

उत्तर – मालदीव की विदेश नीति के निर्धारण में इसकी सामरिक भागौलिक स्थिति एवं सीमित संसाधन आधार का काफी योगदान है। शुरूआती दिनों से ही सीलोन के अलावा भारत के पश्चिमी तट के मालाबारियों या मोपलाओं एवं मध्य–पूर्व के अरबों और मूरों के साथ भी व्यापारिक संबंध रहे हैं। इन संबंधों के प्रभाव ने शासकों एवं उसके अनुयायियों को धर्म परिवर्तन की दिशा में प्रेरित किया। इसका वहाँ के प्रशासनिक ढाँचे पर भी असर पड़ा।

1887 की ब्रिटेन–मालदीव समझौते के अनुसार मालदीव ब्रिटेन का संरक्षित राज्य बन गया था और 1965 में उसकी आजादी तक ब्रिटिश साम्राज्य के अलावा दुनिया के अन्य देशों से उसके संबंध नगण्य थे। द्वितीय विश्व युद्ध के बाद ब्रिटेन ने इसके गण द्वीप को अंग्रेजी वायुसेना का अड्ड बनाने के उद्देश्य से मालदीव के साथ 1953 में और फिर 1956 में समझौते किए। 1965 में आजादी के बाद माले–प्रशासन गणद्वीप पर ब्रिटिश नियंत्रण समाप्त करने का प्रयास करने लगा और 1976 में वह भी ब्रिटिश नियंत्रण से मुक्त हो गया। 1965 में ही वह संयुक्त राष्ट्र संघ का सदस्य बना। तभी से वह विश्व राजनीति में

निरस्त्रीकरण, नाभिकीय अस्त्रों पर प्रतिबंध, हिंद महासागर में शांतिक्षेत्र की स्थापना की हिमायत करता रहा है। 1976 में इसने गुटनिरपेक्ष आंदोलन की सदस्यता ली। 1982 में मालदीव को ब्रिटिश राष्ट्रकुल की विशेष सदस्यता प्रदान की गई। 1980 के दशक के मध्य तक मालदीव दुनिया के बहुत से देशों के साथ राजनयिक संबंध स्थापित कर चुका था और दक्षिण क्षेत्रीय सहयोग संगठन का सक्रिय सदस्य है।

यदि मैं एक क्षण खुश रहता हूँ तो इससे मेरे अगले क्षण में भी खुश होने की सम्भावना बढ़ जाती है।

यदि किसी भूल के कारण कल का दिन दुःख में बीता, तो उसे याद कर आज का दिन व्यर्थ न गँवाइए।

कभी-कभी आपकी एक मुस्कान, मरुस्थल में जल की बूँद जैसी लाभदायक सिद्ध हो सकती है।

इकाई – 7
दक्षिण एशिया में लोकतंत्र

प्रश्न 1. मानवाधिकारों के विभिन्न अर्थों को स्पष्ट कीजिए।

उत्तर – विभिन्न विद्वानों ने मानवाधिकार की परिभाषा विभिन्न रूपों में की है। एक के द्वारा दी गई परिभाषा दूसरे की परिभाषा के विरोधाभासी लगती है। अतः मानवाधिकार को परिभाषित करना एक कठिन कार्य है। मानवाधिकार एक अर्थ में अवसर, हित और व्यक्तिगत स्वतंत्रता से संबंधित है। आज के आधुनिक युग में मानवाधिकार का क्षेत्र काफी बड़ा हो गया है। मानव अधिकार व्यक्ति का नैसर्गिक अधिकार है। मानव अधिकार को प्राकृतिक अधिकार भी कहा जाता है। सभी व्यक्ति समानता के आधार पर मानवाधिकार का उपयोग कर सकता है और कोई भी व्यक्ति या संस्था इसका हरण नहीं कर सकती है। एक व्यक्ति को सम्मानपूर्ण जीवन जीने के लिए जिन बातों की आवश्यकता होती है, वे सभी मानवाधिकार की श्रेणी में आते हैं। दूसरे अर्थ में हम कह सकते हैं कि स्वतंत्रता, समानता और न्याय का अधिकार मानवाधिकार है। राज्य का कर्त्तव्य बनता है कि वह इन अधिकारों को सुरक्षा प्रदान करे और इनका शोषण नहीं करे।

प्रत्येक व्यक्ति में अंतर्निहित मानवीय क्षमता और व्यक्तित्व विकास के लिए आवश्यक सभी अधिकारों को मानव अधिकार की श्रेणी में रखा जा सकता है। कोई भी व्यक्ति अपने जीवन को सार्थक, सुखी और सम्पन्न बनाने के लिए आवश्यक जन्म सिद्ध अधिकार के रूप में प्राप्त विभिन्न मानव अधिकार का प्रयोग करता है। इस प्रकार हम कह सकते हैं कि मानव अधिकार मनुष्य के व्यक्तित्व की प्रकृति के प्रति आधारिक हैं। व्यक्तियों के अधिकार और स्वतंत्रता न तो राज्य द्वारा बनाए जाते हैं और न ही किसी दैवी शक्ति द्वारा। मानव अधिकार लोगों का जन्मसिद्ध अधिकार है, जो इन्हें प्रकृति से प्राप्त हुआ है और इसी अर्थ में मानव अधिकार को प्राकृतिक अधिकार भी कहा जाता है। किसी भी राज्य को व्यक्तियों के इन अधिकारों का हनन करने का अधिकार नहीं है। इस तरह मानव अधिकार का क्षेत्र बहुत व्यापक है जिसमें प्राकृत अधिकार, कानूनी अधिकार, वैयक्तिक अधिकार, सामूहिक अधिकार आदि को समाहित किया जा सकता है। व्यक्ति के सर्वांगीण विकास के लिए मानवाधिकार अत्यन्त महत्त्वपूर्ण होते हैं। राज्यों का कर्त्तव्य है कि वह व्यक्तियों के मानवाधिकारों की रक्षा करे। किसी भी व्यक्ति या संस्था को यह अधिकार प्राप्त नहीं है कि वह किसी भी व्यक्ति के मानव अधिकार का हनन करे। इस प्रकार मानव अधिकार व्यक्ति का महत्त्वपूर्ण अधिकार है। आधुनिक काल में मानवाधिकारों की अवधारणा परिवर्तित हो गई। प्राचीन काल में जहाँ कानूनी एवं राजनीतिक अधिकारों को ज्यादा तरजीह दी जाती थी वहाँ आजकल सामाजिक एवं आर्थिक अधिकारों पर ज्यादा बल दिया जाने लगा है। वर्तमान में मानवाधिकारों की धारणा सिर्फ राजनीतिक

लोकतंत्र से संबंधित नहीं है बल्कि वह संयुक्त राष्ट्र समझौतों के उन सभी अधिकारों को अपने में समेटे हुए है जिन्हें एक ओर नागरिक एवं राजनीतिक अधिकार का नाम दिया जाता है, तो दूसरी ओर सामाजिक एवं आर्थिक अधिकार। वर्तमान में अन्तर्राष्ट्रीय घोषणापत्र द्वारा मान्यता प्राप्त मानवाधिकारों को दो श्रेणियों में रखा जा सकता है : नागरिक एवं राजनीतिक अधिकार तथा सामाजिक, आर्थिक एवं सांस्कृतिक अधिकार। मानवाधिकार कानूनी एवं राजनीतिक कार्यक्षेत्रों में राज्याधिकार पर नियंत्रण रखते हैं।

प्रश्न 2. दक्षिण–एशिया में औपनिवेशिक काल में मानवाधिकारों की स्थिति का वर्णन करो। [June-07, Q.No.-9]

उत्तर – औपनिवेशिक काल में दक्षिण एशिया में मानवाधिकारों की स्थिति अच्छी नहीं थी। इस काल में लोग औपनिवेशिक सत्ता के अंतर्गत शासित थे। नागरिकों को किसी भी प्रकार का अधिकार प्राप्त नहीं था। सैद्धांतिक रूप में जो थोड़ा–बहुत अधिकार प्राप्त भी था, उसका वे व्यवहार में खुलकर उपयोग नहीं कर सकते थे। लेकिन औपनिवेशिक सत्ता के बावजूद इस क्षेत्र के बुद्धिजीवियों ने अपने मौलिक अधिकारों की बहाली के लिए इसी काल में नागरिक अधिकार आन्दोलनों की शुरूआत की थी। इस काल में जो लोग नागरिक अधिकारों के समर्थक थे, वे राष्ट्रवादी विचारधारा के भी पक्षधर थे। उनके पास एक सशक्त विचारधारा के रूप में राष्ट्रवाद को अपनाने का अधिकार था। लेकिन वर्तमान काल में अब देश में विदेशी सत्ता समाप्त हो गई है। अतः अब नागरिकों को अपने मौलिक अधिकार के संरक्षण के लिए अपनी ही सरकार, जो उनके द्वारा ही चुनी गई है, से लड़ना होता है। प्राचीन समय में मानवाधिकारी 'मैग्नाकार्टा ऑफ द राइट्स ऑफ मैन' का हवाला देते थे लेकिन आधुनिक समय में अब वे यूनिवर्सल डिक्लेरेशन ऑफ ह्यूमन राइट्स, संयुक्त राष्ट्र समझौतों और एमनेस्टी इंटरनेशनल के स्टैण्डर्ड मिनिमम रूल्स का हवाला देते हुए अपने मनावाधिकार संरक्षण की बातें करते हैं। ऐसा करने पर राज्य उन पर तोहमत लगाता है कि वे विदेशी सहायता और इशारे पर काम कर रहे हैं और उनका यह क्रियाकलाप राष्ट्रीय हितों के विपरीत है। इतना ही नहीं उन्हें यह भी कहा जाता है कि वे अपनी संस्कृति के विपरीत यह काम कर रहे हैं।

जब नागरिकों में शिक्षा का प्रसार हुआ, राष्ट्रीय चेतना जागृत हुई तब उन्होंने रोजगार के समान अवसर, प्रेस की स्वतंत्रता और निष्पक्ष कानूनी कार्यवाही की माँग शुरू की। ब्रिटिश साम्राज्य में स्वतंत्र नागरिकों के रूप में इन्होंने अपने मानवाधिकारों की बहाली के लिए आवाज उठाई। भारतीय राष्ट्रीय कांग्रेस के गठन के पीछे एक महत्त्वपूर्ण कारण यह था कि राष्ट्रवादी लोग हल्बर्ट विधेयक को पारित कराने में असफल रहे थे। 24 अगस्त, 1936 के दिन बम्बई में भारतीय नागरिक अधिकार संघ की स्थापना की गई। इसके अध्यक्ष रवीन्द्रनाथ टैगोर तथा कार्यकारी अध्यक्ष सरोजिनी नायडू थीं। इसके महासचिव कृष्ण मेनन थे। कुछ ही दिनों के बाद कलकत्ता, मद्रास तथा पंजाब में इसकी शाखाएँ खोली गई। भारतीय नागरिक अधिकार संघ के क्रियाकलापों के परिणामस्वरूप राष्ट्रीय आन्दोलन के प्रमुख दल कांग्रेस में

भी चेतना जागृत हुई। 1937 में कांग्रेस कुछ प्रान्तों में सत्ता में आई। इन सभी प्रान्तों में कांग्रेस से नागरिक अधिकारों की रक्षा के लिए अपील की गई। इसके बाद कांग्रेस सरकार ने भी नागरिक अधिकारों की सुरक्षा पर ध्यान देना शुरू किया। लेकिन कुछ मुद्दों पर भारतीय नागरिक अधिकार संघ और कांग्रेस के बीच मतभेद थे।

प्रश्न 3. दक्षिण–एशिया में मानवाधिकार संबंधी विभिन्न मुद्दों का वर्णन कीजिए।

उत्तर – दक्षिण–एशिया के अधिकतर देशों का औपनिवेशिक अनुभव एक सा ही है। मानवाधिकारो कों सुनिश्चित करने में उनकी भिन्न–भिन्न समस्याएँ हैं। पहले उन समानता पर बात करते हें जो वस्तुत: दक्षिण एशिया को एक क्षेत्र के रूप में आकार प्रदान करती है और तत्पश्चात् उन भिन्नताओं पर, जो अधिकारों का अनुभव करने में भिन्नता के स्तरों को स्पष्ट करती हैं।

भारत, पाकिस्तान, बांग्लादेश, श्रीलंका तथा मालदीव सभी ने उपनिवेश–विरूद्ध संघर्षों का अनुभव किया था। नागरिक अधिकारों संबंधी चेतना उनको विरासत में मिली। नेपाल और भूटान जो ब्रिटिश संरक्षित राज्य थे, राजतंत्रों के रूप में ही रहे। मानव अधिकार चेतना का विकास सदा ही नागरिक समाज के विकास दर निर्भर रहता है, जो राज्य–सत्ता के प्रति समतुल्य बल के रूप में काम करता है। अधिकतर आन्दोलन को लेकर उपनिवेश विरोधी संघर्षों के दौरान राष्ट्रपति अभिजात–वर्ग के करीब–करीब एकाधिकार के कारण स्वतंत्रता प्राप्ति उपरांत नागरिक अधिकार चिन्तन संबंधी धारणा में स्वाभाविक रूप से भ्रम ही रहा। तथापि, जब राष्ट्र निर्माण प्रक्रिया में विभिन्न वर्गों को समायोजित करने में ये अभिजात शासक वर्ग विफल रहे, तो दक्षिण एशिया क्षेत्र के विभिन्न भागों में अशांति दिखाई दी। यह मुख्य रूप से दो–तिहाई स्थिति में फलित हुई : एक ओर, उपान्तिक वर्गों की विभिन्न आवाजों के उठने के साथ ही राज्य–सत्ता की वैधता क्षीण होने लगी, और दूसरी ओर, राज्यतंत्र अधिकाधिक अवपीड़क और उत्पीड़क हो गए।

यह स्थिति इस भूभाग के भिन्न–भिन्न देशों में भिन्न–भिन्न रूप से प्रकट हुई :

1) भारत – भारत में, यह सत्तर के दशक में इंदिरा गाँधी के शासनकाल में आपात स्थिति लागू किए जाने में फलित हुई और उसके बाद से राजनीतिक दलों जैसी राज्य संस्थाएँ कम उत्तरदायी हो गई हैं जो अनेक स्वायत्त गैर–पार्टी आन्दोलनों की ओर अग्रसर रही हैं। दलित एवं पिछड़ी जाति आंदोलनों, नारी, पर्यावरण एवं उप–क्षेत्रीय आन्दोलनों के उत्कर्ष के साथ अभिजात शासक वर्ग का अधिकार भी बेहद संकुचित हो गया। इन आन्दोलनों को राज्य की सामाजिक एवं विकास नीतियों पर संदेह है।

2) पाकिस्तान – पाकिस्तान में यह संवैधानिक प्रयोगों में 'हनीमूनों' के साथ नित्य सैनिक तानाशाहियों में फलित हुआ जो कि जनता के लिए पूर्ण लोकतांत्रिक अधिकारों के लिए किसी भी अर्थ में कभी भी फलीभूत नहीं हुआ। पाकिस्तान में सेना, नौकरशाही तथा भूमिगत अभिजात तंत्र के बीच अन्तर्संबंध द्वारा प्रबलित राज्य ने नागरिक समाज को कभी भी पनपने नहीं दिया। यह साम्प्रदायिक संघर्ष में भी परिणत हुआ है, जैसे – कराची में मुजाहिरों, पाकिस्तान के पंजाब क्षेत्र में सुन्नियों का कत्लेआम।

3) श्रीलंका – श्रीलंका को निष्पक्ष रूप से एक बेहतर लोकतांत्रिक सांस्थानिक व्यवस्था का अनुभव हे, समाज काफी लम्बे समय से एक व्यापक नृजातीय हिंसा से अतिक्रांत है। श्रीलंका में तमिल राष्ट्रवाद ने राज्य की प्रभुसत्ता को चुनौती दे रखी है। गत बीस वर्षों में जनता को बुनियादी हिफाजत मुहैया कराने में सक्षम हुए बगैर दमनकारी राज्य का उदय ही देखा गया।

4) बांग्लादेश – बांग्लादेश का अनुभव अन्य देशों से भिन्न नहीं है। हालाँकि यह एक नवीन उद्गमों का देश है, राजनीतिक संस्थापन में हिंसक परिवर्तनों के कारण वह सशक्त लोकतांत्रिक संस्थाएँ कभी स्थापित नहीं कर सका। विश्व में अपने निम्नतम आर्थिक आधार के साथ बांग्लादेश लोगों को बुनियादी सुख–सुविधाएँ मुहैया कराने में कभी सक्षम नहीं हुआ।

5) नेपाल और भूटान – अपनी–अपनी राजतंत्रीय विरासतों वाले नेपाल और भूटान में मानवाधिकार सबसे बड़ी दुर्घटना थे। नेपाल में माओवादी हिंसा और भूटान की शरणार्थी समस्या शायद इस तरीके का एक अच्छा उदाहरण हैं जिसमें मानवाधिकार रूपायित हुए हैं। यद्यपि नेपाल में राजनीतिक संस्था के लोकतंत्रीकरण के लिए माँगे उठती रही हैं जो पंचायतों अथवा पार्टी–आधारित चुनावों में सुधार लाने जैसे प्रयोगों में फलित हुई हैं, राजनीतिक सत्ता अभी भी प्रधानता से नेपाल नरेश के पास ही है।

प्रश्न 4. दक्षिण एशिया में मानवाधिकारों का भूमण्डलीकरण के संदर्भ में वर्णन कीजिए।

उत्तर – आधुनिक युग में मानवाधिकारों की नई संकल्पनाएँ उभरकर सामने आई हैं। 1948 में संयुक्त राष्ट्र ने मानवाधिकारों के विकास की जिम्मेदारी उठाई और तब से मानवाधिकारों का उल्लंघन चाहे वह विश्व के जिस किसी भी स्थान पर हो रहा है, अन्तर्राष्ट्रीय समुदाय के लिए चिंता का विषय बना दिखाई देता है। मानवाधिकार के सम्बन्ध में यह नई संकल्पना वास्तव में भूमंडलीयकरण के कारण अस्तित्व में आयी है। अंतर्राष्ट्रीय शासन प्रणाली के अंतर्गत तीसरी दुनिया में मानवाधिकारों की बहाली के लिए विश्व महाशक्तियाँ प्रयत्नशील हैं। मानव को अब व्यापार के मुद्दे के साथ जोड़कर देखा जाने लगा है। विश्व बैंक तथा अंतर्राष्ट्रीय मुद्रा कोष जैसे अंतर्राष्ट्रीय आर्थिक संगठन तीसरी दुनिया के देशों पर इस बात के लिए दबाव बनाए हुए हैं कि उनके यहाँ मानवाधिकारों का उल्लंघन न हो। इस प्रकार की कार्यवाही से इन देशों में मानवाधिकारों की स्थिति में कुछ हद तक सुधार किया जा सकता है। लेकिन तीसरी दुनिया के देशों में इन कार्यवाहियों के फलस्वरूप अंतर्राष्ट्रीय स्तर पर उनकी क्षमताएँ कम हुई हैं। अंतर्राष्ट्रीयवाद को एक साधन के रूप में प्रयोग कर मानवाधिकारों के उल्लंघन को रोकना एक अच्छी बात है लेकिन इसी बहाने कमजोर राष्ट्रों पर अपना दबाव बनाना चिंता का विषय है। इस दृष्टिकोण से दक्षिण एशिया क्षेत्र के राष्ट्रों में दुविधा व्याप्त है। इन देशों में मानवाधिकार उल्लंघन के अनेक उदाहरण विद्यमान हैं, जैसे – पाकिस्तान का आणविक मुद्दा, श्रीलंका में नृजातीय संघर्ष, बांग्लादेश में पुलिस अत्याचार, नेपाल में माओवादी हिंसा, भारत में साम्प्रदायिक हिंसा, भारत और पाकिस्तान के बीच कश्मीर मुद्दा आदि। विश्व राजनीति में ये

सभी मुद्दे विदेश नीति संचालन और निर्धारण के उपकरण के रूप में काम करने लगे हैं। मानवाधिकारों के अंतर्राष्ट्रीयकरण के परिणामस्वरूप विश्व को महाशक्तियाँ तथा उनके निर्देशानुसार काम करने वाली वैश्विक वित्तीय एजेंसियाँ तीसरी दुनिया के देशों में हो रहे मानवाधिकार उल्लंघनों के मुद्दों का प्रयोग वैश्विक राजनीति में अपने प्रभुत्व को बढ़ाने के लिए कर रही हैं। इन शक्तियों में अमेरिका सबसे आगे है। जग जाहिर है कि आर्थिक स्थिति अच्छी नहीं होने के कारण या फिर पर्याप्त संसाधनों की कमी के कारण दक्षिण एशियाई राष्ट्र अपने देश के लोगों की माँगों को पूरा करने में सक्षम नहीं है। स्वाभाविक है इससे लोगों में विरोध उत्पन्न हो जाता है जिसे दबाने के लिए सरकार को दमनकारी नीतियाँ अपनानी पड़ती हैं जिससे मानवाधिकारों का उल्लंघन होता है। अपने स्वार्थों की पूर्ति के उद्देश्य से महाशक्तियों द्वारा अंतर्राष्ट्रीय मंच पर मानवाधिकार उल्लंघनों को हवा दी जाती है। दक्षिण एशियाई राष्ट्रों को विश्व बैंक, अंतर्राष्ट्रीय मुद्रा कोष, डी.एफ.आई. से मिलने वाली आर्थिक मदद के लिए मानव अधिकार रिकार्ड को एक पूर्व शर्त बिना दिया गया है। ये सभी वित्तीय संस्थाएँ अमेरिका या अन्य विकसित देशों के नियंत्रण में हैं। हालाँकि मानवाधिकारों के संबंध में भूमण्डलीकरण के कारण दक्षिण एशिया में कुछ सकारात्मक परिणाम भी दिखते हैं।

प्रश्न 5. निम्नलिखित पर टिप्पणी कीजिए। **[June-08, Q.No.-12]**

1) श्रीलंका में नागरिक समाज

2) पाकिस्तान में नागरिक समाज

3) बांग्लादेश में नागरिक समाज

उत्तर – 1) श्रीलंका में नागरिक समाज – श्रीलंका में नागरिक समाज की स्थापना सबसे पहले 1983 में हुई। श्रीलंका में बुद्धिजीवी, पत्रकार, विद्वान, छात्र, सांप्रदायिक समूह तमिल और सिंहला, श्रमिक संघ तथा गैर–सरकारी संगठन नागरिक समाज का प्रतिनिधित्व करते हैं। श्रीलंका में नागरिक समाज के उदय का प्रमुख कारण तमिलों और सिंहलियों के बीच का संघर्ष है। तमिलों और सिंहलियों ने बहुत–से लोगों, विशेषक तमिल अल्पसंख्यकों को घर से बेघर कर दिया। इसके अतिरिक्त इन संघर्षों में सुरक्षा बलो, सेना तथा पुलिस की भूमिका भी पक्षपातपूर्ण थी। इनके द्वारा मानवाधिकारों का हनन किया जाता था। इनके कारण देश में अशांति फैल गई। इसके परिणामस्वरूप देश में विकास की गति धीमी हो गई। श्रीलंका सरकार राज्य में शांति बहाल करने में विफल रही, लोगों को सुरक्षा नहीं दे सकी, मानवाधिकारों की रक्षा नहीं कर पाई, विकास कार्य को आगे नहीं बढ़ा सकी, श्रीलंकाई तमिलों और सिंहलियों के बीच चल रहे संघर्ष को समाप्त नहीं करा सकी, जिसके कारण नागरिक समाज का उदय हुआ।

श्रीलंका में जुलाई 1983 में हुए दंगों के कारण नागरिक समाज इस महीने को काली जुलाई के रूप में मनाते हैं। नागरिक समाज के विभिन्न संगठन देश में सभाओं का आयोजन करते हैं जिनका उद्देश्य होता है तमिलों तथा सिंहलियों के संघर्ष को समाप्त करना, अल्पसंख्यकों का विश्वास प्राप्त करना तथा देश में शांति की स्थापना करना।

श्रीलंका में शांति और मानवाधिकार की बहाली के लिए नागरिक समाज ने अनेक कार्यक्रम किए हैं। 9 दिसम्बर, 1994 के दिन अंतर्राष्ट्रीय मानवाधिकार दिवस की पूर्व संध्या पर 40 नागरिक समाज से संबंधित संगठनों ने एक प्रदर्शन को आयोजन किया, जिसमें नाटकों का मंचन किया और लोकतंत्र, मानव अधिकार तथा शांति स्थापना से संबंध गीत गाए। इस शांति रैली ने सरकार के साथ–साथ लिट्टे से भी देश में शांति स्थापना क लिए अनुरोध किया। इसी प्रकार जुलाई दंगे से संबंधित नागरिक समाज संगठनों ने 13 जुलाई 2003 के दिन एक और सभा का आयोजन किया जिसका विषय था – दोबारा कभी नहीं। श्रीलंका के नागरिक समाज से संबंधित संगठनों ने हस्ताक्षर अभियान चलाकर राष्ट्रपति और प्रधानमंत्री दोनों से यह अपील की कि वे तमिल अल्पसंख्यकों पर हुए जुर्म के लिए माफी मांगे। इन संगठनों का मानना था कि ऐसा करने से देश में शांति स्थापना में मदद मिलेगी। इस तरह श्रीलंका में नागरिक समाज शांति स्थापना के लिए निरन्तर प्रयत्नशील है।

2) पाकिस्तान में नागरिक समाज – पाकिस्तान के संदर्भ में नागरिक समाज का अर्थ है – संगठनों की एक श्रृंखला जिसमें नागरिकों के गैर–बाजार व गैर–राज्य संगठन भी शामिल हैं। ये संगठन राज्य से संबद्ध नहीं है, जिसका अर्थ है कि वे सरकार चलाने में भाग लेने की अभिलाषा नहीं रखते। पाकिस्तान में नागरिक–समाज संगठनों में शामिल हैं – गैर सरकारी संगठन, व्यावसायिक संघ, श्रमिक संघ, परोपकारी जन, विद्वत्जन तथा विशेषज्ञ–समितियाँ। यहाँ तक कि धर्म–आधारित संगठन – पारम्परिक संगठन, पूजा–स्थल, शिक्षाणालय, पास–पड़ोस संघ, शवाधान समितियाँ, जिगरा (वयोवृद्ध सभा) – भी पाकिस्तान विषयक संलाप में नागरिक समाज की सैद्धांतिक परिभाषा द्वारा धर्म–आधारित संगठनों को नागरिक समाज नहीं माना जा सकता। इस तथ्य के आलोक में कि उनमें से कुछ संगठन समाज के विकासार्थ कार्यकलापों में संलग्न है तथा सरकार का हिस्सा नहीं है, वे नागरिक समाज समझे जाने की योग्यता प्राप्त कर लेते हैं। पाकिस्तानी नागरिक समाज में, तदनुसार, मूल्य प्रणाली तथा बहु–उत्तराधिकारों के लिहाज से मिश्रित समूह शामिल हैं। एक ओर, वहाँ आधुनिक व उदारवादी दृष्टिकोण वाले तत्त्व हैं, तो दूसरी ओर पाकिस्तानी नागरिक समाज में ऐसे संगठन एवं व्यक्ति जन भी हैं जिनका दृष्टिकोण परम्पराओं द्वारा प्रभावित होता है। यह दर्शाता है कि पाकिस्तानी नागरिक समाज में परस्पर विरोधी वैश्विक दृष्टिकोण तथा प्रतिरोध हित व्याप्त हैं।

आगा खान संस्थान, कराची द्वारा नागरिक समाज विषयक एक प्रारंभिक रिपोर्ट के अनुसार, 2001 में पाकिस्तान में 10,000 से भी अधिक पंजीकृत गैर–सरकारी संगठन काम कर रहे थे। इनमें से अधिकांश पंजाब, सिंध तथा उत्तर–पश्चिम सीमान्त क्षेत्र में विद्यमान थे। गैर पंजीकृत एन.जी.ओ. की अपेक्षा कहीं अधिक हैं। नागरिक–समाज संगठनों का कार्य–व्यापार शहरी क्षेत्रों तक सीमित है। शहरी क्षेत्र में उन पर मध्यवर्गों का नियंत्रण रहता है, जबकि ग्रामीण क्षेत्रों में सामाजिक, आर्थिक व राजनीतिक मामलों में परम्परागत अभिजात वर्ग की हुकुमत चलती है। बलूचिस्तान प्रांत में नागरिक–समाज संगठनों का प्रायः अभाव ही है। उनकी अनुपस्थिति का श्रेय व्यापक निरक्षरता, नारी गतिशीलता की सीमाबद्धताओं तथा उस

जनजातीय-सामंती व्यवस्था को दिया जा सकता है जो सामाजिक परिवर्तन के खिलाफ है। पाकिस्तान में नागरिक-समाज द्वारा उठाये जाने वाले मुद्दे हैं: मानव अधिकारों को प्रोत्साहन, लिंगभेद समानता, सहिष्णुता, शिक्षा, स्वास्थ्य, बाल विकास, सतत् विकास, सामुदायिक विकास आदि।

किसी अन्य तीसरी दुनिया के देश की ही भाँति, पाकिस्तान में भी गैर-सरकारी संगठन विदेशी निधिकरण पर निर्भर हैं। उदाहरण के लिए, 1991 में पाकिस्तानी सरकार ने राष्ट्रीय ग्रामीण मदद की योजना शुरू करने के लिए यथेष्ट वित्त अक्षय निधि उपलब्ध करायी। 1991-92 में सरकार ने 'यू एस एड' (USAID) की सहायता से स्वैच्छिक संगठन न्यास (Trust of Voluntary Organisations) की भी स्थापना की ताकि एक सामाजिक निवेश निधि के रूप में गैर-सरकारी संगठनों की वित्तीय मदद की जा सके। तथापि, व्यावसायिक संस्थाएँ, श्रमिक संघ व कर्मचारी संघ आदि अपने सदस्यों द्वारा किए गये निधिकरण पर ही निर्भर करते हैं। बड़ी संख्या में व्यक्ति जन गैर-सरकारी संस्थाओं को धन जकत के रूप में भी देते हैं। जकत पाँच 'इस्लाम के स्तंभों' में से एक है, जिसका अर्थ है – 'गरीबों, विधवाओं, हाल ही में इस्लाम धर्मान्तरित लोगों, अपने वश से बाहर परिस्थितियों से गुजरकर कर्ज में डूबे लोगों, यात्रियों तथा उनको जो अल्लाह का नेक काम करते हैं, धन-संपन्न लोगों द्वारा शिक्षा दिया जाना।'' सम्प्रदाय-आधारित संगठन बड़े पैमाने पर नकदी अपने समुदायों से ही प्राप्त करते हैं। इसके अलावा, पाकिस्तान में निगमित क्षेत्र भी बड़ी संख्या में गैर-सरकारी संगठनों को धन देता है। पाकिस्तान में लोक सेवा संगठनों के बीच समन्वय बहुत अगठित है और वे अपने-अपने ढंग से काम करते हैं। फिर भी, सरकार के नकारात्मक रवैये के विरोध में 1995-96 में बड़ी संख्या में लोक-सेवा संगठनों ने पाकिस्तान गैर-सरकारी संगठन मंच (पी.एन.एफ.) की स्थापना की ताकि उनके बीच समन्वय लाया जा सके। क्षेत्रधारित गैर-सरकारी संगठनों ने देश में नेटवर्क स्थापित किया है। क्षेत्रानुसार मुख्य समन्वय-निकाय हैं – समर्थन विकास नेटवर्क (Adrocacy Development Network), बाल-कल्याण समन्वय परिषद (Coordination council for Child), विकास में महिलाएँ (WID), ग्रामीण नेटवर्क (RSPN), पाकिस्तान शिक्षा नेटवर्क (PEN), पाकिस्तान सूक्ष्मवित्त नेटवर्क (Pakistan Microfinances Network) तथा पर्यावरण गैर-सरकारी संगठन नेटवर्क (Environment NGO's Network)।

पाकिस्तान में नागरिक-समाज संगठनों का कार्यक्षेत्र बहुत ही सीमित है। उन पर न केवल अभिजात्य वर्गों का आधिपत्य है, बल्कि वे आंतरिक सीमाबद्धताओं से भी पीड़ित हैं। ये तथ्य पाकिस्तानी नागरिक समाज के भीतर पारदर्शिता के अभाव के लिए भी जिम्मेदार है।

पाकिस्तान में नागरिक समाज संगठन तमाम सीमाबद्धताओं में रहकर काम करते हैं जबकि औद्योगिक संबंध अध्यादेश (1969) तथा अनिवार्य सेवा अधिनियम कर्मचारियों को संस्थाएँ बनाने से मना करते हैं। गैर-सरकारी संगठनों को ढेर सारे पंजीकरण नियमों की विद्यमानता के कारण समस्याओं का सामना करना पड़ता है। वहाँ छह विभिन्न कानून हैं जिनके तहत गैर-सरकारी संगठनों को पंजीकृत करवाना होता है। ये हैं – समिति अधिनियम (Sociaties

Act, 1860), सहकारी अधिनियम (Cooperative Act, 1925), धमार्थ दान अधिनियम (Charitable Endowment Act, 1890), कम्पनी अध्यादेश (Companies Ordinance, 1984), न्यास अध्यादेश (Trust Act, 1882) और स्वैच्छिक समाज कल्याण अधिकरण (पंजीकरण एवं नियंत्रण) अध्यदेश [Voluntary Social Welfare Agencies (Registration and Control) Ordinance, 1961]। ये कानून नागरिक समाज संगठनों की पंजीकरण प्रक्रिया को जटिल बनाते हैं।

पाकिस्तान में नागरिक समाज सैन्य दमन के वशीभूत रहे हैं। दमन ने विभिन्न रूप धरे हैं, जैसे – नागरिक–समाज संगठनों पर प्रतिबंध, नागरिक–समाज संगठन नेताओं की गिरफ्तारी तथा राजनैतिक दबाव। अस्सी के दशक में हालाँकि, लोकतंत्र की बहाली के साथ स्थिति किंचित सुधरी, पर व्यवहार में स्थिति मुख्य तौर पर विकराल ही रही। यहाँ तक कि लिंगभेद समानता से जुड़े मुद्दे उठाने वाले कुछ गैर–सरकारी संगठनों के प्रति सामाजिक वातावरण शत्रुतापूर्ण ही रहा। परंपरागत सामंतिक एवं जनजातीय मूल्यों का प्रतिनिधित्व करने वाली कुछ ताकतें लोकतांत्रिक अधिकारों के खिलाफ हैं। वे सेना के साथ साठ–गाँठ कर बाधाएँ उत्पन्न करते हैं। यद्यपि पाकिस्तान इस्लामिक गणतंत्र के संविधान का अनुच्छेद 17 संघ को स्वतंत्रता प्रदान करता है, लेकिन राष्ट्र हित के नाम पर अक्सर ही मौलिक अधिकारों का अतिक्रमण किया जाता है और उन पर प्रतिबंध लगाया जाता है। सार्वजनिक प्रदर्शन, सभाओं पर प्रतिबंध तथा नागरिक–सामाजिक संगठनों पर रोक पाकिस्तान में सहज ही दिखाई पड़ते हैं।

राज्य नागरिक समाज को लोकतांत्रिक अधिकारों से संबद्ध मुद्दों में शामिल होने के लिए प्रोत्साहित नहीं करता। उदाहरण के लिए, वह गैर–सरकारी संगठनों की धर्मार्थ भूमिका और सेवा–प्रदाय गतिविधियों का विरोध नहीं करता; परन्तु वह शिक्षा लिंगभेद समानता, मानवाधिकार आदि मूल्यों के समर्थन से जुड़े मुद्दों में गैर–सरकारी संगठनों की संलिप्तता को बर्दाश्त नहीं करता। जिया शासनकाल में मानवाधिकारों एवं नारी संगठनों पर प्रतिबंध लगाया गया था। परन्तु दूसरी ओर उसने उन मदरसों, पूजा–स्थलों, शिक्षणालयों तथा जिगराओं की गतिविधियों को संरक्षण दिया और उनकी हिमायत की, जिनकी साठ–गाँठ से जिया शासन–प्रणाली काम करती थी।

पाकिस्तान में गैर–सरकारी संगठन राज्य संबंधों को शत्रुता द्वारा प्रकट किया जाता है। 1996 में सरकार ने सीनेट में एक विधेयक प्रस्तुत किया जिसे समाज कल्याण अभिकरण (पंजीकरण एवं नियमन) अधिनियम [Social Welfare Agencies (Registration and Regulatin Act] कहा जाता है। पाकिस्तान गैर–सरकारी संगठन मंच द्वारा इसका विरोध किया गया, जो इसे अपने मामलों में हस्तक्षेप करने के लिए वैधता प्राप्त करने का एक साधन मानता था। यह विधेयक गैर–सरकारी संगठनों के अधिकार क्षेत्र से नागरिक शिक्षा एवं पक्ष समर्थन निकाले जाने के लिए अभिलक्षित था। 1998–99 में सरकार ने बड़ी संख्या में गैर–सरकारी संगठनों के खिलाफ एक अभियान भी छेड़ दिया। उसने पंजाब, सिंध तथा उत्तर–पश्चिम सीमान्त क्षेत्र में लगभग 2500 गैर–सरकारी संगठनों की मान्यता भी रद्द कर दी। सरकार का कदम प्रस्तावित धार्मिक विधान (शरीयत विधेयक) और मई 1998 में

कराये गए परमाणु परीक्षणों के खिलाफ विरोध प्रदर्शन के विरूद्ध एक प्रतिरूप था। गैर–सरकारी संगठनों के कार्यकर्त्ताओं को खुफिया एजेंसियों के कर्मियों द्वारा भयभीत किया गया। सरकार द्वारा प्रोत्साहित धार्मिक अतिवादी जन विकास और पक्षसमर्थनोन्मुखी गैर–सरकारी संगठनों पर आरोप लगाते हैं कि वे धर्मनिरपेक्ष और उदारवादी मूल्यों का प्रचार कर ''राष्ट्रीय विचारधारा'' के विरूद्ध काम कर रहे हैं। प्रमुख मानवाधिकार पक्ष समर्थक असमा जहाँगीर ने उनकी ओर से मिली मौत की कई धमकियों का सामना किया है।

3) बांग्लादेश में नागरिक समाज – बांग्लादेश में नागरिक समाज का जन्म बांग्लादेश के जन्म से पहले ही हो चुका था। जिस समय बांग्लादेश का एक स्वतंत्र राष्ट्र के रूप में जन्म नहीं हुआ था, पूर्वी पाकिस्तान के नागरिकों के रूप में वहा.1 के शिक्षाविदों, बुद्धिजीवियों, अधिवक्ताओं, चिकिस्तकों, अध्यापकों, छात्रों, पत्रकारों आदि ने 1947 से 1971 के दौरान पश्चिमी पाकिस्तान की सरकार की दमनकारी और विभेदपूर्ण नीतियों के खिलाफ लड़ाई लड़ी थी। जब 1971 में बांग्लादेश का एक स्वतंत्र राष्ट्र के रूप में जन्म हुआ तब वहाँ भी नागरिक समाज में यह आशा जागृत हुई कि नई लोकतांत्रिक सरकार में उनको अहमियत दी जाएगी। 1972 में शेख मुजीबुर्रहमान के शासनकाल में निर्मित संविधान के चौथे संशोधन द्वारा इनके क्रियाकलापों और अस्तित्व को समाप्त कर दिया गया। वास्तव में बांग्लादेश में 1990 तक सैनिक शासन का प्रभुत्व रहा जिसने नागरिक समाज को विकसित होने नहीं दिया। फिर भी बांग्लादेश का नागरिक समाज 1990 में जनरल इरशाद के दमनकारी और भ्रष्ट शासन को समाप्त कर लोकतंत्र को स्थापित करने में सफल हुआ। उसे इस काम में जनता का भी भरपूर सहयोग प्राप्त हुआ। इसके पश्चात् 1991 के संसदीय चुनावों के बाद निर्वाचित जातीय परिषद् ने संविधान में 12वां संशोधन कर नागरिक समाज के लोकतांत्रिक अधिकारों को फिर से बहाल कर दिया। लेकिन इसके बावजूद बांग्लादेश में नागरिक समाज के विरोधी तत्त्व कम नहीं है जिसके परिणामस्वरूप आज भी उसके सामने अनेक चुनौतियाँ हैं। सियासी ताकतों का एक तबका इसके सामने सबसे बड़ी चुनौती है। 1972 से 1990 तक देश में रहे फौजी शासन से भी इसे चुनौती मिली है। बांग्लादेश के बुर्जुआ वर्ग ने भी नागरिक समाज के विरूद्ध षडयंत्र रचा। नागरिक समाज का एक वर्ग शासन सत्ता में शामिल होकर सत्ता सुख भोगने की फिराक में लगा हुआ है। इसी उद्देश्य से वहाँ के मंगलार वाणी और संग–वाद आदि अखबार फौजी शासन के पक्ष में संपादकीय लिखते हैं। वहाँ के धार्मिक रूढ़िवादी महिलाओं की आजादी के पक्ष में नहीं है। इस तरह बांग्लादेश में नागरिक समाज के सामने बहुत–सी चुनौतियाँ हैं।

प्रश्न 6. बहुवाद (बहुलवाद) से आप क्या समझते हैं? सामाजिक व राजनीतिक क्षेत्रों में बहुवाद का क्या अर्थ है? [June-07, Q.No.-11(v)]

उत्तर – बहुवाद (बहुलवाद) का अर्थ है लोगों के बीच विद्यमान बहुलता, जो समाज में धर्म, भाषा, संस्कृति, परम्पराओं, रीति–रिवाजों आदि पर आधारित होती है। बहुवाद और विविधता

में अन्तर होता है। बहुवाद एक अवधारणा है, जो अनेकता को समन्वित करता है और उसे अपरिहार्य मानता है। एकवाद की विचारधारा के विपरीत बहुवाद बाहुल्य अर्थात् एक से अधिक को जीवन की एक सच्चाई मानता है। यह विविधता को संरक्षित करता है तथा प्रोत्साहन देता है। यह मतभेदों को संरक्षण और प्रोत्साहन नहीं देता है।

इस विचारधारा का जन्म हीगेल की आदर्शवादी विचारधारा के विरोध में हुआ है। 1850 के दशक तक बहुवाद की धारणा ने दर्शनशास्त्र, मनोविज्ञान, धर्मशास्त्र आदि क्षेत्रों में भी अपने पाँव जमा लिए। दक्षिण एशिया के लगभग सभी राष्ट्र बहु-सांस्कृतिक एवं बहुराष्ट्रीय है। ये देश एक से अधिक समाजों, समुदायों व संस्कृतियों से मिलकर बने हैं। इनकी अपनी स्वतंत्र सांस्कृतिक विशेषताएँ तथा वैश्विक दृष्टिकोण हैं। विविधताओं पर आधारित होने के कारण इस प्रकार का समाज किसी संघर्ष की ओर मुखातिब न हो जाए इसके लिए कुशल प्रबंधन की आवश्यकता होती है। दक्षिण एशिया में राजनैतिक प्रणालियाँ बहुसंख्यक वर्ग के पक्ष में रहती हैं। इन देशों में एक समूह का अन्य समूहों पर संख्यात्मक बाहुल्य है। बहुसंख्यक समुदाय भीतर से अनेक समूहों में विभाजित है तथा वे आपस में सत्ता और शक्ति प्राप्त करने के लिए संघर्षरत रहते हैं। इसके परिणामस्वरूप एकीकरण की प्रक्रिया बाधित होती है, जो राष्ट्रीय सुरक्षा को भी खतरा पैदा कर देती है। इसी कारण इन देशों में राष्ट्र निर्माण की प्रक्रिया को प्रारम्भ करने में एकता स्थापित करने की कोशिश की जाती है। अतः आवश्यकता इस बात की है कि राज्य को निष्पक्ष होकर बहुलता को स्वीकार करना चाहिए।

सामाजिक व राजनीतिक क्षेत्रों में बहुवाद – अद्वैतवादियों का कहना है कि सच्चाइयों का एक अनन्य सामंजस्य है जिसमें हर चीज जो सत्य है, अन्ततः समा जानी चाहिए। इस पुरातन मान्यता ने राष्ट्र-राज्य की धारणा को जन्म दिया, यथा राज्यों के लिए जरूरी है कि राजनीति हेतु असरकारी बनने के लिए एक अनन्य राष्ट्र पर आधारित हों। अद्वैतवादियों ने कहा कि केवल एक सजातीय सामाजिक सांस्कृतिक व्यवस्था ही राजनीतिक व्यवस्था को कार्यपरक बना सकती है। दूसरी ओर, एक एकाधिक व खण्डित सामाजिक-सांस्कृतिक परिवेश 'राजनीति विभाजनों की अपवृद्धि एवं मतभेदों के तीव्रीकरण' की ओर प्रवृत्त करता है। वैयक्तिक अधिकार संबंधी उदारवादी दृष्टिकोणों के प्रबल समर्थक, **जॉन स्टुअर्ट मिल** ने कहा : "एक विभिन्न एवं निजी विशेषताओं से मिलकर बने देश में स्वतंत्र संस्थाएँ असंभव प्राय हैं। सह-भावना रहित लोगों के बीच, खासकर यदि वे विभिन्न भाषाएँ पढ़ते बोलते हैं, संयुक्त जनमत जो कि प्रतिनिधि सरकार के कार्य-संचालन के लिए आवश्यक है, हो ही नहीं सकता।" उदारवादी लोकतंत्र तथा एकल-राष्ट्रीय राज्य के सफल मिलान संबंधी मिथक सभी उदारवादी चिंतकों को अभिभूत करता है। उनके अनुसार तीसरी दुनिया के समाजों की एकाधिकता एक असह्य विसंगति है। यहाँ तक कि नौरिस दुवर्जर, गैब्रील आमण्ड, लूसियन पाई, सिग्मण्ड-न्यूमैन जैसे अनेक उदारवादी राजनीतिक दार्शनिक भी इस बात से सहमत हैं कि प्रभावशाली ढंग से काम करने के लिए किसी भी राजनीतिक व्यवस्था के लिए एक एकीकृत और केन्द्रीकृत सामाजिक-सांस्कृतिक व्यवस्था (जिसका अर्थ है –अनन्य नृजातीय- सांस्कृतिक व्यवस्था) की सर्वाधिक बुनियादी जरूरत है।

कुछ उदारवादी चिन्तक इस बात पर जोर देते हैं कि बहुवाद की भी अपनी मर्यादाएँ हैं। उदाहरण के लिए, हैरी एक्सटीन बहुवादी समाज को एक 'सखंड विदलनों द्वारा विभाजित समाज' की संज्ञा देते हैं, जहाँ राजनीतिक विभाजन सामाजिक विभेदीकरण व विभाजन की शृंखला का अनुसरण करते हैं। ये विदलन प्रकृति में 'धार्मिक, वैचारिक, भाषाई, क्षेत्रीय, सांस्कृतिक, प्रजातीय अथवा नृजातीय' हो सकते हैं। राजनीतिक दल, स्वैच्छिक संस्थाएँ, हित समूह, संचार–माध्यम तक ऐसी अखण्डीय फूटों के इर्द–गिर्द संगठित होने की प्रवृत्ति रखते हैं। उन समूहों संबंधी फुर्निवाल का चरित्र चित्रण, जो किसी एकाधिक राज्य–व्यवस्था में एक प्रभावशाली भूमिका निभाते हैं, बड़ा ही रोचक है। उनके अनुसार, एक बहुवादी समाज में हर एक समूह अपने ही धर्म, संस्कृति, भाषा, विचारों तथा तरीकों में रहने का प्रयास करता है। फिर भी यदि 'समुदाय–विशेष के विभिन्न वर्ग पास–पास रहते भी हैं', 'वे एक ही राजनीतिक इकाई के भीतर पृथक् रूप से रहते हैं'। नितान्त यथातथ्य अर्थ में 'यह (लोगों का) एक घोलमेल है, यह सत्य है कि वे मिलते–जुलते हैं परन्तु मिश्रण नहीं बनते'।

ऐसी स्थिति में, किसी एक खण्ड द्वारा आधिपत्य अपरिहार्य हो जाता है। समूह–संबंध एक गैर–लोकतांत्रिक तरीके से नियमित हो जाते हैं और एक समूह बाकियों पर प्रभुत्व जमा सकता है। **गैब्रील आमण्ड** इस प्रकार के बहुवादी समाजों को इस रूप में भी विशिष्टीकृत करते हैं – 'विसम्मत एवं सांस्कृतिक बहुवाद द्वारा अभिलक्षित नियमित समाज' जबकि उनकी तुलना में 'सर्वसम्मत एवं सांस्कृतिक सजातीयता द्वारा अभिलक्षित एकीकृत समाजों' के साथ की जा रही हो।

प्रश्न 7. भारत में बहुवाद और लोकतंत्र का वर्णन करो। [June-07, Q.No.-11(v)]

उत्तर – भारत विश्व के मुख्य धर्मों का गढ़ है। परन्तु हिंदू और मुस्लिम देश में धार्मिक–सांस्कृतिक आधारशिला को विभाजित करते हैं। इन दोनों सम्प्रदायों के बीच संसाधनों के लिए प्रतिस्पर्धा, मूल रूप से औपनिवेशिक काल में अभिजात्य–जनित राजनीति द्वारा प्रारंभ, ने ही ब्रिटिश औपनिवेशिक भारत प्रवृत्त किया। उनमें से एक, पाकिस्तान, तदोपरांत भाषा के आधार पर विभक्त हो गया। पूर्वी पाकिस्तान के बंगाली–भाषी मुसलमान बांग्लादेश बनाने के लिए बँट गए। यह एकमात्र उदाहरण ही शायद उन तिरछी काट करती धार्मिक–सांस्कृतिक संवेदनाओं को सबसे अच्छी तरह चित्रित करता है जो दक्षिण एशियाई राजनीति सच्चाई को परिभाषित करती हैं।

भारत में, धर्म के आधार पर विभाजन के बावजूद, अभिजात वर्ग ने धर्मनिरपेक्ष, संसदीय लोकतंत्र कायम करना सुनिश्चित किया जिसने क्रम विकास और धैर्य के लिए आवश्यक अनुकरणीय क्षमता दर्शायी है। तथापि, स्वातंत्रयोत्तर भारत में, विडम्बना ही है कि लोकतांत्रिक सरकार प्रणाली, खासकर व्यवस्था विधान चुनने के चुनावी तरीकों का सहारा लेकर, सभी संभव समूह निष्ठाओं, यथा – जाति, वर्ग, समुदाय, क्षेत्र, धर्म व भाषा के आधार पर ही राजनीतिक संघटन में सक्षम हुई है। इसने परिधीय पहचानों व समूहों का गहरा राजनीतिकरण किया है और राज्य–व्यवस्था को खंडित किया है। एक अन्य स्तर पर हिन्दू धर्म की एकीकारी

अपील ने अंततः सांप्रदायिक एवं अंततः धार्मिक विभाजक को पाटने का प्रयास किया है। इसने, बदले में, राज्य–व्यवस्था का संप्रदायीकरण किया है और राज्य में साम्प्रदायिक संघर्ष एवं अशांत राजनीतिक व्यवस्था के रूप में बदला है।

भारतीय संघ के भीतर स्वायत्त राज्यों के गठन के लिए क्षेत्रीय माँगे भी उठी हैं। बुन्देल खण्ड, विदर्भ, (पूर्वी महाराष्ट्र), विन्ध्य प्रदेश (उत्तरी मध्य प्रदेश), तेलंगाना (उत्तर–पश्चिमी आन्ध्र प्रदेश) ऐसे ही उदाहरण प्रस्तुत करते हैं। किसी न किसी मापदण्ड को ध्यान में रखकर ही अतीत में भारतीय संघ के भीतर प्रान्तों को पुनर्गठित किया गया। इसके अलावा, देश के कुछ भागों में पृथकतावादी आन्दोलन भी चल रहे हैं, जैसे उत्तर–पूर्व, जम्मू–कश्मीर तथा पंजाब में।

इस प्रकार की fissiparous प्रवृत्तियों का मुख्य कारण लोकतंत्र का प्रकार्यात्मकता वैकल्प तथा उद्धार करने में राज्य की घटती क्षमता रहा है। कश्मीर में उग्रवाद पनपने का मूल कारण क्षेत्रीय अभिजात वर्ग द्वारा लोकतांत्रिक प्रक्रिया में इच्छानुकूल परिवर्तन केन्द्रीय प्रशासन द्वारा इस प्रकार की दृश्यघटना की निकृष्ट और अविवेकपूर्ण अनदेखी ही था। यही बात उत्तर–पूर्वी राज्यों के विषय में भी सत्य है। इन राज्यों में मोहभंग का मुख्य कारण यह अवबोधन रहा है कि वहाँ के लोगों के साथ भेदभाव बरता गया है। स्थानीय स्तर पर शासन संकट ने एक पृथक्तावादी अभिजात वर्ग को परिधि पर ला पटका है। प्रतिरोध के सम्पूर्ण तानेबाने में बल–प्रयोग शुरू होने से भारतीय राज्य के लिए इतनी समस्याएँ पैदा कर दी गई हैं कि उतनी हल भी नहीं की गई है। इसने बदले में दक्षिण–पंथ और उग्रवादी राजनीति को जन्म दिया है।

हाल के वर्षों में, राजनीति में हिन्दू दक्षिण पंथ की अप्रत्याशित अधिकार–माँग कुछ निश्चित स्तरों पर हो रहे राजनीतिक परिवर्तनों की प्रकृति के एक और संकेतक के रूप में उभरी है। इसने अन्वेषकों को यह देखने के लिए मजबूर किया है कि भारत में एक प्राधान्यपूर्ण हिन्दू बुहमतवादी राजनीति एकरूपता थोपने का प्रयास करेगी। इसी के साथ, इस प्रकार की अधिकार–माँग के बावजूद धार्मिक विभाजक टिकाऊ राजनीतिक निर्वाचन क्षेत्रों में क्रम–विकसित हो गए हैं। यथा – यादव, भूमिहार, दलित अथवा बहुजन। वाम–पंथी अतिवादी निर्वाचन क्षेत्र – नक्सल, माओ–राजनीति के क्षितिज पर बहरहाल एक और राजनीतिक वर्ग के रूप में धीरे–धीरे सर उठा रहा है। यह पुनः अपना संबंध मुख्य रूप से लोकतंत्र के प्रकार्यात्मक विकल्प और जनता के एक अल्पसंभावित वर्ग की शिकायतों को दूर करने में राज्य की अक्षमता से जोड़ता है।

प्रश्न 8. दक्षिण एशिया में बहुवाद की चुनौतियों पर किस प्रकार नियंत्रण किया गया है?

[June-07, Q.No.-11(5)]

उत्तर – उदारवादी और मित्रतावादी दो सैद्धांतिक आदर्श हैं जिन्हें दक्षिण एशिया में बहुवाद की चुनौतियों के प्रबंधन में व्यवहार किया जाता है। राजनीति का अर्थ है मतभेद पर नियंत्रण करना। राजनीति एक निश्चित सिद्धान्त पर काम करती है, जो सर्वसम्मति पर आधारित होती

है। बहुवादी समाज परस्पर विरोधी विचारों तथा हितों के संघर्ष की ओर उन्मुख होता है। इस स्थिति में लोकतांत्रिक शासन व्यवस्था के अंतर्गत बहुमत के शासन के लिए लोकतांत्रिक संवेदना अनिवार्य होती है, इसीलिए उसे राजनीतिक बंधन में बाँध कर रखना होता है। इस बात से राजनीति प्रभावित होती है और इनके फलस्वरूप लोकतंत्र चुनाव तंत्र बन जाता है। जहाँ समाज के अन्दर गहरा विभाजन या विखण्डन होता है, शासन संचालन के लिए बहुमत समूह अनिवार्य होता है। बहुवादी समाज राजनीतिज्ञों के समक्ष एक चुनौती उपस्थित कर देता है।

पश्चिमी जगत में अल्पविकसित देशों के राजनीतिक विकास और लोकतंत्रीकरण के विषय पर काम कर रहे विद्वानों ने बहुवादी समाजों में कार्यरत राजनीतिक प्रणालियों का अध्ययन और विश्लेषण किया है कि किस तरह लाख दिक्कतों के बावजूद इन देशों में लोकतांत्रिक प्रणाली कार्यरत है और इससे उन्होंने सीख भी ली है। ऐसे समाजों के लिए मूलरूप से दो प्रतिमान विकसित किए गए हैं – उदारवादी तथा मित्रतावादी। उदारवादी प्रतिमान निम्नलिखित बातों पर जोर देता है :

1) सभी नागरिकों के बीच समूह–संबंधों के होने के बावजूद उनकी नागरिक समानता।

2) संवैधानिक साधनों के माध्यम से नागरिक एवं राजनैतिक अधिकारों की रक्षा।

3) नृजातीय विषयों में राज्य की तटस्थता।

4) निजी क्षेत्र में राज्य क्षेत्र का अल्पीकरण

5) राजनीतिक प्रक्रिया में समूहों का सहभागितापूर्ण समावेश। उदारवादी प्रतिमान समूह आकर्षण को कम नहीं कर सका है।

सामुदायिक संबंध को कमजोर बनाने के लिए यह व्यक्तिवाद पर जोर देता है। इसका मानना है कि राज्य शासन में असली राजनीतिक परमाणु व्यक्ति होता है। यह बहुवादी समाजों में उदारवादी लोकतंत्र समूहों के भीतर अभिजात्य गठन प्रक्रिया में मदद करता है और इस प्रकार समूह धीरे–धीरे महत्त्वपूर्ण और राजनैतिक रूप से प्रतिस्पर्धात्मक बन जाते हैं।

अरेन्द्र लिजर्फा मित्रतात्मक प्रतिमान, उदारवादी प्रतिमान की उन कमजोरियों की ओर ध्यान आकृष्ट करता है, जो नृजातीय विविधता की वास्तविकता को छिपाता है। यह नृजातीय सांस्कृतिक विविधताओं को नियोजित कर उन्हें राजनीति के क्षेत्र में न्यायसंगत स्थान दिलाता है। यह समूह के वैयक्तिक अधिकारों तथा स्वतंत्रताओं को ध्यान में रखते हुए समूह हितों को मान्यता देता है। मित्रतावादी राजनीति व्यवस्था के मुख्य तत्त्व इस प्रकार हैं :

1) बहुवादी समाजों में अनेकों बार विभिन्न समूहों के नेता सत्ता प्राप्त करने के लिए एक हो जाते हैं, जबकि सजातीय राज्यों शत्रुता उत्पन्न हो जाती है।

2) समायोजनवादी समाधान के प्रति वचनबद्धता।

3) विभिन्न समूहों को एक दूसरे से स्वतंत्र होकर काम करने की इजाजत होती है और उनकी स्वायत्तता की गारंटी लिखित और औपचारिक रूप से विधिसंगत साधनों द्वारा दी जाती है। इन समूहों के सामाजिक एवं सांस्कृतिक अधिकारों को मान्यता और सुरक्षा प्राप्त होती है।

4) सभी समूहों को 'वीटो' अर्थात् निषेधाधिकार प्राप्त होता है। ऐसा कोई भी निर्णय जो किसी

समूह के व्यापक हितों के लिए हानिकारक हो, नहीं लिया जा सकता है।

5) इस व्यवस्था में अल्पसंख्यक समूहों को यह अधिकार प्राप्त होता है कि वे अपने हितों की रक्षा के लिए जब भी चाहें, बड़े समूह से अलग हो सकते हैं।

6) किसी भी समस्या के समाधान के लिए सत्ता प्राप्त अभिजात वर्गों में दुष्प्रवृत्ति पाई जाती है। दक्षिण एशियाई देशों में लोकतंत्र की सफलता के लिए विश्वास और सामंजस्य जरूरी है। न्याय एवं निष्पक्ष व्यवहार को सुनिश्चित करना होगा। राज्य में लोगों की राजनीतिक भागीदारी को बढ़ाना होगा। समूहों के हितों को समायोजित कर इसे विकसित करने की जरूरत है तथा अभिजात वर्ग में परिपक्वता होना जरूरी है।

Feedback is the breakfast of Champions.

Ken Blanchard

You can Help other students.
"Inform any error or mistake in this book."

We and Universe
will reward you for Your Kind act.

Email at : feedback@gullybaba.com
or
WhatsApp on 9350849407

इकाई – 8

भूमंडलीकृत होती दुनिया में दक्षिण एशिया

प्रश्न 1. उदारीकरण से आप क्या समझते हैं? **[Dec 2008, Q.No.-13(3)]**

उत्तर – पिछले दो दशकों में, उदारीकरण (Liberalisation) और भूमण्डलीकरण (Globalization) ही ऐसे शब्द हैं जो विकास अर्थशास्त्र की बातचीत पर हावी हो गए हैं। सरल शब्दों में, उदारीकरण का अर्थ है देशों के बीच व्यापार, निवेश व पूँजी प्रवाहों को मुक्त कर देना। इसका निहितार्थ है व्यापार–प्रक्रियाओं का सरलीकरण, यथा माल व्यापार, विदेशी निवेश, सेवाओं का आदान–प्रदान आदि, ताकि ये देश बिना कठिनाई व्यापार कर सकें। यह अन्तर्राष्ट्रीय व्यापार में मदद के लिए सरकार की कम हस्तक्षेपवादी और अधिक सहयोगी भूमिका पर जोर देता है। व्यापार उदारीकरण का मर्म है आयात शुल्क (यथा, सीमाशुल्क) व गैर–शुल्क रोधों को कम करना। निवेश का उदारीकरण इस तथ्य को रेखांकित करता है कि निजी घरेलू व विदेशी निवेशक सरकार द्वारा नियत प्रक्रियाओं के अनुसार उत्पादन कार्यों में अथवा विनिर्माण/सेवा–क्षेत्र की कम्पनियों के प्रबंधन में भाग ले सकते हैं। पूँजी–प्रवाहों के उदारीकरण का अर्थ है कि निवेशक (घरेलू व विदेशी) किसी भी समय–बिंदु पर अल्पावधि चालू के साथ–साथ दीर्घावधि पूँजी लाभ पर अपने निवेश को चला अथवा वापिस ले सकता है।

भूमण्डलीकरण अपेक्षाकृत एक व्यापक शब्द है जिसके दायरे में दृश्य घटनाओं की एक विस्तृत श्रेणी आती है। यह बहुराष्ट्रीय निगमों (एम.एन.सी.) के तत्त्वाधान अथवा स्वामित्व में विभिन्न देशों में उत्पादन सुविधाओं के एकीकरण के साथ–साथ उदारीकरण द्वारा मुहैया उत्पाद व वित्तीय बाजारों के एकीकरण की ओर भी इशारा करता है। सरल शब्दों में, भूमण्डलीकरण का अर्थ है राष्ट्र–राज्यों की राजनीतिक सीमाओं के परे आर्थिक गतिविधियों का विस्तार। यह विभिन्न देशों के बीच आर्थिक खुलेपन को बढ़ाने तथा आर्थिक अन्योन्याश्रय पर जोर देता है। एक और शब्द जिसको हाल के वर्षों में लोकप्रियता मिली है, वो है निजीकरण (Privatization)। यह सरकारी स्वामित्व वाले उद्यमों में राज्य परिसम्पत्तियों (यथा, राज्य–कोषीय धन/शेयरों) के विनिवेश की ओर संकेत करता है। ऐसा करके सार्वजनिक उद्यम का स्वामित्व निजी उद्यमों के पास चला जाता है। निजीकरण के अंतर्गत सार्वजनिक क्षेत्र के उद्यमों (पी.एस.यू.) के प्रबंधन में निजी भागीदारी की अनुमति होती है।

प्रश्न 2. संरचनात्मक समंजन कार्यक्रम (स्ट्रक्चलर एड्जस्टमैंट प्रोग्रम्स) क्या है? इसके अवयवों का वर्णन कीजिए। **[June-07, Q.No.-11(3)]**

उत्तर – विकासशील तथा अल्पतम विकसित देश आर्थिक संकट के कारण भारी कर्ज के बोझ तले लद गए। इनकी अर्थव्यवस्था छिन्न–भिन्न हो गई, क्योंकि इन्होंने अपनी सारी शक्ति

कर्ज के भुगतान करने में लगा दी थी। इन्हें मजबूर होकर वित्तीय सहायता के लिए आई.एम.एफ. और विश्व बैंक की मदद लेनी पड़ी। इन संस्थाओं ने ऋण देते समय यह शर्त रखी कि ऋणी देश आई.एम.एफ. तथा विश्व बैंक द्वारा तैयार कार्यक्रमों के अनुसार ही अपनी अर्थव्यवस्थाओं का संचालन करेंगे। ये समायोजन कार्यक्रम ही संरचनात्मक समंजन कार्यक्रम (सैप) कहलाते हैं। इसी नीति के अंतर्गत संरचनात्मक कार्यक्रमों पर विशेष बल दिया जाने लगा, जैसे–घरेलू संसाधन की सुलभता को प्रोत्साहन दिया गया, मूल्यों की खींचातानी बंद की गई, आयातों की उन्नत वद्धि सुनिश्चित हुई तथा निवेश प्राथमिकताओं को पुनर्निर्धारित किया गया।

तेल संकट का प्रभाव विकसित देशों की तुलना में विकासशील देशों पर अधिक पड़ा, जिसके कारण इन देशों ने 'प्रतिस्थापन' नीति को अपनाया। इससे निर्यात वृद्धि के आसार बंद हो गए और आयात में बढ़ोत्तरी हो गई। इन देशों को सैप कार्यक्रम के अंतर्गत अपनी विकास रणनीति को आयात के बजाय निर्यातोन्मुखी बनाने के लिए कहा गया। इस रणनीति को लागू करने के पीछे दो कारण थे – भुगतान शेष पर स्थिरता कायम करना और विकासशील देशों को ऋण चुकाने योग्य बनाना। विकासशील देश निर्यातों के द्वारा अधिक विदेशी मुद्रा अर्जित कर सकते थे। इस रणनीति का एक उद्देश्य यह था कि विकासशील देशों को माल का व्यापार विनिमय करना चाहिए तथा अपने व्यापार क्षेत्र को विकसित करना चाहिए। सैप का उद्देश्य है अर्थव्यवस्था में निर्यात की भूमिका को बढ़ाना तथा वेतन एवं मूल्य स्थिरीकरण नीतियों एवं कठोर कार्यक्रमों के संयोग से निजी क्षेत्र को कार्य हेतु प्रवृत्त करना। सैप के प्रमुख संघटक निम्नलिखित हैं :

1) राज्य एवं अर्ध सरकारी उद्यमों का निजीकरण जिससे कि अक्षमताएँ, सरकारी संरक्षण और एकाधिकार कम हो।

2) उच्च ब्याज दर तथा ऋण दबाव जिससे स्फीतिकारी प्रवृत्तियाँ कम हों।

3) व्यापारों का उदारीकरण, जिससे कि स्वदेशी बाजार खुले और स्थानीय उद्योग विश्व बाजार प्रतिस्पर्धा में खुलकर हिस्सा ले सके और विदेशी व्यापार बढ़े।

4) घरेलू माँग प्रबंधन, जो सरकारी बजटों तथा खर्चों को काम करने की ओर प्रवृत्त करे।

5) मुद्रा ह्रास जिससे कि आयात मूल्यों को बढ़ाकर तथा निर्यातों को प्रतिस्पर्धात्मक बनाकर भुगतान शेष का उचित उपयोग हो सके।

6) मुक्त–बाजार मूल्य।

उपरोक्त प्रस्तावों के साथ श्रम बाजार की कार्यप्रणाली में संस्थागत सुधार तथा सामाजिक सुरक्षा प्रणाली में परिवर्तन और समाज सेवाओं का निजीकरण करने की सिफारिश की गई। सैप ने आय वितरण लक्ष्यों की जगह विकास लक्ष्यों पर बल दिया। सैप का प्रयास था कि विकासशील देशों की अर्थव्यवस्थाओं को स्थिर और संतुलित विकास के रास्ते पर लाने के लिए सभी घरेलू व्यय एवं उत्पादन प्रतिमानों को सुव्यवस्थित किया जाए।

1980 तक लगभग 30 अफ्रीकी देशों ने विश्व बैंक और आई.एम.एफ. की स्वीकृति और समर्थन से सैप को अपनाया। लैटिन अमेरिका, पूर्व एवं दक्षिण पूर्व एशिया में 'सैप' 1970 के मध्य में प्रारम्भ हुआ। पूर्व एशिया के देश जापान, दक्षिण कोरिया तथा ताइवान ने भी सरकार की आर्थिक गतिविधियों में सैप को लागू कर दिया। चीन ने 1978 में अपनी अर्थव्यवस्था खोल दी। दक्षिण एशिया में सैप विभिन्न समयों में लागू हुए। श्रीलंका ने इसे 1977 में अपनाया तो भारत ने 1991 में।

प्रश्न 3. बांग्लादेश की अर्थव्यवस्था पर उदारीकरण व 'सैप' के प्रभावों का वर्णन कीजिए। [Dec-07, Q.No.-2]

उत्तर – बांग्लादेश ने दिसम्बर 1971 में अपनी आजादी से ही 'अन्तर्मुखी' अथवा 'आयात प्रतिस्थापन' का रास्ता अपनाया। इस नीति का नतीजा यह हुआ कि देश निम्न विकास दर से ग्रस्त रहा और औद्योगिक एवं विनिर्माण क्षेत्र ने नातिशय वृद्धि दर्ज की। औद्योगिक एवं व्यापार नीति का जोर परम्परागत उद्योगों के विकास पर रहा, जैसे पटसन उत्पाद, वस्त्रोद्योग, बने–बनाये सूती वस्त्र आदि। स्वतंत्रता के प्रथम दशक में, सकल घरेलू उत्पाद (जी.डी.पी.) में कृषि का अंश लगभग 40 प्रतिशत था जो वर्ष 2000 में लगभग 25 प्रतिशत तक गिर गया। विनिर्माण का अंश इस काल में स्थिर रहा जबकि जी.डी.पी. में सेवाकार्यों का अंश 52 प्रतिशत तक बढ़ा। उद्योग का अंश 1980 में 16 प्रतिशत से बढ़ कर वर्ष 2000 में 24 प्रतिशत तक हो गया है। सेवाकार्यों के अंश में वृद्धि को एक अल्पतम विकसित अर्थव्यवस्था हेतु वास्तविक प्रगति का कोई स्वरूप संकेत नहीं कहा जा सकता। बढ़ती जनसंख्या के कारण, ऐसे देशों में, जिसकी आवश्यकता है वो है रोजगार अवसरों में संतुलित वृद्धि जो कि सिर्फ विनिर्माण क्षेत्र ही प्रदान कर सकता है। वस्तुतः गत 20–25 वर्षों में, पश्चिम की विकसित अर्थव्यवस्थाओं की राष्ट्रीय आय में विनिर्माण क्षेत्र का अंश 30 प्रतिशत से ऊपर रहा है। वास्तविक रूप में विनिर्माण क्षेत्र की महत्त्वपूर्ण उपस्थिति ने उनकी अर्थव्यवस्थाओं की बुनियादों को मजबूती प्रदान की है।

नातिशय आर्थिक निष्पादन वाली पृष्ठभूमि के विरूद्ध बांग्लादेश ने आर्थिक सुधार शुरू करने का निश्चय किया और 1990 में 'सैप' की नीति अपना ली। इसके बाद 'बहिर्मुखी' (Outward-looking) नीति, अर्थात् निर्यातोन्मुखी विकास नीति अपनायी गई। आर्थिक सुधारों का प्रभाव यह हुआ कि निर्यात तीन गुना से भी अधिक बढ़ गया : 1991 में 1.72 अरब अमेरिकी डॉलर से बढ़ कर वर्ष 2000 में 5.76 अरब अमेरिका डॉलर। आयात भी बढ़े पर उतनी तेजी से नहीं जितनी तेजी से निर्यात। जी.डी.पी. विकास दर में समग्रता से सुधार हुआ – 1991 में 3.3 प्रतिशत से बढ़कर वर्ष 2000 में 5.5 प्रतिशत तक। विदेश– व्यापार संबंधी प्रचलित व्यवस्था के उदारीकरण ने विकास दर को बढ़ाने में मदद की। उदारीकरण कार्यक्रम के तहत आयातों पर मात्रात्मक प्रतिबंध (quantitative restrictions) कम किये गये तथापि, निर्यात–टोकरी की विविधता मुख्य चुनौती है। वर्तमान में, बांग्लादेश के 76 प्रतिशत निर्यात सूती पोशाकों एवं बुने वस्त्र संबंधी हैं। वर्ष 2005 के पूर्वार्ध तक विश्व व्यापार संगठन के बहुरेशा–समझौता (Multifibre Agreement) के तहत सूती पोशाकों व पहनावों के निर्यातों के लिए संरक्षण समाप्त हो जायेगा और इससे बांग्लादेशी उत्पादों के निर्यात अन्तर्राष्ट्रीय प्रतिस्पर्धा में नजर आएँगे।

बांग्लादेश ने वर्ष 1999 में एक नई उद्योग–नीति की घोषणा की जो विदेशी निवेश समेत, निजी क्षेत्र की ज्यादा भागीदारी वाले औद्योगिक आधार के विस्तार पर जोर देती है। यह नीति आंतरिक व बाह्य दोनों बाजारों में स्पर्धेयता एवं खाद्य–प्रसंस्करण का पूरी तरह से आधिपत्य है, एक प्रमुख चुनौती बनी हुई है। विविधता के लिहाज से उत्पादन के नए क्षेत्र हैं – कम्प्यूटर सॉफ्टवेयर, कृषि संसाधन एवं खाद्य प्रसंस्करण। यद्यपि सूचना एवं संचार प्रौद्योगिकी क्षेत्र में आशाप्रद संभाव्यता है, देश गहरी विश्व–प्रतिस्पर्धा का सामना करने को तैयार नहीं है। अक्षम

आधारभूत ढाँचा, अस्थिर बृहद्–आर्थिक परिवेश, अक्षम बाजार, खासकर पूँजी (ऋण व शेयर–मूल्य दोनों), सरकारी स्तर पर निर्णयन्–प्रक्रिया में अल्पतम पारदर्शिता आदि एक पक्का औद्योगिक आधार बनाने में मुख्य बाधाएँ हैं। देश को तीव्र सुधारों की आवश्यकता है, खासकर वित्तीय क्षेत्र में जो निरन्तर सतही और अल्पविकसित बना हुआ है। कुशल बैकिंग प्रणाली का अभाव देश की विकास–प्रक्रिया में सबसे बड़ा रोड़ा है। इसके अलावा, पूँजी बाजार भी जायमान अवस्था में है। एक सुविकसित, दीर्घावधि बचत बाजार को अभी जन्म देना है। एक सुविकसित पूँजी बाजार ही वित्तीय वैश्वीकरण का लाभ उठाने की पूर्व शर्त है और बांग्लादेश इस क्षेत्र में बहुत पीछे है।

उदारीकरण और 'सैप' की शुरूआत ने एफ.डी.आई. को आकर्षित करने में अर्थव्यवस्था की मदद की है। एफ.डी.आई. अन्तर्वाहों की राशि जो 1991 तक लगभग नगण्य थी, वर्ष 2000 में 28 करोड़ अमेरिकी डॉलर तक चली गयी। एफ.डी.आई. मुख्यतः ऊर्जा (तेल, गैस व पैट्रोलियम उत्पाद) अनुसंधान तथा पत्तन, सड़क, बिजली, दूरसंचार आदि जैसे भौतिक आधारभूत ढाँचे के क्षेत्र में आकर्षित किए जाते हैं। अब तक उदारीकरण व 'सैप' का प्रभाव बांग्लादेश की अर्थव्यवस्था पर इस अर्थ में सकारात्मक रहा है कि विकास दर की गति तेज हुई है और प्रतिव्यक्ति आय बढ़ी है। तथापि, जन–कल्याण पर राष्ट्रीय आय का वितरण असंतोषजनक रहा है। शिक्षा, स्वास्थ्य, आदि पर सरकारी खर्चे सामाजिक क्षेत्र को एक सक्षम क्षेत्र में बदलने में नाकामयाब साबित हुए हैं, जो कि दीर्घकालीन सतत् विकास लाभ के लिए आवश्यक है, यद्यपि सैन्य खर्च जो प्रतीयमानतः सीमा के अन्दर ही दिखता है, उसे घटाकर सकल राष्ट्रीय उत्पाद (जी.एन.पी.) के एक प्रतिशत से भी कम कर दिए जाने की आवश्यकता है। इससे अन्य विकासात्मक शीर्षों पर संसाधन–आबंटन बढ़ाने में मदद मिलेगी।

प्रश्न 4. भारत में उदारीकरण व 'सैप' अपनाने के क्या कारण थे? भारत में उदारीकरण व 'सैप' का मूल्यांकन कीजिए। [Dec-07, Q.No.-2]

उत्तर – भारत ने 1991 में अपना आर्थिक संकट दूर करने के लिए तथा विदेशी मुद्रा अर्जित करने के उद्देश्य से अपनी आर्थिक नीति में व्यापक आर्थिक सुधार लागू किया। आयात बिल बढ़ने, निर्यातों में कमी आने तथा एफ.डी.आई. अन्तर्वाहों में कमी के परिणामस्वरूप विदेशी मुद्रा (फॉरेक्स) भण्डार खाली हो गया था। 1990–91 में अमेरिका–इराक खाड़ी युद्ध के परिणामस्वरूप जब अन्तर्राष्ट्रीय स्तर पर तेल के मूल्यों में वृद्धि हुई तब इसका सबसे बुरा प्रभाव भारत के विदेशी मुद्रा भण्डार पर पड़ा। यह 1990 में 1.1 अरब अमेरिकी डॉलर से घटकर 1991 में 89.6 करोड़ अमेरिकी डॉलर हो गया तथा खाड़ी देशों जैसे इराक, कुवैत तथा अन्य पश्चिमी एशियाई देशों के साथ होने वाले निर्यात में भी कमी आ गई। कुवैत में कार्यरत भारतीय श्रमिकों को खाड़ी युद्ध के परिणामस्वरूप भारत भेज दिया गया जिसका दुष्प्रभाव आर्थिक व्यवस्था पर पड़ा। इन्हीं कारणों से भारतीय अर्थव्यवस्था छिन्न–भिन्न हो गई। मुद्रास्फीति 1991 में 16.7 प्रतिशत के स्तर पर पहुँच गई और जी.डी.पी. विकास दर भी 2.5 प्रतिशत तक गिर गई।

इस समय भारत में आर्थिक संकट के साथ राजनीतिक अस्थिरता भी देखी गई। 1991 में आम चुनाव के बाद जब केन्द्र में नई सरकार का गठन हुआ तब उसने देश की आर्थिक

स्थिति सुधारने के लिए विभिन्न उपाय शुरू किए। इन उपायों में निर्यात बढ़ाने के लिए भारतीय मुद्रा के अवमूल्यन जैसे अल्पकालिक तथा संरचनात्मक सुधार जैसे दीर्घकालिक उपाय भी शामिल थे। भुगतान शेष के असंतुलन को ठीक करने के लिए सरकार को आई.एम.एफ. से ऋण लेना पड़ा। धीरे–धीरे इन उपायों के कारण फॉरेक्स भण्डार संकट कम हुआ और निर्यातों में भी सुधार होने लगा। इन उपायों के अतिरिक्त सरकार ने आई.एम.एफ. और विश्व बैंक के निर्देशानुसार वृहद् आर्थिक सुधार शुरू किए, जो अब तक चल रहे हैं। ये सुधार निम्नलिखित चार क्षेत्रों में शुरू किए गए हैं :

1) **वित्तीय संशोधन** – इसके अंतर्गत मुख्य विषय था – सरकारी खर्चों में कमी द्वारा आर्थिक स्थिरता कायम करना। अब तक सरकार की वित्तीय स्थिति खराब होने का एक प्रमुख कारण था–आय से अधिक खर्चा होना, जिसे पूरा करने के लिए वह आई.एम.एफ. से ऋण लेती थी और भारी कर्ज के बोझ तले दबी जा रही थी। इन कारणों से अर्थव्यवस्था के प्रबंधन में गभीर समस्या उत्पन्न हो गई। इस स्थिति से उबरने के लिए तथा खर्च घटाने के लिए विभिन्न सहायता–अनुदानों को समाप्त कर दिया गया। उर्वरकों के मूल्यों में वृद्धि की गई, गैर–योजना व्ययों को नियंत्रित किया गया। इस प्रकार इन नीतियों को लागू करके सरकार ने आर्थिक स्थिति पर नियंत्रण स्थापित करने में सफलता प्राप्त कर ली।

2) **व्यापार नीति सुधार** – इस नीति के अंतर्गत निर्यातों को कार्य प्रेरणा प्रदान की गई। स्वतंत्रता प्राप्ति के बाद भारत में आयात प्रतिस्थापन नीति अपनाई गई जिसका विपरीत प्रभाव निर्यातों पर पड़ा। नई व्यापार नीति के अंतर्गत प्रतिक्रियाशील निर्यात नीति अपनाई गई। सर्वप्रथम मुद्रा का अवमूल्यन कर निर्यातों की मूल्य–स्पर्धेयता को सुधारा गया। घरेलू बाजार में प्रतिस्पर्धा को बढ़ावा देने के लिए आयात के लिए सीमा शुल्क कम किया गया। आयात पर लगे प्रतिबंध भी समाप्त कर दिए गए। व्यापार–उदारीकरण के कारण स्वदेशी बाजार में व्यापक बाजार में व्यापक विदेशी उत्पादों के लिए दरवाजे खुल गए।

3) **उद्योग नीति सुधार** – आर्थिक सुधार कार्यक्रम के अंतर्गत औद्योगिक क्षेत्र का नवीकरण किया गया। निजी एवं सार्वजनिक दोनों क्षेत्रों के औद्योगिक और निर्माण क्षेत्र के खराब प्रदर्शन के कारण अनेक समस्याएँ उत्पन्न हो गई थीं। इनकी कार्यशीलता कम हो गई। रोजगार के अवसरों में भी कमी आई। निजी एवं विदेशी भागीदारी को बढ़ाने के लिए सरकार ने उद्योग को विनियमित कर दिया। अब लगभग 80 प्रतिशत उद्योग अनुज्ञा–प्रदान व्यवस्था से मुक्त हो गए हैं। औद्योगिक क्षेत्रों को खोल देने से अर्थव्यवस्था में विदेशी निवेश का प्रभाव बढ़ा है। भारतीय और विदेशी उद्योग के बीच सहयोग बढ़ा है।

4) **सार्वजनिक क्षेत्र सुधार** – सुधार प्रक्रिया के अंतर्गत सार्वजनिक क्षेत्र के उद्यमों का पुनर्गठन किया गया। इससे पहले सार्वजनिक क्षेत्रों को भारी नुकसान उठाना पड़ा था। सुधार प्रक्रिया के अंतर्गत बड़ी संख्या में सार्वजनिक इकाइयों का निजीकरण किया गया।

प्रश्न 5. पाकिस्तानी अर्थव्यवस्था के प्रसंग में 'सैप' व उदारीकरण की भूमिका का वर्णन कीजिए।

उत्तर – पाकिस्तानी सरकार की कार्यवाही में सेना प्रमुख भूमिका निभाती है, देश फौजी हुकूमत के तहत न होने पर भी। पाकिस्तानी समाज का एक बड़ा हिस्सा यह मानता है कि

सरकार की कार्यवाही में सेना अकेले ही अनुशासन ला सकती है और यह आर्थिक समृद्धि के लिए अनिवार्य शर्त है।

पाकिस्तान ने आई.एम.एफ. और विश्व बैंक के दिशा निर्देशों के अन्तर्गत 1988 में 'सैप' शुरू किए। 'सैप' शुरू करने से पहले पाकिस्तान लगभग 13 वर्षों (1975 से 1988) तक सैनिक शासक के अधीन रहा। 1988 में लोकतंत्र की वापसी तो हुई लेकिन यह जी.डी.पी. विकास दर की गिरावट में फलित हुई। घटनाओं के इस मोड़ पर बाह्य ऋणों का अत्यधिक दबाव था, निर्यातों एवं औद्योगिक उत्पादन में गिरावट थी और फॉरैक्स भण्डार में बिगाड़ था। अर्थव्यवस्था की कुल मिलाकर स्थिति बहुत अधिक खराब थी और सरकार के पास वित्तीय मदद के लिए आई.एम.एफ. एवं विश्व बैंक के पास जाने के सिवा कोई चारा नहीं था। ऋण प्रदान करते समय आई.एम.एफ. एवं विश्व बैंक ने सरकार को सलाह दी कि वह आर्थिक सुधार लागू करे।

इन सुधारों का खास ध्यान सरकारी वित्त–प्रबंध में राजकोषीय घाटे को कम करने पर था। आई.एम.एफ. ने सरकार को अपना राजकोषीय घाटा कम करके चार प्रतिशत तक लाने के लिए कहा, जो दोहरे अंकों में था। इस लक्ष्य को पाने के लिए आई.एम.एफ. ने ऊँचे कराधान एवं सार्वजनिक व्यय में कमी का सुझाव दिया। सार्वजनिक व्यय में सबसे बड़ी कटौती विकास के क्षेत्र में हुई : 1981 में 9.3 प्रतिशत से 1997 में 3.5 प्रतिशत (जी.डी.पी. के) ।'सैप' का एक अन्य मुख्य क्षेत्र था सीमाशुल्क दरों में कमी करना, जो 1999 में 45 प्रतिशत से घटाकर 1992 में 12.5 प्रतिशत कर दी गई। निर्यात बढ़ाने के लिए पाकिस्तानी मुद्रा के अवमूल्यन की सिफारिश की गई और 1988 से ही नियमित अन्तरालों के साथ अवमूल्यन होता रहा है। इन उपायों के साथ–साथ राज्य के स्वामित्व वाले उद्यमों को भी औने–पौने बेच देन की सलाह दी गई।

आई.एम.एफ. ने पाकिस्तानी सरकार को शुरू में छह क्षेत्रों में 'सैप' लागू करने का सुझाव दिया। प्रथम, अपनी मुद्रा को अमेरिकी डॉलर की तुलना में समायोजित करके व्यापार–नीति में सुधार। यह कम सुसंगत रूप से मुद्रा का अवमूल्यन करके एवं विनिमय दर के स्तर को स्पर्धेय रखकर किया जाना था। इसके अतिरिक्त निर्यातों पर प्रतिबंध हटाये जाने थे और आयातों पर मात्रात्मक प्रतिबंध, यथा कोटा, तथा सीमा शुल्क को घटाया जाना था। व्यापार–नीति ने इस प्रकार बहिर्मुखी–निर्यातोन्मुखी मार्ग पर ध्यान केन्द्रित किया। दूसरे, वित्त–नीति में सुधार ताकि सार्वजनिक व्यय में कटौती करके राजकोषीय घाटों को कम और दूर किया जा सके। यह काम सार्वजनिक क्षेत्र में मूल्यों को बढ़ाकर किया जाना था ताकि लागत चुका सकें और राजस्व बढ़ा सकें। कर–प्रणाली में सुधार, कृषि व ऊर्जा क्षेत्रों से परिदानों की भारी कटौती अथवा समाप्ति अन्य अवयव थे। तीसरे, लाभ न देने वाली सार्वजनिक इकाइयों का निजीकरण कर सार्वजनिक क्षेत्र में सुधार। चौथे, उच्चतम ब्याज दरों में ढील देने के साथ–साथ सावधि जमा व ऋण दरों को उदार बनाकर वित्तीय क्षेत्र में सुधार। पाँचवें, उद्योग–नीति में सुधारों में शामिल है औद्योगिक क्षेत्र से संरक्षण समाप्ति और माल पर मूल्य नियंत्रण। अन्ततः विनिमय दर को समायोजित करके और उद्योग हेतु प्रस्तावित संरक्षण समाप्त करके खेती के विपरीत झुकाव को दूर करके कृषि क्षेत्र में सुधार। इन सुधारों के साथ कृषि मूल्यों का उदारीकरण हो और परिदानों पर विराम लगे।

'सैप' लागू होने के बाद जी.डी.पी. विकास दर गिरी है और निर्यातों में किंचित सुधार हुआ है। इसका श्रेय निर्यात-उत्पादों में गुणवत्ता मूल्यांकन की बजाय मुद्रा अवमूल्यन को जाता है। एफ.डी.आई. अन्तर्वाहों में वृद्धि भी बहुत थोड़ी हुई है जो इस बात का संकेत है कि विदेशी निवेशकों ने उदारीकरण कार्यक्रमों पर पर्याप्त ध्यान नहीं दिया है। दूसरे शब्दों में, अर्थव्यवस्था का खुलना मात्र ही बड़ी मात्रा में विदेशी निवेश को आकर्षित करने के लिए कोई यथेष्ट स्थिति नहीं है; एक कुशल आधारभूत ढाँचे के साथ-साथ सामाजिक व राजनीतिक स्थिरता भी महत्त्वपूर्ण है। वर्तमान में पाकिस्तान इस मोर्चे पर विफल है।

'सैप' ने पाकिस्तान को अर्थव्यवस्था के तानेबाने में बुनियादी परिवर्तन लाने में मदद नहीं की है। राष्ट्रीय आय में विनिर्माण क्षेत्र का अंशदान कम रहा है जबकि वक्त के साथ और नीचे चला गया है। विनिर्माण क्षेत्र में गिरावट से रोजगार पैदा करने में विपरीत प्रभाव पड़ता है। वर्तमान विनिर्माण क्षेत्र वाली अर्थव्यवस्था वृहद-आर्थिक स्थिरता प्रदान करती है। सेवा-क्षेत्र में वृद्धि ही रोजगार की समस्या का अस्थायी निदान ही कर सकती है। इसी प्रकार, अच्छे प्रशासन का सवाल पाकिस्तान पर हमेशा बड़ा परन्तु अस्पष्ट रहा है। लगातार सेना द्वारा सरकार को अपने हाथ में लिया जाना निजी घरेलू व विदेशी निवेशकों को गलत सन्देश पहुँचाता है। सैन्य खर्च, जो राष्ट्रीय आय का पाँच प्रतिशत है, में वृद्धि बहुत अधिक है, खासकर पाकिस्तान जैसे एक विकासशील देश के लिए। शिक्षा एवं स्वास्थ्य जैसे विकासात्मक विषयों पर सरकारी खर्च कम होता रहा है।

प्रश्न 6. श्रीलंका के उदारीकरण व 'सैप' के कार्यों का मूल्यांकन कीजिए।

उत्तर — दक्षिण एशिया में श्रीलंका एकमात्र ऐसा देश है जिसने 1948 में ब्रिटिश औपनिवेशिक शासन से स्वतंत्र होने के बाद उदारवादी बहिर्मुखी नीतियों को अपनाते हुए अपनी व्यापार प्रणाली में परिवर्तन लाना शुरू किया। पहले उसने उदारवादी व्यापार प्रणाली की शुरूआत की। इसके बाद बढ़ते भुगतान शेष और राजनीतिक नेतृत्त्व में परिवर्तन के बाद संरक्षणवादी आयात प्रतिस्थापन नीतियाँ अपनाई। इस प्रकार श्रीलंकाई अर्थव्यवस्था के अन्तर्मुखी होने के कारण वहाँ आर्थिक विकास की गति कम रही। इसी कारण श्रीलंका ने व्यापक आर्थिक उदारीकरण की नीति अपनाई और सैप को दो चरणों में अपने यहाँ लागू किया।

आर्थिक सुधार प्रक्रिया के अंतर्गत पहले सीमा शुल्क व्यवस्था पर विचार कर उसे बदला गया। विदेशी निवेश पर प्रतिबंध घटाकर एक मुक्त व्यापार क्षेत्र योजना के अंतर्गत निर्यातानुकूल विदेशी निवेश को प्रोत्साहन दिया गया। अन्य वित्तीय सुधारों के अंतर्गत मुद्रास्फीति दर से ऊपर के स्तर पर ब्याज दरों को समायोजित किया गया, बैंकिंग क्षेत्र को विदेशी बैंकों के लिए खोलने और ऋण बाजारों को ब्याज दरें निर्धारित करने की अनुमति दी गई। इसने अपनी घरेलू मुद्रा का अवमूल्य 100 प्रतिशत से भी अधिक कर दिया। इन सुधारों का अर्थव्यवस्था पर बहुत ही अच्छा प्रभाव पड़ा। जी.डी.पी. विकास दर में लगभग चार प्रतिशत की वृद्धि हुई। एफ.डी.आई. अन्तर्वाह, जो 1970-77 में दो लाख अमेरिकी डॉलर वार्षिक था, वह 1978-87 में 4.1 करोड़ अमेरिकी डॉलर हो गया। जो निर्यात 1977 में 8 खरब अमेरिकी डॉलर था, 1988 में वह बढ़कर 1.5 अरब अमेरिकी डॉलर हो गया। विदेशी निवेशकों का विश्वास बढ़ने के कारण घरेलू और विदेशी निवेशकों के बीच संयुक्त व्यवसाय

शुरू हुए। लेकिन 1980 के दशक में श्रीलंकाई तमिल और सरकार के बीच संघर्ष और संरचनात्मक समायोजन की कमी के कारण इन सुधारों की गति धीमी हो गई।

1980 के दशक के मध्य में लिबरेशन टाइगर्स ऑफ तमिल ईलम (लिट्टे) द्वारा श्रीलंकाई तमिलों के लिए अलग प्रदेश की माँग को लेकर किए जा रहे आन्दोलन के कारण देश को भारी आर्थिक नुकसान उठाना पड़ा और राजनीतिक तथा सामाजिक क्षेत्र में भी अस्थिरता व्याप्त हो गई। लिट्टे के विद्रोह के कारण देश में सैनिक खर्च बढ़ गए। फॉरेक्स भण्डार तेजी से घटते जा रहे थे। इससे देश में आर्थिक समस्याएँ उत्पन्न हो गई। एफ.डी.आई. में गिरावट आई और भुगतान शेष संकट पैदा हो गया। आर्थिक मदद के लिए सरकार को 1987 में आई.एम.एफ. के पास जाना पड़ा जिसने सशर्त आर्थिक सहायता प्रदान की। सुधार पैकेज में शामिल थीं – निजीकरण योजनाएँ, अतिरिक्त सीमा शुल्क कटौतियाँ व सरलीकरण, चालू खाता लेन–देन पर विनिमय नियंत्रण की समाप्ति, सुनम्य विनिमय दर के प्रति वचनबद्धता और राजकोषीय घाटे को कम करने हेतु पहल। सुधार पैकेज के लागू होने से अर्थव्यवस्था को विकास दर के कायाकल्प में मदद मिली। 1980 के दशक में वह बढ़कर 5.03 हो गया। लिट्टे विद्रोह की उग्रता कम होने से तथा सामाजिक स्थिरता और शांति कायम होने से विदेशी निवेश भी देश में बढ़ गया है। निर्यातों में भी उल्लेखनीय सुधार हुआ है।

प्रश्न 7. भूमंडलीकरण से आप क्या समझते हैं? इसके विभिन्न अर्थों का वर्णन करों

उत्तर – भूमंडलीकरण की प्रक्रिया में दो प्रवृत्तियाँ दृष्टिगोचर होती हैं।

1) क्षेत्रीय व्यापार और राजनीतिक समझौतों पर हस्ताक्षर करने की दौड़ में राज्यों की स्वायत्तता समाप्त होती जा रही है। इस प्रक्रिया में राज्य ने वैश्विक प्रणाली में विश्व व्यापार संगठन (डब्ल्यू.टी.ओ.) जैसी अंतर्राष्ट्रीय इकाइयों को स्थान देते हुए अपने पुराने वर्चस्व को खो दिया है।

2) राज्यों के संजातीय, जातीय, वर्ग, लिंग, जनजातीय और परिस्थितिकीय समूह मौजूदा राज्यों में अधिक स्वायत्तता प्राप्त करने के लिए संघर्षरत हैं। इन आंदोलनों के कई नाम है जैसे पहचान संबंधी आंदोलनों, नए सामाजिक आंदोलनों तथा स्थानीय आंदोलनों का नाम दिया है। ऐसे आंदोलन विश्व भर में चल रहे हैं। सांस्कृतिक दृष्टि से व्यक्ति अथवा समूहों के लिए राष्ट्रीय अभेदवाद का स्थान संजातीय, क्षेत्रीय, जातीय तथा धार्मिक अभेदभाव ने ले लिया है। आधुनिक समय में अपने नागरिकों की राष्ट्र–राज्य में निष्ठा पर एकाधिकार के दावे को जाति, लिंग, संजातीय अथवा भाषायी समूहों के कारण बनी हुई पहचानों के प्रति अपने झुकाव के कारण गंभीर चुनौती मिली है।

आर्थिक क्षेत्र में भूमंडलीकरण का प्रभाव स्पष्ट और गहरा है। कई राष्ट्रीय अर्थव्यवस्थाएँ, वैश्विक बाजार में शामिल हो रही हैं। वित्तीय बाजार और पूँजी निवेश राष्ट्रीय सीमाओं को बाँध रहे हैं और इसके लिए अक्सर स्वेच्छा से प्रभुसत्ता सम्पन्न राज्य के नियंत्रण की भी अनदेखी कर रहे हैं। अंतर्राष्ट्रीय व्यापार वैश्विक उत्पादन का 20 प्रतिशत है तथा इसका आंकलन 5 ट्रिलियन प्रतिवर्ष किया गया है। राष्ट्रों के आर्थिक भाग्य के निर्धारण में सीमा पार लेन–देन प्रत्यक्ष विदेशी निवेश तथा बहु–राष्ट्रीय कम्पनियों का महत्व बढ़ा है।

कई बहुराष्ट्रीय कम्पनियाँ उनमें रोजगार प्राप्त लोगों की संख्या तथा उनकी वित्तीय स्थिति के कारण कई राज्यों से भी बड़ी हैं। यद्यपि इन बहुराष्ट्रीय कम्पनियों पर अधिकांशतः राज्य का नियंत्रण नहीं है तथापि उन्हें राष्ट्र–राज्यों की आवश्यकता है क्योंकि राज्य ही किसी क्षेत्र में उनके प्रवेश का निर्णय लेता है। राज्य ही अपने क्षेत्र में उन्हें सुविधाएँ उपलब्ध कराता है और व्यापार को सुचारू रूप से चलाने के लिए राजनीतिक, सामाजिक व आर्थिक स्थिरता सुनिश्चित कराता है। अतः, बहुराष्ट्रीय कम्पनियाँ समकालीन वैश्विक अर्थव्यवस्था को आकार देने में राष्ट्र–राज्यों और अंतर्राष्ट्रीय सरकारी संस्थाओं जैसे विश्व व्यापार संगठन, विश्व बैंक, अंतर्राष्ट्रीय मुद्रा कोष का सहयोग लेती हैं।

यद्यपि भूमंडलीकरण के अंतर्गत विश्व भर में समरूता की बात कही जाती है तथापि इस प्रक्रिया ने विश्व को दो समूहों में विभक्त कर दिया है। उत्तर के विकसित राष्ट्रों का तर्क है कि भूमंडलीकरण के लाभ अभ्यावर्तक हैं तथा विकसित और अल्पविकसित दोनों राष्ट्रों के लिए लाभकारी है। दूसरी ओर, दक्षिण के विकासशील देशों का भूमंडलीकरण के प्रति दृष्टिकोण आशंकापूर्ण है, भले ही यह पूर्ण निराशावाद क्यों न हो। विकासशील देशों की आशंका का आधार न केवल उनकी कमजोर आर्थिक स्थिति है अपितु उत्तर और दक्षिण के मध्य आर्थिक विभाजन भी है। भूमंडलीकरण के लाभों के असमान वितरण से यह अन्तर और बढ़ गया है। इसके अतिरिक्त, यद्यपि भूमंडलीकरण के अंतर्गत अंतर्राष्ट्रीय मुद्दों को बहुपक्षीय फोरमों के माध्यम से सुलझाने की बात कही जाती है तथापि वास्तविकता यह है कि ये फोरम वर्तमान में उत्तर के विकसित देशों द्वारा नियंत्रित हैं अथवा इन पर इनका वर्चस्व है। इन परिस्थितियों में, कमजोर देशों के हितों को या तो एक तरफ दरकिनार कर दिया जाता है या फिर कम महत्व दिया जाता है। यही कारण है कि विकासशील देश भूमंडलीकरण को अपनाने में हर सावधानी बरत रहे हैं।

बहुपक्षीय संस्थानों जैसे विश्व व्यापार संगठन इत्यादि के उदय के उपरांत प्रत्येक देश की अर्थव्यवस्था खुली व्यवस्था हो गई है और वह व्यापार के वैश्विक साम्राज्य में शामिल हो गई है। कई देश जो एक दशक पहले तक राज्य के नियंत्रण और स्वामित्व पर विश्वास रखते थे, आज उन्होंने अपनी अर्थव्यवस्था का निजीकरण करना आरंभ कर दिया है। दक्षिण एशिया के देश इसका उपवाद नहीं हैं। इनमें से अधिकांश देशों ने 90 के दशक के आरम्भ में ही अपनी अर्थव्यवस्था का उदारीकरण शुरू कर दिया था। बीसवीं शताब्दी की आर्थिक उदारीकरण की नीतियों की प्रमुख विशेषताएँ–निजी स्वामित्व, व्यापार में राज्य की कम भूमिका, व्यापार के कम अवरोधों, कम करों तथा किसी अर्थव्यवस्था में सर्वाधिक कुशल वितरक के रूप में बाजार में सामान्य तौर पर विश्वास है।

आर्थिक उदारीकरण की दिशा में प्रत्यक्ष झुकाव के संबंध में राजनीतिक उपसाध्य पर यदि दृष्टिपात करें तो यह अत्यंत रोचक होगा। राष्ट्र–राज्य उभरती हुई वैश्विक व्यवस्था का सामना प्रमुखतः तीन स्तरों पर करते हैं–क्षेत्रीय, राष्ट्रीय तथा घरेलू। इसके लिए विभिन्न स्तरों पर नई संस्थाएँ, संरचनाएँ और संगठन बनाए जा रहे हैं। विश्व के विभिन्न हिस्सों के देश इकट्ठे हो रहे हैं और भूमंडलीकृत अवस्था का सामना करने के लिए क्षेत्रीय समूह बना रहे हैं क्योंकि राज्य के लिए अपने स्तर पर कार्य करना मुश्किल हो जाता है। कुछ भागों में मौजूदा क्षेत्रीय संस्थाओं को नई दिशा देने के प्रयास किए जा रहे हैं।

राष्ट्रीय सीमाओं को लांघकर नई राजनीतिक संरचनाएँ बनाने के प्रयास किए जा रहे हैं। 1992 के अंत में यूरोपीय संघ ने अपने 12 सदस्य देशों के लिए कुल एकल बाजार की स्थापना की। इसके अतिरिक्त, आर्थिक सहयोग के आधार पर यह राजनीतिक और मुद्रा संघ बनाने का भी प्रयास कर रहा है। इसी प्रकार से सुदूर पूर्व की सरकारें क्षेत्र में आर्थिक की ही तरह राजनीतिक सहयोग को बढ़ावा देने पर विचार कर रही हैं। संयुक्त राज्य अमेरिका का कनाडा तथा मैक्सिको से पहले ही मुक्त व्यापार समझौता हुआ है वह जिसे बढ़ाकर दक्षिण अमेरिका के साथ भी लागू करना चाहता है।

सार्क देशों में मतभेदों के कारण विशेषकर पाकिस्तान और भारत में शत्रुता के बावजूद दक्षिण एशिया मुक्त व्यापार समझौता (SAFATA) संभव हो पाया है। यह समझौता मुक्त बाजार की दिशा में एक कदम है। भूमंडलीकरण के उतार–चढ़ाव का सामना करने के लिए सशक्त क्षेत्रीय संघ के रूप में उभरने की सार्क की इच्छा जनवरी, 2004 में इस्लामाबाद में सम्पन्न हुई शिखर बैठक में स्पष्ट रूप से सामने आई जहाँ मुद्रा संघ की परिकल्पना पर विचार किया गया।

फिर भी, राष्ट्रीय स्तर पर राष्ट्र–राज्यों में वैश्विक अर्थव्यवस्था के क्षेत्र में स्वायत्तता में तुलनात्मक रूप से आई कमी से विशेषकर विकासशील देशों में लोगों की लोकतांत्रिक इच्छाओं के संबंध में शंकाएँ उत्पन्न होती हैं। यहाँ लोग राज्य से अत्यधिक आशाएँ रखते हैं यद्यपि संसाधन एकत्र करने और उनके वितरण में राज्यों की क्षमता कम है। चूँकि वैश्विक रूप से जुड़ने के लिए राष्ट्रीय सरकारों को निजीकरण, सार्वजनिक क्षेत्र में विनिवेश, श्रमिकों की छंटनी जैसे कुछ प्रमुख नीतिगत निर्णय लेने पड़ते हैं, अतः इससे राज्य की भूमिका के संबंध में शंका होना स्वाभाविक है।

घरेलू स्तर पर विभिन्न आंदोलनों के कारण राष्ट्र–राज्यों को कई चुनौतियों का सामना करना पड़ता है। नागरिक राष्ट्रीय सरकारों को उन मुद्दों के लिए भी जवाबदेय मानते हैं जिन पर राज्य का कोई स्वायत नियंत्रण नहीं होता। फिर भी, नागरिकों की राष्ट्र–राज्य के प्रति दृढ़ निष्ठा और औपनिवेशवाद के विरूद्ध संघर्षों के कारण और सुदृढ़ हुई यह निष्ठा भूमंडलीकरण प्रक्रियाओं की तुलना में राष्ट्रीय सरकारों की स्वायत्तता में आई कमी के अनुसार कमजोर नहीं हुई है। विकासशील देशों के नागरिकों को अधिराष्ट्रीय संकायों को अपनाने की आशा करना सही नहीं होगा जबकि विकसित देशों के उभरते हुए अधिराष्ट्रीय संकायों जैसे यूरोपीय संघ इत्यादि के प्रति यह निष्ठा न के बराबर है। यह एक ऐसी चुनौती है जिसका राष्ट्र राज्य को वैश्विक तथा स्थानीय दबावों के बीच मध्यस्थता करने में लगातार सामना करना पड़ता है।

प्रश्न 8. भूमण्डलीकरण के संदर्भ में राष्ट्र–राज्य की प्रभुसत्ता कैसे प्रभावित हुई है?

[Dec-07, Q.No.-6]

उत्तर – आधुनिक विश्व और सर्वशक्तिमान राष्ट्र–राज्य के विकास में प्रभुसत्ता की परिकल्पना एक प्रमुख विचारधारा रही है। शुरू में इस विचारधारा के अन्तर्गत राज्यों को अपने क्षेत्र में शांति और सुव्यवस्था कायम करने के लिए कानूनी हिंसा लागू करने के लिए अधिकार प्रदान किए गए थे। लेकिन आधुनिक समय में लोककल्याणकारी राज्य की अवधारणा के विकास के परिणामस्वरूप राज्य का कार्य क्षेत्र अब अपनी सीमा में शांति, सुरक्षा कायम रखने तक ही

सीमित नहीं है बल्कि इसकी क्षेत्र सीमा अब व्यापक हो गयी है। इस कारण राज्य अब सभी क्षेत्रों में सम्पूर्ण अधिकार प्रयोग करने का दावेदार हो गया है। आज के आधुनिक और लोक कल्याणकारी राज्यों से लोगों की अपेक्षाएँ बढ़ गई हैं और नागरिकों ने अपनी समस्याओं के समाधान के लिए अपने राष्ट्र–राज्यों से अधिक उम्मीदें बाँध रखी हैं। राज्य को भी अपनी शक्ति प्रयोग में निष्पक्षता बरतनी पड़ती है ताकि उसके द्वारा सम्पादित कार्यों को वैधता प्राप्त हो।
बीसवीं शताब्दी में भूमंडलीकरण के कारण राष्ट्र–राज्य के समक्ष संकट उत्पन्न हो गया है। राष्ट्र–राज्य अपने कार्यों का संपादन स्वतंत्र रूप से नहीं कर पा रहे हैं। उनके ऊपर आंतरिक शक्तियों का दबाव है। भूमंडलीय एकता और स्थानीय विघटन के बीच राष्ट्र–राज्य उलझ कर रह गए हैं। राष्ट्र–राज्य के साथ अपने संबंधों के कारण ही ज्यादा लोगों के जीवन में प्रमुख संरचनात्मक परिवर्तन हुए हैं। लोगों का अब तक रहे राज्य के साथ अधिकार का संबंध अब खत्म हो गया है और राज्य भूमंडलीय शक्तियों के साथ बातचीत करने में तथा अलग–अलग पहचान के साथ निवास कर रहे नागरिकों में एकता की भावना भरने में अक्षम है। विकासशील देशों राज्य की अक्षमता अधिक परिलक्षित होती है। नागरिक अपनी पहचान बनाने के लिए नए संगठनों की तलाश में हैं। इसके बहुपक्षीय प्रभाव देखने में आते हैं। राष्ट्र–राज्य पर दबाव बनाने के लिए हाल के वर्षों में उभरती हुई स्थानीय शक्तियाँ अपने मुद्दे भूमंडलीय स्तर पर उठाने के लिए प्रयत्नशील हैं।

प्रश्न 9. दक्षिण एशिया में राष्ट्र–राज्य के सम्मुख कौन–कौन सी चुनौतियाँ हैं?

[Dec-07, Q.No.-6]

उत्तर – दक्षिण–एशिया के राष्ट्र राज्य को स्थानीय, क्षेत्रीय और वैश्विक संदर्भ से उत्पन्न हुई विभिन्न शक्तियों की गंभीर चुनौतियों का सामना करना पड़ रहा है। इनमें से प्रमुख हैं – अभेदवाद आंदोलन तथा समुदाय संबंधी तर्क, क्षेत्रीय आंदोलन और वैश्विक एजेंसियाँ। इनमें से प्रत्येक राष्ट्र–राज्य का स्थान लेना अथवा स्वतंत्र रूप से कार्य करना चाहती है। इस क्षेत्र में राष्ट्र–राज्य किस दिशा में जा रहा है, यह जानने के लिए इन शक्तियों के तर्कों को सराहना महत्त्वपूर्ण होगा।
अधिराष्ट्रीय क्षेत्र द्वारा राष्ट्र–राज्य का स्थान लेने का प्रबल दावेदार होने के कई कारण हैं। अधिराष्ट्रीय क्षेत्र आर्थिक, प्रौद्योगिकीय तथा नीतिगत चुनौतियों का सामना अधिक सक्षमता से कर सकता है। जहाँ–जहाँ क्षेत्रीय एकता प्रबल हुई है, वहाँ–वहाँ स्थानीय विवाद कम हुए हैं, सैनिक व्यय कम हुआ है अथवा इसे सीमाओं में रखा गया है और आर्थिक निष्पादन बेहतर रहा है। इसके अतिरिक्त, अधिराष्ट्रीय क्षेत्र उप–राष्ट्रीय पहचान समूहों को राष्ट्र राज्य की तुलना में अधिक विश्वास से मान्यता दे सकते हैं। यदि राष्ट्र प्राकृतिक न होकर काल्पनिक है, तो क्षेत्र की कल्पना भी की जा सकती है अलबत्ता विभिन्न आधारों पर। यह राज्य की तुलना में अधिकारों को सुरक्षित रख सकता है जैसा कि राष्ट्रवाद उग्र राष्ट्रवाद का रूप ले लेता है। इन कारणों के अतिरिक्त वर्तमान प्रक्रिया में क्षेत्रीय संबंधों की प्रक्रिया अधिक सुदृढ़ हो रही है। इन कारणों से क्षेत्र को राष्ट्र–राज्य का प्राकृतिक प्रारूप माना जा सकता है।
तथापि, क्षेत्रवाद के उदय से राष्ट्र–राज्य इकाईयाँ कमजोर नहीं हो सकती। दक्षिण एशिया में क्षेत्रीय सहयोग की अत्यधिक संभावना के बावजूद क्षेत्र में राष्ट्र–राज्यों के भिन्न–भिन्न हित

होने के कारण इसकी क्षेत्रीय पहचान नहीं बन पा रही है। दक्षिण एशिया में क्षेत्रीय पहचान बनने की क्षमता प्रत्यक्ष स्पष्ट है। हाल ही के वर्षों में दक्षिण एशियाई राज्यों के समक्ष संजातीय, जातीय, लिंग तथा क्षेत्र के आधार पर समुदायों को इकट्ठा करने की चुनौती है। देश में अपनी पहचान की खोज के रूप में चलाए जा रहे दलित आंदोलन अक्सर उच्च जातियों के वर्चस्व वाले राज्य की वैधता पर ही प्रश्न चिन्ह लगाते हैं। इसी प्रकार से सत्ता तथा राष्ट्र–राज्य में लिंग आधार पर भागीदारी राज्य के मूल ढाँचे के लिए चुनौती है। यह पुरुष प्रधान अर्थात पितृवाद पर आधारित राजनीतिक, सामाजिक और आर्थिक व्यवस्था पर प्रश्न चिन्ह है।

ये सब उदाहरण राष्ट्र–राज्यों के नागरिकों की निष्ठा के एकमात्र दावेदार की स्थिति को समाप्त कर रहे हैं। उनका यह मत है कि सदस्य की प्राथमिक निष्ठा अपने समुदाय के प्रति होती है क्योंकि किसी व्यक्ति के 'स्व' का निर्माण समुदाय तथा इसकी मान्यताओं और परंपराओं में और इनके माध्यम से होता है तथा इनका विकास समुदाय के परिणामस्वरूप ही होता है। अक्सर यह सत्य होता है कि संसाधनों अथवा सत्ता के बंटवारे में इन समुदायों के दावों में विवाद उत्पन्न हो जाता है।

इसके अतिरिक्त समुदायों की सीमाओं में अत्यधिक कमियाँ हैं तथा उनकी निरन्तर पुनः खोज होती रहती है। हिन्दुत्व अथवा उम्माह अथवा धार्मिक आधार पर किसी भी समुदाय का उदाहरण हमारे सामने है। इस प्रकार के समुदाय की सीमाएँ स्थिर नहीं हैं और इनमें प्रायः परिवर्तन आते रहते हैं। अपने भीतर की भिन्नताओं की निरन्तर उपेक्षा करते हुए ये सदैव समुदायों के बड़े ब्लॉकों के निर्माण के लिए तत्पर रहते हैं। इसके साथ ही वे जीवन की मान्यताओं तथा तरीको की बहुपक्षीयता को पहचानने अथवा स्वीकार करने से इंकार करते हैं। ऐसी अवस्था में राज्य ही विवादपूर्ण राज्यों के विवाद को सुलझा सकता है। अतः राष्ट्र–राज्य के किसी विकल्प के रूप में समुदाय के संबंध में तर्क अब तक लगभग खोखले हैं। इसके अतिरिक्त, राष्ट्र–राज्य की मध्यस्थता के बिना भूमंडलीय स्तर पर बातचीत करना समुदायों के लिए असंभव सा है।

आज पारिस्थितिकीय संतुलन, आतंकवाद, प्रदूषण, निरस्त्रीकरण इत्यादि कई ऐसे मुद्दे हैं जिनका समाधान केवल भूमंडलीय स्तर पर ही निकाला जा सकता है। इस प्रकार के अंतर्राष्ट्रीय संगठनों की संख्या पहले ही बढ़ रही है तथा इन संगठनों के कार्यों और भविष्य में आशाओं में भी वृद्धि हो रही है। इसके साथ–साथ मानवाधिकार और लोकतंत्र जैसे कुछ मुद्दों पर व्यापक सहमति बनी है। भूमंडलीय अथवा विश्वप्रणाली के समर्थक वैश्विक प्रणाली के प्रमाण के रूप में राज्यों में संस्थानों के नेटवर्क और प्रक्रियाओं की कार्यशीलता की ओर इंगित करते हैं, भले ही यह शुरूआती स्तर पर क्यों न हो। अतः वे भूमंडलीकरण के न केवल आर्थिक अपितु राजनैतिक क्षेत्र में भी होने के पक्षधर हैं। तथापि, राष्ट्र–राज्य के विकल्प के रूप में भूमंडलीय प्रणाली अथवा सरकार संभव नहीं है, और यदि हो भी तो यह वांछनीय नहीं है। वास्तव में बढ़ती हुई स्वतंत्रता तथा कार्यात्मक सहयोग ने राष्ट्र–राज्य को कमजोर बनाने की अपेक्षा सदैव इसे सुदृढ़ ही बनाया है। राष्ट्र–राज्य का महत्व न केवल पहचान दिलाने में अपितु संकट के क्षणों में भी है। यद्यपि विश्व प्रणाली एक एकीकृत विश्व है तथापि यह कई विरोधाभासों से पूर्ण है। उत्तर के अधिक विकसित देशों के वर्चस्व वाली विश्व प्रणाली कम विकसित देशों तथा उनमें से भी निचले अनुभागों को सुरक्षा उपलब्ध नहीं करा सकती।

प्रश्न 10. 1990 के दशक में दक्षिण एशियाई देशों द्वारा चलाए गए आर्थिक सुधारों का वर्णन करो।

उत्तर – 1990 के दशक में अन्तर्राष्ट्रीय मुद्रा कोष तथा विश्व बैंक ने न सिर्फ दक्षिण एशियाई देशों की आर्थिक बल्कि राजनीतिक सुधारों में भी हस्तक्षेप किया। लेकिन इन अन्तर्राष्ट्रीय वित्तीय संस्थाओं के दिशा–निर्देश के अनुसार चलाए गए सुधार कार्यक्रमों के बावजूद भी आर्थिक विकास की दर में कोई उल्लेखनीय वृद्धि नहीं हुई है। संयुक्त राष्ट्र विकास कार्यक्रम (यू.एन.डी.पी.) द्वारा प्रकाशित दक्षिण एशिया में भूमंडलीकरण और मानव विकास पर रिपोर्ट के अनुसार पिछले डेढ़ दशक में दक्षिण एशियाई अर्थव्यवस्थाओं में विकास दर में अत्यधिक कमी नहीं पाई गई। रिपोर्ट में बताया गया है कि बांग्लादेश और नेपाल में विकास की दर बहुत कम थी, श्रीलंका में भी यह संतोषजनक नहीं है, पाकिस्तान में इसमें कमी आई। केवल भारत ही एक ऐसा देश है, जो अभी तक 6 प्रतिशत से अधिक विकास दर प्राप्त कर सका है।

दक्षिण एशियाई देशों के आर्थिक विकास दरों में कोई तीव्रता नहीं आने का मुख्य कारण यह है कि इन देशों में सुधारों का क्रम उचित नहीं रहा है। जैसे कि किसी भी दक्षिण एशियाई देश ने शुल्क कम किए बिना कर के आधार को नहीं बढ़ाया। इसके परिणामस्वरूप सुधार प्रक्रिया को आगे बढ़ाने के लिए महत्त्वपूर्ण राजस्व सरकार को नहीं प्राप्त हो सका। इसी तरह कृषि के क्षेत्र में भी बाजार सुधारों को लागू किए बिना ही इसके संरक्षण की व्यवस्था नहीं की गई जिसके फलस्वरूप इस भू–भाग के देशों में कृषि क्षेत्र में अच्छी प्रगति नहीं हो सकी। मानव विकास रिपोर्ट ने दक्षिण एशियाई देशों से परस्पर आर्थिक निर्भरता की सिफारिश की थी। ऐसा करने से सदस्य देशों में आर्थिक सहयोग को बढ़ावा मिलेगा, भूंडलीकरण व्यवस्था के अंतर्गत समूह की प्रतियोगी स्थिति में सुधार आएगा, राजनीतिक सौहार्दता बढ़ेगी और ऐसी अवस्था का निर्माण होगा जिसमें भूमंडलीय स्तर पर सामूहिक रूप से बातचीत हो सकेगी और सभी देश अपना पक्ष रख सकेंगे। वैसे तो कहने के लिए विश्व व्यापार संगठन में कोई भी निर्णय लोकतांत्रिक तरीके से लिए जाते हैं लेकिन फिर भी दक्षिण एशियाई राष्ट्र इसकी निर्णय प्रक्रिया को प्रभवित करने में सक्षम नहीं हैं। अतः आवश्यकता है कि दक्षिण एशियाई राष्ट्र आपस में एकजुट हों ताकि वे इसकी निर्णय प्रक्रिया को प्रभावित कर सकें।

विकासशील देशों ने अंतर्राष्ट्रीय आर्थिक मामलों में अपना स्थान बनाने के लिए अतीत में भी अनेक गठबंधनों का निर्माण किया है। लेकिन विकसित राष्ट्रों ने उनकी इस रणनीति को अप्रभावी कर दिया तथा इसकी आलोचना की। अतः आवश्यकता इस बात की है कि दक्षिण एशियाई देशों द्वारा एक प्रभावी गठबंधन बनाया जाए ताकि अन्तर्राष्ट्रीय आर्थिक मामलों की चुनौतियों का सामना किया जा सके। 1990 के दशक में सार्क देशों के अध्यक्षों के घोषणा–पत्रों से यह स्पष्ट होता है कि अब सार्क देशों ने सशक्त गठबंधन की आवश्यकता महसूस की है। यदि विश्व बैंक और अन्तर्राष्ट्रीय मुद्रा कोष जैसी अन्तर्राष्ट्रीय आर्थिक संस्थाएँ विकसित तथा अल्पविकसित देशों की समस्याओं पर विचार नहीं करती हैं तो ऐसी स्थिति में भूमंडलीय एकता का कोई मतलब नहीं है।

इकाई – 9

क्षेत्रीय संगठन

प्रश्न 1. दक्षिणी एशिया में गरीबी की व्याप्तता का वर्णन कीजिए।

उत्तर – गरीबी की व्यापकता से संबंधित सभी अध्ययन दो प्रमुख परिमापों पर आधारित है– कैलोरी की गणना तथा कैलोरी की न्यूनतम आवश्यकता की प्राप्ति के लिए आय का स्तर। जीवन की अन्य आवश्यकताओं पर ध्यान नहीं दिया गया है। मानव गरीबी आय संबंधी गरीबी से कहीं अधिक है। यह मनुष्य के गुजर बसर की आवश्यकताओं की कमी से भी अधिक है। मानव गरीबी दीर्घ, स्वास्थ्यकर, कलात्मक जीवन और अच्छे रहन–सहन के स्तर के विकल्पों और अवसरों की अनुपलब्धता है। आय के अतिरिक्त गरीबों और धनिकों के मध्य सार्वजनिक सेवाओं जैसे शिक्षा, स्वास्थ्य, पेयजल तथा बिजली इत्यादि तक पहुँच मध्य का अन्तर है। इस परिप्रेक्ष्य से मानव गरीबी के स्तर चौंकाने वाले हैं। यू एन डी पी मानव विकास सूचकांक के अनुसार मूल मानव विकास की औसत उपलब्धियों की दृष्टि से उप– सहारा अफ्रीका को छोड़कर दक्षिण एशिया अन्य सभी क्षेत्रों से भिन्न है। भारत के संदर्भ में महबूब–उल–हक द्वारा 1997 में लिखी गई पुस्तक में कहा गया है – ''मानव वंचन की सीमा चौंका देने वाली है : 135 मिलियन लोग मूल स्वास्थ्य सुविधाओं से वंचित हैं; 226 मिलियन लोगों को सुरक्षित पेय जल मुहैया नहीं है; भारत की लगभग आधी वयस्क जनसंख्या निरक्षर है.......... विश्व की अत्यंत निर्धन जनसंख्या में से लगभग एक तिहाई भारत में है।''
गरीबों के पास जल, स्वच्छता तथा बिजली जैसी मूल सुविधाएँ नहीं है। ऋण, निवेश तथा प्रौद्योगिकी तक उनकी पहुँच सीमित है। सामाजिक और भौतिक आधारभूत ढाँचे का स्तर निम्न होने के कारण गरीबों को न केवल सूखा और महामारी जैसी प्राकृतिक विपदाओं बल्कि आर्थिक उतार–चढ़ाव की मार भी झेलनी पड़ती है।

दक्षिण एशिया में ग्रामीण तथा शहरी घरों में गरीबी

देश/वर्ष	निर्धनों का वितरण	
	ग्रामीण	शहरी
भारत (1994)	86.2	13.8
पाकिस्तान (1990–91)	75.0	25.0
बांग्लादेश (1995–96)	57.8	42.2
नेपाल (1995–96)	94.0	6.0

भूटान – ग्रामीण क्षेत्रों में रहने वाली 75 प्रतिशत से अधिक जनसंख्या में से अधिकांश निर्धन हैं। भूमिजोतों के आकार की दृष्टि से विषम वितरण है। कैलोरी ग्रहण तथा उपयोग व्यय

के आधार पर भूटान के गरीबी के आँकड़े उपलब्ध नहीं है। मानव विकास सूचकांकों की गणना करते समय भी भूटान राष्ट्रीय मानव विकास 2000 में प्रति व्यक्ति आय की अपेक्षा प्रति व्यक्ति धन को आधार माना गया है। भूटान के योजना आयोग द्वारा प्रकाशित गरीबी मूल्यांकन एवं विश्लेषण रिपोर्ट 2000 में बताया गया है कि 33 प्रतिशत से अधिक लोगों की घरेलू आय राष्ट्रीय औसत से कम है।

भारत की 72 प्रतिशत जनसंख्या ग्रामीण क्षेत्रों में रहती है। गरीबी संबंधी परिदृश्य में 1970 के दशक के मध्य के बाद के वर्षों में कमी की प्रवृत्ति देखी गई और अब इसने विशेषकर 1990 के दशक में पेचीदा रूप ले लिया है। दसवीं योजना के दस्तावेज (2002-07) के अनुसार गरीबी रेखा से नीचे रहने वाले लोगों के प्रतिशत और कुल संख्या में 1999-2000 में 1973-74 की तुलना में कमी 54.88 प्रतिशत (321.3 मिलियन) से 26.10 प्रतिशत (260.3 मिलियन) रही। 1973-74 में ग्रामीण जनसंख्या की सघनता कुल जनसंख्या का 81 प्रतिशत थी जो कि 1999-2000 तक धीरे-धीरे कम होकर 77 प्रतिशत रह गई।

मालदीव — मालदीव द्वीप राज्य में प्रवालद्वीपों में अहितकर समूहों में रहने वाले लोग निर्धन हैं। यद्यपि देश में पूर्ण रूप से निर्धनता नहीं है तथापि लगभग 22 प्रतिशत ग्रामीण जनसंख्या निर्धन है। मालदीव के समक्ष सबसे बड़ी चुनौती यह सुनिश्चित करना है कि विकास का लाभ राष्ट्र की कम सघन जनसंख्या को बराबर-बराबर मिले।

नेपाल — नेपाल में आज भी कृषि का राष्ट्रीय आय में 40 प्रतिशत से अधिक का योगदान है। नवीं योजना (1997-2002) के अनुसार गरीबी रेखा से नीचे रहने वाली जनसंख्या 1996 में 42 प्रतिशत थी। इसमें से भी 24.9 प्रतिशत का निर्धन और शेष 17.1 का अनुमान अत्यंत निर्धन के रूप में लगाया गया है। नेपाल में प्रति व्यक्ति उपयोग के स्तर को मापदण्ड बनाया गया है। 1996 में केन्द्रीय सांख्यिकी संस्था द्वारा आरंभ किए गए जीवन स्तर सर्वेक्षण में 2124 कैलोरी प्रति व्यक्ति प्रतिदिन की आवश्यकता निर्धारित की गई। इसके आधार पर खाद्य के समकक्ष निर्धारित कैलोरी की खरीद के लिए प्रति व्यक्ति वार्षिक व्यय 2637 रूपये रहा। यदि गैर खाद्य मदों पर होने वाला व्यय भी इसमें जोड़ दिया जाए तो प्रति व्यक्ति वार्षिक व्यय का आकलन 4404 रूपये किया गया है। पहाड़ी तथा तराई क्षेत्रों की अपेक्षा पर्वतीय क्षेत्रों में रहने वाले लोग अधिक निर्धन हैं।

पाकिस्तान — पाकिस्तान की 64 प्रतिशत जनसंख्या गाँवों में रहती है। हाल ही में हुए आर्थिक सर्वेक्षण (2003) में जोर देकर कहा गया है कि गरीबी में उल्लेखनीय तथा निरन्तर वृद्धि हुई है जोकि 1987-88 के 26.1 प्रतिशत से बढ़कर वर्ष 2001 में 32.1 प्रतिशत हो गई। आय की असमानता प्रवृत्ति में भी गिनी गुणांक बढ़कर 1985-86 के 0.355 की तुलना में 1998-99 में 0.410 हो गया जिससे पाकिस्तान में असमानता की स्थिति में सुदृढ़ता परिलक्षित होती है। आय समूह में ऊपर के 20 प्रतिशत लोगों को लगभग 50 प्रतिशत जबकि नीचे के 20 प्रतिशत को आय का केवल 6 प्रतिशत प्राप्त होता है। दक्षिण पंजाब तथा बलूचिस्तान के ग्रामीण क्षेत्र अत्यंत निर्धन हैं।

श्रीलंका – 1990 के दशक के दौरान उत्तर और पूर्व को छोड़कर पूरे श्रीलंका में तीन घरेलू आय एवं व्यय सर्वेक्षण किए गए। जनगणना एवं सांख्यिकी विभाग के आँकड़ों से पता चलता है कि उच्च निर्धनता रेखा के अनुसार पूर्ण गरीबी में 33 से 39 प्रतिशत और निम्न निर्धनता दर के अनुसार 20 से 25 प्रतिशत की उल्लेखनीय वृद्धि हुई। जनगणना एवं सांख्यिकी विभाग ने 2002 में घरेलू आय एवं व्यय सर्वेक्षण भी कराया। 40,000 घरों पर किए गए तीन महीने के सर्वेक्षण आँकड़ों के आधार पर तैयार प्रारंभिक रिपोर्ट में दर्शाया गया है कि लगभग 28 प्रतिशत जनसंख्या उपभोग गरीबी का सामना कर रही है। यह परिणाम हालाँकि अस्थायी हैं तथापि इससे पता चलता है कि 1990 के दशक के मध्य के बाद के वर्षों में गरीबी के स्तर में कोई उल्लेखनीय परिवर्तन नहीं आया।

विश्व बैंक के गरीबी मूल्यांकन में पाया गया कि गरीबी के स्तर में भारतीय तमिलों को छोड़कर, जिनमें से अधिकांश को निर्धन की श्रेणी में रखा गया है, प्रमुख संजातीय समूहों (सिंहली, श्रीलंकाई तमिलों, भारतीय किसानों तथा मुस्लिमों) में भिन्नता है। भारतीय तमिल (जिन्हें प्रायः एस्टेट तमिल कहा जाता है) श्रीलंका के सबसे निर्धन लोगों में से हैं।

श्रीलंका 1982–2001 (लगभग 19 वर्ष) तक युद्ध में लगा रहा। युद्ध का मानवतावादी, सामाजिक और आर्थिक प्रभाव प्रत्यक्ष तौर पर उत्तर और पूर्व तथा इनके आसपास के सीमावर्ती क्षेत्रों की जनसंख्या पर पड़ा। विवाद के कुछ प्रभाव इस प्रकार पड़े: नागरिक जीवन की क्षति और मनोवैज्ञानिक आघात, आधारभूत ढाँचे और घरों को क्षति, विस्थापन, देश के कुछ हिस्सों में सीमित आवाजाही, स्थानीय अर्थव्यवस्थाओं में अवरोध, सामुदायिक एवं संस्थागत नेटवर्कों में अवरोध, राहत पर अत्यधिक निर्भरता, जनसंख्या के स्वास्थ्य के स्तर में गिरावट तथा जनसंख्या में व्याप्त अभेद्यता और असुरक्षा।

गुणात्मक रिपोर्टों से पता चलता है कि गरीबी, स्वास्थ्य देखभाल, शिक्षा तथा आर्थिक स्थिति राष्ट्र के अन्य भागों की अपेक्षा युद्ध प्रभावित क्षेत्रों में अधिक विकराल है। सबसे अधिक प्रभावित समूहों में वे घर हैं जो विवादों अथवा उनके जन्म स्थानों पर खतरे के कारण कई बार लगातार विस्थापित हुए हैं। विस्थापित परिवारों की उत्पादक परिसम्पत्तियाँ भी खो गई हैं जिनमें कुछ मामलों में विस्थापित होने से पहले की उनके द्वारा कृषित भूमि भी है। श्रीलंका समेकित सर्वेक्षण में पाया गया कि युद्ध के कारण विस्थापित हुए उत्तर–पूर्व के लगभग सभी घरों (97 प्रतिशत) को सम्पत्ति की क्षति उठानी पड़ी।

प्रश्न 2. परिसम्पत्ति आधार के सुदृढीकरण के द्वारा स्व–रोजगार को बढ़ावा देने वाली नीतियों का वर्णन करो। **[June-08, Q.No.-13(1)][June-07, Q.No.-10]**

उत्तर – भूमि की अत्यंत कमी के कारण गरीबी उन्मूलन की कई ऐसी योजनाएँ चलाई गई हैं जिनका लक्ष्य गरीबों के परिसम्पत्ति आधार को सुदृढ़ बनाकर गैर–फार्म कार्यकलापों को बढ़ावा देना है।

1) ग्रामीण बैंक – ग्रामीण बैंक वह स्वैच्छिक संस्था है जिसका उदय 1970 के दशक के मध्य के वर्षों में बांग्लादेश में हुआ और देश में गरीबी दूर करने का नया कार्यक्रम बन गई। इसका

लक्ष्य देश के चुने हुए क्षेत्रों में ग्रामीण जनसंख्या के निचले स्तर के 40 प्रतिशत लोगों तक था। ग्रामीण बैंक लक्षित समूहों को बैकिंग सेवाएँ अपने कार्यकर्ताओं के माध्यम से उनके घरों पर उपलब्ध कराते हैं। ग्रामीण बैंक की उल्लेखनीय विशेषता यह है कि इसके लगभग 51 प्रतिशत सदस्य महिलाएँ हैं जो उपलब्ध कराई गई राशि का लगभग 37 प्रतिशत प्राप्त करती हैं। ग्रामीण बैंक ने गैर फार्म कार्यकलापों में महिलाओं की अधिक भागीदारी को बढ़ावा दिया है। ऋण प्राप्तकर्ता घरों की प्रति व्यक्ति आय ऋण न प्राप्त करने वालों की तुलना में तीव्रता से बढ़ी है। इस प्रकार से, ग्रामीण बैंक अन्य गरीबी उन्मूलन कार्यक्रमों की तुलना में, जोकि दान देने वाली संस्थाएँ बनकर रह गए थे, गरीबों की आय में वृद्धि करने में सफल रहा।

समेकित ग्रामीण विकास कार्यक्रम – समेकित ग्रामीण विकास कार्यक्रम (IRDP) भारत की छठी पंचवर्षीय योजना (1980–1985) में तैयार किया गया महत्वाकांक्षी गरीबी उन्मूलन कार्यक्रम था तथा इसे ग्रामीण क्षेत्र के 150 लाख परिवारों की सहायता करने के लिए बनाया गया ताकि उन्हें गरीबी रेखा से ऊपर उठाया जा सके।

आई.आर.डी.पी. ऋण और आर्थिक सहायता के माध्यम से पात्र परिवारों को वित्तीय सहायता उपलब्ध कराता है ताकि वे उत्पादक और मध्य आय पैदा करने वाली परिसम्पत्तियाँ प्राप्त कर सकें। यह कार्यक्रम गरीबी उन्मूलन की पूर्व योजनाओं से भिन्न था जो समग्र विकास का लाभ सबको मिलने पर आधारित थीं।

आई.आर.डी.पी. पर किए गए अधिकांश अध्ययनों से बड़ी संख्या में लक्षित लाभ प्राप्तकर्ताओं के आय के स्तर में वृद्धि होने से कार्यक्रम की सफलता का पता चलता है तथापि आई.आर.डी. पी. की रिपोर्टों के मूल्यांकन से कई प्रशासनिक और संस्थागत कमजोरियों का पता चलता है। उपयुक्त तथा समेकित सुपुर्दगी प्रणाली के लिए ब्लॉक स्तर पर मशीनरी कमजोर पाई गई। चूँकि लाभ प्राप्तकर्ताओं की पहचान चुनी गई ग्रामसभाओं की अपेक्षा ब्लॉक विकास अधिकारियों द्वारा की जाती थी, अतः अधिक उपयुक्त घरों को लक्षित नहीं किया जा सका।

आई.आर.डी.पी. की एक अन्य कमी प्राथमिक क्षेत्र थी और उसमें भी पशु पालन उप–क्षेत्र में सहायता की अन्य योजनाओं की अधिकता। यह कार्यक्रम कई मामलों में निवेश की कमी और गुणवत्तापूर्ण पशुओं की अनुपलब्धता के कारण विफल हो गया। इस कार्यक्रम में चारा और आहार को शामिल नहीं किया गया था और लाभ प्राप्तकर्ता अपने उत्पादों, विशेषकर दूध, का विपणन नहीं कर पाते थे। लाभ प्राप्तकर्ताओं को कच्चे माल की उपलब्धता, चल पूँजी तक पहुँच और विपणन के रूप में आधारभूत ढाँचे की कमी थी। परिणामस्वरूप, आय में आरंभिक वृद्धि को लम्बे समय तक बनाए नहीं रखा जा सका। एक और निराशाजनक बात यह रही कि अधिकांश लाभ प्राप्तकर्ताओं के पुराने ऋणों का वापस भुगतान नहीं हुआ। इस कार्यक्रम के बचाव के रास्तों और खामियों को दूर करके क्षेत्रीय और अन्य क्षेत्र विकास कार्यक्रमों के साथ समेकित करने के प्रयास किए जा रहे हैं ताकि प्रत्येक क्षेत्र के समेकित विकास के लिए इसे व्यापक रूप दिया जा सके।

3) नेपाल का लघु किसान विकास कार्यक्रम – नेपाल का लघु किसान विकास कार्यक्रम (SFDP) ऋण पर आधारित कार्यक्रम है जिसका उद्देश्य छोटे और सीमान्त किसानों की

उत्पादकता में वृद्धि करना है। चौथी योजना (1970–75) के दौरान आरम्भ किया गया यह प्रमुख कार्यक्रम है जिसमें बहु–क्षेत्रों पर बल दिया गया और इसके आधार के रूप में ग्रामों के समूह को लिया गया। इस कार्यक्रम का उद्देश्य उपलब्ध संसाधनों और सेवाओं को लघु किसानों की ओर अभिमुख करना था ताकि उनके जीवन स्तर को ऊँचा उठाया जा सके। समूह द्वारा निर्धारित परियोजनाओं के संबंध में समूह का उत्तरदायित्व होने से सहयोग की भावना को बढ़ावा मिला। 1970 के दशक के अंत तक लगभग 7000 कृषक परिवारों सहित 24 लघु किसान विकास कार्यक्रम चलाए जा रहे थे। मूल्यांकन रिपोर्टों से पता चला है कि इस कार्यक्रम के प्रतिभागियों की औसत घरेलू आय गैर–प्रतिभागियों की तुलना में 24 प्रतिशत अधिक पाई गई। इससे कार्यक्रम में शामिल किए गए किसानों की खाद्य तक पहुँच पर अनुकूल प्रभाव पड़ा।

यद्यपि लघु किसान विकास कार्यक्रम का सकारात्मक प्रभाव पड़ा तथापि इसकी भी सीमाएँ हैं। किसानों तथा समूह आयोजकों द्वारा पहचानी गई कार्यक्रम की समस्याएँ कार्यक्रम के उद्देश्यों के संबंध में स्पष्टता की कमी, जटिल ऋण प्रक्रियाएँ, ऋण राशि के दुरूपयोग, कार्यक्रम का लाभ बड़े किसानों द्वारा उठाये जाने तथा अनुपयुक्त सहयोगी सेवाओं के कारण पशुधन की उच्च मृत्युदर है।

4) मजदूरी रोजगार योजनाएँ – काम के बदले अनाज कार्यक्रम (FFWP) बांग्लादेश में 1970 के दशक के मध्य वर्षों में भूमिहीन तथा निर्धन वर्ग के लिए रोजगार के अवसर जुटाने और आधारभूत ढाँचा विकसित करने के उद्देश्य से आरंभ किया गया।

भारत में मजदूरी रोजगार से संबंधित अधिक व्यापक योजनाएँ हैं। यद्यपि यहाँ 1960 में ग्रामीण जन शक्ति कार्यक्रम आरंभ किया गया तथापि 1970 के दशक के मध्य के वर्षों में इस प्रकार के कार्यक्रमों पर अधिक बल दिया गया। 1977 में 'काम के बदले अनाज' कार्यक्रम लाया गया तथा 1980 में इसके स्थान पर राष्ट्रीय ग्रामीण रोजगार कार्यक्रम लाया गया जिसका उद्देश्य वर्ष के खाली समय में काम चाहने वाले लोगों को पूरक रोजगार के अवसर उपलब्ध कराना था ताकि टिकाऊ सामुदायिक परिसम्पत्तियाँ सृजित की जा सकें। इस कार्यक्रम का उद्देश्य प्रति वर्ष 300–400 मिलियन मानव दिवस रोजगार सृजित करना था। 1983 में ग्रामीण भूमिहीन रोजगार गारंटी कार्यक्रम (Rural Landless Employment Guarantee Programme) आरम्भ किया गया जिसका उद्देश्य प्रत्येक भूमिहीन ग्रामीण श्रमिक को कम से कम 100 दिन का रोजगार सुनिश्चित करना और एन आर ई पी के अंतर्गत जुटाए गए रोजगार के अवसरों के अतिरिक्त प्रतिवर्ष 300 मानव दिवस रोजगार विकसित करना था।

1989 में राष्ट्रीय ग्रामीण रोजगार कार्यक्रम (NREP) और ग्रामीण भूमिहीन रोजगार गारंटी कार्यक्रम का विलय नए एकल विस्तृत कार्यक्रम जवाहर रोजगार योजना में कर दिया गया। इस योजना से प्रतिवर्ष अकुशल रोजगार के लगभग 650 मिलियन मानव दिवस सृजित करने का अनुमान लगाया गया। इससे ग्रामीण भारत के लगभग 10 प्रतिशत बेरोजगार श्रमिकों के लिए रोजगार उपलब्ध किए जाने की संभावना थी।

प्रश्न 3. दक्षेस की उत्पत्ति के कारणों का पता लगाइए।

उत्तर – दक्षिण एशिया विश्व का एक अत्यन्त ही महत्त्वपूर्ण भू–भाग है। इस भू–भाग के देशों के बीच बहुत से मामलों में असमानता होते हुए भी एकरूपता है। इस भू–भाग के देशों ने अपने क्षेत्र की उन्नति के लिए 1985 में दक्षेस की स्थापना की। दक्षेस के गठन में भूमिका अदा करने वाले तीन प्रमुख घटक निम्नलिखित हैं :

प्रारम्भ में नहीं लगता था कि दक्षिण एशिया में क्षेत्रीयवाद के आधार पर किसी संगठन की स्थापना हो सकती है। दक्षिण एशिया में 1947 से लेकर 1955 के बीच क्षेत्रीय संगठन की स्थापना के उद्देश्य से सात सम्मेलन बुलाए गए–मार्च 1947 में एशियाई गठजोड़ सम्मेलन मई 1950 में वाग्युओ सम्मेलन (फिलीपीन्स), 1950 में कोलम्बो योजना, 1954 में कोलम्बो शक्ति सम्मेलन (कोलम्बो), 1955 में अफ्रीकी– एशियाई सम्मेलन (बांडुंग, इण्डोनेशिया) तथा 1955 में शिमला सम्मेलन (भारत)। इन बैठकों में विश्व के अनेक क्षेत्रों के देश शामिल हुए थे। लेकिन 1950 के दशक में पाकिस्तान का संयुक्त राज्य अमेरिका के प्रभाव में जाना, भारत और पाकिस्तान के बीच मतभेद और रूस–चीन सम्बन्धों में संघर्ष के कारण अन्तर्राष्ट्रीय परिस्थिति अनुकूल नहीं रह गई थी, जिसके परिणामस्वरूप क्षेत्रीय सहयोग संगठन की स्थापना की दिशा में कोई सफलता नहीं मिली।

लेकिन 1970 के दशक के अंत में इस दिशा में फिर से प्रयास शुरू हुए। सर्वप्रथम बांग्लादेश के तत्कालीन राष्ट्रपति जियाउर्रहमान ने यह सुझाव दिया कि दक्षिण एशिया के सभी राष्ट्रों को अपनी गंभीर आर्थिक समस्याओं के समाधान के लिए कुछ करना चाहिए। इस समय लगभग सभी दक्षिण एशियाई राष्ट्रों में सत्ता की बागडोर नए नेतृत्त्व के हाथों में आ गई थी। भारत में कांग्रेस की इन्दिरा गाँधी की जगह जनता पार्टी के मोरारजी देसाई प्रधानमंत्री बने। पाकिस्तान की सत्ता में जुल्फिकार अली भुट्टो की जगह जिया–उल–हक आ गए थे। श्रीलंका में सिरिमावो भंडारनायके की जगह जूनियस जयवर्द्धने आए। इन सभी नेताओं के नेतृत्त्व में क्षेत्रीय संगठन की स्थापना के लिए पुनः प्रयास तीव्र हो गए। सन् 1980 में भारत में इंदिरा गाँधी पुनः सत्ता में वापस आ गई। 1979 में अफगानिस्तान में सोवियत संघ ने हस्तक्षेप किया। इस दौरान संयुक्त राज्य और पाकिस्तान के बीच मजबूत सम्बन्ध कायम हो गए थे। बांग्लादेश के निर्माण के परिणामस्वरूप भारत–पाक के बीच तनाव बढ़ गया था। इस प्रकार पूरा राजनीतिक परिदृश्य अन्तर्राष्ट्रीय स्तर पर बदल गया था। मई 1980 में जियाउर्रहमान ने क्षेत्रीय सहयोग की स्थापना की जरूरत पर सभी दक्षिण एशियाई देशों को पत्र लिखकर ध्यान आकृष्ट किया। जियाउर्रहमान की इस कार्यवाही पर सभी दक्षिण एशियाई देशों ने ध्यान तो दिया लेकिन क्षेत्रीय संगठन की स्थापना की दिशा में अभी भी शिथिलता बरकरार थी।

विभिन्न राजनीतिक विषयों पर मतभेद के बावजूद भी दक्षिण एशियाई राष्ट्रों ने आर्थिक उन्नति के लिए दक्षिण एशियाई क्षेत्रीय संगठन की आवश्यकता महसूस की। इस समय उत्तर–दक्षिण संवाद व्यावहारिक रूप में असफल हो गया था और विकासशील देश दक्षिण एशिया सहयोग पर विशेष बल देने लगे थे। दूसरी तरफ भूमण्डलीय मंदी के कारण विश्व व्यवस्था दिन–प्रतिदिन

कमजोर होती जा रही थी। इसके कारण तेल निर्यातक विकासशील देश और दक्षिण एशिया सबसे अधिक प्रभावित हुआ। 1970 के दशक में वास्तविक वृद्धि दर लगभग दो प्रतिशत की निम्नदर पर पहुँच गई थी। 1979–80 के द्वितीय तेल आघात ने स्थिति को और भी खराब कर दिया। 1980 में सभी दक्षिण एशियाई देशों के व्यापार रिकार्ड असंतुलित होकर चिन्ताजनक स्थिति में पहुँच गए थे। इन सभी बातों ने मिलकर दक्षेस की स्थापना के लिए अनुकूल वातावरण का सृजन किया।

सहयोग के क्षेत्रों की संभावना को जानने के लिए सचिव स्तर की अनेकों बैठकें हुईं। इन बैठकों में यह निर्णय लिया गया कि सभी देश किसी भी क्षेत्रीय बैठक में किसी भी प्रकार के द्विपक्षीय अथवा विवादग्रस्त मामले को नहीं उठाएँगे और क्षेत्रीय संगठन में कोई भी निर्णय सर्वसम्मति से लिया जाएगा। उल्लेखनीय है कि पहला निर्णय भारत के कहने पर और दूसरा निर्णय भारत और पाकिस्तान दोनों की इच्छा के अनुकूल लिया गया था। इन निर्णयों में अन्य दक्षिण एशियाई देशों की भी सहमति थी और इस प्रकार दक्षेस का गठन हो सका।

प्रश्न 4. दक्षेस शिखर वार्ताओं का संक्षिप्त ब्यौरा दीजिए।

उत्तर – निम्नलिखित पंक्तियों में अभी तक हुई 7 सार्क शिखर बैठकों का सारांश प्रस्तुत किया जा रहा है :

1) ढाका शिखर बैठक (1985) – शिखर बैठक 7 व 8 दिसम्बर को हुई। इस बैठक में औपचारिक तौर पर सार्क की शुरूआत हुई। यह शिखर बैठक दो मामलों में खासतौर से महत्त्वपूर्ण थी। पहली बार ''शान्ति का प्रयोग न किए जाने'' तथा ''सभी विवादों के शान्तिपूर्ण निपटारे'' जैसे शब्दों का प्रयोग किया गया था । यह बात नोट की जानी चाहिये कि इसी तरह की अभिव्यक्तियों का प्रयोग बांग्लादेश द्वारा तैयार किए गए मौलिक कार्यवाही पत्र (1980) में भी किया गया था, किन्तु विदेश सचिवों की पहली बैठक (अप्रैल 1981) में पाकिस्तान के विरोध के कारण उन्हें हटा दिया गया। भारत के साथ युद्ध न करने का पाकिस्तान का प्रस्ताव बाद में सितम्बर 1981 में आया। इसलिए, सार्क दस्तावेज में इन अभिव्यक्तियों के प्रयोग ने युद्ध न करने के प्रस्ताव को वस्तुतः बेमानी बना दिया। दूसरे यह कि शिखर बैठक ने एक मंत्रिपरिषद तथा एक सचिवालय के पक्ष में निर्णय लिया और इस तरह सार्क को स्थायित्व प्रदान किया।

2) बंगलौर शिखर बैठक (1986) – शिखर बैठक 2–4 नवम्बर को हुई। इस शिखर बैठक में नेताओं ने आतंकवाद को दबाने के सवाल पर एक क्षेत्रीय परिपाटी तैयार की, एक क्षेत्रीय खाद्य सुरक्षा भंडार गठित करने पर सहमति व्यक्त की तथा प्राकृतिक आपदाओं के कारणों एवं परिणतियों तथा पर्यावरण की रक्षा पर एक अध्ययन कराने का निर्णय लिया। सदस्यता के लिए अफगानिस्तान के आवेदन के जवाब में, शिखर बैठक ने स्थाई समिति की सदस्यता की पात्रता से संबंधित प्रावधान तय करने का निर्देश दिया।

3) काठमांडु शिखर वार्ता – शिखर बैठक नवम्बर 1987 में हुई। वार्ता में आतंकवाद के दमन पर दक्षेस क्षेत्रीय समागम पर हस्ताक्षर किए गए जो 22 अगस्त 1988 से लागू हुआ।

4) इस्लामाबाद शिखर बैठक (1988) – शिखर बैठक दिसम्बर में हुई। इस शिखर बैठक में ''सार्क 2000–एक बुनियादी आवश्यकता परिप्रेक्ष्य'' नामक एक समंवित विकास योजना तैयार की गई। इस योजना में खाद्य, कपड़ा, आवास, शिक्षा, प्राथमिक स्वास्थ्य सेवा, जनसंख्या नियोजन, तथा पर्यावरण सुरक्षा जैसे बुनियादी क्षेत्रों में वर्ष 2000 तक पूरे किए जाने वाले विशिष्ट लक्ष्यों के साथ एक क्षेत्रीय परिप्रेक्ष्य कार्यक्रम की परिकल्पना की गई थी।

5) माले शिखर बैठक (1990) – शिखर बैठक 19–21 नवम्बर 1990 को हुई। इस शिखर बैठक में नेताओं ने विकलांगों तथा बच्चियों के कल्याण, नशीली दवाओं के प्रयोग तथा क्षेत्र में से होकर उनकी गैरकानूनी तस्करी के अपराध पर प्रभाव नियंत्रण हेतु नशीली दवाओं एवं नशीले पदार्थों पर एक परिपाटी, वीसा–मुक्त यात्रा की सुविधाओं को सांसदों तथा सर्वोच्च न्यायालयों के न्यायाधीशों की मौजूदा श्रेणी से बढ़ाकर उसमें राष्ट्रीय संस्थानों के प्रमुखों, उनकी पालियों तथा आग्रित बच्चों को भी शामिल करने, का आह्वान किया और सबसे महत्त्वपूर्ण बात यह कि आर्थिक सहयोग के प्रमुख क्षेत्रों का विस्तार किया गया। यह फैसला किया गया कि फरवरी 1991 के अंत तक व्यापार, उत्पादन तथा सेवाओं के संबद्ध क्षेत्रीय अध्ययन पूरा कर लिया जाना चाहिये। यह इसलिए और भी अधिक महत्त्वपूर्ण था क्योंकि सभी इस बात से सहमत थे कि सोवियत अर्थव्यवस्थाओं के धाराशायी हो जाने से विश्व अर्थव्यवस्था के सामने पैदा हुई चुनौतियों का सामना करने के लिए उत्पादन, उपभोग तथा व्यापार के नये पैटर्न विकसित करने होंगे। जितनी जल्दी इस बात का एहसास कर लिया जाए, दक्षिण एशिया के लिए यह उतना ही बेहतर रहेगा।

6) कोलम्बो शिखर बैठक (1991) – यह शिखर बैठक पहले 6–7 नवम्बर 1991 को होनी निश्चित हुई थी किन्तु आखिरी क्षणों में अपनी ज्वलंत घरेलू समस्याओं के कारण शिखर वार्ता में भाग न ले पाने के भूटानी राजा के फैसले के चलते, बैठक को स्थगित करना पड़ा। शिखर बैठक को पुनः 21 दिसम्बर 1991 को आयोजित करना तय किया गया। स्वीकार की गई कोलम्बो घोषणा में अधिकांश मुद्दे पिछले वर्षों से चले आ रहे सार्क के निरंतर जारी एजेण्डा के ही हिस्से थे। आतंकवादी गतिविधियों को दबाने की आवश्यकता, छोटे देशों की सुरक्षा को सुदृढ़ बनाने के बारे में अंतर्राष्ट्रीय सहमति बनाये जाने सम्बन्धी मालद्वीप की पहल, दक्षिण एशिया में नशीली दवाओं के आतंकवाद को रोकने हेतु प्रभावी कदम उठाये जाने का आह्वान, इस श्रेणी में आने वाले अंतर्राष्ट्रीय एवं क्षेत्रीय पर्यावरण सम्बन्धी मुद्दों पर एक समान रूख बनाये जाने की दलील इत्यादि। शिखर वार्ता में नेताओं के बीच इस बात पर भी सहमति हुई कि व्यापार, उत्पादन, तथा सेवाओं के क्षेत्र में क्षेत्रीय सहयोग की संभावनाओं का अध्ययन करने के लिए पहले से ही गठित अंतर्सरकारी ग्रुप द्वारा श्रीलंका के सार्क प्रिफरेन्शियल ट्रेड अरेन्जमैण्ट (साप्टा) की स्थापना सम्बन्धी प्रस्ताव पर 1997 तक विचार करके उसकी जांच करनी चाहिये।

किन्तु कोलम्बो शिखर बैठक में लिए गए सभी फैसलों में उस समय की मौजूदा राजनैतिक परिस्थिति में सबसे अधिक महत्वपूर्ण समझौता यह था कि संगठन के कामकाज के नियमों को

मजबूत बनाने के लिये उपायों व साधनों का अध्ययन करने हेतु 1992 में कोलम्बो में सार्क विदेश सचिवों की एक विशेष बैठक की जानी चाहिये। इस अध्ययन में प्रस्तावों के एक विस्तृत क्षेत्र को शामिल किया जाना चाहिये, जिनमें वे प्रस्ताव भी शामिल थे, जोकि सार्क के चार्टर में बदलाव की मांग कर रहे थे। यहाँ तक कि आसियान एवं ईस्टर्न कम्युनिटी जैसे अन्य स्थानीय संगठनों के साथ उपयुक्त ''बाहरी संपर्कों'' का विकास करने सम्बन्धी मुददों का अध्ययन भी किया जा सकता था, यदि श्रीलंका के राष्ट्रपति प्रेमदासा के प्रखर संकेत को सार्क नेताओं के सामूहिक मूड़ का पर्याय माना जाये।

प्रश्न 5. दक्षेस की अवरोधकारी समस्याओं का वर्णन करो। [June-08, Q.No.-4]

उत्तर – दक्षेस की स्थापना दक्षिण एशियाई देशों की आर्थिक प्रगति के उद्देश्य से की गई थी। शुरू में इसकी स्थापना के पीछे सदस्य राष्ट्रों का पारस्परिक सहयोग, सामूहिक आत्मविश्वास तथा शांतिपूर्ण सह अस्तित्व की भावना थी। इसका मुख्य उद्देश्य आर्थिक विकास की गति को बढ़ाना था, लोक कल्याणकारी कार्यों को संपादित करना था तथा लोगों के जीवन स्तर को सुधारने के लिए प्रयास करना था। दक्षेस के इन्हीं उद्देश्यों की पूर्ति के लिए इसे सदस्य राष्ट्रों के द्विपक्षीय मामलों से अलग रखा गया था। लेकिन सदस्य देशों में आंतरिक राजनीतिक समस्याएँ और विभिन्न मुद्दों पर इनके बीच कायम असहमति दक्षेस को मजबूत करने के रास्ते में आड़े आई हैं।

दक्षेस के सदस्य राष्ट्रों में भारत सबसे बड़ा और शक्तिशाली है। इसके विशाल आकार के कारण अन्य सदस्य राष्ट्र असुरक्षा महसूस करते हैं और इसी कारण दक्षेस एक संरचनात्मक विरोध से पीड़ित है। भारत इस क्षेत्र की भूमि के 72 प्रतिशत, इसकी जनसंख्या के 77 प्रतिशत और सकल घरेलू उत्पाद के 78 प्रतिशत का अकेले हकदार है। इसकी सशस्त्र सेना इस क्षेत्र के सम्पूर्ण सशस्त्र बल का 50 प्रतिशत है और पाकिस्तान 25 प्रतिशत है, भारत और शेष पाँच को एक साथ मिलाकर रखने पर अनुपात नौ और एक होगा।

सुरक्षात्मक दृष्टि से भी दक्षेस के सदस्य राष्ट्रों के बीच विसंगति पाई जाती है। पाकिस्तान के अतिरिक्त भारत को इस क्षेत्र में अन्य किसी देश से कोई खतरा नहीं है। भारत को अगर सुरक्षा का खतरा है भी तो इस क्षेत्र के बाहर के देशों से है और पाकिस्तान के चीन के साथ अच्छे सम्बन्ध हैं। भूटान की विदेश नीति भारत द्वारा ही निर्देशित होती है। मालदीव भी अपनी सुरक्षा के लिए भारत पर ही निर्भर है। दक्षेस के सदस्य राष्ट्रों की विविध राजनीतिक संस्कृति भी इसके मार्ग में एक बाधा है। दक्षिण एशियाई क्षेत्र में चार तरह के शासन तंत्र हैं : भारत, बांग्लादेश, नेपाल और श्रीलंका में एक तरह के शासन तंत्र हैं, पाकिस्तान में सैनिक तानाशाही है, भूटान में राजतंत्र है तथा मालदीव में एकदलीय राष्ट्रपति तंत्र है। भारत और नेपाल धर्मनिरपेक्ष राष्ट्र होते हुए भी हिन्दू बहुल राष्ट्र है। बांग्लादेश, मालदीव और पाकिस्तान इस्लामी राष्ट्र हैं। भूटान और श्रीलंका बौद्ध धर्म को मानने वाले हैं। इस प्रकार इस क्षेत्र में विद्यमान विविध राजनीतिक–सांस्कृतिक समस्या भी दक्षेस की उन्नति में बाधा है।

दक्षेस की सबसे बड़ी समस्या भारत और पाकिस्तान के बीच विद्यमान पारस्परिक संदेह है। इस समस्या का समाधान राष्ट्रवादी आन्दोलन के समय नहीं किया जा सका और इसी के कारण 1947 में भारत का विभाजन हुआ और क्षेत्र की स्थिरता के लिए यह सबसे बड़ा खतरा है। भारत और पाकिस्तान के बीच अब तक तीन युद्ध हो चुके हैं और सीमा पर कई बार टकराव भी हुए हैं। कश्मीर समस्या के सम्बन्ध में अभी भी दोनों देशों के बीच शीतयुद्ध जारी है। भारत का यह आरोप है कि कश्मीर के उग्रवादियों को पाकिस्तान मदद करता है जबकि पाकिस्तान भारत पर कश्मीर में मानवाधिकार के हनन का आरोप लगाता है।

दक्षेस के मार्ग में दूसरी प्रमुख बाधा इसके सदस्य राष्ट्रों के बीच राजनीतिक विश्वास की कमी है। हालाँकि इसे द्विपक्षीय और विवादग्रस्त मामलों से पहले ही अलग रखा गया है लेकिन फिर भी सदस्य देशों की एक–दूसरे पर विश्वास की कमी बरकरार है। अन्तर्राष्ट्रीय व्यापार आज भी बहुत छोटे स्तर पर है। भारत सभी दक्षिण एशियाई राष्ट्रों को औद्योगिक सामग्री और सेवाओं की आपूर्ति कर सकता है लेकिन फिर भी दक्षिण एशियाई देश भारत की बजाय जापान या चीन से आपूर्ति प्राप्त करने को प्राथमिकता देते हैं। राजीव गाँधी के काल से ही भारत एक आम दक्षिण एशियाई बाजार की स्थापना की बात कर रहा है। जवाहरलाल नेहरू विश्वविद्यालय के एक अध्ययन के अनुसार पाकिस्तान ने भारत और अन्य दक्षिण एशियाई देशों से चाय का आयात न करके 1995–97 के दौरान 11 करोड़ डॉलर से अधिक की हानि उठाई।

इन सभी समस्याओं के अतिरिक्त दक्षेस के विकास में एक और बड़ी कठिनाई संसाधन विकास की समस्या है। भारतीय उपमहाद्वीप में नदियों के जलों को व्यवस्थित करके विकास, सिंचाई, विद्युत निर्माण और पेयजल आदि के संदर्भ में अच्छे लाभ उठाए जा सकते हैं। लेकिन अभी तक इस क्षेत्र में बहुत ही कम काम किया गया है।

प्रश्न 6. दक्षेस की प्रत्याशाओं का विश्लेषण कीजिए।

उत्तर – दक्षेस की वार्षिक या नियमित बैठक के परिणामस्वरूप इसके सदस्य राष्ट्रों को एक राजनीतिक प्लेटफार्म उपलब्ध हो गया है। इन बैठकों में बातचीत और मुलाकात के परिणामस्वरूप सदस्य राष्ट्रों के नेताओं ने अपने बहुत–से आपसी मतभेद को निपटाया या समाप्त कर लिया है। इसके कई उदाहरण दिए जा सकते हैं। जैसे – जुलाई 1987 में भारत–श्रीलंकाई समझौते की शुरूआत और नवम्बर 1986 बंगलौर में हुई द्वितीय दक्षेस शिखर वार्ता के दौरान भारत के तत्कालीन प्रधानमंत्री राजीव गाँधी और श्रीलंका के राष्ट्रपति जूनियस जयवर्द्धने के बीच द्विपक्षीय वार्ता। दक्षेस के कारण ही भारत–पाक सम्बन्धों में भी सुधार हुआ है। निश्चय ही इस प्रकार की उपलब्धियाँ दक्षेस के सफल भविष्य की ओर इशारा करती हैं।

भले ही दक्षेस की प्रगति धीमी गति से हो रही है लेकिन बावजूद इसके यह शासकीय दक्षेस फोरम के बाहर सम्पूर्ण क्रियाकलापों पर काबू पाने में सक्षम रहा है। इस क्षेत्र के निजी क्षेत्रों में, गैर–सरकारी संगठनों में बहुत सारे राजनीतिक उतार–चढ़ाव आए हैं। दक्षेस श्रम गठबंधन, व्यापारी फोरम, दक्षेस लेखक फोरम, मीडिया के लोगों और मानवाधिकार कार्यकर्ताओं

और पेशेवरों के जिनमें अभियन्ता, वास्तुकलाविद्, सनदी लेखाकार सम्मिलित हैं, के परिणामस्वरूप अन्तर्राज्यीय बौद्धिक पर्यटन में उल्लेखनीय वृद्धि हुई है। इन क्रियाकलापों के फलस्वरूप दक्षेस का भविष्य उज्जवल दिखता है।

दक्षेस के परिणामस्वरूप दक्षिण एशियाई कार्यों के प्रबंधन में गैर–राष्ट्र कर्मियों की उभरती हुई सजीव और निर्णायक भूमिका को भी बल मिला है। विश्वास निर्माण उपायों में भी वृद्धि हुई है। दक्षिण एशिया में अभी तक सैनिक राजनीतिक विश्वास निर्माण उपायों को ही देखा गया था लेकिन पिछले 50 वर्षों में कोई भी राजनीतिक अथवा सैनिक विश्वास निर्माण उपाय कायम नहीं हुआ है। क्षेत्र में शांति और सहयोग हमेशा उपेक्षित रहा है। अतः जरूरत है कि भारत–पाकिस्तान संघर्षों के विषय में विशेष रूप से नए विश्वास निर्माण उपायों तथा दक्षिण एशिया में विश्वास निर्माण उपाय और शान्ति स्थापना के उपाय में सहायता मिलेगी। दक्षेस द्वारा इस क्षेत्र में आर्थिक सुधारों के लिए किए गए प्रयासों के परिणामस्वरूप दक्षिण एशिया की राजनीतिक अर्थव्यवस्था बदलने लगी है। इस क्षेत्र में आर्थिक उदारीकरण की नीति प्रारम्भ हो गई है। राजनीतिक विशेषाधिकारों की स्थापना हुई है। अवरोधों को बहुत कम कर दिया गया है। इसके परिणामस्वरूप दक्षिण एशिया में शत्रुता वाली पुरानी सोच बदलने लगी है। लोकनीति अधिक उदार और दृढ़ हो गई है।

माले में आयोजित नौवीं दक्षेस शिखर वार्ता में दो क्षेत्रीय उच्चस्तरीय समितियों का गठन किया गया जिसे 2000 और उसके आगे के लिए कार्यसूची तथा संदर्भ कार्रवाई योजना तैयार करने की जिम्मेदारी दी गई। इसके अतिरिक्त इन्हें उन लक्ष्यों जिन्हें वर्ष 2000 तक प्राप्त किया जा सकता है और प्राप्त किया जाना चाहिए, का विश्लेषण करने की जिम्मेदारी सौंपी गई। स्वतंत्र विशेषज्ञ ग्रुप में दक्षेस के सम्पूर्ण कार्यक्रम का बड़े पैमाने पर पुनरीक्षण और पुनर्निर्माण करने की व्यवस्था की गई। अब एस.आई.पी.ए. के अधीन क्रियाकलापों के क्षेत्र पाँच हो गए, जो पहले ग्यारह थे। दूसरे प्रतिष्ठित व्यक्तियों के एक समूह ने एक व्यापक और स्पष्ट सड़क मार्ग का नक्शा प्रस्तुत किया। इस ग्रुप ने क्षेत्रीय आर्थिक एकता को आवश्यक बताया तथा एक सम्बद्ध योजना भी सुझाई जिससे वर्ष 1999 तक एक दक्षिण एशियाई मुक्त व्यापार क्षेत्र संधि पर बातचीत हो सके। 2015 तक दक्षेस सीमा शुल्क संघ और 2020 तक दक्षेस आर्थिक संघ की व्यवस्था करने की व्यवस्था की गई। सामाजिक क्षेत्र में गरीबी उन्मूलन, महिलाओं के सशक्तिकरण और महिलाओं तथा बच्चों के अवैध व्यापार पर रोक लगाने की व्यवस्था की गई। इस्लामाबाद में आयोजित बारहवीं दक्षिण शिखर वार्ता में भारत और पाकिस्तान के बीच द्विपक्षीय सम्बन्धों में हुए महत्त्वपूर्ण सुधार की बात कही गई। इसमें दक्षिण एशियाई आर्थिक संघ के गठन के लिए काठमाण्डू में ग्यारहवें शिखर वार्ता में की गई वचनबद्धता को दुहराया गया तथा 2006 तक दक्षिण एशियाई मुक्त व्यापार क्षेत्र की स्थापना की बात भी कही गई।

इकाई-10 क्षेत्रीय सुरक्षा

प्रश्न 1. दक्षिण एशिया में सत्ता और संसाधनों की असमिति किन तरीकों से क्षेत्र सुरक्षा गत्यात्मकता को प्रभावित करती है?

उत्तर – दक्षिण एशिया के उत्तर में हिमालय, काराकोरम, हिन्दूकुश तथा दक्षिण, पूर्व और पश्चिम में हिन्द महासागर है। इस क्षेत्र के लोगों के बीच जाति, संस्कृति, धर्म और कुछ हद तक राजनीतिक समानताएँ विद्यमान हैं। दक्षिण एशिया की राजनीतिक सीमाएँ स्थिर नहीं हैं। इस क्षेत्र में साम्राज्यों का बहुत बार उत्थान और पतन हुआ है। इसके कारण यहाँ राजनीतिक सत्ता के भी विभिन्न केन्द्र रहे हैं। हालाँकि दिल्ली को सबसे अधिक साम्राज्यवादी राजधानी होने का गौरव प्राप्त है। उन्नीसवीं और बीसवीं शताब्दी में ब्रिटिश साम्राज्य का न सिर्फ दक्षिण एशिया क्षेत्र बल्कि पश्चिम और दक्षिण-पूर्व एशिया क्षेत्रों पर भी कब्जा रहा है। सांस्कृतिक जनसमुदाय के ऊपर इसी अवधि में राजनीतिक सीमाएँ खींची गईं। इसी कारण से इस क्षेत्र के सभी सात देशों की क्षेत्रीय सीमाएँ उपनिवेश रचनाएँ हैं। दक्षिण एशिया का सर्वाधिक शक्तिशाली राष्ट्र भारत है। आकार, जनसंख्या, प्राकृतिक संसाधन, आर्थिक विकास के स्तर, शिक्षा के मानक, वैज्ञानिक और प्रौद्योगिकीय प्रगति, सकल राष्ट्रीय उत्पाद और लोकतांत्रिक राजनीतिक संस्थानों के विकास की दृष्टि से भारत एक विशाल देश है। चीन को छोड़कर भारत के चारों और छोटे-छोटे देश अवस्थित हैं। इसके अलावा भूगोल और इतिहास दोनों ही दृष्टि से दक्षिण एशिया के सभी देशों का भारत के साथ नजदीकी सम्बन्ध है। इसके अतिरिक्त इस क्षेत्र के अन्य देशों और भारत के सामाजिक संगठन और पर्यावरण प्रबंधन की शैलियाँ एक जैसी हैं। जैसे-नागालैण्ड और उत्तरी बर्मा, पश्चिम बंगाल और बांग्लादेश, तमिलनाडु और श्रीलंका के बीच समानताएँ विद्यमान हैं। भारत का इन सभी दक्षिण एशियाई पड़ोसियों के साथ सीमाओं के पार, वैवाहिक सम्बन्ध, पारिवारिक रिश्ते तथा सामाजिक सम्बन्ध कायम हैं। इस प्रकार के सम्बन्ध दक्षिण एशिया में अन्तर्राज्यीय संबंधों को एक पारिवारिक गुणवत्ता प्रदान करते हैं। ऐसा यूरोप या अन्य भौगोलिक क्षेत्रों में देखने को नहीं मिलता है।

दक्षिण एशिया में परिवार अन्तर्प्रजातीय प्रतिद्वंद्विता और पारिवारिक सदस्यों की पहचान समस्याओं के कारण विघटित हो रहे हैं। बांग्लादेश, पाकिस्तान और भारत में एक बड़ी सीमा तक संयुक्त शासकवर्ग में अन्तर्प्रजातीय प्रतिद्वंद्विता एक जैसी है। ब्रिटिश उपनिवेशवादियों ने दक्षिण एशियाई देशों के पारस्परिक सम्बन्धों को नुकसान पहुँचाया है। विविध प्रजातीय और विविध धार्मिक समाजों वाला क्षेत्र होने के कारण यहाँ संघर्ष के स्रोत भी व्यापक और विविध हैं। उपनिवेशी सम्प्रदायों, विशेष रूप में, सामान्य सांस्कृतिक जनसमुदाय तथा आर्थिक क्षेत्र पर राजनीतिक सीमांकन तथा राजनीति गति विज्ञान की तलाश की जा सकती है। इस क्षेत्र के दो भू-राजनीतिक लक्षण, भारत-केन्द्रिकता तथा राज्यों के बीच सत्ता और संसाधनों की असमिति,

क्षेत्र में सुरक्षा गति-विज्ञान को मूर्त रूप देने में अपनी निजी भूमिका निभाती है।

ब्रिटिश उपनिवेशवाद ने दक्षिण एशिया का अपने शासनकाल में मात्र शोषण ही नहीं किया बल्कि अपने शासन की समाप्ति काल में विसंगति और विभाजन को जन्म दिया। इसने दक्षिण एशियाई देशों के बीच झगड़े के अनेक बीज बो दिए, जो आज भी दक्षिण एशिया में अन्तर्राज्यीय संबंधों को क्षति पहुँचा रहे हैं। भारत और पाकिस्तान के बीच के झगड़े तथा श्रीलंका में तमिल और सिंहली के झगड़े इसके उदाहरण हैं। भारत और श्रीलंका में राजनीति स्थिर रही और धीरे-धीरे इसका विकास हुआ है। लेकिन इस क्षेत्र के दूसरे देशों में शासन के विकृत रूप ही देखने को मिले हैं। पाकिस्तान में 1958 में, नेपाल में 1960 में और बांग्लादेश में 1975 में लोकतांत्रिक सरकारों की स्थापना की प्रक्रिया शुरू हुई। भूटान में लंबे समय तक राजतंत्रात्मक शासन के बाद अब वहाँ लोकतांत्रिक प्रक्रिया शुरू हुई है।

प्रश्न 2. दक्षिण एशिया में नाभिकीय घटक के प्रभाव की विस्तार से विवेचना कीजिए।

उत्तर– विभाजन, संदेह, आशंका और असुरक्षा के इतिहास में उद्भूत होने के कारण भारत-पाक सम्बन्ध कभी मैत्रीपूर्ण नहीं रहे। वे अभी भी तनावपूर्ण हैं क्योंकि दोनों के बीच प्रमुख समस्याएँ – कश्मीर समस्या, कश्मीर में आतंकवाद को प्रोत्साहित करने में पाकिस्तान की अन्तर्ग्रस्तता, सियाचीन हिमखण्ड आदि सभी समाधान रहित हैं।

यह इस संदर्भ में है कि नाभिकीय मुद्दे ने दक्षिण एशियाई सुरक्षा का अतिक्रमण करना आरंभ किया। जहाँ भारत ने 1970वें दशक के मध्य के प्रारंभ में, जब इसने शांतिपूर्ण परमाणु विस्फोट किया, नाभिकीय क्षमता का प्रदर्शन किया, इसने नाभिकीय संदिग्धता को बनाए रखने को प्राथमिकता दी। सर्वाधिक अनुमानों के अनुसार, पाकिस्तान ने नाभिकीय क्षमताएँ 1980वें दशक के बाद के अर्धांश में चीन की सहायता से प्राप्त की। भारत और पाकिस्तान दोनों ने क्रमशः पोखरन और चगाई में शृंखलाबद्ध परीक्षण करके मई 1998 में अपनी नाभिकीय संदिग्धता की समाप्ति की।

भारत और पाकिस्तान के नाभिकीय कार्यक्रमों के सुव्यवस्थित निवारण अलग-अलग रहे हैं। भारत ने चीन से सुरक्षा को खतरे तथा पाँच महाशक्तियों के नाभिकीय एकाधिकार की ओर इशारा किया वहीं पाकिस्तान ने स्वयं भारत पर उँगली उठाई। तथापि, दोनों के बीच सहभाजित अवबोधन से नए नाभिकीय अस्त्र सम्पन्न राज्यों का मानना है कि नाभिकीय अस्त्रों से राष्ट्रीय सुरक्षा अभिनिश्चित होगी और द्विपक्षीय संबंधों में स्थिरता आएगी।

नाभिकीकरण का सर्वाधिक महत्त्वपूर्ण प्रभाव क्षेत्रीय शान्ति और स्थिरता के क्षेत्र में महसूस किया गया है। दो देशों के बीच घनिष्ठता जो उन घटनाओं से स्पष्ट थी जिनके अनुक्रम में परीक्षण किए गए – 10वाँ दक्षेस शिखर सम्मेलन दो देशों के बीच बस संचालन की नीति तथा लाहौर उद्घोषणा–ने आभास करा दिया कि दो नए अस्त्र सम्पन्न राष्ट्रों के बीच पारस्परिक निवारण कायम हो चुका है। तथापि, यह घनिष्ठता सीमित युद्ध, कारगिल संघर्ष तथा जनरल परवेज मुशर्रफ द्वारा पाकिस्तान में सैनिक सत्तारोहण से चूर-चूर हो गई। पाकिस्तान ने भी राष्ट्रनीति के विलेख के रूप में इस्लामी अतिवादिता का प्रयोग करने की अपनी रणनीति में कोई परिवर्तन नहीं किया। भारतीय जम्मू एवं कश्मीर राज्य इस रणनीति और पाकिस्तान आधारित इस्लामी आतंकवादी गुटों की कार्यवाहियों का प्रथम लक्ष्य बना रहा।

कारगिल संघर्ष ने स्पष्ट तौर पर निवारण की विफलता सूचित की। इस प्रकार, जहाँ नाभिकीय अस्त्रों के होने से विशाल पैमाने पर परम्परागत युद्धों की संभावनाओं में कमी प्रतीत होती है, वहीं 'अमान्य', 'अनियमित' अथवा कम तीव्रता वाले शृंखलाबद्ध युद्ध भारत और पाकिस्तान के बीच भिड़न्त सर्वाधिक प्रचलित प्रकटीकरण है। दक्षिण एशिया सर्वाधिक खतरनाक क्षेत्र, नाभिकीय युद्ध के कगार पर खड़ा क्षेत्र, बना हुआ है क्योंकि एक सीमित युद्ध एक नाभिकीय संघर्ष में परिणित हो सकता है अथवा आतंकवादी क्रियाकलाप शृंखलाबद्ध कार्यवाहियाँ करके नाभिकीय अस्त्रों का प्रयोग करा सकते हैं।

दक्षिण एशिया में स्थिरता को प्रभावित करने वाले घटक – राजनीतिक सीमा पर, भारत में नेताओं के ऊपर निर्णय करते समय संस्थागत प्रतिबन्ध हैं, यद्यपि संकटकालीन क्षणों में, इन्हें एक तरफ कर दिया गया है जैसे कि 1987 में ऑपरेशन ब्रास की स्थिति में हुआ। पाकिस्तान में, प्रतिबन्धों का कोई अस्तित्व नहीं है क्योंकि यहाँ पर हमेशा सशस्त्र बलों का आधिपत्य रहा है जिन्होंने क्षेत्र में शांति और सुरक्षा मुद्दों का निर्णय किया है। दोनों तरफ का कभी–कभी होने वाला जनजातीय संघर्ष गंभीर हादसे में बदल सकता है। जोखिम उठाने की स्थिति में, यह स्पष्ट है कि दक्षिण एशियाई नेता अत्यंत सावधानी और अत्यंत गैर–उत्तरदायी दाव–पेंचों के बीच दोलायमान हैं।

तकनीकी रूप से, भारत और पाकिस्तान, दोनों के पास नाभिकीय प्रक्षेपास्त्रों को बड़े शहरों पर छोड़े जाने की क्षमता है जिन्हें मिसाइल द्वारा अन्तर्रोधन की दुर्लभ संभावना है। मिसाइलें उड़ान–काल में मात्र तीन मिनट कम करती हैं जो निरोधक कार्रवाई के लिए नगण्य है तथा भूतपूर्व जलसेना अध्यक्ष एन.एन.दास के अनुसार, तत्काल प्रतिकार के प्रवर्त्तन के लिए बाध्य हो जाती है जिसके विनाशकारी परिणाम होते हैं। शीत युद्ध में किसी भी स्थिति में पिछड़ा समय (Lag Time) 30 मिनट से कम नहीं था। तथापि, पूर्वी और पश्चिमी खंड के देशों के बीच बीसियों अग्रिम–चेतावनी तंत्र, टेलीफोन सेवाएँ, अनुक्षेप सक्रिय तालमेल, और संकट निवारण यंत्र थे। भारत और पाकिस्तान में कोई भी ऐसा नहीं है। अतः इस क्षेत्र में नाभिकीय मुद्दे अति आवश्यक बोध के साथ निपटाने की आवश्यकता है।

अन्ततः, दक्षिण एशिया में, एक संरचनात्मक असमिति है और क्षेत्र को विगत की अपेक्षा भविष्य में कम स्थिर करने में मुकाबले पर है। चीन दक्षिण एशिया सुरक्षा मुद्दों में विशेष रूप से भारत–पाक नाभिकीय प्रसारण और क्षेत्रीय अस्त्र नियंत्रण के संदर्भ में एक प्रचंड कांड है। भले ही चीन भारत के लिए प्रत्यक्ष खतरा नहीं है, पाकिस्तान के साथ चीन के सम्बन्धों के परिणामस्वरूप उपमहाद्वीप में चीन की नाभिकीय मौजूदगी में पर्याप्त बल है। भारत–चीन रिश्तों में परिवर्तन के बावजूद, चीन औसतन और दीर्घकालीन अर्थों में भारत के लिए प्रथम सुरक्षा चुनौती है और इसके बने रहने की संभावना है।

दक्षिण एशिया में स्थिरता के लिए संभावनाएँ – परमाणुकृत दक्षिण एशिया एक वास्तविकता है क्योंकि न तो भारत और न ही पाकिस्तान एकपक्षीय अथवा द्विपक्षीय तौर पर परमाणु अस्त्रों को छोड़ने के लिए प्रवृत्त होंगे। परमाणु अस्त्रों को छोड़ने के लिए उनका प्रेरित करने वाला एक बहुपक्षीय समागम अभी वार्ताधीन है और निकट भविष्य में इसके वास्तविकता में परिवर्तन की संभावना नहीं है। दोनों देशों द्वारा यह भी जान लिया गया है कि एक युद्ध, परम्परागत अथवा नाभिकीय, राजनीतिक, आर्थिक और सैन्य बल के तौर पर किसी पक्ष के लिए लाभकारी नहीं

हो सकता। फिर भी यह अभिकल्पना है कि दक्षिण एशिया एक संकटग्रस्त क्षेत्र है जहाँ स्थिरता की परत पतली है यद्यपि ऐसी स्थिति को ऐसे शृंखलाबद्ध उपायों के द्वारा स्थायित्व प्रदान करने की आवश्यकता है जिन्हें एक सहकारी फ्रेमवर्क के तहत प्रणाली रूप से सर्वाधिक लागू किया जा सके। इस संदर्भ में, दक्षिण एशिया में सहकारी सुरक्षा अधिक सुसंगत तथा प्रतिस्पर्धात्मक सुरक्षा का सजीव विकल्प बन जाती है। सहकारी सुरक्षा अन्तर्राज्यीय रिश्तों का निर्धारण करती है जहाँ सहमति प्राप्त मानदण्डों और प्रतिष्ठापित क्रियाविधियों के भीतर किसी प्रकार की हिंसा के बिना विवाद उठाए जा सकते हैं। इसके लिए सैन्य अन्तर्ग्रस्तता के द्वारा भिड़न्त करने की बजाए सहयोग और पारस्परिक स्वीकृत आधार के माध्यम से रिश्तों को बनाये जाने की आवश्यकता है। विश्वास निर्माण उपाय (CBMs) और विश्वस्त सुरक्षा निर्माण उपाय (CSBM's) सहकारी सुरक्षा कायम रखने के औजार हैं। नाभिकीय जोखिम को कम करने के उपायों की इस दिशा में शुरूआत द्विपक्षीय शृंखलाबद्ध करारों के माध्यम से कर दी गई है जिनमें से एक करार नई दिल्ली में 28 जून 2004 को सम्पन्न हुआ। यह करार इस्लामाबाद और नई दिल्ली के बीच विभिन्न नीति निर्माण स्तरों पर हॉटलाइन स्थापना निर्धारित करता है।

प्रश्न 3. गैर–परम्परागत सुरक्षा की परिभाषा दीजिए। गैर–परम्परागत और मानवीय सुरक्षा खतरा पर्यावरणीय अपक्षीणन किस प्रकार है?

उत्तर – क्षेत्रीय, असैन्य तथा मानवीय सुरक्षा के कारण पर्यावरण सम्बन्धी कई समस्याएँ उत्पन्न हो गई हैं। प्रदूषण के प्रभावों के बिखराव और दुर्लभ संसाधनों के बीच प्रतिस्पर्धा के कारण समुदायों और राज्यों के बीच संघर्ष की संभावना रहती है। पर्यावरणीय अपक्षीणन संघर्ष की संभावनाओं में वृद्धि के कारण राष्ट्रीय सुरक्षा को खतरा उत्पन्न हो जाता है। पर्यावरणीय मुद्दा जब सामाजिक, आर्थिक और पारिस्थितिक स्वास्थ्य के लिए खतरा उत्पन्न करता है, तब यह अन्तर्राष्ट्रीय और क्षेत्रीय सुरक्षा के लिए चिन्ता उत्पन्न करता है। जब राजनीतिक प्रक्रियाएँ पर्यावरणीय तनाव पर काबू पाने में सक्षम होती है तब सैन्य हिंसा की संभावना बढ़ जाती है। पर्यावरणीय अपक्षीणन मानवीय सुरक्षा से भी जुड़ा होता है। यह प्रदूषण, अस्वस्थता और प्राकृतिक संकटों जैसा खतरा उत्पन्न करता है।

गरीबी, अन्याय, पर्यावरणीय अपक्षीणन और संघर्ष जटिल और शक्तिशाली तरीकों से अंतर्क्रिया करते हैं। मानवीय सुरक्षा मुद्दों के कई उदाहरण हैं जैसे–जलवायु परिवर्तन, मरूस्थलीकरण के कारण आबादी वाले इलाकों का सीमान्तीकरण, वन–अपरोपण, बांग्लादेश में शरणार्थियों के रूप में लोगों का विस्थापन, नेपाल में वन–आरोपण, भारत में जनसंख्या का भारी संख्या में पलायन आदि।

दक्षिण एशियाई देशों में अनेक समस्याएँ हैं। सामाजिक विप्लव और राजनीतिक अस्थिरता तथा शिक्षित बेरोजगार युवकों की संख्या में वृद्धि, जनसंख्या वृद्धि, बढ़ती हुई गरीबी के कारण यहाँ स्थिति अत्यंत खराब है। इन सभी समस्याओं के कारण वृद्धि और विकास के लिए जो भी प्रयास किए जा रहे हैं, वे सभी विफल हो रहे हैं। यहाँ अर्थव्यवस्था में प्रतिकूल प्रवृत्तियाँ व्याप्त हैं। विकास नीतियाँ भी अपर्याप्त हैं। विभिन्न जातीय और प्रजातीय समस्याएँ विद्यमान हैं। समाज में व्याप्त असमानता, पर्यावरण विकास, सुरक्षा और संघर्ष के बीच समस्या उत्पन्न करता है। इसके कारण सुरक्षा का संकट और भी गहरा हो जाता है।

पर्यावरणीय संघर्ष प्रायः राजनीतिक, सामाजिक, आर्थिक, धार्मिक, क्षेत्रीय अथवा किसी अन्य प्रकार के संघर्ष के रूप में स्वयं प्रकट होते हैं। ये संघर्ष पर्यावरणीय अपक्षीणन द्वारा प्रेरित होते हैं। पर्यावरणीय संघर्ष नवीकरणीय संसाधनों के अधिक प्रयोग, पर्यावरण की निमज्जन क्षमता में कमी और निवासस्थल की कमी के कारण उत्पन्न होते हैं।

दक्षिण एशियाई क्षेत्र अपने सीमित संसाधनों के सहारे ही अपनी विशाल जनसंख्या की समस्याओं का समाधान खोजने का प्रयास कर रहा है। राज्य के पास अपनी विशाल जनसंख्या के भरण–पोषण करने के लिए पर्याप्त संसाधन नहीं हैं जिसके कारण संघर्ष की संभावना बनी रहती है। आज तक ज्यादातर संघर्ष भूमि संसाधन के कारण हुए हैं। कई युद्धों के बावजूद कश्मीर और सियाचीन जैसे मुद्दों का समाधान नहीं ढूँढा जा सकता है।

क्षेत्रीय झगड़े का एक प्रमुख कारण जल है। क्षेत्र की भौगोलिक सामीप्यता के कारण सभी प्रमुख नदियाँ, जो सर्वाधिक आबादी वाले क्षेत्र में बहती हैं, दक्षिण एशिया के उत्तरी भाग में हैं। ये नदियाँ एक से अधिक देशों के क्षेत्रों से होकर बहती हैं और इसी कारण विभिन्न देशों के बीच जल विभाजन को लेकर मतभेद उत्पन्न होते रहते हैं। सिन्धु, बेसिन, फरक्का बराज मतभेद आदि इसके उदाहरण हैं। इसी तरह बाढ़ का आना भी विभिन्न दक्षिण एशियाई देशों विशेष रूप से भारत और बांग्लादेश एवं भारत और नेपाल के बीच एक प्रमुख समस्या है। प्रदूषण के कारण भी संघर्ष उत्पन्न होते हैं। प्रदूषण के कारण अनेक सामाजिक संकट जैसे– खाद्य उत्पादन, मानवीय स्वास्थ्य को नुकसान आदि पैदा होते हैं। इन सबके परिणामस्वरूप भी संघर्ष उत्पन्न होते हैं। खाद्यान्नों की कमी और अकाल के परिणामस्वरूप राजनीतिक अस्थिरता उत्पन्न होती है। अतः आवश्यकता है कि दक्षिण एशियाई राष्ट्र पारिस्थितिकीय क्षति की प्रक्रियाओं पर काबू पायें, शांति और सुरक्षा को संरक्षित करें तथा पर्यावरणीय संसाधनों के अनुरूप दक्षिण एशिया के संसाधनों का विकास करें।

प्रश्न 4. राष्ट्र परमाणु–राष्ट्र क्यों बन जाते हैं? [June 2008, Q.No.-3]

उत्तर – राष्ट्र अपनी–अपनी अन्तर्राष्ट्रीय हैसियत में वृद्धि के लिए भी परमाणु अस्त्रों का विकल्प चुनते हैं। ऐतिहासिक तौर पर, सैन्य बल ने विश्व में हमेशा देश विशेष की शक्ति सम्पन्नता का निर्धारण किया है। परमाणु अस्त्र इस हैसियत को प्राप्त करने के मार्ग में महत्त्वपूर्ण भूमिका निभाते हैं। कुछ विकासशील देश भी महससू करते हैं कि परमाणु अस्त्रों का कुछ अधिकार में होना उद्योगीकृत राष्ट्रों के विरूद्ध, एक प्रकार से मुनाफे का सौदा सिद्ध होगा। अन्ततः, कुछ मामलों में, घरेलू राजनीतिक दबाव भी राजनीतिक नेतृत्त्व को परमाणु अस्त्रों का विकल्प चुनने के फैसले के लिए मजबूर कर देते हैं।

राष्ट्र किस प्रकार परमाणु अस्त्र प्राप्त करते हैं। परमाणु बम का मूल भाग अत्यधिक संवर्धित यूरेनियम अथवा प्लूटोनियम से बना होता हे। कई किलोटन परमाणु बम के मूल भाग के लिए अत्यधिक संवर्धित यूरेनियम का पन्द्रह से पच्चीस किलोग्राम तथा प्लूटोनियम का पाँच से आठ किलोग्राम आमतौर पर न्यूनतम आवश्यकता के रूप में लिया जाता है।

नागरिक अस्त्रों का विनिर्माण करने के लिए तत्पर राष्ट्र के पास इस विखंडन सामग्री का स्रोत होना चाहिए। यह सर्वाधिक तकनीकी अवरोध है। परमाणु सामग्री तीन मुख्य तरीकों में से किसी एक तरीके से प्राप्त की जा सकती है।

क) एक असैनिक परमाणु कार्यक्रम से सामग्री का विपथन : असैनिक प्रसुविधाओं, परमाणुशक्ति संयंत्रों से सामग्री का विपथन या तो रक्षा उपायों से बचकर अथवा असुरक्षित प्रसुविधाओं का प्रयोग करके किया जा सकता है। अन्तर्राष्ट्रीय परमाणु ऊर्जा एजेंसी (आई.ए.ई.ए.) एक ऐसी एजेंसी है जो यह सुनिश्चित करने के लिए कार्य करती है कि शांतिप्रिय उद्देश्यों से परमाणु सामग्री का असैनिक उद्देश्यों के लिए विपथन न हो। इसका मुख्य उद्देश्य रक्षा उपायों को लागू करना अथवा परमाणु प्रसुविधाओं पर नियंत्रण रखना है।

ख) अपने उत्पादन के लिए विशेष रूप से अभिकल्पित प्रसुविधाओं का निर्माण: ऐसा राष्ट्र जो परमाणु प्रसुविधा के निर्माण का निर्णय लेता है, दो मलभूत विकल्पों से गुजरता है : **i)** खर्च हुई ईंधन से प्लूटोनियम को पृथक् करने के लिए प्लूटोनियम उत्पादन रिएक्टर तथा पुनर्प्रक्रिया संयंत्र का निर्माण करना। इस विकल्प का रूपान्तर पहले से ही मौजूद अनुसंधान अथवा शक्ति संयंत्र से खर्च हुए ईंधन के साथ एक समर्पित पुनर्प्रक्रिया संयंत्र का पोषण करना है; और **ii)** प्राकृतिक और कम संवर्धित यूरेनियम से अस्त्र योग्य यूरेनियम का उत्पादन करने के लिए एक संवर्धित संयंत्र का निर्माण करना।

ग) परमाणु अस्त्रों के संघटकों का गैर–कानूनी व्यापार अथवा स्वयं अस्त्रों अथवा आवश्यक कच्चे माल की चोरी।

प्रश्न 5. भारत के परमाणु कार्यक्रम पर टिप्पणी करो।

उत्तर – भारत संसार के उन बहुत कम देशों में है जिन्हें परमाणु क्षमता–सम्पन्न कहा जा सकता है। दुनिया में जिस समय परमाणु शक्ति के क्षेत्र में क्रांतिकारी आविष्कार हो रहे थे, लगभग उसी समय प्रतिभाशाली वैज्ञानिक होमी जहांगीर भाभा ने जवाहरलाल नेहरू को पत्र लिखकर स्वतंत्र भारत में परमाणु विकास के लिए प्रेरित किया। 1943 में एनीरीको फर्मी, लियो स्लीजर्ड, ओपन हाइमर आदि भौतिक शास्त्री अणु बम के निर्माण के लिए मेनहटन परियोजना में लगे थे। लोस एमोस परीक्षण के बाद यह बात अच्छी तरह स्पष्ट हो चुकी थी कि ऊर्जा का एक अभूतपूर्व स्रोत मानव जाति के हाथ लग गया है। जिस समय आइन्स्टीन अमरीकी राष्ट्रपति रूजवेल्ट को यह सुझा रहे थे कि परमाणु शक्ति का उपयोग जापान और जर्मनी जैसे 'विकट शत्रु' को ध्वस्त–परास्त करने के लिए किया जा सकता है, उसी समय होमी भाभा अणु–विभाजन के शांतिपूर्ण दोहन की दूरदर्शिता प्रदर्शित कर रहे थे। नेहरू जी इस समय तक प्रधानमंत्री नहीं बने थे और न ही वह इस काम के लिए सरकारी संसाधन सुलभ करा सकते थे। वस्तुतः भारतीय परमाणु विकास कार्यक्रम की एक अनूठी विशेषता यह रही है कि इसको आरम्भ से ही सरकार, वैज्ञानिकों और राष्ट्र–प्रेमी पूँजीपतियों का सहयोग मिलता रहा है। भाभा धनी पारसी परिवार के वंशज थे और टाटा वंश के समाजसेवी जन–कल्याणकारी संस्कारों से युक्त थे। भारत के आजाद होने के पहले ही नेहरू और भाभा के सद्प्रयत्नों से टाटा प्रतिष्ठान द्वारा जुटाये गये संसाधनों के माध्यम से भारत में परमाणु शोध आरम्भ हो चुका था। इसका मूल स्वर शांतिपूर्ण कार्यों के लिए प्रयोग वाला था। भारत के भावी प्रधानमंत्री नेहरू जी इसके साथ घनिष्ठ रूप से जुड़े हुए थे। इस तरह जिन दो तीन महत्त्वपूर्ण बातों का संयोग हुआ, उन्होंने भारतीय परमाणु नीति को लगभग 25 वर्षों तक प्रभावित किया। आरम्भ से ही परमाणु शोध में भारत अगली पंक्ति में रहा।

भारत का परमाणु कार्यक्रम : शान्तिप्रिय संस्कार – भारतीय परमाणु कार्यक्रम के सिलसिले में कुछ और बातों को रेखांकित किया जाना जरूरी है न केवल भारतीय इतिहास का संस्कार शान्तिप्रेमी (बुद्ध, महावीर और अशोक वाला) रहा है बल्कि 20वीं सदी के दूसरे दशक से ही गाँधी जी के नेतृत्त्व के साथ भारत के स्वाधीनता संग्राम की मुख्य धारा अहिंसक रही है। संयोगवश भारत को स्वतंत्रता प्राप्ति बिना शस्त्र प्रयोग के सिविल-नाफरमानी, असहयोग आन्दोलन तथा परामर्श द्वारा विवादों के शांतिपूर्ण समाधान के सन्निपात से मिली। अतः भारतीय राजनयिक संघर्ष की अपेक्षा संवाद को अधिक उपयोगी समझते हैं। स्वाधीनता के तत्काल बाद उन्हें अणु शस्त्रों के सामरिक प्रयोग की बात आसानी से पच नहीं सकती थी। गाँधी जी और नेहरू जी दोनों का यह मानना था कि आणविक अस्त्रों का आविष्कार और हिरोशिमा जैसे प्रयोग आत्मघाती पागलपन है। उनके अनुसार यह जान की बाजी लगाने वाला एक ऐसा जोखिम भरा दाव था जिसे कोई भी जुआरी कभी नहीं जीत सकता। नेहरू जी आरम्भ से ही युद्ध विरोधी और निशस्त्रीकरण के पक्षधर थे। जापान के हिरोशिमा और नागासाकी शहरों पर अणु बम गिरने के बाद उनकी आलोचना का प्रमुख केन्द्र परमाणु अस्त्र ही बने। नेहरू जी उन गिने-चुने लोगों में थे, जिन्होंने 1945-46 में इस सत्य को आत्मसात कर लिया था कि 'रेडियोधर्मी विकिरण' आने वाली पीढ़ियों तक में जहर घोल सकता है और वायुमंडल को प्रदूषित कर सकता है।

नेहरू जी की विदेश-नीति के प्रमुख सिद्धान्त विश्व शान्ति की स्थापना, उसका संवर्धन एंव निशस्त्रीकरण थे। स्वतंत्र भारत के राज्य का एक बड़ा हिस्सा इन लक्ष्यों की प्राप्ति के लिए लगा था। पहले 12 राष्ट्रों और फिर 18 राष्ट्रों के निशस्त्रीकरण सम्मेलनों में परमाणु निशस्त्रीकरण के संदर्भ में नेहरू जी की विशेष भूमिका रही। परन्तु इसका यह अर्थ नहीं कि परमाणु शक्ति के शांतिपूर्ण प्रयोग से नेहरू जी को कोई परहेज था। उन्होंने बिजली ऊर्जा के उत्पादन, चिकित्सा तथा कृषि के विकास के लिए भाभा को निरन्तर प्रोत्साहित किया। उन्होंने अपने वैज्ञानिक विवेक के अनुसार उन्हें परियोजनाओं के नियोजन-संचालन की पूरी छूट दी। भाभा को इस बात का श्रेय दिया जाना चाहिये कि उन्होंने अपने व्यक्तिगत सम्पर्कों का लाभ उठते हुए बम्बई के निकट तारापुर में कनाडा की सहायता से 'अप्सरा' नामक परमाणु भट्टी संयंत्र का निर्माण सफलतापूर्वक पूरा किया। यह भी उन्हीं की उपलब्धि थी कि उन्होंने भारतीय वैज्ञानिकों की एक युवा पीढ़ी को विशेषज्ञ परमाणु वैज्ञानिकों के रूप में प्रशिक्षित किया। भाभा इस बात को भली-भाँति समझते थे कि परमाणु विज्ञान के क्षेत्र में शांतिपूर्ण और सामरिक प्रयोग में फर्क करने वाली एक बहुत छोटी सीमा रेखा होती है और इसी कारण विदेशी सहायता देने वाले देश कभी भी अपना हाथ खींच सकते हैं। वह इस बात को भी अच्छी तरह समझते थे कि भारत के पास इन परमाणु संयंत्रों को चलाने के लिए जरूरी ईंधन-यूरेनियम का यथेष्ट भण्डार नहीं है। इसलिए उन्होंने भारत में प्रचुर मात्रा में उपलब्ध थोरियम के उपयोग का प्रस्ताव रखा।

नेहरू जी की प्राथमिकता : परमाणु निशस्त्रीकरण (1947 से 1964 तक) – इस पूरे दौर में (1947-64) में शांतिपूर्ण सह-अस्तित्व, पंचशील से लेकर 1962 में चीन के साथ सैनिक मुठभेड़ तक नेहरू जी जोर-शोर से परमाणु निशस्त्रीकरण के अभियान में लगे रहे। वह जानते थे कि इस क्षेत्र में शत-प्रतिशत निशस्त्रीकरण शायद कभी भी संभव न हो पर

तब भी परमाणु अस्त्र प्रसार को उर्ध्व तथा क्षैतिज दोनों ही धरातलों पर रोका जा सकता है। नेहरू जी इस बात को समझते थे कि आणुविक अस्त्रों का परीक्षण भी आणुविक अस्त्रों में प्रयोग से कम खतरनाक नहीं। इसी कारण उन्होंनें पूरे जी–जान से परमाणु परीक्षण रोकने का प्रयत्न किया। उन्हीं के प्रयत्नों से आंशिक परमाणु परीक्षण रोक संधि तथा परमाणु परीक्षण रोक संधि पर हस्ताक्षर हो सके। 1961 में बेलग्रेड में आयोजित गुट–निरपेक्ष देशों के शिखर सम्मलेन में नेहरू जी और सुकार्णों की मुठभेड़ का एक प्रमुख मुद्दा नेहरू जी द्वारा नव–उपनिवेशवाद के मुकाबले व परमाणु शस्त्रीकरण के संकट को मानव जाति के लिए अधिक खतरनाक बतलाना था।

यह नहीं कि नेहरू जी के शासन काल के 18 वर्षों में भारत द्वारा अणु बम बनाये जाने की मांग नहीं की गयी। एक नगण्य अल्पसंख्यक राजनीतिक तबका इस मांग को मुखर करता रहा। इस बात को भी याद रखना जरूरी है कि भारत द्वारा शांतिपूर्ण अणु नीति सिर्फ नेहरू जी के 'आदर्शवाद' पर ही नहीं टिकी थी। नेहरू जी के जीवन काल में भले ही भारत–चीन सम्बन्धों में तनाव उभरने लगे थे परन्तु चीन अणु शक्ति संपन्न नहीं था। पाकिस्तान के बारे में यह बात दूर तक भी सोची नहीं जा सकती थी। नेहरूकालीन भारत बड़े पैमाने पर अपने आर्थिक विकास के लिए विदेशी सहायता पर निर्भर था। नेहरू जी अपने दाताओं द्वारा परमाणु दुस्साहसिकता–महत्त्वाकांक्षा के लिए दंडित होने का खतरा नहीं उठा सकते थे (पोखरन प्रसंग ने यह बात भली–भाँति दर्शा दी कि शांतिपूर्ण परमाणु क्षमता की भी बड़ी कीमत स्वाधीन देश को चुकानी पड़ सकती है)।

किन्तु नेहरू जी की मृत्यु तक यह बात झलकने लगी थी कि भारतीय परमाणु नीति में परिवर्तन आवश्यक है। 1962 की अपमानजनक हार के बाद कई विद्वान यह सुझाने लगे थे कि यदि भारत के पास परमाणु बम होता तो चीन भारत पर हमला करने का दुस्साहस नहीं करता। कुछ और विद्वान यह सुझाने लगे कि कुशल व कारगर परमाणु शस्त्रों की तुलना में दैत्याकार पारंपरिक सेना का रख–रखाव कहीं अधिक खर्चीला और अकुशल सिद्ध होता है। इस समय तक देश के तेवर भी अहिंसक व शान्तिप्रेमी नहीं रह गये थे। नेहरू जी के बाद लाल बहादुर शास्त्री द्वारा सत्ता ग्रहण करने तक भारत के सार्वजनिक जीवन में परमाणु नीति सम्बन्धी बहस काफी गरम हो चुकी थी।

शास्त्रीकालीन परमाणु नीति : महत्त्वपूर्ण परिवर्तन – शास्त्री जी नेहरू जी की तरह के बौद्धिक–दार्शनिक रूझान वाले व्यक्ति नहीं थे और न ही उनका विश्व–दर्शन सामान्य निशस्त्रीकरण के लिए प्रतिबद्ध था। कई आलोचक शास्त्री जी पर यह आरोप लगाते थे कि उनके मानसिक क्षितिज संकुचति थे। वास्तविकता यह है कि शास्त्री जी राष्ट्र–हित की मोटी व सामान्य ज्ञान–सुलभ परिभाषा और उस पर आधारित नीति निर्धारण को यथेष्ट समझते थे। भारत की परमाणु नीति के संदर्भ में तत्कालीन राजनीतिक, सामाजिक एवं आर्थिक परिस्थितियों को देखते हुए यह कमजोरी नहीं, बल्कि ताकत थी।

जहाँ एक ओर 1965 में पाकिस्तान के साथ सैनिक मुठभेड़ ने यह बात सामने ला दी थी कि भारत की राष्ट्रीय सुरक्षा निरापद नहीं समझी जा सकती, वहीं दूसरी ओर 1964 में चीन द्वारा अणु अस्त्र हासिल कर लेने के बाद उत्तरी सीमांत का संकट भी 1962 की तुलना में कई गुणा गहरा हो गया था। कुछ कुटिल विश्लेषकों ने यह टिप्पणी की कि इस संकट का

सामना करने के लिए शास्त्री जी ने पश्चिमी राष्ट्रों विशेषकर अमरीका से 'सुरक्षा छतरी' पाने के लिए अनुरोध किया था। परन्तु यह आरोप बिल्कुल गलत था। भारत की प्रतिरक्षा के बारे में शास्त्री जी नेहरू जी की तुलना में कहीं अधिक यथार्थवादी तरीके से सोचते थे। उन्हें भारत की स्वाधीनता के साथ किसी भी प्रकार का समझौता स्वीकार्य नहीं था। इस विषय में सबसे अच्छी जानकारी विद्वान लेखक **अशोक कपूर** ने जुटायी है। उन्होंने सप्रमाण यह कहा है कि दिसम्बर, 1965 में शास्त्री जी ने परमाणु ऊर्जा आयोग के अध्यक्ष को यह निर्देश दिया था कि अणु शक्ति के सैनिक उपयोग के लिए तत्काल आवश्यक परियोजनाएँ बनायी जायें। दुर्भाग्यवश इसके एक माह बीतने से पहले ही शास्त्री जी की मृत्यु हो गई। अतः एक बार फिर प्रधानमंत्री स्तर पर सत्ता के हस्तांतरण का प्रश्न महत्त्वपूर्ण बन गया और यह बात अधूरी छूट गयी। के.सुब्रह्मण्यम जैसे विद्वानों का मानना है कि पोखरन का प्रयोग इस निर्णय से प्रभावित हुआ था।

इसके अतिरिक्त एक विमान दुर्घटना में होमी जहांगीर भाभा की मृत्यु (1966) से भारत के परमाणु कार्यक्रम की गति धीमी पड़ी। भाभा के बाद विक्रम साराभाई परमाणु ऊर्जा आयोग के अध्यक्ष बने परन्तु उनकी व्यक्तिगत विशेषज्ञता और रूचि अणु ऊर्जा में उतनी नहीं थी, जितनी अंतरिक्ष शोध में। दुर्भाग्यवश, विक्रम साराभाई भी अधिक दिनों तक जीवित नहीं रहे। उनके बाद परमाणु ऊर्जा आयोग के अध्यक्ष पद का कार्यभार होमी सेठना ने संभाला। सेठना, डॉ. राजा रामन्ना, डा. पी.के. श्रीनिवासन जैसे वैज्ञानिकों के प्रति पूरे सम्मान का भाव रखते हुए भी इस बात को अनदेखा नहीं किया जा सकता कि ये उस अन्तर्राष्ट्रीय स्तर के स्वप्न-दृष्टा वैज्ञानिक नहीं थे, जिसमें भाभा और साराभाई विराजमान थे, न ही इन वैज्ञानिकों का व्यक्तिगत आत्मीय समीकरण-सम्बन्ध शीर्षस्थ राजनेताओं से था। ये सलाहकार भर हो सकते थे, स्वप्न-दृष्टा, सहयोगी और पथ प्रदर्शक नहीं। अनेक टिप्पणीकारों का यह भी मानना है कि भारतीय परमाणु ऊर्जा आयोग का नौकरशाही के चंगुल में फंसना, उसका क्षुद्र राजनीतिकरण, वैज्ञानिकों का पारसी और मद्रासी धड़ों में बांटना, इंजीनियरों तथा भौतिक-शास्त्रियों की गुटबंदी इसके साथ ही शुरू हुई। यहाँ इन सब बातों को कुरेदने का प्रमुख उद्देश्य यह है कि 1965 से 1974 के बीच भारतीय परमाणु कार्यक्रम की दिशा एवं गति गड़बड़ाने का विश्लेषण किया जा सके।

जहाँ एक और अणु शक्ति को सामरिक महत्व का माना जाता है और वह बात स्वयं सिद्ध समझी जाती है कि इसके लिए खर्च की जाने वाली धन राशि के बजट में कटौती नहीं की जा सकती या इसके लेखा परीक्षण की कोई जरूरत नहीं, वहीं ऊर्जा-उत्पादन जैसे शांतिपूर्ण प्रयोगों-परियोजनाओं की खामियों की ओर ध्यान दिलाने वाला व्यक्ति देशद्रोही-विदेश एजेंट करार दिया जाता है। इस सामरिक परदे के पीछे अपनी अक्षमताओं-असफलताओं को छुपाने का पूरा अवसर भारतीय परमाणु प्रतिष्ठान को मिल जाता है नीति के अभाव एवं इसकी दुर्बलता को राष्ट्र-हित में गोपनीय रखा जाता है। विषय की दुरूहता एवं विशेषीकरण के कारण भी संसद और संचार माध्यम में इस संदर्भ में खुली बहस चलाना सहज नहीं। दशकों से यह संवाद या विवाद एक सीमित वर्ग तक ही चालू रहा।

इन्दिरा गाँधी के काल में परमाणु नीति (1965 से 1977 तक) – श्रीमती गाँधी की एक विवशता यह थी कि वह अपनी नीतियों में शास्त्री जी से भिन्न दिखना चाहती थीं। वह

अपनी आन्तरिक स्थिति सुदृढ़ करने के लिए अपने को नेहरू जी के वास्तविक उत्तराधिकारी के रूप में पेश करना चाहती थी। इसके भारत द्वारा अन्तर्राष्ट्रीय मंच पर निशस्त्रीकरण का झंडा उठाना उपयोगी सिद्ध हो सकता था। परन्तु सिर्फ इसी कारण श्रीमती गाँधी ने भारत द्वारा परमाणु बम बनाने का निर्णय स्थगित नहीं किया। श्रीमती गाँधी अपने मन में यह जानती थी कि भारत निकट भविष्य में परमाणु सैनिक सामर्थ्य हासिल नहीं कर सकता। उन्होंने इस बात के अथक प्रयत्न किये कि भारत को नुकसान पहुँचाने वाली कोई अंतर्राष्ट्रीय परमाणु व्यवस्था उस पर थोपी न जा सके। परमाणु प्रसार रोक संधि पर हस्ताक्षर नहीं करने की भारतीय नीति इस बात का प्रमाण है। ऐसा नहीं था कि भारत अपने और दूसरों के संदर्भ में दो अलग–अलग मानदण्डों का प्रयोग करता था या कि उसने इस मामले को अपने सिद्धान्तों के साथ समझौता करना मंजूर कर लिया। वस्तुतः यह प्रश्न देश की सम्प्रभुता और स्वाधीनता को शत–प्रतिशत बनाये रखने के लिए निर्धारित नीति से जुड़ा हुआ है।

जहां भारत का राजनीतिक नेतृत्त्व इस क्षेत्र में अपनी स्वाधीनता बनाये रखने के लिए कृत संकल्प था, वहीं उसके वैज्ञानिकों का वांछित योगदान उसे नहीं मिल सका। उदाहरणार्थ भारतीय वैज्ञानिकों ने न तो किसी परमाणु भट्ठी का स्वदेशी डिजाइन तैयार किया और न ही 'भारी पानी' के उत्पादन या यूरेनियम संवर्धन की आत्म–निर्भर प्रक्रिया का विकास हो सका। परमाणु ऊर्जा के सामरिक उपयोग की बात छोड़िये, परमाणु शक्ति से बिजली ऊर्जा उत्पादन के निर्धारित लक्ष्य भी पूरे नहीं किये जा सके।

पोखरन विस्फोट – 24 मई, 1974 को भारतीय परमाणु नीति के विश्लेषकों को एक नाटकीय धमाका सुनने को मिला। राजस्थान में पोखरन नामक रेगिस्तानी इलाके से सांकेतिक भाषा में एक टेलेक्स सन्देश दिल्ली भेजा गया 'Buddha is smiling' (अर्थात् बुद्ध मुस्करा रहे हैं)। शांति के अग्रदूत बुद्ध की यह मुस्कान रहस्यमय होने के साथ–साथ व्यंग्पूर्ण भी थी। इसके द्वारा यह सूचना भेजी गयी थी कि भारत ने परमाणु 'विस्फोट' कर लिया है। इस शब्द को लेकर आज तक बाल की खाल निकाली जाती रही है। अंग्रेजी भाषा में इसका नामकरण था – शांतिपूर्ण परमाणु विस्फोट। जब आलोचकों ने यह कहना शुरू किया कि परमाणु विस्फोट आखिर शांतिपूर्ण कैसे हो सकता है तो भारतीय वैज्ञानिकों ने यह कहना आरंभ किया कि पोखरन में विस्फोट नहीं, अंतःस्फोट किया गया। परन्तु इस शब्दजाल से कोई भी नीति गत लाभ नहीं उठाया जा सका। पोखरन के बाद इस सन्देह की कोई गुंजाइश नहीं थी कि भारत परमाणु बम का निर्माण कर सकता है। इजराईल और दक्षिण अफ्रीका जैसे देश अन्तर्राष्ट्रीय राजनीति में इस बात का लाभ उठाते रहे हैं कि क्षमता और सामर्थ्य प्रदर्शित करने के बाद परमाणु बम के संदर्भ में परीक्षण की कोई आवश्यकता नहीं रहती।

भारत सरकार ने यह दर्शाने का भरसक प्रयत्न किया कि पोखरन के बाद विदेशी, भारत की कथनी और करनी में कोई द्वन्द्व या अन्तर्द्वन्द्व न दिखला सकें। तत्कालीन प्रधानमंत्री ने अपने भाषणों में रेखांकित किया कि भारत की विकास परियोजनाओं को सम्पन्न करने के लिए इस तरह की तकनीकी सामर्थ्य प्राप्त करना एक अनिवार्यता थी। बड़े पैमाने पर पहाड़ तोड़ने, जमीन खोदने और भूगर्भ शास्त्रीय गवेषणाओं के लिए शांतिपूर्ण परमाणु विस्फोट की विशेष उपयोगिता बतलायी गई।

भारत के परमाणु विकास कार्यक्रम में महत्त्वपूर्ण सहयोगी देश कनाडा ने दो टूक शब्दों में यह बात कह दी कि पोखरन के विस्फोट के बाद वह भारत के परमाणु कार्यक्रम को शांतिपूर्ण मानने को तैयार नहीं। इसके साथ ही उसने यह घोषणा भी कर दी कि भविष्य में वह भारत को परमाणु प्रौद्योगिकी के सिलसिले में तब सहायता देगा, जब वह अपने परमाणु संयंत्रों की अन्तर्राष्ट्रीय निरीक्षण नियंत्रण प्रणाली के लिए सहमति दे देगा। भारत का मानना था कि वह ऐसी किसी भी शर्त को अपनी सम्प्रभुता व स्वाधीनता का अवमूल्यन मानेगा और इसकी स्वीकृति नहीं दे सकता। पोखरन के धमाके का सबसे बड़ा दुष्परिणाम यही हुआ। तब तक भारत-कनाडा सम्बन्ध तनावरहित रहे थे। लाल बहादुर शास्त्री के कार्यकाल में उनमें सौहार्द बढ़ा था। जब कनाडा ही भारत के नीति परिवर्तन से खिन्न-अप्रसन्न हुआ तो अमरीका की रूखाई और बैर आसानी से समझ में आ सकते हैं। आने वाले वर्षों में अमरीका द्वारा पहले किये गये समझौतों को तोड़कर तारापुर संयंत्र को दिये जाने वाले ईंधन में कटौती कहीं न कहीं पोखरन प्रसंग से जुड़ी हुई है। यह बात भी स्वीकार करनी ही पड़ेगी कि विशेष मैत्री के तमाम दावों के बावजूद सोवियत संघ भी इस घटनाक्रम से प्रसन्न नहीं दिखाई दिया। भारत की राजस्थान परमाणु ऊर्जा परियोजना के लिए 'भारी पानी' देने के बारे में सोवियत संघ की ढिलाई यही प्रमाणित करती है। पहले फ्रांस ने यह आश्वासन दिया कि वह तारापुर संयंत्र के लिए ईंधन देने में अमरीका या कनाडा का स्थान ले सकता है, परन्तु अन्ततः अपने मित्र राष्ट्रों के दबाव में उसने भी हाथ खींच लिये। पोखरन के परीक्षण का एक और बुरा प्रभाव पड़ा। पोखरन परीक्षण के बाद से अब तक भारत के लिए दक्षिण एशियाई परिप्रेक्ष्य में अपने पड़ोसी देशों के साथ परमाणु-मुक्त क्षेत्र के विषय में अपनी नीतियों का तालमेल बिठाना दुरूह रहा है। वस्तुतः पोखरन परीक्षण का निर्णय और इसका एक निश्चित समयबद्ध कार्यक्रम बुनियादी तौर पर भारत की आंतरिक राजनीतिक के दबावों से प्रेरित थे। 1974 में केन्द्र में सरकार को रेल कर्मचारियों की राष्ट्रव्यापी हड़ताल का सामना करना पड़ रहा था। गुजरात और बिहार में जयप्रकाश नारायण के नेतृत्त्व में व्यापक जन-आन्दोलन गति पकड़ रहा था। युवा छात्र संघर्ष के तेवर हिंसक-विस्फोटक थे। ऐसे में श्रीमती गाँधी के लिए यह आवश्यक था कि वह अपनी अजेय रणचण्डी दुर्गा वाली छवि को धूमिल न पड़ने दें, अन्तर्राष्ट्रीय राजनयिक दबाव भी उनके इस निर्णय को पुष्ट करने में सहायक सिद्ध हुए। 1971 में भले ही भारत ने अमरीका की इच्छा के खिलाफ बांग्लादेश को मुक्त कराने में सफलता प्राप्त की थी और अमरीका ने उसे आधे-अधूरे मन से ही दक्षिण एशिया की प्रमुख शक्ति के रूप में स्वीकार कर लिया था। किन्तु 1972 में अमरीकी राष्ट्रपति निक्सन की चीन यात्रा के बाद अमरीका-चीन सम्बन्धों में बहुत तेजी से सुधार हुआ और भारत की स्थिति एक बार फिर संकटग्रस्त न सही, निराशापद नहीं रही। पोखर विस्फोट का एक लक्ष्य यह भी था कि भारत के पड़ोसी देशों के साथ-साथ किसिंजर-निक्सन की अमरीकी सरकार तक को यह सन्देश पहुँचाया जा सके कि भारत को अनदेखा नहीं किया जा सकता। परन्तु पोखरन परीक्षण के 18-19 वर्षों के बाद अब इस तर्क-पद्धति की सार्थकता पर प्रश्न चिन्ह लगाये जा सकते हैं। पोखर परीक्षण के बाद परमाणु बम के निर्माण ने निश्चय ही भारत के सामरिक महत्त्व को निर्विवाद रूप से प्रमाणित कर दिया होता और किसी के लिए भी भारत की सैनिक व सामरिक उपेक्षा सहज नहीं होती। परन्तु ऐसा नहीं कहा जा सकता कि पोखरन परीक्षण के बाद अन्तर्राष्ट्रीय (अमरीका व पश्चिमी) दबावों का सामना करने में भारत सफल रहा।

होमी भाभा और विक्रम साराभाई की मृत्यु के बाद भारत के परमाणु कार्यक्रम में पहले जैसी तेजी नहीं रह गयी थी। खर्चीली वैज्ञानिक महत्त्वाकांक्षाओं की पूर्ति के साधन सुलभ नहीं रहे। भारतीय परमाणु वैज्ञानिकों की जमात यह भली–भाँति समझती थी कि सिर्फ सामरिक और राष्ट्रीय सुरक्षा की दलील देकर ही कुछ हासिल किया जा सकता है। परमाणु ऊर्जा के शांतिपूर्ण प्रयोग से सारे भारतीय कार्यक्रमों की प्रगति बेहद निराशाजनक थी। इन विशेषाधिकार सम्पन्न और सुविधाभोगी वैज्ञानिकों के लिए अपनी योग्यता और महत्त्व को प्रमाणित करना जरूरी हो गया था। इसके बिना उनका अस्तित्व संकट में पड़ सकता था। किसी ऐसे चमत्कार की जरूरत थी, जो प्रतीकात्मक और भ्रान्तिपूर्ण ढंग से ही सही, उपयोगिता और लाभ–लागत की दृष्टि से इस कार्यक्रम की सार्थकता दर्शा सकें। अतः यह सुझाना तर्कसंगत होगा कि पोखरन परीक्षण सम्बन्धी नीति निर्णय इन मूर्धन्य वैज्ञानिकों द्वारा श्रीमती गाँधी को बहलाने–फुसलाने से आसान हुआ।

पोखरन परीक्षण के बाद भारत की आंतरिक राजनीति में इतनी तेजी से अति–नाटकीय परिवर्तन हुए कि परमाणु नीति निर्धारण का काम एक बार फिर खटाई में पड़ गया। 5 जून, 1975 मे आपातकाल की घोषणा और 'अनुशासन पर्व' में नीति की बात करना लगभग अप्रासंगिक बन गया। आज यह कहना कठिन है कि 1975 से 1980 के पाँच वर्षों में किस सीमा तक भारतीय परमाणु कार्यक्रम की शिथिलता राजनीतिक नेतृत्त्व की संकल्पहीनता व इच्छा शक्ति के अभाव से उपजी थी या इसका असली कारण भारतीय परमाणु वैज्ञानिको की अयोग्यता–अकर्मण्यता थी।

जनता सरकार के काल में परमाणु नीति (1977 से 1980 तक) – जनता सरकार के काल (1977 से 1980 तक) में भारत की परमाणु नीति के संदर्भ में नीति निर्देश तो नहीं, लेकिन तत्कालीन प्रधानमंत्री मोरारजी देसाई ने एकपक्षीय घोषणा की कि भारत कभी भी किसी भी हालत में परमाणु अस्त्र नहीं बनायेगा। जनवरी, 1980 में श्रीमती गाँधी द्वारा पुनः सत्ता ग्रहण करने के बाद परमाणु नीति निर्धारण का काम पुनः आरंभ हो सका।

जनता सरकार के अन्तराल में सिर्फ एक बात उल्लेखनीय है, जिसे यहाँ जोड़ा जा सकता है। श्रीमती गाँधी द्वारा जनवरी, 1980 में पुनः सत्ता ग्रहण करने तक अन्तर्राष्ट्रीय घटनाक्रम बहुत तेजी से बदल चुका था। अफगानिस्तान में सोवियत सैनिक हस्तक्षेप और पाकिस्तान को बड़े पैमाने पर दी गयी अमरीकी सैनिक सहायता के बाद भारत की अन्तर्राष्ट्रीय सुरक्षा का परिप्रेक्ष्य और परिवेश आमूल–चूल ढंग से बदल गये थे। 1980–82 के बीच यह बात भी बिल्कुल साफ हो गयी कि पाकिस्तान का परमाणु कार्यक्रम विशुद्ध रूप से सैनिक अभियान ही है। इन सबको ध्यान में रखते हुए यह बात एक बार फिर प्रासंगिक बन गयी कि भारत की परमाणु नीति पर पुनर्विचार एक तात्कालिक आवश्यकता है।

सम–सामयिक भारतीय परमाणु नीति (1980 से अब तक) – इन्दिरा गाँधी द्वारा पुनः सत्ता ग्रहण करने के बाद भारतीय परमाणु नीति में कोई बड़ा महत्त्वपूर्ण परिवर्तन नहीं हुआ। एक बार फिर अति नाटकीय ढंग से आंतरिक राजनीतिक में दलगत राजनीति में उठा–पटक ने नीति–निर्धारण को गौण बना दिया। 1980 से 1984 तक कई बार 'पाकिस्तानी बम' की चर्चा हुई। परन्तु इसके उत्तर में भारतीय प्रधानमंत्री ने कोई सार्थक पहल नहीं की। यहाँ शायद यह जोड़ने की जरूरत है कि भारतीय राजनीति के आकाश में अपने दूसरे अवतरण में

इंदिरा गाँधी को विश्व इतिहास में अपने स्थान का ज्यादा गहरा एहसास था। संयोगवश ही सही, गुट–निरपेक्ष आन्दोलन का नेतृत्त्व हासिल करने के बाद तीसरी दुनिया के प्रवक्ता के रूप में निशस्त्रीकरण के प्रति उनकी श्रद्धा का भाव ज्यादा मुखर होने लगा। पंजाब समस्या के कारण आतंकवाद के देशव्यापी हिंसक विस्फोट ने शांति और सुव्यवस्था को ही सबसे महत्त्वपूर्ण सामरिक प्रश्न बना दिया था। साम्प्रदायिक दंगे, केन्द्र सरकार को क्षेत्रीय चुनौतियाँ आदि ऐसी अन्य प्रवृत्तियाँ थीं जिन्होंने सरकार का ध्यान इस मुद्दे से हटाया।

इन्दिरा गाँधी की हत्या (1984) के बाद जब राजीव गाँधी ने सत्ता संभाली तो जरूर यह आशा जगी कि तकनीकी रूझान वाला यह विमान–चालक प्रधानमंत्री परमाणु नीति के विषय में अधिक रूचि लेगा। परन्तु ऐसा कुछ नहीं हुआ। राजीव गाँधी की अनुभवहीनता और अपरिपक्वता के कारण अंततः रेलवे टिकटों की कम्प्यूटरी आरक्षण और परमाणु सामरिक विकल्प एक ही बटखरे से तोले जाने लगे। राजीव गाँधी ने अपने को अकस्मात् संयोगवश ही गुट–निरपेक्ष आन्दोलन का अध्यक्ष पाया और अन्य प्रगतिशील तथा शांति प्रेमी तीसरी दुनिया के नेताओं की संगति में वह भी निशस्त्रीकरण के हिमायती बनने को विवश हुए। इस दौर की परिणति हुई – 1986 में, जब पाँच अन्य देशों के नेताओं के साथ उन्हें 'बियोंड वार' नामक अन्तर्राष्ट्रीय शांति पुरस्कार दिया गया। वस्तुतः भारत के परमाणविक सामरिक संकल्प को कमजोर करने का यह कुटिल प्रयत्न था।

राजीव गाँधी एक और कारण से भारत के परमाणु–विकल्प को शब्दाडम्बर तक सीमित रखने को बाध्य थे। भारत की राकेट प्रक्षेपास्त्र परियोजनाएँ दीर्घसूत्री हैं और अंशतः ही सफल रहीं। समुचित डिलीवरी प्रणाली के अभाव में भारत इस विकल्प को विश्वसनीय नहीं बना सकता। भारत में विश्वनाथ प्रताप सिंह व चंद्रशेखर के प्रधान–मंत्री काल में भारतीय परमाणु नीति में कोई परिवर्तन नहीं हुआ। कटु यथार्थ तो यह है कि आज भारत की परमाणु नीति का विश्लेषण भारतीय राष्ट्रीय हित के संदर्भ में दूरदर्शी ढंग से नहीं किया जा रहा, बल्कि सारी माथापच्ची पाकिस्तान के क्रियाकलाप के प्रतिक्रिया स्वरूप ही की जा रही है।

आजादी के दिनों से ही भारत में दो पक्ष रहे हैं – बम बनाना आवश्यक समझने वाले और बम विरोधी। आरम्भ में 1947 से 1957–58 तक लगभग सभी भारतीय नेता (सार्वजनिक रूप से सक्रिय) निशस्त्रीकरण के प्रति प्रतिबद्ध थे। 1957–58 में चीन के साथ सम्बन्धों में कड़वाहट आने के बाद महावीर त्यागी जैसे विश्वासपात्र समझे जाने वाले कांग्रेसी सांसदों ने बम की मांग करना शुरू कर दिया। आगे चलकर 1960 वाले दशक के पूर्वार्ध में अनेक बुद्धिजीवियों, प्राध्यापकों, पत्रकारों आदि ने शोध और विश्लेषण द्वारा परमाणु बम की मांग–महत्त्वकांक्षा को तर्कसंगत सिद्ध किया है। इनमें राजकृष्ण, शिशिर गुप्ता, जयदेव सेठी और सुव्रहमण्यम स्वामी आदि खास तौर पर उल्लेखनीय हैं। मौटे तौर पर इनमें राजकृष्ण दक्षिणपंथी, शिशिर गुप्ता वामपंथी, जयदेव सेठी दक्षिण पंथी और सुब्रहमण्यम स्वामी हिन्दू राष्ट्रवादी कहे जा सकते हैं। महावीर त्यागी के अनुसार भारत के लिए अपने अन्तर्राष्ट्रीय महत्व को बनाये रखने और अहंकार की रक्षा के लिए परमाणु बम बनाना आवश्यक था। इस दौर में चीन विद्या–विशारद और अर्थशास्त्री की रक्षा के लिए परमाणु बम बनाना आवश्यक था। इस दौर में चीन विद्या–विशारद और अर्थशास्त्री के रूप में सुब्रहमण्यम स्वामी शुद्ध लाभ–लागत की दृष्टि से यह मार्ग सुझा रहे थे। राजकृष्ण और जयदेव सेठी चीनी खतरे से आशंकित थे

तथा शिशिर गुप्ता विशुद्ध शक्ति–सन्तुलन के अनुसार भारत की स्वायत्तता व स्वाधीनता बचाये रखने के लिए परमाणु बम का निर्माण जरूरी व महत्त्वपूर्ण समझते थे।

1965 के आस–पास अद्भुत प्रतिभाशाली नौकरशाह **के. सुब्रहमण्यम** का आविर्भाव रणनीति विश्लेषक के रूप में हुआ। भारतीय रक्षा अध्ययन संस्थान के निदेशक के रूप में उनकी बड़ी उपलब्धि यही रही कि वह विभिन्न राजनीतिक रूझानों वाले विषम अंतर्विरोधों से ग्रस्त तबकों को भारतीय बम समर्थक लाबी में एक साथ ला सके। कांग्रेसी युवा तुर्क कृष्णकान्त, भारतीय जनता पार्टी के जसवन्त सिंह और वायुसेना के अधिकारी एयर कमोडोर जसजीत सिंह जैसे बम समर्थक लोग के. सुब्रहमण्यम की शिष्य परम्परा में आते हैं। विज्ञान के विद्यार्थी के. सुब्रहमण्यम विषय की दुरूहता से आक्रान्त नहीं थे। संयुक्त राष्ट्र संघ की निशस्त्रीकरण समितियों की सदस्यता ने उन्हें अनूठी विशेषज्ञता प्राप्त करने का अवसर दिया। रक्षा मंत्रालय के अपने अनुभव से के. सुब्रहमण्यम बहस में हस्तक्षेप न करने की परम्परा में पले।

नेहरू जी की मृत्यु के बाद परमाणु बम के विरोधियों में जयप्रकाश नारायण जैसे गाँधीवादी सर्वोदयी और रजनी कोठारी जैसे गाँधीवादी विचारक, वामपंथी–समाजवादी रूझान में वैज्ञानिक पत्रकार क्लोड अल्वारेस और प्रफुल्ल बिदवई, यूरोपीय परिवेश से प्रभावित बुद्धिजीवी भारत वाडियावाला तथा चीन विशेषज्ञ गिरिदेशंकर उल्लेखनीय हैं। इन लोगों का तर्क द्विपक्षीय है, जिसको सबसे स्पष्ट ढंग से प्रफुल्ल बिदवई ने परिभाषित किया है। इनके अनुसार परमाणु अस्त्र प्रतिरक्षा का कवच नहीं, बल्कि व्यापार संहार का उपकरण है। अतः भारत को हत्या या आत्महत्या के इस खर्चीले साधन की जरूरत नहीं है। इसी का दूसरा पहलू रजनी कोठारी, गिरिदेशंकर आदि का सैद्धांतिक शांति प्रेम है। गिरिदेशंकर का मानना है कि परमाणु बम की ललक भारतीय उपमहाद्वीपीय साम्राज्यवादी महत्त्वाकांक्षा का हिस्सा है। धीरेन्द्र शर्मा और क्लोड अल्वारेस परमाणु बम को व्यापक सन्दर्भ में और भी खतरनाक और बेमानी समझते हैं। इनके अनुसार न केवल आणविक अस्त्रों का उत्पादन, बल्कि तमाम परमाणु ऊर्जा का उत्पादन बेहत खर्च वाला है और दुर्घटना–जनिक प्रदूषण या परमाणु राख के खतरे युद्ध के सर्वनाश से कम भयावह नहीं।

परमाणु बम बनाने की मांग के समर्थक लोग यह सुझाते हैं कि बात सिर्फ लाभ–लागत की नहीं, बल्कि अवसर–लागत की भी है। पाकिस्तान या चीन द्वारा भयादोहन के अवसर पर भारत नपुंसक नहीं रह सकता। जबकि परमाणु बम–विरोधी यह बात उठते हैं कि परमाणु शक्ति संपन्न राष्ट्रों की संख्या बढ़ने से अन्तर्राष्ट्रीय राजनीति में गैर–जिम्मेदारी और अनिश्चय की स्थिति बढ़ेगी जो सर्वनाश तक ले जा सकती है। इसके जवाब में बम समर्थक यह सुझाते रहे कि आज तक तो ऐसा नहीं हुआ है। वे इस बात पर जोर देते हें कि 'सीमित परमाणु युद्ध' की परिकल्पना एक सार्थक अवधारणा है और अन्तर्राष्ट्रीय राजनीति में आतंक का संतुलन साधने की सबसे बड़ी गारंटी। इसके अतिरिक्त बम–विरोधियों का कहना है कि परमाणु युद्ध के संदर्भ में किसी भी तर्क–संगत अवधारणा की बात करना पागलपन है। मानव जाति किसी अमूर्त सिद्धान्त की सार्थकता में परीक्षण के लिए सर्वनाश का जोखिम नहीं उठा सकती।

यह प्रश्न इसलिए और भी जटिल हो गया है कि आंतरिक राजनीतिक दबावों के कारण और अन्तर्राष्ट्रीय घटनाक्रमों के अनुसार बहस में भाग लेने वाले लोग एक से अधिक बार अपना रूख बदल चुके हैं। कृष्ण चन्द पन्त, भवानी सेन गुप्ता और जयदेव सेठी इसी बदलते रूख

की मिसाल है। बम–विरोधियों में चीन–अमरीकी सम्बन्धों में सुधार के बाद माओवादियों और अमरीका में अद्भुत मतैक्य देखने को मिलता है तो भारतीय परमाणु अस्त्रों के पक्षधर अपनी सोवियत पक्षधरता के साथ–साथ साम्प्रदायिक हिन्दू उग्र राष्ट्रवादियों की गठरी लादने को विवश हुए हैं। डा. सी. राजमोहन जैसे लोगों के लिए अपनी राजनीतिक ईमानदारी का तालमेल के.सुब्रहमण्यम की गुरू–भक्ति के साथ बिठाना जरूरी हो गया है। राजमोहन के अनेक लेखों में बम के पक्ष और विपक्ष में तर्क एक साथ असमंजस वाले ढंग से देखे जा सकते हैं। वास्तव में वह आज सुब्रहमण्यम के भारतीय रक्षा अध्ययन संस्थान और रजनी कोठारी के 'सेन्टर फार डेवलपिंग सोसाइटीज' के बीच बौद्धिकता प्रचारात्मक रस्साकशी में बदल चुकी है। इस वाद–विवाद प्रतियोगिता में किसी निश्चित फैसले तक पहुँचना आसान नहीं है, क्योंकि इस सिलसिले में अन्तिम निर्णय किसी तर्क में आधार पर नहीं बल्कि व्यक्तिगत मूल्यों और विवेक के आधार पर ही लिया जाना है।

हमारी समझ में वर्तमान परिस्थितियों को देखते हुए निशस्त्रीकरण के प्रति निष्ठा और परमाणु अस्त्रों के उत्पादन के विकल्प को बचाये रखने की एक साथ बात करना घोर पाखण्ड है। भारत के राष्ट्र हित में परमाणु शस्त्र हासिल करना एक अनिवार्यता है। यदि ऐसा नहीं किया जाता है तो परमाणु विकल्प अनिश्चित काल तक बचा नहीं रह सकता। परन्तु इस बात को भी स्वीकार किया जाना चाहिए कि कोई दूसरा व्यक्ति अपने विवेक के अनुसार इससे बिल्कुल विपरीत निष्कर्ष तक भी पहुँच सकता है अर्थात् वह परमाणु अस्त्र न बनाने के निष्कर्ष पर भी पहुँच सकता है।

खास परिवर्तन की संभावना नहीं – भारतीय परमाणु नीति विषयक बहस कभी समाप्त होने वाली नहीं है, क्योंकि हमारी समझ में इसमें हिस्सा लेने वाले लोग तर्कों से नहीं कुतर्क या भाव–विह्वता से संचालित होते हैं। एक ओर भगवान बुद्ध, अशोक और महात्मा गाँधी की दुहाई दी जाती है कि कैसे भारत जैसा अहिंसक देश परमाणु बम जैसे सर्वनाशक अस्त्र बना सकता है। दूसरी ओर 'शक्ति परम्परा' की छाप भी भारतीय इतिहास पर कम गहरी नहीं है। दलील यह है कि यदि भारत को स्वतंत्र और स्वाधीन रहना है तो बिना परमाणु अस्त्रों के काम नहीं चल सकता। इनके अभाव में चीन हो या पाकिस्तान, हमारा मनमाना भयादोहन (ब्लैकमेल) कर सकते हैं। कुछ विद्वानों का यह मानना है कि यदि आज भारत सरकार सरहद पार कश्मीरी उग्रवादियों के अड्डे मटियामेट करने का साहस नहीं जुटा पा रही है तो सिर्फ इसीलिए कि पाकिस्तान के पास 'बम' है। विश्व बैंक से ऋण की जरूरत ने एक नया आयाम जोड़ा। आने वाले महीनों में परमाणु प्रसार रोक संधि पर हस्ताक्षर करने के लिए भारत पर दबाव निरन्तर बढ़ेगा। एक ओर के.सुब्रहमण्यम जैसे विद्वान हैं, जो मानते हैं कि परमाणु बम बनाने के बाद भारत के रक्षा खर्च में कटौती की जा सकेगी और आतंक का संतुलन बरकरार रखकर पाकिस्तान के साथ सम्बन्धों का सामान्यीकरण सहज होगा। दूसरी ओर दिलीप मुखर्जी वरिष्ठ विश्लेषक हैं, जिनका मानना है कि रक्षा खर्च में कटौती नहीं होगी, बल्कि परमाणु क्षेत्र में एक अंधी दौड़ तथा आत्मघातक होड़ और शुरू हो जायेगी। जवाहरलाल नेहरू विश्वविद्यालय के प्रोफेसर धीरेन्द्र शर्मा की स्थिति अनूठी है। वह परमाणु शक्ति के शांतिपूर्ण उपभोग के भी विरूद्ध हैं। उनका मानना है कि परमाणु वैज्ञानिकों का अन्तर्राष्ट्रीय और राष्ट्रीय माफिया अपनी सफलताओं का झूठा प्रचार कर साम्राज्य का विस्तार करना है और इस

दुस्साहसिक अभियान के दुखदायी सामाजिक व आर्थिक परिणामों के प्रति आंख–कान मूंदे रखता है। एक और यह सवाल भारत के राष्ट्रीय सम्मान से जुड़ा है तो दूसरी ओर आर्थिक तकनीकी क्षमता और आत्म–निर्भरता से। आज भारत के सामने सामरिक चुनौती मुँह बाएं खड़ी हैं और अन्तर्राष्ट्रीय हस्तक्षेप–दबाव निरन्तर बढ़ रहा है। आम आदमी हो या विशेषज्ञ, तमाम प्रतिक्रियाएं परस्पर विरोधी जीवन मूल्यों और दलगत राजनीतिक पक्षधरता से जुड़ी हैं। इस स्थिति में भारतीय परमाणु नीति में खास परिवर्तन की आशा निकट भविष्य में नहीं की जा सकती।

प्रश्न 6. पाकिस्तान के परमाणु कार्यक्रम का वर्णन करो।

उत्तर – पाकिस्तान के परमाणु अस्त्र कार्यक्रम की शुरूआत 1950 के दशक में हुई। इस कार्यक्रम को अंजाम देने के लिए डॉ. नाजिर अहमद की अध्यक्षता में पाकिस्तान परमाणु ऊर्जा आयोग का गठन किया गया। 50 और 60 के दशक में सैकड़ों पाकिस्तान वैज्ञानिकों ने प्रशिक्षण प्राप्त किया, जिसे शांति के लिए परमाणु का नाम दिया गया। 1955 में रावलपिंडी के पास नीलोर में पाकिस्तान की प्रमुख परमाणु शोध प्रसुविधा की स्थापना की गई। इस प्रसुविधा के अन्दर वैज्ञानिकों और तकनीशियनों को शोध और प्रशिक्षण देने की व्यवस्था की गई थी। प्रथम रिएक्टर, जो 1965 में संयुक्त राज्य द्वारा प्राप्त किया गया था, उसे इसी स्थान पर लगाया गया था। पाकिस्तानी परमाणु कार्यक्रम के मूल निर्माता *जुल्फिकार अली भुट्टो* थे। उन्होंने अपने मजबूत इरादे से पाकिस्तान में परमाणु कार्यक्रम को आगे बढ़ाया। उनको सबसे ज्यादा भारत से ही खतरा महसूस होता था। उन्हें पता था कि भारत परमाणु शक्ति सम्पन्न राष्ट्र बनता जा रहा है और अगर पाकिस्तान परमाणु शक्ति राष्ट्र नहीं बनेगा तो उसे हमेशा भारत से परमाणु खतरा बना रहेगा। इसी कारण पाकिस्तान ने परमाणु अस्त्र कार्यक्रम की शुरूआत की थी।

पाकिस्तान के परमाणु कार्यक्रम पर 1971 के भारत–पाक युद्ध और बांग्लादेश के निर्माण का व्यापक प्रभाव पड़ा। भुट्टो को लग रहा था कि परमाणु शक्ति प्राप्त करने के बाद पाकिस्तान को अन्तर्राष्ट्रीय ख्याति प्राप्त होगी। इसी उद्देश्य से उन्होंने 1972 में मुल्तान में परमाणु वैज्ञानिकों की एक बैठक बुलाई जिसमें परमाणु बम बनाने का निर्णय लिया गया। जब 1974 में भारत ने अपना प्रथम परमाणु परीक्षण किया तब पाकिस्तान की व्यग्रता परमाणु शक्ति अर्जित करने के सम्बन्ध में और तीव्र हो गई। परमाणु बम बनाने के लिए पाकिस्तान ने अपना ध्यान प्लूटोनियम प्राप्त करने की ओर लगाया और इसी उद्देश्य से उसने फ्रांस के साथ एक संधि पर हस्ताक्षर भी किया, लेकिन उसे सफलता नहीं मिली और उसका परमाणु कार्यक्रम शिथिल पड़ गया। 1975 में *डॉ. अब्दुल कादिर खान* के आने के बाद पाकिस्तान के परमाणु कार्यक्रम में फिर तेजी आ गई। अब्दुल कादिर खान ने पाकिस्तान में प्लूटोनियम के बदले यूरेनियम से काम करना शुरू किया। परमाणु कार्यक्रम में तीव्रता लाने के उद्देश्य से डॉ. खान ने कई शोध प्रयोगशालाओं की भी स्थापना की।

इस्लामी बम – 1973 में पाकिस्तान ने अरब के साथ परमाणु सम्बन्ध स्थापित किया। इसी समय पश्चिम एशिया की अर्थव्यवस्था में व्यापक परिवर्तन हुआ। तेल के मूल्यों में भारी वृद्धि हुई और पाकिस्तान ने लीबिया से तेल के बदले प्रौद्योगिकीय व्यापार शुरू किया। लीबिया

ही सबसे पहले पाकिस्तान को यरेनियम की आपूर्ति किया करता था। *भुट्टो* ने इस बात पर बहुत जोर दिया कि अभी तक इस्लामिक सभ्यता को परमाणु बम प्राप्त नहीं हो सकता है और इस्लामिक देशों की सहानुभूति और समर्थन प्राप्त करने के लिए पाकिस्तानी बम को इस्लामिक बम की संज्ञा दे डाली। परमाणु शक्ति प्राप्त करने के संदर्भ में कहा जाता है कि पाकिस्तान को चीन की भी सहायता प्राप्त हुई। जब सोवियत संघ में अफगानिस्तान का हस्तक्षेप हुआ तब संयुक्त राज्य के लिए पाकिस्तान सबसे अधिक सामरिक महत्त्व का देश बना गया। सोवियत आक्रमण के विरोध में संयुक्त राज्य ने पाकिस्तान को भरपूर आर्थिक और सैनिक सहायता दी। फिर भी पाकिस्तान को लगा कि वह भारत का मुकाबला करने में अक्षम है और इसीलिए पाकिस्तान ने अपने परमाणु कार्यक्रम को जारी रखा।

जब तक पाकिस्तान अफगानिस्तान में अमेरिकी हितों के पक्ष में काम करता रहा तब तक संयुक्त राज्य भी पाकिस्तान को परोक्ष तथा प्रत्यक्ष रूप से सहायता प्रदान करता रहा। 1986 में चीन और पाकिस्तान के बीच परमाणु सहयोग सम्बन्धी एक समझौते पर हस्ताक्षर हुआ। 1990 तक चीन की सहायता के परिणामस्वरूप पाकिस्तान ने अपने परमाणु भंडार में अच्छा–खासा परमाणु अस्त्र जमा कर लिया था।

प्रश्न 7. दक्षिण एशिया की दो परमाणु शक्तियों के बीच वार्तालाप की आवश्यकता पर चर्चा करो।

उत्तर – द्विपक्षीय स्तर के वार्तालाप एक परमाणु सक्षम भारत और पाकिस्तान के नए समीकरण पर स्थिर हो जाएँगे। निवारण का पाश्चात्य तर्क इस अनुमान पर आधारित रहा है कि आक्रमण की पारस्परिक सुभेद्यता एक निवारक सिद्ध होती है और संभाव्य परमाणु संघर्ष टल जाता है। यह दलील यह स्वीकार करती हे कि अस्त्रों की संख्या वास्तविक निवारक नहीं है क्योंकि न्यूनतम परमाणु निवारण एक विश्वस्त मारक क्षमता वाले एकमात्र हथियार से भी संभव है। तर्क की दृष्टि से, भारत और पाकिस्तान अपनी कथित अस्त्र क्षमताओं से इस पारस्परिक निवारण को प्राप्त कर लेंगे। इस तर्क को आगे बढ़ाने के लिए, किसी भी देश को अपनी सुरक्षा बढ़ाने के लिए अति प्रचारित परमाणु हथियारों की दौड़ में शामिल होने की आवश्यकता नहीं है। मूल चिन्ता का विषय है कि दोनों देशों के सामने सुरक्षा की निर्णायक समस्या आंतरिक सुरक्षा को लेकर है न कि सीमा सुरक्षा को लेकर। विद्रोह, आतंकवाद, कम प्रबल संघर्ष और इस प्रकार के आंतरिक सुरक्षा खतरे परमाणु अस्त्रों से हल नहीं हो सकते हैं, उनके लिए राजनीतिक, सामाजिक और आर्थिक नीतियों का सामंजस्य अपेक्षित है। अतः सुरक्षा स्तर के तर्क से किसी को भारत–पाक परिदृश्य में परमाणु अस्त्रों के त्वरित उल्लंघन अथवा प्रसार की आशंका नहीं है।

चीन के मामले में, भारतीय स्थिति थोड़ी भिन्न है। यहाँ भी मूल समस्याएँ प्रमुखतः आंतरिक सुरक्षा के क्षेत्र में हैं। अंतिम दशक के दौरान और उसके बाद सीमा विवाद का संघर्ष क्षेत्रीय स्तर की भिड़न्तों से हटकर वार्तालाप की मेजों पर पहुँच गया है। भारत–चीन भिड़न्त का मुख्य रणक्षेत्र राजनयिक बन चुका है। परमाणु स्तर पर भारत विशाल चीनी क्षमता के विरूद्ध न्यूनतम स्तर के निवारक के सृजन की अपेक्षा कर सकता है। परमाणु क्षमता की प्रमुख परिसम्पत्ति द्विपक्षीय वार्ताओं में भारत की राजनयिक भूमिका में वृद्धि करना है।

भूमंडलीय स्तर पर भारत–पाकिस्तान वार्ताओं के पैरामीटर स्पष्ट हो चुके हैं। परीक्षण पूर्व चरण में भारत और पाकिस्तान दोनों को अन्तर्राष्ट्रीय और द्विपक्षीय शास्तियों की मार झेलनी पड़ी है। इनसे दोनों देशों की अर्थव्यवस्थाओं पर प्रतिकूल प्रभाव पड़ा है। शास्तियों को हटाने की पूर्व शर्त के रूप में दोनों देशों से अप्रसार संधि व्यापक परीक्षण निषेध संधि को स्वीकार करने के लिए कहा गया है। परमाणु प्रौद्योगिकी का विस्तार करने के लिए पाश्चात्य विश्व की सफलता इस तरीके पर निर्भर करती है जिसमें वह दोनों देशों का संगरोधन कर सके, उनके द्विपक्षीय विवादों को विस्फोटक स्थिति तक बढ़ने दे तथा परमाणु मुद्दों पर सामंजस्य के लिए विवश कर दे। इस संदर्भ में भारत और पाकिस्तान को अपने सजीव राष्ट्रीय हितों को महसूस करना होगा और उन दबावों से ऊपर उठकर वार्ता आरंभ करनी होगी। इस वार्तालाप से वे विकसित विश्व की कार्यसूची को मानने और उस पर अमल करने की बजाए सहयोगी तौर पर उनका मुकाबला कर सकेंगे।

प्रश्न 8. संघर्ष, संघर्ष प्रबंधन और संघर्ष समाधान की मूल अवधारणाओं को परिभाषित करो। **[Dec 2008, Q.No.-4]**

उत्तर – संघर्ष– कैनथ बूल्डिंग का कथन है : ''हितों के ऊपर संघर्ष वे स्थितियाँ हैं जिसमें प्रत्येक दल अभिज्ञात संघर्ष की सीमा तक दूसरे दल की भलाई को कम करने के लिए कार्य करता है। संघर्ष की परिभाषा का विस्तार एक व्यष्टि से समहों (जैसे राष्ट्र) तक किया जा सकता है और दो दलों से अधिक संघर्ष में अन्तर्ग्रस्त हो सकते हैं। सिद्धान्तों पर फर्क नहीं पड़ता है'' सभी परिभाषाओं में विद्यमान सर्वनिष्ठ तत्त्व उन अभिनेताओं अथवा दलों के अपसारी लक्ष्य और हित हैं जो अपने उद्देश्यों की प्राप्ति में विभिन्न उपायों का आश्रय लेते हैं।

संघर्ष समाधान – हग मिआल के अनुसार संघर्ष समाधान ''उस स्थिति में बदलाव का सूचक है जो संघर्ष के अंतर्निहित स्रोत को अलग कर देता है। ऐसा उनके बीच संबंधों में परिवर्तन अथवा मूल दलों के विघटन और प्रतिस्थापन के कारण होता है। यदि संघर्ष एक पक्ष की सैन्य विजय के द्वारा निपटा दिया जाए और दूसरा पक्ष उस परिणाम को स्वीकार न करें तथा अन्य झगड़े के लिए संगठित होना शुरू कर दें तो उनका अन्तर्निहित संघर्ष पूरी तरह समाप्त नहीं होता है और वह संघर्ष का समाधान हुआ नहीं माना जाएगा।'' जॉन ग्रूम कहते हैं कि दलों की पूर्ण तुष्टि मात्र तभी होती है यदि ''उन्हें विवादग्रस्त परिस्थितियों और अन्य दलों की महत्त्वाकांक्षाओं का पूर्ण ज्ञान हो, और वास्तव में हो।' उनका यह भी कहना है कि संघर्ष समाधान ऐसा लक्ष्य है जो वस्तुतः दुर्लभ होता है।

संघर्ष समाधान के तरीके – जॉन बर्टन संघर्ष प्रबंधन में तीन महत्त्वपूर्ण संघटक पाते हैं –भागीदारी, संचार और तीसरा पक्ष। संघर्षों का कई प्रकार से समाधान किया जा सकता है। कुछ सर्वाधिक महत्त्वपूर्ण तरीके, पंचायत, मध्यस्थता और प्रत्यक्ष वार्तालाप है। पंचायत न्यायनिर्णयन की एक लम्बी प्रक्रिया का अंश है। यह संघर्ष समाधान के पुराने में से एक तरीका है। इस तरीके से, कथित संघर्ष एक निष्पक्ष न्यायाधिकरण (पंचायत न्यायाधिकरण अथवा अन्तर्राष्ट्रीय न्यायालय) को भेज दिया जाता है।

तृतीय दल की मध्यस्थता भी एक महत्वपूर्ण तरीका है। यह संघर्ष में एक बड़ी समझौता अथवा वार्तालाप प्रक्रिया का अनन्य हिस्सा है। मध्यस्थ पक्षपाती या निष्पक्ष होता है। मध्यस्थता की प्रक्रिया में बल प्रयोग की मनाही है परन्तु वास्तव में कुछ मध्यस्थ दबाव डालने की प्रक्रिया अपनाते हैं अथवा प्रतिवादियों को उस उद्देश्य के साथ विभिन्न प्रोत्साहन मुहैया कराते हैं जिससे समाधान किया जा सके।

संघर्ष समाधान के लिए एक अन्य प्रक्रिया द्विपक्षीय वार्तालाप भी है। यहाँ, विवादग्रस्त दोनों दल तीसरे दल की सहायता के बिना प्रत्यक्ष वार्तालाप करते हैं। यह एक द्विपीक्षय कार्य है क्योंकि दल एक–दूसरे के साथ संचार स्थापित करते हैं, बातचीत का वातावरण बनाते हैं, कार्यसूची निर्धारित करते हैं, कठोर समझौता करते हैं और उनके बीच होने वाले करार के लिए अपनी वचनबद्धता पेश करते हैं। वार्तालाप प्रक्रिया लम्बी और मुश्किल हो सकती है। यह संभावना हमेशा बनी रहती है कि वार्तालाप कभी भी आसानी से रूक जाए क्योंकि उस स्थिति को अनुकूल बनाने के लिए कोई दल नहीं होता है।

प्रश्न 9. निम्नलिखित पर टिप्पणी करो – **[June-08, Q.No.-13(2)]**
1) भारत–पाकिस्तान के क्षेत्रीय विवाद
2) कच्चातिवू के ऊपर भारत–श्रीलंका विवाद
3) सिंधु नदी जल विवाद

उत्तर – भारत और पाकिस्तान के बीच कश्मीर, सियाचीन, कच्छ की खाड़ी और सर क्रीक क्षेत्र के ऊपर चार प्रमुख विवाद हैं। इनमें से केवल कच्छ विवाद का समाधान हुआ है। कश्मीर का संघर्ष सबसे पुराना है जो इस महाद्वीप से अंग्रेजों की वापसी और 1947 में भारत के विभाजन के समय आरंभ हुआ। आजादी के समय, भारत संघ के पास दो प्रकार के राज्य थे। ये ब्रिटिश भारत और रजवाड़ों के राज्य थे। ब्रिटिश भारत के राज्यों के समेकन में कोई समस्या नहीं थी; वे या तो भारत का अथवा पाकिस्तान का हिस्सा बन गए। परन्तु रजवाड़ों से गंभीर समस्या मुखर हुई। जब ब्रिटिश क्राउन की परम सत्ता का सिद्धांत व्यक्त हुआ, लार्ड माउण्टबेटन ने रजवाड़ों से उनकी भौगोलिक संलग्नता और जनसांख्यिकीय संगठन के आधार पर भारत अथवा पाकिस्तान में शामिल होने का आग्रह किया। इसका अर्थ है कि हिन्दू बहुल क्षेत्र भारत में शामिल हो सकते थे तथा मुस्लिम बहुत क्षेत्र पाकिस्तान में जाने चाहिए। यहीं से कश्मीर समस्या का सूत्रपात हुआ। जम्मू एक कश्मीर के शासक हिन्दू (महाराजा हरी सिंह) थे परन्तु वहाँ की जनसंख्या का बहुमत मुस्लिम था। जहाँ तक क्षेत्र का सम्बन्ध है, यह भारत और पाकिस्तान दोनों से जुड़ा हुआ था। महाराजा इनमें से किसी भी देश में शामिल होना नहीं चाहते थे। इस अस्थिर स्थिति को ध्यान में रखकर, पाकिस्तान ने अक्टूबर 1947 में पुंछ में आरंभ हुए एक जनजातीय आन्दोलन की सहायता के लिए अपनी सेनाएँ भेजीं। शीघ्र ही पाकिस्तान समर्थित विद्रोही बलों ने, महाराजा की विशेष प्रतिष्ठा और प्राधिकार को जोखिम में डालते हुए, राजधानी श्रीनगर की ओर प्रस्थान किया। चूंकि महाराजा के पास आक्रमण का प्रत्युत्तर देने के लिए कोई सैन्यबल नहीं था, अतः उन्होंने भारत से सैनिक सहायता की अपील की। प्रधानमंत्री नेहरू ने इसके लिए दो शर्तें रखीं : प्रथम, उन्होंने महाराजा से कश्मीरी राष्ट्रीय कान्फ्रेंस के अध्यक्ष शेख मुहम्मद अब्दुल्ला से अनुमति माँगने को कहा। दूसरे, महाराजा को

जम्मू एवं कश्मीर राज्य को भारत संघ में सम्मिलित करने की आवश्यकता थी बशर्ते अब्दुल्ला सम्मिलन विलेख को अपनी मंजूरी देते। इन दो शर्तों के पूरी हो जाने के बाद, नेहरू ने विद्रोहियों के दमन तथा पाकिस्तानी सेना की पीछे खदेड़ने के लिए अपनी सेनाएँ भेज दीं। तथापि, भारत की सफलता आंशिक थी। इसकी सेना विद्रोहियों को आगे बढ़ने से ही रोक पाई और उन्हें कश्मीर का एक तिहाई हिस्सा पाकिस्तान के लिए छोड़ना पड़ा। तत्पश्चात् 1 जनवरी 1948 को, भारत ने यह मुद्दा संयुक्त राष्ट्र सुरक्षा परिषद् के समक्ष प्रस्तुत किया जिसने अप्रैल 1948 में यह आग्रह करते हुए संकल्प पारित किया कि दोनों देश शामिल होने के प्रति लोक इच्छा जानने के लिए जम्मू एवं कश्मीर में जनमत के माध्यम से विवाद को निपटाएँ। इसने संघर्ष प्रबन्धन और समाधान की दीर्घकालिक प्रक्रिया की शुरूआत की नींव रखी जो युद्ध, विद्रोह और हिंसा के साथ उभय पक्ष में मौजूद हैं। अभी तक इसका परिणाम नकारात्मक रहा है। अगले अनुभाग में हम इनकी जाँच करेंगे।

सियाचीन के ऊपर विवाद प्रमुखतः कश्मीर संघर्ष से जुड़ा हुआ है। मुद्दे की विशिष्टता इस तथ्य में सन्निहित है कि सियाचीन हिमखण्ड अपने कठोर मौसमी हालात, अधिक ऊँचाई और ऊबड़–खाबड़ भूभाग के कारण विश्व में अप्रीतिकर क्षेत्रों में से एक क्षेत्र है। यहाँ लगभग 7 मीटर तक प्रतिवर्ष भारी बर्फ गिरती है, लगभग 300 किमी. प्रति घंटे की रफ्तार से बर्फीले तूफान आते हैं और तापमान शून्य से 40 डिग्री नीचे चला जाता है। इसकी उत्कृष्ट ऊँचाई इस तथ्य से समझी जा सकती है कि भारत का बेस कैम्प उस स्थान पर है जो समुद्र तल से 12,000 फीट की ऊँचाई पर है। इसका तात्पर्य यह है कि इसके आगे कुछ बेसों की ऊँचाई और अधिक है (यह 16,000 फीट से 22,000 फीट तक है)। यह क्षेत्र हिमस्खलन के लिए संवेदनशील है। अनुमान लगाया जाता है कि 95 प्रतिशत से अधिक भारतीय मौतें, उत्कृष्ट ऊँचाई, प्रतिकूल मौसम और अप्रीतिकर भूभाग के कारण होती हैं।

1980वें दशक के मध्य तक सियाचीन हिमखण्ड पर भारत अथवा पाकिस्तान का नियंत्रण नहीं था। 1949 में सृजित भारत–पाकिस्तान युद्ध विराम रेखा ने स्पष्टतः किसी भी पक्ष को इस क्षेत्र का निरूपण नहीं किया। नियंत्रण रेखा ने भी हिमखंड की स्थिति निर्धारित नहीं की। इस प्रकार इस क्षेत्र का रेखांकन नहीं हो पाया।

चूँकि यह क्षेत्र–वास्तविक नियंत्रण रेखा से परे 'अरेखांकित क्षेत्र' में स्थित है, भारत और पाकिस्तान दोनों ने ही इस हिमखंड के ऊपर प्रतिस्पर्धात्मक दावे किए। यह स्पष्ट है कि पाकिस्तान NJ9842 से उत्तर–पूर्व दिशा में सीधी रेखा खींचने के लिए दबाव डाल रहा है। यह चीन के साथ अपनी सीमा पर काराकोरम दर्रा से गुजरती है। दूसरी तरफ, भारत काराकोरम रेंज के सुदूर दक्षिण में सालटोरो रेंज के साथ–साथ NJ9842 से उत्तर–उत्तर पश्चिम दिशा में यह रेखा खींचना चाहता है।

यूरोप और उत्तरी अमेरिका में प्रकाशित पर्वतारोहरण मानचित्रों से 1970वें दशक के अन्त में भारत को इस हिमखंड का पता चला। आरंभ में भारत ने किसी पर्वतारोहरण अभियान की अनुमति नहीं दी जबकि पाकिस्तान ने इस क्षेत्र के ऊपर वैधता प्राप्त करने के लिए ऐसे क्रियाकलाप की अनुमति दी और उसे प्रोत्साहित किया। तथापि, 1978 में, भारत ने अपनी नीति में बदलाव किया। इसने पर्वतारोहों अभियान के छद्‌म् वेश में इस क्षेत्र में अपनी सेना का 'सांग्रामिक टोही दल'' भेजा। तत्पश्चात् कई और अभियान किए तथा गर्मी में हिमखंड की

गश्त की। आरंभ में पाकिस्तान ने भारतीय सेना के क्रियाकलापों का सैनिक विरोध नहीं किया परन्तु 1978 में इसे इस हिमखंड में भारतीय मौजूदगी के प्रति कई विरोध किए। 1983 में, पाकिस्तान ने हिमखंड में अपनी सैनिक टुकड़ियाँ रखे जाने का प्रयास किया। भारत ने 1984 में हवाई मार्ग से अपनी सेनाओं की एक प्लाटून भेजकर पाकिस्तानी चाल से पहले उस पर कब्जा कर लिया और इस प्रकार हिमखंड पर कब्जा करने वाला पहला देश बन गया। 1984 से, पाकिस्तान नियमित रूप से भारतीय क्षेत्रों के ठिकाने नष्ट करने का प्रयास करता रहा है। साथ ही, भारतीय सेना का उद्देश्य किसी भी कीमत पर इस क्षेत्र पर नियंत्रण बनाए रखना रहा है। अनुघटित सैनिक भिड़त से भारी जन हानि हुई है और आर्थिक लागत भी बढ़ती जा रही है।

कच्छ की खाड़ी के ऊपर विवाद भारत और पाकिस्तान की आजादी के तुरन्त बाद खड़ा हो गया। कच्छ की खाड़ी पाकिस्तान के सिन्ध प्रदेश और भारत के गुजरात राज्य के बीच अवस्थित है। यह 23000 वर्ग किमी. का दलदली क्षेत्र है। ''नौवहन के लिए न तो पर्याप्त गीला और कृषि के लिए न पर्याप्त शुष्क'' यह क्षेत्र दो भिन्न खाड़ियों में बँटा हुआ है। बड़ी खाड़ी और छोटी खाड़ी। बड़ी खाड़ी गुजरात के मध्य में है और 18000 वर्ग किमी. में फैली हुई है। छोटी खाड़ी लगभग 5000 वर्ग किमी है जो कच्छ की खाड़ी को सिन्ध प्रदेश तक पहुँचाती है। 1947 में, सिन्ध और कच्छ के बीच सीमा अन्तर्राष्ट्रीय सीमा बन गई। विवाद उस समय प्रारंभ हुआ तब पाकिस्तान ने बड़ी खाड़ी के एक–तिहाई हिस्से (जो लगभग 3500 वर्ग मील है) के ऊपर दावा किया। दावित क्षेत्र 24वें उत्तरी अक्षांस के समान्तर फैला हुआ है जिसके बारे में तर्क दिया गया था कि यह हमेशा सिंध के नियंत्रण और प्रशासन के अधीन रहा है। भारत ने पाकिस्तान का दावा इस आधार पर खारिज कर दिया कि कच्छ की सम्पूर्ण खाड़ी गुजरात के कच्छ क्षेत्र का भाग थी। अपनी आजादी के कई साल तक दोनों देशों ने कच्छ की खाड़ी पर अपने दावे और प्रतिदावे दुहराते हुए टिप्पणियाँ कीं और पत्र विनिमय किए।

फरवरी 1956 में विवाद को लेकर उस समय सैनिक हस्तक्षेप हुआ जब पाकिस्तानी बलों ने कच्छ की खाड़ी के आधे उत्तरी क्षेत्र में छड बैट में प्रवेश किया। भारत ने अपनी सेनाएँ भेजकर इसका जवाब दिया। परन्तु पाकिस्तानी सैनिक पकड़ में नहीं आ सके। पाकिस्तान ने लुका–छिपी का खेल खेला। यह भारत का ध्यान विवाद की ओर खींचना चाहता था जिससे उसका कोई हल निकले। आगे चलकर विवादग्रस्त ऐतिहासिक तथ्यों का हवाला देकर अपने–अपने दावों और प्रतिदावों को दुहराते हुए पत्र विनिमय होते रहे। अन्ततः एक पंचायत न्यायाधिकार ने 1968 में इस विवाद का समाधान हुआ।

सर क्रीक के ऊपर विवाद कच्छ की खाड़ी विवाद का हिस्सा बना रहा। जब अनुवर्ती विवाद का समाधान हुआ तो इस समाधान में सर क्रीक शामिल नहीं किया गया। क्रीक एक घटता–बढ़ता ज्वार–भाटीय जलमार्ग है तथा कच्छ की खाड़ी का एक 100 मीटर लम्बा नदमुख दलदल है। पाकिस्तान का मत था कि कच्छ–सिन्ध क्षेत्र के सीमा विवाद में सर क्रीक शामिल था और उसने सम्पूर्ण सर क्रीक पर अपने क्षेत्र के रूप में दावा किया। भारत ने पाकिस्तान का दावा इस आधार पर अस्वीकार कर दिया कि सर क्रीक के ऊपर कोई क्षेत्रीय विवाद नहीं था क्योंकि इसकी सीमा क्रीक के मध्य में सीमा स्तम्भ लगाकर भलीभांति निश्चित हो चुकी थी। कच्छ

विवाद के पंचाट के दौरान, भारत और पाकिस्तान दोनों न्यायाधिकरण के समक्ष उत्तर में सीमा विवाद को सीमित करने के लिए सहमत हो गए थे। दक्षिण में एक सहमतिप्राप्त सीमा थी। यह सर क्रीक से आरंभ होकर 24वें अक्षांस के समान्तर बढ़ती हुई पूर्वाभिमुख हो गई थी। तथापि, भारत का दृष्टिकोण था कि ''यह रेखा कच्छ की उत्तरी सीमा निर्धारित करती हुई तेजी से समकोण पर मुड़ती थी।'' पाकिस्तान इस रेखा को कच्छ की आधी खाड़ी पर दावे के लिए पूर्व की ओर और बढ़ाना चाहता था। भारत और पाकिस्तान की ओर से कुछ प्रयासों के बावजूद विवाद का समाधान नहीं हुआ है।

2) कच्चातिवू के ऊपर भारत–श्रीलंका विवाद – भारत और श्रीलंका के बीच क्षेत्रीय विवाद पॉक स्ट्रेट्स में एक छोटे उजाड़ द्वीप कच्चातिवू पर था। सभी ऐतिहासिक प्रमाणों से पता चलता है कि यह द्वीप तमिलनाडु के राजा रामनाद की जमींदारी का एक हिस्सा था। इसी के साथ श्रीलंका के पास यह दर्शाने के लिए कोई प्रमाण नहीं था कि द्वीप उससे संबद्ध था। फिर भी श्रीलंकाई सरकार ने इस आधार पर दावा किया कि इस द्वीप पर उसका स्वामित्व गुप्त रूप से ब्रिटिश भारतीय सरकार द्वारा स्वीकार कर लिया गया था। जबकि श्रीलंका के साथ असहमत होते हुए अनुवर्त्ती भारतीय नेताओं ने क्षेत्रीय विवाद के प्रति उदासीनता और नगण्यता जाहिर की। नेहरू और उसके अनुवर्त्ती नेताओं ने द्विपक्षीय सम्बन्धों के हित में विवाद की ओर पूरा ध्यान नहीं दिया। यह उनके विभिन्न कथनों से स्पष्ट है। नेहरू ने वस्तुतः श्रीलंकाई तर्काधार को इस उस ठुकरा दिया जब उसने कहा कि रामनाद के राजा के जमींदारी हक कच्चातिवू द्वीप पर संप्रभुता नहीं दर्शाते। उसने समस्या के प्रति अपनी अनभिज्ञता और नैमित्तिक दृष्टिकोण उस समय प्रदर्शित किया जब उसने कहा कि वह विवादग्रस्त द्वीप को अवस्थिति के बारे में आश्वस्त नहीं है। वह श्रीलंका की संवेदना के प्रति अति सतर्क प्रतीत हुआ जब उसने यह कहा कि इस मुद्दे में कोई 'राष्ट्रीय प्रतिष्ठा' नहीं थी। इसी प्रकार, द्विपक्षीय वार्ता पर प्रतिकूल प्रभाव की आशंका से, इन्दिरा गांधी कच्चातिवू पर भारत के समर्थन में मुद्दे को उठाने की इच्छुक नहीं थीं जो उनके मतानुसार, ''बिना सामरिक महत्त्व की विषम बाधा'' थी। दो नेताओं के बीच अन्तर केवल इतना था कि यद्यपि नेहरू ने इस मुद्दे पर मुलायम रूख अपनाया, उन्होंने द्वीप के ऊपर अपनी संप्रभुता की मान्यता के लिए श्रीलंका के साथ काई करार नहीं किया। परन्तु 1974 में इन्दिरा गांधी ने तमिलनाडु की इच्छाओं और हितों के विरुद्ध करार पर हस्ताक्षर किए थे।

3) सिंधु नदी जल विवाद– जल विभाजन को लेकर भारत और पाकिस्तान तथा भारत और बांग्लादेश के बीच संघर्ष पैदा हुए। यह ध्यान दिया जाना चाहिए कि भारत और नेपाल के बीच जल विभाजन पर कोई संघर्ष नहीं हुआ है; इनके बीच प्रमुख मुद्दा जल संसाधनों के विकास (जल–विद्युत, सिंचाई का बाढ़ नियंत्रण, आदि) से जुड़ा हुआ है। इस प्रकार, संघर्ष समाधान के संदर्भ में, उन संघर्षों पर ध्यान केन्द्रित करना आवश्यक है जिनमें जल विभाजन का मुद्दा अन्तर्ग्रस्त था। पाकिस्तान और बांग्लादेश के साथ भारत के विवाद विद्यमान मामले हैं।

क्षेत्रीय संघर्ष के अलावा, भारत और पाकिस्तान के बीच सिन्ध नदी के जल विभाजन पर एक प्रमुख विवाद था। भारत के विभाजन के समय सिन्धु जल व्यवस्था के बँटवारे की आवश्यकता

थी क्योंकि विभाजन रेखा सिन्धु जल तंत्र के आर–पार गुजरती थी। सिन्धु जल तंत्र अविभाजित पंजाब में कृषि विकास के लिए जीवन रेखा थी। सिन्धु जल तंत्र में छह नदियाँ शामिल थीं : झेलम, चेनाब और पश्चिम में स्वयं सिन्धु, रावी, व्यास और सतलुज। भारत और पाकिस्तान के हितों का टकराव हुआ क्योंकि दोनों देशों ने जल तंत्र के बड़े हिस्से की माँग की। यह मुद्दा उस समय और जटिल हो गया जब विभाजन के बाद भारत–पाकिस्तान के बीच युद्ध हुआ तथा बाद के वर्षों में दोनों देशों के बीच रिश्ते तनावग्रस्त होते गए। इस प्रकार, दीर्घकालिक द्विपक्षीय वार्ता से उस समय तक कोई हल नहीं निकला जब तक विश्व बैंक ने 1960 में एक सौदेबाजी तय करने के लिए अपने अच्छे कार्यालयों का विस्तार नहीं किया।

गंगाजल विवाद सिन्धु जल विवाद की तुलना में काफी अधिक जटिल तथा पेचीदा था तथा प्रतिद्वन्द्वी दलों – भारत और बांग्लादेश – ने वार्ता के विभिन्न चरणों में दुराग्रहपूर्ण रवैया अपनाया। मुद्दा महज गंगाजल बँटवारे का ही नहीं था बल्कि अनुत्पादनकारी मौसम में (जनवरी व मई के बीच) जब बहाव कम रहता है, उसका संवर्धन करने का भी था। यह ध्यातव्य है कि भारत एक उच्च तटवर्ती राज्य है और बांग्लादेश एक निचला तटवर्ती राज्य है। बांग्लादेश का तर्क था कि भारत हमेशा गंगा जल के फरक्का में एकपक्षीय दिक् परिवर्तन में अन्तर्ग्रस्त रहा जिससे निचले तटवर्ती राज्य के हितों पर प्रतिकूल प्रभाव पड़ा।

दूसरी तरफ भारत ने, यह मानते हुए कि गंगा एक भारतीय नदी है, बल दिया कि गंगा जल का एक अंश फरक्का बाँध से भागीरथी/हुगली का विपथन कोलकाता पत्तन को खराब होने से बचाने तथा कोलकाता को पेय और औद्योगिक जल आपूर्ति की गंदगी से संरक्षण के लिए आवश्यक था। बांग्लादेश ने हमेशा सम जल विभाजन सूत्र पर बल दिया जिसे भारत में उपजाऊ क्षेत्र और बांग्लादेश की तुलना में अधिक जनसंख्या के होने के कारण भारत ने इसे तर्कसंगत नहीं माना। जहाँ तक संवर्धन का सवाल है, अनुत्पादन शील सत्र के दौरान जल प्रवाह के संवर्धन के लिए रक्षा उपायों पर हमेशा तीव्र विरोध रहा। गत समय में, भारत का प्रस्ताव था कि जल–अतिरेक वाली ब्रह्म पुत्र नदी से गंगा में जल प्रवाह बढ़ाने के लिए जागीघोपा से फरक्का तक बांग्लादेश से होते हुए एक नहर का निर्माण किया जाए। दूसरी ओर, बांग्लादेश ने प्रस्ताव–किया कि नेपाल से सात ऊँचे बाँधों के पीछे मानसून जल प्रवाह का भंडारण करके गंगाजल तंत्र के भीतर जल संवर्धन किया जाए। दोनों पक्ष एक दूसरे से असहमत थे और इस प्रकार, कई राजनीतिक वार्तालापों के बावजूद समस्या का समाधान उस समय तक नहीं हुआ जब तक 1996 में करार नहीं हुआ।

प्रश्न 10. संघर्ष समाधान व संघर्ष प्रबन्धन के विभिन्न तरीकों का वर्णन करो।

[Dec-07, Q.No.-3]

उत्तर – संघर्ष समाधान व संघर्ष प्रबन्धन के तरीके इस प्रकार हैं :

पंचाट – पंचाट न्याय निर्णयन की विशाल प्रक्रिया का एक अंग है। संघर्ष समाधान के इस तरीके से, संघर्ष करने वाले दल विवाद को निष्पक्ष न्यायाधिकारण या अन्तर्राष्ट्रीय न्यायालय के पास भेजते हैं और उसके निर्णय को मानने के लिए राजी होते हैं। दक्षिण एशियाई देशों ने अपने विभिन्न मुद्दों और संघर्षों के समाधान के लिए तीन तरीके अपनाए हैं – पंचाट,

मध्यस्थता और द्विपक्षीय वार्तालाप। प्राचीन काल में पहले दो तरीकों का इस्तेमाल अधिक होता था। भारत तीसरे तरीके का पक्षधर राष्ट्र रहा है। पाकिस्तान और बांग्लादेश को अन्तर्राष्ट्रीय मध्यस्थता का तरीका ज्यादा पसन्द है। भारत अपने किसी भी पड़ोसी देश के साथ विवाद को द्विपक्षीय वार्तालाप के द्वारा समाधान करना चाहता है। भारत को पंचाट या मध्यस्थता का तरीका पसन्द नहीं है।

भारत और पाकिस्तान के बीच कच्छ की खाड़ी के विवाद का मामला पंचाट द्वारा ही सुलझाने के कोशिश की गई थी। इस निर्णय के परिणामस्वरूप खाड़ी के उत्तरी भाग का लगभग 900 वर्ग कि.मी. क्षेत्र पाकिस्तान को दे दिया गया था। हालांकि विवादग्रस्त क्षेत्र का बाकी हिस्सा भारत को मिला था लेकिन तब भी भारत पंचाट के निर्णय से खुश नहीं था। भारत के अनुसार यह निर्णय कानूनसम्मत निर्णय नहीं था बल्कि राजनीति से प्रेरित निर्णय था। इसी समय से पंचाट निर्णय पर से भी भारत का विश्वास उठ गया है।

मध्यस्थता – दक्षिण एशिया में संघर्ष प्रबंधन के इतिहास में, 1960वें दशक तक अन्तर्राष्ट्रीय मध्यस्थता ने महत्त्वपूर्ण रणनीति तैयार की। यद्यपि अन्य दक्षिण एशियाई देशों का प्रथम रूझान तीसरे दल द्वारा मध्यस्थता का था, भारत ने अनिच्छापूर्वक इसे स्वीकार किया। चूँकि भूमंडलीय सत्ता प्रतिस्पर्धा ने दक्षिण एशिया में शांति बनाए रखने के लिए बाध्यताएँ लागू कीं, समाधान के लिए प्रेरित किया। 1966 में, भारत–पाकिस्तान युद्ध के मद्देनजर पूर्ववर्ती सोवियत संघ ने दो देशों के बीच ताशकंद समझौते की मध्यस्थता की। युद्ध समाप्ति के अलावा, करार में शांतिपूर्ण सम्बन्ध बनाए रखने का प्रावधान किया गया था, तथापि, इससे शत्रुता का अन्त नहीं हुआ।

सर्वाधिक सफल मध्यस्थता भारत और पाकिस्तान के बीच सिन्धु जल विवाद के लिए की गई। 1960 में इसका समाधान करने के लिए विश्व बैंक ने अपने अच्छे कार्यालयों का विस्तार किया। दोनों देशों द्वारा की गई संधि के अनुसार, पाकिस्तान को तीन पश्चिमी नदियाँ–झेलम, चेनाब और सिंध मिलीं तथा भारत को तीन पूर्वी नदियाँ – रावी,व्यास और सतलुज। नदियों के समान बँटवारे ने विाद हल करने का काम बहुत आसान बना दिया। महत्त्वपूर्ण रूप से, संधि में भारत और पाकिस्तान प्रत्येक के लिए एक आयुक्त वाले स्थायी सिंध आयोग का गठन किया गया था। आयोग भारत–पाकिस्तान सम्बन्धों में तनाव और परेशानियों के दौरान भी नियमित बैठक करता है और दोनों देशों का दौरा भी करता है। संधि के कार्यान्वयन पर सभी मतभेदों के समाधान के लिए आयोग को शक्ति प्रदान की गई है और यदि आयोग विफल रहता है तो मामला सरकारों के पास भेज दिया जाता है। यदि सरकारों के बीच कोई करार नहीं है तो मामले पर तृतीय दल द्वारा पंचाट के लिए कार्यवाही की जाती है। महत्त्वपूर्ण बात यह है कि सन्धि के पंचाट उपखंड को अभी तक लागू नहीं किया गया है। संधि भारत और पाकिस्तान के बीच कई युद्धों और तनावों के बावजूद भली–भांति कार्य कर रही है।

कश्मीर विवाद 1950 और 1958 के मध्य संयुक्त राष्ट्र द्वारा असफल मध्यस्थता की स्थिति का प्रतीक है। 1948 में, संयुक्त राष्ट्र सुरक्षा परिषद् ने शांति की बहाली और विवाद का समाधान करने के लिए जनमत की व्यवस्था करने के लिए एक पाँच सदस्यीय मध्यस्थता आयोग नियुक्त किया जिसे भारत और पाकिस्तान पर संयुक्त राष्ट्र आयोग के नाम से जाना

जाता है। अगस्त 1948 में भारत और पाकिस्तान के बीच युद्ध विराम और युद्ध बन्दी के क्षेत्र से अपनी सेनाएँ वापस बुलाने तथा पाकिस्तान अधिकृत कश्मीर में स्थानीय बलों के निःशस्त्रीकरण पर सिद्धांततः सहमत हो गए थे। संयुक्त राष्ट्र ने कश्मीर में लोगों की इच्छा जानने के लिए जनमत के लिए भारत की सहमति प्राप्त कर ली थी परन्तु 1949 में भारत ने यह प्रस्ताव अस्वीकार कर दिया। आयोग ने लगभग दो साल तक काम किया और सुरक्षा परिषद् को तीन अंतरिम रिपोर्टें पेश कीं। तथापि, इससे भारत और पाकिस्तान विवाद को निपटाने में सहमति के लिए कहीं भी निकट नहीं आए। दोनों देशों ने जनमत और असैनिकीकरण प्रस्तावों की अलग–अलग व्याख्या की। इन हालातों में एक सुझाव दिया गया था कि विवाद को पंचाट के लिए भेज दिया जाना चाहिए। भारत इस प्रस्ताव से सहमत नहीं हुआ। इसी समय, पाकिस्तान कश्मीर के विभाजन के विचार के पक्ष में नहीं था। मध्यस्थता में प्रगति न होने से निराश होकर, आयोग के कुछ सदस्यों ने समस्या को भारत और पाकिस्तान द्वारा द्विपक्षीय वार्ता के माध्यम से हल करने के लिए छोड़ देने का विचार किया। 1958 तक संयुक्त राष्ट्र मध्यस्थता अप्रभावी रही और वस्तुतः उन्होंने इसे छोड़ दिया था।

द्विपक्षीय वार्तालाप – संघर्ष समाधान के लिए भारत का सबसेय पसंदीदा तरीका द्विपक्षीय वार्तालाप है। भारत ने संघर्ष समाधान के लिए दो अन्य तरीके पंचाट और मध्यस्थता को कभी पसन्द नहीं किया। भारत का मानना है कि 1972 का शिमला समझौता सफल द्विपक्षीय वार्तालापों का ही परिणाम है। शिमला समझौता किसी भी प्रकार के संघर्ष के समाधान के लिए द्विपक्षीय वार्तालाप पर जोर देता है और इसमें भारत और पाकिस्तान दोनों के बीच शांति प्रक्रिया की स्थापना के लिए किसी भी प्रकार के बाहरी हस्तक्षेप की बात को नकार दिया गया है। पड़ोसियों की नापसंदगी के बावजूद भारत ने अनेक मामलों में इस विधि का प्रयोग किया है, भले ही उसकी यह विधि सफल हुई हो या असफल।

भारत–श्रीलंका के क्षेत्रीय विवाद और भारत बांग्लादेश के बीच गंगाजल विवाद पर सफलतापूर्वक वार्ताएँ हुई हैं। द्विपक्षीय वार्ता के परिणामस्वरूप ही भारत कच्चातिवू द्वीप पर श्रीलंका के दावे को मानने को सहमत हो गया। भारत और बांग्लादेश के बीच गंगाजल के बँटवारे के निर्णय का भी वार्ता के द्वारा ही समाधान हो पाया। लेकिन भारत और पाकिस्तान के बीच के क्षेत्रीय विवादों का समाधान करने में द्विपक्षीय वार्ताएँ असफल रही हैं। 1950 और 1960 के दशक में भारत और पाकिस्तान के बीच अनेक बार द्विपक्षीय वार्ताएँ हुईं, जिसमें ज्यादातर वार्ताएँ असफल ही रही हैं। सियाचीन के संघर्ष के सम्बन्ध में 1986, 1989 और 1992 में दोनों देशों के बीच वार्ताएँ हुईं लेकिन वे सफल नहीं हुईं। 90 के दशक में इन्द्र कुमार गुजराल सरकार के कार्यकाल में संघर्ष समाधान के लिए द्विपक्षीय वार्ता की प्रक्रिया को फिर से शुरू किया गया लेकिन दुर्भाग्यवश प्रक्रिया मूर्त्त रूप नहीं ले सकी। जम्मू–कश्मीर सहित अन्य लम्बित द्विपक्षीय मुद्दों के समाधान के लिए वाजपेयी और नवाज शरीफ के बीच एक समझदारी विकसित हुई जिसके परिणामस्वरूप 1998 में द्विपक्षीय वार्ता का पुनः आरंभ किया गया। लेकिन कारगिल युद्ध के परिणामस्वरूप इन वार्ताओं का सिलसिला फिर समाप्त हो गया।

प्रश्न पत्र

ई.पी.एस.–15 : दक्षिण एशिया : अर्थव्यवस्था, समाज और राजनीति
जून, 2007

नोट:
(i) खण्ड I – किन्हीं **दो** प्रश्नों के उत्तर दीजिए।
(ii) खण्ड II – किन्हीं **चार** प्रश्नों के उत्तर दीजिए।
(iii) खण्ड III – किन्हीं **चार** भागों के उत्तर दीजिए।

खण्ड I

निम्नलिखित में से किन्हीं **दो** प्रश्नों के उत्तर लगभग 500 शब्दों (प्रत्येक) में दीजिए। प्रत्येक प्रश्न 20 अंक का है।

प्रश्न 1. भारत में उदारवाद के कार्यक्रम का आलोचनात्मक परीक्षण करें। उदारवाद के समक्ष प्रमुख चुनौतियाँ क्या हैं?
देखें इकाई–2, प्रश्न सं.–6 एवं प्रश्न सं.–7

प्रश्न 2. पाकिस्तान की राजनीति में सैन्य बलों की भूमिका का विश्लेषण कीजिए।
देखें इकाई–3, प्रश्न सं.–2

प्रश्न 3. श्रीलंका में तमिल आक्रामकवाद (युयुत्सा) के उद्भव के लिए उत्तरदायी कारणों का परीक्षण कीजिए।
देखें इकाई–6, प्रश्न सं.–10

प्रश्न 4. भारत–बांग्लादेश द्विपक्षीय सम्बन्धों के मुख्य मुद्दों की चर्चा कीजिए।
देखें इकाई–2, प्रश्न सं.–8(3)

खण्ड II

निम्नलिखित में से किन्हीं **चार** प्रश्नों के उत्तर लगभग 250–300 शब्दों (प्रत्येक) में दीजिए। प्रत्येक प्रश्न के 10 अंक हैं।

प्रश्न 5. मालदीव की राजनीतिक व्यवस्था पर एक लेख लिखें।
देखें इकाई–6, प्रश्न सं.–13

प्रश्न 6. 1990 के दशक के प्रारम्भ से नेपाल में राजनीतिक स्थिरता के अभाव के कारणों का परीक्षण कीजिए।

देखें जून–2008, प्रश्न सं.–8

प्रश्न 7. बागान सैक्टर अब श्री–लंकाई अर्थव्यवस्था का मुख्य आधार नहीं रहा है। टिप्पणी करें।

देखें इकाई–6, प्रश्न सं.–6

प्रश्न 8. भूटान की राजनीतिक व्यवस्था के प्रमुख लक्षणों का वर्णन करें।

देखें इकाई–5, प्रश्न सं.–10

प्रश्न 9. उत्तर–औपनिवेशिक काल में दक्षिण एशिया में मानवाधिकारों के चलन पर टिप्पणी कीजिए।

उत्तर – सन् 1947 में जब भारत को स्वतंत्रता प्राप्त हो गई, राज्य की बागडोर उन्हीं लोगों के हाथ आ गयी जिन्होंने कभी 'सरकार के विरोध के अधिकार' का समर्थन किया था और विडम्बना ही थी कि उनकी धारणाएँ अब बदल चुकी थीं। अब उन्हें लगा, कि 'शिशु राज्य', की रक्षा कुछ नागरिक अधिकारों की लागत पर भी की जानी चाहिए थी। दूसरी ओर, जनता के मन में, नयी उमंगें भरी थीं। लोग चाहते थे कि राज्य उनकी क्षुधा को तत्काल शांत करे – न सिर्फ रोटी, कपड़ा और मकान जैसी मौलिक मानवीय आवश्यकताओं की पूर्ति अपितु उन अधिकारों एवं न्याय के लिए भी जो दो–शताब्दी लम्बे औपनिवेशिक शासन काल में उनसे दूर कर दिए गए थे। राज्य के हित और जनता के हित एक–दूसरे के आमने–सामने थे। पूर्ववती परवर्ती का मुँह बंद करना चाहता था। फलतः नागरिक अधिकारों का हनन किया गया और उनकी रक्षा के लिए नागरिक–अधिकार आंदोलन फिर से सक्रिय हो गया। सटीक रूप से यही वह बिन्दु है जिसमें दक्षिण एशिया में उपनिवेशोपरांत राज्य की दुविधा छिपी है। अपने अपर्याप्त संसाधनों के साथ, जनता की आकांक्षाओं को पूरा करने में असफल राज्य और अधिक दमनकारी हो जाता है। इससे दोनों ही मोर्चो पर मानवाधिकारों को खतरा पैदा हो जाता है – जनता के नागरिक एवं राजनीतिक अधिकार तथा उनके सामाजिक एवं आर्थिक अधिकार; यही असमंजस मानवाधिकार चिन्तन में दिखाई पड़ता है। सामाजिक एवं आर्थिक अधिकारों को सुनिश्चित किए जाने की दिशा में हस्तक्षेपवादी राज्य के कार्यक्षेत्र को बढ़ाया जाता है। यह बात मानवाधिकारों की बुनियादों के खिलाफ जाती है। यह स्थिति उदारीकरण और निजीकरण के पदार्पण के साथ ही दक्षिण एशिया में और जटिल हो गई है। यह तर्क रखते हुए कि राज्य उन वायदों को पूरा करने में विफल रहा है जो उसने किए थे बाजार ने प्रमुखता प्राप्त कर ली है। इसने अधिकारों पर केन्द्रित ध्यान को एक भिन्न दिशा में मोड़ दिया।

भारत में अपातकाल–उपरांत दौर में अधिकांश नागरिक–अधिकारवादी समूह अपनी गतिविधियों का केन्द्र बिन्दु बढ़ाकर राजनीतिक अधिकारों की रक्षा से भी परे ले गए। गरीबों,

धार्मिक एवं नृजातीय अल्पसंख्यकों, महिलाओं व बच्चों के प्रति सामयिक एवं आर्थिक भेदभाव के विरूद्ध संघर्ष, सभी को समान महत्त्व मिला। पर्यावरण–संबंधी अधिकार तथा सतत् विकास संबंधी अधिकार जैसे नए मुददों को पुराने नागरिक–अधिकार समूहों के साथ–साथ नए–नए सामने आये समूहों द्वारा भी उठाया गया है, जैसे 1993 में पर्यावरण एवं मानव अधिकारों के लिए गठित भारतीय जन न्यायाधिकरण।

इस केन्द्र–बिन्दु के फैलने के पीछे अन्य कारणों में से एक है – अर्न्तराष्ट्रीय मानवाधिकार संगठनों के साथ, भारतीय कार्यकर्त्ताओं की अधिक अन्योन्य क्रिया। 1977 में भारत के लिए एमनेस्टी इण्टरनेशनल का प्रचार–दल और उसके तदोपरांत मुद्दे इस संबंध में उल्लेखनीय हैं। 'नए सामाजिक आन्दोलनों', जैसे दलित आन्दोलनों, नारी आन्दोलनों तथा पर्यावरण आन्दोलनों का भी महत्त्वपूर्ण प्रभाव रहा था।

देखें इकाई–7, प्रश्न सं.–2

प्रश्न 10. दक्षिण एशिया में निर्धनता उन्मूलन में गैर–सरकारी संस्थाओं की भूमिका का मूल्यांकन कीजिए।

उत्तर – अधिकांश दक्षिण एशियाई देशों में गरीबी उन्मूलन तथा ग्रामीण विकास के लिए विशेष का शुभारम्भ 1970 के दशक के अंतिम वर्षो से हुआ। इस चरण में गरीबी उन्मूलन तथा ग्रामीण विकास कार्यक्रमों में कई गैर–सरकारी संगठनों को शामिल किया गया। 1980 के दशक के अंतिम वर्षा से प्रतिकूल बाह्य व्यापार पर्यावरण और ऋण संकट के कारण दक्षिण–एशिया के अधिकांश देशों में सामाजिक क्षेत्रों पर व्यय में कमी आई और इस प्रकार गैर–सरकारी संगठन उभरकर सामने आए।

गरीबी दूर करने के मुद्दे से संबंधित नीतियों को प्रमुखतया तीन समूहों में वर्गीकृत किया जा सकता है। पहली वे नीतियाँ हैं जो प्रत्यक्ष रूप से उत्पादन बढ़ाने और आय सृजित करने की ओर अभिमुख हैं जैसे – काश्तकारी और भूमि सुधार जिससे गरीबों के परिसम्पत्ति आधार और उत्पादकता में वृद्धि होती है। दूसरी वे नीतियाँ हैं जो व्यक्तियों अथवा घरों की आय तथा उपभोग के प्रवाह को प्रभावित करती हैं जैसे रोजगार और मजदूरी रोजगार। तीसरी प्रकार की नीतियाँ हैं जो गरीबों के रहन–सहन में सुधार के लिए अनिवार्य हैं। एशिया में गरीबी उन्मूलन से जुड़ी कुछ नीतियों और कार्यक्रमों का वर्णन निम्नलिखित हैं :

भूमि सुधार

अधिकांश दक्षिण एशियाई देशों ने स्वतंत्रता के बाद से ही भूमि सुधार कार्यक्रमों को लागू कर दिया था। भूमि उच्चतम सीमा निर्धारण (Ceiling) व पुनर्वितरण नीति अब तक की सबसे क्रान्तिकारी प्रकृति की नीति रही है यद्यपि व्यवहार में यह सबसे कम सफल रही है। भारतीय सुधार कार्यक्रम 1950 के दशक में आरम्भ हुए। 1980 के दशक के मध्य तक कृषित भूमि का लगभग 1.5 प्रतिशत उच्चतम सीमा निर्धारण के अंतर्गत अधिगृहीत किया जा चुका था तथा 80 प्रतिशत से कम वास्तव में वितरित किया गया। इसके अतिरिक्त, चूँकि वितरण

के लिए कम भूमि उपलब्ध थी, अतः इसके कुल लाभार्थी गरीब घरों के अनुपात में बहुत कम थे। बंगलादेश का रिकार्ड और भी निराशाजनक है। यदि उच्चतम सीमा को सख्ती से लागू किया जाता तब भी सीमा ऊपर की भूमि कृषित भूमि के 1 प्रतिशत से अधिक नहीं हो पाती। व्यावहारिक तौर पर संभावित भूमि के केवल 15 प्रतिशत का वितरण किया गया।

नेपाल में भूमि अधिनियम 1964 के द्वारा चलाए गए अत्यंत व्यापक भूमि सुधारों के परिणाम भी निराशाजनक ही रहे। कृषित भूमि का केवल 3 प्रतिशत उच्चतम सीमा से अधिक पाया गया।

पाकिस्तान में 1959 के भूमि सुधारों से केवल 2.50 मिलियन एकड़ भूमि अधिगृहित की जा सकी जो कि तत्कालीन कृषित भूमि का लगभग 4 प्रतिशत थी। 1972 के सुधारों से 1.82 मिलियन एकड़ भूमि प्राप्त की जा सकी।

श्रीलंका की उपलब्धियाँ अधिक उल्लेखनीय प्रतीत होती हैं। 1972 तथा 1975 के तत्काल बाद कृषि भूमि 20 प्रतिशत अधिगृहित किया जा सका परन्तु भूमिहीन तथा सीमान्त किसानों को अधिग्रहित भूमि का केवल 12 प्रतिशत मिला जोकि कृषित भूमि का 2.4 प्रतिशत ही है। इसका कारण यह रहा कि सुधार का प्रमुख उद्देश्य बागान क्षेत्र था: इस प्रक्रिया में धान की केवल 1 प्रतिशत भूमि अधिगृहित की गई। बागानी भूमि का अधिकांश हिस्सा राज्य के संचालन वाले कार्पोरेशनों के अधिकार में था जिससे भूमिहीन निर्धनों का नियंत्रण बढ़ाने में कोई मदद नहीं मिली।

इस प्रकार से इस क्षेत्र भर में पुनर्वितरण भूमि सुधारों के नगण्य प्रभाव की तस्वीर बनती है। सामान्य तौर पर, निर्धारित उच्चतम सीमा इतनी अधिक थी कि पर्याप्त अतिरिक्त भूमि नहीं प्राप्त की जा सकी। यहाँ तक कि जो थोड़ी–बहुत भूमि वैधानिक तौर पर अधिगृहित की जा सकती थी, वह भी नहीं हो सकी क्योंकि भूमि मालिक भूमि का अधिकार अपने पास रखने के लिए बेनामी हस्तांतरण जैसे विविध कानूनी बचाव के रास्ते उपयोग में लाए। इसके अतिरिक्त दी गई मामूली भूमि भी उपजाऊ नहीं थी। इनमें से अधिकांश खाइयों, दलदली भूमि तथा बंजर भूमि में से थी।

काश्तकारी विधेयक

अधिकांश दक्षिण एशियाई देशों ने काश्तकारों को स्वामित्व का अधिकार देने और उत्पाद का हिस्सा बंटाई पर फसल बोने वाले को तय करने के लिए विधेयक बना रखे हैं। तथापि, ये विधेयक न केवल भूमि पर काश्तकारों के नियंत्रण में सुधार लाने में सफल हुए अपितु बड़े पैमाने पर बेदखली से उनके हालात और भी बिगड़ गए। मौजूदा स्वामित्व अधिकारों और भूमिहीन व सीमान्त किसानों की भूमि प्राप्ति की लालसा के मद्देनजर केवल विधेयक बनाने से काम नहीं चलेगा। जमीदारों के पहले से मौजूद श्रेष्ठता अधिकारों को कम करने के लिए काश्तकारों को स्थानीय स्तर पर राजनैतिक अधिकार प्राप्त कर बराबरी करनी होगी। इसके अतिरिक्त, यदि काश्तकारों के पास भूमि आ भी जाती है तो इसके लिए उन्हें उपभोग ऋण, चल पूँजी ऋण तथा

आजीविका बीमा सुनिश्चितता जैसे नए स्रोतों की आवश्यकता होगी क्योंकि यह सब उन्हें जमीदार से प्राप्त नहीं हो सकता। संक्षेप में, इन शर्तों के पूरा न हो पाने के कारण अधिकांश दक्षिण एशियाई देशों में काश्तकारी सुधार लगभग पूरी तरह असफल हो गए।

खण्ड III

प्रश्न 11. निम्न में से किन्हीं *चार* पर लगभग 100 शब्दों (प्रत्येक) में संक्षिप्त टिप्पणी लिखिए। प्रत्येक भाग 5 अंक का है।

(i) बांग्लादेश में राजनीतिक दल

उत्तर. सेना में मुजींब के करिश्माई प्रभाव में कमी, सत्ताधारी राजनीतिक दल में गुटबाजी तथा विपक्षी दलों की कमजोरी के अवसर का लाभ उठाते हुए देश में तख्ता पलट कर दिया गया। अगस्त, 1975 में बांग्लादेश की सेना के कुछ अधिकारियों द्वारा रचे गए षडयंत्र से मुजीब की हत्या कर दी गई। इन अधिकारियों ने मंत्रिमंडल में अगले वरिष्ठ व्यक्ति खोण्डकर मुश्ताक अहमद को राष्ट्रपति बना दिया। जाने–माने अनुदारवादी मुश्ताक ने उन रूढ़िवादी तथा दक्षिणपंथी तत्त्वों को प्रमुख स्थान दिया जिन्होंने मुजीब की धर्मनिरपेक्षवादी, जनतांत्रिक तथा समाजवादी विचारधारा का विरोध किया था।

सेना में राजनीतिकरण तथा गुटबाजी नवम्बर, 1975 में उभर कर सामने आई। विभिन्न दलों के वफादार सैनिकों द्वारा तख्तापलट के प्रयासों से मुश्ताक को पदच्युत कर दिया गया। मुख्य न्यायाधीश सईम देश के राष्ट्रपति तथा प्रमुख प्रशासक बने। मेजर जनरल जियाउर्रहमान सामरिक प्रशासन के प्रमुख प्रशासक बने। "जिया" के नाम से लोकप्रिय, जनरल जियाउर्रहमान स्वतंत्रता संग्राम के नायक थे। शीघ्र ही वे सत्ताधारी दल के प्रमुख सदस्य बन गए। नवम्बर, 1976 में उन्होंने सैनिक शासन प्रशासक के रूप में न्यायाधीय सईम का स्थान ले लिया तथा बाद में राष्ट्रपति पद भी प्राप्त कर लिया। जिया ने जनमत संग्रह करवाया ताकि अपने पदासीन होने को वैध ठहराया जा सके। इस जनमत संग्रह के दौरान जिया के बांग्लादेश में आर्थिक तथा सामाजिक रूप से जान फूँकने के लिए 19 सूत्री कार्यक्रम का प्रस्ताव रखा। इस कार्यक्रम में अन्य बातों के साथ–साथ बंगाली राष्ट्रवाद की अपेक्षा बांग्लादेशी राष्ट्रवाद पर बल दिया गया था। इसमें राष्ट्रीय जीवन के आधार के रूप में इस्लाम की पुष्टि भी की गई थी। सैनिक शासन के दौरान मुजीब के शासनकाल की कई नीतियों को बदलने के प्रयास किए गए। बांग्लादेश की स्वतंत्रता का विरोध करने वाली तथा पाकिस्तान की सैनिक कार्रवाई का समर्थन करने वाली राजनीतिक शक्तियों को छूट दी गई। स्वतंत्रता प्राप्ति के बाद जिन सेवानिवृत्त सैनिक कर्मियों तथा पाकिस्तानी सिविल सेवाओं में प्रशिक्षित विवादास्पद सिविल नौकरशाही को हाशिये पर रख दिया गया था, उन्हें प्रशासन में महत्त्वपूर्ण पद सौंपे गए। जिया के लिए चेतावनी बनने वाले सभी तत्त्वों को सेना से निकाल दिया गया। सैनिक शासन के दौरान कई आर्थिक नीतियों को भी बदल दिया गया। उदाहरण के तौर पर सरकार द्वारा सम्पत्ति के अधिग्रहण के लिए मुआवजे का भुगतान अनिवार्य कर दिया गया। तदन्तर

विराष्ट्रीयकरण तथा विदेशी निजी पूँजी इत्यादि सहित निवेश में छूट देने से संबंधित कदम उठाए गए।

1977 के बाद के महीनों में सैनिक तख्ता पलटने के कई प्रयास किए गए। अत: जनरल जिया ने बांग्लादेश के आर्थिक, राजनीतिक समाज में लोकप्रिय वैधता लाने की आवश्यकता महसूस की। राष्ट्रपति के लिए चुनाव अभियान की तैयारी करने के लिए जिया ने अपनी एक पार्टी "जागोदल" गठित की जिसमें 19 सूत्री कार्यक्रम को अपनाया गया। जून, 1978 में राष्ट्रपति पद के लिए हुए चुनावों में जिया को मुस्लिम लीग के सहयोगी दल, जतियातीवादी फ्रंट, अब्दुल हमीद खान मशानी की राष्ट्रीय आवामी पार्टी के वामपंथी गुट यूनाइटिड पीप्लस पार्टी तथा अनुसूचित जाति संघ का समर्थन प्राप्त हुआ परन्तु जनरल एम.ए.जी. ओस्मानी ने उनका विरोध किया जिसके नाम का बाद में जल्दी–जल्दी में बनाए गए चुनावी गठबंधन, गणतांत्रिक ओइक्यो जोट (जी.आ.जी.) ने प्रस्ताव किया। इस गठबंधन ने आवामी लीग, राष्ट्रीय पार्टी (मुज्जफ्फर), नेशनल पार्टी ऑफ द पीपल ऑफ बांग्लादेश तथा कई अन्य वामपंथी तथा लोकतांत्रिक पार्टियाँ शामिल थीं। चुनावी अभियान में जे.एफ. ने जिया द्वारा चलाई गई राष्ट्रपति सरकार का समर्थन किया तथा आवामी लीग–बांग्लादेश कृषक श्रमिक (ए.एल.–बकसल) के कुशासन की ओर ध्यान दिलाया। दूसरी ओर गणतांत्रिक आईक्यो जोट ने संसदीय लोकतंत्र को पुन:स्थापित करने के मुद्दे पर ध्यान केन्द्रित किया। जियाउर्रहमान चुनाव जीत गए और उन्हें 76 प्रतिशत वोट मिले।

(ii) मानव विकास और नव–उदारवादी दृष्टिकोण

देखें इकाई–1, प्रश्न सं.–8

(iii) स्ट्रक्चलर ऐड्जस्टमैंट प्रोग्राम्स

देखें इकाई–8, प्रश्न सं.–2

(iv) पाकिस्तान में बलूच

उत्तर. बलूच अथवा बलूची पाकिस्तान के सीमान्त क्षेत्र का संजातीय अल्पसंख्यक समूह है चार प्रमुख समूहों मैरिक, बुगलिस, बिजोनजोर तथा मोंगल में वर्गीकृत बलूची कुल मिलाकर जनजातीय और नाटीय समुदाय है। यद्यपि इनकी जनसंख्या कम है तथापि बलूची समुदाय ने अपनी अलग सांस्कृतिक पहचान सुरक्षित रखी है। पश्तुनों की ही भाँति बलूची समुदाय को पाकिस्तान में शामिल होने पर विरोध था। स्वायतता के लिए चलाए गए बलूच आंदोलन ने 1958–69 के दौरान तथा 1973 के बाद भी हिंसात्मक रूप ले लिया। बलूच नेताओं ने पाकिस्तान की संघीय संरचना में ही स्वायतता की मांग की। आज उनकी प्रमुख समस्या है – पंजाबी वर्चस्व के समक्ष अपनी अलग "बलूच" पहचान को सुरक्षित रखना।

(v) दक्षिण एशिया में बहुलवाद (बहुवाद)

देखें इकाई–7, प्रश्न सं.–6, प्रश्न सं.–7 और प्रश्न सं.–8

(vi) माओमून अब्दुल गयूम

उत्तर– 1978 में माओमून अब्दुल गयूम मालदीव के राष्ट्रपति बने और उन्होंने नागरिक अधिकारों को पुनःस्थापित करने तथा संतुलित क्षेत्रीय विकास की जिम्मेदारी लेते हुए देश को निष्पक्षता तथा अधिक उदारवादी तरीके से चलाने की शपथ ली। उनके नेतृत्त्व की इस नई उदारवादी शैली से विधायिका अधिक सक्रिय हुई लेकिन राष्ट्र के स्वतंत्र और शक्तिशाली अंग के रूप में नहीं। मुख्यतः इसका कारण विधयिका के सदस्यों का सरकार के विभिन्न पदों पर आसीन होना था। 1980 में संविधान में संरचनात्मक सुधार लाने के लिए विशिष्ट नागरिकों की मजलिस आयोजित की गई। 1981 में काफी विचार–विमर्श के बाद राष्ट्रपति ने नये संविधान के एक "प्रारूप" का प्रस्ताव रखा। उन्होंने घोषणा की कि नया संविधान प्रशासन का तरीका, राष्ट्र की संस्थाओं की स्थिति, नागरिकों के अधिकार तथा सरकार और नागरिकों के संबंधों को स्पष्ट करने वाले संविधान के लिए आवश्यक बारीकियों सहित होगा। अभी तक यह नया संविधान निश्चित रूप नहीं ले पाया है।

संवैधानिक सुधारों को लागू करने और मालदीव के राज्यतंत्र को अधिक लोकतांत्रिक तथा धर्मनिरपेक्ष बनाने के अलावा राष्ट्रपति गयूम ने मालदीव समाज के सर्वांगीण विकास के लिए प्रयास किए। उन्होंने देश के तीव्र आर्थिक विकास, दूरस्थ क्षेत्रों को राष्ट्र की मुख्य धारा में शामिल करना तथा महिलाओं के उत्थान संबंधी सुधारों को लागू करने के लिए कदम उठाया। दुर्भाग्यवश राष्ट्रपति द्वारा शुरू किए गए यह सुधार देश के विभिन्न क्षेत्रों का संतुलित विकास करने में असफल रहे। परिणामस्वरूप, कम विकसित प्रवालद्वीपों, विशेषकर दक्षिणी द्वीपों की आबादी असंतुष्ट रही और इस आर्थिक विषमता के विरोध में आवाज उठाती रही।

गयूम को 1988 में कुछ स्वार्थी तत्त्वों द्वारा अपनी सरकार के खिलाफ चलाए गए असफल तख्ता पलट का सामना करना पड़ा। इसे केवल भारत सरकार की मदद से ही दबाया जा सकता था। बाद में 1990 के दशक में राष्ट्रपति द्वारा चलाए गए आमूल सुधारों का इस्लामी रूढ़िवादियों ने विरोध किया। वह परंपरागत जीवन जीने का तरीका थोपना चाहते थे। इसके अलावा राजनीति में सक्रिय कई नेता तथा पत्रिकाएँ जैसे सोंगु (शंख) भी गयूम सरकार में कथित भ्रष्टाचार तथा भाई–भतीजावाद के खिलाफ विरोध प्रकट कर रहे थे। बढ़ते हुए मतभेदों के बावजूद गयूम ने अपनी ताकत समेटनी शुरू की और बड़ी प्रबलता से अपने राजनीतिक विरोधियो के खिलाफ खड़े रहे। 1980, 1983 और 1988 में विद्रोह के प्रयासों के बावजूद गयूम की लोकप्रियता मजबूत बनी रही। किसी वैकल्पिक नेतत्त्व के अभाव में अब्दुल गयूम बाद में सभी चुनाव जीतते हुए मालदीव के राष्ट्रपति बने।

ई.पी.एस.–15: दक्षिण एशिया : अर्थव्यवस्था, समाज और राजनीति
दिसम्बर, 2007

नोटः

(i) खण्ड I – किन्हीं **दो** *प्रश्नों के उत्तर दीजिए।*

(ii) खण्ड II – किन्हीं **चार** *प्रश्नों के उत्तर दीजिए।*

(iii) खण्ड III – किन्हीं **चार** *भागों के उत्तर दीजिए।*

खण्ड I

निम्नलिखित में से किन्हीं **दो** *प्रश्नों के उत्तर लगभग 500 शब्दों (प्रत्येक) में दीजिए। प्रत्येक प्रश्न 20 अंक का है।*

प्रश्न 1. सार्क राष्ट्रों के बीच में बढ़े हुए क्षेत्रीय सहयोग की संभावनाओं का आकलन कीजिए।

उत्तर – पहले दक्षिण एशिया क्षेत्र को भारतीय उप–महाद्वीप के नाम से जाना जाता था, लेकिन पिछले पाँच दशकों से यह क्षेत्र 'दक्षिण एशिया' के नाम से जाना जाता है। इस क्षेत्र के प्रमुख देश हैः भारत, पाकिस्तान, नेपाल, भूटान, बंगलादेश, श्रीलंका तथा मालदीव। इन देशों ने मिलकर सन् 1983 में दक्षिण एशियाई क्षेत्रीय सहयोग। संघ (सार्क) का निर्माण किया। कुछ विद्वान, पुराने भारतीय उप–महाद्वीप का हिस्सा होने के कारण अफगानिस्तान तथा बर्मा (म्यांमार) को भी दक्षिण एशिया क्षेत्र का ही देश मानते हैं। सार्क में अफगानिस्तान और म्यांमार को शामिल करने पर विचार किया जा रहा है, लेकिन इन देशों को अभी दक्षिण एशिया क्षेत्रफल, जनसंख्या और संसाधन की दृष्टि से भारत इस क्षेत्र का सबसे शक्तिशाली राष्ट्र है। भारत के एक विशाल देश होने के कारण दक्षिण एशिया के अन्य राष्ट्रों पर इसकी सभ्यता और संस्कृति का प्रभाव सहज ही देखा जा सकता है। दक्षिण एशियाई राष्ट्र के बीच अनेक समानताएँ और असमानताएँ विद्यमान हैं। नेपाल और भूटान को छोड़कर इस क्षेत्र के सभी राष्ट्र करीब दो सौ साल तक ब्रिटिश साम्राज्यवाद के अधीन थे। नेपाल और भूटान ब्रिटिश साम्राज्यवाद का अंग इसलिए नहीं बने क्योंकि ये दोनों देश भी ब्रिटिश सरकार के इशारे पर नाचते रहे। दक्षिण एशिया के सभी प्रमुख राष्ट्र ग्रामीण और कृषि प्रधान हैं। तेजी से बढ़ती आबादी, निम्न जीवन स्तर और पूँजी का अभाव दक्षिण एशियाई राष्ट्रों की प्रमुख समस्याएँ हैं। दो सौ वर्षो के अंग्रेजी शासन ने विरासत के रूप में इस क्षेत्र के राष्ट्रों के लिए लगभग एक–सौ राजनीतिक, आर्थिक और सामाजिक समस्याएँ छोड़ी। शिक्षा, कानून, व्यापार, चिकित्सा, औद्योगिक पद्धतियों आदि की दृष्टि से दक्षिण एशिया के राष्ट्रों में अभूतपूर्व समानता पायी जाती है। भौगोलिक और आर्थिक रूप से इस प्रदेश में परिपूरक तत्त्व विद्यमान हैं, लेकिन इसकी उपेक्षा करके इस क्षेत्र के राष्ट्र एक–दूसरे के विरूद्ध प्रतियोगिता में रत हैं। कुछ लोग

भारत को दक्षिण एशिया की प्रधान शक्ति (Pre-dominant power) मानते हैं, पर सम्भवतः उसे श्रेष्ठ (Pre-eminent) शक्ति कहना अधिक उपर्युक्त होगा, क्योंकि भारत पाकिस्तान से इतना शक्तिशाली नहीं है कि उसे अपनी इच्छानुकूल अधीनता स्वीकार करने पर निवेश कर सके। भारत और पाकिस्तान इस प्रदेश के प्रधान प्रतिद्वन्द्वी राष्ट्र हैं। पाकिस्तान को छोड़कर अन्य सभी देशों ने गुटनिरपेक्ष विदेश नीति अपनाने का प्रत्यन किया है। अब तो पाकिस्तान भी निर्गुट आन्दोलन में शामिल हो गया है। औपनिवेशिक शासन से स्वतंत्रता प्राप्त करने की इच्छा तथा पश्चिमी और साम्यवादी शक्तियों से सम्बन्धों में इस स्वतंत्रता को बनाये रखने की अभिलाषा इस प्रदेश की सर्वाधिक प्रबल राजनीतिक शक्ति रही है।

भौगोलिक और आर्थिक दृष्टि से समन्वयकारी तत्त्व विद्यमान होने के बावजूद इस क्षेत्र के देशों में सहयोग की इच्छा की अपेक्षा पारस्परिक अविश्वास की भावना अधिक प्रबल है। इस प्रदेश के देशों के पारस्परिक सम्बन्ध अधिकांशतः द्विपक्षीय आधार पर संगठित हुए हैं, बहुपक्षीय आधार पर नहीं। क्षेत्रीय सहयोग का आर्थिक विकास नहीं हुआ है, फिर भी सार्क इस दिशा में एक महत्त्वपूर्ण कदम है। दक्षिण एशियाई देशों के आपसी सम्बन्ध मधुर होते हुए भी विवादों से ग्रस्त रहे हैं। कश्मीर को लेकर भारत–पार्क विवाद, तमिल प्रवासियों को लेकर भारत–श्रीलंका विवाद,फरक्का विवाद को लेकर भारत–बांग्लादेश सम्बन्ध कटुतापूर्ण रहे हैं। अफगानिस्तान में सोवियत उपस्थिति और पाकिस्तान को अमेरिकी शस्त्रों की आपूर्ति ने दक्षिण एशिया के द्वार पर नवशीत–युद्ध की दस्तक दी है। आज के बदलते समय में विश्व राजनीति में इन देशों की प्रमुख भूमिका हो गई है। राष्ट्रों के समुदाय में इनकी आवाज का काफी महत्त्व है। जहाँ यूरोप ने हमें दो महायुद्ध दिए, इस क्षेत्र से हमें आशा है कि यह विश्व को स्थायी शान्ति प्रदान करेगा, क्योंकि इस दिशा में इन देशों द्वारा अनेक प्रयास किए जा रहे हैं। दक्षिण एशिया के देश संयुक्त राष्ट्र संघ समेत कई मंचों पर शान्ति के लिए पैरवी करते रहे हैं। सन् 1947 में दिल्ली में एशियन लिबरेशन्स कॉन्फ्रेंस का आयोजन हुआ था। इसके पश्चात् सन् 1955 में अफ्रो–एशियन देशों की बांडुंग (इण्डोनेशिया) में कॉन्फ्रेंस हुई। इन सम्मेलनों ने विश्व का ध्यान शान्ति की ओर या एक देश से दूसरे देश की शोषण समस्या पर केन्द्रित करने का प्रयास किया और एक नई एवं न्यायपूर्ण विश्व व्यवस्था के लिए आह्वान किया। इससे पूर्व सन् 1954 में, भारत और चीन ने संयुक्त रूप से शान्ति के प्रसिद्ध पाँच सिद्धान्त इस प्रकार हैं: अनाक्रमण, समानता एवं पारस्परिक लाभ, एक दूसरे की सम्प्रभुता एवं प्रादेशिक अखण्डता का आदर, एक दूसरे के आन्तरिक मामलों में हस्तक्षेप न करना एवं शन्तिमय सह–अस्तित्व। इस क्षेत्र के किसी भी देश ने यूरोपियन राजनीति के अखाड़े में लड़ी गई किसी लड़ाई में अपने को सम्मिलित नहीं किया।

प्रश्न 2. दक्षिण एशिया के देशों ने उदारीकरण कार्यक्रमों को क्यों अपनाया था? उनके क्या प्रभाव पड़े?

देखें इकाई–8, प्रश्न सं.–1 से 6

प्रश्न 3. क्षेत्र में संघर्ष समाधान के लिए दक्षिण एशियाई देशों द्वारा अपनाए गए विभिन्न दृष्टिकोणों का वर्णन कीजिए।

देखें इकाई–10, प्रश्न सं.–10

प्रश्न 4. श्रीलंका की अर्थव्यवस्था और समाज पर उपनिवेशवाद के प्रभाव की समीक्षा कीजिए।

देखें इकाई–6, प्रश्न सं.–6

खण्ड II

निम्नलिखित में से किन्हीं ***चार*** *प्रश्नों के उत्तर लगभग 250–300 शब्दों (प्रत्येक) में दीजिए। प्रत्येक प्रश्न के 10 अंक हैं।*

प्रश्न 5. मानव विकास परिप्रेक्ष्य में राज्य की क्या भूमिका है?

उत्तर – मानव विकास में राज्य की एक निर्णायक भूमिका होती है। उसे समस्त साधारण की मानवीय क्षमताओं को सबल करने पर अभिलक्षित नीतियाँ लागू करनी होती हैं। अवसरों का निष्पक्ष वितरण सुनिश्चित करने में उसकी भूमिका अहम् है। इसके अतिरिक्त, राज्य को सक्रिय नीतियाँ बनाने में भाग लेना पड़ता है ताकि विपणन कार्य सम–दृष्टि अपनाये जाने के साथ–साथ कुशलतापूर्वक निबटाया जाना सुनिश्चित हो; और उन स्थानीय संस्थाओं को खड़ा करने अथवा मजबूती प्रदान करने को बढ़ावा देने में भी जो गतिविधियाँ एवं सेवाओं की एक पूरी श्रृंखला में भागीदारी एवं सशक्तीकरण हेतु अवसर प्रदान करती हों।

प्रश्न 6. भूमण्डलीकरण के युग में राष्ट्र राज्यों के समक्ष कौन सी चुनौतियाँ हैं?

देखें इकाई–8, प्रश्न सं.–8 एवं प्रश्न सं.–9

प्रश्न 7. मध्य शक्ति की क्या विशेषताएँ हैं? यह प्रमुख शक्ति से किस प्रकार भिन्न है?

उत्तर – प्रमुख सत्ताएँ सत्ता के अधिकांश, यदि सभी न हो, घटकों पर नियंत्रण रखती हैं। उनके पास अन्तर्राष्ट्रीय व्यवस्था के स्वरूप को अवधारित करने की इच्छा और क्षमताएँ होती हैं। दूसरे शब्दों में, उनके भूमंडलीय अथवा महाद्वीपीय हित होते हैं तथा उनके सुरक्षा उद्देश्य क्षेत्रीय रक्षा से परे होते हैं तथा उनमें अन्तर्राष्ट्रीय व्यवस्था में शक्ति और व्यवस्था को बनाए रखना शामिल होता है। मध्यस्तरीय शक्तियाँ, दूसरी तरफ, कतिपय क्षेत्र में प्रायः वर्चस्व अथवा उत्कृष्टता प्राप्त होती है। कुल मिलाकर उनके पास अन्तरार्ष्ट्रीय व्यवस्था को प्रभावित कराने के लिए कोई यंत्र नहीं होता अपितु प्रमुख शक्तियों के अवांछनीय निर्णयों का विरोध करने के लिए उनके पास पर्याप्त क्षमताएँ होती हैं।

मध्यस्तरीय शक्तियाँ प्रमुख शक्तियों के वर्चस्व को संभाव्य चुनौती प्रस्तुत करती हैं। अतः प्रमुख शक्तियाँ मध्यस्तरीय शक्तियों के प्रभाव को क्षेत्र तक सीमित रखने की माँग करती हैं। प्रमुख सत्ता प्रस्थिति के लिए भारत की महत्त्वाकांक्षाओं पर संयुक्त राज्य और चीन द्वारा

अपनाई गई परिरोधन नीतियों से नियंत्रण लगा है। इन दोनों शक्तियों ने पाकिस्तान की सैन्य क्षमताओं का निर्माण हीं नहीं किया है अपितु दक्षिण एशियाई क्षेत्रीय संघर्ष में उसका पक्ष भी लिया है। इसके अतिरिक्त, संयुक्त राज्य ने अप्रसार शासन को मजबूती प्रदान करने के छद्म वेश में भारत की सैन्य और औद्योगिक क्षमताओं की वृद्धि पर नियंत्रण की माँग की।

प्रश्न 8. बांग्लादेश द्वारा सामना की जा रही नृजातीय समस्याओं पर टिप्पणी लिखिए।

देखें इकाई–4, प्रश्न सं.–6

बांग्लादेश को एक अन्य जातीय समस्या का सामना करना पड़ रहा है, और वह है–रोहिंग्य शरणार्थी। रोहिंग्य लोगों को अरकानी भी कहा जाता है क्योंकि वे मूल रूप से बांग्लादेश की सीमा पर लगे पर्वतीय पश्चिमी राज्य अरकान के निवासी हैं। ऐतिहासिक दृष्टि से बौद्ध बर्मा तथा मुस्लिम रोहिंग्य लोगों के संबंध कटु रहे है। द्वितीय विश्व युद्ध के दौरान अंग्रेजों ने उन्हें बर्मा में मुस्लिम राष्ट्रीय क्षेत्र उपलब्ध कराने का वचन दिया। जब यह वचन पूरा नहीं हुआ तो उत्तर अरकान मुस्लिम लीग ने अरकान के उत्तरी हिस्से को पूर्वी पाकिस्तान में विलय कराने के उद्देश्य से सशस्त्र विरोध कर दिया लेकिन इस विरोध का दमन कर दिया गया। बर्मा में सैनिक शासन द्वारा धार्मिक अल्पसंख्यकों के विरुद्ध भेदभावपूर्ण नीतियाँ अपनाई गईं जिनके कारण रोहिंग्य लोगों पर नागरिकता अधिकारों से इन्कार, जबरन श्रम, अधिक तथा मनमाने कर वसूलने, जबरन पुनः अवस्थापन तथा स्वतंत्रता आंदोलन पर प्रतिबंध सहित कई प्रतिबंध लगाए गए। इन नीतियों के परिणामस्वरूप रोहिंग्य लोगों का बांग्लादेश में बड़े पैमाने पर निर्गमन हुआ। 1977 में सैनिक शासन द्वारा अवैध रूप से आए अप्रवासियों की पहचान करने के लिए किए गए प्रयासों के प्रत्युत्तर में लगभग 200,000 लोगों ने बांग्लादेश में शरण ली। उसके बाद उनमें से अधिकांश वापस चले गए परन्तु 1981–82 में निर्गमन का एक और दौर चला जब रंगून में नया नागरिकता कानून लागू किया गया जिसके तहत वहाँ के निवासियों को यह सिद्ध करना था कि वे देश में 1824 से रह रहे हैं। 1990 के दशक के दौरान बांग्लादेश में और देशान्तरण हुआ जिनमें से कई लोगों को राज्य प्राधिकारियों ने जबरन देश से निकाल दिया था। 2001 में लगभग 20,000 रोहिंग्य बांग्लादेश के शरणार्थी कैम्पों में रह रहे हैं। सार्वजनिक स्वास्थ्य की गिरती अवस्थाओं, कैलोरी ग्रहण में कमी आने, अपनी भूमि से अधिग्रहण हटने तथा सरकार की नीतियों के कारण आंतरिक पुनर्स्थापन जैसे कारणों से इन राज्य–रहित लोगों की दशा हर तरीके से दयनीय है।

प्रश्न 9. 1990 के संविधान को अपनाने के पश्चात् नेपाल में राजनीतिक स्थायित्व क्यों नहीं हैं?

देखें जून–2007, प्रश्न सं.–6

प्रश्न 10. पाकिस्तान में लोकतंत्र के असफल होने के कारणों को स्पष्ट कीजिए।

देखें इकाई–3, प्रश्न सं.–6

खण्ड III

प्रश्न 11. निम्न में से किन्हीं *चार* पर लगभग 100 शब्दों (प्रत्येक) में संक्षिप्त टिप्पणी लिखिए। प्रत्येक भाग 5 अंक का है।

(i) मानव विकास सूचकांक

उत्तर– मानव विकास अधिगम को आधार मिल गया जब संयुक्त राष्ट्र विकास कार्यक्रम (यू.एन.डी.पी.) ने 1990 में प्रथम ह्यूमन डिवैलॅपमण्ट रिपोर्ट में मानव विकास संबंधी एक व्यापक अवधारणा प्रस्तुत की। महबूब–उल–हक के दिशानिर्देशन में तैयार इस रिपोर्ट में मानव विकास को मानवीय क्षमताओं एवं कार्यकलापों को बढ़ाकर लोगों की विकल्प–शृंखला को विस्तार देने संबंधी एक प्रक्रिया के रूप में परिभाषित किया गया था। तदोपरांत वार्षिक मानव विकास रिपोर्टों में मानव विकास प्रतिमान की और अधिक व्याख्या की गई है।

विश्व के सभी देशों की मानव विकास संबंधी रूपरेखा को आगे लाने के लिए यू.एन.डी.पी. ने मानव विकास निर्देशिका (एच.डी.आई.) की अवधारणा को जन्म दिया। यह निर्देशिका मानव विकास के सभी स्तरों पर वांछित तीन अनिवार्य मानवीय विकल्पों की संचयी परिमाप है – दीर्घ जीवन, ज्ञान और शालीन जीवन–स्तर। दीर्घ जीवन एक लम्बी और तंदुरुस्त जिंदगी जीने का विकल्प है। यह जीवन –प्रत्याशा (वर्ष) के लिहाजा से मापा जाता है। ज्ञान साक्षरता – सूचना प्राप्त करने संबंधी एक विकल्प है। इसको शैक्षिक कुशलता प्रतिशत द्वारा मापा जाता है, जो कि विभिन्न स्तरों पर संयुक्त सकल सदस्यता अनुपात होता है। शालीन जीवन–स्तर जीवन की गुणवत्ता और मानक का उपभोग करने संबंधी एक विकल्प है। यह राष्ट्रीय आय अथवा अमेरिकी डॉलर में क्रय–शक्ति सममूल्यता (पी.पी.पी. यू.एस. $) में प्रतिव्यक्ति आय से मापा जाता है।

(ii) नरम शक्ति संसाधन (सॉफ्ट पावर)

उत्तर– जोसेफ एस नाये ने सुदृढ़ और सौम्य संसाधनों में सत्ता घटकों के व्यापक वर्गीकरण का समर्थन किया है। सुदृढ़ सत्ता संसाधनों में सेवा, आर्थिक, प्रौद्योगिकीय और जनसांख्यिकी संसाधन शामिल हैं। ये मूर्त्त संसाधन हैं जो बल प्रयोग और नियंत्रण की क्षमताएँ मुहैया कराते हैं। दूसरी तरफ, सौम्य सत्ता संसाधन अमूर्त होते हैं। इनमें मानदण्ड, अन्तर्राष्ट्रीय संस्थाओं में नेतृत्त्व की भूमिका, संस्कृति,राज्य क्षमता, रणनीति तथा राष्ट्रीय नेतृत्त्व शामिल हैं। सौम्य संसाधन आम राय (सहमति) की प्रेरणा देने तथा मिलकर कार्य करने (समान लक्ष्यों को प्राप्त करने के लिए दूसरों को सहयोग देने को तैयार करना) के लिए राज्य को सक्षम बनाते हैं। सौम्य सत्ता स्वरूप से कम निग्रही होती है। कुछ सौम्य सत्ता संसाधन जैसे राज्य की क्षमता, रणनीतिक एवं राजनीतिक शक्ति तथा राष्ट्रीय नेतृत्त्व को गुणवत्ता राज्य की अन्तर्निहित क्षमताओं को वास्तविक शक्ति में बदलने के लिए महत्त्वपूर्ण है।

प्रमुख सत्ताधारकों के पास शक्ति के सभी घटक होते हैं जो उन्हें संघर्ष अथवा सहयोग के समय, अन्तर्राष्ट्रीय व्यवस्था का स्वरूप और उसके भावी विकास को अवधारित करने की शक्ति प्रदान करते हैं। उनकें पास अन्तर्राष्ट्रीय व्यवस्थाओं में सभी राज्यों को प्रभावित करने की शक्ति होती है क्योंकि उनके पास शक्ति को भूमंडलीय तौर पर प्रक्षेपित करने तथा अपने

क्षेत्रों के पार आक्रामक और रक्षात्मक क्रियाकलापों के संचालन की क्षमता होती है। प्रकारात्मक तौर पर, प्रमुख सत्ताधारकों के भूमंडलीय अथवा महाद्वीपीय हित होते हैं तथा उनके सुरक्षा लक्ष्य सीमाओं से परे होते हैं और उनमें अन्तर्राष्ट्रीय व्यवस्था के तहत सत्ता संतुलन और व्यवस्था बनाए रखना शामिल है। जिन राज्यों के पास इन संसाधनों की कमी होती है, वे लघु सत्ताधारक होते हैं तथा प्रमुख सत्ताधारकों के दबावों से पराजेय रहते हैं।

(iii) नेपाल में धर्म

उत्तर– नेपाल एक हिन्दू राज है, जहाँ राजा को संरक्षक के रूप में देखा जाता है तथा हिन्दू देवता विष्णु के इहलौकिक विश्वरूप में उसे अत्याधिक महत्त्व दिया जाता है। नेपाल की राजनीतिक व्यवस्था में हिन्दूवाद की यह प्रमुख स्थिति जन समुदाय के सभी हिस्सों द्वारा स्वीकार की गई है।

18वीं शताब्दी में गोरखा शासन के आगमन से पूर्व बौद्धधर्म इस क्षेत्र में एक फलता–फूलता धर्म था। गोरखा शासकों ने नेपाल की विशिष्ट पहचान को हिन्दू राज्य के रूप में पेश किया। राज का हिन्दवीकरण राणा शासकों द्वारा पूरा किया गया जो 1854 की नागरिकता आचार–संहिता के माध्यम से हिन्दू सामाजिक पदानुक्रम में विभिन्न नृजातीय समूहों को ले आये। धार्मिक एवं सामाजिक प्रथाओं के संहिताकरण तथा मानकीकरण ने प्रभावशाली नेपाली संस्कृति को अनेक नृजातीय समूहों के स्वांगीकरण की ओर प्रवृत्त किया। आज बड़ी संख्या में लोग हिन्दू धर्म, बौद्ध धर्म तथा/अथवा जीववादी परम्पराओं के एक समन्वयी मिश्रण को अपनाते हैं। वे एक ही देवी–देवताओं की पूजा करते है और कुछ त्यौहारो को साझा तौर पर मनाते हैं।

लोकतंत्र के कदम रखते ही अनेक नृजातीय एवं अल्पसंख्यक धार्मिक समूहों ने अपनी समूह पहचानों की अधिकार–माँग शुरू कर दी है। इन पहचान आन्दोलनों का प्रभाव 1991 व 2001की जनगणना रिपोर्टो में प्रकट होता है। हिन्दुओं के रूप में पहचान प्राप्त लोग 86.6 प्रतिशत ही रह गए। 2001 की जनगणना में जनसंख्या के 11 प्रतिशत को बौद्ध तथा 4.2 प्रतिशत को मुस्लिमों के रूप में पहचाना गया। आबादी के लगभग 3 प्रतिशत लोग देशज कीरन्त मुण्डम धर्म को अपनाते हैं। ईसाई धर्म को मानने वाले आबादी के 0.5 प्रतिशत से भी कम हैं।

(iv) बहुलवाद

देखें जून–2007, प्रश्न सं.–11(5)

(v) भूटान के आर्थिक विकास में भारत की भूमिका

देखें इकाई–5, प्रश्न सं.–11

(vi) मालदीव के राज्यतंत्र की मुख्य विशेषताएँ

देखें जून–2007, प्रश्न सं.–5

ई.पी.एस.–15: दक्षिण एशिया : अर्थव्यवस्था, राज्य–व्यवस्था और समाज
जून, 2008

नोट :

*(i) खण्ड I – किन्हीं **दों** प्रश्नों के उत्तर दीजिए।*

*(ii) खण्ड II – किन्हीं **चार** प्रश्नों के उत्तर दीजिए।*

*(iii) खण्ड III – किन्हीं **दों** भागों के उत्तर दीजिए।*

खण्ड I

*निम्नलिखित में से किन्हीं **दो** प्रश्नों के उत्तर लगभग 500 शब्दों (प्रत्येक) में दीजिए। प्रत्येक प्रश्न 20 अंक का है।*

प्रश्न 1.''भारत ने अन्तर्राष्ट्रीय प्रणाली में प्रमुख शक्तिशाली प्रस्थिति के दावे के लिए कुछ आंतरिक और बाह्य बाधाओं को काबू करना है।'' स्पष्ट कीजिए।

उत्तर – आर्थिक सम्पन्नता के संदर्भ में, भारत विश्व में क्रय शक्ति संतुलन में मात्र संयुक्त राज्य, चीन और जापान के बाद चौथी विशालतम अर्थव्यवस्था के रूप में उभरा है। तथापि, इसका सकल घरेलू उत्पाद 450 बिलियन डॉलर तथा प्रति व्यक्ति आय मात्र 450 डॉलर है, भारत किसी भी प्रमुख सत्ता के मुकाबले नीचे क्रम में जाता है। इसकी लगभग 30 करोड़ आबादी जो कुल आबादी का लगभग 30 प्रतिशत है, गरीबी रेखा से नीचे निर्वाह करती है। आर्थिक प्रतिस्पर्द्धा के मुकाबले में भी, वर्ष 2000 में, भारत 49वें क्रम पर था। भारत की कमजोर आर्थिक नीति शोचनीय है क्योंकि सत्ता के अन्य घटक जैसे सैन्य क्षमता और आबादी की उत्पादनशीलता आर्थिक प्रगति के साथ व्यापक तौर पर वृद्धि की ओर उन्मुख हैं।

आबादी के आकार के संदर्भ में, भारत चीन के बाद दूसरे स्थान पर है। परन्तु भारत के लिए आबादी एक परिसम्पत्ति और अभिशाप दोनों है। इसके उत्तर प्रदेश राज्य (17.6 करोड़) की आबादी अधिकांश प्रमुख सत्ताओं, रूस (14.7 करोड़), ग्रेट ब्रिटेन (5.9 करोड़) तथा फ्रांस (5.9 करोड़) की आबादी से अधिक है। भारत का मध्य वर्ग, जो विश्व में तृतीय विशालतम स्थान पर है, निश्चित रूस से एक परिसम्पत्ति है, क्योंकि सभी प्रमुख सत्ताएँ (चीन को छोड़कर) भारतीय मानव संसाधनों पर निर्भर हैं। ऐसा घटती हुई जन्म दरों और बढ़ती हुई उम्र वाली आबादी के कारण है। तथापि, भारत की विशाल अकुशल और अशिक्षित जनता देश की शक्ति क्षमता के लिए एक अभिशाप है।

सौम्य शक्ति सूचकांकों के संबंध में तुलना करना कठिन है क्योंकि ये अमूर्त होते हैं। सौम्य शक्ति संसाधन सुदृढ़ शक्ति संसाधनों के पूरक हैं और अधिकाधिक अन्तर्निभर विश्व में, बाह्य तौर पर राज्य की शक्ति के अनुप्रयोग और संरक्षण के लिए कम लागत वाले उपाय के रूप में उनका महत्त्व महत्त्वपूर्ण होता जा रहा है।

प्रमुख सत्ताएँ अपनी अन्तर्राष्ट्रीय प्रास्थिति को वैध बनाने के लिए मानदण्ड प्रयोग करती हैं।

इस संबंध में, भारत का नियामक प्रभाव विकासशील विश्व में यौक्तिक आधार पर उत्कृष्ट रहा है। भारत ने विकासशील देशों की तरफ से निरन्तर आवाज उठाई है। गुट–निरपेक्ष आन्दोलन का नेता होने के नाते, भूमंडलीय समानता और नई अन्तर्राष्ट्रीय आर्थिक व्यवस्था का विजेता बन चुका है। यह उदाहरण अन्तर्राष्ट्रीय व्यापार वार्ता और संयुक्त राष्ट्र फोरम जैसे संयुक्त राष्ट्र व्यापार एवं विकास सम्मेलन (UNCTAD) में भारत की स्थिति को स्पष्ट करता है। अतिरिक्त लोकतंत्र के रूप में भारत का अपना पिछला रिकॉड इसकी नियामक शक्ति का भी संवर्द्धन करता है।

प्रमुख शक्तियाँ अपनी स्थिति की वैधता के लिए संस्थाओं का प्रयोग करती हैं। इस संदर्भ में, भारत अनेक अन्तर्राष्ट्रीय आर्थिक संस्थाओं और शासनों का सक्रिय सदस्य रहा है। इसने समय–समय पर, जी–77, जी–20 और गुट–निरपेक्ष ग्रुप में अपने नेतृत्त्व के माध्यम से संस्थागत शक्ति का प्रयोग किया है। 1950वें दशक के प्रारंभ से संयुक्त राष्ट्र शान्तिपूर्ण प्रयासों में इसका योगदान भी इसके संस्थागत प्रभाव में वृद्धि करता है।

तथापि, भारत शक्ति के अन्य स्त्रोतों जैसे राज्य की क्षमता, रणनीति और राष्ट्रीय नेतृत्त्व, में निचले क्रम पर है। भारतीय राज्य अपनी आबादी के बीच वफादारी और अनुशासन पैदा करने तथा पर्याप्त शक्ति का विकास करने में असमर्थ रहा है। 1960वें दशक में, भारत का उसके द्वारा अधिनियमित नीतियों को लागू करने में विफलता के कारण एक 'सौम्य राज्य' के रूप में वर्णन किया गया। रणनीति और राजनीति के क्षेत्र में, भारत का रिकार्ड अस्तव्यस्त है। जहाँ इसके राज्य के वर्चस्व विरोधी प्रकरण ने तृतीय विश्व की एकता को नकली आवरण देते हुए भूमंडलीय संस्थाओं में भूमिका निभाने में तथा उत्तर और दक्षिण मुद्दों पर सौदेबाजी में सहायता की, वहीं इसने संयुक्त राज्य और उन पाश्चात्य देशों को स्वत्व अंतरित किया जिन्होंने कमजोर पाकिस्तान का समर्थन करके भारत पर काबू पाने और संतुलन बनाए रखने का प्रयास किया। राष्ट्रीय नेतृत्त्व भी जो अन्य शक्ति संसाधनों को अन्तर्राष्ट्रीय प्रभाव में बदलने के लिए महत्त्वपूर्ण था, एक गड्ड–मड्ड थैले के रूप में रहा है। स्वतंत्रता के बाद आरंभिक वर्षो में, भारत का अन्तर्राष्ट्रीय प्रभाव प्रमुखतः जवाहरलाल नेहरू के नियंत्रणकारी नेतृत्त्व के कारण रहा है। यद्यपि 1962 में चीन–भारत युद्ध के उत्क्रमणों के बाद भारत आभ्यान्तरिक तौर पर सोचने लगा। श्रीमती इन्दिरा गाँधी ने भी समुद्रपारीय देशों पर अपना कुछ प्रभाव छोड़ा।

अब देखें इकाई–2, प्रश्न सं.–3

प्रश्न 2. नेपाल की राजनीति में राजतंत्र की भूमिका का आकलन कीजिए।

देखें जून–2007, प्रश्न सं.–6

प्रश्न 3. कैसे और क्यों भारत और पाकिस्तान ने आण्विक हथियारों को अर्जित किया है? स्पष्ट कीजिए।

देखें इकाई–10, प्रश्न सं.–4

प्रश्न 4. दक्षिण एशिया में क्षेत्रीय सहयोग को सशक्त बनाने के मार्ग में आने वाली कुछ बाधाओं की आलोचनात्मक समीक्षा कीजिए।

देखें इकाई–9, प्रश्न सं.–5

खण्ड II

*निम्नलिखित में से किन्हीं **चार** प्रश्नों के उत्तर लगभग 250–300 शब्दों (प्रत्येक) में दीजिए। प्रत्येक प्रश्न के 10 अंक हैं।*

प्रश्न 5. पाकिस्तान की राजनीति में किस प्रकार से नृजातीयता एक अस्थिरता का कारक बनी हुई है? स्पष्ट कीजिए।

देखें इकाई–3, प्रश्न सं.–5

प्रश्न 6. 1980 के दशक में बांग्लादेश द्वारा बाजार–उन्मुख सुधारों को आरंभ करने के प्रभाव का आकलन कीजिए।

उत्तर – जनसंख्या की दृष्टि से बांग्लादेश विश्व का आठवाँ बड़ा देश है। विश्व बैंक के अनुमानों के अनुसार 1980 में प्रति व्यक्ति आय 130 से 140 डालर के बीच थी तथा सबसे कम प्रति व्यक्ति आय वाले देशों से गणना करते हुए दूसरे देश के रूप में इसकी गणना हुई। यहाँ की लगभग दो तिहाई जनसंख्या गरीबी रेखा से नीचे रहती है इसलिए बांग्लादेश सबसे "वृहतम निर्धनतम राष्ट्र" तथा "न्यूनतम विकसित देश" की श्रेणी में रखा गया है।

बांग्लादेश के प्रथम राष्ट्रपति शेख मुजीबुर्रहमान ने आर्थिक प्राथमिकताओं को दिशा देने के लिए राष्ट्रीय स्तर पर योजना आयोग का गठन किया। भारत की ही भाँति बांग्लादेश का योजना आयोग 5 वर्ष की अवधि के लिए योजनाओं का मसौदा तैयार करता है परन्तु भारतीय प्रणाली से भिन्न यहाँ कि पंचवर्षीय योजनाओं का मसौदा केवल तकनीकीविदों द्वारा तैयार किया जाता है जिसमें राजनीतिज्ञों तथा नौकरशाहों का बहुत कम योगदान रहता है।

पंचवर्षीय योजनाओं का प्रमुख उद्देश्य गरीबी दूर करना, जनसंख्या वृद्धि की वार्षिक दर को कम करना, निर्यात करना तथा घरेलू बचत को बढ़ावा देना, खाद्य उत्पादन में आत्मनिर्भरता प्राप्त करना तथा वार्षिक सकल घरेलू उत्पाद की दर लगभग 5 प्रतिशत लाना है। कृषि क्षेत्र की अधिकता, अत्याधिक निर्धनता तथा सीमित खनिज संसाधनों के कारण इन उद्देश्यों को प्राप्त करना सरल नहीं है। 1980 के दशक के आरम्भिक वर्षो में इरशाद सरकार द्वारा भूमि सुधार कार्यक्रम आरम्भ किए गए जिनसे प्रति परिवार भूमि स्वामित्व पहले के 33 एकड़ से घटाकर 20 एकड़ किया गया परन्तु इसका भी अधिक प्रभाव नहीं पड़ा क्योंकि केवल 0.4 प्रतिशत किसान ही ऐसे थे जिनके पास 25 एकड़ से अधिक भूमि थी। 1980 के दशक के दौरान औद्योगिकीकरण की प्रक्रिया ने भी भी बल पकड़ा। जनरल जिया तथा इरशाद दोनों ने ही उद्योगों के विराष्ट्रीयकरण तथा निजी निवेश को प्रोत्साहन दिया जिससे 1970 के दशक की समाजवादी भावना की प्रबलता कुछ कम हुई। इसके अतिरिक्त विदेशी निवेश को बढ़ावा देने के प्रयास किए गए परन्तु आधारभूत ढाँचे तथा संसाधनों की कमी के कारण अर्थव्यवस्था के उदारीकरण का अधिक लाभ नहीं हो सका। 1990 के दशक के आरम्भ में बांग्लादेश की अर्थव्यवस्था प्रमुखतः ग्रामीण थी जिसमें सकल घरेलू उत्पाद में कृषि का योगदान लगभग 50 प्रतिशत था। देश की जनसंसख्या का लगभग 82 प्रतिशत ग्रामीण क्षेत्रों में बसा था जिनमें से सभी की आजीविका पूर्ण रूप से या काफी हद तक कृषि पर निर्भर थी। यद्यपि घरेलू उत्पादन पहले की तुलना में बढ़ रहा था तथापि यह वृद्धि निरन्तर बढ़ रही जनसंख्या के लिए पर्याप्त नहीं थी। अतः जनसंख्या के भरण पोषण की न्यूनतम आवश्यकताओं को पूरा करने के लिए बांग्लादेश खाद्यान्नों का आयात करता रहा।

प्रश्न 7. श्रीलंका में तमिल आतंकवादियों के उद्‌गम के कारणों का परीक्षण कीजिए।

देखें जून–2007, प्रश्न सं.–3

प्रश्न 8. 1990 के संविधान को अपनाने से लेकर नेपाल में राजनीतिक अस्थिरता के लिए जिम्मेदार कारणों की समीक्षा कीजिए।

देखें इकाई–5, प्रश्न सं.–3 एवं प्रश्न सं.–4

प्रश्न 9. भूटान में राष्ट्र–निर्माण के प्रयासों पर अपने विचार लिखिए।

उत्तर – राष्ट्र–निर्माण – युद्धोपरंत काल में भूटान के पड़ोस में हो रहे क्रांतिकारी परिवर्तनों ने जिनमें – भारत एक लोकतांत्रिक गणतंत्र के रूप में उभर रहा था, चीन एक समाजवादी राज्य के रूप में उभर रहा था और नेपाल में राणा प्रणाली का पतन हो रहा था – इसने भूटान पर अपना प्रभाव छोड़ा। राजा को इतना बोध अवश्य हो गया था कि वह स्थिति को समझे और कई ऐसे सुधारों को भी लागू करे जिनकी लोगों ने माँग न भी की हो। उदाहरण के लिए, जिग्में दोर्जी वाग्चिक ने भूखण्डों पर 30 एकड़ की सीमा निर्धारित कर दी, भू–राजस्व को और अधिक न्याय–संगत बनाया, और छोटे भूखण्ड रखने वाले गरीब किसानों के मामले में भू–राजस्व समाप्त कर दिया। उसने देश में दास प्रथा और कृषि–दास प्रथा को गैर–कानूनी करार दिया और तदोपरांत फाँसी की सजा को भी समाप्त कर दिया। उसने राष्ट्रीय सभा , यथा सरकार का विधायी अंग, की भी स्थापना की और अंततोगत्वा उसे एक संप्रभु संस्था में तब्दील कर दिया। परिणामतः भूटान अन्य पड़ोसी राज्यों से भिन्न, लम्बे समय तक शांति और स्थिर रहा।

भूटान के बाहरी दुनिया से मुखातिब होने और औद्योगिक संस्कृति से प्रभावित होने के साथ ही, वहाँ के लोगों की जीवन–शैली में परिवर्तन आना शुरू हो गया। सामन्ती समाज की पुरातन मूल्य व्यवस्था तेजी से बदल रही है। पारंपरिक अभिजात वर्ग, लामा जन और सामंती वर्ग उभरते मध्य वर्ग के सामने धीरे–धीरे आधार खोते जा रहे हैं। प्रशासनिक व तकनीकी पदों पर आदमी सरबराह करता यह वर्ग एक धर्मनिरपेक्ष परंपरा में अपेक्षाकृत अधिक शिक्षित है। परिणामतः अभिजात वर्ग अपनी परंपरागत पहचान और रूतबे को कायम रखने के प्रति अधिक सचेत हो गए हैं।

तथापि, शासक अभिजात वर्ग को एक दिशा से अपनी परंपरागत पहचान और प्रतिष्ठा को खतरा महसूस हो रहा है – दक्षिणी भू–भाग में नेपालियों द्वारा पृथक् पहचान का दावा किए जाने से। साठ के दशक में अपने आर्थिक विकास कार्यक्रम को शुरू किए जाने के समय से ही देश में बड़ी संख्या में अकुशल व अर्ध–कुशल नेपालियों के अंतर्प्रवाह के साथ ही शासक अभिजात वर्ग को डर है कि नृजातीय नेपाली एक दिन संख्या में उनसे अधिक हो जायेंगे और राजनीतिक सत्ता हथिया लेंगे। यह भय उनके दिमाग में पक्का हो गया जब सिक्किम में नेपाली आप्रवासी जन जो जनसंख्या का 75 प्रतिशत थे, 1973 में सिक्किम के शासक के खिलाफ उठ खड़े हुए और उसे निरंकुश सत्ता से अलग कर दिया।

देश की प्रादेशिक अखण्डता और सांस्कृतिक पहचान को कायम रखने के लिए शासक अभिजात वर्ग ने एक द्वि–फलक रणनीति अपनायी है। सबसे पहले उसने नागरिक कानूनों को कड़ा किया। 1977 में और फिर 1985 में नागरिकता कानूनों का अधिनियमन किया गया, जिसमें ऐसे लोगों को जो 1958 से भूटान में रह रहे हैं और जिनका नाम जनगणना सूची में दर्ज नहीं है, नागरिकता प्राप्त करने से रोक दिया गया। दूसरे, उसने द्रुपका पहचान को मजबूत करने के कदम उठाए। 1989 में राजा ने द्रिग्लाम नामझा (राष्ट्रीय आचार व शिष्टाचार) नामक 'एक राष्ट्र एक जन' नीति में भूटान की सांस्कृतिक पहचान को बचाए रखने पर अभिलक्षित आदेशों को जारी किया। इन आज्ञप्तियों ने भूटानी जीवन–शैली को, पोशाक समेत अपनाना सभी नागरिकों के लिए अनिवार्य बना दिया। महिलाओं का अपने बाल परंपरागत भूटानी शैली में छोटे कटे रखना अपेक्षित है। सभी व्यक्तियों का आचार–व्यवहार बौद्धधर्म के उपदेशें पर आधारित होना आवश्यक था, जिसे व्यवहार में लाने के लिए धर्म कानूनी रूप से मान्य था। सरकार ने जौङखा, मुख्य राष्ट्रीय भाषा के स्तरीकरण एवं जनप्रचार पर भी बल दिया।

15,000 नेपालियों को अवैध आप्रवासी घोषित किए जाने और द्रिग्लाम नामझा को सख्ती से लागू किए जाने से नृजातीय नेपालियों के बीच असंतोष फैल गया। 1990 में नेपाल में लोकतंत्र की विजय से प्रेरित होकर भूटान में नेपालियों ने नव–स्थापित राजनीतिक दल, भूटान पीपल्स पार्टी (बी.पी.पी.) के झण्डे तले एक राजनीतिक आन्दोलन शुरू किया। बी.पी.पी. ने राजा को माँगों का एक घोषणा–पत्र पेश किया, जिसमें अन्य माँगों के अलावा थीं – राजनीतिक बंदियों की बिना शर्त रिहाई, निरंकुश राजतंत्र से संवैधानिक राजतंत्र में परिवर्तन, मंत्रिमण्डल में विभिन्न नृजातीय समूहों का आनुपातिक प्रतिनिधित्व, और नागरिक अधिनियम, 1985 के संशोधन संबंधी मांगें। जब सरकार ने उसकी मांगों को मानने से इनकार कर दिया तो बी.पी.पी. ने हिंसक प्रदर्शन आयोजित किए। सरकार द्वारा इस विद्रोह के दमन का परिणाम हुआ नेपाल को भूटान से बड़ी संख्या में नृजातीय नेपालियों का निष्क्रमण, जहाँ वो अनेक शरणार्थी शिविरों में रहे इसी के साथ नेपाल सरकार भूटान में नृजातीय संघर्ष को समाप्त करने हेतु प्रयासों में एक मुख्य अभिकर्त्ता के रूप में उभरा है।

प्रश्न 10. मालदीव की अर्थव्यवस्था की प्रकृति और विशेषताओं का वर्णन कीजिए।
देखें इकाई–6, प्रश्न सं.–14

प्रश्न 11. संरचनात्मक समायोजन कार्यक्रमों से आप क्या समझते हैं? स्पष्ट कीजिए।
देखें जून–2007, प्रश्न सं.–11(3)

प्रश्न 12. पाकिस्तान में नागरिक समाज की भूमिका का परीक्षण कीजिए।
देखें इकाई–7, प्रश्न सं.–5(2)

खण्ड III

प्रश्न 13. निम्नलिखित में से किन्हीं *चार* पर लगभग 100 शब्दों (प्रत्येक) में संक्षिप्त टिप्पणी लिखिए। प्रत्येक भाग 5 अंक का है।

(i) बांग्लादेश में ग्रामीण बैंक
देखें इकाई–9, प्रश्न सं.–2

(ii) सिंधु नदी जल विवाद
देखें इकाई–10, प्रश्न सं.–9(3)

(iii) सॉफ्टपावर
देखें दिसम्बर–2007, प्रश्न सं.–11(2)

(iv) आई.पी.के.एफ.

उत्तर– आई.पी.के.एफ. एक मिलेटरी की टुकड़ी थी जो शान्ति स्थापित करती थी। श्रीलंका में 1987 और 1990 में यह कार्य हेतु तब तैयार हुई जब इन्डो–श्रीलंका संधि पर हस्ताक्षर हुए। इसका मुख्य लक्ष्य था श्रीलंका की अंदरूनी लड़ाई लिहे और श्रीलंकन मिलेटरी के झगड़ों का निपटारा करना।

आई.पी.के.एफ. की फोर्स ने कई अंदरूनी अशान्ति फैलाने वाले समुदायों का निपटारा करने में सहायता की जो लिहे की भाँति श्रीलंका में अशान्ति फैलाए हुए थे। यह संधि हमारे प्रधानमंत्री श्री राजीव गाँधी जी और श्रीलंका के प्रेसिडेन्ट श्री जे.आर. जयवर्धने के बीच हुई थी। जयवर्धने ने भारत से सहायता के लिए प्रार्थना की थी। यूनाइटेड स्टेट्स द्वारा और यूरोपियन यूनियन द्वारा आज लिहे को एक आतंकवादी संगठन घोषित कर दिया गया है।

ई.पी.एस.–15 : दक्षिण एशिया : अर्थव्यवस्था, राज्य–व्यवस्था और समाज
दिसम्बर, 2008

नोट :
(i) खण्ड I – किन्हीं ***दों*** *प्रश्नों के उत्तर दीजिए।*
(ii) खण्ड II – किन्हीं ***चार*** *प्रश्नों के उत्तर दीजिए।*
(iii) खण्ड III – किन्हीं ***दों*** *भागों के उत्तर दीजिए।*

खण्ड I

निम्नलिखित में से किन्हीं ***दों*** *प्रश्नों के उत्तर लगभग 500 शब्दों (प्रत्येक) में दीजिए। प्रत्येक प्रश्न 20 अंक का है।*

प्रश्न1. पाकिस्तान में लोकतन्त्र के असफल होने के लिए जिम्मेदार कारणों की समीक्षा कीजिए।

देखें दिसम्बर–2007, प्रश्न सं.–10

प्रश्न2. 1990s के दशक में भारत द्वारा आर्थिक सुधारों को आरम्भ करने की प्रकृति का वर्णन कीजिए और अर्थव्यवस्था के और अधिक उदारीकरण के लिए आंतरिक ओर बाह्य चुनौतियों की पहचान कीजिए।

देखें जून–2007, प्रश्न सं.–1

प्रश्न3. श्रीलंका की अर्थव्यवस्था और समाज पर उपनिवेशवाद के प्रभाव का विश्लेषण कीजिए।

देखें दिसम्बर–2007, प्रश्न सं.–4

प्रश्न4. "दक्षिण एशिया में सरकारें अपने मतभेदों को निपटाने के लिए अलग–अलग समय में विभिन्न बिन्दुओं पर विभिन्न दृष्टिकोणों को अपनाते है।" उपयुक्त उदाहरणों सहित स्पष्ट कीजिए।

देखें इकाई–10, प्रश्न सं.–8

खण्ड II

निम्नलिखित में से किन्हीं ***चार*** *प्रश्नों के उत्तर लगभग 250 शब्दों (प्रत्येक) में दीजिए। प्रत्येक प्रश्न के 12 अंक हैं।*

प्रश्न 5. जेड.ए. भुट्टो द्वारा सेना और नौकरशाही पर नागरिक राजनीतिक प्राधिकार को सर्वोच्च बनाने के लिए क्या उपाय किए थे?

उत्तर. वर्ष 1971 में पूर्वी पाकिस्तान अलग हो गया तथा भारत के साथ युद्ध में पाकिस्तान को हार का मुँह देखना पड़ा। युद्ध की समाप्ति पर जुल्फीकर अली भुट्टो ने देश की बागडोर संभाली, जो तत्कालीन करिश्माई चुना गया नेता था जिसने समाजवादी सिद्धान्तों पर देश के औद्योगिक तथा कृषि क्षेत्र को पुनः ढाँचागत करने के प्रयास किए। पहली बार देश की सेना तथा नौकरशाही पर राजनीतिक अधिकार स्थापित करने के प्रयास किए गए। पिछले दशक के सामाजिक तथा आर्थिक असंतुलनों को संतुलित करने के भी प्रयास किए गए।

भुट्टो ने नई विकास नीति लागू करने का वचन दिया जो पिछली नीतियों की तुलना में समानता के अधिकार पर आधारित थी। देश की सत्ता संभालने के बाद भुट्टो प्रशासन का प्रमुख निर्णय 1972 में रूपये का 57 प्रतिशत तक अवमूल्यन करना तथा बहु विनिमय दरों को हटाना था। इससे पाकिस्तान के निर्यात में अत्याधिक वृद्धि हुई तथा पूर्वी पाकिस्तान के अलग होने के कारण व्यापार में हुई क्षति की भरपाई नए बाजारों की प्राप्ति के रूप में हुई।

भुट्टो शासन का सबसे क्रान्तिकारी निर्णय बड़ी निजी निर्माण तथा वित्तीय संस्थानों का राष्ट्रीयकरण था। 1972 में सभी निजी बैंको तथा बीमा कम्पनियों और 8 प्रमुख उद्योगों के 32 बड़े निर्माण प्लांटों का राष्ट्रीयकरण धन के कुछेक हाथों में एकत्र होने को रोकने और निजी उद्योगपतियों की शक्तियों को कम करने के उद्देश्य से किया गया। परिणामस्वरूप निजी क्षेत्र में निवेश की संरचना में उल्लेखनीय परिवर्तन आया तथापि वृहत निर्माण क्षेत्र में, विशेषकर कपड़ा तथा उपभोक्ता वस्तुओं के निर्माण क्षेत्र में, गुणवर्द्धन का लगभग 80 प्रतिशत निजी क्षेत्र के पास रहा।
राष्ट्रीयकरण के परिणाम आशाजनक नहीं निकले क्योंकि इस अवधि में योग्य प्रबंधकों तथा तकनीकीविदों की कमी के कारण, जिनमें से अधिकांश उच्च वेतन के लालच में मध्य पूर्व के देशों में चले गये थे, वृहत राष्ट्रीकृत क्षेत्र तेजी से कार्य नहीं कर पाया।
निजी पूँजी देश से बाहर अथवा छोटे पैमाने के निर्माण अथवा वास्तविक सम्पदा क्षेत्र में चली गई। इसका एक अनुकूल परिणाम यह निकला कि इससे छोटे पैमाने के निमार्ण क्षेत्र में वृद्धि दर 10 प्रतिशत प्रतिवर्ष रही जबकि बड़े पैमाने पर उप–क्षेत्र में ये वृद्धि 4.2 प्रतिशत थी। इस अवधि में औद्योगिकीकरण का एक अन्य लाभ यह हुआ कि पहली बार देश में इस्पात, उर्वरक तथा रसायन जैसे आधारभूत उद्योग स्थापित करने के प्रयास किए गए जिससे भावी विकास की नींव रखी गई और जिसका लाभ बाद के शासकों को मिला।
इस दशक के अधिकांश समय में कृषि विकास की दर बाह्य तथा नीतिगत कारणों से कम रही। प्रथम, जलवायु संबंधी परिवर्तनों तथा विषाणु रोगों ने फसलों को प्रभावित किया, विशेषकर कपास उत्पादन के क्षेत्र में अत्यंत क्षति हुई। दूसरें,उच्च उपजशील किस्मों से उत्पादकता का लाभ प्राप्त करते रहने के लिए अनिवार्य प्रमुख कृषि निवेश पदार्थे जैसे जल और उर्वरक की आपूर्ति में कुल मिलाकर कमी रही।
भुट्टो के शासन काल में पाकिस्तान के बाह्य क्षेत्र से संबंधित नकारात्मक प्रवत्ति बनी – भुगतान शेष का बढ़ना तथा उसके परिणामस्वरूप देश के बाह्य ऋणों में वृद्धि। इन वर्षो के दौरान भुट्टो की नीतियों के कारण धन प्राप्ति अधिक रही जिससे देश की बाह्य निर्भरता बढ़ गई।
इस अवधि के दौरान पाकिस्तान में आर्थिक विकास की गति अत्यंत कम रही जिसका कारण बाह्य परिवर्तन थे जिनसे बड़े पैमाने पर उल्लेखनीय आर्थिक अस्थिरता की स्थिति बन गई।
इस अवधि के दौरान पाकिस्तान में आर्थिक विकास की गति अत्यंत कम रही जिसका कारण बाह्य परिवर्तन थे जिनसे बड़े पैमाने पर उल्लेखनीय आर्थिक अस्थिरता की स्थिति बन गई। सर्वप्रथम तो विनाशक गृह युद्ध के उपरान्त पूर्वी पाकिस्तान के अलग हो जाने से अन्तर्क्षेत्रीय व्यापार में कमी आई। दूसरे, 1970 के दशक में नव गठित ओपेक (OPEC) मूल्य निर्धारक सभा की नीतियों के कारण तेल संकट बना रहा। तीसरे, 1970 के दशक में पाकिस्तान की निर्यात जिन्सों की अन्तर्राष्ट्रीय कीमतों में पर्याप्त उतार चढ़ाव आया। अंत में, खराब मौसम, बाढ़ों तथा कीटों के हमले से कपास के उत्पादन पर प्रतिकूल प्रभाव पड़ा जिससे अर्थव्यवस्था और कमजोर हो गई।

प्रश्न 6. बांग्लादेश की राजनीति में सेना के हस्तक्षेप के लिए कौन से सहयोगी कारक थे? चर्चा कीजिए।

देखें इकाई–4, प्रश्न सं.–5

प्रश्न 7. 1980s के दशक के उत्तरार्ध में बांग्लादेश द्वारा बाजार उन्मुख सुधारों को आरम्भ करने के क्या प्रभाव रहे है?

देखें जून–2008, प्रश्न सं.–6

प्रश्न 8. मानव विकास दृष्टिकोण की मुख्य विशेषताओं ओर आयामों की समीक्षा कीजिए।

देखें इकाई–1, प्रश्न सं.–7

प्रश्न 9. नेपाल की राजनीति में राजतन्त्र की भूमिका की समीक्षा कीजिए।

उत्तर. नेपाल एक राजतंत्र के रूप में जाना जाता रहा है। 7वीं सदी ईसा पूर्व में पूर्व की तरफ से किरातियों के आगमन के साथ नेपाल का आरंभिक राजनीतिक इतिहास प्रारम्भ होता है। किरातियों के समय इस देश में बौद्ध धर्म का आगमन हुआ। उत्तर भारत से यहाँ लिच्छवियों के आगमन के साथ तभी हिन्दू धर्म की शुरूआत हुई। नौवी शताब्दी में लिच्छवी शासन समाप्त हो गया। इसके बाद नेपाल में अनेक छोटे–छोटे राज्यों का जन्म हुआ। अठारहवीं शताब्दी में गोरखा राजा पृथ्वीनारायण शाह ने इन सभी छोटे–छोटे राज्यों पर विजय हासिल कर एकीकरण के द्वारा वर्तमान नेपाल की स्थापना की। ब्रिटिश ईस्ट इण्डिया कम्पनी द्वारा अपने शासनकाल में नेपाल की सीमा का निर्धारण किया गया, जो आज भी कायम है। शाह शासकों ने नेपाल में निरंकुश राजतंत्रात्मक व्यवस्था की स्थापना की जिसके अंतर्गत सत्ता का मुख्य केन्द्र राजा होता था और सारी शक्ति उसी में निहित होती थी। उस समय देश में संविधान या कानून नाम की कोई चीज नहीं थी। राजा के मुख से निकले हुए हर शब्द को कानून का दर्जा प्राप्त था। राजा के मुख्य सलाहकार चौतरिया, पाण्डेय या थापा परिवार हुआ करते थे। 18वीं शताब्दीं में राणा प्रधानमंत्री ने राजतंत्र के स्वरूप को तो कायम रहने दिया लेकिन सारे अधिकार अपने हाथ में ले लिए। राजा को राजमहल के अन्दर ही कैद कर दिया गया और राजा मात्र एक रबर स्टाम्प बनकर रह गए। जब भारत को स्वतंत्रता प्राप्त हुई तब इसका असर नेपाल में भी देखने को मिला। नेपाली जनता, राजा और भारत सरकार के संयुक्त प्रयास के परिणामस्वरूप राणातंत्र को समाप्त किया जा सका। इधर विगत कुछ वर्षो से नेपाल में राजनीतिक अस्थिरता बनी हुई है। राजा वीरेन्द्र और उनके परिवार की हत्या तथा माओवादी आन्दोलन के कारण न तो देश में समय पर आम निर्वाचन हो पाए हैं और न ही निर्वाचित संसद और सरकार का गठन। अभी हाल ही में माओवादियों ने अपने हिंसात्मक आन्दोलन का परित्याग कर सरकार के साथ एक समझौते पर हस्ताक्षर किया है जिसके परिणामस्वरूप माओवादी सहित आठ दलों के एक अन्तरिम मंत्रिमंडल का निर्माण किया गया हैं, जो अगले कुछ महीनों में संविधान सभा का चुनाव कराएगा। यही संविधान सभा देश के लिए नए संविधान का निर्माण करेगी क्योंकि 1990 के संविधान को निरस्त कर दिया गया है। राजा से राष्ट्राध्यक्ष की पदवी छीन ली गई है और 250 वर्ष पुराना राजतंत्र आज अपनी समाप्ति के कगार पर खड़ा हैं।

प्रश्न10. मालद्वीव के समाज की प्रकृति और उसके संयोजन का वर्णन कीजिए।

उत्तर. पुरातत्वीय दृष्टि से मालदीव का इतिहास शुरूआती 2000 ई.पू. आंका गया है। उस समय मालदीव के संबंध प्राचीन मिस्त्र, मेसोपोटेमिया तथा सिंधु घाटी सभ्यताओं से थे। जहाजरानी विशेषज्ञ और जाने–माने अन्वेषक हेअरडाह्ल का मानना था कि सूर्य उपासक प्राचीन समुद्री यात्री जिन्हें रेडिन कहा जाता था, मालदीव में सबसे पहले बसे थे। आज भी, मालदीव में मस्जिदों का मुँह सूर्य की ओर होता है न कि मक्का की ओर। छठी शताब्दी के बाद से दक्षिण भारतीयों तथा श्रीलंकावासियों के उपनिवेश के कारण थेरावड़ा बौद्ध धर्म लोगों का प्रमुख धर्म बन गया। कुछ लोगों का मानना है कि मालदीव नाम संस्कृत के शब्द "मालद्वीप" से लिया गया है जिसका अर्थ हैं द्वीपों की माला।

16वीं तथा 17वीं शताब्दियों में यूरोपीय देशों की समुद्री ताकत के रूप में उभरने पर समुद्री व्यापार मार्गो पर अरबों का आधिपत्य समाप्त हो गया। 1558 में मालदीव में पुर्तगालियों का

शासन शुरू हुआ जिसे भारत के पश्चिमी तट पर स्थित गोवा से संचालित किया गया। इनका शासन अल्पकालिक था। पंद्रह वर्षो बाद मोहम्मद ठाकुरुफान नाम के एक स्थानीय गुरिल्ला नेता ने जनविद्रोह संगठित कर पुर्तगालियों को मालदीव से खदेड़ दिया। इस घटना को आज मालदीव के राष्ट्रीय दिवस के रूप में मनाया जाता है।

18वीं शताब्दी के उत्तरार्ध में अंग्रेजों ने डच लोगों को श्रीलंका से निकाल बाहर किया और मालदीव को ब्रितानी संरक्षित राज्य के रूप में शामिल कर लिया। 1887 में अंग्रेज शासक तथा मालदीव के सुल्तान के बीच हुए समझौते के तहत मालदीव पर ग्रेट ब्रिटेन का आधिराज्य औपचारिक रूप से स्वीकारा गया और मालदीव पर उसके संरक्षण को मान्यता प्राप्त हुई। इस समझौते के तहत सुल्तान की मान्यता तथा नियुक्ति की जिम्मेदारी और साथ ही देश की रक्षा तथा विदेश नीति पर नियंत्रण ग्रेट ब्रिटेन के जिम्मे आ गया। औपनिवेशिक शासन से मालदीव के आंतरिक मामलों में हस्तक्षेप न करने की नीति अपनाने की अपेक्षा की गई। ब्रितानी शासन के दौरान 1887 से 1965 तक मालदीव में सुल्तानों का राज चलता रहा। सुल्तानों का यह क्रम वंशानुगत था लेकिन 1932 में सल्तनत को निर्वाचित बनाने का प्रयास किया गया जिससे कि सुल्तानों की निर्बाध ताकत को सीमित किया जा सके। उसी दौरान पहली बार संविधान लागू किया गया, हालाँकि सल्तनत को अगले 21 वर्षो तक बनाए रखा गया। 1953 तक मालदीव ब्रितानी संरक्षित राज्य रहा जिसके बाद सल्तनत बर्खास्त कर दी गई। 1954 में सल्तनत दोबारा स्थापित की गई। 1956 में ब्रिटेन ने दक्षिण में स्थित अडडू प्रवालद्वीप में गन पर अपना युद्धकालीन विमान क्षेत्र पुनस्थापित करने की अनुमति प्राप्त की। ब्रिटेन के साथ हुए एक समझौते के तहत 26 जुलाई 1965 को मालदीव ने स्वतंत्रता प्राप्त की। हालाँकि ब्रितानी सरकार ने गन और हिराडू द्वीपों में उपलब्ध सुविधाओं का उपयोग करना जारी रखा। 1968 में हुए राष्ट्रीय जनमत–संग्रह में मालदीव ने सल्तनत समाप्त कर दी और राष्ट्रपति इब्राहिम नासिर के नेतत्त्व में गणतंत्र बन गया।

नुजाति और भाषा: मालदीव की आबादी पाँच नृजाति समुदायों से बनी हैं। यह जातियाँ हैं – सिंहली, द्रविड, अरबी, आस्ट्रेलियाई तथा अफ्रीकी। लंबे समय तक इस देश में विभिन्न समुदायों के प्रवसन के परिणामस्वरूप आबादी में विभिन्न समुदायों का मिश्रण देखने को मिलता है जो समुद्री व्यापार मार्गो के जरिए स्थानीय आधिपत्य में आए विभिन्न ऐतिहासिक परिवर्तनों की ओर भी इशारा करता हैं। क्लेरेंस मालोनी नाम के मानव–विज्ञानी के अनुसार दक्षिण भारत से आए द्रविड़ लोग मालदीव में सबसे पहले बसे थे। धीरे–धीरे इस समूह की जगह श्रीलंका से यहां आने वाले धिवेड़ी भाषी सिंहली लोगों ने ले ली। आज इन्हीं की भाषा मालदीव की राजभाषा है। सबसे अंत में अरबों के एक बड़े समुदाय ने 9वीं शताब्दी से मालदीव में बसना शुरू किया। मालदीव में रावारे और गिरावरू नाम से पहचाने जाने वाले अफ्रीकी मूल की आबादी का एक उपसमूह भी हैं हालाँकि केवल 200 सदस्यों वाला यह उपसमूह बहुत तेजी से लुप्त हो रहा है। उपयुक्त समुदायों के अलावा 19वीं शताब्दी से मालदीव में गया भारतीयों का व्यापारिक समुदाय भी मालदीव का एक विशिष्ट जातीय तथा धार्मिक अल्पसंख्यक समुदाय है।

मालदीव इस्लामिक राष्ट्र है जहाँ अधिकतर आबादी सुन्नी मुसलमानों की है। मालदीव की राष्ट्रभाषा मालदीवी धिवेडी है। यह भाषा इन्डो–ईरानी भाषा परिवार से है। यह सिंहली के प्राचीन रूप "एलु" ("श्रीलंका में बोली जानेवाली भाषा") से निकली है। इस भाषा में अरबी, तमिल और हिंदी से कई शब्द लिए गए हैं। पारंपरिक लिपि को "थाना" कहा जाता है और यह दाएँ से बाएँ की ओर लिखी जाती है।

सामाजिक व्यवस्था: ऐतिहासिक दृष्टि से सामाजिक महत्व को देखेते हुए मालदीव समाज मोटे तौर

पर चार श्रेणियों में बांटा गया था। सामाजिक संरचना के इस क्रम में सबसे पहला स्थान सुल्तान और उसके वंशजों का था जिन्हें मन्निपुल कहा जाता था। सत्तारुढ़ सुल्तान की चौथी पीढ़ी के वंशजों और भूतपूर्व सुल्तान के रिश्तेदारों को "दीदी" की उपाधि प्रदान की जाती थी। सुल्तान और उसके वंशजों के बाद सामंतों का स्थान था जिन्हें "किलेगेफनु" और "ताकुरुफनु" कहा जाता था। इस श्रेणी में राज्य के अधिकारी और वह व्यक्ति शामिल होते थे जो सुल्तान को अपनी इन उपाधियों के बदले में उसके खजाने के लिए रकम देते थे। तीसरी श्रेणी में अभिजात वर्ग आता था जिसे "मनिकु" कहा जाता था। यदि मनिकु को सुल्तान से कोई मानोपाधि मिलती थी तो उन्हें "मनिकुफनु" कहा जाता था। चौथी श्रेणी में आते थे सामान्य जन जिन्हें "कालो" कहा जाता था। "रा–वेरी" कहलाए जाने वाले लोग ताड़ी निकालने का काम करते थे और वह जाति व्यवस्था में सबसे नीचे थे। "किलेगेफनु" और "ताकुरुफनु" श्रेणियों को छोड़कर बाकी सभी श्रेणियाँ जन्मजात ही थी। हालाँकि मालदीव में जाति व्यवस्था इतनी सुदृढ़ नहीं थी लेकिन तब भी सगोत्रता तथा श्रेष्ठता की मूलभूत आर्थिक जरुरतों को पूरा करने के लिए अस्तित्व में थी। सामाजिक व्यवहार प्रचलित रिवाजों से नियंत्रित किया जाता था और संबोधन करने, उठने–बैठने तथा खान–पान जैसी रोजमर्रा की बातों के लिए जातियों की सामाजिक श्रेणियों के बीच संबंध आचार–व्यवहार की एक सख्त पद्धति द्वारा निर्धारित किए जाते थे। इस्लाम ने आने के बाद काजी (न्यााायधीश) नायब तथा खातिब (द्वीप–न्यायाधीश) जैसे पद बनाए गए और असमान सामाजिक व्यवस्था को जारी रखा गया। हालाँकि मालदीव में जाति व्यवस्था को और सुनिश्चित करने से रोकने के लिए इस्लाम ही उत्तरदायी था। उपर्युक्त जाति संरचना के अलावा गुलाम और बंधुआ मजदूर भी हुआ करते थे। इन बंधुआ मजदूरों को "फेमुसेरी" कहा जाता था और जाति–व्यवस्था से बाहर इनकी एक अलग श्रेणी थी। विभिन्न श्रेणियों में इस वर्गीकरण के बावजूद मालदीव की सामाजिक व्यवस्था में सुल्तान को विभिन्न पदवियाँ बाँटने के अधिकार की छूट थी। इस तरह सामान्य लोगों का स्तर नीचा होते हुए भी वह शाही मेहरबानी के जरिये उच्च दर्जा प्राप्त कर सकते थे। बंधुआ मजदूर भी अपने कर्जे चुकाने के बाद आजाद हो सकते थे और विभिन्न जाति–क्रमों में शामिल किए जा सकते थे।

आज के मालदीव समाज में आधुनिकता की प्रक्रिया धीरे–धीरे जाति व्यवस्था को तोड़ रही है। इससे समाज में अधिक समरूपता और समानता पैदा हो रही है। आज मालदीव में केवल दो विशिष्ट समुदाय ही हैं: अभिजात आबादी जो माले में रहती है तथा शेष आबादी जो बाहरी द्वीपों में रहती हैं।

प्रश्न 11. भूटान की विदेश नीति पर अपने विचार लिखिए।

उत्तर. भूटान के पर्वतीय लक्षण, किन्हीं भी अंतः सामाजिक माँगों का अभाव और सर्वोपरि, पहचान खोने के भय ने भूटान को प्रेरित किया कि वह एक गरिमापूर्ण पार्थक्य का जीवन व्यतीत करे। इस पार्थक्य ने शासक अभिजात वर्ग को बाहरी दुनिया की घटनाओं के प्रभाव से बचाए रखा। अपनी सीमित क्षमता से भिज्ञ और अपने स्वतंत्र अस्तित्व को बचाए रखने के इच्छुक भूटान ने द्वितीय विश्व–युद्ध के बाद भी बाहरी दुनिया के लिए अपने दरवाजे बंद रखे।

तथापि, एशिया में चल रही परिवर्तन की भनक, खासकर भारत से अंग्रेजों की वापसी और चीन में एक सफल समाजवादी क्रांति, के साथ यह 'ड्रैगन किंग्डम' धीरे–धीरे और होशियारी से राज्यों के अन्तर्राष्ट्रीय समुदाय का सदस्य बन गया। 1947 में नई दिल्ली में आयोजित एशियाई संबंध सम्मेलन में भूटान ने भाग लिया। तदोपरांत भूटान नरेश भूटान की प्रतिष्ठा व स्थिति के संबंध में भारत नें नए शासकों से आश्वासन पाने के लिए भारत आए। बहरहाल, यह 1958 में भारतीय प्रधानमंत्री,

जवाहरलाल नेहरू की भूटान–यात्रा ही थी जो सबसे निर्णायक घटना सिद्ध हुई जिसने अंततः पृथकता संबंधी सदियों पुरानी नीति को समाप्त किए जाने को प्रवृत्त किया। इस दिशा में भूटान ने जो पहला कदम उठाया वो था भारत द्वारा प्रस्तावित आर्थिक व तकनीकी सहायता को स्वीकार करना।

इस परिवर्तन के पीछे स्पष्ट रूप से एक मुख्य तर्क था पचास के दशक में तिब्बत में चीनी हस्तक्षेप तथा भूटान, सिक्किम व भारत के 'नेफा' क्षेत्र पर स्पष्ट दावों पर भूटान के नितांत अस्तित्व को खतरा। भूटान ने स्वीकार कर लिया कि वृहत्तर विश्व–समुदाय द्वारा मान्यता दिया जाना भूटान में एक तिब्बत दोहराए जाने को चीनियों की ओर से एक निरुत्साहकारी कारक के रूप में काम करेगा और उसके पृथक् अस्तित्व को सुनिश्चित करेगा। वह भूटान की ओर भारत की मंशाओं के संबंध में सभी अनिश्चितताओं को भी समाप्त करेगा। 1971 में भूटान को संयुक्त राष्ट्र संघ द्वारा अपने पूर्ण सदस्यता प्राप्त मेम्बर के रूप में स्वीकार कर लिए जाने पर यह सपना आखिरकार साकार हो गया। दो वर्ष बाद भूटान निर्गुट आन्दोलन में शामिल हो गया। सत्तर के दशक में भूटान ने आर्थिक व तकनीकी सहायता संबंधी विविधता लाने के प्रयास भी शुरू किए, खासकर संयुक्त राष्ट्र संघ की एजेंसियों एवं बहुआयामी वित्तीय संस्थाओं की मदद से भूटान अपने बाह्य संबंधों यथा एशियाई व यूरोपीय देशों के साथ में भी विविधता लाया, बंगलादेश व नेपाल के साथ भूटान के पूर्ण–सदस्यता प्राप्त राजदूतीय स्तर के राजनयिक संबंध हैं। एक स्वतंत्र अभिकर्त्ता के रूप में भूटान का निश्चयात्मक भूमिका के राजनायिक संबंध हैं। एक स्वतंत्र अभिकर्त्ता के रूप में भूटान की निश्चयात्मक भूमिका संयुक्त राष्ट्रसंघ, निर्गुट आन्दोलन व अन्य अन्तर्राष्ट्रीय मंचों पर स्पष्ट रही है। सार्क (SAARC) की सदस्यता ने भी भूटान को सक्षम किया है कि वह अपनी स्वतंत्र स्थिति को सामने रखे और क्षेत्रीय मामलों के प्रबंधन में एक सक्रिय भूमिका निभाये।

प्रश्न12. 1990s के दशक में भारत और नेपाल के बीच आर्थिक सम्बन्धों की प्रकृति का वर्णन कीजिए।

देखें इकाई–2, प्रश्न सं.–8(2)

खण्ड III

प्रश्न 13. निम्नलिखित में से किन्हीं *दो* पर लगभग 100 शब्दों (प्रत्येक) में लघु टिप्पणी लिखिए। प्रत्येक टिप्पणी के 6 अंक हैं।

(i) हिन्दू राजशाही के रूप में नेपाल का उद्‌गम

उत्तर– नेपाल का इतिहास बहुत पुराना है। 200 ईसवी के अंत में, इस देश में हिन्दू–धर्म लिच्छवियों के साथ आया, जिन्होंने उत्तर भारत से अनाधिकार प्रवेश किया। नौवीं शताब्दी में लिच्छवी सत्ता का पतन अनेक जागीरों के उदय में परिणत हुआ। अठारहवीं सदी मध्य में गोरखा बादशाह पृथ्वीनारायण शाह ने विजय हासिल कर इन जागीरों को एकीकृत किया और नेपाल राज्य की स्थापना की। गोरखा राज्य के और आगे विस्तार पर, हालाँकि, 1790 के दशक में चीनी साम्राज्य द्वारा और 1814–16 में ब्रिटिश ईस्ट इण्डिया कम्पनी द्वारा रोक लगा दी गई। नेपाल को उन सीमाओं में भींच दिया गया जो आज भी कायम है।

शाह शासकों ने एक निरंकुश राजनीतिक व्यवस्था कायम की जिसमें राजा ही सत्ता का केन्द्र होता था। राजा के शब्द और आज्ञाएँ ही उस देश के नियम–विनियम बन जाते थे और वे ही कानूनों का रूप ले लेते थे। इस प्रकार जन्मी राजनीतिक व्यवस्था के उच्च रूप से खण्डीकृत पिरामिडीय संरचना में राजा को अनेक प्रख्यात ब्राह्मण परिवारों द्वारा मंत्रणा प्रदान की जाती थी, जैसे चौतारिया, पाण्डेय व थापा परिवार, जो 1785 व 1837 के बीच द्रुत उत्तराधिकार में

प्रमुख स्थिति पर काबिज होने आए थे। प्रशासन की कार्यवाही में विभिन्न परिवारों के बीच कोई अधिक अंतर नहीं था क्योंकि इन परिवारों का अभिभावी विचार अपनी–अपनी भौतिक व राजनीतिक समृद्धि को बढ़ाना ही था। प्रशासन व सेना में इसी के मुताबिक कर्मचारी/अधिकारीगण रखे जाते थे। किसी परिवार को सौंपी गई पलटनों की संख्या ही उसकी आपेक्षिक शक्ति और प्रभाव का सबसे विश्वसनीय प्रतीक हो गया।

(ii) नागरिक समाज

उत्तर– नागरिक समाज एक समुदाय और राज्य के बीच की एक ऐसी संस्था है, जो किसी समाज में लोकतांत्रिक तत्त्वों को मजबूती प्रदान करता है। यह विभिन्न प्रकार की संस्थाओं के रूप में कार्यरत रहता है, जैसे–गैर–सरकारी संगठन, बुद्धिजीवी वर्ग, विद्वत्जन, पत्रकार तथा वे सभी औपचारिक तथा अनौपचारिक संस्थाएँ, जो समुदाय विशेष के अधिकारों की प्राप्ति के लिए काम करती हैं। किसी भी राज्य में नागरिक समाज आम तौर पर स्वतंत्र रूप से काम करता है। ऐसा भी नहीं है कि नागरिक समाज व संस्थाएँ सदा राज्य के विरोध में ही काम करती हैं। कुछ मुद्दों पर, जो जनता के हित में होता है, वे राज्य को सहयोग भी प्रदान करते हैं। वे किसी विशेष जाति व धर्म के आधार पर नहीं बल्कि धर्मनिरपेक्षता के सिद्धांत पर निर्मित होते हैं। दक्षिण एशियाई राष्ट्रों में नागरिकों के लोकतांत्रिक अधिकारों से संबंधित कुछ धार्मिक संस्थाएँ भी कार्यरत हैं लेकिन अगर कोई धार्मिक संस्था लोगों के मानवाधिकारों का उल्लंघन करती हैं तो उन्हें नागरिक समाज का अंग नहीं माना जाता है।

कभी–कभी नागरिक समाज राज्य के निर्णयों को प्रभावित करने का भी काम करता है। दक्षिण एशिया तथा विश्व के अन्य भागों में अस्सी के दशक में ही नागरिक समाज का जन्म हुआ है। इसके उदय का मुख्य कारण सोवियत संघ का विघटन और भूमंडलीकरण है। दुनिया के सभी गैर–सरकारी संगठनों, मानवाधिकार कार्यकर्ताओं, शिक्षाविदों तथा बुद्धिजीवियों ने समाज के विभिन्न क्षेत्रों में उल्लेखनीय कार्य किया है, जो वहाँ के राज्य नहीं कर पाए हैं।

(iii) उदारीकरण और निजीकरण

देखें इकाई–8, प्रश्न सं.–1

(iv) अनेकवादका सहयोगात्मक मॉडल

उत्तर– पश्चिमी जगत् में समस्त अनुभववादी एवं बुद्धिवादी विचारधाराओं ने, जो राजनीतिक विकास एवं अल्पविकसित देशों में समाजों के लोकतंत्रीकरण के मुद्दों पर काम कर रही हैं, बहुवादी समाजों में कार्यरत राजनीतिक प्रणालियों के विश्लेषण का प्रयास किया है और सच्चे लोकतंत्र से विपथनों एवं विचलनों के बावजूद उनसे सबक लिया है। ऐसे समाजों के लिए जो नुस्खे उनके पास हैं, उन्हें मूलरूप से दो प्रतिमानों में रखकर विकसित किया जा सकता है: उदारवादी तथा मित्रतावादी (सहयोगात्मक)। एक सहयोगात्मक राजनीतिक व्यवस्था के मुख्य तत्त्व हैं:

1. सत्ता–बाँट से जुड़े मामलों की पतवार के सहारे एक विशाल राजनीतिक गठबंधन।
2. समायोजनवादी समाधान के प्रति वचनबद्धता।
3. सखंड स्वायत्तता और गैर–राज्यक्षेत्रीय संघवाद।
4. परस्पर प्रतिषेधाधिकार।
5. राजनीतिक विच्छेद का अधिकार (संबंध–विच्छेद और विभाजन)।
6. सुविचारित समाधान पर पहुँचने के लिए सत्ता अभिजात–वर्गों की दुष्प्रवृत्ति।

ई.पी.एस.–15 : दक्षिण एशिया : अर्थव्यवस्था, राज्य–व्यवस्था और समाज
जून, 2009

नोट :

(i) खण्ड I – किन्हीं ***दो*** *प्रश्नों के उत्तर दीजिए।*

(ii) खण्ड II – किन्हीं ***चार*** *प्रश्नों के उत्तर दीजिए।*

(iii) खण्ड III – किन्हीं ***दो*** *भागों के उत्तर दीजिए।*

खण्ड I

निम्नलिखित में से किन्हीं ***दो*** *प्रश्नों के उत्तर लगभग* ***500*** *शब्दों (प्रत्येक) में दीजिए। प्रत्येक प्रश्न के* ***20*** *अंक हैं।*

प्रश्न 1. दक्षिण एशिया में मानव विकास पर एक निबंध लिखें।

प्रश्न 2. भारत की समकालीन भूसामरिक (geopolitical) स्थिति की चर्चा करें।

प्रश्न 3. भारतीय संदर्भ में उदारीकरण के समक्ष चुनौतियों का परीक्षण करें।

प्रश्न 4. पाकिस्तानी सेना के जन्म और इतिहास का वर्णन करें।

खण्ड II

निम्नलिखित में से किन्हीं ***चार*** *प्रश्नों के उत्तर लगभग* ***250*** *शब्दों (प्रत्येक) में दें। प्रत्येक प्रश्न के* ***12*** *अंक हैं।*

प्रश्न 5. बांग्लादेश में गवर्नेंस (governance) संबंधी संकट की चर्चा करें।

प्रश्न 6. नेपाल में माओवादियों के उद्‌भव को रेखांकित करें।

प्रश्न 7. भूटान के नियोजित आर्थिक विकास प्रयासों पर एक लेख लिखें।

प्रश्न 8. श्रीलंका में स्थानीय सरकार पर टिप्पणी करें।

प्रश्न 9. मालद्वीप में सामाजिक व्यवस्था का वर्णन करें।

प्रश्न 10. दक्षिण एशिया और पश्चिम की मानवाधिकार स्थितियों की तुलना करें।

प्रश्न 11. भारत में बहुल संस्कृतिवाद और लोकतंत्र पर एक लेख लिखें।

प्रश्न 12. दक्षिण एशिया में राष्ट्र–राज्य के समक्ष चुनौतियों की चर्चा करें।

खण्ड III

प्रश्न 13. निम्नलिखित में से किन्हीं दो पर लगभग 100 शब्दों (प्रत्येक) में संक्षिप्त लेख लिखें। प्रत्येक भाग के 6 अंक हैं।

(a) भारत में मजदूरी आधारित रोजगार कार्यक्रम

(b) दक्षिण एशियाई आर्थिक यूनियन

(c) भारत और पाकिस्तान में सामूहिक नाश शस्त्रों (WMD) के कार्यक्रमों की स्थिति

(d) कच्छ रान (Rann of kutch) के विवाद पर आर्बिट्रेशन

ई.पी.एस.–15 : दक्षिण एशिया : अर्थव्यवस्था, राज्य-व्यवस्था और समाज
दिसम्बर, 2009

नोट :
*(i) खण्ड I – किन्हीं **दो** प्रश्नों के उत्तर दीजिए।*
*(ii) खण्ड II – किन्हीं **चार** प्रश्नों के उत्तर दीजिए।*
*(iii) खण्ड III – किन्हीं **दो** भागों के उत्तर दीजिए।*

खण्ड I

*निम्नलिखित में से किन्हीं **दो** प्रश्नों के उत्तर लगभग 500 शब्दों (प्रत्येक) में दीजिए। प्रत्येक प्रश्न के 20 अंक हैं।*

प्रश्न 1. एक उदयीमान शक्ति के रूप में भारत की चर्चा कीजिए।

प्रश्न 2. कश्मीर विवाद और इसको सुलझाने के प्रयासों की चर्चा कीजिए।

प्रश्न 3. पाकिस्तान में चुनावी राजनीति पर एक निबंध लिखें।

प्रश्न 4. पाकिस्तान में नृजातिय समूहों पर एक लेख लिखें।

खण्ड II

*निम्नलिखित में से किन्हीं **चार** प्रश्नों के उत्तर लगभग 250 शब्दों (प्रत्येक) में दीजिए। प्रत्येक प्रश्न के 12 अंक हैं।*

प्रश्न 5. बांग्लादेश के समाज और राज्य-व्यवस्था के संदर्भ में धर्म की भूमिका की चर्चा कीजिए।

प्रश्न 6. 1990 के संविधान (नेपाल) के कार्य कलाप का परीक्षण कीजिए।

प्रश्न 7. नेपाल-भारत व्यापार संबंध की चर्चा कीजिए।

प्रश्न 8. श्रीलंका में हाल की राजनीतिक घटनाओं पर एक बृहद दृष्टि डालें।

प्रश्न 9. पाकिस्तान में नागरिक समाज पर एक लेख लिखें।

प्रश्न 10. दक्षिण एशिया में क्षेत्रवाद के संचालन (dynamics) की चर्चा करें।

प्रश्न 11. दक्षिण एशिया में भूमि सुधारों पर एक लेख लिखें।

प्रश्न 12. दक्षिण एशिया में 1998 पश्चात् परमाणु मुद्दों का संक्षेप में वर्णन करें।

खण्ड III

प्रश्न 13. निम्नलिखित में से किन्हीं दो पर लगभग 100 शब्दों (प्रत्येक) में संक्षिप्त लेख लिखें। प्रत्येक भाग के 6 अंक हैं।

(a) कछतिवु पर भारत-श्रीलंका विवाद

(b) सार्क और विविध राजनैतिक संस्कृति की समस्या

(c) राष्ट्र-राज्य की प्रासंगिकता

(d) दक्षिण एशिया के आर्थिक लक्षण

ई.पी.एस.–15 : दक्षिण एशिया : अर्थव्यवस्था, राज्य–व्यवस्था और समाज
जून, 2010

नोट :

(i) खण्ड I – किन्हीं **दों** *प्रश्नों के उत्तर दीजिए।*

(ii) खण्ड II – किन्हीं **चार** *प्रश्नों के उत्तर दीजिए।*

(iii) खण्ड III – किन्हीं **दों** *भागों के उत्तर दीजिए।*

खण्ड I

निम्न में से किन्हीं **दो** *प्रश्नों के उत्तर लगभग* ***500*** *शब्दों (प्रत्येक) में दीजिए। प्रत्येक प्रश्न के* ***20*** *अंक हैं।*

प्रश्न 1. दक्षिण एशिया में अंतर्राज्यीय द्वंद्वों के समाधान के लिए प्रयुक्त विधियों (methods) का मूल्यांकन कीजिए।

प्रश्न 2. दक्षिण एशिया के विभिन्न देशों में राष्ट्रीय चेतना के उद्‌भव की व्याख्या करें।

प्रश्न 3. पाकिस्तान की राजनीति में सेना और नौकरशाही की भूमिका की व्याख्या करें।

प्रश्न 4. श्रीलंका की अर्थव्यवस्था की प्रकृति का वर्णन करें और उसकी प्रमुख आर्थिक चुनौतियों को इंगित करें।

खण्ड II

निम्न में से किन्हीं **चार** *प्रश्नों का उत्तर लगभग* ***250*** *शब्दों (प्रत्येक) में दें। प्रत्येक प्रश्न के* ***12*** *अंक हैं।*

प्रश्न 5. नेपाल में माओवादियों के उद्‌भव के कारणों का परीक्षण करें।

प्रश्न 6. भूटान के प्रमुख राजनीतिक और न्यायिक संस्थाओं का वर्णन करें।

प्रश्न 7. बांग्लादेश में प्रमुख नृजातिय समस्याओं की चर्चा करें।

प्रश्न 8. दक्षिण एशिया में क्षेत्रिय सहयोग के मजबूत होने की राह में बाधाओं का परीक्षण करें।

प्रश्न 9. पाकिस्तान में नृजातिय समूहों की भूमिका की चर्चा करें।

प्रश्न 10. स्ट्रक्चरल ऐडजस्टमैंट प्रोग्रामों (SAPs) के मूलभूत तत्त्व क्या हैं? व्याख्या करें।

प्रश्न 11. विश्व शक्ति संरचना के लक्षणों को इंगित करें।

प्रश्न 12. दक्षिण एशिया में शक्ति और संसाधनों का असंतुलन क्षेत्र की सुरक्षा स्थिति को कैसे प्रभावित करता है?

खण्ड III

प्रश्न 13. निम्न में से किन्हीं दो पर लगभग 100 शब्दों (प्रत्येक) में संक्षिप्त लेख लिखें। प्रत्येक भाग के 6 अंक है।

(a) मानव–विकास सूचकांक

(b) बांग्लादेश में सूफीज़्म

(c) नर्म शक्ति संसाधन

(d) माओमून अब्दुल गयूम

ई.पी.एस.–15 : दक्षिण एशिया : अर्थव्यवस्था, राज्य–व्यवस्था और समाज
दिसम्बर, 2010

नोट :

(i) खण्ड I – किन्हीं **दों** *प्रश्नों के उत्तर दीजिए।*

(ii) खण्ड II – किन्हीं **चार** *प्रश्नों के उत्तर दीजिए।*

(iii) खण्ड–III प्रश्न संख्या **13** *के किन्हीं दो भागों के उत्तर दीजिए।*

खण्ड I

निम्न में से किन्हीं **दो** *प्रश्नों के उत्तर लगभग* **500** *शब्दों (प्रत्येक) में दें। प्रत्येक प्रश्न के* **20** *अंक हैं।*

प्रश्न 1. बहुलसंस्कृतिवाद क्या है? दक्षिण एशिया बहुलसंस्कृतिवाद के समक्ष चुनौतियों का कैसे सामना करता है?

प्रश्न 2. दक्षिण एशिया में निर्धनता उन्मूलन नीतियों का परीक्षण करें।

प्रश्न 3. पाकिस्तान में लोकतंत्र की असफलता के कारणों का परीक्षण करें।

प्रश्न 4. मानव–विकास की अवधारणा के विकास और बृहदीकरण (expansion) को रेखांकित करें।

खण्ड II

निम्न में से किन्हीं **चार** *प्रश्नों के उत्तर लगभग* **250** *शब्दों (प्रत्येक) में दें। प्रत्येक प्रश्न के* **12** *अंक हैं।*

प्रश्न 5. पूर्व पाकिस्तान में बंगालियों की मुख्य शिकायतें क्या थीं?

प्रश्न 6. कब और किन मुद्दों पर सिंहाला और तमिलों के मध्य मतभेद उभरे?

प्रश्न 7. 1990 के दशक में नेपाल में राजनीतिक अस्थिरता के कारणों का परीक्षण करें।

प्रश्न 8. नेपाल में धर्म पर एक संक्षिप्त लेख लिखें।

प्रश्न 9. उत्तर–उपनिवेशिक काल में दक्षिण एशिया में मानवाधिकारों के चलन पर टिप्पणी करें।

प्रश्न 10. वे कौन से कारक थे जिनकी वजह से 1990 के दशक के आरंभ में भारत ने अपनी अर्थव्यवस्था को उदार किया?

प्रश्न 11. भारत के श्रीलंका के साथ संबंधों के मुख्य मुद्दों का आलोचनात्मक परीक्षण करें।

प्रश्न 12. मालद्वीप समाज की प्रकृति और प्रमुख लक्षणों का परीक्षण करें।

खण्ड III

प्रश्न 13. निम्न में से किन्हीं दो पर लगभग 100 शब्दों (प्रत्येक) में संक्षिप्त लेख लिखें। प्रत्येक भाग के 6 अंक हैं।

(i) नागरिक समाज **(ii) ड्रिगलैम नामज़ा**

(iii) भूटान की अर्थव्यवस्था की प्रकृति **(iv) बांग्लादेश में चकमा**

ई.पी.एस.–15 : दक्षिण एशिया : अर्थव्यवस्था, राज्य–व्यवस्था और समाज

जून, 2011

नोट :

*(i) खण्ड I – किन्हीं **दो** प्रश्नों के उत्तर दीजिए।*

*(ii) खण्ड II – किन्हीं **चार** प्रश्नों के उत्तर दीजिए।*

*(iii) खण्ड III – किन्हीं **दो** भागों के उत्तर दीजिए।*

खण्ड I

*निम्न में से किन्हीं **दो** प्रश्नों के उत्तर लगभग **500** शब्दों (प्रत्येक) में दें। प्रत्येक प्रश्न के **20** अंक हैं।*

प्रश्न 1. दक्षिण एशिया के विभिन्न देशों में राष्ट्रीय जागरुकता के उद्भव की व्याख्या करें।

प्रश्न 2. भारत में उदारीकरण कार्यक्रम के समक्ष चुनौतियों का परीक्षण करें।

प्रश्न 3. नेपाल में लोकतंत्र को सुदृढ़ करने के मार्ग में मुख्य बाधाओं को इंगित करें।

प्रश्न 4. परमाणु मद्दे पर भारत और पाकिस्तान के स्थिति की व्याख्या कीजिए।

खण्ड II

*निम्न में से किन्हीं **चार** प्रश्नों के उत्तर लगभग **250** शब्दों (प्रत्येक) में दीजिए। प्रत्येक प्रश्न के **12** अंक हैं।*

प्रश्न 5. व्याख्या करें कि कैसे पर्यावरणीय मुद्दे सुरक्षा को प्रभावित करते हैं।

प्रश्न 6. श्रीलंकाई समाज की नृजातिय संरचना का वर्णन करें।

प्रश्न 7. भूटानी समाज के लक्षणों का विश्लेषण करें।

प्रश्न 8. आरंभ से पाकिस्तान में लोकतंत्र की जड़ें कमजोर थी। टिप्पणी करें।

प्रश्न 9. बांगलादेश की नृजातिय समस्याओं का परीक्षण करें।

प्रश्न 10. भारत को क्यों एक उभरती हुई शक्ति माना जाता है?

प्रश्न 11. दक्षिण एशिया में बहुल संस्कृतिवाद की चुनौती को कैसे सुलझाया जाता है?

प्रश्न 12. स्ट्रक्चरल ऐडजस्टमेंट प्रोग्राम्स के मुख्य तत्त्वों को इंगित कीजिए।

खण्ड III

प्रश्न 13. निम्न में से किन्हीं दो पर लगभग 100 शब्दों (प्रत्येक) में संक्षिप्त लेख लिखें। प्रत्येक भाग के 6 अंक हैं।

(a) एकीकृत ग्रामीण विकास कार्यक्रम

(b) ग्रामीन बैंक

(c) मानव विकास की अवधारणा

(d) सिंध नदी जल विवाद का समाधान

ई.पी.एस.–15 : दक्षिण एशिया : अर्थव्यवस्था, राज्य-व्यवस्था और समाज

दिसम्बर, 2011

नोट :
(i) खंड I – किन्हीं दो प्रश्नों के उत्तर दीजिए।
(ii) खंड II – किन्हीं चार प्रश्नों के उत्तर दीजिए।
(iii) खंड III – किन्हीं दो भागों के उत्तर दीजिए।

खंड I

निम्न में से किन्हीं दो प्रश्नों के उत्तर लगभग 500 शब्दों (प्रत्येक) में दें। प्रत्येक प्रश्न के 20 अंक हैं।

प्रश्न 1. पाकिस्तान की राजनीतिक व्यवस्था में सेना और नौकरशाही की भूमिका का परीक्षण करें।

प्रश्न 2. दक्षिण एशियाई अर्थव्यवस्थाओं पर उदारीकरण के प्रभाव का मूल्यांकन करें।

प्रश्न 3. दक्षिण एशिया में और अधिक क्षेत्रीय सहयोग की समस्याओं और संभावनाओं का विश्लेषण करें।

प्रश्न 4. श्रीलंका में नृजातिय समस्या के उद्भव के कारणों का परीक्षण करें।

खंड II

निम्न में से किन्हीं चार प्रश्नों के उत्तर लगभग 250 शब्दों (प्रत्येक) में दें। प्रत्येक प्रश्न के 12 अंक हैं।

प्रश्न 5. उन मुख्य मुद्दों का परीक्षण करें जो कि भारत के बांग्लादेश के साथ द्विपक्षीय संबंधों पर दबाब डालते हैं।

प्रश्न 6. नेपाल में लोकतांत्रिक आंदोलन की उत्पत्ति की व्याख्या करें।

प्रश्न 7. भूटान के विदेशी संबंधों पर एक संक्षिप्त लेख लिखें।

प्रश्न 8. वे कौन-से कारक थे जिन्होंने बांग्लादेश की राजनीति में सैन्य हस्तक्षेप में योगदान दिया?

प्रश्न 9. श्रीलंका के संविधान (1978) के मुख्य लक्षणों का वर्णन करें।

प्रश्न 10. मालद्वीप समाज की प्रकृति और उसके महत्त्वपूर्ण लक्षणों पर टिप्पणी करें।

प्रश्न 11. व्याख्या करें कि कैसे और क्यूँ भारत और पाकिस्तान ने परमाणु हथियार हासिल किए।

प्रश्न 12. अंतर्राज्यीय द्वंद्वों के समाधान के महत्त्वपूर्ण तरीकों का वर्णन करें, प्रत्येक का दक्षिण एशिया से एक उदाहरण देते हुए।

खंड III

प्रश्न 13. निम्न में से किन्हीं दो पर लगभग 100 शब्दों (प्रत्येक) में संक्षिप्त लेख लिखें। प्रत्येक भाग के 6 अंक हैं।

(a) नागरिक समाज
(b) मध्य शक्तियाँ
(c) मानव विकास की अवधारणा
(d) मेहनताना रोजगार योजनाएँ

ई.पी.एस.–15 : दक्षिण एशिया : अर्थव्यवस्था, राज्य–व्यवस्था और समाज
जून, 2012

नोट :
(i) खंड I – किन्हीं **दो** प्रश्नों के उत्तर दें।
(ii) खंड II – किन्हीं **चार** प्रश्नों के उत्तर दें।
(iii) खंड III – प्रश्न संख्या 13 के किन्हीं **दो** भागों के उत्तर दें।

खंड I

निम्न में से किन्हीं **दो** प्रश्नों के उत्तर लगभग 500 शब्दों (प्रत्येक) में दीजिए। प्रत्येक प्रश्न के 20 अंक हैं।

प्रश्न 1. दक्षिण एशिया में संरचनात्मक समायोजन कार्यक्रमों (SAPs) के प्रभाव का मूल्यांकन कीजिए।

प्रश्न 2. परमाणु मुद्दे पर भारत और पाकिस्तान के मतों का परीक्षण करें।

प्रश्न 3. वर्णन करें कि दक्षिण एशिया के देश बहुलवाद की चुनौतियों का कैसे सामना कर रहे हैं?

प्रश्न 4. एक प्रमुख शक्ति के रूप में भारत की स्थिति और संभावनाओं का वर्णन करें।

खंड II

निम्न में से किन्हीं **चार** प्रश्नों के उत्तर लगभग 250 शब्दों (प्रत्येक) में दीजिए। प्रत्येक प्रश्न के 12 अंक हैं।

प्रश्न 5. पाकिस्तान में नौकरशाही–सेना गठबंधन के उद्भव के कारणों की व्याख्या करें।

प्रश्न 6. 1990 के दशक में नेपाल में राजनीतिक अस्थिरता के कारणों का परीक्षण करें।

प्रश्न 7. पाकिस्तान में नृजातिय अल्पसंख्यकों और उनकी माँगों पर एक संक्षिप्त लेख लिखें।

प्रश्न 8. भूटान में राष्ट्र–निर्माण में मुख्य चुनौतियों का परीक्षण करें।

प्रश्न 9. दक्षिण एशिया में क्षेत्रीय सहयोग में मुख्य समस्या राजनीतिक बल का अभाव है। टिप्पणी करें।

प्रश्न 10. बांग्लादेश की राजनीति में सैन्य हस्तक्षेप के पीछे कौन से कारक थे?

प्रश्न 11. श्रीलंका के 1978 के संविधान के प्रमुख लक्षणों को इंगित कीजिए।

प्रश्न 12. मानव विकास क्या है? इसका मूल्यांकन कैसे किया जाता है?

खंड III

प्रश्न 13. निम्न में से किन्हीं दो पर लगभग 100 शब्दों (प्रत्येक) में संक्षिप्त लेख लिखें। प्रत्येक भाग के 6 अंक हैं।

(a) पूर्व पाकिस्तान में बंगालियों की शिकायतें
(b) नेपाल में राणा व्यवस्था के पतन के योगदान कारक
(c) दक्षिण एशिया में शक्ति की असमानता
(d) सिंधु (Indus) नदी विवाद

ई.पी.एस.–15 : दक्षिण एशिया : अर्थव्यवस्था, राज्य–व्यवस्था और समाज
दिसम्बर, 2012

नोट :

*(i) खंड I – किन्हीं **दो** प्रश्नों के उत्तर दें।*

*(ii) खंड II – किन्हीं **चार** प्रश्नों के उत्तर दें।*

*(iii) खंड III – प्रश्न संख्या 13 के **दो** भागों के उत्तर दीजिए।*

खंड I

*निम्न में से किन्हीं **दो** प्रश्नों के उत्तर लगभग **500** शब्दों (प्रत्येक) में दें। प्रत्येक प्रश्न के **20** अंक हैं।*

प्रश्न 1. मानव विकास क्या है? मानव विकास परिप्रेक्ष्य नव–उदारवाद से कैसे भिन्न है?

प्रश्न 2. दक्षिण एशिया में निर्धनता की समस्या से निपटने के लिए बृहद् (macro) और सूक्ष्म (micro) सामरिक नीतियों का परीक्षण करें।

प्रश्न 3. दक्षिण एशिया में भारत–केंद्रीकरण (Indo-centrism) और शक्ति और संसाधनों की असमानता सुरक्षा की गतिशीलता (dynamics) को कैसे प्रभावित करते हैं?

प्रश्न 4. बहुलवाद क्या है? दक्षिण एशिया के देश बहुलवाद की चुनौतियों का कैसे सामना करते हैं?

खंड II

*निम्न में से किन्हीं **चार** प्रश्नों के उत्तर लगभग **250** शब्दों (प्रत्येक) में दीजिए। प्रत्येक प्रश्न के **12** अंक हैं।*

प्रश्न 5. 1990 के दशक के आरंभ में भारत ने निर्यात को प्रोत्साहन देने की नीति क्यूँ अपनाई?

प्रश्न 6. संरचनात्मक समायोजन कार्यक्रम (SAP) क्या हैं?

प्रश्न 7. 1990 के दशक से नेपाल में राजनीतिक स्थिरता के अभाव के क्या कारण हैं?

प्रश्न 8. पाकिस्तानी समाज की संजातीय संरचना का वर्णन करें।

प्रश्न 9. श्रीलंका में तमिल उग्रवाद के उद्भव के योगदान कारक कौन से थे?

प्रश्न 10. बांग्लादेश में नृजातीय समस्याओं के मुख्य मुद्दों को इंगित करें।

प्रश्न 11. स्वतंत्रता से भारत में मानवाधिकार संबंधी कर्म (practice) पर टिप्पणी करें।

प्रश्न 12. पाकिस्तान में राजनीतिक दलों पर एक संक्षिप्त लेख लिखें।

खंड III

प्रश्न 13. निम्न में से किन्हीं दो पर लगभग 100 शब्दों (प्रत्येक) में संक्षिप्त लेख लिखें। प्रत्येक भाग के 6 अंक हैं।

(a) वॉशिंगटन सहमति | **(b) माऑमून अब्दुल गयूम**

(c) ड्रिग्लैम नामजे | **(d) राणाशाही**

ई.पी.एस.–15 : दक्षिण एशिया : अर्थव्यवस्था, राज्य–व्यवस्था और समाज

जून, 2013

नोट :

(i) खंड I – किन्हीं ***दो*** *प्रश्नों के उत्तर दीजिए।*

(ii) खंड II – किन्हीं ***चार*** *प्रश्नों के उत्तर दीजिए।*

(iii) खंड III – किन्हीं ***दो*** *भागों के उत्तर दीजिए।*

खंड I

निम्न में से किन्हीं ***दो*** *प्रश्नों के उत्तर लगभग* ***500*** *शब्दों (प्रत्येक) में दीजिए। प्रत्येक प्रश्न के* ***20*** *अंक हैं।*

प्रश्न 1. भारत में राष्ट्रीय आंदोलन के अतिवादी (extremist) नेताओं के दर्शन और सामरिक नीति (strategy) का वर्णन करें।

प्रश्न 2. पाकिस्तान की राजनैतिक व्यवस्था में राजनैतिक दलों की भूमिका की व्याख्या करें।

प्रश्न 3. दक्षिण एशियाई देशों में बहुलवाद को चुनौतियों का किस प्रकार प्रबंधन किया जाता है?

प्रश्न 4. क्षेत्रीय सहयोग के दक्षिण एशियाई संगठन (सार्क) के समक्ष समस्याओं की व्याख्या करें।

खंड II

निम्न में से किन्हीं ***चार*** *प्रश्नों के उत्तर लगभग* ***250–300*** *शब्दों में दें। प्रत्येक प्रश्न के* ***12*** *अंक हैं।*

प्रश्न 5. बांग्लादेश की नृजातीय रूपरेखा (ethnic profile) का संक्षेप में वर्णन करें।

प्रश्न 6. नेपाल में नरेश महेंद्र द्वारा आरंभ की गई पंचायती व्यवस्था के मुख्य लक्षणों का वर्णन करें।

प्रश्न 7. भूटान में योजनाबद्ध आर्थिक विकास संबंधी प्रयासों का विश्लेषण करें।

प्रश्न 8. श्रीलंका में तमिल उग्रवाद के उद्भव का परीक्षण करें।

प्रश्न 9. दक्षिण एशिया में प्रमुख मानवाधिकार मुद्दों पर टिप्पणी करें।

प्रश्न 10. बांग्लादेश में उदारीकरण की प्रक्रिया पर एक लेख लिखें।

प्रश्न 11. एक राष्ट्र–राज्य की संप्रभुता को वैश्वीकरण किस प्रकार प्रभावित करता है? व्याख्या करें।

प्रश्न 12. भारत और पाकिस्तान के मध्य क्षेत्रीय विवादों पर एक लेख लिखें।

खंड III

प्रश्न 13. निम्न में से किन्हीं दो पर लगभग 100 शब्दों (प्रत्येक) में संक्षिप्त लेख लिखें। प्रत्येक भाग के 6 अंक हैं।

(a) पाकिस्तान में अहमदिया

(b) मालद्वीप की अर्थव्यवस्था में कृषि की भूमिका

(c) बांग्लादेश में नागरिक समाज

(d) इस्लामिक बम

ई.पी.एस.–15 : दक्षिण एशिया : अर्थव्यवस्था, राज्य-व्यवस्था और समाज
दिसम्बर, 2013

नोट :
(i) खंड I – किन्हीं **दो** प्रश्नों के उत्तर दीजिए।
(ii) खंड II – किन्हीं **चार** प्रश्नों के उत्तर दीजिए।
(iii) खंड III – किन्हीं **दो** भागों के उत्तर दीजिए।

खंड I

निम्न में से किन्हीं **दो** प्रश्नों के उत्तर लगभग *500* शब्दों (प्रत्येक) में दीजिए। प्रत्येक प्रश्न के *20* अंक हैं।

प्रश्न 1. दक्षिण एशियाई अर्थव्यवस्थाओं के प्रमुख लक्षणों का वर्णन करें।

प्रश्न 2. भारत को क्यूँ एक उभरती हुई शक्ति माना जाता है? व्याख्या करें।

प्रश्न 3. श्रीलंका में नृजातीय संघर्ष की क्रमतर वृद्धि को रेखांकित करें।

प्रश्न 4. 1990 के दशक से वर्तमान तक दक्षिण एशिया में आर्थिक सुधारों के प्रभाव का परीक्षण करें।

खंड II

निम्न में से किन्हीं **चार** प्रश्नों के उत्तर लगभग *250-300* शब्दों (प्रत्येक) में दें। प्रत्येक प्रश्न के *12* अंक हैं।

प्रश्न 5. उन कारकों की चर्चा कीजिए जो कि पाकिस्तान में सैन्य बलों द्वारा अनेक बार सत्ता अधिकरण के जिम्मेदार रहे हैं।

प्रश्न 6. बांग्लादेश के समाज और अर्थव्यवस्था पर विदेशी सहायता का क्या प्रभाव रहा है?

प्रश्न 7. 1990 के दशक से नेपाल में राजनीतिक अस्थिरता के कारणों का वर्णन करें।

प्रश्न 8. व्याख्या करें कि किस प्रकार अल्प अवसंरचना (poor infrastructure) भारत की वैश्विक प्रतिस्पर्धा को हानि पहुँचा रही है।

प्रश्न 9. भूटान में राष्ट्र-निर्माण की प्रकृति और प्रक्रिया पर एक लेख लिखें।

प्रश्न 10. पाकिस्तान में उदारीकरण की प्रक्रिया पर एक लेख लिखें।

प्रश्न 11. सार्क (SAARC) की संभावनाओं पर टिप्पणी करें।

प्रश्न 12. राजनीतिक गतिशीलता और अंतर-राज्य द्वंद दक्षिण एशिया की सुरक्षा को किस प्रकार प्रभावित करते हैं?

खंड III

प्रश्न 13. निम्न में से किन्हीं दो पर लगभग *100* शब्दों (प्रत्येक) में संक्षिप्त लेख लिखें। प्रत्येक भाग के *6* अंक हैं।

(a) दक्षिण एशिया में जेंडर (gender) आधारित विभेद
(b) नेपाल-भारत व्यापार संबंध
(c) भारत का परमाणु सिद्धांत (doctrine)
(d) श्रीलंका में नागरिक समाज

ई.पी.एस.–15 : दक्षिण एशिया : अर्थव्यवस्था, राज्य–व्यवस्था और समाज
जून, 2014

नोट :
(i) खंड I – किन्हीं **दो** प्रश्नों के उत्तर दें।
(ii) खंड II – किन्हीं **चार** प्रश्नों के उत्तर दें।
(iii) खंड III – किन्हीं **दो** भागों के उत्तर दें।

खंड I

निम्न में से किन्हीं **दो** प्रश्नों के उत्तर लगभग 500 शब्दों (प्रत्येक) में दें। प्रत्येक प्रश्न के 20 अंक हैं।

प्रश्न 1. मानव विकास उपागम क्या है? विस्तार से बताएँ।

प्रश्न 2. एक प्रमुख शक्ति के रूप में भारत की स्थिति और संभावनाओं का परीक्षण करें।

प्रश्न 3. 1950 के दशक में पाकिस्तान में सैन्य शासन की स्थापना संबंधी घटनाओं की व्याख्या करें।

प्रश्न 4. 1990 के दशक के आरंभिक वर्षों से नेपाल में राजनीतिक स्थिरता के अभाव के कारणों की चर्चा करें।

खंड II

निम्न में से किन्हीं **चार** प्रश्नों के उत्तर लगभग 250 शब्दों (प्रत्येक) में दें। प्रत्येक प्रश्न के 12 अंक हैं।

प्रश्न 5. बांग्लादेश के समक्ष नृजातीय (ethnic) समस्याओं से जुड़े मुद्दों की व्याख्या करें।

प्रश्न 6. भूटान में राष्ट्र निर्माण प्रयासों संबंधी चुनौतियों का परीक्षण करें।

प्रश्न 7. श्रीलंका के 1978 के संविधान के मुख्य लक्षणों को इंगित करें।

प्रश्न 8. मालद्वीप की अर्थव्यवस्था की प्रकृति और लक्षणों पर टिप्पणी करें।

प्रश्न 9. दक्षिण एशिया में मानवाधिकारों की स्थिति पश्चिम से कैसे भिन्न है? चर्चा करें।

प्रश्न 10. बहुलवाद की चुनौतियों के प्रबंधन के लिए उदारवादी मॉडल के मुख्य लक्षणों का वर्णन करें।

प्रश्न 11. भारत में स्ट्रक्चरल ऐडजस्टमेंट प्रोग्राम्स के परिचय की क्या स्थितियाँ रही हैं? वर्णन करें।

प्रश्न 12. दक्षिण एशिया में बहुलवाद के समक्ष चुनौतियों का परीक्षण करें।

खंड III

प्रश्न 13. निम्न में से किन्हीं दो पर लगभग 100 शब्दों (प्रत्येक) में संक्षिप्त लेख लिखें। प्रत्येक भाग के 6 अंक हैं।

(a) दक्षिण एशिया में सुरक्षा को गैर–पारंपरिक खतरे
(b) वॉशिंगटन सहमति
(c) नर्म शक्ति (Soft Power) संसाधन
(d) ग्रामीण बैंक

ई.पी.एस.–15 : दक्षिण एशिया : अर्थव्यवस्था, राज्य–व्यवस्था और समाज
दिसम्बर, 2014

नोट :

(i) भाग I – किन्हीं ***दो*** *प्रश्नों के उत्तर दीजिए।*

(ii) भाग II – किन्हीं ***चार*** *प्रश्नों के उत्तर दीजिए।*

(iii) भाग III – किन्हीं ***दो*** *भागों के उत्तर दीजिए।*

भाग I

निम्नलिखित में से किन्हीं ***दो*** *प्रश्नों के उत्तर लगभग* ***500*** *शब्दों (प्रत्येक) में दीजिए। प्रत्येक प्रश्न के* ***20*** *अंक हैं।*

प्रश्न 1. मानव विकास उपागम के क्रमविकास को, उसके मुख्य अंशों और लक्षणों को उजागर करते हुए रेखांकित कीजिए।

प्रश्न 2. उन प्रमुख मुद्दों का परीक्षण कीजिए जो कि भारत के श्री लंका के साथ द्विपक्षीय संबंधों में तनाव पैदा करते हैं।

प्रश्न 3. उन कारकों का परीक्षण कीजिए जो कि पाकिस्तान में नौकरशाही और सैन्य बलों के प्रभावकारी संस्थाओं के रूप में उद्भव के लिए जिम्मेदार हैं।

प्रश्न 4. राणा पश्चात् काल में नेपाल में राजनीतिक घटनाक्रमों को रेखांकित कीजिए।

भाग II

निम्नलिखित में से किन्हीं ***चार*** *प्रश्नों के उत्तर लगभग* ***250*** *शब्दों (प्रत्येक) में दीजिए। प्रत्येक प्रश्न के* ***12*** *अंक हैं।*

प्रश्न 5. भूटान के समाज और राजनीति में धर्म की भूमिका का परीक्षण कीजिए।

प्रश्न 6. श्री लंका में राज्य द्वारा अपनाई गई किन नीतियों ने नृजातीय समस्या को बढ़ावा दिया? वर्णन कीजिए।

प्रश्न 7. मालद्वीप की अर्थव्यवस्था की प्रकृति और लक्षणों का परीक्षण कीजिए।

प्रश्न 8. द्वंद्व समाधान के विभिन्न तरीके क्या हैं? चर्चा कीजिए।

प्रश्न 9. बांग्लादेश में राष्ट्रीय मुक्ति आंदोलन के कारणों की व्याख्या कीजिए।

प्रश्न 10. व्याख्या कीजिए कि किस प्रकार दक्षिण एशिया में पर्यावरणीय मुद्दे सुरक्षा से टकराते हैं।

प्रश्न 11. वे कौन–से कारक हैं जिनके कारणवश 1990 के दशक के आरंभिक वर्षों में भारत ने अपनी अर्थव्यवस्था को उदार बनाया? वर्णन कीजिए।

प्रश्न 12. बहुलवाद के प्रबंधन के लिए उदारवादी और सहयोगात्मक (कंसोसिएशनल) मॉडलों का संक्षेप में वर्णन कीजिए।

भाग III

प्रश्न 13. निम्नलिखित में से किन्हीं दो पर लगभग 100 शब्दों (प्रत्येक) में संक्षिप्त लेख लिखिए। प्रत्येक भाग के 6 अंक हैं।

(क) चिट्गौंग पहाड़ी प्रदेश के चकमा

(ख) पाकिस्तान में नृजातीय समूह

(ग) नेपाल में माओवादियों का उद्भव

(घ) भारत का परमाणु सिद्धांत (doctrine)

ई.पी.एस.–15 : दक्षिण एशिया : अर्थव्यवस्था, राज्य–व्यवस्था और समाज

जून, 2015

नोट :
- *(i)* भाग I – किन्हीं **दो** प्रश्नों के उत्तर दीजिए।
- *(ii)* भाग II – किन्हीं **चार** प्रश्नों के उत्तर दीजिए।
- *(iii)* भाग III – किन्हीं **दो** भागों के उत्तर दीजिए।

भाग I

*निम्नलिखित में से किन्हीं **दो** प्रश्नों के उत्तर लगभग 500 शब्दों (प्रत्येक) में दीजिए। प्रत्येक प्रश्न के 20 अंक हैं।*

प्रश्न 1. भारत को उभरती हुई शक्ति के रूप में क्यों देखा जा रहा है? समीक्षा कीजिए।

प्रश्न 2. पाकिस्तान में धार्मिक समूहों की प्रकृति और भूमिका का वर्णन कीजिए।

प्रश्न 3. नेपाल में पंचायत व्यवस्था के कार्यकलाप का आकलन कीजिए।

प्रश्न 4. दक्षिण एशिया में राष्ट्र–राज्य कौन–सी मुख्य चुनौतियों का सामना कर रहे हैं? चर्चा कीजिए।

भाग II

*निम्नलिखित में से किन्हीं **चार** प्रश्नों के उत्तर लगभग 250 शब्दों (प्रत्येक) में दीजिए। प्रत्येक प्रश्न के 12 अंक हैं।*

प्रश्न 5. दक्षिण एशिया में मानव विकास की रूपरेखा प्रस्तुत कीजिए।

प्रश्न 6. भूटान में नियोजित आर्थिक विकास पर टिप्पणी लिखिए।

प्रश्न 7. बांग्लादेश की राजनीति में सेना द्वारा किए जाने वाले हस्तक्षेप करने के प्रमुख कारकों का वर्णन कीजिए।

प्रश्न 8. भारत–पाकिस्तान के मध्य क्षेत्रीय विवादों की प्रकृति की समीक्षा कीजिए।

प्रश्न 9. श्री लंका में तमिल उग्रवाद के उत्पन्न होने के कारणों के घटकों का वर्णन कीजिए।

प्रश्न 10. मालदीव एक इस्लामिक राज्य कब और कैसे बना? वर्णन कीजिए।

प्रश्न 11. भारत में बहुलवाद और लोकतंत्र पर एक टिप्पणी लिखिए।

प्रश्न 12. दक्षिण एशिया में गरीबों की आर्थिक और जनसांख्यिकीय विशेषताओं का वर्णन कीजिए।

भाग III

प्रश्न 13. निम्नलिखित में से किन्हीं दो पर लगभग 100 शब्दों (प्रत्येक) में संक्षिप्त टिप्पणियाँ लिखिए। प्रत्येक टिप्पणी के 6 अंक हैं।

- (क) सॉफ्ट पॉवर (Soft Power)
- (ख) नेपाल का धार्मिक संघटन (संरचना)
- (ग) मानव विकास
- (घ) दक्षिण एशियाई आर्थिक संघ

ई.पी.एस.–15 : दक्षिण एशिया : अर्थव्यवस्था, राज्य–व्यवस्था और समाज
दिसम्बर, 2015

नोट :

*(i) भाग I – किन्हीं **दो** प्रश्नों के उत्तर दीजिए।*

*(ii) भाग II – किन्हीं **चार** प्रश्नों के उत्तर दीजिए।*

(iii) भाग III – प्रश्न सं. 13 *किन्हीं **दो** भागों के उत्तर दीजिए।*

भाग I

*निम्नलिखित में से किन्हीं **दो** प्रश्नों के उत्तर लगभग **500** शब्दों (प्रत्येक) में दीजिए। प्रत्येक प्रश्न के **20** अंक हैं।*

प्रश्न 1. मानव विकास से आप क्या समझते हैं? इसके विभिन्न आयामों का वर्णन कीजिए।

देखें इकाई–1, प्रश्न सं.–7

प्रश्न 2. पाकिस्तान में लोकतंत्र असफल होने संबंधी कारणों की समीक्षा कीजिए।

देखें इकाई–3, प्रश्न सं.–6

प्रश्न 3. भारत–श्री लंका के साथ संबंधों में मुख्य प्रवृत्तियों की आलोचनात्मक समीक्षा कीजिए।

उत्तर– भारत और श्रीलंका – भारत का एक और महत्त्वपूर्ण पड़ोसी देश श्रीलंका है। श्रीलंका हिंद महासागर में स्थित एक द्वीपीय गणराज्य है। यह भारत के दक्षिण में स्थित है। श्रीलंका 4 फरवरी 1948 को अंग्रेजों की गुलामी से मुक्त हुआ। भारत की ही भाँति श्रीलंका भी उसके स्थापना वर्ष 1961 से गुट निरपेक्ष आंदोलन का सक्रिय सदस्य रहा है। वह दक्षेस का भी सदस्य है और संयुक्त राष्ट्र तथा विश्व शांति की अवधारणा में उसकी पूर्ण आस्था है। इस तरह भारत का यह दक्षिणी पड़ोसी भारत से इतना साम्य रखता है कि एक बार विश्वास नहीं होता कि दोनों देशों के बीच विवाद का कोई मुद्दा भी हो सकता है।

भारत और श्रीलंका के संबंध सामान्यतः सौहार्द्रपूर्ण रहे हैं, हालाँकि दोनों देशों के बीच तनावों का मुख्य कारण भारतीय मूल के लोगों–खासकर श्रीलंका में रहने वाले तमिलों और सिंहलियों के बीच जातीय संघर्ष रहा है। श्रीलंका की जातीय समस्याओं के बावजूद भारत ने कभी भी अपनी इच्छा श्रीलंका पर थोपने की कोशिश नहीं की है।

तमिल समस्या – उत्तरी श्रीलंका के जाफना प्रांत में तमिल लोगों का बाहुल्य है। इस समस्या ने तब गंभीर रूप ले लिया जब उत्तरी श्रीलंका के 18000 वर्ग किलोमीटर क्षेत्र में तमिलों ने अपने लिए एक अलग राष्ट्र ईलम गणराज्य की माँग करनी शुरू कर दी। श्रीलंका में तमिलों की दो कोटियाँ हैं। बहुत पहले भारत से श्रीलंका पलायन कर गए तमिलों के वंशजों की संख्या इस समय करीब दस लाख है। इन्हें सीलॉन तमिल कहा जाता है। दूसरी कोटि में भी करीब दस लाख तमिल आते हैं जो उन्नीसवीं शताब्दी में भारत से श्रीलंका आए थे। इनमें

से अधिकांश की कोई नागरिकता नहीं है। इस संघर्ष के पीछे प्रमुख कारण यह है कि सिंहलियों को तमिल वर्चस्व से भय का बोध होता है।

आजादी के बाद श्रीलंका के तत्कालीन प्रधानमंत्री डुडले एस. सेनानायक ने तमिलों को न्याय का आश्वासन दिया। उनकी मृत्यु के बाद तमिलों के साथ भेदभाव शुरू हो गया। अहिंसा में विश्वास खो चुके तमिल युवकों ने खुद को मुक्तिचीतों के रूप में संगठित कर लिया। इन चीतों का उद्देश्य एक संप्रभु तमिल राज्य या ईलम की स्थापना करना था। इस जातीय समस्या का हल ढूँढने की दिशा में शुरुआती प्रयास के रूप में भारत के प्रधानमंत्री पं. जवाहरलाल नेहरू और श्रीलंका के प्रधानमंत्री कोटेलावाला के बीच 1954 में एक समझौते पर दस्तखत किए गए। तमिलों ने आरोप लगाया कि नेहरू–कोटेलावाला समझौते का गंभीरतापूर्वक क्रियान्वयन नहीं किया गया। इसने भारत–श्रीलंका संबंधों के बीच तनाव पैदा कर दिया जो 1956 के भाषाई विवाद के बाद और गहरा गया।

कच्छातिवू विवाद — पाक जलडमरूमध्य में जाफना तट के किनारे कच्छातिवू नामक एक वर्ग मील निर्जन इलाके के स्वामित्व को लेकर एक क्षेत्रीय विवाद पैदा हो गया। इस द्वीप पर हर वर्ष मार्च में भारत और श्रीलंका के तीर्थयात्री स्थानीय रोमन कैथोलिक चर्च में सेंट एंथनी के चार दिवसीय पर्व पर पूजा करने जाते थे। 1967 में महोत्सव के दौरान भारत ने वहाँ श्रीलंका की पुलिस की मौजूदगी का विरोध किया। इससे संघर्ष पैदा हो गया। दोनों ही देश किसी भी गंभीर स्थिति से बचना चाहते थे। यह तय किया गया कि भारत और श्रीलंका दोनों ही सेंट एंथनी के महोत्सव में न तो अपनी पुलिस को वर्दी में भेजेंगे, न ही वहाँ कस्टम के अधिकारी मौजूद होंगे। इसके अलावा हवाई सर्वेक्षण और नौसैनिक निरीक्षण पर भी प्रतिबंध लगाया गया। अंततः, एक संक्षिप्त समझौते के तहत भारत ने कच्छातिवू द्वीप पर श्रीलंका के स्वामित्व को स्वीकार कर लिया।

जातीय संघर्ष — 1983 में श्रीलंका में तमिलों और सिंहलियों के बीच जातीय संघर्ष ने गंभीर रूप धारण कर लिया। इसे 'जातीय विस्फोट' और 'श्रीलंका के हत्याकांड' का नाम दिया गया। 1983–86 के बीच करीब दो लाख तमिल बेघर होकर शरणार्थी हो गए। हजारों मारे गए और घायल हो गए। अंत में प्रधानमंत्री राजीव गाँधी ने इस जातीय हिंसा के समाधान के मकसद से पहल की। प्रधानमंत्री दो दिवसीय यात्रा पर कोलंबो गए और वहाँ एक समझौते पर हस्ताक्षर किए। इसके तहत भारतीय शांति रक्षक बल (आईपीकेएफ) को श्रीलंका में भेजने का प्रावधान था। तमिल अतिवादियों के साथ संघर्षों में सैकड़ों भारतीय सैनिक मारे गए। इसके बावजूद जातीय संघर्ष को नियंत्रित नहीं किया जा सका। आईपीकेएफ की व्यर्थता को समझते हुए भारत ने अपनी टुकड़ियों को वापस बुलाने का फैसला किया। मार्च 1990 तक सारी टुकड़ियों को वापस बुला लिया गया।

भारत–श्रीलंका के द्विपक्षीय संबंधों पर श्रीलंका के अलगाववादी आंदोलन का प्रतिकूल प्रभाव पड़ा। भारतीय सेना को भेजे जाने के परिणामस्वरूप लोकसभा चुनावों की दौड़ में पूर्व प्रधानमंत्री राजीव गाँधी की कथित तौर पर एक मानव बम द्वारा हत्या कर दी गई।

प्रश्न 4. दक्षिण एशिया में क्षेत्रीय सहयोग की चुनौतियों का वर्णन कीजिए।

देखें इकाई–9, प्रश्न सं.–5

भाग II

*निम्नलिखित में से किन्हीं **चार** प्रश्नों के उत्तर लगभग 250 शब्दों (प्रत्येक) में दीजिए। प्रत्येक प्रश्न के 12 अंक हैं।*

प्रश्न 5. नेपाल में राणा की व्यवस्था (system) को समाप्त करने में सहयोग देने वाले बलों का वर्णन कीजिए।
देखें इकाई–5, प्रश्न सं.–1

प्रश्न 6. श्री लंका में नागरिक समाज की भूमिका की समीक्षा कीजिए।
देखें इकाई–7, प्रश्न सं.–5 (i)

प्रश्न 7. नेपाल – भारत के मध्य व्यापार संबंधों पर टिप्पणी लिखिए।
देखें इकाई–5, प्रश्न सं.–8

प्रश्न 8. पाकिस्तान में सेना द्वारा सत्ता को अपने हाथ में लेने के लिए उत्साहित करने वाले कारक क्या हैं? समझाइए।
देखें इकाई–3, प्रश्न सं.–7

प्रश्न 9. भूटान के आर्थिक विकास में भारत की भूमिका क्या रही है? चर्चा कीजिए।
देखें इकाई–5, प्रश्न सं.–11

प्रश्न 10. मालदीव में संवैधानिक विकास की प्रक्रिया पर टिप्पणी लिखिए।

उत्तर— मालदीव का वर्तमान संविधान अपना निश्चित स्वरूप धारण करने से पहले विकास के कई दौरों से गुजर चुका है। विभिन्न घटनाक्रमों ने इसे स्वरूप और आकार दिया है। बहुत पहले राजनीतिक ताकत के स्रोत तथा संचालन के नियम इस्लामी कानून और प्रचलित रीति–रिवाजों तथा परंपराओं के अनुसार स्वीकृत थे। 1930 के दशक की शुरुआत सुल्तान मोहम्मद शमसुद–दीन–इसकंदर 3 का उत्तराधिकारी न होने की वजह से राजनीति में उत्पन्न हलचल ने राजनीतिक सत्ता के परिपालन संबंधी नियमों और कानून को परिभाषित करने वाले एक लिखित संविधान की आवश्यकता पैदा की। मालदीव की राजनीति और समाज में अपना प्रभावी स्थान सुरक्षित रखने के लिए सुल्तान ने मालदीव में एक लिखित संविधान लाने के लिए ब्रितानी सरकार से मदद माँगी। नतीजतन 1932 का संविधान सामने आया। मोटे तौर पर श्रीलंका के डोनोहमोर संविधान पर आधारित 1932 के संविधान में 47 निर्वाचित सदस्यों वाली जनसभा का प्रावधान था। केवल साक्षर पुरुषों को ही मतदान का अधिकार था। इसमें 28 सदस्यों वाली विधायी परिषद का भी प्रावधान था जिसमें 7 सदस्य सुल्तान द्वारा नामित होते थे और बाकी जनता द्वारा निर्वाचित होते थे। प्रधानमंत्री परिषद का अध्यक्ष होता था और विधायी परिषद की सलाह से सुल्तान द्वारा नियुक्त किया जाता था। अन्य मंत्री सुल्तान की सहमति से प्रधानमंत्री द्वारा चुने जाते थे। विधायी परिषद को जनसभा में अविश्वास–प्रस्ताव पास कर मंत्रिपरिषद को बर्खास्त करने का अधिकार था। 1932 का संविधान सफल नहीं रहा। उसने सुल्तान और उसकी मंडली के अधिकारों और सुविधाओं को वैधता प्रदान की। संविधान के अनुसार मंत्रियों को किसी तरह का व्यापार या कारोबार करने

की मनाही थी लेकिन मंत्री निजी व्यापार करना जारी रखे हुए थे। उन्होंने सरकार से सामान खरीदने के कई सुविधाजनक रास्ते बना लिए थे इसलिए संविधान के ऐसे किसी प्रावधान का उन्होंने बड़ी सख्ती से विरोध किया जिससे उन पर रोक लगती। इस तरह मालदीव की सरकार एक राजशाही बनी रही जिसमें सत्ता कुछ लोगों तक ही सीमित थी।

दूसरे विश्व युद्ध के दौरान यह द्वीप अपनी सामरिक अवस्थिति के कारण मित्र देशों के लिए महत्त्वपूर्ण साबित हुआ। मालदीव के सुल्तान पर अंग्रेजों ने दबाव डाला कि वह संविधान में संशोधन करे ताकि वह इस द्वीप पर अपना अड्डा बना सके। बाद में 1952 में सुल्तान की मृत्यु के बाद सल्तनत को समाप्त कर मालदीव को गणतंत्र घोषित करने के लिए एक नया संविधान लागू किया गया। ऐसा संवैधानिक ढाँचे को उदार बनाने के लिए किया गया। पहले राष्ट्रपति के तौर पर अमीन दीदी ने कई संवैधानिक सुधार किए। उन्होंने 18 साल से ऊपर की आयु के सभी नागरिकों को सार्वभौमिक वयस्क मताधिकार के तहत मतदान का अधिकार दिलाया। संविधान में 80 सदस्यों वाली निर्वाचित सीनेट में 13 महिलाओं सहित 46 सदस्यों वाले निचले सदन का प्रावधान किया गया। यह बहुत कम समय के लिए चला। उन्होंने शिक्षा व्यवस्था में कई सुधार किए और महिलाओं के अधिकारों को प्रोत्साहित किया। उनका शासन काल अल्पकालिक था। 1953 में मुसलमान कट्टरपंथियों की मदद से उप राष्ट्रपति इब्राहिम मोहम्मद दीदी ने उनसे सत्ता छीन ली। इसके बाद 1954 में सल्तनत व्यवस्था को दोबारा लागू किया गया। सल्तनत का पुनर्स्थापन होते ही एक नया संविधान 1954 में जारी किया गया। संवैधानिक इतिहास और राजनीतिक उदारीकरण की दिशा में यह संविधान मील के पत्थर की तरह देखा गया। 48 सदस्यों वाली (मजलिस) विधायिका की स्थापना हुई। अभिजात वर्ग के साथ–साथ इसने सुल्तान को निर्वाचित किया। इसके अलावा मजलिस को सुल्तान के वीटो को रद्द करने का अधिकार भी था। मजलिस द्वारा अपनायी गई एक अत्यंत महत्त्वपूर्ण कार्यवाही मालदीव में "अनुचित" जबरन श्रम व्यवस्था को समाप्त करना था। यह संविधान मार्च 1968 तक लागू रहा तभी एक राष्ट्रीय जनमत ने सल्तनत को समाप्त किया और गणतंत्र की स्थापना हुई।

नया संविधान 1968 में लागू हुआ और मालदीव में प्रशासन का वर्तमान संरचनात्मक ढाँचा इसी पर आधारित है। इस संविधान को 1970, 1972 और 1975 में बाकायदा संशोधित किया गया। इस संविधान ने एक अत्यंत राष्ट्रपति केंद्रित सरकार का आधार बनाया। इसका दार्शनिक ढाँचा इस्लाम से लिया गया है। लोगों के बुनियादी अधिकारों संबंधी संवैधानिक धाराएँ विस्तार से लिखी गयी हैं।

प्रश्न 11. श्री लंका के 1978 के संविधान की मुख्य विशेषताओं का वर्णन कीजिए।

देखें इकाई–6, प्रश्न सं.–2

प्रश्न 12. दक्षिण एशिया को परमाणु फ्लैश–पॉइंट वर्णित क्यों किया गया है? चर्चा कीजिए।

देखें इकाई–10, प्रश्न सं.–2

भाग III

प्रश्न 13. निम्नलिखित में से किन्हीं दो पर लगभग 100 शब्दों (प्रत्येक) में संक्षिप्त टिप्पणियाँ लिखिए। प्रत्येक टिप्पणी के 6 अंक हैं।

(क) पाकिस्तान में अहमदिया

देखें इकाई–3, प्रश्न सं.–5

(ख) बांग्लादेश में सूफीवाद की भूमिका

उत्तर— इस्लाम रहस्यवाद की सूफी परंपरा ने विशेषकर बंगाल क्षेत्र में, इस्लाम के प्रचार तथा इसे अपनाने में महत्त्वपूर्ण भूमिका निभाई है। सूफी परंपरा प्रमुख रूप से एक लोकप्रिय आंदोलन रहा है जिसमें अल्लाह से डर की उपेक्षा इसमें अल्लाह के प्रति प्रेम पर बल दिया गया है। इसमें अल्लाह के प्रति कर्मकांड तथा आडम्बर युक्त भक्ति के स्थान पर प्रत्यक्ष, सरल तथा निजी आस्था को अहमियत दी गई है। सूफी परंपरा की प्रमुख मान्यता है कि सत्य की खोज में एक साधारण व्यक्ति आध्यात्मिक गुरुओं की सहायता से आगे बढ़ सकता है। ये गुरु अल्लाह के बाशिंदे या संत होते हैं जिन्हें आमतौर पर फकीर या पीर कहा जाता है।

सन् 1980 के दशक के अंतिम वर्षों में बांग्लादेश में सूफी संघ के अंतर्गत कदीरी, नक्शबंदी तथा चिश्ती संघ सर्वाधिक लोकप्रिय थे। पहले दो संघों की मान्यताएँ तथा धर्माचरण बहुत कुछ रूढ़िवादी इस्लाम जैसा है जबकि अजमेर, भारत में स्थापित तीसरे संघ की विशेषताएँ इस महाद्वीप की विशेषताओं के अनुरूप हैं तथा इसकी रूढ़ि विरोधी मान्यताओं के अंतर्गत उपासना पद्धति में संगीत का उपयोग है। संगीतज्ञ तथा कवि भी इसके पदाधिकारी हैं। पीर एकमत से इसके पदाधिकारी नहीं बनाए जाते तथा सामान्यतया वे समुदाय का प्रतिनिधित्व नहीं करते। एक ग्रामीण व्यक्ति पीर से यह आशा तो करता है कि वह उसे उचित मार्ग दिखाए, प्रेरणा प्रदान करे तथापि वह यह नहीं चाहेगा कि वह स्थानीय मस्जिद में सामुदायिक प्रार्थना तथा साप्ताहिक धर्मोपदेश की अगुवाई करे तथापि कई पीर राजनीति की दौड़ में स्वयं शामिल होकर या फिर अन्य प्रत्याशियों को समर्थन देते हुए राजनीति में भी सक्रिय रहे हैं। उदाहरण के तौर पर पीर हफीजी हुजूर 1986 के चुनावों में राष्ट्रपति पद के प्रत्याशी थे। अत्रेशी तथा सरसीना के पीरों का राजनीतिक दबदबा रहा है तथा उनसे मिलने वालों की सूची में राष्ट्रपतियों तथा केंद्रीय मंत्रियों का नाम भी शामिल है।

(ग) बहुलवाद

देखें इकाई–7, प्रश्न सं.–6

(घ) सिंधु–जल विवाद

देखें इकाई–10, प्रश्न सं.–9 (3)

ई.पी.एस.–15 : दक्षिण एशिया : अर्थव्यवस्था, राज्य–व्यवस्था और समाज
जून, 2016

नोट :

*(i) भाग I – किन्हीं **दो** प्रश्नों के उत्तर दीजिए।*

*(ii) भाग II – किन्हीं **चार** प्रश्नों के उत्तर दीजिए।*

(iii) भाग III – प्रश्न सं. 13 *किन्हीं **दो** भागों के उत्तर दीजिए।*

भाग I

*निम्नलिखित में से किन्हीं **दो** प्रश्नों के उत्तर लगभग **500** शब्दों (प्रत्येक) में दीजिए। प्रत्येक प्रश्न के **20** अंक हैं।*

प्रश्न 1. दक्षिण एशिया में स्वास्थ्य, पोषण (Nutrition) और स्वच्छता (Sanitation) की दशाओं पर टिप्पणी कीजिए।

देखें इकाई–1, प्रश्न सं.–9

प्रश्न 2. पाकिस्तान की राजनीतिक व्यवस्था में राजनीतिक दलों की भूमिका का विश्लेषण कीजिए।

उत्तर– पाकिस्तान में राजनीतिक आंदोलन की कमजोरी का प्रमुख कारण राजनीतिक दलों की कमजोरी रहा है। राजनीतिक दल एक ओर सक्रिय लोकतांत्रिक प्रक्रियाओं द्वारा सुदृढ़ बनते है तो दूसरी ओर राजनीतिक दल लोकतांत्रिक प्रक्रियाओं को मजबूती देते हैं। जहाँ एक ओर सक्रिय लोकतांत्रिक प्रक्रियाओं से राजनीतिक दाम सुदृढ़ होते हैं वहीं दूसरी ओर राजनीतिक दलों की उपस्थिति भी लोकतांत्रिक प्रक्रियाओं को मजबूती देती है। यह विडम्बना रही है कि मुस्लिम लीग, जो पाकिस्तान के अलग देश बनने की माँग कर रही थी, का उस क्षेत्र में कोई जनाधार ही नहीं था जो नए देश के अंतर्गत आना था। इसके अतिरिक्त मुस्लिम लीग के नेता देश की राजनीति की रूपरेखा पर एकमत नहीं हो सके। देश के लिए संविधान का गठन तक नहीं हो सका तो केंद्रीय न्यायपालिका के चुनावों का तो प्रश्न ही नहीं उठता। प्रांतों में कुछ चुनाव कराए गए परंतु 1935 के संविधान के अंतर्गत मतदाता बहुत कम थे। बाद में जून, 1956 का संविधान गठित हुआ तो चुनाव कराए जाने से पहले ही अयूब खान के सैनिक शासन के दौरान 1958 में इसे निरस्त कर दिया गया। ऊपर के स्तर से लेकर नीचे तक अप्रत्यक्ष मतदान पर आधारित अयूब के संविधान में लंबे समय तक राजनीतिक दलों को प्रतिबंधित कर दिया गया। यद्यपि बाद में प्रतिबंध हटा लिया गया परंतु अयूब खान की संवैधानिक निरंकुशता में राजनीतिक दलों के लिए कोई स्थान नहीं था। पहले आम चुनाव 1970 में जनरल याहया खान के सैनिक शासन के अंतर्गत व्यस्क मतदान और क्षेत्रीय चुनाव क्षेत्र के आधार पर कराए गए। इन चुनावों में पी.पी.पी. को पश्चिमी पाकिस्तान में बहुमत मिलने तथा पूर्वी पाकिस्तान की लगभग सभी सीटों पर आवामी लीग की जीत से देश दो भागों में विभक्त हो गया। इसके घातक परिणाम निकले क्योंकि इसके परिणामस्वरूप पूर्वी भाग अलग होकर स्वतंत्र राष्ट्र बन गया।

जुल्फीकार अली भुट्टो ने सत्ता में पाकिस्तान में पहली लोकतांत्रिक सरकार बनाई। भुट्टो ने उस समय पाकिस्तान की सत्ता संभाली जब वह हार तथा पूर्वी भाग के अलग होने के सदमे को झेल रहा था। अर्थव्यवस्था अस्त–व्यस्त थी, लोग हतोत्साहित थे। भुट्टो ने लोकतंत्र को मजबूत बनाने के प्रयास किए परंतु उनकी समस्या यह थी कि वह पाकिस्तान के बड़े सामंती खानदान से संबंध रखते थे। एक हाथ से वह स्वतंत्रता प्रदान करते थे तो दूसरे हाथ से छीन लेते थे। उनके सत्तावादी व्यवहार के कारण विपक्ष उनका विरोधी हो गया तथा उनकी पार्टी भी लोगों का गुस्सा झेल न सकी। इसलिए, इसमें आश्चर्य की कोई बात नहीं है कि जब जनरल जिया ने सत्ता संभाली और भुट्टो को गिरफ्तार किया गया, तो लोगों ने इसका कोई विरोध नहीं किया। जिया ने अपने 11 वर्ष के शासनकाल के दौरान राजनीतिक दलों तथा राजनीतिक कार्यकलापों पर प्रतिबंध लगा दिया। यहाँ तक कि उन्होंने पार्टी रहित शासन व्यवस्था स्थापित करने के भी प्रयास किए किंतु 1988 में विमान दुर्घटना में उनकी मृत्यु के कारण यह हो न सका। अगले 11 वर्ष के लोकतांत्रिक शासन के दौरान 1988, 1990, 1993 तथा 1997 में चार चुनाव हुए। इन चार चुनावों में मुकाबला दो प्रमुख दलों पुरानी मुस्लिम लीग पार्टी का एक दूर का भाग पाकिस्तान मुस्लिम लीग (शरीफ) (PML-S) तथा पाकिस्तान पीपल्स पार्टी (PPP) के बीच रहा तथा दोनों ने दो–दो बार सरकार बनाई। ऐसा लगने लगा था कि पाकिस्तान द्विदलीय प्रणाली की ओर बढ़ रहा था किंतु यह बात उल्लेखनीय है कि इन दोनों चुनावों में पी.पी.पी. को स्पष्ट बहुमत नहीं मिला था और अन्य छोटे दलों की सहायता से इसने सरकार बनाई थी। पंजाब में मुस्लिम लीग का जनाधार होने के कारण पी एम एल–एस 1990 तथा 1997 के चुनावों में भारी बहुमत से जीती थी और अपने बलबूते पर सरकार बनाने में कामयाब हुई थी। पाकिस्तान में क्षेत्रीय दलों जैसे सिंध में मुताहिदा कौमी आंदोलन, उ प सी प्रांत में नेशनल आवामी लीग पार्टी तथा बलूचिस्तान में बलूच नेशनल पार्टी को अच्छे परिणाम मिले हैं किंतु ऐसा वे अपने प्रांतों में ही कर पाई। एम. क्यू.एम. प्रमुख क्षेत्रीय और संजातीय दल है वास्तव में, पी.पी.पी. तथा पी.एम.एल.एस के बाद यह देश की तीसरी सबसे बड़ी पार्टी है। कुछ संजातीय दल भी हैं जो कुछ क्षेत्रों में अच्छा काम कर रहे हैं तथा प्रमुख दल को पर्याप्त बहुमत न मिलने पर राष्ट्रीय स्तर पर भी भूमिका अदा करते हैं। धार्मिक दल जैसे–जमायत–ए–इस्लामी, मौलाना फजालुर्रहमान की जमायत अल उलामई इस्लाम, जमायतल उलमई पाकिस्तान मिलकर अथवा अपने बलबूते पर अधिक प्रभाव नहीं डाल सकते क्योंकि उनका आधार सीमित है। जमायतल उलामई इस्लाम की बलूचिस्तान तथा उत्तर पूर्वी सिंध प्रांत में मजबूत पकड़ है। इसके भूतपूर्व नेता मौलाना मुफ्ती 70 के दशक के आरंभिक वर्षों में नेशनल आवामी लीग के साथ गठबंधन करके प्रांत का मुख्यमंत्री रहे थे।

पाकिस्तान में राजनीतिक दलों की अलग–अलग फैली प्रकृति अक्तूबर, 2002 के चुनावों में परिलक्षित हुई जब चुनाव आयोग में लगभग 71 दल पंजीकृत हुए। लगभग 9 मुस्लिम लीग, 3 पी.पी.पी. हैं तथा इसी प्रकार से अधिकांश धार्मिक दलों का प्रतिनिधित्व मूल दलों से अलग हुए गुटों द्वारा किया जा रहा है तथा अब वे स्वतंत्र दलों के रूप में चुनाव लड़ते हैं। इस चुनाव में किसी भी दल को स्पष्ट बहुमत नहीं मिला। पर्यवेक्षकों का मानना है कि परिणामों में सैनिक शासन द्वारा हेरा–फेरी की गई जिसने देश के तीन राष्ट्रीय दलों के तीन नेताओं को देश निकाला दे दिया था तथा उनके चुनाव में भाग लेने पर रोक लगा थी। चुनावों से कुछ

दिन पहले ही मुशर्रफ ने स्वयं को अगले पाँच वर्ष के लिए राष्ट्रपति घोषित कर दिया था। रूढ़िवादी दलों के गठबंधन मुत्ताहिदा मजलिस अमल (एम.एम.ए.) का उदय लोकतांत्रिक आंदोलन की कमजोरी तथा सैनिक शासकों द्वारा चुनावों में हेरा–फेरी का प्रतीक था। चूँकि कोई भी पार्टी सरकार बनाने की स्थिति में नहीं थी इसलिए सैनिक शासन ने कुछ पी.पी.पी. सदस्यों पर दल बदलने का दबाव डाला और पी.एम.एल. (क्यू) को सरकार बनाने में मदद की।

मीर जफरूल्ला खान जमाली के नेतृत्व में पीएमएल (क्यू) सरकार कमजोर सरकार है क्योंकि यह अपने आस्तित्व के लिए पूरी तरह से जनरल की आभारी है। एम.एम.ए. से सरकार का समर्थन करवाने के प्रयास किए जा रहे हैं परंतु विपक्ष इस बात पर जोर दे रहा है कि संविधान में एल.एफ.ओ. को शामिल करने सहित संशोधनों को रद्द किया जाए तथा जनरल मुशर्रफ –राष्ट्रपति बने रहने के लिए सेना से त्यागपत्र दें क्योंकि वर्दी में राष्ट्रपति संविधान के विरूद्ध है। राष्ट्रीय सभा में संवैधानिक गतिरोध चल रहा है तथा अभी तक समझौते के कोई आसार नजर नहीं आते।

प्रश्न 3. हाल के वर्षों में श्री लंका की राजनीतिक व्यवस्था के समक्ष चुनौतियों वाले मुख्य मुद्दों को इंगित कीजिए और उनकी व्याख्या कीजिए।

देखें इकाई–6, प्रश्न सं.–4

वर्तमान चुनावी राजनीति का एक अन्य महत्त्वपूर्ण पहलू है जातीय आधार पर मतदान करने की प्रवृत्ति। उदाहरण के लिए एल टी टी ई द्वारा समर्थित चार दलों के तमिल राष्ट्रीय गठबंधन (टी एन ए) ने उत्तर और पूर्व के तमिल बहुल इलाकों में भारी विजय प्राप्त की। 22 सीटें प्राप्त कर वह तीसरी सबसे बड़ी पार्टी के तौर पर उभरी। दूसरी ओर जतिका हेला उरुमाया (जे एच यू) ने सभी निर्वाचन क्षेत्रों में बौद्ध भिक्षुओं को चुनाव लड़वाया और उनमें से 9 को संसद भेजने में सफल रहीं। इसी तरह श्रीलंका मुस्लिम कांग्रेस (एस एम एल सी) ने मुस्लिम बहुल क्षेत्रों में 5 सीटें जीतीं। मोटे तौर पर मतदान का ढर्रा जातीय ध्रुवीकरण दर्शाता है क्योंकि देश के दक्षिणी और उत्तरी क्षेत्रों में क्रमशः कट्टर सिंहली और तमिल दलों ने चुनाव जीते। इसके अलावा आनुपातिक प्रतिनिधित्व व्यवस्था के तहत कराए गए चुनावों ने फिर वही स्थिति पैदा कर दी जिसमें प्रमुख दल बिना छोटे दलों का समर्थन किए सरकार नहीं बना सकते थे।

इसलिए वर्तमान राजनीतिक ध्रुवीकरण देश के लिए स्वस्थ जनतांत्रिक और स्थाई राजनीति के कोई सकारात्मक संकेत नहीं दे रहा है। दूसरी बात यह है कि समय से चार साल पहले कराए गए संसदीय चुनावों का कारण एस एल एफ पी–जे वी पी गठबंधन की सत्ता में आने की राजनीतिक चाल थी। भले ही दोनों दल केंद्र से वाम की ओर झुके हुए हैं, तमिल समस्या और शांति प्रक्रिया जैसे अहम मुद्दों के बारे में दोनों में मतभेद हैं क्योंकि इस बारे में उनके दृष्टिकोण एक दूसरे के विपरीत हैं। जनवरी 2004 में जब वार्त्ताओं के लंबे दौर के बाद एस एल एफ पी और जे वी पी ने हाथ मिलाया तो उन्होंने दशकों पुराने पृथकतावादी संकट को सुलझाने के मूलभूत मुद्दे पर असहमत होने पर सहमति प्रकट की। जहाँ एस एल एफ पी एकीकृत राज्य के दृष्टिकोण से हटते हुए सत्ता के बृहत्तर अवमूल्यन की मदद से इस संकट को हल करना चाहता था वहीं जे वी पी इस विचार का कट्टर विरोधी था और वह वर्तमान राज्य में किसी भी प्रकार का अवमूल्यन नहीं चाहता था। इस मुद्दे पर जे वी पी के विचार बौद्ध भिक्षुओं की जे एच

यू से मिलते थे। दूसरी ओर एस एल एफ पी और यू एन पी के तमिल मुद्दे पर विचारों में कुछ समानता थी जो श्रीलंका की राजनीति पर हावी था। लेकिन अपनी ऐतिहासिक दुश्मनी और राजनीतिक अस्तित्व की वजह से वह साथ नहीं आ सकते।

प्रश्न 4. भारत में उदारीकरण और संरचनात्मक समायोजन कार्यक्रमों (Structural Adjustment Programmes) के प्रभाव का मूल्यांकन कीजिए।
देखें इकाई–8, प्रश्न सं.–4

भाग II

*निम्नलिखित में से किन्हीं **चार** प्रश्नों के उत्तर लगभग 250 शब्दों (प्रत्येक) में दीजिए। प्रत्येक प्रश्न के 12 अंक हैं।*

प्रश्न 5. पूर्व पाकिस्तान में बंगालियों की मुख्य शिकायतें क्या थीं? वर्णन कीजिए।
देखें इकाई–1, प्रश्न सं.–3

प्रश्न 6. 1988 में पाकिस्तान में लोकतंत्र की वापसी के बाद संरचनात्मक समायोजनों (structural adjustments) की प्रकृति का वर्णन कीजिए।
उत्तर– लोकतंत्र की वापसी तथा ढांचागत समायोजन
जनरल जिया–उल–हक की मृत्यु के बाद 1988 में देश में लोकतांत्रिक संस्थानों की बहाली हुई। अगस्त, 1988 तथा अगस्त 1997 के बीच पाकिस्तान में चार आम चुनाव हुए जिनमें बेनजीर भुट्टो तथा नवाज शरीफ ने दो-दो बार सत्ता संभाली। चुनी गई कोई भी सरकार अपना कार्यकाल पूरा नहीं कर सकी।
1980 के दशक के दौरान बजट घाटे को पूरा करने के लिए अत्यधिक गैर–बैंक ऋण लेने से ऋण लेने तथा चुकाने की प्रक्रिया के कारण 1990 के दशक में कुल ब्याज भुगतान कुल व्यय का एक तिहाई हो गया। निरंतर बढ़ते घाटे और सकल घरेलू उत्पाद अनुपात के कारण, जो कि 1990 के दशक में औसतन 6.8 प्रतिशत रहा, अर्थव्यवस्था पर अत्यधिक प्रतिकूल प्रभाव पड़ा। अन्य विकासशील देशों की तुलना में न केवल वित्तीय घाटा अधिक था, साथ ही घरेलू ऋण की विवशताओं तथा रक्षा परिव्यय के कारण व्यय में कटौती न किए जा सकने के कारण चालू व्यय को कम करने के कोई भी उपाय कारगर सिद्ध नहीं हो सके। हालाँकि प्रमुख राजनीतिक दलों– पाकिस्तान पीपल्स पार्टी तथा मुस्लिम लीग में आधारभूत आर्थिक नीतियों पर सहमति थी किंतु कार्यक्रमों तथा नीतियों की निरंतरता नहीं बनी रह सकी।
1990 के दशक के दौरान कृषि निष्पादन कम रहा। 1991 तथा 1993 के दौरान अत्यधिक बाढ़ आने तथा कीटों के हमले से कपास के उत्पादन में कमी आई, इससे पाकिस्तानी अर्थव्यवस्था की मौसम की अनिश्चितताओं तथा एक ही नकदी फसल पर निर्भरता की पोल खुल गई।
इस अवधि में व्यापार के क्षेत्र में कई सुधार लाए गए। 1990 के दशक में कई नीतियाँ लाई गईं जिनसे नकारात्मक सूची (Negative List) के अंतर्गत मदें कम हो गईं, औद्योगिक लाइसेंस समाप्त कर दिए गए तथा विदेशी निवेशकों के लिए प्रक्रियाओं को सरल बनाया गया। इसके अतिरिक्त निर्यातकों को प्रोत्साहन पैकेज दिया गया। उद्योग क्षेत्र में विनियमन,

उदारीकरण तथा निजीकरण को बढ़ावा दने के लिए 1990 के दशक में कई नीतियाँ लाई गईं। इसके साथ–साथ अतिरिक्त, वित्तीय प्रोत्साहन, कर में छूट, निवेश क्षेत्रों में लाइसेंस समाप्त करने तथा पूँजी पदार्थों पर शुल्क घटाने से निजी निवेश को बढ़ावा मिला किंतु वित्तीय दमन तथा पारदर्शिता में कमी के कारण निजीकरण के प्रति निजी क्षेत्र की प्रतिक्रिया धीमी रही।

निष्कर्ष रूप में, पाकिस्तान में आर्थिक विकास में कई कारणों से कमी आई जिसमें समष्टि आर्थिक पर्यावरण को ह्रास, स्थिरीकरण नीतियों तथा ढाँचागत सुधारों के कार्यान्वयन में गंभीर खामियों, कानून एवं व्यवस्था की बिगड़ी स्थितियाँ, अनियमित नीतियाँ एवं अभिशासन की कमियाँ शामिल हैं। 1980 के दशक में 6.1 प्रतिशत की औसत वृद्धि दर की तुलना में 1980 के पूर्वाहन में सकल घरेलू उत्पादन की वृद्धि दर का औसत घटकर 4.9 प्रतिशत तथा उत्तरार्द्ध में 4 प्रतिशत रह गया। बाह्य क्षेत्र तथा विशेषकर ऋण प्रबंधन के कारण अर्थव्यवस्था घने दबाव में आ गई। वित्तीय तथा चालू खातों के संचयी असंतुलन के साथ–साथ प्रमुख संस्थानों के ह्रास तथा अभिशासन की कमियों ने उदार आर्थिक नीतियों के शासन के प्रभाव को समाप्त कर दिया है।

प्रश्न 7. नेपाल–भारत संबंधों की प्रकृति की चर्चा कीजिए।

उत्तर– देखें इकाई–2, प्रश्न सं.–8 (2)

प्रश्न 8. बांग्लादेश में नागरिक समाज के समक्ष क्या चुनौतियाँ हैं? विस्तार से बताइए।

देखें इकाई–7, प्रश्न सं.–5 (3)

प्रश्न 9. भूटान में राजनीतिक और न्यायिक संगठनों की प्रकृति की चर्चा कीजिए।

उत्तर– भूटान में कोई राजनीतिक दल नहीं है। परंतु राजनीतिक संगठन पूरी तरह से गायब भी नहीं है। 1952 में दक्षिणी भूटान से कुछ नेपालियों ने जो पश्चिम बंगाल व असम में बस चुके थे, भूटान राज्य कांग्रेस (बी.एस.सी.) बनायी। बी.एस.सी. ने 1954 में एक सत्याग्रह (अहिंसात्मक प्रतिरोध) आंदोलन के साथ भूटान में अपना क्रिया–व्यापार बढ़ाने का प्रयास किया। परंतु यह आंदोलन भूटान में नेपालियों के बीच उत्साह की कमी से और भूटान की नागरिक सेना की लामबंदी की वजह से विफल रहा। बी.एस.सी. आंदोलन और भी कमजोर पड़ गया जब सरकार ने अल्पसंख्यकों को रियायतें दीं और राष्ट्रीय सभा में नेपालियों के प्रतिनिधित्व को मंजूरी दी। बी.एस.सी. का पतन हुआ और अंततः 1960 के दशकारंभ में वह गायब ही हो गई।

देश की न्यायिक प्रणाली, असैनिक और फौजदारी दोनों, शाबद्रुंग नवांग नांग्याल द्वारा डाली गई नींव पर आधारित है। सर्वोच्च–स्तर न्यायालय है–पुनरावेदन उच्चतम न्यायालय (Supreme Court of Appeal) द्रुक ग्याल्पो ने स्वयं सभी नागरिकों को औपचारिक याचिकाएँ दायर करने का अधिकार प्रदान किया है। पुरावेदन उच्चतम न्यायालय उच्च न्यायालय (थ्रिमखांग गौडमा) द्वारा किए गए फैसलों से संबंधित अपीलों को सुनता है। उच्च न्यायालय में जिसकी स्थापना 1968 में निचली अदालतों की अपीलों पर पुनर्विचार के लिए की गई थी, छह न्यायाधीश होते हैं–पंचवर्षीय अवधियों के लिए राष्ट्रीय सभा द्वारा निर्वाचित दो और द्रुक

ग्याल्पो द्वारा नियुक्त चार। उच्च न्यायालय के नीचे जिला अदालतें एक जिला न्यायाधीश के नेतृत्व में होती हैं, जिसको सामान्यतः नागरिक सेवा के पदों से लिया जाता है। छोटे-मोटे नागरिक विवादों में एक ग्राम प्रमुख द्वारा फैसला सुनाया जाता है।

प्रश्न 10. उन प्रमुख चुनौतियों का वर्णन कीजिए जिनका राष्ट्र-राज्य (nation-state) दक्षिण एशिया में सामना कर रहा है।
देखें इकाई-8, प्रश्न सं.-9

प्रश्न 11. सार्क (SAARC) की भूमिका का आलोचनात्मक परीक्षण कीजिए।
देखें इकाई-9, प्रश्न सं.-5

प्रश्न 12. एक क्षेत्र के रूप में दक्षिण एशिया की प्रोफाइल (profile) का वर्णन कीजिए।
उत्तर— मोटे तौर पर, इस क्षेत्र में औपनिवेशिक शासन के तीन प्रतिमान रहे। जबकि ब्रिटिश भारतीय साम्राज्य में वह क्षेत्र आता था जिसमें वर्तमान भारत, पाकिस्तान व बांग्लादेश के गणराज्य शामिल थे, श्रीलंका एक 'ताज उपनिवेश' के रूप में शासित था। नेपाल, भूटान, मालदीव आदि छोटे देश ब्रिटिश उपनिवेश नहीं थे, अपितु 'संरक्षित राज्य' थे, यानी अपने बाह्य संबंधों की खातिर अपनी स्वायत्तता को अर्पित कर देने के बदले में, उनके स्वतंत्र अस्तित्व की अंग्रेजों द्वारा रक्षा की जाती थी। औपनिवेशिक शोषण और अधीनता के खिलाफ एक प्रतिक्रिया स्वरूप दक्षिण एशिया में राष्ट्रवाद के जन्म लेते ही वे क्षेत्र जो औपनिवेशिक प्रशासन के सीधे नियंत्रण में थे, वहाँ सशक्त उपनिवेश-विरोधी तथा राष्ट्रवादी आंदोलनों का उदय देखा गया।

दक्षिण एशिया में राष्ट्रवाद का उदय और विकास औपनिवेशिक शोषण और अधीनता के विरुद्ध एक प्रतिक्रिया था। राष्ट्रवाद के इस नए रूप ने, जो दक्षिण एशिया में नए राज्यों का आधार बन गया, अपनी विचारधारा और राजनीति-सिद्धांत का काफी कुछ पश्चिम से ही प्राप्त किया परंतु फिर उसे विशिष्ट परिस्थितियों एवं अनुभवों के अनुकूल कर लिया गया। इस नए राष्ट्रवाद का आधार साम्राज्यवाद व साम्राज्यवाद के प्रतीकों के प्रति एक मूल प्रवृत्तिक एवं विदेशी द्वेषपूर्ण घृणा था। यह उनके खिलाफ एक सहज घृणा थी जिन्होंने उनकी जमीन पर बलपूर्वक कब्जा किया था, बलपूर्वक ही उनकी समृद्धि का दोहन किया था, उनकी शासन-प्रणाली को नष्ट कर दिया था, और उनकी जनता को गुलाम बना लिया था। राष्ट्रवाद भी एक रचनात्मक शक्ति बन गया था जो कि एक स्वतंत्रता, स्वाधीनता, आर्थिक न्याय व राष्ट्रीयता आदि सिद्धांतों पर आधारित राष्ट्र का निर्माण किए जाने पर अभिलक्षित था। इसने न केवल लोगों को संगठित किया, अपितु राष्ट्रीय पुनर्निर्माण में अपना योगदान देने हेतु उन्हें प्रेरित भी किया। इस संबंध में नेतृत्व भारत द्वारा प्रदान किया गया जिसने विश्व में एक विशालतम जन-आंदोलन को जन्म दिया। यह आंदोलन न केवल उसे औपनिवेशिक नियंत्रण से मुक्त कराने में सफल हुआ, बल्कि उसने अपने पीछे स्वतंत्र भारत के लिए एक ऐतिहासिक रूप से विकसित, भली-भाँति सोचा-विचारा कार्यक्रम भी छोड़ा। भारत के उदाहरण ने श्रीलंका जैसे अन्य उपनिवेशों को भी प्रेरणा प्रदान की। उसने नेपाल, भूटान व मालदीव जैसे देशों में राजनीतिक चेतना भी जगाई।

भाग III

प्रश्न 13. निम्नलिखित में से किन्हीं दो पर लगभग 100 शब्दों (प्रत्येक) में संक्षिप्त टिप्पणियाँ लिखिए। प्रत्येक भाग के 6 अंक हैं।

(क) मालदीव में नृजातीयता और भाषा

देखें दिसम्बर–2008, प्रश्न सं.–10

(ख) पाकिस्तान के अहमदिया

देखें इकाई–3, प्रश्न सं.–5

(ग) बांग्लादेश में सूफीवाद

देखें दिसम्बर–2015, प्रश्न सं.–13 (ख)

(घ) नेपाल में राणा (Rana) व्यवस्था

देखें इकाई–5, प्रश्न सं.–1

ई.पी.एस.–15 : दक्षिण एशिया : अर्थव्यवस्था, राज्य–व्यवस्था और समाज
दिसम्बर, 2016

नोट :
(i) भाग I – किन्हीं दो प्रश्नों के उत्तर दीजिए।
(ii) भाग II – किन्हीं चार प्रश्नों के उत्तर दीजिए।
(iii) भाग III – कोई दो संक्षिप्त टिप्पणियाँ लिखिए।

भाग I

निम्नलिखित में से किन्हीं दो प्रश्नों के उत्तर लगभग 500 शब्दों (प्रत्येक) में दीजिए। प्रत्येक प्रश्न के 20 अंक हैं।

प्रश्न 1. दक्षिण एशिया में मानव विकास के विशिष्ट लक्षणों की चर्चा कीजिए।

प्रश्न 2. नेपाल में लोकतांत्रिक राजनीति के क्रमविकास की रूपरेखा प्रस्तुत कीजिए।

प्रश्न 3. बांग्लादेश में उदारीकरण के प्रभाव का वर्णन कीजिए।

प्रश्न 4. श्रीलंका में नागरिक समाज की भूमिका की चर्चा कीजिए।

भाग II

निम्नलिखित में से किन्हीं चार प्रश्नों के उत्तर लगभग 250 शब्दों (प्रत्येक) में दीजिए। प्रत्येक प्रश्न के 12 अंक हैं।

प्रश्न 5. भारतीय लोकतंत्र की प्रकृति पर टिप्पणी लिखिए।

प्रश्न 6. मालदीव की राजनीतिक व्यवस्था की प्रकृति का वर्णन कीजिए।

प्रश्न 7. पाकिस्तान की सुरक्षा स्थिति पृथकवादी (सांप्रदायिक) ताकतों के उद्भव से कैसे प्रभावित होती है? व्याख्या कीजिए।

प्रश्न 8. द्वंद्व समाधान के लिए भारत ने क्यों द्विपक्षीय वार्ता विधि को तरजीह दी है? चर्चा कीजिए।

प्रश्न 9. संक्षेप में व्याख्या कीजिए कि कैसे पर्यावरणीय मुद्दे दक्षिण एशिया में मानव सुरक्षा को प्रभावित करते हैं।

प्रश्न 10. वैश्वीकरण राष्ट्र–राज्यों की संप्रभुता को कैसे प्रभावित करता है? विस्तार से बताइए।

प्रश्न 11. नेपाल में माओवाद के उद्भव पर एक संक्षिप्त टिप्पणी लिखिए।

प्रश्न 12. दक्षिण एशिया में बहुलवाद के समक्ष चुनौतियों का वर्णन कीजिए।

भाग III

प्रश्न 13. निम्नलिखित में से किन्हीं दो पर लगभग 100 शब्दों (प्रत्येक) में संक्षिप्त टिप्पणियाँ लिखिए। प्रत्येक भाग के 6 अंक हैं।

(क) मालदीव की विदेश नीति
(ख) भारत और श्रीलंका के मध्य राज्यविहीन व्यक्तियों की समस्या
(ग) ग्रामीण बैंक
(घ) इस्लामिक बंब

ई.पी.एस.–15 : दक्षिण एशिया : अर्थव्यवस्था, राज्य–व्यवस्था और समाज
जून, 2017

नोट :

(i) भाग I – किन्हीं ***दो*** *प्रश्नों के उत्तर दीजिए।*

(ii) भाग II – किन्हीं ***चार*** *प्रश्नों के उत्तर दीजिए।*

(iii) भाग III – कोई दो संक्षिप्त टिप्पणियाँ लिखिए।

भाग I

निम्नलिखित में से किन्हीं ***दो*** *प्रश्नों के उत्तर लगभग* ***500*** *शब्दों (प्रत्येक) में दीजिए। प्रत्येक प्रश्न के 20 अंक हैं।*

प्रश्न 1. भारत की स्वतंत्रता के लिए भारतीय राष्ट्रीय कांग्रेस द्वारा अपनाए गए तरीकों का विश्लेषण कीजिए।

उत्तर– देखें इकाई–1, प्रश्न सं–1

प्रश्न 2. विश्व सत्ता ढाँचे में भारत की स्थिति पर एक निबंध लिखिए।

उत्तर– देखें इकाई–2, प्रश्न सं–2

प्रश्न 3. दक्षिण एशिया में क्षेत्रीय सहयोग की धीमी प्रगति के क्या कारण हैं?

उत्तर– दक्षिण एशिया के भीतर बहुपार्श्वीय आधार पर सहयोग के मार्ग तलाश करने के प्रयास और दक्षिण एशिया क्षेत्रीय सहयोग संघ (दक्षेस) में इन प्रारंभिक प्रयासों का संस्थानीयकरण भारतीय उपमहाद्वीप में राजनीतिक रूप से संभ्रांत लोगों और नीति–निर्माताओं के बीच अंतर्जनित इस भावना का प्रकटीकरण है कि वहाँ अंतर्निहित भौगोलिक सांस्कृतिक एकता तथा समान जलवायु स्थितियाँ और आर्थिक परिपूरक हैं जिन्हें संस्थानीय अभिव्यक्ति की आवश्यकता है। दिसंबर 1985 में दक्षेस का गठन सात सदस्य राष्ट्रों की मैत्री, विश्वास और पारस्परिक बोध की भावना में उनकी आम समस्याओं का समाधान तलाश करने के प्रति क्षेत्रीय तौर पर साथ–साथ कार्य करने के लिए सहयोग के अवनिर्धारित प्रयास का मूर्त प्रकटीकरण रहा है। पारस्परिक सम्मान, न्यायसंगतता, सहभाजित लाभों के आधार पर व्यवस्था करने के उद्देश्य से अपनी जनता के कल्याण और समृद्धि को प्रोन्नत करने में सहायता मिलेगी तथा इससे जीवन की उनकी गुणवत्ता में सुधार होगा।

चूँकि राष्ट्र–राज्य स्वयमेव क्षेत्रों में अपना अस्तित्व बनाए रखने की प्रक्रिया में हैं, महा–राष्ट्रीय क्षेत्रों की संकल्पना उत्कृष्ट तथा राष्ट्र निर्माण के तत्काल कार्य के प्रतिकूल प्रतीत होती है। राष्ट्र–राज्य निरपेक्षता मध्य में है तथा दक्षिण एशिया में किसी भी परियोजना के लिए निर्णायक

हैं। यदि क्षेत्रीय आर्थिक सहयोग आगे बढ़ने में विफल रहता है तो यह इसलिए है क्योंकि अधिकांश राष्ट्र-राज्य स्वयमेव प्रमुख विफलताएँ हैं।

दक्षेस की सफलता अंततः उद्यम द्वारा उत्पन्न साख तथा राजनीतिक मतभेदों के समाधान का लाभ उठाने के लिए सदस्य राज्यों की बुद्धिमत्ता और दूरदर्शिता पर निर्भर करेगी। उभरती हुई विश्व व्यवस्था की बाध्यता के साथ-साथ क्षेत्रों में लोकतंत्रीकरण की गति में तीव्रता लाने से यात्रा इस उद्देश्य को प्राप्त करने के प्रति आरंभ होती है—"संयुक्त रहेंगे, खड़े रहेंगे, विभाजित होंगे, गिर जाएँगे"। सार रूप में यह दक्षेस के समक्ष चुनौती है।

प्रश्न 4. दक्षिण एशिया में द्वंद्व समाधान के क्या दृष्टिकोण (उपागम) हैं?
उत्तर— देखें इकाई-10, प्रश्न सं-10

भाग II

निम्नलिखित में से किन्हीं **चार** प्रश्नों के उत्तर लगभग **250-300** शब्दों (प्रत्येक) में दीजिए। प्रत्येक प्रश्न के 12 अंक हैं।

प्रश्न 5. भारत के विभाजन के मूल कारणों का आलोचनात्मक परीक्षण कीजिए।
उत्तर— देखें इकाई-1, प्रश्न सं-2

प्रश्न 6. बांग्लादेश की राजनीति में जनरल एरशाद की भूमिका का मूल्यांकन कीजिए।
उत्तर— देखें इकाई-4, प्रश्न सं-3

प्रश्न 7. आपके विचार से पाकिस्तान में सैन्य बल क्यों एक प्रभावकारी भूमिका निभाते हैं?
उत्तर— देखें इकाई-3, प्रश्न सं-2

प्रश्न 8. नेपाल में पंचायत व्यवस्था के प्रमुख लक्षणों का विश्लेषण कीजिए।
उत्तर— शाही राज्य-विप्लव के बाद शीघ्र ही राजा महेन्द्र ने देश को यह विश्वास दिलाने का एक अभियान शुरू किया कि संसदीय लोकतंत्र नेपाल के लोगों की आवश्यकताओं और आकांक्षाओं को पूरा करने के लिए उचित नहीं है। एक विकल्प के रूप में उसने एक योजना बनाई और शुरू की जिसे 'पंचायत लोकतंत्र' कहा जाने लगा। यह राजनीतिक व्यवस्था दिसंबर 1962 में देश को सौंपे गए एक नए संविधान में रूपायित थी। पंचायत लोकतंत्र का सबसे प्रभावशाली लक्षण यह था कि उसने एक दल-रहित व्यवस्था लागू की। पंचायत व्यवस्था एक त्रि-पंक्ति प्रणाली पर गठित थी। निम्नतम स्तर पर थीं—ग्राम व नगर पंचायतें। दूसरी पंक्ति में आती थीं—जिला पंचायतें, प्रत्येक 75 विकास जिलों के लिए एक शीर्ष पर थी—राष्ट्रीय पंचायत। सिर्फ प्राथमिक इकाइयाँ ही सार्वजनिक रूप से चुनी जाती थीं। अन्य

सभी पंचायतें उनके अपने ही सदस्यों से निचले स्तर द्वारा सीधे चुनी जाती थीं और इस प्रकार, कम-से-कम, सिद्धांततः एक जनप्रिय आधार पर पिरामिडीय संरचना प्रदान करती थीं। 1962 में, पूरे नेपाल में स्थानीय चुनाव कराए गए और ग्राम व नगर पंचायतें चुनी गईं और फिर क्षेत्रीय व राष्ट्रीय पंचायतों की स्थापना हुई। अप्रैल 1963 तक यह पंचायत व्यवस्था पूरी तरह से हरकत में आ गई।

पंचायत व्यवस्था ने असली विकेंद्रीकरण लाने की बजाय राजभवन में सत्ता के और अधिक विकेंद्रीकरण में मदद की। पंचायत संविधान इस बात पर जोर देता था कि संप्रभुता देश के संवैधानिक कानूनों, प्रथाओं व रीति-रिवाजों की मार्फत राजा के हाथों में ही रहती है। राजा ही कार्यकारी, वैधानिक व न्यायिक शक्ति होगा। संविधान ने उसकी कार्यकारी शक्ति के प्रयोग में मदद के लिए एक मंत्रिमंडल की व्यवस्था दी। परंतु राजा ने राष्ट्रीय पंचायत के सदस्यों में से नियुक्त हुए मंत्रियों के कार्यकाल, विभाग आदि तय करने का कार्य अपने पास ही रखा। इसके अलावा, राष्ट्रीय पंचायत, जिसको विधायी अंग बनना था, महज एक सलाहकारी निकाय था जिसकी सिफारिशें राजा की स्वीकृति के बाद ही कानून का रूप ले सकती थी। राजा को अधिकार था कि वह राष्ट्रीय पंचायत की बैठक बुलाए, रद्द करे या बंद करे।

पंचायत व्यवस्था के अंतर्गत, असली सत्ता राजा के सचिवालय में संकेंद्रित थी और ग्रामीण क्षेत्र में अधिकार मंडल-आयुक्त कार्यालयों व उनके कर्मचारी/अधिकारीगण अथवा विकास अधिकारियों की समांतर व्यवस्था में निहित था। लोगों को या तो राजभवन-समर्थक होना पड़ता था या फिर राजभवन-विरुद्ध। सभी राजभवन-विरुद्ध गतिविधियों को राष्ट्र-विरुद्ध माना जाता था और ऐसी गतिविधियों में लोगों की भागीदारी सभी प्रकार के जुल्मों का विषय बनती थी, जिसमें देश-निकाला भी शामिल था।

प्रश्न 9. भूटान की पारंपरिक राजनीतिक व्यवस्था का परीक्षण कीजिए।
उत्तर— देखें इकाई-5, प्रश्न सं-10

प्रश्न 10. श्रीलंका के 1972 और 1978 के संविधानों के प्रमुख लक्षण क्या हैं?
उत्तर— देखें इकाई-6, प्रश्न सं-2

प्रश्न 11. भारत में बहुलवाद और लोकतंत्र के समक्ष प्रमुख चुनौतियाँ क्या हैं?
उत्तर— देखें इकाई-7, प्रश्न सं-8

प्रश्न 12. भारत की परमाणु रणनीति के तत्त्वों का वर्णन कीजिए।
उत्तर— देखें इकाई-10, प्रश्न सं-5

भाग III

प्रश्न 13. निम्नलिखित में से किन्हीं दो पर लगभग 100 शब्दों (प्रत्येक) में संक्षिप्त टिप्पणियाँ लिखिए। प्रत्येक भाग के 6 अंक हैं।

(क) जोसेफ नाइ (Joseph Nye) के अनुसार सत्ता के तत्त्व

उत्तर– देखें इकाई–2, प्रश्न सं–1

(ख) नेपाल में माओवादियों का उद्‌भव

उत्तर– देखें इकाई–5, प्रश्न सं–4

(ग) भूटान के भारत के साथ संबंध

उत्तर– भारत एवं भूटान के आपसी संबंध घनिष्ठ विचार–विमर्श, परिपक्वता, पूर्ण विश्वास और आपसी समझ पर आधारित हैं और ये आदर्श पड़ोसी के संबंधों का उत्कृष्ट उदाहरण हैं। इन संबंधों को नियमित यात्राओं एवं विचार–विमर्श द्वारा मधुर एवं नियमित रखने का लगातार प्रयास किया गया है। भारत एवं भूटान के बीच आर्थिक सहयोग में निरंतर वृद्धि हुई है। भारत द्वारा 1961 से ही भूटान की पंचवर्षीय योजनाओं में सहायता उपलब्ध कराई जा रही है। भूटान में जल–विद्युत उत्पादन, सड़क निर्माण व अन्य सामाजिक आधारभूत सुविधाओं के क्षेत्र में भारत द्वारा मदद दी जा रही है। भूटान नरेश जिग्मे सिंघे वांगचुक 26 जनवरी, 2005 को आयोजित गणतंत्र दिवस समारोह में मुख्य अतिथि थे। नरेश की इस यात्रा के दौरान भूटान की 9वीं योजना हेतु भारत सरकार के सहायता पैकेज की समीक्षा की गई तथा विकास सहायता के रूप में 250 करोड़ रुपए की अतिरिक्त राशि भी दी गई। मई 2008 में भूटान में ऐतिहासिक परिवर्तन हुआ। इस दिन भूटान में चुनावों के माध्यम से प्रथम संसदीय सरकार चुनी गई। वर्तमान में भूटान की राजनीतिक व्यवस्था राजतंत्रात्मक से लोकतंत्रात्मक हो गई है। भारत ने भूटान को लोकतंत्र के सफल कार्यान्वयन में भरसक सहायता का वचन दिया है। उल्लेखनीय है कि भारत, भूटान का सबसे बड़ा व्यापार एवं विकास का भागीदार रहा है। हाल ही में भारत सरकार ने 2020 तक भूटान में 10,000 मेगावाट विद्युत उत्पन्न करने की प्रतिबद्धता की।

अगस्त, 2011 में नई दिल्ली में आयोजित भारत–भूटान द्विपक्षीय व्यापार वार्ता में भारत ने भूटान के निवेदन पर सहमति जताते हुए डालू एवं घासूपारा लैंड कस्टम स्टेशनों का उपयोग भूटानी कार्गों के लिए तथा चार अतिरिक्त प्रवेश/निकास बिंदु के नोटिफिकेशन पर सहमति दी। 68 प्रमुख सामाजिक–आर्थिक सेक्टर प्रोजेक्ट तथा कृषि, सूचना एवं संचार तकनीकी (आई.सी.टी.), मीडिया, स्वास्थ्य, शिक्षा, ऊर्जा, संस्कृति तथा आधारभूत सरचना में भारत द्वारा सहायता प्रदान की जा रही है। लघु विकास प्रोजेक्ट (एस.डी.पी.) के अंतर्गत देश के 20 जिलों एवं 205 ब्लॉकों में 1900 प्रोजेक्टों के लिए भारत द्वारा भूटान को अनुदान दिया जा

रहा है। पुनतसांगचू–1 हाइड्रो इलेक्ट्रिक प्रोजेक्ट (एच.ई.पी.) पूर्ण गति पर है तथा पुनतसांगचू–2 तथा मांगदेचू हाइड्रो इलेक्ट्रिक प्रोजेक्ट भी बेहतर तरीके से प्रगति पर है। इस प्रकार दोनों देश भूटान में वर्ष 2020 तक लगभग 10,000 मेगावाट बिजली के संयुक्त उत्पादन के लक्ष्य के करीब हैं, जिसका निर्यात भारत को किया जा सकेगा।

(घ) मालदीव की विदेश नीति के सिद्धांत
उत्तर— देखें इकाई–6, प्रश्न सं–15

ई.पी.एस.–15 : दक्षिण एशिया : अर्थव्यवस्था, समाज और राजनीति
दिसम्बर, 2017

नोट :
(i) भाग I – किन्हीं **दो** प्रश्नों के उत्तर दीजिए।
(ii) भाग II – किन्हीं **चार** प्रश्नों के उत्तर दीजिए।
(iii) भाग III – कोई दो संक्षिप्त टिप्पणियाँ लिखिए।

भाग I

निम्नलिखित में से किन्हीं **दो** प्रश्नों के उत्तर लगभग 500 शब्दों (प्रत्येक) में दीजिए। प्रत्येक प्रश्न के 20 अंक हैं।

प्रश्न 1. दक्षिण एशिया में मानव विकास प्रालेख (profile) के विभिन्न मानकों (parameters) की चर्चा कीजिए।

प्रश्न 2. एक उभरती हुई शक्ति के रूप में भारत की स्थिति (status) का आलोचनात्मक परीक्षण कीजिए।

प्रश्न 3. पाकिस्तान की राजनीति में सेना (मिलिटरी) की भूमिका की चर्चा कीजिए।

प्रश्न 4. श्रीलंका में नृजातीय द्वंद्व की प्रकृति का आलोचनात्मक परीक्षण कीजिए।

भाग II

निम्नलिखित में से किन्हीं **चार** प्रश्नों के उत्तर लगभग 250 शब्दों (प्रत्येक) में दीजिए। प्रत्येक प्रश्न के 12 अंक हैं।

प्रश्न 5. भारत-बांग्लादेश संबंधों के संदर्भ में हाल की घटनाओं की चर्चा कीजिए।

प्रश्न 6. जाति, धर्म और भाषा के संदर्भ में नेपाल के समाज की प्रकृति का परीक्षण कीजिए।

प्रश्न 7. पाकिस्तान में नागरिक समाज की भूमिका की चर्चा कीजिए।

प्रश्न 8. भारत में बहुलवाद और लोकतंत्र के लक्षणों का वर्णन कीजिए।

प्रश्न 9. दक्षिण एशिया में मानवाधिकारों पर वैश्वीकरण के प्रभाव का परीक्षण कीजिए।

प्रश्न 10. दक्षिण एशिया में क्षेत्रीय सहयोग की प्रकृति का विश्लेषण कीजिए।

प्रश्न 11. दक्षिण एशियाई देशों द्वारा अपनाई गई गरीबी उन्मूलन नीतियों का वर्णन कीजिए।

प्रश्न 12. दक्षिण एशिया में सुरक्षा की गैर–पारंपरिक चुनौतियों का आलोचनात्मक परीक्षण कीजिए।

भाग III

प्रश्न 13. निम्नलिखित में से किन्हीं दो पर लगभग 100 शब्दों (प्रत्येक) में संक्षिप्त टिप्पणियाँ लिखिए। प्रत्येक भाग के 6 अंक हैं।

(क) आयात प्रतिस्थापन औद्योगीकरण

(ख) भारत–मालदीव संबंध

(ग) भूटान के विदेशी संबंघ

(घ) बांग्लादेश में नागरिक समाज

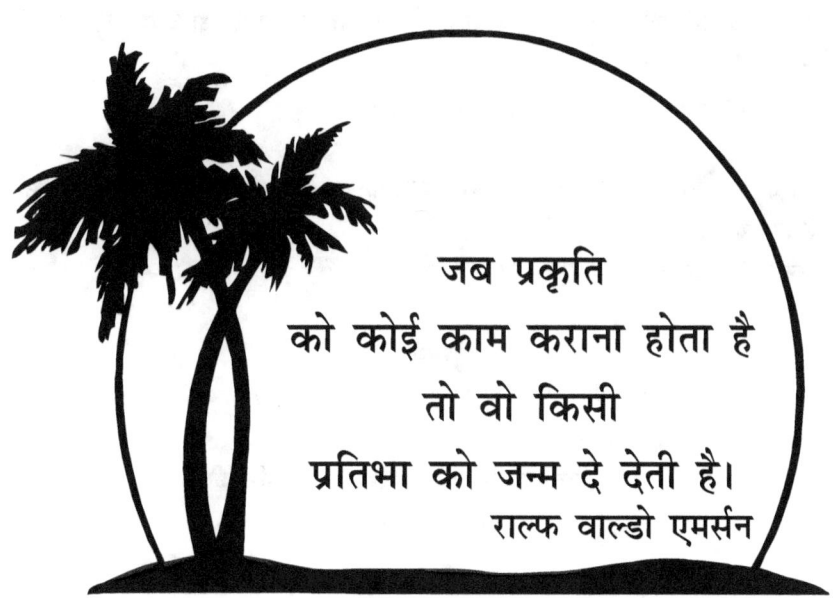

ई.पी.एस.–15 : दक्षिण एशिया : अर्थव्यवस्था, समाज और राजनीति
जून, 2018

नोट :
(i) भाग I – किन्हीं **दो** प्रश्नों के उत्तर दीजिए।
(ii) भाग II – किन्हीं **चार** प्रश्नों के उत्तर दीजिए।
(iii) भाग III – प्रश्न संख्या 13 के किन्हीं दो भागों के उत्तर दीजिए।

भाग I

निम्नलिखित में से किन्हीं **दो** प्रश्नों के उत्तर लगभग 500 शब्दों (प्रत्येक) में दीजिए। प्रत्येक प्रश्न के 20 अंक हैं।

प्रश्न 1. मानव विकास को परिभाषित कीजिए और इसके मुख्य पहलुओं की चर्चा कीजिए।
उत्तर– देखें इकाई–1, प्र.सं.–7 (पेज नं.–14)

प्रश्न 2. भारत की आर्थिक विकास की नीति के क्रमविकास की चर्चा कीजिए।
उत्तर– देखें इकाई–2, प्र.सं.–5, 6 (पेज नं.–26)

प्रश्न 3. आपके मत में दक्षिण एशिया में क्षेत्रीय सहयोग के समक्ष क्या चुनौतियाँ हैं? विस्तार से बताइए।
उत्तर– देखें इकाई–9, प्र.सं.–5 (पेज नं.–59)

प्रश्न 4. भारत और पाकिस्तान के मध्य द्वंद्व के कुछ संवेदनशील मुद्दों का आलोचनात्मक परीक्षण कीजिए।
उत्तर– देखें इकाई–10, प्र.सं.–9(1) (पेज नं.–180)

भाग II

निम्नलिखित में से किन्हीं **चार** प्रश्नों के उत्तर लगभग 250 शब्दों (प्रत्येक) में दीजिए। प्रत्येक प्रश्न के 12 अंक हैं।

प्रश्न 5. बांग्लादेश की नृजातीय प्रालेख (रूपरेखा) का वर्णन कीजिए।
उत्तर– देखें इकाई–4, प्र.सं.–6 (पेज नं.–73)

प्रश्न 6. भारत में उदारीकरण की नीति का आलोचनात्मक मूल्यांकन कीजिए।
उत्तर– देखें इकाई–8, प्र.सं.–4 (पेज नं.–141)

प्रश्न 7. नागरिक समाज क्या है? श्रीलंका के शांति निर्माण प्रयासों में इसकी भूमिका की चर्चा कीजिए।
उत्तर– देखें इकाई–7, प्र.सं.–5(1) (पेज नं.–128)

प्रश्न 8. दक्षिण एशियाई देशों के समक्ष 'पर्यावरणीय चुनौतियों' की चर्चा कीजिए।
उत्तर– जलवायु परिवर्तन मौजूदा समय में मानवता के सामने सबसे बड़ी चुनौती है। यह चुनौती विकासशील देशों, खास तौर से दक्षिण एशिया के लिए सबसे ज्यादा गंभीर है। जलवायु परिवर्तन के एक छोटे से प्रभाव का इसी से अनुमान लगाया जा सकता है कि पिछले दो दशकों में दक्षिण एशिया के 75 करोड़ से ज्यादा लोग प्राकृतिक आपदाओं से प्रभावित हुए हैं।

जलवायु परिवर्तन से पर्यावरणीय विस्थापन एक अन्य मुद्दा खड़ा हो सकता है। दक्षिण एशियाई देश विस्थापन से सबसे ज्यादा प्रभावित हो सकते हैं। साउथ एशियन एन्वायरमेंट आउटलुक 2014 के मुताबिक मानवीय विस्थापन के लिहाज से पश्चिम बंगाल, तटीय महाराष्ट्र, तटीय तमिलनाडु, तटीय आंध्रप्रदेश, गुजरात, तटीय ओडीशा, पश्चिमी राजस्थान और उत्तरी कर्नाटक के अलावा श्रीलंका के तटीय इलाके और मालदीव सबसे ज्यादा संवेदनशील है।

दक्षिण एशिया की आबादी का तीन चौथाई हिस्सा गाँवों में निवास करती है जिसमें एक तिहाई लोग अत्यंत गरीब है। ये लोग अंतः वायु प्रदूषण में जीने के लिए मजबूर हैं जो स्वास्थ्य के लिहाज से अत्यंत खतरनाक है। जलवायु परिवर्तन का असर हिमालयी क्षेत्र में ग्लेशियरों के सिकुड़ने के रूप में महसूस किया जा सकता है। प्रकृति के अनोखे भंडार ये ग्लेशियर सिंधु, गंगा और ब्रह्मपुत्र जैसी प्रमुख नदियों के जल प्रवाह को बनाए रखने में मददगार है। ये नदियाँ दक्षिण एशिया के देशों बांग्लादेश, भूटान, भारत, नेपाल और पाकिस्तान के लाखों लोगों की जीवन–रेखा मानी जाती है।

दक्षिण एशिया के सात देशों बांग्लादेश, भूटान, भारत, मालदीव, नेपाल, पाकिस्तान और श्रीलंका की सरकारों ने 7–8 दिसंबर 1985 को बांग्लादेश की राजधानी ढाका में आयोजित पहले शिखर सम्मेलन में दक्षिण एशियाई क्षेत्रीय सहयोग संघ (सार्क) का औपचारिक रूप से गठन किया। शिखर सम्मेलन में सभी देशों ने सार्क के चार्टर को मंजूरी दी।

अपने स्थापना काल से ही सार्क ने पर्यावरण के मुद्दे और जलवायु परिवर्तन से मुकाबला करने के लिए महत्त्वपूर्ण पहल की हैं। नेपाल की राजधानी काठमांडू में 2–4 नवंबर 1987 को हुए तीसरे सार्क शिखर सम्मेलन में अन्य बातों के साथ–साथ पर्यावरण के रक्षा और संरक्षण एवं प्राकृतिक आपदा के कारणों और प्रभाव का सुनियोजित एवं समग्र रूपरेखा में अध्ययन

कराने का फैसला लिया गया। असल में इन अध्ययन का फैसला लेते हुए शीर्ष नेताओं ने दक्षिण एशिया क्षेत्र में जंगलों के तेजी से हो रहे विनाश समेत पर्यावरण की लगातार बिगड़ती हालत पर गहरी चिंता जताई। उन लोगों ने यह भी पाया कि दक्षिण एशिया मानव जीवन पर गंभीर प्रभाव डालने वाले बाढ़, सूखा, भूस्खलन, चक्रवात, तूफानी लहरों जैसी प्राकृतिक आपदाओं द्वारा प्रभावित है।

यह दुनिया के सबसे गरीब क्षेत्रों में से एक है और उच्च जनसंख्या वृद्धि दर के साथ–साथ सबसे घनी आबादी वाला इलाका भी है। सार्क के सदस्य देशों में दुनिया की आबादी के 20 प्रतिशत लोग निवास करते हैं। 3.5 प्रतिशत भूभाग में निवास करने वाले ये लोग दुनिया की जी.एन.पी. का महज 2 प्रतिशत उत्पादन करते हैं। ये सामाजिक–आर्थिक स्थितियाँ प्राकृतिक वातावरण पर अत्यधिक दबाव उत्पन्न करती हैं।

सार्क देशों के मंत्री ग्रीन हाउस गैस उत्सर्जन कम करने की अपनी प्रतिबद्धता को घरेलू स्तर पर लागू करने के लिए अनिवार्य और प्रभावी कदम उठाने पर भी राजी हुए थे। इससे पहले जुलाई 1998 में आयोजित दसवें सार्क शिखर सम्मेलन में नेताओं ने क्योटो प्रस्ताव को मंजूरी देने से पूर्व एक साझी रणनीति इन शब्दों में अपनाई थी। देश या सरकार के प्रमुखों ने जापान के क्योटो में आयोजित संयुक्त राष्ट्र फ्रेमवर्क कन्वेंशन के तीसरे सम्मेलन (सी.ओ.पी.–3) से पूर्व एक साझी स्थिति अख्तियार करने पर अपनी संतुष्टि जाहिर की है।

सार्क देशों के पर्यावरण मंत्रियों की 2008 में ढाका में हुई बैठक में जलवायु परिवर्तन पर सार्क की कार्य योजना को मंजूरी दी गई। इस कार्य योजना का लक्ष्य क्षेत्रीय सहयोग के जरिए कार्यान्वित होने योग्य गतिविधियों की पहचान एवं अवसर तैयार करना और तकनीकी एवं जानकारी आदान–प्रदान करने के रूप में सहयोग, राष्ट्रीय स्तर की गतिविधि के जरिए जलवायु परिवर्तन पर क्षेत्रीय स्तर की कार्ययोजना को इनपुट मुहैया कराना और बाली एक्शन प्लान जैसी यू.एन.एफ.सी.सी.सी. वैश्विक समझौता प्रक्रिया का समर्थन एक आम समझदारी या समझौते के विभिन्न मुद्दों के जरिए सार्क के सदस्य देशों की चिंता को प्रभावी रूप से व्यक्त करना था।

क्षेत्रीय सहयोग पर सार्क के पहल के अवास्तविक होने का सबूत 2010 के जुलाई–अगस्त महीने में पाकिस्तान में आई भयंकर बाढ़ के दौरान देखने को मिला। इस आपदा ने न केवल पाकिस्तान के कई हिस्सों में ढाँचा तबाह कर दिया, बल्कि करीब 2 करोड़ आबादी प्रभावित हुई। सार्क देशों से 3.2 करोड़ डॉलर की मामूली सहायता के अलावा भयंकर आपदा से प्रभावित सदस्य देश के लिए सहायता का और कोई वास्तविक रूप नहीं दिखाई दिया। पाकिस्तान में आई इस आपदा से महज कुछ ही महीने पहले अप्रैल 2010 में थिंपू में सार्क की जलवायु थीम की रजत जयंती मनाई गई थी। असल में सार्क क्षेत्र के द्विपक्षीय विवादों की गिरफ्त में है और उसका शिकार भी है। शीत युद्ध के बाद की परिस्थिति ने भारत के लिए सार्क के माध्यम से दक्षिण एशियाई क्षेत्रीयता प्रदर्शित करने का एक बड़ा मौका मुहैया कराया।

हालाँकि भारत और सार्क के अन्य सदस्य देशों खास तौर से भारत व पाकिस्तान के बीच विवादों की जड़ इतनी गहरी है कि शीत युद्ध के बाद दुनिया में तनाव कम करने की परंपरा का भी उस पर कोई असर नहीं दिखता।

2015 सार्क सदस्य देशों ने जलवायु परिवर्तन को लेकर साझा हित प्रदर्शित किया। सार्क सदस्य देशों में 2020 फ्रेमवर्क पर साथ मिलकर आगे बढ़ने की बात की। लेकिन इस दिशा में आगे कोई ठोस प्रगति नहीं दिखाई दी। 17वाँ सार्क सम्मेलन सहयोग के अभाव का एक और उदाहरण देखने को मिला। सदस्य देशों ने प्राकृतिक आपदा से तुरंत निपटने के लिए समझौते पर हस्ताक्षर किए लेकिन नेपाल में आए भूकंप में भारत को छोड़कर किसी अन्य सदस्य देश की तरफ से कोई सहायता तवरित स्तर पर नहीं की गई।

सार्क की 17वीं बैठक मार्च 17, 2016 को संपन्न जलवायु परिवर्तन जैसे मुद्दों पर बिना किसी समझौते के समाप्त हो गई। इन सदस्य देशों ने आपसी सहमति से जैविक ईंधन पर निर्भरता कम करने की बात स्वीकार की और पेरिस जलवायु परिवर्तन समझौते पर सहमति व्यक्त की। सहमति समान लेकिन अपनी क्षमतानुसार जिम्मेदारी पर आधारित थी।

पर्यावरणीय मुद्दा या जलवायु परिवर्तन पर सार्क के प्रयास और रोडमैप प्रभावशाली नजर आता है। हालाँकि समस्या इनके कार्यान्वयन में है। कुछ आलोचकों का तर्क है कि सार्क के पास ऐसा रोडमैप है जिसमें केवल मैप है रोड पर कोई गतिविधि नहीं है। सार्क देशों खास तौर से इसके दो बड़े सदस्य भारत और पाकिस्तान के बीच राजनीतिक तनाव कारण कार्यान्वयन असंतोषप्रद है। हालाँकि दोनों ही देशों के प्रतिष्ठान में रिश्ते को सामान्य बनाने का बोध जगा है। दक्षिण एशिया में तेजी से उभर रहे नागरिक समुदायों का भी क्षेत्र के देशों के बीच संबंधों में सुधार का जोरदार दबाव पड़ रहा है। यदि सदस्य देशों के बीच शांति और विश्वास बहाल हो जाता है तो सार्क प्रभावशाली हो सकता है और जलवायु परिवर्तन घोषणाओं और प्रस्तावों को प्रभावी तरीके से लागू किया जा सकता है।

प्रश्न 9. भारत–बांग्लादेश संबंधों में हाल की घटनाओं का परीक्षण कीजिए।

उत्तर– देखें इकाई–2, प्र.सं.–8 (3) (पेज नं.–37)

प्रश्न 10. नेपाल द्वारा नया संविधान अपनाए जाने के संदर्भ में भारत–नेपाल संबंधों की दशा की चर्चा कीजिए।

उत्तर– 20 सितंबर, 2015 को अंगीकृत संविधान को नेपाल के अनेक वर्गों द्वारा गैर–समावेशी माना गया। इसे वर्ष 2007 से नेपाल की जातियों तथा सामाजिक दलों को पहले से ही उपलब्ध प्रतिनिधित्व को कमजोर करने वाले संविधान के रूप में भी देखा गया। तराई के क्षेत्र में तनाव से तेजी से वृद्धि हुई। जिसके परिणामस्वरूप अगस्त से अब तक अनेक लोग मारे जा चुके हैं या घायल हुए हैं। इस दौरान आंदोलनकर्त्ताओं ने भारत–नेपाल सीमा पर

कार्गो ट्रकों के आवागमन पर रोक लगा दी, जिससे भारत से नेपाल जाने वाले ईंधन तथा अन्य आवश्यक वस्तुओं की आपूर्ति प्रभावित हुई है।

ऐसी आशा थी कि संविधान के लागू होने के बाद नेपाल को दशकों की हिंसा और अस्थिरता से मुक्ति मिलेगी तथा वहाँ शांतिपूर्वक राजनीतिक परिवर्तन की प्रक्रिया का समापन हो सकेगा। नए संविधान ने नेपाल को एक संघीय लोकतांत्रिक गणराज्य के तौर पर स्थापित किया। हम इस वास्तविकता को भी अनदेखा नहीं कर सकते कि नेपाली समाज के अनेक वर्ग यह मानते हैं कि इसमें उनके हितों की रक्षा नहीं हुई है। हमने कभी भी अपने मत को नेपाल पर नहीं थोपा पर हमेशा उसे अपने इस रुख से अवगत कराया कि असमानप्रतिनिधित्व के मुद्दे को हिंसा तथा धमकी से मुक्त वातावरण में वार्ता के माध्यम से सुलझाया जाना चाहिए तथा इसे इस प्रकार से कार्यान्वित किया जाना चाहिए कि यह संविधान बड़े पैमाने पर लोगों को स्वीकार्य हो। नेपाल के असंतुष्ट वर्गों में नाराजगी बनी हुई है और भारत से लगने वाले नेपाल के क्षेत्रों में स्थिति उग्र बनी हुई है। हमारे पाँच राज्यों– उत्तरांचल, उत्तर प्रदेश, बिहार, पश्चिम बंगाल तथा सिक्किम की नेपाल के साथ 1751 किलोमीटर लंबी मुक्त सीमा है। इसी कारण तराई की घटनाओं का भारत पर प्रत्यक्ष प्रभाव पड़ता है। 2 नवंबर 2015 को रक्सौल–बीरगंज मार्ग को बाधित करने वाले आंदोलनकारियों को बलपूर्वक हटाए जाने के लिए बल का दुर्भाग्यपूर्ण प्रयोग तथा इसके पश्चात 22 नवंबर को सप्तरि में आंदोलनकारियों के विरूद्ध बल के प्रयोग से स्थिति और भी खराब हो गई।

अंतर्राष्ट्रीय समुदाय के शीर्ष सदस्यों तथा स्वयं नेपाल के अनेक लोगों का मत भारत जैसा ही है। अमरीका, ब्रिटेन, यूरोपीय संघ तथा संयुक्त राष्ट्र ने समावेशी संविधान सुनिश्चित करने की आवश्यकता तथा वार्ता के माध्यम से मूलभूत मुद्दों को सुलझाने पर बल दिया है।

इस संविधान को लागू किए जाने के बाद भारत से लगे नेपाल के इलाकों में कुछ ऐसी हिंसक घटनाएँ हुई हैं जिसमें लोग मरे भी हैं और जख्मी भी हुए हैं। जिसके परिणामस्वरूप हमारी माल ढोने वाली कंपनियों और ट्रांसपोर्टरों ने भी नेपाल के भीतर आने–जाने में कठिनाई तथा सुरक्षा संबंधी शिकायतें की हैं।

हालांकि भारत सरकार के प्रयासों से नेपाल ने अपने नए संविधान में भी कुछ संशोधन करने को स्वीकृति दे दी है तथा उसके उपरान्त हमारे नेपाल के साथ संबंध पटरी पर आ रहे हैं।

प्रश्न 11. दक्षिण एशियाई क्षेत्रीय सुरक्षा के लिए आतंकवाद की चुनौती की चर्चा कीजिए।

उत्तर– दक्षिण एशिया क्षेत्र में, ब्रिटिश उपनिवेशवाद ने मात्र एक एकताकारी बल के रूप में ही कार्य नहीं किया अपितु ऐसे बल के रूप में भी कार्य किया जिसने विसंगति और विभाजन को जन्म दिया। जहाँ इसने दक्षिण एशियाई देशों को एक सामान्य उपनिवेशी व्यवस्था में शामिल किया, वहीं उपनिवेशवाद ने झगड़े के अनेक बीज बो दिए जो आज भी दक्षिण एशिया

में अंतर–राज्यीय संबंधों को क्षति पहुँचा रहे हैं। भारत और पाकिस्तान के बीच दो राष्ट्र सिद्धांत पर तथा श्रीलंका और भारत के बीच तमिल बागवानी कर्मचारियों की राष्ट्रीयता को लेकर मतभेद। उपनिवेशवाद के अनुवर्ती चरण में, क्षेत्र के देशों में राजनीतिक गत्यात्मकता राष्ट्रवादी बलों के विकास, सामाजिक–सांस्कृतिक ढाँचे और वंशानुगत आर्थिक संरचनाओं में मतभेद के कारण भिन्न–भिन्न हैं। भारत और श्रीलंका में राजनीति सामान्यतः स्थिर रही और सुगमता से विकास हुआ। क्षेत्र के दूसरे देश एक लोकतांत्रिक विरूपीकरण और विद्रोह के साथी हैं। पाकिस्तान, नेपाल और बांग्लादेश क्रमशः 1958, 1960 और 1975 में लोकतांत्रिक प्रक्रियाओं के अपक्षरण तथा सत्तावादी सरकारों के कायम होने के साक्षी बने। भूटान में हमेशा राजतंत्र बना रहा यद्यपि अब वहाँ लोकतांत्रिक प्रक्रियाओं के आरंभ होने के संकेत मिल रहे हैं। 1990वें दशक के आरंभ में इन सभी देशों में, लोकतांत्रिक विद्रोह हुआ, परंतु पाकिस्तान और नेपाल में प्रतिगमनकारी बल पुनः सत्तारूढ़ हैं।

जहाँ ऐसा राजनीतिक अपसरण क्षेत्रीय सहयोग को मजबूत करने में बाधाओं के रूप में कार्य करता है, वहीं विगत हाल में, दक्षिण एशियाई देशों में कट्टरपंथी बलों के प्रादुर्भाव से अंततः राज्य और अंतर–राज्यीय संबंध दूषित हो रहे हैं। यथार्थतः उन घटकों की पहचान करना मुश्किल है जिनके कारण सत्तावादी और कट्टरपंथी बलों का उद्भव हुआ। सत्तावादी बलों (जैसे पाकिस्तान, नेपाल, बांग्लादेश और भूटान में) द्वारा वैधता की तलाश तथा लोकतांत्रिक सत्ता (जैसे भारत और श्रीलंका में) के विविध प्रजातीय और विविध धार्मिक समाजों में कट्टरपंथी बलों के उत्थान से अल्पसंख्यकों का बहिष्कार हुआ है जिसके परिणामस्वरूप प्रजातीय और अलगाववादी आंदोलनों का उद्भव हुआ। श्रीलंका में, 1980वें दशक के आरंभ से तमिल बगावत जिसने श्रीलंकाई एकता और समेकन को अवरूद्ध किया है, राजनीतिक तंत्र में सिंहलियों के प्रजातीय समेकन की राजनीति से पैदा हुई। पाकिस्तान में, बांग्लादेश का पृथकीकरण इस्लामी राज्य के शिकंजे में फँसी पंजाबी प्रजातीयता के आधिपत्य का नतीजा था। इसी प्रकार, उत्तर पश्चिमी सीमांत प्रांत, बलूचिस्तान और सिंध में पदावनति का बोध तथा शिया एवं सुन्नी कट्टरपंथी संघर्ष का उदय अति केंद्रीकरण और कट्टरपंथ द्वारा प्रभावित अन्यताभाव का परिणाम हैं। बांग्लादेश में, चकमा आंदोलन बंगाली और इस्लामी दावों की प्रतिक्रिया है। नेपाल में, 1990वें दशक के अंत में माओवादी विद्रोह का तराई आंदोलन क्रमशः पहाड़ी जनता के आधिपत्य के प्रति और हिंदू राज्य के प्रति विद्रोह का प्रतीक है। भारत में, पूर्वोत्तर में आंदोलन और प्रजातीय विप्लव इसके सामाजिक रूप से भिन्न समूहों के समेकन में एक निरपेक्ष राज्य को विफलता का स्पष्ट प्रमाण है।

सुस्पष्टतः राष्ट्र–निर्माण प्रक्रिया इस क्षेत्र में अभी भी एक अपूर्ण कार्य है। क्षेत्र के लगभग सभी देश राजनीतिक विभाजन से आशंकित हैं। क्षेत्र में प्रजातीय और धार्मिक अतिव्याप्ति के कारण, एक देश में धार्मिक और भाषाई संघर्ष निरपवाद रूप से क्षेत्र के दूसरे देश पर प्रभाव डालते हैं। आसन्न और मुक्त सीमाओं से सीमाओं के पार लोगों, सामान और विचारों का सुगम प्रवाह

होता है जिससे आर्थिक और राजनीतिक रिश्तों में बाधा आती है। अधिकांश आंतरिक सुरक्षा संकट जो दक्षिण एशिया को क्षति पहुँचाते हैं, एक सीमा–पार आयाम से गुजरते हैं और अंतर्संबद्ध है। चाहे यह नेपाल में माओवादी विद्रोह हो, श्रीलंका में, चिरस्थायी प्रजातीय समस्या हो, इस्लामी अतिवादियों द्वारा बांग्लादेशी क्षेत्र के उपयोग में वृद्धि हो, लघु अस्त्रों का फैलाव हो, अथवा नशीली दवाओं के अवैध व्यापार की आशंका हो तथा नार्को–आतंकवाद हो, प्रत्येक स्थिति में महत्त्वपूर्ण सीमा पार के राष्ट्रीय आयाम मौजूद हैं। क्षेत्र में राज्य प्रायः एक–दूसरे पर परोक्ष रूप से अथवा प्रत्यक्ष रूप से अलगाववादी तथा विद्रोही आंदोलनों का समर्थन करने का आरोप लगाते हैं।

भारत–केन्द्रिकता–यद्यपि किसी भी दक्षिण एशियाई देश की सीमाएँ एक–दूसरे के साथ सहभाजित नहीं हैं, भले ही भारत से जुड़ी हैं अथवा गुजरती हैं, भौगोलिक रूप से यह क्षेत्र स्वरूप में भारत–केन्द्रिक है। इसका एक परिणाम यह है कि भारत की अंतःक्षेत्रीय अंतर्क्रियाएँ सहज रूप से द्विपक्षीय हैं। भारत अपने पड़ोसियों के साथ–अंतर्क्रियाओं से बच नहीं सकता, जबकि इसके किसी भी पड़ोसी के लिए भारत के अलावा अन्य दक्षिण एशियाई देश के साथ अंतर्क्रिया करने की वैसी बाध्यता नहीं है। अतः यह आश्चर्यजनक नहीं है कि क्षेत्र की अंतर–राज्यीय समस्याओं में भारत प्रमुखता से उभरता है।

असममिति–आकार, जनसंख्या, ऊर्जा और संसाधनों में भारत और दक्षिण एशिया के शेष देशों के बीच असममिति क्षेत्र का एक अन्य लक्षण है जो क्षेत्र में अंतर–राज्यीय संबंधों पर प्रभाव डालता है। क्षेत्र में भारत के वर्चस्व का अपने छोटे पड़ोसियों पर भयकारी प्रभाव रहा है। भारत के पड़ोसी भारत को प्रायः बड़े भाई के रूप में मानते हैं और उससे क्षेत्र में अपने भौतिक वर्चस्व को राजनीतिक और आर्थिक वर्चस्व में रूपांतर की माँग करते हैं। उन्होंने भारतीय कार्यवाहियों के उद्देश्यों पर अक्सर चिंता व्यक्त की है। यद्यपि भारतीय फौज ने श्रीलंका में (1971 एवं पुनः 1987–89 में), बांग्लादेश में (1971 में) और मालदीव में (1981 में) हस्तक्षेप किया था तथा अपना मिशन पूरा होने के बाद वापस आ गई थी। ये हस्तक्षेप पड़ोसी देशों द्वारा हितकर माने गए थे और अन्य अवसरों पर शत्रुतापूर्ण करार दिए गए। 'शत्रुतापूर्ण हस्तक्षेपों' ने भारतीय वर्चस्व को प्रेत की संज्ञा दी है परंतु 'हितकर हस्तक्षेपों' का शासन सुरक्षा का सहायक होने के कारण स्वागत किया गया है। एक बार भारत, अपनी तरफ से, पड़ोसियों द्वारा ऋणग्रस्त बनाए जाने के लिए उनकी संभव गुटबंदी से चिंतित था कि कहीं वे उसकी क्षेत्रीय उत्कृष्टता को दुर्बल न कर दें। क्षेत्र में असममिति से उद्‌भुत इस प्रकार के संदेह और आशंकाएँ भी क्षेत्रीय सहयोग को मजबूत करने में बाधा बनकर रही हैं। क्षेत्र के छोटे देशों को आशंका रहती है कि द्विपक्षीय एवं क्षेत्रीय दोनों आर्थिक विनियोजनों में, भारत की विशाल और मजबूत अर्थव्यवस्था को उनकी कीमत पर अधिक लाभ मिलेगा।

इस क्षेत्र में भारत के वर्चस्व और केन्द्रीयता का महत्त्वपूर्ण परिणाम सामरिक लक्ष्यों की प्राप्ति के अनुसरण में भेद होता है। जहाँ भारत अपनी सुरक्षा के बारे में उप–महाद्वीपीय पहुँच रखता

है वहीं उसके पड़ोसी अपेक्षाकृत अधिक सीमित नजरिए अपनाते हैं जो उनके दक्षिण एशिया क्षेत्र के सदस्यों के रूप में अवबोधन की बजाए उनके स्थानीय विचारों से प्रभावित होते हैं। भारतीय सुरक्षा चिंतन मात्र क्षेत्र में संघर्षों तक ही सीमित नहीं अपितु मध्य एशिया, हिंद महासागर में घटनाओं और बदलते हुए विश्व पर्यावरण से जुड़ा हुआ है। भारत ने अपनी गुट निरपेक्ष नीति के अनुरूप स्वतंत्र भूमिका निभाने, शीत युद्ध गठजोड़ों में शामिल न होने तथा इस क्षेत्र में बाहरी शक्तियों की भूमिका न्यूनतम करने की माँग की है। दूसरी तरफ, इसके पड़ोसियों ने अतिरिक्त क्षेत्रीय शक्तियों का प्रादुर्भाव करके भारत के क्षेत्रीय वर्चस्व के प्रति संतुलन की माँग की है। भारत अपने पड़ोसियों के सुरक्षा चिंतन में प्रमुख रूप से उभरता है। भारत के साथ संघर्ष ने पाकिस्तान में सुरक्षा बहस को पूरी तरह निर्देशित किया है। श्रीलंका में सुरक्षा बहस उसकी तमिल समस्या और उत्तर में भारतीय मौजूदगी से निर्धारित की गई है। नेपाल में सुरक्षा चिंतन उसकी दक्षिणी और उत्तरी सीमाओं पर भारत और चीन का संतुलन बनाने के उसके प्रयासों तथा उसके और भारत के बीच सभ्यतामूलक समानताओं से उसकी पहचान को निरंतर खतरे के आस–पास केन्द्रित रहता है।

प्रश्न 12. पाकिस्तान में नागरिक–सैन्य संबंधों का परीक्षण कीजिए।

उत्तर– देखें इकाई–3, प्र.सं.–7 (पेज नं.–61)

भाग III

प्रश्न 13. निम्नलिखित में से किन्हीं दो पर लगभग 100 शब्दों (प्रत्येक) में संक्षिप्त टिप्पणियाँ लिखिए। प्रत्येक भाग के 6 अंक हैं।

(क) भूटान में राष्ट्र निर्माण

उत्तर– युद्धोपरांत काल में भूटान के पड़ोस में हो रहे क्रांतिकारी परिवर्तनों ने जिनमें – भारत एक लोकतांत्रिक गणतंत्र के रूप में उभर रहा था, चीन एक समाजवादी राज्य के रूप में उभर रहा था और नेपाल में राणा प्रणाली का पतन हो रहा था – इसने भूटान पर अपना प्रभाव छोड़ा। राजा को इतना बोध अवश्य हो गया था कि वह स्थिति को समझे और कई ऐसे सुधारों को भी लागू करे जिनकी लोगों ने माँग न भी की हो। उदाहरण के लिए, जिग्मे दोर्जी वाग्चिक ने भूखंडों पर 30 एकड़ की सीमा निर्धारित कर दी, भू–राजस्व को और अधिक न्याय–संगत बनाया, और छोटे भूखंड रखने वाले गरीब किसानों के मामले में भू–राजस्व समाप्त कर दिया। उसने देश में दास प्रणाली और कृषि–दास प्रथा को गैर–कानूनी करार दिया और तदोपरांत फाँसी की सजा को भी समाप्त कर दिया। उसने राष्ट्रीय सभा (National Assembly) यथा सरकार का विधायी अंग, की भी स्थापना की और अंततोगत्वा उसे एक संप्रभु संस्था में तब्दील कर दिया। परिणामतः भूटान अन्य पड़ोसी राज्यों से भिन्न, लंबे समय तक शांत और स्थिर रहा।

भूटान के बाहरी दुनिया से मुखातिब होने और औद्योगिक संस्कृति से प्रभावित होने के साथ ही, वहाँ के लोगों की जीवन–शैली में परिवर्तन आना शुरू हो गया। सामंती समाज की पुरातन मूल्य व्यवस्था तेजी से बदल रही हैं पारंपरिक अभिजात वर्ग, लामा जन और सामंती वर्ग उभरते मध्य वर्ग के सामने धीरे–धीरे आधार खोते जा रहे हैं। प्रशासनिक व तकनीकी पदों पर आदमी सरबराह करता यह वर्ग एक धर्मनिरपेक्ष परंपरा में अपेक्षाकृत अधिक शिक्षित है। परिणामतः, अभिजात वर्ग अपनी परंपरागत पहचान और रुतबे को कायम रखने के प्रति अधिक सचेत हो गए हैं।

तथापि, शासक अभिजात वर्ग को एक और दिशा से अपनी परंपरागत पहचान और प्रतिष्ठा को खतरा महसूस हो रहा है – दक्षिणी भू–भाग में नेपालियों द्वारा पृथक् पहचान का दावा किए जाने से। साठ के दशक में अपने आर्थिक विकास कार्यक्रमों को शुरू किए जाने के समय से ही देश में बड़ी संख्या में अकुशल व अर्ध–कुशल नेपालियों के अंतर्प्रवाह के साथ ही शासक अभिजात वर्ग को डर है कि नृजातीय नेपाली एक दिन संख्या में उनसे अधिक हो जाएँगे और राजनीतिक सत्ता हथिया लेंगे। यह भय उनके दिमाग में पक्का हो गया जब सिक्किम में नेपाली आप्रवासी जन जो जनसंख्या का 75 प्रतिशत थे, 1973 में सिक्किम के शासक के खिलाफ उठ खड़े हुए और उसे निरंकुश सत्ता से अलग कर दिया।

देश की प्रादेशिक अखंडता और सांस्कृतिक पहचान को कायम रखने के लिए शासक अभिजात वर्ग ने एक द्वि–फलक रणनीति अपनायी है। सबसे पहले उसने नागरिक कानूनों को कड़ा किया। 1977 में और फिर 1985 में नागरिकता कानूनों का अधिनियमन किया गया, जिसमें ऐसे लोगों को जो 1958 से भूटान में रह रहे हैं और जिनका नाम जनगणना सूची में दर्ज नहीं है, नागरिकता प्राप्त करने से रोक दिया गया। दूसरे, उसने द्रुपका पहचान को मजबूत करने के कदम उठाए। 1989 में राजा ने द्रिग्लाम नामझा (राष्ट्रीय आचार व शिष्टाचार) नामक 'एक राष्ट्र, एक जन' नीति में भूटान की सांस्कृतिक पहचान को बचाए रखने पर अभिलक्षित आदेशों को जारी किया। इन आज्ञप्तियों ने भूटानी जीवन–शैली को; पोशाक समेत अपनाना सभी नागरिकों के लिए अनिवार्य बना दिया। महिलाओं का अपने बाल परंपरागत भूटानी शैली में छोटे कटे रखना अपेक्षित है। सभी व्यक्तियों का आचार–व्यवहार बौद्धधर्म के उपदेशों पर आधारित होना आवश्यक था, जिसे व्यवहार में लाने के लिए धर्म कानूनी रूप से मान्य था। सरकार ने जौडखा, मुख्य राष्ट्रीय भाषा के स्तरीयकरण एवं जनप्रचार पर भी बल दिया।

15,000 नेपालियों को अवैध आप्रवासी घोषित किए जाने और द्रिग्लाम नामझा की सख्ती से लागू किए जाने से नृजातीय नेपालियों के बीच असंतोष फैल गया। 1990 में नेपाल मं लोकतंत्र की विजय से प्रेरित होकर भूटान में नेपालियों ने नव–स्थापित राजनीतिक दल, भूटान पीपल्स पार्टी (बी.पी.पी.) के झंडे तले एक राजनीतिक आंदोलन शुरू किया। बी.पी.पी. ने राजा की माँगों का एक घोषणा–पत्र पेश किया, जिसमें अन्य माँगों के अलावा थीं –

राजनीतिक बंदियों की बिना शर्त रिहाई, निरंकुश राजतंत्र से संवैधानिक राजतंत्र में परिवर्तन, मंत्रिमंडल में विभिन्न नृजातीय समूहों का आनुपातिक प्रतिनिधित्व, और नागरिक अधिनियम, 1985 के संशोधन संबंधी माँगे। जब सरकार ने उसकी माँगों को मानने से इंकार कर दिया तो बी.पी.पी. ने हिंसक प्रदर्शन आयोजित किए। सरकार द्वारा इस विद्रोह के दमन का परिणम हुआ नेपाल को भूटान से बड़ी संख्या में नृजातीय नेपालियों का निष्क्रमण, जहाँ वे अनेक शरणार्थी शिविरों में रहे इसी के साथ नेपाल सरकार भूटान में नृजातीय संघर्ष को समाप्त करने हेतु प्रयासों में एक मुख्य अभिकर्त्ता के रूप में उभरा है।

(ख) मालदीव में नृजातीयता और भाषा

उत्तर– मालदीव की आबादी पाँच नृजाति समुदायों से बनी हैं। यह जातियाँ हैं – सिंहली, द्रविड़, अरबी, ऑस्ट्रेलियाई तथा अफ्रीकी। लंबे समय तक इस देश में विभिन्न समुदायों के प्रवसन के परिणामस्वरूप आबादी में विभिन्न समुदायों का मिश्रण देखने को मिलता है जो समुद्री व्यापार मार्गों के जरिए स्थानीय आधिपत्य में आए विभिन्न ऐतिहासिक परिवर्तनों की ओर भी इशारा करता हैं। क्लेरेंस मालोनी नाम के मानव–विज्ञानी के अनुसार दक्षिण भारत से आए द्रविड़ लोग मालदीव में सबसे पहले बसे थे। धीरे–धीरे इस समूह की जगह श्रीलंका से यहाँ आने वाले धिवेड़ी भाषी सिंहली लोगों ने ले ली। आज इन्हीं की भाषा मालदीव की राजभाषा है। सबसे अंत में अरबों के एक बड़े समुदाय ने 9वीं शताब्दी से मालदीव में बसना शुरू किया। मालदीव में रावारे और गिरावरू नाम से पहचाने जाने वाले अफ्रीकी मूल की आबादी का एक उपसमूह भी हैं हालाँकि केवल 200 सदस्यों वाला यह उपसमूह बहुत तेजी से लुप्त हो रहा है। उपयुक्त समुदायों के अलावा 19वीं शताब्दी से मालदीव में गया भारतीयों का व्यापारिक समुदाय भी मालदीव का एक विशिष्ट जातीय तथा धार्मिक अल्पसंख्यक समुदाय है।

मालदीव इस्लामिक राष्ट्र है जहाँ अधिकतर आबादी सुन्नी मुसलमानों की है। मालदीव की राष्ट्रभाषा मालदीवी धिवेडी है। यह भाषा इन्डो–ईरानी भाषा परिवार से है। यह सिंहली के प्राचीन रूप "एलु" ("श्रीलंका में बोली जानेवाली भाषा") से निकली है। इस भाषा में अरबी, तमिल और हिंदी से कई शब्द लिए गए हैं। पारंपरिक लिपि को "थाना" कहा जाता है और यह दाएँ से बाएँ की ओर लिखी जाती है।

(ग) पाकिस्तान का परमाणु कार्यक्रम

उत्तर– देखें इकाई–10, प्र.सं.–6 (पेज नं. –177)

(घ) एल.टी.टी.ई.

उत्तर– देखें इकाई–6, प्र.सं.–10 (पेज नं.–112)

ई.पी.एस.-15 : दक्षिण एशिया : अर्थव्यवस्था, समाज और राजनीति
दिसम्बर, 2018

नोट :
*(i) भाग I – किन्हीं **दो** प्रश्नों के उत्तर दीजिए।*
*(ii) भाग II – किन्हीं **चार** प्रश्नों के उत्तर दीजिए।*
*(iii) भाग III – प्रश्न सं. 13 के किन्हीं **दो** भागों पर संक्षिप्त टिप्पणियाँ लिखिए।*

भाग I

*निम्नलिखित में से किन्हीं **दो** प्रश्नों के उत्तर लगभग 500 शब्दों (प्रत्येक) में दीजिए। प्रत्येक प्रश्न के 20 अंक हैं।*

प्रश्न 1. भारत में आयात प्रतिस्थापन औद्योगिक नीति (Import Substitution Industrial Policy) का वर्णन कीजिए।

प्रश्न 2. दक्षिण एशिया में गरीबी उन्मूलन की रणनीतियों पर संक्षिप्त में चर्चा कीजिए।

प्रश्न 3. दक्षिण एशियाई अर्थव्यवस्थाओं पर संरचनात्मक समायोजन कार्यक्रमों (Structural Adjustment Programmes) के प्रभाव का विश्लेषण कीजिए।

प्रश्न 4. दक्षिण एशिया में अंतर-राज्य विवादों के समाधान के तरीकों पर एक निबंध लिखिए।

भाग II

*निम्नलिखित में से किन्हीं **चार** प्रश्नों के उत्तर लगभग 250-300 शब्दों (प्रत्येक) में दीजिए। प्रत्येक प्रश्न के 12 अंक हैं।*

प्रश्न 5. सुरक्षा पर पर्यावरण के तरह-तरह के निहितार्थ होते हैं। टिप्पणी कीजिए।

प्रश्न 6. श्रीलंका के समाज और अर्थव्यवस्था पर उपनिवेशवाद (Colonialism) के प्रभाव को समझाइए।

प्रश्न 7. उन कारकों का परीक्षण कीजिए जो श्रीलंका में तमिल अतिवाद की वृद्धि में सहायक हैं।

प्रश्न 8. नेपाल के भारत के साथ विशेष व्यापार संबंध पर चर्चा कीजिए।

प्रश्न 9. भूटानी अभिजात–वर्ग ने क्यों परंपरागत पहचान और संस्कृति पर जोर दिया है? परीक्षण कीजिए।

प्रश्न 10. बांग्लादेश में बाजार–उन्मुख सुधारों के प्रभाव का आकलन कीजिए।

प्रश्न 11. पाकिस्तान में संजातीय समूहों की मुख्य माँगें क्या हैं?

प्रश्न 12. पाकिस्तान में नौकरशाही और सैन्य के प्रभावशाली संस्थानों के रूप में उद्‌भव का वर्णन कीजिए।

भाग III

प्रश्न 13. निम्नलिखित में से किन्हीं दो पर लगभग 100 शब्दों (प्रत्येक) में संक्षिप्त टिप्पणियाँ लिखिए। प्रत्येक भाग के 6 अंक हैं।

(क) मानव विकास सूचकांक (Human Development Index)

(ख) मॉमून अब्दुल गेयूम

(ग) मध्य शक्तियाँ

(घ) सार्क (SAARC) के लक्ष्य

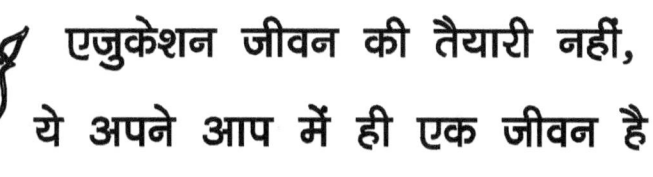

एजुकेशन जीवन की तैयारी नहीं,
ये अपने आप में ही एक जीवन है।

ई.पी.एस.–15 : दक्षिण एशिया : अर्थव्यवस्था, समाज और राजनीति
जून, 2019

नोट :
(i) भाग I – किन्हीं **दो** प्रश्नों के उत्तर दीजिए।
(ii) भाग II – किन्हीं **चार** प्रश्नों के उत्तर दीजिए।
(iii) भाग III – प्रश्न सं. 13 के किन्हीं **दो** भागों पर संक्षिप्त टिप्पणियाँ लिखिए।

भाग I

निम्नलिखित में से किन्हीं **दो** प्रश्नों के उत्तर लगभग 500 शब्दों (प्रत्येक) में दीजिए। प्रत्येक प्रश्न के 20 अंक हैं।

प्रश्न 1. पाकिस्तान की अर्थव्यवस्था की विशेषताओं और संरचनात्मक बदलावों का परीक्षण कीजिए।

प्रश्न 2. भारतीय अर्थव्यवस्था पर संरचनात्मक समायोजन कार्यक्रमों और उदारीकरण के प्रभाव का आकलन कीजिए।

प्रश्न 3. बहुलवाद की चुनौतियों का दक्षिण एशियाई देश कैसे संचालन कर रहे हैं, वर्णन कीजिए।

प्रश्न 4. दक्षिण एशिया में क्षेत्रीय सहयोग की मुख्य चुनौतियों का आलोचनात्मक परीक्षण कीजिए।

भाग II

निम्नलिखित में से किन्हीं **चार** प्रश्नों के उत्तर लगभग 250 शब्दों (प्रत्येक) में दीजिए। प्रत्येक प्रश्न के 12 अंक हैं।

प्रश्न 5. पाकिस्तान की राजनीति में इस्लाम की भूमिका का परीक्षण कीजिए।

प्रश्न 6. पाकिस्तान में सैन्य–नौकरशाही गठबंधन ने, सत्ता को कैसे मजबूत किया?

प्रश्न 7. मानव विकास और विकास के नव–उदारवादी दृष्टिकोणों में मूलभूत अंतर क्या हैं?

प्रश्न 8. श्रीलंका के प्रमुख राजनीतिक दलों के नीति अभिविन्यासों (policy orientations) का वर्णन कीजिए।

प्रश्न 9. मालदीव की राजनीतिक व्यवस्था की मुख्य विशेषताओं का वर्णन कीजिए।

प्रश्न 10. भारत–बांग्लादेश संबंधों के बीच तनाव के मुद्दों का परीक्षण कीजिए।

प्रश्न 11. नेपाल की राजनीति में राजतंत्र की भूमिका का परीक्षण कीजिए।

प्रश्न 12. श्रीलंका के समाज के स्वरूप का वर्णन कीजिए।

भाग III

प्रश्न 13. निम्नलिखित में से किन्हीं दो पर लगभग 100 शब्दों (प्रत्येक) में संक्षिप्त टिप्पणियाँ लिखिए। प्रत्येक भाग के 6 अंक हैं।
(क) बांग्लादेश राष्ट्रवादी दल
(ख) ग्रामीण बैंक
(ग) नेपाल में माओवादी
(घ) भूटान में धर्म

शिक्षा और मेहनत एक ऐसी सुनहरी चाबी होती है, जो बंद भाग्य के दरवाजे बहुत आसानी से खोल देती है।

ई.पी.एस.–15 : दक्षिण एशिया : अर्थव्यवस्था, समाज और राजनीति
दिसम्बर, 2019

नोट :
(i) भाग I – किन्हीं **दो** प्रश्नों के उत्तर दीजिए।
(ii) भाग II – किन्हीं **चार** प्रश्नों के उत्तर दीजिए।
(iii) भाग III – किन्हीं **दो** पर टिप्पणियाँ लिखिए।

भाग I

निम्नलिखित में से किन्हीं **दो** प्रश्नों के उत्तर लगभग 500 शब्दों (प्रत्येक) में दीजिए। प्रत्येक प्रश्न के 20 अंक हैं।

प्रश्न 1. जल साझा करने के विवाद पर दक्षिण-एशियाई देशों द्वारा अपनाई गई पद्धतियों का वर्णन कीजिए।

प्रश्न 2. सार्क (SAARC) को अपने लक्ष्य पाने में जो प्रमुख समस्याओं का सामना करना पड़ रहा है, उनका वर्णन कीजिए।

प्रश्न 3. बांग्लादेश के उद्गम के परिणाम स्वरूप, पूर्व पाकिस्तान में राष्ट्रवाद के विकास की मुख्य घटनाओं का परीक्षण कीजिए।

प्रश्न 4. विभिन्न शासनों के अंतर्गत पाकिस्तान की अर्थव्यवस्था के विकास का अनुरेखण कीजिए।

भाग II

निम्नलिखित में से किन्हीं **चार** प्रश्नों के उत्तर लगभग 250 शब्दों (प्रत्येक) में दीजिए। प्रत्येक प्रश्न के 12 अंक हैं।

प्रश्न 5. जाति, धर्म और भाषा के संदर्भ में श्रीलंका के समाज के स्वरूप का परीक्षण कीजिए।

प्रश्न 6. भूटान की राजनीतिक व्यवस्था की विशेषताओं का संक्षिप्त में वर्णन कीजिए।

प्रश्न 7. सैन्य शासन के दौरान बांग्लादेश की राजनीति में क्या बदलाव आए थे?

प्रश्न 8. दक्षिण एशिया में गरीबी की समस्या के परिमाण की व्याख्या कीजिए।

प्रश्न 9. परमाणु मुद्दे पर भारत–पाकिस्तान संवाद की क्या बाध्यताएँ हैं?

प्रश्न 10. भारत में उदारवाद और संरचनात्मक समायोजन कार्यक्रम (SAPs) के निष्पादन का आकलन कीजिए।

प्रश्न 11. सन् 1990 की नेपाल के संविधान की क्या मुख्य विशेषताएँ हैं?

प्रश्न 12. भारत–नेपाल आर्थिक संबंधों पर टिप्पणी कीजिए।

भाग III

प्रश्न 13. निम्नलिखित में से किन्हीं दो पर लगभग 100 शब्दों (प्रत्येक) में संक्षिप्त टिप्पणियाँ लिखिए। प्रत्येक के 6 अंक हैं।

(क) उदारीकरण

(ख) द्वंद्व समाधान (Conflict resolution)

(ग) मानव विकास सूची

(घ) गैर–पारंपारिक सुरक्षा

शिक्षा न पूर्वी है न पश्चिमी।
शिक्षा शिक्षा है और ये हर
एक मानव का अधिकार है।

Must Read अवश्य पढ़ें

GULLYBABA PUBLISHING HOUSE PVT. LTD.

New Syllabus Based

100% Guidance for IGNOU EXAM

IGNOU HELP BOOKS

BAG, BCOMG, BSCG, BA (Hons.) M.A., M.COM, BCA, B.ED., M.ED, AND OTHER SUBJECTS

IAS, PCS, UGC & All University Examinations

Chapterwise Researched
QUESTIONS & ANSWERS
Solved papers & very helpful for your assignments preparation

Hindi & English Medium

GULLYBABA PUBLISHING HOUSE PVT. LTD.
2525/193, 1st Floor, Onkar Nagar-A, Tri Nagar, Delhi-110035,
(From Kanhaiya Nagar Metro Station Towards Old Bus Stand)
Email : Hello@gullybaba.com
Web : www.gullybaba.com

Join us on Facebook at Gph Book
For any Guidance & Assistance Call:
9350849407

www.ingramcontent.com/pod-product-compliance
Lightning Source LLC
LaVergne TN
LVHW021804060526
838201LV00058B/3232
* 9 7 8 9 3 8 1 6 9 0 8 2 6 *